AF833736

Studien zum Medizin- und Gesundheitsrecht

Herausgegeben von

Steffen Augsberg, Karsten Gaede, Jens Prütting

2

Moritz L. Jäschke

Vertauschte Keimzellen und Embryonen

Analyse reproduktionsmedizinischer Zwischenfälle: Normkontext, Rechtsfolgen, Regelungsbedarf

Mohr Siebeck

Moritz L. Jäschke, geboren 1992; Studium der Rechtswissenschaften an der Universität Düsseldorf; erstes Staatsexamen am OLG Düsseldorf; wissenschaftlicher Mitarbeiter am Institut für Rechtsfragen der Medizin (IMR) und Lehrstuhl für Strafrecht und Strafprozessrecht der Universität Düsseldorf; Referendar am LG Düsseldorf.
orcid.org/0000-0002-7715-680X

D61

ISBN 978-3-16-159182-2 / eISBN 978-3-16-159183-9
DOI 10.1628/978-3-16-159183-9

ISSN 2699-6855 / eISSN 2699-6863 (Studien zum Medizin- und Gesundheitsrecht)

Die Deutsche Nationalbibliothek verzeichnet diese Publikation in der Deutschen Nationalbibliographie; detaillierte bibliographische Daten sind über *http://dnb.dnb.de* abrufbar.

© 2020 Mohr Siebeck Tübingen. www.mohrsiebeck.com

Das Werk einschließlich aller seiner Teile ist urheberrechtlich geschützt. Jede Verwertung außerhalb der engen Grenzen des Urheberrechtsgesetzes ist ohne Zustimmung des Verlags unzulässig und strafbar. Das gilt insbesondere für die Verbreitung, Vervielfältigung, Übersetzung und die Einspeicherung und Verarbeitung in elektronischen Systemen.

Das Buch wurde von Gulde Druck in Tübingen gesetzt, auf alterungsbeständiges Werkdruckpapier gedruckt und von der Buchbinderei Spinner in Ottersweier gebunden.

Printed in Germany.

Meinen Eltern

Vorwort

Die vorliegende Arbeit wurde im Wintersemester 2018/2019 von der Juristischen Fakultät der Heinrich-Heine-Universität Düsseldorf als Dissertation angenommen. Gerichtliche Entscheidungen und wissenschaftliche Veröffentlichungen konnten bis September 2019 berücksichtigt werden.

Ganz besonderer Dank gilt meinem verehrten Doktorvater Herrn Prof. Dr. *Helmut Frister,* der die Entstehung dieser Arbeit durch zahlreiche Diskussionen sowie intensive Betreuung ermöglicht hat. Unvergessen bleiben werden die vielen schönen Jahre, die ich zuerst als studentischer und dann als wissenschaftlicher Mitarbeiter an seinem Lehrstuhl verbringen durfte. Zudem danke ich Frau Prof. Dr. *Katharina Lugani* für die rasche Erstellung des Zweitgutachtens und Ihre Anmerkungen. Herrn Prof. Dr. *Karl-Heinz Möller* gebührt Dank für die Anregung zu dem Thema der Arbeit und seine nie versiegende Diskussionsbereitschaft.

Ich danke der *Friedrich-Ebert-Stiftung,* die mein Promotionsstudium mit einem Stipendium gefördert hat und den Herausgebern dieser Schriftenreihe für die Aufnahme in die von ihnen herausgegebenen „Studien zum Medizin- und Gesundheitsrecht (MGR)". Dem *Freundeskreis der Düsseldorfer Juristischen Fakultät e.V.*, der diese Arbeit mit einem Promotionspreis bedacht hat, bin ich ebenso zu großem Dank verpflichtet wie der *Johanna und Fritz Buch-Gedächtnis-Stiftung,* die mich bei der Veröffentlichung mit einem großzügigen Druckkostenzuschuss unterstützt hat.

Ich hatte das Glück, in meiner Zeit am Lehrstuhl ebenso viele besondere Momente wie interessante Diskussionen erleben zu dürfen. Etliche meiner (ehemaligen) Kollegen zähle ich heute zu meinem engsten Freundeskreis. Hervorheben möchte ich meine gute Freundin Dr. *Maja Caroline Lehmann,* mit der ich jahrelang das Büro geteilt habe und deren enorme Kenntnisse im Bereich der Reproduktionsmedizin mir einige Besuche in der Bibliothek der medizinischen Fakultät erspart haben. Besonderer Dank gilt Dr. *Benjamin Theis* und *Tobias Müller,* die dieses Werk Korrektur gelesen haben. Des Weiteren danke ich meiner Lebensgefährtin *Naomi Phumeza Mnyamana* und meinen Freunden, die mich während der Promotionsphase immer unterstützt und sich nie beschwert haben, wenn sich das Gespräch wieder einmal um vertauschte Keimzellen und Embryonen drehte.

Von ganzem Herzen danke ich schließlich meinen Eltern, die mich stets bedingungslos und mit vollem Einsatz unterstützt haben. Ihnen sei diese Arbeit gewidmet.

Inhaltsübersicht

Inhaltsverzeichnis

A. Einleitung

I. Gegenstand der Arbeit

In Deutschland sind ca. 1,7–2,1 Millionen Paare ungewollt kinderlos.[1] Um ihren Kinderwunsch zu erfüllen, nutzen viele die Möglichkeiten, die ihnen die modernen, medizinisch assistierten Reproduktionsmethoden seit nunmehr über 40 Jahren bieten.[2] Die gängigsten Therapieoptionen sind einerseits die intrauterine Insemination (IUI) und andererseits die In-vitro-Fertilisation (IVF), die oftmals mit einer intrazytoplasmatischen Spermieninjektion (ICSI) kombiniert wird. Während bei der Inseminationsbehandlung lediglich das Sperma des Mannes aufbereitet und die so gewonnene Spermiensuspension regelmäßig intrauterin eingebracht wird,[3] vollzieht sich die Befruchtung bei einer IVF ausschließlich außerhalb des Körpers in einem Reagenzglas bzw. Kulturschälchen. Erst nach erfolgreicher Fertilisation werden die erzeugten Embryonen in die Gebärmutterhöhle der Patientin transferiert.[4] Beide Behandlungsmethoden haben also gemein, dass sich menschliche Keimzellen oder sogar Embryonen im Laufe des Behandlungsgeschehens zumindest zeitweise außerhalb des Körpers befinden. Während der unzähligen Aufbereitungs- und Fertilisationsschritte, die in den Laboratorien der reproduktionsmedizinischen Einrichtungen erfolgen, besteht daher die Gefahr, dass menschliche Keimzellen oder Embryonen (versehentlich) vertauscht werden. So kann es zu Konstellationen kommen, in denen Patientinnen Kinder zur Welt bringen, die entweder nur eine „hälftige" genetische Verwandtschaft oder aber überhaupt kein genetisch begründetes Verwandtschaftsverhältnis zu dem eigentlichen Elternpaar aufweisen.

---

[1] Auskunft des Statistischen Bundesamts auf persönliche Anfrage (Stand: 1. Quartal 2019); das entspricht etwa 10 % der Paare; vgl. https://www.aerzteblatt.de/nachrichten/96224/40-Jahre-kuenstliche-Befruchtung-Acht-Millionen-Babys-kamen-zur-Welt (zuletzt abgerufen am: 30.09.19).

[2] Ein Überblick über die bis in das Jahr 1780 zurückgehende Entwicklung der extrakorporalen Befruchtung findet sich bei BT-Drucks. 14/9020, S. 28 f.

[3] Die Befruchtung geschieht also in vivo; vgl. *Dorn* in: Diedrich/Ludwig/Griesinger, Reproduktionsmedizin, S. 197 (198 ff.).

[4] Dazu *Ebner/Diedrich* in: Diedrich/Ludwig/Griesinger, Reproduktionsmedizin, S. 215 (218 ff.).

Lässt man die rechtliche Relevanz des Themas zunächst außer Acht und betrachtet einzig die tatsächlichen Auswirkungen der Situation, fällt auf, dass ein Vertauschen von Keimzellen oder Embryonen bei sämtlichen Beteiligten zu erheblichen Beeinträchtigungen führt. Auf der einen Seite steht das Patientenpaar, das in einer überaus intimen Angelegenheit auf ärztliche Hilfe angewiesen ist. Kommt es bei einer Behandlung zu einer Vertauschung, in dessen Folge das gezeugte Kind keine genetische Verbindung zu dem Elternpaar aufweist, stellt dies eine absolute Horrorvorstellung für die Eltern dar. Abgesehen von der schockierenden Wirkung, die eine solche Nachricht auf die Eltern hat,[5] sind insbesondere zwei Aspekte zu berücksichtigen: Einerseits ist die Eltern-Kind-Beziehung schon von Beginn an auf das Äußerste belastet, ziehen die Eltern doch ein Kind in dem Wissen auf, dass sie nicht die genetischen Eltern sind und sich ihr eigenes Kind bei einem anderen Paar befindet. Andererseits stellt ein solcher Vorfall eine enorme Zerreißprobe für die Partnerschaft des Elternpaares dar. Nicht selten führt die Situation zu gegenseitigem Misstrauen und Zwietracht in der Beziehung.[6]

Aber auch die von der Vertauschung betroffenen Kinder sind einer steten Unsicherheit im Hinblick auf ihre genetische Herkunft ausgesetzt, die zu einer erheblichen Belastung der Persönlichkeitsentwicklung und dauerhaften psychischen Problemen führen kann.[7] Wie Aussagen von Betroffenen zeigen, wird die Frage nach der genetischen Herkunft zum beinahe alles bestimmenden Lebensinhalt.[8] Die Suche nach Antworten stellt sich dabei vielfach als überaus beschwerlich und wenig aussichtsreich dar, obgleich die Betroffenen dies (verständlicherweise) oftmals nicht wahrhaben wollen und die Suche aufopferungsvoll betreiben.[9]

Auch wenn das Ausmaß der persönlichen Betroffenheit keineswegs mit derjenigen der Eltern und der Kinder zu vergleichen ist, bringt ein Vertauschen auf der anderen Seite auch empfindliche Beeinträchtigungen für die Ärzte und das reproduktionsmedizinische Institut mit sich. Zum einen ist dabei an staatliche Reaktionen[10] auf den Vorfall sowie an finanzielle Einbußen durch Ansprüche der be-

---

[5] Dies kann sogar so weit gehen, dass chronische psychische Erkrankungen daraus resultieren, vgl. dazu *Ludwig* DER SPIEGEL 29/2013, S. 46.

[6] Etwa wenn der Partner vermutet, dass das Kind nicht durch eine Reproduktionsmaßnahme sondern durch einen Seitensprung gezeugt wurde; so etwa bei *Ludwig* DER SPIEGEL 29/2013, S. 46.

[7] Vgl. etwa *Thorn* GuP 2015, 47 (48), die die ähnlich gelagerte Konstellation bei der Samenspende untersucht.

[8] Vgl. *Schrep* DER SPIEGEL 30/2016, S. 46 ff.

[9] *Schrep* DER SPIEGEL 30/2016, S. 46 (48).

[10] So wurden reproduktionsmedizinische Zentren nach Bekanntwerden von Vertauschungsfällen etwa komplett geschlossen (Anhang, Fall 13) oder ihnen wurde die staatliche Unterstützung aufgekündigt (Anhang, Fall 12).

troffenen Patienten oder die Kosten eines etwaigen Rechtsstreits zu denken. Zum anderen geht es den Kliniken aber vor allem darum, einen massiven Imageschaden durch ein öffentliches Bekanntwerden der Fälle zu verhindern. So ist das Vertrauen, das die Patienten in dieser äußerst sensiblen Angelegenheit in die behandelnden Ärzte legen, das wichtigste Kapital des Instituts und dementsprechend von besonderer Bedeutung. Darüber hinaus bleibt zu berücksichtigen, dass nicht nur der reproduktionsmedizinischen Einrichtung selbst Imageprobleme drohen, sondern solche Vorfälle zugleich Zweifel an den Sicherheitsstandards der gesamten nationalen Reproduktionsbranche hervorrufen können.

Da es sich bei einem derartigen Vorfall somit um den „Super-GAU" sowohl für die Behandler- als auch für die Patientenseite handelt, verweisen sämtliche reproduktionsmedizinische Zentren auf das geringe Risiko einer Vertauschung, das durch hohe Sorgfalts- und Sicherheitsstandards nahezu ausgeschlossen werde.[11] Zwar ist dem im Hinblick auf die in Industriestaaten etablierten hochspezialisierten und modernen Arbeitsabläufe prinzipiell zuzustimmen, allerdings werden diese Zusicherungen oftmals von der (berechtigten) Angst vor der öffentlichen Wirkung entsprechender Eingeständnisse geleitet und blenden dabei maßgebliche Aspekte aus. Auch wenn es durchaus nachvollziehbar ist, dass reproduktionsmedizinische Zentren die Befürchtungen der Patienten mit entsprechenden Zusicherungen bzgl. des Risikos zerstreuen wollen, eine realistische Einschätzung der Situation ist darin nicht immer zu erblicken. Dies zeigen nicht nur die Überlegungen zu der vermutlichen Prävalenz von Vertauschungsvorfällen (S. 4 ff.), sondern bereits die Tatsache, dass sich schließlich fast alle bekannten Fälle darin ähneln, dass menschliches Fehlverhalten – sei es in Form von Unachtsamkeiten oder aber in Form von organisatorischen Versäumnissen – die Ursache für Vertauschungen ist. Berücksichtigt man, dass solche Fehler aufgrund der menschlichen Unzulänglichkeiten nie gänzlich auszuschließen sind, verbleibt unabhängig von der Strenge der aktuell praktizierten Sicherheitsmaßnahmen stets ein gewisses Restrisiko.

Der rechtswissenschaftliche Forschungsstand zu vertauschungsspezifischen Problemstellungen beschränkt sich im Wesentlichen[12] auf die lesenswerten Ausführungen von *Wellenhofer* im Münchener Kommentar zum BGB[13] und eine in-

[11] Vgl. etwa die Versicherungen des *Fertility Center Hamburg:* „Verwechslungen sind dadurch völlig ausgeschlossen."; www.fertility-center-hh.de/meine-therapie/ivf/ (zuletzt abgerufen am: 30.09.19). Realistischer demgegenüber www.kinderwunschinstitut-wels.at/de/aktuell/zeitungsartikel/ (zuletzt abgerufen am: 30.09.19).

[12] Kleinere Hinweise finden sich – z. T. jedoch in gänzlich anderem Zusammenhang – bei *Günther/Keller* Fortpflanzungsmedizin, S. 133; *Giesen* JR 1984, 221 (226); *Lanz-Zumstein* S. 334 ff.; *Schumann* in Fortpflanzungsmedizingesetz, S. 155 (190).

[13] MüKo-BGB/*Wellenhofer* § 1591 Rn. 57.

struktive Schrift von *Neuner* im Archiv der civilistischen Praxis.[14] Beide Arbeiten befassen sich allerdings nur mit bestimmten Einzelfragen, während eine größer angelegte Analyse des Problems bislang nicht vorgelegt wurde. Dass dem Thema (noch) keine besondere Aufmerksamkeit geschenkt wird, hängt sicherlich auch damit zusammen, dass sich der Gesetzgeber bislang mit Regelungen zu den spezifischen Problemen der Vertauschungsfälle in Zurückhaltung geübt hat und ein entsprechender Fall noch nicht Gegenstand einer gerichtlichen Auseinandersetzung wurde. Dies hat sich mit einer im Februar 2018 ergangenen Entscheidung des *OLG Hamm* geändert,[15] sodass nun möglicherweise mit einer stärkeren Wahrnehmung auch im juristischen Diskurs gerechnet werden kann. Denn das Maß an Aufmerksamkeit, das die Rechtswissenschaft dem Thema zuteilwerden lässt, bleibt hinter dem Interesse zurück, dass die Öffentlichkeit an Vertauschungsvorfällen zu haben scheint. So wurden entsprechende Fälle nicht nur in verschiedenen Zeitungsartikeln oder TV-Reportagen (s. Anhang), sondern auch von der Unterhaltungsindustrie thematisiert. Der australische Fernsehsender *Network Ten* griff den speziellen Fall der absichtlich vertauschten Keimzellen in der ab Oktober 2017 ausgestrahlten Dramaserie „Sisters" von Jonathan Gavin und Imogen Banks auf.[16]

II. Vertauschungsvorfälle in Zahlen

Vermeintlich geringe Fallzahlen und der überschaubare Forschungsstand werfen die Frage auf, ob es gerechtfertigt erscheint, sich dem hiesigen Thema monographisch zu widmen. Die Antwort auf diese Frage kann nicht gefunden werden, wenn man die Relevanz der vorliegenden Arbeit dadurch zu unterstreichen sucht, dass die numerische Häufigkeit von Vertauschungsvorfällen künstlich aufgebauscht wird. Richtig ist, dass die im Anhang zu dieser Schrift aufgeführten öffentlich bekannt gewordenen Fälle die Vermutung einer geringen Prävalenz nahelegen. Außerdem ist nicht zu bestreiten, dass die niedrigen Fallzahlen ein Beleg dafür sind, dass in den meisten reproduktionsmedizinischen Einrichtungen und Laboratorien sehr gründlich und professionell gearbeitet wird. Dennoch waren alleine in deutschsprachigen Medien 24 unterschiedliche Fälle auszumachen, in denen es entweder zu einer Verwechslung von Keimzellen oder Embryonen ge-

[14] *Neuner* AcP 214 (2014), 459 (501 ff.).

[15] *OLG Hamm* FamRZ 2018, 1162 m. Anm. *v. d. Tann* NZFam 2018, 619, vorausgegangen war *LG Münster,* Urt. v. 24.03.16 – 111 O 83/14.

[16] Ab September 2018 wurde die Serie auch vom internationalen Marktführer *Netflix* in sein Streamingprogramm aufgenommen; vgl. www.netflix.com/title/80994108 (zuletzt abgerufen am: 30.09.19).

kommen ist.[17] Berücksichtigt man zudem, dass die Aufdeckung einer Verwechslung nur unter ganz außergewöhnlichen Umständen denkbar ist und die Kliniken zum anderen alles versuchen, um den Gang der Patienten an die Öffentlichkeit zu verhindern,[18] drängt sich der Verdacht auf, dass die Dunkelziffer noch um ein Vielfaches höher sein dürfte. Daher ist davon auszugehen, dass ein Großteil der Fälle entweder erst gar nicht aufgedeckt oder aber nicht öffentlich bekannt gemacht wird, sodass nicht der Fehler gemacht werden sollte, das Problem von Vertauschungen bei reproduktionsmedizinischen Behandlungen unter Verweis auf vermeintlich geringe Fallzahlen zu marginalisieren. Denn es gibt gute Gründe, berechtigte Zweifel daran zu hegen, dass die öffentlich bekannt gewordenen Fälle maßstabbildend für die Gesamthäufigkeit des Problems sind.

Weltweit sind mittlerweile mehr als acht Millionen Kinder mittels ärztlich assistierter Reproduktion gezeugt worden.[19] In Deutschland wurde im Jahr 2016 erstmals die Schwelle von 100.000 reproduktionsmedizinischen Behandlungszyklen pro Jahr überschritten – Tendenz steigend.[20] Angesichts des stetigen Wachstums, das reproduktionsmedizinische Einrichtungen in den letzten Jahrzehnten verzeichnen konnten, ist davon auszugehen, dass die Bedeutung künstlicher Fortpflanzungsmethoden weiter zunehmen wird. Wie bereits angedeutet, versuchen von einem Vertauschungsvorfall betroffene Kliniken zudem alles, um den Gang der Beteiligten an die Öffentlichkeit zu verhindern. Die Angst vor dem enormen (sicherlich existenzbedrohenden) Imageschaden, den ein solcher Vorfall bewirken würde, stellt insoweit eine starke Triebfeder dar.

Die Vermutung, dass die Dunkelziffer groß sein dürfte, wird nicht zuletzt durch die Tatsache gestützt, dass Vertauschungen in Kliniken oder Laboren auch in anderen Bereichen nicht unüblich sind.[21] Diesen Eindruck belegt eine Studie aus dem Jahr 2005, bei der die Aufzeichnungen eines elektronischen Patientensystems einer Bostoner Neugeborenenstation über den Zeitraum eines Jahres ausgewertet wurden.[22] Bei einem täglichen Patientenschnitt von 33,4 konnte in

---

[17] S. dazu die Auflistung der Fälle im Anhang. In einigen Fällen waren gleich mehrere Geburten betroffen; so etwa in Fall 10 (26 Geburten) oder in Fall 19 (geschätzt über 100 Geburten).

[18] Vgl. Anhang, Fall 7.

[19] Vgl. www.aerzteblatt.de/nachrichten/96224/40-Jahre-kuenstliche-Befruchtung-Acht-Millionen-Babys-kamen-zur-Welt (zuletzt abgerufen am: 30.09.19).

[20] *DIR* Journal für Reproduktionsmedizinische Endokrinologie 2017, 14 (20): 103.981 Behandlungen.

[21] So etwa bei postnatalen Vertauschungen, *Eckebrecht* FPR 2011, 394 (Fn. 1) m. w. N., der von einer Vertauschungsquote von 1 % ausgeht; *Frank* FamRZ 2015, 1149; *Willems* NZFam 2016, 445; s. auch www.zeit.de/2014/09/vertauschte-kinder-abstammung-erfahrung – oder allgemein im Labor; vgl. *LG Essen* MedR 2013, 183; *AG Köln,* Urt. v. 19.11.2008 – 141 C 3/08.

[22] *Gray et al.* Pediatrics 2006, e43.

einem Jahr kein einziger Tag verzeichnet werden, an dem nicht Potential für einen Vertauschungsvorfall bestanden hätte. Die Gefährdung ergab sich vor allem aus ähnlichen bzw. gleichen Patientennamen (43,7 %) und Patientenidentifikationsnummern (44 %). Dies ist insbesondere deswegen bedenklich, weil beide Merkmale als Hauptidentifikationselemente im Behandlungsgeschehen verwendet werden. Die Zahl der gefährdeten Patienten lag pro Tag im Schnitt bei 17 und damit bei über 50 % der behandelten Patienten.[23] Diese Ergebnisse werden durch weitere Studien bestätigt, die ähnliche Erkenntnisse hervorbrachten.[24] Zur Einordnung des Fehlerpotentials sei außerdem darauf hingewiesen, dass die Identifikation von Neugeborenen zusätzlich durch äußere Merkmale erleichtert wird, auf welche bei Keimzellen und Embryonen nicht zurückgegriffen werden kann.

Daher verwundert es nicht, dass sich die Fehlerquote auch bei reproduktionsmedizinischen Behandlungen nicht bloß im Bereich der Bedeutungslosigkeit bewegt. In einer Studie aus dem Jahr 2011 werteten Wissenschaftler die Aufzeichnungen eines elektronischen RFID-Sicherungssystems (dazu noch S. 41) aus, das sämtliche Behandlungsschritte mithilfe von Radiofrequenz-Chips aufzeichnet.[25] Dabei konnte festgestellt werden, dass die für vergleichbare Laboraktivitäten geltende Fehlerquote von circa 0,2–0,5 % auch bei der assistierten Reproduktion bestehen dürfte. Dem entsprächen bei weltweit acht Millionen reproduktionsmedizinisch gezeugten Kindern etwa 16.000–40.000 Vertauschungsvorfälle.[26] Gewiss ist davon auszugehen, dass sich nicht jeder vom System festgestellte Zuordnungsfehler zwingend im Geburtsergebnis verwirklichen dürfte. Allerdings muss zugleich berücksichtigt werden, dass die Gewissheit, sich an einem Testprojekt zu beteiligen, das die Rückverfolgbarkeit der Fehlerquote bei Arbeitsschritten zu den einzelnen Mitarbeitern ermöglicht, das tatsächliche Konzentrationsniveau der Mitarbeiter ins Positive „verfälschen" kann.

Zweifelsohne ist die Vertauschung von Keimzellen und Embryonen bei der Durchführung reproduktionsmedizinischer Behandlungen numerisch betrachtet ein vergleichsweise geringes Risiko. Angesichts der Bedeutung und weitreichenden Konsequenzen eines solchen Vorfalls sind die Fallzahlen dennoch bemerkenswert. Trotz alledem ergibt sich die juristische Relevanz der Fragestellung

---

[23] *Gray et al.* Pediatrics 2006, e43 (e44).

[24] So etwa *Simpson et al.* Arch Dis Child Fetal Neonatal 2004, F480; *Suresh et al.* Pediatrics 2004, 1609.

[25] *Thornhill et al.* Reducing Human Error in IVF with Electronic Witnessing, 2011.

[26] Allerdings sei an dieser Stelle angemerkt, dass es sich bei der genannten Größenordnung letztlich um eine reine Schätzung handelt und die Angabe als Maximalwert zu betrachten ist. Von Umrechnungen auf in Deutschland durchgeführten Behandlungen soll an dieser Stelle abgesehen werden, da der fortschreitende Reproduktionstourismus eine realistische Einschätzung, welche Betroffenen deutschem Recht unterliegen, nicht zulässt.

vor allem aus Erwägungen, die nicht in der Prävalenz von Vertauschungsvorfällen wurzeln. Auch wenn die hier diskutierten Probleme in quantitativer Hinsicht zunächst nur einen sehr geringen Teil der Bevölkerung betreffen, ist das Ausmaß der Beeinträchtigung für diese Personen von einem solchen Gewicht, dass ihre Bedeutung jedenfalls in qualitativer Hinsicht unbestreitbar groß sein dürfte. Dass die juristische Relevanz eines Rechtsproblems nicht allein von der reinen Häufigkeit seines Auftretens abhängt,[27] verdeutlicht außerdem die Tatsache, dass die hier zu untersuchenden Facetten der verschiedenen Fragestellungen überaus vielfältig, komplex und rechtlich bedeutsam sind, da an mehreren Stellen Rückschlüsse für die Bewertung von grundsätzlicheren Rechtsfragen gezogen werden können.

III. Terminologische Klarstellungen

Bevor mit den inhaltlichen Ausführungen begonnen werden kann, gilt es, in zweierlei Hinsicht terminologische Klarheit zu schaffen: Zum einen mag bereits der Titel der vorliegenden Schrift für Verwirrung sorgen. Denn der Begriff „Vertauschung" impliziert einen bewussten Vorgang und könnte den Eindruck erwecken, dass ein entsprechendes Verhalten gewünscht wird. In aller Regel handelt es sich bei den hier diskutierten Fallgestaltungen aber um solche, in denen es aufgrund eines Versehens oder einer Unachtsamkeit zu dem Austausch der Keimzellen oder Embryonen kommt. Daher wäre in vielen Fällen der Begriff der „Verwechslung" treffender als derjenige der „Vertauschung". Allerdings ist es bereits mehrfach zu vorsätzlichen Vertauschungen gekommen,[28] deren rechtliche Bewertung ebenfalls Gegenstand dieser Arbeit ist. Demzufolge ist der Begriff „Vertauschung" letztlich trotz, ja gerade wegen seiner sprachlichen Weite präziser und meint im Folgenden immer sowohl den bewussten als auch den unbewussten Austausch.

Zum anderen sei der Vollständigkeit halber darauf hingewiesen, dass auf 2-PN-Zellen nachstehend neben Keimzellen und Embryonen nur dann gesondert eingegangen wird, wenn rechtliche Erwägungen eine separierte Darstellung verlangen. Denn bei einer 2-PN-Zelle handelt es sich um eine imprägnierte Eizelle und damit immer noch um eine Keimzelle, sodass in den meisten Fällen kein Bedarf für eine explizite Abgrenzung zwischen den unterschiedlichen Zellkonstrukten besteht. Deshalb kann – sofern kein anderslautender Hinweis erfolgt –

---

[27] Andernfalls verlöre etwa die juristische Ausbildungsliteratur einen großen Teil ihres Anschauungsmaterials, da viele der dargestellten Lehrbuchfälle eben nur im Lehrbuch, nicht aber in der Praxis vorkommen, sodass deren Prävalenz gleich null ist.

[28] Vgl. Anhang, Fälle 19 und 23.

davon ausgegangen werden, dass sich die rechtliche Bewertung im Hinblick auf eine nicht imprägnierte Keimzelle mit derjenigen einer 2-PN-Zelle deckt.

IV. Gang der Untersuchung

Die Untersuchung beginnt mit einem Überblick der medizinisch-technischen Grundlagen ärztlich assistierter Reproduktion, um fehleranfällige Behandlungsschritte zu identifizieren (B.). Dies bereitet den Boden für die Darstellung rechtlicher Rahmenbedingungen mit Bezug zu vertauschungsrelevanten Fragestellungen und in der Praxis angewandten Präventionsmaßnahmen (C.). Der sich daran anschließende Hauptteil der Arbeit zeichnet in drei Kapiteln den nach der Entdeckung eines Vertauschungsvorfalls zu erwartenden Geschehensverlauf nach: Zunächst sehen sich die Beteiligten mit der Schwierigkeit konfrontiert, den Vorfall im Hinblick auf Ursachen und Betroffene aufzuklären (D.). Sodann stellt sich die Frage, welche familien- und erbrechtlichen Konsequenzen aus der Vertauschung erwachsen und wem das Verfügungsrecht über Keimzellen, 2-PN-Zellen oder Embryonen zukommt, wenn die Vertauschung bereits vor dem intrauterinen Embryotransfer bemerkt wird (E.). Der Hauptteil schließt mit einer Analyse der straf- und zivilrechtlichen Sekundärrechtsfolgen des Vertauschens (F.), an die rechtspolitische Erwägungen anknüpfen (G.). Die Ergebnisse der Untersuchung werden in einem Fazit zusammengefasst (H.).

B. Medizinische und tatsächliche Hintergründe

Im Folgenden wird ein Überblick über die reproduktionsmedizinischen Grundlagen gegeben, um den Ablauf des Behandlungsgeschehens zu skizzieren. Dabei wird der Fokus auf diejenigen Behandlungsschritte gelegt, die im besonderen Maße fehleranfällig sind. So soll aufgezeigt werden, in welchen Konstellationen ein Vertauschen denkbar ist sowie ob und wann weibliche bzw. männliche Keimzellen oder Embryonen Gegenstand des Vertauschens werden können. Um die vertauschungsrelevanten Behandlungsschritte herausarbeiten zu können, werden zunächst die in der Praxis gängigen Methoden der assistierten Reproduktion vorgestellt. Sodann wird das extrakorporale Behandlungsgeschehen chronologisch von der frühestmöglichen Keimzellentnahme bis zum intrauterinen Transfer beschrieben.

I. Reproduktionsmedizinische Grundlagen

Da die intrauterine Insemination (IUI)[1] weniger invasiv und kostengünstiger als extrakorporale Befruchtungsmethoden ist, wird sie oftmals als erste Behandlungsoption wahrgenommen.[2] Erst wenn diese Therapieform zu keinem Erfolg führt oder der diagnostische Befund eine reine Insemination von Anfang an aussichtslos erscheinen lässt, werden alternative Behandlungsmethoden in den Blick genommen, bei denen die Befruchtung in vitro stattfindet. Weil viele reproduktionsmedizinische Therapieformen bestimmte Behandlungsschritte gemein haben, orientieren sich die folgenden Ausführungen weitgehend an dem tatsächlichen Ablauf des Behandlungsgeschehens: Daher werde ich zunächst auf die Inseminationsbehandlung eingehen, um bei den weiteren Therapiemethoden nur noch die wesentlichen Unterschiede zu einer Insemination aufzuzeigen.

---

[1] Zwar kann die verwendete Spermiensuspension auch in den Zervikalkanal, die Eileiter oder die Peritonealhöhle eingebracht werden, die intrauterine Verabreichung ist jedoch die gängigste Methode und wird der Darstellung daher zugrunde gelegt; vgl. dazu *Dorn* in: Diedrich/Ludwig/Griesinger, Reproduktionsmedizin, S. 197 (202).

[2] *De Geyter/De Geyter/Behre* in: Andrologie, S. 477 (482).

1. Die Inseminationsbehandlung

Bei einer IUI handelt es sich um eine reproduktionsmedizinische Behandlungsform, bei der die eigentliche Befruchtung zwar in vivo stattfindet, diesem Vorgang aber mehrere in einem Labor oder einer Klinik vorzunehmende extrakorporale Behandlungsschritte vorgelagert sind. Auch wenn es sich bei einer IUI daher nicht um eine „künstliche Befruchtung" im engeren Sinne handeln mag, ist die Inseminationsbehandlung dennoch eine medizinisch unterstützte Behandlungsform, deren reproduktionsmedizinische Relevanz seit jeher groß ist.[3] Ziel der Behandlung ist es, durch vorbereitende Maßnahmen optimale Befruchtungsbedingungen zu schaffen, die bei einem natürlichen Befruchtungsgeschehen nicht erreicht werden könnten.

Eine dieser vorbereitenden Maßnahmen ist die hormonelle Stimulation der Patientin. Ausgehend von der Wirkungsweise der jeweiligen Hormone kann dabei im Wesentlichen zwischen drei verschiedenen Medikamentengruppen unterschieden werden: Zum einen werden im Vorlauf einer IUI Medikamente zur Stimulation der Eierstöcke eingesetzt, um eine gesteigerte Eizellreifung zu bewirken (sog. Clomifen- oder FSH-Stimulation).[4] Zum anderen wird die Gebärmutterschleimhaut mithilfe von „Gelbkörper-Hormonen" auf die Einnistung des Embryos vorbereitet.[5] Schließlich wird ein Hormon verabreicht, welches zu einer zeitgenauen, auf den individuellen Behandlungsplan abgestimmten Auslösung der Ovulation führt.[6]

Eine weitere vorbereitende Maßnahme ist die Spermiengewinnung und -aufbereitung. Die Spermiengewinnung erfolgt regelmäßig durch Masturbation unmittelbar vor Beginn der dann folgenden Spermienpräparation. Die abgegebenen Spermien werden im Rahmen verschiedener Aufbereitungsmethoden entweder gewaschen, zentrifugiert und/oder filtriert, um die Spermienqualität in der Probe zu erhöhen.[7] Ungefähr 90 Minuten nach der Samenabgabe wird eine gewisse Menge der aufbereiteten Spermienflüssigkeit mithilfe eines Katheters intrauterin verabreicht. Auf diese Weise werden die Spermien möglichst nah an die zu befruchtende Eizelle gebracht.[8] Da die Insemination zeitlich genau auf den

---

[3] *Dorn* in: Diedrich/Ludwig/Griesinger, Reproduktionsmedizin, S. 197 (198).

[4] *Ders.* in: Diedrich/Ludwig/Griesinger, Reproduktionsmedizin, S. 197 (203); vgl. auch BT-Drucks. 14/9020, S. 30f.

[5] *Diedrich/Ludwig* in: Fortpflanzungsmedizin in Deutschland, S. 32 (33).

[6] *Krebs* in: Bettendorf/Breckwoldt, Reproduktionsmedizin, S. 516 (517f.). Zu der hormonellen Behandlung insgesamt *Revermann/Hüsing,* Fortpflanzungsmedizin, S. 37ff.

[7] Teils werden diese Techniken auch kombiniert angewandt; dazu im Einzelnen *Jen Huang/Rosenwaks* in: Human Fertility, S. 171 (196); *Dorn* in: Diedrich/Ludwig/Griesinger, Reproduktionsmedizin, S. 197 (200f.).

[8] *Dorn* in: Diedrich/Ludwig/Griesinger, Reproduktionsmedizin, S. 197 (200).

durch Hormonverabreichung gesteuerten Eisprung abgestimmt wird, steigt die Wahrscheinlichkeit, dass Eizelle und Spermium zusammentreffen und es infolgedessen zu einer Befruchtung kommt.

2. *In-vitro-Fertilisation und intrazytoplasmatische Spermieninjektion*

Während bei einer IUI die Befruchtung intrauterin durch Übertragung von aufbereiteten Spermien in die Gebärmutterhöhle zum Zeitpunkt des Eisprungs erfolgt, wird bei einer In-vitro-Fertilisation (IVF) und der intrazytoplasmatischen Spermieninjektion (ICSI) die Fertilisation extrakorporal herbeigeführt. Die IVF findet vor allem dann Anwendung, wenn auf weiblicher Seite eine tubare Sterilität diagnostiziert wurde.[9] Die ICSI ist in diesem Zusammenhang eine ergänzende Maßnahme, die insbesondere bei stark beeinträchtigter Spermienqualität angewandt wird.[10] Da bei einer ICSI ein einzelnes Spermium mithilfe einer sehr feinen Glaspipette direkt in das Zytoplasma einer Eizelle injiziert wird, können seit ihrer Einführung im Jahr 1992 auch Männer therapiert werden, die aufgrund von schlechten Spermiogramm-Werten eigentlich als steril gelten oder sogar an Azoospermie leiden.[11]

In Bezug auf die im Rahmen der Inseminationsbehandlung bereits dargestellte, das eigentliche Befruchtungsgeschehen erst ermöglichende Hormonbehandlung bei der Frau ergeben sich kaum Unterschiede (dazu bereits S. 10). Auch hier wird in aller Regel eine ovarielle Stimulation durchgeführt, um durch die gesteigerte Eizellanzahl bei der Entnahme eine höhere Schwangerschaftsrate pro Zyklus zu erreichen.[12] Zudem erfolgt die Spermiengewinnung in der Regel ebenfalls mittels Masturbation. Die auf diesem Wege gewonnenen Spermien müssen ähnlich wie bei der Inseminationsbehandlung aufbereitet werden. Leidet der Mann allerdings an Azoospermie oder ist die Samenqualität massiv beeinträchtigt, kommt bei IVF und ICSI auch eine Spermiengewinnung mithilfe einer Hoden- bzw. Nebenhodenbiopsie in Betracht.[13]

Demgegenüber unterscheidet sich das eigentliche Befruchtungsgeschehen bei IVF und ICSI von demjenigen bei einer IUI in ganz erheblicher Weise. Voraussetzung einer extrakorporalen Befruchtung ist, dass sich nicht nur die Spermien,

---

9 *De Geyter/De Geyter/Behre* in: Andrologie, S. 477 (483 f.).

10 *Dies.* in: Andrologie, S. 477 (487); *Elder/Dale* In-vitro-fertilization, S. 229 ff.

11 *Diedrich/Ludwig* in: Fortpflanzungsmedizin in Deutschland, S. 32 (35); *von Wolff/Stute* Gynäkologische Endokrinologie, S. 339 f.

12 *De Geyter/De Geyter/Behre* in: Andrologie, S. 477 (483).

13 Vgl. zu diesen in der medizinischen Fachsprache auch „TESE“ und „MESA“ genannten Eingriffen *Ebner/Diedrich* in: Diedrich/Ludwig/Griesinger, Reproduktionsmedizin, S. 215 (217 f.).

sondern auch die Eizellen außerhalb der Geschlechtsorgane befinden. Zu diesem Zweck entnimmt der behandelnde Arzt circa 36 Stunden, nachdem der Eisprung mittels Hormoninjektion eingeleitet wurde, den gereiften Eibläschen Eizellen im Rahmen eines operativen Eingriffs.[14] Diese Follikelpunktion wird entweder mithilfe einer speziellen, durch die Vagina eingeführten und sonographisch gesteuerten Nadel oder aber – was mittlerweile jedoch sehr selten vorkommt – laparaskopisch (sog. Bauchspiegelung) durchgeführt.[15]

Nach erfolgter Aufbereitung unterscheidet sich der weitere Ablauf des Behandlungsgeschehens danach, ob eine bloße IVF durchgeführt wird oder zusätzlich eine ICSI erforderlich ist. Bei der IVF werden etwa 100.000 aufbereitete Spermien mit einer Eizelle in einem Kulturmedium zusammengeführt und im Anschluss bei Körpertemperatur in einem Brutschrank für 16 bis 24 Stunden bei 37°C inkubiert.[16] Ist es während dieser Zeit zu einer Befruchtung in vitro gekommen, befindet sich die Eizelle im sog. Vorkernstadium, in dem zwar ein Spermium in die Eizelle eingedrungen ist, die genetischen Informationen der Keimzellen aber noch nicht verschmolzen sind.[17] Nach einer erneuten Kultivierungszeit von circa 24 bis 96 Stunden, werden die ausgewählten Embryonen im Rahmen des intrauterinen Embryotransfers auf die Patientin übertragen. Auch wenn die sog. Dreier-Regel in § 1 Abs. 1 Nr. 3 ESchG die Übertragung von bis zu drei Embryonen auf eine Patientin zulassen würde, wird mittlerweile in aller Regel lediglich ein Embryo transferiert (sog. Single-Embryo-Transfer).[18]

Im Gegensatz dazu werden die Keimzellen bei einer ICSI nicht bloß in der Hoffnung zusammengeführt, dass diese selbst zueinander finden mögen. Vielmehr wird die Eizelle unter einem extrem hochauflösenden Mikroskop mit einer Haltepipette fixiert und ein einzelnes Spermium mithilfe einer speziellen Glaspipette in die Eizelle eingeführt.[19] Dem beeinträchtigten Spermium wird auf diese Weise ermöglicht, ins Zellinnere zu gelangen, ohne selbst die Zellhülle durchdringen zu müssen. Nachdem das Spermium in der Oozyte platziert wurde, wird diese ebenfalls im Brutschrank bis zum nächsten Behandlungsschritt kultiviert.

Haben sich während der Zeit im Inkubationsschrank aus den mittels IVF oder ICSI befruchteten Eizellen Embryonen entwickelt, können bis zu drei solcher

---

[14] *Krebs* in: Bettendorf/Breckwoldt, Reproduktionsmedizin, S. 516 (518 f.).

[15] *Ludwig* in: Diedrich/Ludwig/Griesinger, Reproduktionsmedizin, S. 209 (210 f.); BT-Drucks. 14/9020, S. 31.

[16] *Jen Huang/Rosenwaks* in: Human Fertility, S. 171 (196 f.); BT-Drucks. 14/9020, S. 32.

[17] *Diedrich/Ludwig* in: Fortpflanzungsmedizin in Deutschland, S. 32 (34).

[18] Vgl. *De Geyter/De Geyter/Behre* in: Andrologie, S. 477 (484); *Gerris et al.* Single Embryo Transfer, passim; *von Wolff/Stute* Gynäkologische Endokrinologie, S. 378.

[19] *Freundl/Haidl* in: Unerfüllter Kinderwunsch, S. 366 f.; *Jen Huang/Rosenwaks* in: Human Fertility, S. 171 (198).

Embryonen auf die Mutter transferiert werden.[20] Zu diesem Zweck werden die zu transferierenden Embryonen (oder aber ein einzelner Embryo) mit etwas Kulturmedium in einen Katheter aufgezogen, um diese in die Gebärmutterhöhle zu übertragen.[21] Dort soll es zu der Einnistung des Embryos in die Gebärmutterschleimhaut der Mutter kommen (sog. Implantation). Im Rahmen dieses Implantationsvorgangs dringen embryonale Zellen in die hormonell vorbereitete Schleimhaut ein und bewirken die Entwicklung der Plazenta, die den Embryo während der Schwangerschaft nährt.[22]

3. In-vitro-Maturation

Bei einer In-vitro-Maturation (IVM) werden anders als bei einer üblichen Follikelpunktion keine Oozyten entnommen, die sich – unterstützt durch die hormonelle Behandlung – in einem fortgeschrittenen Maturationsstadium befinden, sondern solche im unreifen Zustand.[23] Anschließend werden diese für 24 Stunden in vitro in einem mit Hormonen und Glukose angereicherten Kulturmedium maturiert.[24] Ist die IVM positiv verlaufen, wird im Anschluss daran eine IVF oder ICSI durchgeführt. Bisweilen wird die IVM ebenfalls als „Technik der extrakorporalen künstlichen Befruchtung“ bezeichnet.[25] Diese Bewertung ist meines Erachtens jedoch missverständlich, da die eigentliche Fertilisation auch bei Anwendung der IVM letztlich mithilfe einer IVF oder ICSI erfolgen muss.[26] Daher erscheint es mir treffender, die IVM als das zu bezeichnen, was sie ist: eine vorbereitende Maßnahme, die die komplikationsanfällige[27] ovarielle Stimulation im Rahmen der IVF oder ICSI überflüssig machen soll.

Obwohl die IVM den Eintritt bestimmter Komplikationen vermeidet, wird sie dennoch nicht breitflächig, sondern nur zur Behandlung ganz spezifischer Indikationen angewandt. Dies beruht zum einen darauf, dass die IVM im Vergleich zu einer konventionellen ovariellen Stimulation zur Vorbereitung einer IVF/ICSI geringere Schwangerschaftsraten bewirkt.[28] Zum anderen ist die IVM eine tech-

---

[20] Vgl. § 1 Abs. 1 Nr. 3 ESchG – üblich ist mittlerweile jedoch der sog. Single-Embryo-Transfer (s. dazu schon Kap. B, Fn. 18).

[21] Zusammenfassend zu dem Vorgang *Jen Huang/Rosenwaks* in: Human Fertility, S. 171 (203 f.).

[22] *Diedrich/van der Ven* in: Bettendorf/Breckwoldt, Reproduktionsmedizin, S. 544 (550 f.).

[23] *Strowitzki/Diedrich* in: Diedrich/Ludwig/Griesinger, Reproduktionsmedizin, S. 247 (248 f.).

[24] *Dies.* in: Diedrich/Ludwig/Griesinger, Reproduktionsmedizin, S. 247 (250).

[25] *Dies.* in: Diedrich/Ludwig/Griesinger, Reproduktionsmedizin, S. 247 (248).

[26] So etwa inzident *Trounson et al.* Fertility and Sterility 1994, S. 353 (354).

[27] *Ludwig/Ludwig* in: Diedrich/Ludwig/Griesinger, Reproduktionsmedizin, S. 305 (306).

[28] *Child et al.* Obstertrics & Gynecology 2002, S. 665 (668).

nisch und medizinisch anspruchsvolle Behandlungstechnik, die zu einer erhöhten finanziellen Belastung der Patienten führt.[29]

II. Die fehleranfälligen Behandlungsschritte

Da es nur dann zu einem Vertauschen von Keimzellen oder Embryonen kommen kann, wenn sich diese außerhalb des Körpers der Patienten befinden, soll der Fokus im Folgenden zunächst auf diesen extrakorporal durchgeführten Behandlungsschritten liegen. In einem zweiten Schritt sollen sonstige Fehlerquellen aufgezeigt werden, deren Ursprung in keinem unmittelbaren Zusammenhang zum Behandlungsgeschehen an sich steht, die aber dennoch zu einem Vertauschen bzw. Vermischen führen können.

1. Der Ablauf des Laborgeschehens

Die folgende Darstellung bildet den chronologischen Ablauf des Laborgeschehens von der frühestmöglichen Entnahme von (weiblichen) Keimzellen bis zu ihrer Rückübertragung – dann allerdings als Embryo – in die Gebärmutter ab. Unterteilt wird das Geschehen in die der Fertilisation vorgelagerten Maßnahmen sowie die Befruchtung an sich und den anschließenden Embryotransfer. Ein besonderes Augenmerk soll auf den unter humaner Beteiligung vorgenommenen Arbeitsschritten liegen, da bei diesen aufgrund der menschlichen Unzulänglichkeiten die größte Fehleranfälligkeit zu erwarten ist. Diese Annahme wird auch durch die in einem „Code of Practice“ dargelegte Auffassung der britischen *Human Fertilisation & Embryology Authority* (HFEA)[30] untermauert. In Guidance Note 18.4 dieses Protokolls werden verschiedene Arbeitsschritte aufgeführt, bei denen angesichts ihrer besonderen Fehleranfälligkeit ein sog. Witnessing durch Anwendung des Vier-Augen-Prinzips oder eines elektronischen Sicherungssystems durchzuführen ist. Sämtliche der zwölf genannten Arbeitsschritte zeichnen sich dadurch aus, dass sie überwiegend von Laboranten durchgeführt werden.[31] Im Folgenden sollen bei der Darstellung der kritischen Behandlungsschrit-

---

[29] *Strowitzki/Diedrich* in: Diedrich/Ludwig/Griesinger, Reproduktionsmedizin, S. 247 (251 f.). Zudem folgt aus Ziff. 10 der Richtlinien des G-BA über ärztl. Maßnahmen zur Durchführung einer künstl. Befruchtung, dass bei einer IVM keine anteilige Kostenbeteiligung der Krankenkasse nach § 27 Abs. 1, Abs. 3 S. 3 SGB V stattfindet.

[30] Bei der HFEA handelt es sich um eine „quasi-staatliche“ Zulassungs- und Regulierungsbehörde für alle britischen Reproduktionseinrichtungen, die im Auftrag des „Department of Health“ tätig ist und von der Legislative mit Regelungskompetenz ausgestattet wurde; vgl. *Revermann/Hüsing,* Fortpflanzungsmedizin, S. 215.

[31] Allerdings werden hier nur neun der zwölf Schritte näher beleuchtet, da die anderen Ar-

te kontinuierlich Parallelen zu den Regelungen des HFEA Code of Practice gezogen werden, um die Richtigkeit der Analyse nachzuweisen.

a) Vorbereitende Maßnahmen

Der frühestmögliche Zeitpunkt, bei dem es zu einer extrakorporalen Maßnahme unter Beteiligung von Keimzellen kommen kann, ist die Keimzellentnahme zur Durchführung einer die Hormonbehandlung ersetzenden IVM (s. o.). Die IVM verlängert die Zeitspanne, in der sich Keimzellen bzw. Embryonen außerhalb des Körpers befinden, um etwa 24 Stunden und erfordert die Vornahme zusätzlicher vertauschungsanfälliger Behandlungsschritte. Neben der Eizellentnahme[32] selbst, bei der eine fehlerfreie Patientenzuordnung der gewonnenen Proben gewährleistet werden muss, ist vor allem das Einbringen in und die Entnahme aus dem Brutschrank sowie die mit diesem Vorgang verbundene Identifikation der Proben in den Blick zu nehmen.[33] Daneben ist zu berücksichtigen, dass generell jeder Vorgang, in dessen Rahmen Proben von einem Ort zu einem anderen bewegt werden, in erhöhtem Maße fehleranfällig ist.[34] Wird der IVF bzw. ICSI keine IVM vorangestellt, werden die Eizellen zu einem späteren Zeitpunkt entnommen[35] und entweder sofort oder nach kurzer – etwa durch eine erhöhte Arbeitsbelastung bedingte – Zwischenlagerung[36] dem Befruchtungsgeschehen zugeführt. Während bei IVF und ICSI sowohl Ei- als auch Samenzellen extrakorporal bearbeitet werden, verbleiben bei einer Inseminationsbehandlung – bei der gerade keine Eizellen entnommen werden – nur diejenigen Risiken, die sich aus der Entnahme[37] und Aufbereitung[38] der Samenzellen ergeben.

b) Der Fertilisationsvorgang und der Embryotransfer

Da sich das Befruchtungsgeschehen bei einer IVF/ICSI gegenüber einer Inseminationsbehandlung maßgeblich unterscheidet, ist auch der Grad der Fehleranfälligkeit nicht zu vergleichen. Bei einer Inseminationsbehandlung ist lediglich zu

---

beitsschritte nicht unmittelbar zum Behandlungsgeschehen gehören (lit. h und lit. i) oder in Deutschland nicht durchgeführt werden (lit. l).

[32] Vgl. Ziffer 18.4 lit. a HFEA-Code of Practice.

[33] Dazu die ähnliche Vorgabe bei der Einlagerung zum Zwecke einer Kryokonservierung in Ziffer 18.4 lit. h und lit. i HFEA-Code of Practice.

[34] Vgl. Ziffer 18.4 lit. e HFEA-Code of Practice. Außerdem Ziffer 18.4 lit. k HFEA-Code of Practice, auch wenn der dort angesprochene Transport nicht in erster Linie auf einrichtungsinterne Vorgänge gemünzt sein mag.

[35] Vgl. wiederum Ziffer 18.4 lit. a HFEA-Code of Practice.

[36] Dazu ebenfalls Ziffer 18.4 lit. h und lit. i HFEA-Code of Practice.

[37] Vgl. Ziffer 18.4 lit. b HFEA-Code of Practice.

[38] Dazu Ziffer 18.4 lit. c HFEA-Code of Practice.

gewährleisten, dass die aufbereitete Spermienprobe dem richtigen Partner und damit auch der Frau zugeordnet wird, auf die die Samen übertragen werden sollen.[39] Demgegenüber sind bei einer IVF oder ICSI weitere kritische Arbeitsschritte erforderlich. So werden aufbereitete Spermien für eine IVF mit Keimzellen in einem Kulturschälchen zusammengebracht[40] und sodann für circa 40–112 Stunden im Brutschrank kultiviert.[41] Unterbrochen wird diese Kultivierungszeit durch morphologische Kontrollen und einen Auswahlprozess, in dessen Folge entschieden wird, welche Embryonen transferiert und welche nicht weiter kultiviert werden.[42] Die ICSI unterscheidet sich von der IVF lediglich dadurch, dass die Keimzellen nicht bloß in einem Kulturschälchen zusammengebracht werden, sondern die Samenzelle mithilfe eines sog. Mikromanipulators direkt in die Eizelle injiziert wird.[43] War die IVF bzw. ICSI erfolgreich, wird der erzeugte Embryo im Rahmen des Embryotransfers auf die Patientin übertragen. Dabei ist erneut insbesondere auf eine fehlerfreie Identifikation sowohl der Probe als auch der Patientin zu achten, um eine sichere Embryo-Patienten-Zuordnung sicherzustellen.[44]

2. *Sonstige Fehlerquellen*

a) *Maßnahmen zum Fertilitätserhalt*

Wie bereits aufgezeigt, kommt ein Vertauschen nur dann in Betracht, wenn sich Keimzellen oder Embryonen außerhalb des Körpers befinden. Neben den unmittelbar der Reproduktion dienenden Behandlungsmethoden sind vor allem diejenigen Maßnahmen in den Blick zu nehmen, mit denen die weibliche oder männliche Fruchtbarkeit erhalten werden soll. Von besonderer Relevanz sind diese Maßnahmen, weil sich die Wahrscheinlichkeit, dass es zu einer Vertauschung kommt, logischerweise erhöht, je länger sich die Keimzellen oder Embryonen außerhalb des Körpers befinden. Durch die technischen Möglichkeiten, die die modernen Kryokonservierungstechniken bieten, sind jahre- oder sogar jahrzehntelange Aufbewahrungszeiten keine Seltenheit.[45] Zu unterscheiden ist dabei zwi-

39 Vgl. Ziffer 18.4 lit. g HFEA-Code of Practice.

40 Vgl. Ziffer 18.4 lit. d HFEA-Code of Practice.

41 Dazu Vgl. Ziffer 18.4 lit. e, h und i HFEA-Code of Practice.

42 Vgl. Ziffer 18.4 lit. j und e HFEA-Code of Practice.

43 Auch in diesem Zusammenhang ist Ziffer 18.4 lit. d HFEA-Code of Practice zu beachten.

44 Vgl. Ziffer 18.4 lit. f HFEA-Code of Practice.

45 *Von Wolff/Stute* Gynäkologische Endokrinologie, S. 410. Die Durchführung der Konservierung wird vor dem 25. Lebensjahr – jedenfalls aber vor dem 30. Lebensjahr – empfohlen, um nach erheblichem Fruchtbarkeitseinbruch (etwa ab dem 35. Lebensjahr) weiter fertil zu sein; vgl. *Ludwig/Nawroth/Dorn/Sonntag* in: Diedrich/Ludwig/Griesinger, Reproduktionsmedizin, S. 397 (398 f.).

schen fertilitätserhaltenden Maßnahmen, denen eine medizinische Indikation zugrunde liegt, und dem sog. Social Freezing, für dessen Anwendung es keinen medizinischen Grund gibt.[46] Da sich die jeweiligen Maßnahmen allerdings nicht in ihrer Durchführung, sondern bloß hinsichtlich der zugrundeliegenden Patientenmotivation unterscheiden,[47] ist eine einheitliche Darstellung gerechtfertigt.

aa) Fertilitätserhaltende Maßnahmen bei weiblichen Patienten

Wird bei einer Patientin eine Erkrankung diagnostiziert, die sich entweder unmittelbar oder wegen der anzuwendenden Therapie fertilitätsbeeinträchtigend auswirken kann, muss der behandelnde Arzt gemeinsam mit der Patientin beraten, ob die Durchführung fertilitätsprotektiver Maßnahmen wegen eines bestehenden Kinderwunsches erforderlich ist.[48] Besteht ein solches Behandlungsbedürfnis, können zwei unterschiedliche Therapiewege beschritten werden: Einerseits kann eine ovarielle Stimulation durchgeführt werden, um Oozyten mittels Follikelpunktion zu entnehmen und diese im Anschluss daran im unbefruchteten oder – nach Durchführung einer IVF bzw. ICSI – im befruchteten Zustand (als 2-PN-Zelle) einem Kryokonservierungsverfahren zu unterziehen.[49] Andererseits besteht die Möglichkeit, Ovarialgewebe zu extrahieren, um dieses kryokonservieren und zu einem späteren Zeitpunkt zur Wiederherstellung der Fertilität transplantieren zu können.[50]

Sowohl bei der Kryokonservierung von Oozyten als auch bei derjenigen von Ovarialgewebe werden die Proben zunächst in mehreren Arbeitsschritten aufbereitet.[51] Anschließend werden diesen Kryoprotektiva beigefügt, die die Bildung großer intrazellulärer Eiskristalle verhindern soll.[52] Das Einfrieren folgt einer

---

[46] *Von Wolff/Stute* Gynäkologische Endokrinologie, S. 409. Darüber hinaus bleibt zu berücksichtigen, dass auf Kryokonservierungstechniken nicht nur zum Zwecke des Fertilitätserhalts zurückgegriffen wird, sondern zum Teil auch, um überflüssige Keimzellen bzw. Embryonen für einen weiteren Behandlungszyklus aufzubewahren. Des Weiteren sei darauf hingewiesen, dass das „Social Freezing" in aller Regel nur von weiblichen Patientinnen genutzt wird, da die männliche Fruchtbarkeit nur in geringem Maße vom Lebensalter des Patienten beeinflusst wird; vgl. *Gromoll/Tüttelmann/Kliesch* Urologe 2016, 58.

[47] Dem „Social Freezing" liegen in aller Regel soziale Aspekte wie etwa eine entgegenstehende Karriereplanung oder ein erst später entstehender Kinderwunsch zugrunde; vgl. *Nawroth,* Social Freezing, S. 3 f.

[48] Eine umfangreiche Auflistung der relevanten Erkrankungen findet sich in den Kapiteln 2.1 bis 2.9 bei *Sager/von Wolff/Fehm* in: Fertilitätsprotektive Maßnahmen, S. 14 ff.

[49] *Liebenthron* in: Fertilitätsprotektive Maßnahmen, S. 122 (125 ff.).

[50] *Von Wolff* in: Fertilitätsprotektive Maßnahmen, S. 130 ff.

[51] Vgl. für Ovarialgewebe *Liebenthron* in: Fertilitätsprotektive Maßnahmen, S. 142 (145) und für Eizellen *Nawroth,* Social Freezing, S. 13 f.

[52] *Kliesch/Kamischke/Cooper/Nieschlag* in: Andrologie, S. 515 (525 f.).

genauen zeitlichen Reihenfolge unter Zuhilfenahme von flüssigem Stickstoff, um die zellulären Strukturen weitestgehend von Schäden freizuhalten.[53] Nach dem Gefriervorgang werden die Proben bei -196°C in auslaufsicheren Behältern dauerhaft eingelagert.[54] Wird die Probe zur Fortsetzung des Befruchtungsgeschehens benötigt, leitet das Laborpersonal den Auftauvorgang ein und präpariert diese für die weitere Behandlung. Im Anschluss daran findet je nach Behandlungsform eine Transplantation des Ovarialgewebes oder ein Embryotransfer statt.[55]

bb) Fertilitätserhaltende Maßnahmen bei männlichen Patienten

Auch bei männlichen Patienten kann es medizinisch erforderlich sein, fertilitätserhaltende Maßnahmen zur Ermöglichung einer späteren Vaterschaft durchzuführen. Neben onkologischen Behandlungsformen können insbesondere operative Maßnahmen oder andere gonadotoxische Therapien negative Auswirkungen auf die männliche Fertilität haben.[56] In solchen Fällen kann präventiv Sperma oder Hodengewebe kryokonserviert werden. Nach der Spermaabgabe wird das Ejakulat für die Kryokonservierung präpariert, mit Kryoprotektiva versetzt, eingefroren und bei -196°C gelagert. Um das kryokonservierte Sperma für eine Insemination oder IVF bzw. ICSI zu verwenden, muss es aufgetaut, von der kryoprotektiven Ummantelung befreit und aufbereitet werden.[57]

cc) Bewertung der Fehleranfälligkeit

Im Hinblick auf das Vertauschungspotential, das mit dem Prozess der Kryokonservierung insgesamt einhergeht, ist vor allem bezeichnend, mit welcher Eindringlichkeit in der Literatur angemahnt wird, dass „die eindeutige Identifizierung der Proben unbedingt sicherzustellen ist“[58]. Daher ist in der laboratorischen Praxis eine sorgfältige Beschriftung der Gefäße und Behälter erforderlich, um eine sichere Zuordnung der Proben zu den Patienten auch nach einer längeren Lagerungsdauer zu gewährleisten. Dabei ist zu berücksichtigen, dass die Kennzeichnung den extremen Temperaturunterschieden trotzen und dementsprechend

---

53 *Kliesch* in: Fertilitätsprotektive Maßnahmen, S. 166 (172).

54 Nach aktuellem Stand der Wissenschaft gibt es keine biologischen Beschränkungen der Lagerungsdauer, vgl. *Katzorke/Kolodziej* in: Diedrich/Ludwig/Griesinger, Reproduktionsmedizin, S. 639 (643).

55 Wurden unfertilisierte Oozyten kryokonserviert, müssen diese vor dem Transfer zunächst mittels IVF oder ICSI befruchtet werden, s. o. S. 17 f.

56 *Schlatt/Kliesch* Gynäkologische Endokrinologie 2012, 91 (93 f.).

57 *Kliesch* in: Fertilitätsprotektive Maßnahmen, S. 166 (172 f.).

58 *Dies.* in: Fertilitätsprotektive Maßnahmen, S. 166 (172). So auch das WHO-Laborhandbuch zur Untersuchung und Aufbereitung des menschlichen Ejakulates, S. 159 f.

ausreichend robust sein muss.[59] Die Zuordnung erfolgt in der Regel mittels eines Kodiersystems, das sowohl in die Labordatenblätter als auch die Computerdatenbanken aufgenommen wird.[60] Zudem wird auch hier deutlich darauf hingewiesen, dass die medizinisch-technischen Laboratoriumsassistenten im Rahmen der Zuordnung nicht an mehreren Proben gleichzeitig arbeiten sollten, sondern immer nur an einer einzigen.[61] In aller Regel wird man davon ausgehen können, dass es während der Lagerungszeit an sich zu keiner Vertauschung kommen kann. Besonders anfällig sind hingegen die zeitlich vor- und nachgelagerten Arbeitsschritte, mit denen die Proben der Kryokonservierung zugeführt oder entnommen werden.[62]

b) Reproduktionstourismus

Wie eingangs bereits erwähnt (s. Kap. A, Fn. 26), hat die zunehmende Globalisierung in den letzten Jahren dazu geführt, dass Patienten verstärkt reproduktionsmedizinische Angebote im Ausland wahrnehmen. Auch wenn die Ursachen für diesen sog. Reproduktionstourismus durchaus vielfältig sind,[63] lassen sich dennoch zwei Hauptgründe benennen: Zum einen hat der finanzielle Aspekt eine ganz erhebliche Bedeutung. Angesichts der Tatsache, dass in der Regel mindestens drei bis vier Behandlungszyklen erforderlich sind, um eine Schwangerschaft herbeizuführen, und jeder IVF-Zyklus zurzeit in deutschen Kliniken circa 3.200 € kostet,[64] kann eine reproduktionsmedizinische Behandlung eine erhebliche finanzielle Belastung bedeuten. Da die GKV darüber hinaus gemäß § 27a Abs. 3 S. 3 SGB V lediglich 50 % der Behandlungskosten übernimmt,[65] zieht es immer mehr Paare ins europäische und auch außereuropäische Ausland,[66] um sich den Wunsch vom eigenen Kind kostengünstiger zu erfüllen.[67] Zum anderen sind die rechtlichen Rahmenbedingungen für die Durchführung einer reproduktionsmedizinischen Behandlung in Deutschland so streng wie in kaum einem anderen

---

[59] *Katzorke/Kolodziej* in: Diedrich/Ludwig/Griesinger, Reproduktionsmedizin, S. 639 (644). Die meisten Einrichtungen verwenden spezielle Kryo-Plaketten oder Kryo-Aufkleber, teils werden die Behältnisse aber sogar individuell graviert.

[60] *Kliesch* in: Fertilitätsprotektive Maßnahmen, S. 166 (172).

[61] *Dies.* in: Fertilitätsprotektive Maßnahmen, S. 166 (172).

[62] Dazu auch Ziffer 18.4 lit. h und i des HFEA-Code of Practice.

[63] Vgl. zu den Ursachen insgesamt *Knoll* in: Umwege zum eigenen Kind, S. 63 (70ff.).

[64] *Aschhoff* S. 17f.; vgl. auch *Revermann/Hüsing,* Fortpflanzungsmedizin, S. 167.

[65] Nach § 27a Abs. 1 Nr. 2 Hs. 2 SGB V aber auch nur für die ersten drei Zyklen.

[66] Im Zeitraum 2008–2009 lag allein die Quote deutscher Patienten am innereuropäischen Reproduktionstourismus wohl bei circa 15 %; vgl. *Revermann/Hüsing,* Fortpflanzungsmedizin, S. 168.

[67] Vgl. *Knoll* in: Umwege zum eigenen Kind, S. 63 (77), die darauf hinweist, dass bei einer Behandlung im Ausland teils bis zu 50 % der Behandlungskosten eingespart werden können.

Land. Daher entziehen sich viele Patienten dem Geltungsbereich des deutschen Embryonenschutzgesetzes und der Richtlinien der Landesärztekammern (bzw. BÄK) zur Durchführung der assistierten Reproduktion, um in anderen Ländern das durchführen zu lassen, was ihnen in Deutschland aufgrund der rechtlichen Hindernisse nicht möglich ist.[68]

Betrachtet man den hart geführten internationalen Wettbewerb um die Gunst der Patienten,[69] kommt man nicht umhin, auch die negativen Aspekte in den Blick zu nehmen, die mit der zunehmenden Kommerzialisierung eines Lebensbereichs einhergehen. Dabei ist insbesondere zu berücksichtigen, dass die durch ein vielfältiges Angebot ausgelöste Dynamik des Marktes die Wettbewerber oftmals dazu zwingt, die Zielgruppe mit niedrigen Preisen von sich zu überzeugen. Muss sich eine Klinik dieser Preisentwicklung im Hinblick auf ihre Wettbewerbsfähigkeit beugen, besteht die Gefahr, dass Einsparungen auf Kosten von Qualität und Sicherheit der reproduktionsmedizinischen Behandlungen vorgenommen werden.[70] Weitere Probleme ergeben sich aus einem gegebenenfalls niedrigeren Sorgfaltsstandard, der entweder durch diese Einsparungen oder die jeweils herrschenden nationalen Gepflogenheiten bedingt wird und massive Auswirkungen auf die Qualitätssicherung in reproduktionsmedizinischen Einrichtungen hat. So steigt logischerweise die Gefahr, dass es zu einem Vertauschungsvorfall kommt, je laxer der Umgang mit Sicherheitsrichtlinien gehandhabt wird.

Schließlich darf nicht außer Acht gelassen werden, dass bei Behandlungen in einigen Ländern auch die politische oder gesellschaftliche Situation eine Rolle spielen wird. Exemplarisch kann auf einen Fall aus der Türkei verwiesen werden, bei dem die vom türkischen Präsidenten *Recep Tayyip Erdoğan* angestoßenen politischen Umwälzungen zu erheblichen Komplikationen an einer international bekannten Istanbuler Fertilitätsklinik führten.[71] Die Klinik wurde etwa eine Woche nach dem im Juli 2016 gescheiterten Putschversuch unter Berufung auf den Ausnahmezustand geschlossen, zudem verschwanden 32.000 Patientenakten und die dazugehörigen Eizellen, Spermien und/oder Embryonen. Dass nach solchen Geschehnissen die erneute Zuordnung der Zellproben zu den jeweiligen Patienten fehlerfrei gelingt, kann stark bezweifelt werden. Vielmehr bergen solche Vorgänge die erhebliche Gefahr, dass es zu Verwechslungen und

---

[68] Dazu *Knoll* in: Umwege zum eigenen Kind, S. 63 (70 f. u. 74 ff.).

[69] Z. B. werden mittlerweile mit einer Reproduktionsbehandlung verbundene Pauschalreisen zu Kliniken in Urlaubsregionen angeboten, um die Behandlung so komfortabel wie möglich zu gestalten; vgl. *Knoll* in: Umwege zum eigenen Kind, S. 63 (67 ff.).

[70] So etwa im Fall des Londoner St.-George-Krankenhauses, bei dem chronischer Personalmangel als Grund für eine Verwechslung ausgemacht wurde; vgl. Anhang, Fall 13.

[71] Vgl. dazu www.spiegel.de/politik/ausland/tuerkei-schliesst-fruchtbarkeitsklinik-wegen-terrorverdachts-a-1105458.html (zuletzt abgerufen am: 30.09.19).

Vertauschungen kommt. Auch wenn es durchaus nachvollziehbar ist, dass sich viele Paare für die Durchführung reproduktionsmedizinischer Maßnahmen im Ausland entscheiden, sollten die Augen dennoch nicht vor möglichen negativen Einflüssen verschlossen werden.

c) Samenbanken

Zusätzliches Fehlerpotential besteht, wenn neben dem die assistierte Reproduktion durchführenden Institut eine Samenbank oder eine weitere reproduktionsmedizinische Einrichtung in die Behandlung involviert ist. Sollte die Sterilität des Mannes eine donogene bzw. heterologe[72] Behandlungsform erforderlich machen, wird auf Spendersamen zurückgegriffen, der zwar teilweise in dem behandelnden Zentrum gewonnen wird, häufig aber von einer externen Samenbank bzw. einem anderen reproduktionsmedizinischen Institut bezogen wird. Nachdem der Spender sein Sperma abgegeben hat, wird es in der entsprechenden Einrichtung kryokonserviert.[73] Fordert ein reproduktionsmedizinisches Zentrum eine Samenprobe an, erfolgt der Versand der Spermien in speziellen stickstoffgekühlten Behältern.[74] Nach der Ankunft im anfordernden Institut werden die Spermien aufgetaut und für den jeweiligen Behandlungsschritt vorbereitet. Die Aufbereitung der Spermien erfolgt je nach Verwendungszweck vor oder nach der Konservierung.[75] Zwar werden sowohl die Proben selbst als auch die verschiedenen Lagerplätze gekennzeichnet, um eine fehlerfreie Zuordnung zu gewährleisten,[76] allerdings können auch in diesem Bereich – ähnlich wie bei dem der Behandlung unmittelbar dienenden Laborgeschehen – Unachtsamkeiten und sonstige Fehler nicht ausgeschlossen werden. Vielmehr bringen die zusätzlichen Arbeitsschritte bei der Kryokonservierung und dem Versand des Spermas eine erhöhte Fehleranfälligkeit mit sich.[77]

---

72 Der Begriff „heterolog" und der v. a. im medizinischen Bereich gebräuchliche Ausdruck „donogen" werden synonym für die Behandlung mit Spendersamen verwendet; vgl. *Katzorke* Gynäkologische Endokrinologie 2003, 85.

73 *Katzorke/Kolodziej* in: Diedrich/Ludwig/Griesinger, Reproduktionsmedizin, S. 639 (641 f.).

74 *Dies.* in: Diedrich/Ludwig/Griesinger, Reproduktionsmedizin, S. 639 (645).

75 *Dies.* in: Diedrich/Ludwig/Griesinger, Reproduktionsmedizin, S. 639 (644).

76 *Dies.* in: Diedrich/Ludwig/Griesinger, Reproduktionsmedizin, S. 639 (644).

77 Die für die tatsächliche Betrachtung der Fehlerquellen unerhebliche Frage, welche rechtlichen Auswirkungen sich aus der Verwendung von anderem als dem vertraglich vereinbarten Sperma ergeben, soll an dieser Stelle zunächst außen vor bleiben (dazu später Kapitel F.).

3. Zusammenfassende Betrachtung der Fehlerquellen

Ist es zu einem Vertauschungsvorfall gekommen, wird die Ursache für diesen Fehler in aller Regel in einem Verhalten des Laborpersonals zu finden sein. Gezielte Präventionsmaßnahmen wie etwa strikte Arbeitsanweisungen mögen freilich zu einer Begrenzung des Vertauschungsrisikos führen, angesichts der menschlichen Unzulänglichkeiten wird eine an einen vollständigen Ausschluss grenzende Minimierung auf diesem Wege indessen kaum zu erreichen sein. Dies gilt umso mehr, als reproduktionsmedizinische Behandlungen an einer systemimmanenten Schwäche leiden, die nur schwer zu beheben ist. Da Keimzellen und Embryonen sehr empfindlich auf Veränderungen der Umgebungsbedingungen reagieren, bedeutet jeder weitere Moment, in dem sich diese außerhalb eines sicheren Brutschranks befinden, eine erhebliche Gefahr für die Qualität der Proben. Zwar bemühen sich die Labore, diesem Problem mithilfe von modernen Werkbanken zu begegnen, die schonende äußere Bedingungen zu simulieren versuchen. Allerdings ist der technische Fortschritt noch nicht so weit gediehen, dass die Anweisung an das Laborpersonal, die Arbeiten an den Proben möglichst zügig durchzuführen,[78] aus den Laborhandbüchern gestrichen werden könnte. Dass aber Zeitdruck und eine dementsprechend erhöhte Belastung zu Unaufmerksamkeit und damit zu Nachlässigkeit führt, liegt angesichts der begrenzten menschlichen Konzentrationsfähigkeiten auf der Hand.

Neben der naheliegenden und hier vor allem aufgezeigten Konstellation, dass es bei den diversen Arbeitsschritten zu einer Verwechslung von Proben aufgrund von Fahrlässigkeit gekommen ist, sind auch sonstige Verhaltensweisen in den Blick zu nehmen, die in keinem unmittelbaren Zusammenhang zum Behandlungsgeschehen als solchem stehen. So kam es beispielsweise zu Vorfällen, in denen verunreinigtes Labormaterial die Vermischung von Keimzellen unterschiedlicher Patienten bewirkte[79] oder Laborpersonal vorsätzlich Proben vertauschte[80]. Abgesehen von der Frage, auf welche Weise es zu der Vertauschung gekommen ist, ist bei der weiteren Betrachtung insbesondere zu berücksichtigen, was Gegenstand der Vertauschung geworden ist. So können sowohl männliche oder weibliche Keimzellen, männliche und weibliche Keimzellen oder gar ein ganzer Embryo zum Gegenstand der Vertauschung werden. Darüber hinaus kann es – auch wenn diese Konstellationen doch recht ungewöhnlich sein mögen – zu Kombinationen verschiedener Vertauschungsvorfälle kommen, wenn zunächst Keimzellen vertauscht wurden und anschließend auch der Embryo verwechselt

[78] Vgl. dazu auch Ziffer 4 Abs. 2 sowie Ziffer 4 Abs. 5 Spiegelstr. 1 der Leitlinie der AGRBM zum verantwortlichen Arbeiten im ART-Labor (dazu näher S. 36 f.).

[79] So etwa bei einer ganzen Serie von Vorfällen in einer Utrechter Klinik; Anhang, Fall 10.

[80] S. dazu Anhang, Fälle 19 und 23.

wird.[81] Für eine Vielzahl unterschiedlicher Fragestellungen ist schließlich von entscheidender Bedeutung, zu welchem Zeitpunkt die Vertauschung bemerkt wurde und wann daraufhin Ansprüche geltend gemacht werden.

---

81 Zu den verschiedenen Konstellationen im Einzelnen S. 114.

C. Normative Rahmenbedingungen der Vertauschungskonstellation

Angesichts der Tatsache, dass es in Deutschland bislang kein einheitliches Fortpflanzungsmedizingesetz gibt,[1] gleichen die bestehenden rechtlichen Vorgaben im Bereich der Reproduktionsmedizin oftmals eher einem normativen „Flickenteppich“ denn einem konzertierten Gesamtkomplex. Während der Gesetzgeber zwar vereinzelt Normen geschaffen hat, die der Prävention dienen und das Problem des Vertauschens von Keimzellen oder Embryonen daher zumindest mittelbar betreffen, hat er bisher keine normative Antwort auf die Frage gefunden, wie diejenigen Fälle zu behandeln sind, in denen „das Kind bereits in den Brunnen gefallen“, es also zu einem Vertauschen gekommen ist. Da im Folgenden indes nur die gegenwärtige, vertauschungsrelevante Gesetzeslage dargestellt werden soll, müssen an dieser Stelle solche „forensischen“ Fragestellungen in Ermangelung von spezifisch das Vertauschen betreffenden Regelungen ausgeklammert werden.[2] Daher wird in diesem Abschnitt ein Überblick lediglich über diejenigen Normen gegeben, die eine präventive Zielsetzung verfolgen und mit denen der Gesetzgeber zum Ausdruck gebracht hat, dass ihm die Probleme rund um das Vertauschen von Keimzellen oder Embryonen wenigstens bewusst sind. Nachfolgend wird der Fokus zunächst auf eben diese Normen gelegt (I.), um schließlich die Umsetzung von Präventionsmaßnahmen in der aktuellen Labor-Praxis zu beleuchten (II.).

I. Die rechtlichen Rahmenbedingungen

Die für die Durchführung reproduktionsmedizinischer Maßnahmen maßgeblichen Vorgaben ergeben sich aus einer Vielzahl unterschiedlicher Regelungen.

---

[1] Anders ist dies etwa in Österreich (österreichisches BGBl. I Nr. 275/1992, maßgeblich geändert durch BGBl. I Nr. 35/2015) und der Schweiz (schweizerisches BBl. 1998 V 5714, zuletzt geändert durch BBl. 2006 7001), deren Rechtsordnungen jeweils um ein FMedG für den Bereich der Reproduktionsmedizin ergänzt wurden.

[2] Dazu die Kapitel E. und F.

Neben bundesrechtlichen Normen sind insbesondere berufsrechtliche Vorschriften, Empfehlungen verschiedener Fachgesellschaften sowie einrichtungsinterne Laborhandbücher in den Blick zu nehmen. Darüber hinaus ist zu beachten, dass der reproduktionsmedizinische Normenkontext in starkem Maße europarechtlich determiniert ist. So hat die Europäische Union mit ihrer sog. Gewebe-Richtlinie 2004/23/EG[3] und den dazugehörigen Durchführungsrichtlinien[4] für viele Fragen weichenstellende Entscheidungen getroffen, die durch das als Artikelgesetz konzipierte Gewebegesetz in nationales Recht transformiert wurden.[5] Dabei gilt es zu berücksichtigen, dass die Vorgaben der Gewebe-RL nicht nur im Transplantationsrecht (TPG, TPG-GewV), sondern auch im Arzneimittelrecht (AMG, AMWHV) umgesetzt wurden.[6]

1. Bundesrechtliche Regelungen

a) Transplantationsrechtliche Anforderungen

aa) TPG

Von maßgeblicher Bedeutung für den Bereich der Reproduktionsmedizin war die Entscheidung des EU-Gesetzgebers, menschliche Zellen mit dem Begriff des Gewebes gleichzustellen. Diese Weichenstellung findet sich in Art. 3 lit. a Gewebe-RL und wurde durch Art. 1 Gewebegesetz in § 1a Nr. 4 TPG a. E. integriert. Daher umfasst der Anwendungsbereich des TPG[7] entsprechend den europarechtlichen Vorgaben[8] nunmehr gemäß § 1 Abs. 2 S. 1 i. V. m. § 1a Nr. 4 TPG auch menschliche Keimzellen.[9] Da Art. 168 Abs. 4 lit. a AEUV den EU-Gesetzgeber indes nur zur Festlegung von Qualitäts- und Sicherheitsstandards ermächtigt,[10] beschränkt auch der nationale Gesetzgeber den keimzellspezifischen Anwendungsbereich des TPG auf solche Regelungen, die einzig die Qualität und Sicherheit von im Einklang mit dem ESchG gewonnenen und verwendeten Keim-

---

[3] Richtlinie 2004/23/EG des Europäischen Parlamentes und des Rates zur Festlegung von Qualitäts- und Sicherheitsstandards für die Spende, Beschaffung, Testung, Verarbeitung, Konservierung, Lagerung und Verteilung von menschlichen Geweben und Zellen.

[4] Vgl. die beiden Kommissions-Richtlinien 2006/17/EG und 2006/86/EG.

[5] Vgl. dazu auch Art. 288 Abs. 3 AEUV.

[6] S. auch *Revermann/Hüsing,* Fortpflanzungsmedizin, S. 207.

[7] BGBl. I 2007, S. 2206.

[8] Vgl. Erwägungsgrund 7 zur EG-Richtlinie 2004/23 sowie Erwägungsgrund 4 der EG-Richtlinie 2006/17.

[9] So explizit BT-Drucks. 16/3146 S. 23 u. 59. Anders aber noch BT-Drucks. 13/4355 S. 16.

[10] *Müller-Terpitz,* Der Schutz des pränatalen Lebens, S. 454, der darauf hinweist, dass eine gemeinschaftsweite Aussage zur Zulässigkeit der Erzeugung von Keimzellen („Quellen") nicht intendiert ist.

zellen betreffen.[11] Demgegenüber erstreckt sich der Anwendungsbereich des TPG nicht auf den Embryo als solchen,[12] obgleich auch ein Embryo aus einer einzelligen Zygote hervorgeht[13] und daher grundsätzlich der Gewebedefinition des § 1a Nr. 4 TPG unterfallen würde. Allerdings widerspräche ein solches Verständnis dem eindeutigen gesetzgeberischen Willen,[14] der sich nicht zuletzt in der gesetzlichen Systematik niedergeschlagen hat.[15]

Der auf Art. 11 Abs. 2 Gewebe-RL und Art. 5, 6 Richtlinie 2006/86/EG beruhende § 13b TPG sieht in Satz 1 Nr. 1 eine bußgeldbewährte[16] Dokumentations- und Meldepflicht für schwerwiegende Zwischenfälle nach § 63i Abs. 6 AMG vor.[17] Während § 63i Abs. 6 S. 1 AMG eine allgemeingültige Begriffsbestimmung für schwerwiegende Zwischenfälle enthält, erweitert Satz 2 die Definition dahingehend, dass als schwerwiegender Zwischenfall auch „jede fehlerhafte Identifizierung oder Verwechslung von Keimzellen oder imprägnierten Eizellen im Rahmen von Maßnahmen einer medizinisch unterstützten Befruchtung" gilt. Angesichts der Tatsache, dass bei einer reproduktionsmedizinschen Maßnahme sowohl die Zellentnahme als auch ihre Rückübertragung häufig in der gleichen Einrichtung vorgenommen wird,[18] entfällt die Meldepflicht in solchen Fällen mangels Divergenz zwischen Gewebeeinrichtung[19] und Einrichtung der medizinischen Versorgung.[20] Obgleich § 13b S. 2 TPG seinem Wortlaut nach („mitzuteilen") nur auf die Meldepflicht anzuwenden wäre, ist nach allgemeiner Ansicht

[11] BT-Drucks. 16/3146 S. 23 u. 59.

[12] Überzeugend *Müller-Terpitz/Ruf* in: Aktuelle Herausforderungen, S. 33 (37 ff.); Höfling/*Czerner* § 1a TPG Rn. 34; *Steinweg* S. 136.

[13] Müller-Terpitz, Der Schutz des pränatalen Lebens, S. 37.

[14] Vgl. BT-Drucks. 16/3146 S. 23.

[15] Dazu eingehend *Müller-Terpitz/Ruf* in: Aktuelle Herausforderungen, S. 33 (39 f.). Anders noch Frister/Olzen/*Frister/Börgers,* S. 93 (120 f.), die ihre Ansicht indes maßgeblich damit begründeten, dass § 1a Nr. 10 TPG a. F. ausdrücklich auch auf den Embryo Bezug nahm. Da § 1a Nr. 10 TPG a. F. aber mittlerweile gestrichen wurde und auch § 63i Abs. 6 AMG als „Ersatznorm" den Begriff „Embryo" nicht mehr enthält, ist die Auffassung als überholt zu bewerten.

[16] Vgl. § 20 Abs. 1 Nr. 10 TPG.

[17] Der Verweis auf Regelungen des AMG wurde erforderlich, da die zuvor in § 1a Nr. 10, 11 TPG a. F. enthaltenen Begriffsbestimmungen im Jahr 2012 gestrichen wurden; vgl. BGBl. I S. 1601.

[18] Vgl. *Hilland/Kentenich* in: Praxisleitfaden Gewebegesetz, S. 253 (262). Anders aber, wenn die Samenzellen z. B. von einer Samenbank zum Zwecke einer heterologen Befruchtung bezogen werden.

[19] Unter den Begriff „reproduktionsmedizinische Einrichtung" fallen regelmäßig auch Gewebeeinrichtungen, da sie Gewebe zum Zwecke der Übertragung entnehmen, untersuchen, aufbereiten usw.; vgl. *Hilland/Kentenich* in: Praxisleitfaden Gewebegesetz, S. 253 (254).

[20] So hat der Gesetzgeber bei der Meldepflicht diejenigen Konstellationen im Blick, in denen es eine liefernde (Gewebeeinrichtung i. S. v. § 1a Nr. 8 TPG) und eine zu beliefernde Einrichtung (Einrichtung der medizinischen Versorgung i. S. v. § 1a Nr. 9 TPG) gibt.

auch der Mindestumfang der Dokumentationspflicht den konkretisierenden Vorgaben des § 8 TPG-GewV zu entnehmen.[21]

Ergänzt wird § 13b TPG durch § 13c TPG,[22] welcher das Rückverfolgungsverfahren bei Geweben regelt. § 13c Abs. 1 Var. 1 TPG verpflichtet Gewebeeinrichtungen dazu, ein Verfahren festzulegen, durch das jedes von einem schwerwiegenden Zwischenfall nach § 63i Abs. 6 AMG betroffene Gewebe unverzüglich ausgesondert sowie von der Abgabe bzw. Übertragung ausgeschlossen werden kann und die bereits belieferten Einrichtungen über den Zwischenfall unterrichtet werden. Aus dem Wortlaut des Absatzes 1 ergibt sich außerdem, dass das festzulegende Verfahren bereits bei dem Verdacht eines schwerwiegenden Zwischenfalls in Gang zu setzen ist („beeinträchtigt sein *könnte*“[23]). Auch wenn die Informationspflicht beim Verwechseln von Keimzellen ähnlich wie die Meldepflicht nach § 13b S. 1 Nr. 1 TPG (S. 26) eine eher untergeordnete Rolle spielen mag, ist die Aussonderungsverpflichtung und der Ausschluss der weiteren Abgabe von erheblicher Bedeutung. So dient die Festlegungsverpflichtung nicht nur der „organisatorischen Absicherung der effektiven Rückverfolgung“[24], sondern beinhaltet zugleich auch das konkludente Verbot, weitere Behandlungsschritte durchzuführen, obwohl die Keimzellverwechslung bereits bemerkt wurde.

Hinsichtlich der Qualitätssicherung ist § 8d Abs. 1 S. 2 Nr. 6 TPG in den Blick zu nehmen. Darüber hinaus ist für das Vertauschen von Keimzellen relevant, dass § 15 TPG die übliche zehnjährige Aufbewahrungsfrist (vgl. §§ 630f Abs. 3 BGB, 10 Abs. 3 MBO-Ä) für die in Absatz 1 bezeichneten Aufzeichnungen und die nach § 8d Abs. 2 TPG oder § 13a TPG zu dokumentierenden Angaben (Absatz 2) auf mindestens 30 Jahre ausdehnt (vgl. auch § 41 Abs. 1 AMWHV). Da in der Regel allein der Arzt bzw. das behandelnde Institut in der Lage sein wird, Auskunft über Ausmaß und Beteiligte einer Vertauschung zu geben, führt die längere Aufbewahrungsfrist zu einer Erhöhung der Aufklärungschancen.

bb) TPG-GewV

Die aufgrund der in § 16a S. 1 TPG[25] vorgesehenen Verordnungsermächtigung erlassene TPG-GewV[26] konkretisiert verschiedene Regelungsbereiche des Ge-

---

[21] So Höfling/*Stockter* § 13b TPG Rn. 11; implizit auch *Hübner/Pannenbecker/Pühler* in: Praxisleitfaden Gewebegesetz, S. 31 (48); Spickhoff/*Scholz/Middel* § 13b TPG Rn. 1.

[22] Vgl. dazu Art. 11 Abs. 5 Gewebe-RL.

[23] Ähnlich auch der Wortlaut des Art. 11 Abs. 5 Gewebe-RL: „in Verbindung stehen könnte“. Dazu auch Höfling/*Stockter* § 13c TPG Rn. 11.

[24] Höfling/*Stockter* § 13c TPG Rn. 9.

[25] Zum europarechtlichen Hintergrund der Regelung und ihrer Entstehungsgeschichte eingehend Höfling/*Augsberg* § 16a TPG Rn. 6 ff.

[26] BGBl. I 2008, S. 512.

weberechts.[27] Zur Bestimmung ihres Anwendungsbereiches greift die TPG-GewV auf den Gewebebegriff des § 1a Nr. 4 TPG zurück (§ 1 TPG-GewV), sodass auch hier menschliche Keimzellen erfasst sind (s. o. S. 25 f.). Im Rahmen der TPG-GewV ist zunächst § 7 TPG-GewV in den Blick zu nehmen, der den Umfang der nach § 13a TPG zu dokumentierenden Angaben (S. 27) präziser bestimmt. Zudem wird in § 5 Abs. 1 TPG-GewV festgelegt, welche Identifikationsmerkmale in der Spenderakte eines Keimzellspenders dokumentiert werden müssen. Überdies sei erneut auf § 8 TPG-GewV hingewiesen, welcher konkretisierende Vorgaben für die Melde- und damit die Dokumentationspflicht nach § 13b TPG enthält. Schließlich beschreibt Anlage 4 zur TPG-GewV die erforderlichen Laboruntersuchungen für die Verwendung von Keimzellen sowie die Anforderungen an die entsprechenden Untersuchungsverfahren. Von besonderem Interesse ist dabei der in Anlage 4 Nr. 3 lit. a enthaltene Verweis auf Anlage 3 Nr. 2 lit. a. Danach muss das angewandte Untersuchungsverfahren unter Berücksichtigung seines Verwendungszwecks nach dem allgemeinen Stand der medizinischen Wissenschaft und Technik anerkannt sein. Verwendet der Gesetzgeber die Wendung „nach allgemeinem Stand der medizinischen Wissenschaft und Technik anerkannt", stellt dies einen Verweis auf die herrschende Meinung in der medizinischen Praxis dar,[28] die z. B. in Richtlinien der Bundesärztekammer (BÄK) und Empfehlungen sonstiger medizinischer Fachgesellschaften (dazu noch S. 36 ff.) zum Ausdruck gebracht wird.[29]

Auch wenn die auf Grundlage von § 16 Abs. 1 TPG erstellten Richtlinien[30] ausweislich der amtlichen Überschrift des § 16 TPG („bei Organen") und des eindeutigen Wortlauts der jeweiligen Richtlinien[31] einzig für Organe Anwendung finden, da sich die Trennung zwischen Organen und Geweben in den §§ 1 Abs. 2, 1a Nr. 1, 4 TPG auch sprachlich eindeutig manifestiert, besteht mit dem durch das Gewebegesetz geschaffenen § 16b Abs. 1 TPG eine Rechtsgrundlage, die es der BÄK ermöglicht, Richtlinien zur Entnahme von Geweben und deren Über-

---

[27] Einerseits v. a. die in § 16a S. 2 TPG – wenn auch nicht abschließend – aufgezählten Regelungsbereiche. Andererseits werden einige europarechtliche Vorgaben umgesetzt oder das TPG verweist explizit auf nähere Regelungen der TPG-GewV (so etwa in § 13a TPG).

[28] Vgl. etwa BVerwG NJW 1996, 801 (802); 1985, 1413. Die höchstrichterliche Rspr. zusammenfassend *Zuck* NZS 1999, 313 (314 ff.).

[29] Dazu *Ratzel* in: Ratzel/Luxenburger, Kap. 27 Rn. 9; implizit auch *Pannenbecker* in: Kügel/Müller/Hofmann § 20b AMG Rn. 17 f. Vgl. auch §§ 16, 16b TPG.

[30] Zur verfassungsrechtlichen Kritik an diesen RL *Höfling* in: Höfling, § 16 TPG Rn. 17 ff. m. w. N.

[31] Vgl. etwa die auf § 16 Abs. 1 S. 1 Nr. 6 TPG beruhende RL der BÄK „Anforderungen an die im Zusammenhang mit einer Organentnahme und -übertragung erforderlichen Maßnahmen zur Qualitätssicherung", S. 4. Sämtliche RL abrufbar unter www.bundesaerztekammer.de/richtlinien/richtlinien/ (zuletzt abgerufen am: 30.09.19).

tragung festzulegen. Im Einvernehmen mit dem Paul-Ehrlich-Institut als zuständige Bundesoberbehörde kann die BÄK in einer Richtlinie den insoweit geltenden allgemein anerkannten Stand der Erkenntnisse der medizinischen Wissenschaft feststellen. Von dieser Kompetenz hat die BÄK im Oktober 2017 durch die Novellierung der „(Muster-)Richtlinie zur Durchführung der assistierten Reproduktion“ – jetzt: „Richtlinie zur Entnahme und Übertragung von menschlichen Keimzellen im Rahmen der assistierten Reproduktion“[32] – Gebrauch gemacht.

b) Arzneimittelrechtliche Anforderungen

aa) AMG

Wie eingangs bereits erwähnt, hat sich der Gesetzgeber bei der Umsetzung der Vorgaben der Gewebe-RL nicht bloß auf den Bereich des Transplantationsrechts beschränkt, sondern daneben auch arzneimittelrechtliche Regelungen angepasst. So verweist § 20b Abs. 1 S. 1 AMG explizit auf den Gewebebegriff des § 1a Nr. 4 TPG und implizit auf den Begriff der Gewebeeinrichtung nach § 1a Nr. 8 TPG, sodass die §§ 20b ff. AMG ebenfalls auf menschliche Keimzellen und damit auf reproduktionsmedizinische Einrichtungen[33] Anwendung finden.[34] Zum einen benötigen solche Einrichtungen[35] nach § 20b Abs. 1 S. 1 AMG für die Gewinnung[36] und zum anderen nach § 20c Abs. 1 S. 1 AMG für die Bearbeitung[37], Konservierung und Lagerung von Keimzellen eine behördliche Erlaubnis.[38] Für die Ertei-

---

[32] *BÄK* DÄBl. 2018, A1 – aktuelle Version nach Anpassung vom 20.04.2018.

[33] Zum genauen Rahmen der arzneimittelrechtlichen Überwachung vgl. *Hilland* Reproduktionsmedizinische Endokrinologie 2007, 293 f.; *Müller-Terpitz/Ruf* in: Aktuelle Herausforderungen, S. 33 (63 ff.).

[34] Im Gegensatz dazu steht die Regelung des § 4 Abs. 30 S. 2 AMG, die menschliche Keimzellen ausdrücklich aus den Begriffsbestimmungen für „Arzneimittel“ oder „Gewebezubereitungen“ herausnimmt. Daher ist zwar der Anwendungsbereich des AMG nicht generell versperrt, jedoch knüpfen viele Regelungen des AMG an diese Begriffe an, sodass für reproduktionsmedizinische Einrichtungen einzig die §§ 20b ff. AMG von Relevanz sind. Vgl. dazu *Müller-Terpitz/Ruf* in: Aktuelle Herausforderungen, S. 33 (57 f.).

[35] In aller Regel sind reproduktionsmedizinische Einrichtungen zugleich Gewebeeinrichtungen; dazu schon Kap. C, Fn. 19.

[36] Da die Legaldefinition für den Begriff Gewinnung in § 20b Abs. 1 S. 2 AMG sehr weit gefasst ist, überschneiden sich § 20b und § 20c AMG teilweise und erschweren damit eine deutliche Abgrenzung.

[37] Zu der Frage, welche extrakorporalen Befruchtungsmethoden tatsächlich als „Bearbeitung“ qualifiziert werden können, eingehend *Müller-Terpitz/Ruf* in: Aktuelle Herausforderungen, S. 33 (64 ff.).

[38] Beachte aber § 20d S. 1 AMG, der eine Erlaubnisfreiheit für Fälle anordnet, in denen die Handlungen nach §§ 20b, 20c AMG von einer zur Ausübung der Heilkunde bei Menschen be-

lung einer entsprechenden Erlaubnis müssen die Einrichtungen über ausreichend qualifiziertes Personal (§ 20b Abs. 1 S. 3 Nr. 1, 2 bzw. § 20c Abs. 2 S. 1 Nr. 1, 2 AMG) sowie angemessene Räumlichkeiten (§ 20b Abs. 1 S. 3 Nr. 3 bzw. § 20c Abs. 2 S. 1 Nr. 3 AMG) verfügen und gewährleisten, dass die Tätigkeit nach dem Stand der medizinischen Wissenschaft und Technik verrichtet wird (§ 20b Abs. 1 S. 3 Nr. 4 bzw. § 20c Abs. 2 S. 1 Nr. 4 AMG). Überdies erfordert eine Erlaubnis nach § 20c Abs. 1 S. 1 AMG die Unterhaltung eines aktuellen Qualitätsmanagementsystems (QM-System) nach den Grundsätzen der guten fachlichen Praxis (§ 20c Abs. 2 S. 1 Nr. 5 AMG).[39]

bb) AMWHV

Die Anwendbarkeit der auf Grundlage von § 54 AMG[40] erlassenen Arzneimittel- und Wirkstoffherstellungsverordnung (AMWHV)[41] auf die laboratoriumsmedizinische Arbeit mit menschlichen Keimzellen ergibt sich ebenso wie bei der TPG-GewV und dem AMG aus einem Verweis (§ 1 Abs. 1 S. 1 Nr. 2a AMWHV) auf § 1a Nr. 4 TPG. Die AMWHV enthält verschiedene der Prävention dienende Regelungen, die zum Teil die in den §§ 20b, 20c AMG definierten Anforderungen aufgreifen und konkretisieren.

(1) Qualitätsmanagement

Eine dieser Regelungen ist § 3 Abs. 1 AMWHV, der reproduktionsmedizinische Einrichtungen dazu verpflichtet, ein funktionierendes QM-System zu betreiben.[42] Nach § 2 Nr. 4 AMWHV ist ein QM-System ein „System, das die Qualitätssicherung, die Gute Herstellungspraxis oder die Gute fachliche Praxis einschließlich der Qualitätskontrolle und der periodischen Produktqualitätsüberprüfungen beinhaltet". § 32 Abs. 1 AMWHV konkretisiert die Anforderungen an ein QM-System für Gewebeeinrichtungen u. a. dahingehend, dass alle Arbeitsabläufe und Standardarbeitsverfahren in geeigneten und ausreichend dokumentierten Standardarbeitsanweisungen[43] festgelegt (Satz 1 Nr. 1), optimale räumliche und ausstattungstechnische Gegebenheiten gewährleistet (Satz 1 Nr. 2) und Verfah-

fugten Person durchgeführt werden, um die Keimzellen persönlich bei den Patienten anzuwenden.

39 Für den kassenärztlichen Bereich sei darauf hingewiesen, dass neben die Erlaubnispflicht nach den §§ 20b, 20c AMG auch eine solche nach § 121a SGB V tritt.

40 Zu den weiteren Ermächtigungsgrundlagen für den Erlass der AMWHV s. *Krüger,* AMWHV, S. 4 f.

41 BGBl. 2006 I, S. 2523. Vgl. zu der europarechtlichen Prägung der AMWHV die Fn. auf S. 2523 des BGBl.

42 Vgl. dazu Art. 16 Abs. 1 Gewebe-RL und § 20c Abs. 2 S. 1 Nr. 5 AMG.

43 Sog. Standard Operating Procedures (SOPs); vgl. § 2 Nr. 15 AMWHV.

ren zur Rückverfolgbarkeit und Meldung schwerwiegender Zwischenfälle eingerichtet werden müssen (Satz 1 Nr. 4). Standardarbeitsanweisungen nach § 32 Abs. 1 S. 1 Nr. 1 AMWHV sind etwa erforderlich für Laboruntersuchungen im Rahmen der Gewinnung (§ 33 Abs. 1, 4 AMWHV) oder der Entnahme von Keimzellen (§ 34 Abs. 3, 5 S. 1 AMWHV).

(2) Personal und Räumlichkeiten

§ 4 AMWHV knüpft an die oben skizzierten personalbezogenen Vorgaben des AMG an und präzisiert diese sowohl in Bezug auf leitende Mitarbeiter als auch auf sonstiges Laborpersonal. Während hinsichtlich leitender Mitarbeiter besonders auf die Pflicht zur lückenlosen Definierung von Verantwortungsbereichen hingewiesen wird (§ 4 Abs. 2 S. 2 AMWHV), ist für das übrige Personal vor allem die Unterweisung über die bei den jeweiligen Tätigkeiten gebotene Sorgfalt (§ 4 Abs. 1 S. 2 AMWHV) von Interesse. Aufgrund der überaus drastischen Auswirkungen eines Vertauschens von Proben ist das Personal daher regelmäßig über das daraus erwachsende Gefahrenpotential zu unterrichten. Aus § 36 Abs. 1 S. 1 AMWHV kann geschlossen werden, dass in diesem Zusammenhang auch auf drohende rechtliche Konsequenzen eines solchen Zwischenfalls hinzuweisen ist.

Nach § 5 Abs. 1 S. 1 AMWHV müssen die Betriebsräume und ihre Ausstattung dergestalt strukturiert sein, dass „das Risiko von Fehlern auf das kleinstmögliche Maß eingeschränkt und jeder die Qualität des Produkts beeinträchtigende Effekt vermieden wird." Das Arbeitsumfeld in einem reproduktionsmedizinischen Labor muss dementsprechend so ausgestaltet werden, dass z. B. eine Übermüdung oder Ablenkung des Personals weitgehend ausgeschlossen ist. Zu diesem Zwecke sieht die AMWHV die ausdrückliche Verpflichtung vor, die Laborräumlichkeiten ausreichend zu beleuchten und in angemessener Weise zu klimatisieren (§ 5 Abs. 3 S. 2 AMWHV).[44]

(3) Lagerung und Kennzeichnung

Die innerbetriebliche Lagerung hat gemäß § 7 Abs. 1 S. 1 AMWHV in einer Weise zu erfolgen, dass Verwechslungen vermieden werden. Um dies zu gewährleisten, sind Vorrats- und Transportbehältnisse mit deutlichen Aufschriften zu versehen, die den Inhalt eindeutig bezeichnen (§ 7 Abs. 2 S. 2 AMWHV), und – soweit dies zur Vermeidung von Verwechslungen erforderlich ist – durch zusätzliche Angaben zu kennzeichnen (§ 7 Abs. 2 S. 4 AMWHV).[45] § 34 Abs. 6 S. 1

---

[44] Für Fälle, in denen es aufgrund von verunreinigtem Labormaterial zu einer Vermischung von Proben kommt, sei zudem auf die Anforderungen des § 34 Abs. 2 i. V. m. § 5 Abs. 4 und § 6 Abs. 1, 2 AMWHV verwiesen.

[45] Zudem sind für das Lagerungsverfahren SOPs festzulegen (§§ 7 Abs. 5 S. 1, 36 Abs. 10

AMWHV konkretisiert diese Kennzeichnungspflicht, indem bestimmte Mindestangaben vorgeschrieben werden. Für das Vertauschen von Proben sind insbesondere die Angaben zur Rückverfolgbarkeit des Spenders (Nr. 1) und der Hinweis auf autologe[46] bzw. gerichtete[47] Spenden (Nr. 5) von Relevanz.[48] § 36 Abs. 7 AMWHV ergänzt diese Anforderungen dahingehend, dass die Kennzeichnung sowohl die Möglichkeit der Identifizierung und Rückverfolgbarkeit der Proben während sämtlicher Bearbeitungsschritte gewährleisten muss (Satz 1) als auch den Hinweis auf eine autologe oder gerichtete Verwendung zu enthalten hat (Satz 2). Schließlich gilt es zu beachten, dass verworfene, also nicht weiter zu verwendende Proben auszusondern und separiert zu lagern sind, um Verwechslungen zu vermeiden (§ 36 Abs. 10 S. 4 AMWHV).

(4) Dokumentations- und Meldepflichten

Schließlich enthält die AMWHV diverse Dokumentationspflichten, die sich bisweilen ergänzen, zum Teil aber auch überschneiden. § 10 Abs. 1 AMWHV enthält zunächst die allgemeine Verpflichtung für reproduktionsmedizinische Einrichtungen, ein Dokumentationssystem entsprechend der jeweils durchgeführten Tätigkeit zu unterhalten. § 32 Abs. 3 S. 1 AMWHV definiert im Anschluss daran konkretisierende Mindestanforderungen an ein solches Dokumentationssystem. Hier ist vor allem darauf hinzuweisen, dass die Nachvollziehbarkeit sämtlicher Bearbeitungsschritte und die sichere Identifizierung jeder Probe (Nr. 1) sowie des ausführenden Personals (Nr. 2) jederzeit gewährleistet sein muss. Darüber hinaus ist sowohl die Entnahme der Proben (§ 34 Abs. 7 S. 1 AMWHV)[49] als auch die Laboruntersuchung (§ 33 Abs. 4 S. 1 AMWHV) vollständig aufzuzeichnen. Ferner sind gemäß § 40 Abs. 4 S. 1 i. V. m. § 40 Abs. 3 S. 1 AMWHV sämtliche Informationen über schwerwiegende Zwischenfälle nach § 63i Abs. 6 AMG zu dokumentieren.[50] Ergänzt wird diese Vorgabe durch die Verpflichtung, die

---

S. 1 AMWHV) und die ordnungsgemäße Lagerung ist regelmäßig zu überprüfen (§ 7 Abs. 4 AMWHV).

46 „Autolog" meint die Entnahme von Zellen oder Geweben und ihre Rückübertragung auf dieselbe Person; vgl. dazu Art. 3 lit. q Gewebe-RL, an dessen Begriffsbestimmung sich der nationale Gesetzgeber orientiert hat.

47 Unter einer „gerichteten" Spende versteht der Gesetzgeber eine Spende, die für eine bestimmte Person vorgesehen ist; vgl. *Pannenbecker* in: Kügel/Müller/Hofmann § 21a AMG Rn. 9.

48 Die Verpflichtung des § 34 Abs. 6 S. 1 Nr. 6 AMWHV zur Angabe der Spenderkennungssequenz nach dem einheitlichen europäischen Kodierungssystem gemäß § 41b Abs. 1 AMWHV ist wegen der Ausschlussregelung des § 41a Abs. 3 S. 1 Nr. 1 AMWHV nur zu beachten, wenn eine heterologe Behandlungsform durchgeführt wird.

49 Zum Mindestumfang dieses sog. Entnahmeberichts vgl. § 34 Abs. 7 S. 2 AMWHV.

50 Vgl. dazu bereits die Ausführungen bei Rn. 46 zu § 13b TPG.

gesammelten Informationen den betroffenen Gewebeeinrichtungen (§ 40 Abs. 1, 2 AMWHV) sowie der zuständigen Bundesoberbehörde unverzüglich zu übermitteln (§ 40 Abs. 3 S. 2 Var. 1 AMWHV).[51] Gemäß § 77 Abs. 2 AMG ist die für Gewebe zuständige Bundesoberbehörde das Paul-Ehrlich-Institut.[52]

2. Richtlinien

a) Richtlinien der Bundesärztekammer

Die BÄK hat sich per Vorstandsbeschluss im Februar 2015 entschieden, die zuvor in der „(Muster-)Richtlinie zur Durchführung der assistierten Reproduktion" aus dem Jahr 2006[53] vertretenen Positionen nicht weiter zu verfolgen. Mit der im Oktober 2017 beschlossenen Novellierung der Richtlinie wurde von der durch das Gewebegesetz neu geschaffenen Ermächtigungsgrundlage in § 16b Abs. 1 TPG Gebrauch gemacht. Während sich die Richtlinie in der Fassung von 2006 noch besonders auf Fragen der rechtlichen Zulässigkeit von Maßnahmen der assistierten Reproduktion konzentrierte, wurde mit der Novellierung im Jahr 2017 eine klare Trennung zwischen „medizinisch-wissenschaftlichen Fragestellungen und gesellschaftspolitischen Aspekten"[54] vollzogen. Die neue Richtlinie orientiert sich in starkem Maße an den transplantations- und arzneimittelrechtlichen Vorgaben und fasst die wesentlichen Inhalte mithilfe von Normverweisen zusammen.

So enthält etwa Ziff. 3.2 der Richtlinie einen Hinweis auf § 34 Abs. 6 AMWHV sowie § 35 AMWHV, die Vorgaben zur Kennzeichnung und zum Transport[55] von Behältnissen machen, die Keimzellen enthalten. Für die räumlichen und technischen Voraussetzungen an reproduktionsmedizinische Einrichtungen wird ebenfalls auf den bereits zuvor als beachtlich eingestuften § 5 AMWHV verwiesen (Ziff. 4.1.1 und Ziff. 4.1.3). Gleiches gilt hinsichtlich der personellen Voraussetzungen, die die hier angesprochenen §§ 20b, c AMG, 4 AMWHV in Bezug nehmen (Ziff. 4.1.2). Ziff. 5.1 bezieht sich mit seinen Vorgaben zum Qualitätsmanagement und der Qualitätssicherung auf §§ 8d Abs. 1 S. 2 Nr. 6 TPG, 3 Abs. 1 S. 1, 32 AMWHV. Schließlich wird auf die Pflicht zur Festlegung eines Verfahrens zur Rückverfolgung von schwerwiegenden Zwischen-

---

[51] Die genauen Übermittlungsmodalitäten konkretisiert § 40 Abs. 4 S. 2 AMWHV.

[52] Die Anwendbarkeit des AMG und damit des § 77 Abs. 2 AMG ergibt sich aus dem Verweis des § 40 Abs. 3 S. 2 Var. 1 AMWHV, nach dem die Meldung „entsprechend § 63i Abs. 2, 3 AMG" durchzuführen sei.

[53] *BÄK* DÄBl. 2006, A1392.

[54] *BÄK* DÄBl. 2018, A1.

[55] Die Vorgaben zum Transport werden in Ziff. 3.5.1 der Richtlinie durch Verweise auf §§ 39 Abs. 5, 40 Abs. 5 AMWHV konkretisiert.

fällen (Ziff. 5.1 – §§ 13c Abs. 1 TPG, 63i Abs. 6, 7 AMG), zur Meldung solcher Zwischenfälle (Ziff. 7 – §§ 13b TPG, 40 Abs. 1, 2 AMWHV) und zur Dokumentation (Ziff. 8 – §§ 630f BGB, 8d Abs. 2 TPG, 5 TPG-GewV, 32 AMWHV) hingewiesen. Über diese Verweise hinausgehende Anforderungen im Hinblick auf das hiesige Thema werden von der Richtlinie indes nicht aufgestellt.

Des Weiteren könnte zur Bestimmung des „allgemein anerkannten Standes der Erkenntnisse der medizinischen Wissenschaft" auf die „Richtlinie der BÄK zur Qualitätssicherung laboratoriumsmedizinischer Untersuchungen" zurückgegriffen werden. Indes ergibt sich bereits aus dem Titel und dem von der BÄK bestimmten Geltungsbereich der Richtlinie, dass diese lediglich auf „Untersuchungen" und damit auf Tätigkeiten Anwendung finden soll, die mit einer diagnostischen Zielsetzung durchgeführt werden. Zwar werden im Rahmen einer reproduktionsmedizinischen Maßnahme teilweise auch gewisse Untersuchungen – etwa ein Spermiogramm oder ein HIV-Screening – vorgenommen, jedoch dienen diese zum einen nicht unmittelbar der Befruchtungsbehandlung als solcher und zum anderen werden nicht exakt diejenigen Keimzellen untersucht, die später für die Befruchtung verwendet werden. Daher mögen sich etwaige Sicherheitsdefizite bei der Untersuchung zwar auf die Qualität der Untersuchungsergebnisse auswirken, sie können allerdings nicht zu einem Vertauschen von Keimzellen oder Embryonen führen, welches das Behandlungsergebnis beeinträchtigt. Aufgrund dessen sollen an dieser Stelle auch die entsprechenden qualitätssichernden Normen dieser BÄK-Richtlinie nicht näher beleuchtet werden.[56]

b) Die Richtlinie des Gemeinsamen Bundesausschusses

Für alle Aspekte des Qualitätsmanagements im vertragsärztlichen Bereich der gesetzlichen Krankenkasse ergibt sich eine weitere Konkretisierungsstufe aus der „Qualitätsmanagement-Richtlinie" des Gemeinsamen Bundesausschusses (G-BA).[57] Diese bestimmt auf Grundlage der §§ 92, 136 Abs. 1 Nr. 1 SGB V die grundsätzlichen Anforderungen an ein einrichtungsinternes QM-System nach § 135a Abs. 2 Nr. 2 SGB V. Nach der ständigen Rechtsprechung des BSG entfalten die Richtlinien des G-BA als untergesetzliche Normen eine normgleiche Verbindlichkeit, sodass die darin getroffenen Entscheidungen Verwaltung und Gerichte ebenso binden, „wie wenn die Entscheidung vom Gesetzgeber selbst getroffen worden wäre."[58] Die Verbindlichkeit der an Leistungserbringer adres-

---

56 Ohnehin ist zu konstatieren, dass sich die in der Richtlinie vorgesehenen Sicherheitsmaßnahmen weitgehend mit dem Niveau decken, dass bereits durch die AMWHV festgelegt wird.

57 Beschluss des G-BA veröffentlicht im BAnz AT 15.11.2016 B2.

58 BSG SozR 4-2500 § 27 Nr. 8 Rn. 22; dazu auch BSGE 86, 54 (56 f.) sowie zur Verbindlichkeit allgemein Becker/Kingreen/*Schmidt-De Caluwe* § 92 SGB V, Rn. 7 ff.

sierten QM-Richtlinie des G-BA für Vertragsärzte ergibt sich überdies explizit aus § 91 Abs. 6 SGB V.[59]

Die zentrale Norm der Richtlinie ist § 4 Abs. 1, der in 14 Punkten verschiedene Instrumente und Methoden aufzählt (Satz 4), die verpflichtende Bestandteile des Qualitätsmanagements sind (Satz 1). So muss ein QM-System u. a. Verfahrensanweisungen für die wichtigsten Arbeitsabläufe[60] beinhalten und die Verantwortungsbereiche insbesondere für sicherheitsrelevante Prozesse eindeutig bestimmen (Punkte 3 und 4). Von besonderer Relevanz ist außerdem die Anordnung, dass die Verfahrensanweisungen um Checklisten zu ergänzen sind, in denen Einzelaspekte eines Prozesses systematisiert werden, um deren verlässliche Umsetzung zu gewährleisten (Punkt 7). Das konsequente Befolgen solcher Checklisten soll dabei helfen, eine Sicherheitskultur zu etablieren und – so die Richtlinie explizit – u. a. Verwechslungen zu vermeiden. Schließlich ist ein Risiko- und Fehlermanagement durchzuführen, um unerwünschten Ereignissen nachhaltig vorzubeugen (Punkte 13 und 14).

3. Leitlinien und Empfehlungen

Wie gezeigt, bestehen Vorgaben in Form von Richtlinien nur in begrenztem Umfang bzw. erlangen durch den Verweis auf andere Regelungen keine eigenständige Bedeutung. Daher sind Leitlinien und Empfehlungen einschlägiger Fachgesellschaften in den Blick zu nehmen, da auch diese den aktuellen Stand der medizinischen Praxis und Wissenschaft widerspiegeln.[61] Auch wenn diese Leitlinien mangels Rechtssetzungskompetenz der sie erlassenden Organisationen keinen rechtsverbindlichen Charakter haben, entfalten sie gleichwohl eine normähnliche Wirkung, da das Befolgen der Leitlinien regelmäßig die Übereinstimmung mit dem allgemein anerkannten Stand der Erkenntnisse der medizinischen Wissenschaft indiziert.[62] Darüber hinaus gilt es zu berücksichtigen, dass sich eine Ansicht nur dann zur herrschenden Meinung entwickeln kann, wenn sich der überwiegende Teil der medizinischen Praxis an dieser orientiert. Erkennt der überwiegende Teil einer Gruppe eine Verhaltensregel als für sich verpflichtend an, bedeutet das Befolgen dieser Regel zugleich die Anerkenntnis ihrer „faktischen“ Verbindlichkeit unabhängig von der rechtlichen Qualität ihrer Normierung.

---

[59] Zu der umstrittenen Rolle des GBA als normsetzende Institution und seiner verfassungsrechtlichen Legitimation vgl. *Prütting* RW 2018, 289 m. w. N.

[60] Gemeint sind damit also SOPs, s. o. S. 30.

[61] So findet sich ein entsprechender Verweis etwa in § 20b Abs. 1 S. 3 Nr. 4 bzw. § 20c Abs. 2 S. 1 Nr. 4 AMG oder in Anlage 4 Nr. 3 lit. a i. V. m. Anlage 3 Nr. 2 lit. a; s. dazu schon S. 28 ff.

[62] Für einige RL der BÄK finden sich sogar entsprechende gesetzliche Vermutungsregelungen; vgl. u. a. §§ 16 Abs. 1 S. 1, 16b Abs. 2 TPG oder § 12a Abs. 2 TFG.

a) Die Leitlinien des AGRBM

Eine dieser Fachgesellschaften ist die Arbeitsgemeinschaft Reproduktionsbiologie des Menschen (AGRBM), die als Mitglied des Dachverbandes Reproduktionsmedizin (DVR) in Kooperation mit dem Bundesverband Reproduktionsmedizinischer Zentren (BRZ) zwei Leitlinien für die Arbeit in einem reproduktionsmedizinischen Labor („ART-Labor“[63]) erstellt hat. Während eine dieser Leitlinien Empfehlungen für die Führung und Einrichtung eines ART-Labors ausspricht,[64] betrifft die andere Fragen des verantwortlichen Arbeitens in einem solchen Labor.[65]

aa) Leitlinie für die Führung und Einrichtung eines ART-Labors

Unter Ziff. 1 Abs. 2 der Leitlinie für die Führung und Einrichtung eines ART-Labors wird ebenfalls auf die Notwendigkeit eines QM-Systems hingewiesen und dessen Inhalt präzisiert. Ziffer 2.2. i.V.m. Ziff. 2.1. Abs. 1 S. 1 enthält die Verpflichtung, einen nach der Anzahl der pro Jahr durchgeführten Zyklen zu bestimmenden Personalbestand[66] vorzuhalten, um eine adäquate und vor allem sichere Bearbeitung der Proben zu gewährleisten. Zudem sind alle Arbeiten durch Labormitarbeiter nach zuvor festgelegten SOPs durchzuführen, die insbesondere die eindeutige und verwechslungssichere Zuordnung der Proben gewährleisten müssen (Ziff. 3.3.). Im Kontext dazu steht die Mahnung, dass das Lagersystem und die Beschriftung jederzeit eine eindeutige Identifizierung der Proben sicherstellen muss (Ziff. 3.4.1.). Die Bedeutung der Vertauschungsproblematik unterstreicht schließlich Ziff. 4 Abs. 1, die erneut darauf hinweist, dass in den SOPs Vorschriften zur unverwechselbaren Patienten- und Probenidentifikation niederzulegen sind.

bb) Leitlinie zum verantwortlichen Arbeiten im ART-Labor

Die Leitlinie der AGRBM zum verantwortlichen Arbeiten im ART-Labor ergänzt und vertieft die zuvor dargestellten Bestimmungen. So werden u.a. genauere identifizierungsspezifische Vorgaben für den Bereich der allgemeinen Dokumentation (Ziff. 5.1. Abs. 1), der SOPs (Ziff. 4 Abs. 6 und Ziff. 9.1.) und der Kennzeichnung von Kryoproben (Ziff. 9.2.) gemacht. Von besonderem Interesse ist

---

[63] Die Kurzform „ART-Labor“ steht für „Labor für assistierte Reproduktionstechniken“.

[64] Abrufbar unter www.agrbm.de/rechtundethik/richtlinien.php (zuletzt abgerufen am: 30.09.19).

[65] Veröffentlicht im Journal für Reproduktionsmedizinische Endokrinologie 2014, 91 ff.

[66] Nach Ziffer 2.2. Abs. 3 S. 2 ist für Zyklenzahlen bis 1000 pro Jahr je 250 Zyklen durchschnittlich ein Mitarbeiter erforderlich. Für darüber liegende Zyklenzahlen wird pro weiterer 500 Zyklen ein zusätzlicher Mitarbeiter benötigt.

indes die Anweisung, die laboratorische Bearbeitungszeit „so kurz wie möglich" (Ziff. 4 Abs. 2) zu halten sowie zwar konzentriert und kontrolliert, aber vor allem auch zügig zu arbeiten (Ziff. 4 Abs. 5 Spiegelstr. 1). Gewiss mag diese Anweisung in erster Linie darauf zurückzuführen sein, dass die Umgebungsbedingungen für die Zellen so konstant wie möglich gehalten werden müssen, sie bleibt aber angesichts der erhöhten Fehleranfälligkeit einer zügigen Arbeitsweise dennoch bemerkenswert (dazu schon S. 22 und später noch S. 299). Zudem wird erneut deutlich darauf hingewiesen, dass bei der Probenzuordnung zum Patienten ein besonders sorgfältiges Vorgehen erforderlich ist. Insbesondere bei Probeentnahmen oder dem Embryotransfer ist daher stets eine aktive[67] Patientenidentifikation vorzunehmen (Ziff. 5.2.), die durch eine eindeutige, dauerhafte und gut lesbare Kennzeichnung der Proben unterstützt wird (Ziff. 5.3.).

b) *Der Leitfaden der DGCH*

Weitere Bestimmungen könnten sich aus dem Leitfaden der Deutschen Gesellschaft für Chirurgie (DGCH) zur Guten Fachlichen Praxis (GFP) für die Entnahme von menschlichen Geweben und Zellen ergeben.[68] Durch den Verweis auf § 1a Nr. 4, 8 TPG (S. 6 des DGCH-Leitfadens) findet dieser auf reproduktionsmedizinische Einrichtungen Anwendung und präzisiert den in der AMWHV und dem AMG verwendeten Begriff der „Guten Fachlichen Praxis".[69] Allerdings begrenzt sowohl der Titel als auch der von der DGCH definierte Anwendungsbereich (S. 6) des Leitfadens seine inhaltliche Geltung auf solche Behandlungsschritte, die unmittelbar der Entnahme dienen. So werden insbesondere entnahmespezifische Anforderungen an SOPs sowie Hygienevorgaben festgelegt. Da aber die Entnahme der Keimzellen als solche in aller Regel nicht zu einer Vertauschung der Probe führen kann, sondern vielmehr die nachgelagerten Bearbeitungs- und Behandlungsschritte im Labor, sollen die Vorgaben des DGCH-Leitfadens nicht näher dargestellt werden.

c) *Die Leitlinien der ESHRE*

Selbstverständlich veröffentlichen nicht nur deutsche, sondern auch internationale Fachgesellschaften Empfehlungen zur Arbeit in einem ART-Labor. Eine dieser Organisationen ist die European Society of Human Reproduction and Em-

---

[67] „Aktiv" meint in diesem Zusammenhang, dass Patienten oder Bezugspersonen gezielt nach der Patientenidentität gefragt und z. B. Suggestivfragen vermieden werden.

[68] Abrufbar unter www.dgch.de/fileadmin/media/pdf/servicemeldungen/069_Gewebegesetz_GFPLeitfaden_der_DGCH_fuer_die_Gewinnung_menschlicher_Gewebe.pdf (zuletzt abgerufen am: 30.09.19).

[69] Vgl. §§ 2 Nr. 4, 3 Abs. 1 AMWHV und § 20c Abs. 2 S. 1 Nr. 5 AMG.

bryology (ESHRE), die mit weltweit über 6.500 Mitgliedern aus mehr als 110 Ländern[70] die wohl bedeutendste internationale Fachgesellschaft auf dem Gebiet der Reproduktionsmedizin ist. In ihren „guidelines for good practice in IVF laboratories"[71] fasst die ESHRE Qualitäts- und Sicherheitsstandards zusammen, die der überwiegenden Ansicht ihrer Mitglieder entsprechen. Unter Ziff. 2 der Leitlinie werden zunächst einige Anforderungen an ein QM-System aufgeführt. Neben aktuellen SOPs (Ziff. 2.2) muss insbesondere für die Einrichtung eines Dokumentationssystems für unerwünschte Zwischenfälle (Ziff. 2.3) und eines Identifizierungssystems (Ziff. 2.8) gesorgt werden. Daneben normiert Ziff. 3.1 Abs. 2 S. 3 einige Anforderungen an die Ausstattung eines ART-Labors, die Ablenkungen und Ermüdung verhindern sollen und auf diese Weise der Prävention dienen (s. bereits Ziff. 2.6). Ziffer 4 enthält nähere Vorgaben zu der Ausgestaltung des Identifizierungssystem, die vor allem auf die sorgfältige Kennzeichnung aller Proben und eine aktive Patientenidentifikation abzielen (Ziff. 4.2 sowie 4.4 Spiegelstr. 1 und 2).[72] Besonders hervorzuheben ist die Empfehlung, während sämtlicher kritischer Schritte[73] auf ein Vier-Augen-Prinzip oder ein elektronisches Identifizierungssystem zurückzugreifen (Ziff. 4.4 Spiegelstr. 5). Damit korreliert die mehrfach wiederholte Aussage, dass eine solche Doppel-Überprüfung vor wichtigen Behandlungsschritten nicht nur empfehlenswert, sondern vielmehr zwingend erforderlich ist (Ziff. 9.2.3, 11.9 und 12.8).

4. Laborhandbücher und SOPs

Die „unterste" Normenebene bilden die an vielen Stellen angemahnten SOPs,[74] die von jedem reproduktionsmedizinischen Institut in einem einrichtungsinternen Laborhandbuch zusammengefasst werden. Die Verbindlichkeit dieser Vorgaben für die Mitarbeiter der Einrichtung ergibt sich freilich nicht aus einem Subordinationsverhältnis zwischen Staat und Bürger, dafür aber aus einem solchen zwischen Arbeitgeber und Arbeitnehmer. Handelt ein Arbeitnehmer entgegen

---

[70] S. dazu den Jahresbericht der ESHRE für das Jahr 2014 (S. 4); abrufbar unter www.eshre.eu/Home/ESHRE-Annual-Report-2015.aspx (zuletzt abgerufen am: 30.09.19).

[71] Abrufbar unter www.eshre.eu/en/Guidelines-and-Legal/Guidelines/Revised-guidelines-for-good-practice-in-IVF-laboratories-(2015).aspx (zuletzt abgerufen am: 30.09.19).

[72] Vgl. dazu auch die grafische Darstellung nach Ziffer 4.5 und für die Kryokonservierung Ziffer 12.5.

[73] Die in der Leitlinie aufgeführten Exemplare für kritische Schritte sind sehr weit gefasst und umfassen letztlich (zu Recht) nahezu jede Maßnahme, bei der Zellen bewegt, bearbeitet oder gelagert werden.

[74] Vgl. z. B. §§ 33 Abs. 1, 4, 34 Abs. 3, 5 S. 1 AMWHV, Ziffer 3.3 und 4 Abs. 1 AGRBM-Leitlinie für Führung und Einrichtung oder Ziffer 4 Abs. 6 und 9.1 AGRBM-Leitlinie für verantwortliches Arbeiten.

einer zwingenden Arbeitsanweisung des Dienstherrn, so bestehen verschiedene arbeitsrechtliche Sanktionsmöglichkeiten bis hin zu einer außerordentlichen Kündigung nach § 626 Abs. 1 BGB als Ultima Ratio.[75] Insofern ist vielmehr entscheidend, dass die drohenden Konsequenzen einen starken Antrieb für normkonformes Verhalten darstellen, als dass die Laborhandbücher aus staatlicher Feder stammen. Neben detaillierten Beschreibungen der einzelnen Bearbeitungsschritte und der dazugehörigen Arbeitsanweisungen enthalten die Handbücher vor allem entsprechende Checklisten sowie genaue Vorgaben zur Durchführung von Präventionsmaßnahmen, um Zwischenfälle zu verhindern.

II. Präventionsmaßnahmen in der Praxis

Im Folgenden sollen diese unterschiedlichen Präventionsmöglichkeiten und der aktuelle Stand ihrer Umsetzung in der laboratorischen Praxis im Überblick beleuchtet werden. Entsprechend der bereits getroffenen Feststellung, dass einem Vertauschungsvorfall fast immer ein menschlicher Fehler zugrunde liegt, betreffen die meisten Präventionsmaßnahmen daher auch das Verhalten des Laborpersonals. Während viele reproduktionsmedizinische Einrichtungen vor allem auf „analoge“ Präventionsmaßnahmen zurückgreifen, setzen einige Labore mittlerweile hochtechnisierte elektronische Sicherungssysteme ein, um das Risiko eines Vertauschens auf ein Minimum zu reduzieren.

1. Analoge Präventionsmaßnahmen

Da die meisten deutschen ART-Labore noch nicht auf elektronische Sicherungssysteme umgestiegen sind,[76] kommt analogen Sicherungsmaßnahmen nach wie vor eine große Bedeutung zu. Viele dieser Maßnahmen finden in den zuvor dargestellten staatlichen Regelungen oder den Empfehlungen der Fachgesellschaften Erwähnung und wurden daher größtenteils bereits angesprochen. So werden u. a. alle Gefäße, die Proben enthalten, sorgfältig beschriftet. Muss die Beschriftung einer Kryokonservierung standhalten, werden die Informationen auf spezielle „Kryo-Etiketten“ oder „Kryo-Plaketten“ gedruckt bzw. graviert. Neben dem bei jeder Behandlung vergebenen einzigartigen Identifizierungscode[77] wird gele-

[75] Etwa wenn der Arbeitnehmer die als lästig empfundenen Anweisungen vorsätzlich nicht befolgt; vgl. statt vieler MüKo-BGB/*Henssler* § 626 Rn. 149.

[76] Bisher haben erst ca. 5 % der deutschen Kliniken elektronische Sicherungssysteme installiert; vgl. dazu S. 40 ff. Auskunft von *Research Instruments Ltd.* auf persönliche Anfrage (Stand: Dezember 2018).

[77] Entweder ein spezieller Code der Einrichtung oder ein standardisierter wie etwa der Single European Code (SEC); vgl. RL der EU-Kommission 2015/565, Annex VII.

gentlich auch der Name der behandelten Person in Reinschrift auf den Proben vermerkt, um ein „Verlesen“ oder „Vergucken“ zu verhindern. Allerdings wird nicht in jeder Einrichtung so verfahren, obwohl das Abgleichen des Codes für die Probenzuordnung einen weiteren Zwischenschritt darstellt, der das Risiko einer Verwechslung in sich birgt.[78] Unter dem Stichwort „Sicherheit durch Organisation“ werden zudem alle Arbeitsschritte anhand von zuvor festgelegten Checklisten abgearbeitet. Bei besonders fehleranfälligen Schritten soll stets das „Vier-Augen-Prinzip“ (sog. Double-Checking) angewandt werden, indem ein weiterer Mitarbeiter zur Kontrolle und Überwachung hinzugezogen wird. Schließlich wird bei sämtlichen Behandlungsmethoden, bei denen Keimzellen oder Embryonen auf Patientinnen entnommen oder (rück-)übertragen werden, eine aktive Patientenidentifikation vorgenommen, deren Ergebnis mit der Probenbeschriftung und den Patientenakten abgeglichen wird. Zum Teil wird ergänzend auch der Patient selber – etwa mithilfe von Armbändern oder Ähnlichem – gekennzeichnet, um eine fehlerfreie Identifikation zu gewährleisten.

2. *Elektronische Sicherungssysteme*

Einige reproduktionsmedizinische Einrichtungen verlassen sich nicht allein auf die sorgfältige Arbeitsweise ihrer Mitarbeiter, sondern greifen zusätzlich auf elektronische Sicherungssysteme zurück, die einen zuverlässigen Ausschluss von Zuordnungsfehlern bei Reproduktionsmaßnahmen versprechen. Dabei kann im Wesentlichen zwischen zwei verschiedenen Systemtypen unterschieden werden: Einerseits reine Barcode-Systeme und andererseits vollautomatische Kontrollsysteme mit Tracking- und Dokumentationsfunktionen.

a) Barcode-Systeme

Bei Barcode-Systemen wird jedem Patienten zu Beginn der Behandlung nicht nur ein eigener numerischer Identifizierungscode, sondern zusätzlich auch ein Barcode zugeteilt,[79] der gemeinsam mit dem Nummerncode auf allen Proben vermerkt wird.[80] Vor jedem extrakorporalen Behandlungsschritt wird dieser Bar-

[78] Vgl. dazu die Stellungnahme der European Cell and Tissue Bank (abrufbar unter www.parlament.gv.at/PAKT/VHG/XXIII/SNME/SNME_05259/index.shtml [zuletzt abgerufen am: 30.09.19]), die die entsprechende Regelung in § 5 Abs. 6 des österreichischen Gewebesicherheitsgesetzes kritisiert.

[79] Bisweilen wird auch ein QR-Code anstelle eines Barcodes verwendet.

[80] Das populärste barcodebasierte System ist das „Matcher-System“ des britischen Unternehmens *IMT International Ltd.* Zum Teil wird sogar mit Silikon-Barcodes experimentiert, die in die zona pellucida eines Embryos eingesetzt werden; vgl. *Novo et al.* Human Reproduction 2013, 1519. Diese sind angesichts des hohen Zeitaufwands und der Invasivität der Maßnahme allerdings kaum praxistauglich; vgl. dazu *Thornhill et al.*, 17th World Congress, 101 (102).

code-Aufdruck in Richtung eines Scanners ausgerichtet, der an den Labor-Werkbänken montiert ist. Der Scanner registriert die Probe und ordnet diese der Patientenidentität zu. Auf einem an der Arbeitsstation eingerichteten Bildschirm wird angezeigt, ob es sich um die richtige Probe handelt oder es zu einer fehlerhaften Zuordnung gekommen ist. Sollte das System eine Probe identifizieren, die nicht mit der Patientenidentität übereinstimmt, weisen akustische und visuelle Signale auf den Fehler hin.

b) Vollautomatische Sicherungssysteme

Eine bemerkenswerte Alternative zu solchen barcodebasierten Systemen ist das „IVF Witness System“ des britischen Unternehmens *Research Instruments Ltd.*, das zur Identifizierung nicht auf optische Sensoren, sondern auf Radiowellen zurückgreift.[81] Diese sog. Radio Frequency Identification (RFID)[82] erfolgt mithilfe von speziellen RFID-Chips, die als Aufkleber auf sämtliche Proben und Gefäße geklebt werden. Zu Beginn jeder Behandlung bekommen die Patienten eine individuelle Chipkarte zugeteilt, mit der sie vor den einzelnen Behandlungsschritten ihre Daten kontrollieren und sogar selbst sicherstellen können, dass eine fehlerfreie Zuordnung erfolgt ist. Alle Arbeitsstationen sind mit Sensoren ausgestattet, die sämtliche Proben registrieren und die Station abschalten, sobald eine Probe in den Arbeitsbereich gebracht wird, die nicht zu den Patientendaten passt. Auch hier wird der Labormitarbeiter durch akustische und visuelle Signale auf Unstimmigkeiten aufmerksam gemacht. Sämtliche Aktivitäten und besondere Vorkommnisse werden von dem System automatisch aufgezeichnet, sodass zudem eine lückenlose und fehlerfreie automatische Dokumentation gewährleistet ist.

3. Stellungnahme

Die Vorteile von elektronischen Sicherungssystemen gegenüber analogen Präventionsmaßnahmen liegen auf der Hand: Da der Mensch selbst die größte Fehlerquelle ist, erscheint es logisch, ja geradezu zwangsläufig, den Bereich der Prävention weitestgehend vor menschlichen Unzulänglichkeiten zu schützen. Jedoch zeichnen sich sämtliche analogen Präventionsmaßnahmen dadurch aus, dass Menschen für ihre praktische Umsetzung zuständig sind. Daher führen sie allenfalls zu einer gewissen Risikobegrenzung, nicht aber zu einem Risikoaus-

[81] Ähnlich wird in den USA auch bei der Identifikation und Zuordnung Neugeborener verfahren; vgl. *Eckebrecht* FPR 2011, 394 (400).

[82] RFID-Chips werden in den USA auch zur fehlerfreien Zuordnung von Neugeborenen zu ihren Eltern verwendet (vgl. *Eckebrecht* FPR 2011, 394 [400]). Die Technik kommt daneben u. a. bei elektronischen Tickets des ÖPNV oder (Funk-)Bezahlkarten zum Einsatz.

schluss. Zwar sind auch elektronische Sicherungssysteme nicht imstande, einen vollständigen Ausschluss sämtlicher Risiken zu gewährleisten, jedoch können nahezu alle personalbedingten und die meisten organisatorischen Fehlerursachen nachhaltig ausgeräumt werden.

Denn dass die meisten von Menschen abhängigen Präventionsmaßnahmen recht schnell an natürliche Grenzen stoßen, soll anhand der wichtigsten analogen Sicherheitsvorkehrung – dem „Vier-Augen-Prinzip" – aufgezeigt werden: Zweifellos führt die doppelte Überprüfung zunächst dazu, dass das Risiko eines „Verguckens" durch eine nochmalige Kontrolle verringert wird. Allerdings darf dabei nicht außer Acht gelassen werden, dass sich aus dieser doppelten Prüfung zugleich ganz neue Fehlerquellen ergeben.[83] Zum einen ist es für ein Double-Checking stets erforderlich, dass ein anderer Labormitarbeiter aus seinem eigenen Arbeitsprozess herausgerissen wird.[84] Daraus ergibt sich eine gesteigerte Fehleranfälligkeit sowohl für die Arbeit des hinzuziehenden als auch des hinzugezogenen Mitarbeiters. Während der hinzugezogene Mitarbeiter das Double-Checking als lästige Unterbrechung wahrnimmt, verlässt sich der hinzuziehende Mitarbeiter auf einen Kollegen, dessen ungeteilte Aufmerksamkeit nicht der Überprüfung gilt.[85] Zum anderen führt die Vornahme von Routinehandlungen zwangsläufig zu einer „unfreiwilligen Automatisierung",[86] die den Wert der Kontrolle erheblich herabsetzt. Schließlich besteht die Gefahr, dass die Doppelprüfung aufgrund ihrer negativen Auswirkungen auf den Arbeitsablauf und unklarer Zuständigkeiten zu spät bzw. zu früh durchgeführt oder gar gänzlich weggelassen wird.[87] Dementsprechend führt das „Vier-Augen-Prinzip" in der Regel nur zu einer Risikoverlagerung, mit der die Gefahr in einen anderen Bereich verschoben wird, ohne das Problem entscheidend zu beheben. Dies gilt umso mehr, als etwa der in der EU-Richtlinie 2015/565 (Annex VII) vorgesehene Single European Code (SEC) insgesamt 40 numerische Stellen aufweist, was eine optimale Lesbarkeit und Identifikation insgesamt erschwert und z. B. bei den vielfach verwen-

---

[83] Dazu auch *Glew et al.* Fertility & Sterility 2006, S170 (P-108); *Thornhill et al.* Fertility & Sterility 2011, S179 (P-245).

[84] So nennt etwa der „HFEA-Guidance for Witnessing and assuring patient and donor identification" unter Ziffer 18.4 insgesamt sogar zwölf Arbeitsschritte, bei denen eine Doppel-Kontrolle erfolgen sollte; abrufbar unter www.hfea.gov.uk/506.html (zuletzt abgerufen am: 30.09.19).

[85] Vgl. *Adams/Carthey,* HFEA-Report, S. 16.

[86] Im Englischen „involuntary automaticity"; vgl. dazu *Toft/Mascie-Taylor* HSMR 2005, 211 (212 ff.).

[87] Vgl. dazu und zu den Problemen des Double-Checkings insgesamt *Adams/Carthey,* HFEA-Report, S. 2 f. u. 14; *Thornhill et al.*, 17th World Congress, 101 (102).

deten Straws oder Vitrifikationshaltern für Eizellen, die einen Durchmesser von weniger als 5 Millimeter aufweisen, nahezu unmöglich macht.[88]

Vergleicht man nun die beiden unterschiedlichen elektronischen Sicherungssysteme, ist zu konstatieren, dass menschliche Fehler durch ein RFID-gestütztes System in höherem Maße ausgeschlossen werden als durch ein Barcode-System. Nachdem die RFID-Aufkleber auf den Proben angebracht wurden, kontrolliert das System sämtliche Arbeitsschritte eigenständig und ohne weiteres menschliches Zutun. Daher verbleibt einzig das Anbringen der Kennzeichnungen auf den Probebehältnissen als potentielle (menschliche) Fehlerquelle. Demgegenüber verlangen Barcode-Systeme vor jedem Arbeitsschritt, dass der Barcode in Richtung des Scanners ausgerichtet wird, da ein Barcode anders als ein RFID-Chip nicht vollautomatisch von Sensoren erfasst werden kann. Dieses zusätzliche Erfordernis birgt die Gefahr, dass der Arbeitsfluss gestört wird und die Labormitarbeiter das Verfahren als umständlich und lästig empfinden. Wird eine Handlung als störend oder überflüssig empfunden, steigt zugleich der Anreiz, diese nicht bzw. nicht mit der nötigen Sorgfalt durchzuführen.[89] Darüber hinaus besteht die Gefahr, dass die Barcode-Aufkleber durch äußere Einwirkungen unkenntlich oder unleserlich gemacht werden und die Scanner die Codes infolgedessen fehlerhaft erfassen.[90] Studienergebnisse belegen hingegen, dass RFID-Chips überaus verlässlich arbeiten und nur eine sehr geringe Fehleranfälligkeit an den Tag legen.[91]

Schließlich scheint auch die Praxis die Vorzüge und Verlässlichkeit der RFID-Technik schätzen gelernt zu haben. So hat etwa eine Liverpooler Klinik, die eigentlich an der Entwicklung eines Barcode-Systems beteiligt war und dieses daher kostenlos beziehen konnte, ein RFID-System kostenpflichtig installieren lassen.[92] Zwar haben bisher weltweit mehr als 100 reproduktionsmedizinische Einrichtungen ein auf RFID-Technik basierendes System eingerichtet, in Deutschland sind es jedoch lediglich sieben von insgesamt circa 140 Kliniken,[93] die sich ausschließlich bzw. überwiegend auf reproduktionsmedizinische Be-

---

[88] Dies wurde z. B. von der DGGG explizit im Rechtsetzungsverfahren kritisiert; vgl. Stellungnahme 194 der DGGG, www.dggg.de/leitlinien-stellungnahmen/stellungnahmen/ (zuletzt abgerufen am: 30.09.19).

[89] Diese Gefahr ist bei RFID-Systemen aufgrund der integrierten Blockade-Mechanismen nahezu vollständig ausgeschlossen; vgl. *Thornhill et al.*, 17th World Congress, 101 (102).

[90] Zu den zuvor genannten Aspekten *Adams/Carthey,* HFEA-Report, S. 3 f. m. w. N.

[91] In 99,03 % der Fälle werden die Chips problemlos ausgelesen; vgl. *Thornhill et al.*, 17th World Congress, 101 (104). Nur in den verbleibenden Fällen ist zusätzlich auf analoge Maßnahmen zurückzugreifen.

[92] S. www.news.bbc.co.uk/2/hi/uk_news/england/merseyside/8232139.stm (zuletzt abgerufen am: 30.09.19).

[93] Auskunft der *Research Instruments Ltd.* auf persönliche Anfrage.

handlungen spezialisiert haben.[94] Überdies darf nicht unerwähnt bleiben, dass auch das RFID-System gewisse Gefahren mit sich bringt. Verlässt sich der Labormitarbeiter einzig auf das Sicherungssystem, führt dies gegebenenfalls zu einem Mangel an Aufmerksamkeit, der bei einem Systemversagen zu Fehlern führen könnte. Jedoch fällt dieses hypothetische Risiko im Vergleich zu den tatsächlich feststellbaren Vorteilen des RFID-Systems kaum ins Gewicht.

III. Zusammenfassende Überlegungen

Wie eingangs bereits erwähnt, hält die deutsche Rechtsordnung keine Regelungen bereit, die die vor allem zivilrechtlichen Rechtsfolgen eines Vertauschens von Keimzellen oder Embryonen explizit regeln. Demgegenüber ist der Bereich der Prävention von einer solchen normativen Vielschichtigkeit geprägt, dass es dem Rechtsanwender nur mit größter Mühe gelingen kann, den Überblick zu bewahren. Während sich die stark europarechtlich determinierten bundesrechtlichen Regelungen auf die Festlegung eines gewissen Rahmens beschränken, wird dieser in mehreren Richt- und Leitlinien verschiedener Fachgesellschaften mit weiteren – mehr oder weniger verbindlichen – Bestimmungen gefüllt. Die letzte Konkretisierungsstufe bilden die in Laborhandbüchern zusammengefassten SOPs, die die tägliche Arbeitsroutine der Mitarbeiter aufgrund der sich aus den arbeitsrechtlichen Sanktionsmöglichkeiten ergebenden Motivationswirkung in besonderem Maße prägen. Die Praxis beschränkt sich bei der Umsetzung von Präventionsmaßnahmen insbesondere auf analoge Präventionsmöglichkeiten und offenbart dementsprechend durchaus Verbesserungspotential (dazu noch S. 296 ff.). So wurde das vielversprechende „IVF Witness System“ von *Research Instruments Ltd.* bislang erst von 5 % der reproduktionsmedizinischen Einrichtungen in Deutschland installiert.

---

94 Die Kosten für das System bestimmen sich danach, ob ein Kauf- oder Leasingmodell gewählt wird. Bei einem Kauf betragen die einmaligen Anschaffungskosten für ein Labor mit zehn auszustattenden Arbeitsplätzen ca. 65.000 € und die jährlichen Kosten für die Chips etwa 45.000 €. Wird das Leasingmodell gewählt, entstehen Anschaffungskosten i.H.v. ca. 15.000 € und laufende Kosten i.H.v. ca. 48.000 €.

D. Aufklärung und Offenbarung – Auskunftsrechte und -pflichten des Arztes

Angesichts der eingangs bereits dargestellten Schwierigkeiten, die der Aufdeckung eines Vertauschungsvorfalls entgegenstehen (S. 3), ist der Bereich der Arzt-Patienten-Kommunikation für den Erfolg der Aufklärungsbemühungen von entscheidender Bedeutung. Da die Behandlerseite nicht zuletzt aufgrund ihres Fachwissens über einen erheblichen Vorsprung im Hinblick auf Informationen über das Behandlungsgeschehen verfügt, hängt es maßgeblich von ihr ab, ob und in welchem Maße das zwischen Arzt und Patient bestehende Informationsgefälle aufgelöst wird. Im Folgenden sollen zunächst die Anforderungen an die vertauschungsspezifische Kommunikation *vor* der Behandlung dargestellt werden, um daraufhin die Situation *nach* der Behandlung zu beleuchten. Während die Frage nach prätherapeutischen Aufklärungspflichten rasch beantwortet ist, bereitet die Problematik der nachgelagerten Offenbarung erhebliche Schwierigkeiten. Daher bilden die dort zu beantwortenden Fragen einen der Schwerpunkte dieser Arbeit.

I. Prätherapeutische Aufklärung

Aufgrund des Primates des „informed consent" hat die prätherapeutische (Selbstbestimmungs-)Aufklärung eine immense Bedeutung für den behandelnden Arzt. Mit dem am 26.02.2013 in Kraft getretenen Patientenrechtegesetz[1] hat der Gesetzgeber die bisherige Rechtsprechung zu Umfang und Voraussetzungen der Aufklärungspflicht erstmals kodifiziert. So ist der Arzt gemäß § 630e Abs. 1 BGB dazu verpflichtet, „den Patienten über sämtliche für die Einwilligung wesentlichen Umstände aufzuklären" (Satz 1) und ihn „insbesondere [über] Art, Umfang, Durchführung, zu erwartende Folgen und Risiken der Maßnahme sowie ihre Notwendigkeit, Dringlichkeit, Eignung und Erfolgsaussichten im Hinblick auf die Diagnose oder die Therapie" in Kenntnis zu setzen (Satz 2). Auch wenn der Wortlaut („sämtliche") anderes vermuten lässt, ist nach einhelliger

[1] „Gesetz zur Verbesserung der Rechte von Patientinnen und Patienten" (BGBl. I S. 277).

Meinung[2] jedoch keine Aufklärung darüber erforderlich, dass dem Arzt ein Behandlungsfehler unterlaufen könnte, der schädigende Konsequenzen nach sich ziehen mag. Vielmehr erstreckt sich die Aufklärungspflicht einzig auf diejenigen Risiken, die für den Patienten trotz Anwendung der gebotenen Sorgfalt und kunstgerechter Durchführung der Maßnahme bestehen. Ein Behandlungsfehler liegt vor, wenn die nach § 630a Abs. 1 BGB geschuldete Leistung nicht im Einklang mit den „allgemein anerkannten fachlichen Standards“ (Abs. 2) erbracht wird.[3] Stellt das Vertauschen von Keimzellen oder Embryonen also einen Verstoß gegen diesen objektiven Sorgfaltsmaßstab dar, wäre es als Behandlungsfehler zu qualifizieren, über den der Arzt nicht aufklären muss. Die zu einem Vertauschen führenden Fehlleistungen sind im Ergebnis ausschließlich dem Laboratoriumsbereich zuzuordnen. Selbst wenn es bei der Übertragung des Embryos auf die Patientin zu einem Vertauschen kommt, wurde dieser bereits im Labor oder dem damit verbundenen Organisationsbereich angelegt (z. B. durch fehlerhafte Etikettierung der Proben) und manifestiert sich sodann lediglich in den ärztlichen Handlungen. Gleiches gilt für die Entnahme von Ei- oder Samenzellen, da auch dort der Fehler in einer mangelhaften Zuordnung – und damit einer organisatorischen Maßnahme –, nicht aber in der eigentlichen ärztlichen Tätigkeit liegt.

Die Einschaltung speziellen (nicht-ärztlichen) Fach- und Verwaltungspersonals ist grundsätzlich ohne Weiteres im Rahmen der vertikalen Arbeitsteilung zulässig. Wurde das nicht-ärztliche Personal sorgfältig ausgewählt und überwacht, kann die Delegation *an sich* keinen Behandlungsfehlervorwurf begründen.[4] Allerdings wird das nicht-ärztliche Personal auf Grundlage des mit dem Patienten abgeschlossenen Vertrages eingesetzt, der u. a. laboratoriumsmedizinische Maßnahmen und die dafür erforderlichen organisatorischen Vorgänge voraussetzt. Daher haftet der Behandelnde als Vertragspartner des Patienten für das zur Erfüllung seiner Verbindlichkeit eingesetzte Personal nach § 278 S. 1 BGB. Werden Keimzellen oder Embryonen bei der Durchführung einer laboratorischen Maßnahme vertauscht, bleibt der jeweilige Mitarbeiter hinter dem erforderlichen Sorgfaltsstandard zurück, nach dem die verwechslungsfreie Zuordnung von Proben zum Patienten erwartet werden kann. Folglich handelt es sich bei dem Vertauschen von Keimzellen oder Embryonen um einen dem Behandelnden zurechenbaren Behandlungsfehler, der keine Aufklärungspflicht auslöst.

---

[2] *BGH* NJW 1985, 2193; Laufs/Kern/Rehborn/*Kern* § 66 Rn. 18; MüKo-BGB/*Wagner* § 630e Rn. 30; Quaas/Zuck/*Quaas* § 14 Rn. 93; Terbille/Clausen/Schroeder-Printzen/*Terbille* § 1 Rn. 300.

[3] Vgl. *Deutsch/Spickhoff* Rn. 295 ff.; Terbille/Clausen/Schroeder-Printzen/*Terbille* § 1 Rn. 458 ff.; lesenswert *Prütting* RW 2018, 289 (302 ff.). Zu der umfangreichen Kasuistik MüKo-BGB/*Wagner* § 630a Rn. 141 ff.

[4] Terbille/Clausen/Schroeder-Printzen/*Terbille* § 1 Rn. 519.

Obgleich also keine rechtliche Verpflichtung zur prätherapeutischen Aufklärung besteht, hat der Arzt – in Ermangelung entgegenstehender, rechtlich relevanter Interessen – dennoch das Recht, den Patienten über das Vertauschungsrisiko aufzuklären. Bedenkt man allerdings, dass wohl kaum ein Patient weiterhin einem Arzt vertrauen wird, der ihn bereits vor der Behandlung darauf hinweist, dass er womöglich einen Behandlungsfehler solchen Ausmaßes begehen könnte, ist unschwer zu erkennen: Die Möglichkeit der Vertauschung von Keimzellen oder Embryonen wird in aller Regel nicht Bestandteil der prätherapeutischen Aufklärung sein. Reproduktionsmedizinische Einrichtungen werden eher darauf erpicht sein, das Risiko unter Bezugnahme auf die Einhaltung hoher Sorgfaltsstandards zu bagatellisieren.[5]

II. Posttherapeutische „Aufklärung"

1. Schwierigkeiten ärztlicher Informationspolitik

Ist es zu einem Vertauschen gekommen, das von der reproduktionsmedizinischen Einrichtung bemerkt oder über das die Einrichtung in Kenntnis gesetzt wurde, eröffnen sich dem behandelnden Arzt (und natürlich auch dem Führungspersonal der Einrichtung) zwei Handlungsoptionen: Einerseits bestünde die Möglichkeit, den Vorfall zu vertuschen, um die betroffenen Patienten und vor allem die Öffentlichkeit im Hinblick auf die katastrophale Wirkung, die die zu erwartende Presse mit sich bringt, nicht in Kenntnis setzen zu müssen. Andererseits wird es immer wieder Fälle geben, in denen die Patienten- oder auch die Behandlerseite – etwa weil eine auf Transparenz und Offenheit beruhende PR-Strategie erfolgsversprechender erscheint –[6] den Gang an die Öffentlichkeit wählt oder die Verantwortlichen eine (moralische) Verpflichtung verspüren, die Betroffenen über die Geschehnisse zu informieren. Spricht die Überschrift zu diesem Abschnitt also von „posttherapeutischer Aufklärung", ist keine Aufklärung im rechtlich-technischen Sinne gemeint, sondern im Sinne eines „Offenbarens". Ob diese tatsächlich bestehenden Handlungsmöglichkeiten aber auch rechtlich zulässig sind und damit ausgeschöpft werden dürfen, wird nachfolgend überprüft.

Welche rechtlichen Hindernisse (zu welchem Zeitpunkt) die Aufklärung erschweren,[7] hängt maßgeblich davon ab, ob der Vorfall von einem Patientenpaar oder aber von der Behandlerseite bemerkt wird. Entdecken die Eltern beispiels-

---

[5] Dazu schon oben Kap. A, Fn. 12.

[6] So z.B. Anhang, Fall 10.

[7] Dass überhaupt rechtliche Hindernisse bestehen, scheint bisweilen vergessen zu werden, wenn man etwa die Ausführungen von *Frank* FamRZ 2015, 1149 (1150) zu postnatalen Ver-

weise durch einen Vergleich der inkompatiblen Blutgruppen oder mittels einer DNA-Untersuchung,[8] dass ihr rechtliches Kind keine genetische Verwandtschaftsbeziehung zu ihnen aufweist, werden sie in Ermangelung eines anderen Ansprechpartners stets an ihren behandelnden Arzt bzw. die Klinikleitung herantreten, um Aufklärung zu fordern. In solchen Fällen stellt sich zunächst die Frage, wie der Konflikt zwischen dem Auskunftsverlangen des einen Elternpaares und der zugunsten der Komplementärfamilie wirkenden ärztlichen Schweigepflicht aufgelöst werden kann. Denn die auskunftbegehrende Familie wird insbesondere Interesse an der Identität des eigenen genetischen Kindes haben. Diese Information ist allerdings als personenbezogenes Datum von der ärztlichen Schweigepflicht geschützt.[9] Daran anschließend drängt sich die Frage auf, welche rechtlichen Hindernisse es dem Arzt erschweren könnten, der nichtsahnenden Komplementärfamilie die Umstände des Vertauschungsvorfalls zu offenbaren. Insoweit ist vor allem dem sog. Recht auf Nichtwissen Beachtung zu schenken. Wird der Vorfall indessen von der Behandlerseite bemerkt, ist die Sachlage eine andere: Dann rückt nämlich das Recht auf Nichtwissen und die Überlegung, inwiefern der Behandelnde an die Betroffenen herantreten darf, in den Vordergrund. Demgegenüber gewinnt der Aspekt der ärztlichen Schweigepflicht erst dann an Aktualität, wenn der Arzt – etwa auf Drängen einer Familie – die Identität der jeweils anderen Beteiligten preisgeben will.

Obgleich davon auszugehen ist, dass in der Praxis die Behandlerseite bessere Voraussetzungen hat, die Vertauschung zuerst zu bemerken,[10] wurde in beinahe jedem medial thematisierten Fall das Vertauschen von einer der betroffenen Familien entdeckt. Dies kann entweder damit erklärt werden, dass die reproduktionsmedizinischen Einrichtungen abgeschlossene Behandlungen nur in sehr geringem Maße evaluieren oder damit – und das wird wohl die weitaus wahrscheinlichere Erklärung sein –, dass die Kliniken dazu neigen, entdeckte Ungereimtheiten „unter den Teppich zu kehren“ und nicht gegenüber den Eltern aufklären.[11] Daher orientiert sich die folgende Darstellung an der Chronologie der zuerst dargestellten Konstellation, in der das Vertauschen von einem Patienten-

tauschungen liest: „Ihn [den Arzt] trifft nunmehr die Pflicht, alles zu tun, um die Verwechslung aufzuklären.“

8 So z. B. in den Fällen 3, 4, 6, 7, 17, 19 (Anhang).

9 MüKo-StGB/*Cierniak/Niehaus* § 203 Rn. 25; Spickhoff/*Knauer/Brose* § 203 StGB Rn. 2.

10 So ist lediglich die Behandlerseite in der Lage, durch eine systematische Evaluierung der Behandlungsabläufe mittels DNA-Abgleichs zu umfänglichen Erkenntnissen hinsichtlich der Fehlerhaftigkeit einer Behandlung zu gelangen. Stellen demgegenüber Patienten ein Vertauschen fest, beruht dies immer auf Zufälligkeiten (z. B. das Entdecken inkompatibler Blutgruppen bei Eltern und Kind). Eine Identifizierung der Komplementärfamilie wird fast nie ohne das Zutun der Behandlerseite möglich sein, der insoweit ein Informationsmonopol zukommt.

11 Dazu bereits S. 3; vgl. daneben z. B. Anhang, Fall 7 u. 8, anders aber in Fall 10.

paar bemerkt wird, welches daraufhin auskunftsersuchend an die Behandlerseite herantritt. Aufgrund dessen werden zunächst diejenigen Rechtsprobleme dargestellt, die im Zusammenhang mit der ärztlichen Schweigepflicht auftreten, um anschließend auf das Recht auf Nichtwissen einzugehen.

2. Normative Grundlagen der ärztlichen Schweigepflicht

Bereits der Eid des *Hippokrates von Kos* bezeichnete die Verschwiegenheit in Bezug auf personenbezogene Informationen des Patienten als „heilige Pflicht"[12] des Arztes. Dass die ärztliche Schweigepflicht nach wie vor als elementare Berufspflicht eines jeden Arztes begriffen wird,[13] zeigt sich – neben der Tatsache, dass die hippokratische Wendung mittlerweile fast zweieinhalb Jahrtausende überdauert hat – vor allem in der Mannigfaltigkeit ihrer rechtlichen Verwurzelungen.

Verfassungsrechtliche Determinante der ärztlichen Schweigepflicht ist das aus Art. 2 Abs. 1 i. V. m. Art. 1 Abs. 1 GG hergeleitete allgemeine Persönlichkeitsrecht[14] – genauer: das Recht auf informationelle Selbstbestimmung[15] – des Patienten.[16] Obwohl die ärztliche Schweigepflicht keine explizite privatrechtliche Regelung erfahren hat, ist sie dennoch fester Bestandteil der Zivilrechtsordnung: Zum einen kann das allgemeine Persönlichkeitsrecht als „sonstiges Recht" i. S. v. § 823 Abs. 1 BGB[17] und im Rahmen des „quasinegatorischen" Unterlassungsanspruchs nach § 1004 Abs. 1 i. V. m. § 823 Abs. 1 BGB[18] Ausstrahlungswirkung entfalten. Zum anderen handelt es sich bei der ärztlichen Schweigepflicht um eine Nebenpflicht zu dem in den §§ 630a ff. BGB kodifizierten Behandlungsver-

---

[12] Deutsche Übersetzung nach *Deichgräber,* Der Hippokratische Eid, S. 13 ff.: „Was ich auch bei der Behandlung sehe oder höre oder außerhalb der Behandlung im Leben der Menschen, soweit man es nicht ausplaudern darf, werde ich darüber schweigen, in der Überzeugung, daß hier Schweigen heilige Pflicht ist."

[13] Vgl. *Schwerd,* Schweigepflicht aus der Sicht des Rechtsmediziners, S. 183.

[14] Das allgemeine Persönlichkeitsrecht fand seine erstmalige höchstrichterliche Anerkenntnis in BGHZ 13, 334 (337 ff.). Im Weiteren wurde die verfassungsrechtliche Dimension des allgemeinen Persönlichkeitsrechts auch durch das *BVerfG* bestätigt (BVerfGE 34, 269 [271 f.]) und näher konturiert (BVerfGE 54, 148 [152 ff.] – seitdem st. Rspr.).

[15] Zu dieser speziellen Ausprägung des allgemeinen Persönlichkeitsrechts BVerfGE 65, 1.

[16] So die h. M., explizit etwa *LSG Bremen* NJW 1958, 278 (279); *Fischer* § 203 Rn. 3.

[17] Eingehend Jauernig/*Teichmann* § 823 Rn. 64a ff. Selbstverständlich ist daneben auch § 823 Abs. 2 BGB i. V. m. einem Schutzgesetz in den Blick zu nehmen. In Betracht kommen insoweit § 203 StGB sowie die auf § 9 MBO-Ä beruhenden Normen der Landesberufsordnungen (z. B. § 9 Berufsordnung ÄK Nordrhein).

[18] MüKo-BGB/*Baldus* § 1004 Rn. 32; *Fikentscher/Möllers* NJW 1998, 1337 (1341). Teils wird auch auf die Hinzuziehung von § 823 Abs. 1 BGB verzichtet und § 1004 Abs. 1 BGB analog angewandt; vgl. MüKo-BGB/*Baldus* § 1004 Rn. 19 f. m. w. N.

trag.[19] Darüber hinaus finden sich ausdrückliche Regelungen zur ärztlichen Schweigepflicht sowohl in § 203 Abs. 1 Nr. 1 StGB als auch in den Berufsordnungen[20] der 17 Landesärztekammern. Schließlich standen die die ärztliche Schweigepflicht stützenden Erwägungen Pate für die Regelungen der Datenschutzgesetze des Bundes (BDSG) und der Länder (z. B. GDSG NRW).

3. Besonderheiten der Vertauschungskonstellation

Im Folgenden soll die strafrechtliche Regelung des § 203 Abs. 1 Nr. 1 StGB als Ausgangspunkt dienen, anhand dessen die Besonderheiten der Vertauschungskonstellation in Bezug auf die ärztliche Schweigepflicht erörtert werden. Zunächst werden etwaige Strafbarkeitsrisiken aufgezeigt, um anschließend auf Rechtfertigungsmöglichkeiten einzugehen. Die Darstellung der Strafbarkeitsrisiken folgt dabei der Chronologie des Geschehens: In aller Regel wird man davon ausgehen können, dass der Umgang mit einem entweder selbst entdeckten oder an die Klinik herangetragenen Vertauschungsvorfall zunächst intern – z. B. mit dem Führungspersonal der Einrichtung – diskutiert wird, bevor die Umstände Personen kundgetan werden, die außerhalb der Einrichtung stehen, wie etwa die beteiligten Familien oder gar die Öffentlichkeit im Rahmen einer transparenten Medienarbeit.

a) Denkbare Strafbarkeitsrisiken

aa) Einrichtungsinterne Offenbarungen

Da reproduktionsmedizinische Maßnahmen aufgrund ihrer Komplexität nur vorgenommen werden können, wenn die durchführende Einrichtung über ein ausreichendes Maß an Ressourcen und Know-How verfügt, sind viele solcher Einheiten Bestandteil größerer Kliniken oder besitzen Ausmaße, die einen ausgeprägten Mitarbeiterstamm voraussetzen. Daher kommt der behandelnde Arzt in seinem beruflichen Umfeld häufig mit einer Vielzahl von Personen in Kontakt. Nachfolgend soll beleuchtet werden, gegenüber welchen Personengruppen der Arzt (einrichtungsintern) zur Verschwiegenheit verpflichtet ist und welche Informationen übermittelt werden dürfen, ohne sich dem von § 203 Abs. 1 Nr. 1 StGB ausgehenden Strafbarkeitsrisiko auszusetzen.

Zur Klarstellung sei an dieser Stelle darauf hingewiesen, dass die bisweilen in der Literatur anzutreffende Überlegung, § 203 StGB könne auf das Verhältnis

---

19 Quaas/Zuck/*Zuck* § 2 Rn. 48; Spickhoff/*Spickhoff* § 630a BGB Rn. 46; *Deutsch* VersR 2001, 1471 (1472).

20 Dazu bereits Kap. D, Fn. 17 a. E.

zwischen Samenspender und Arzt nicht angewendet werden,[21] für die hier zu beurteilenden Fälle keine Rolle spielt. Zwar erfüllen die Partner der jeweiligen Patientinnen durch die Abgabe ihrer Samenzellen ebenfalls formal die Samenspendereigenschaft, allerdings fußt die Argumentation der hier genannten Literaturstimmen auf der Erwägung, zwischen Samenspender und Spenderarzt bestehe mangels Behandlungsvertrags kein Arzt-Patienten-Verhältnis.[22] Unabhängig von der Richtigkeit dieser These unterscheiden sich die hiesigen Fallkonstellationen dadurch, dass die Samenspende nicht heterolog, sondern homolog verwendet wird. Durch die Verwendung der Samenzellen für die Befruchtung zur Erfüllung eines eigenen Kinderwunsches wird auch der Mann Vertragspartner des Behandlungsvertrags. Daher besteht ein dem Schutz des § 203 StGB unterliegendes Arzt-Patienten-Verhältnis.

Angesichts der Tatsache, dass der Tatbestand des § 203 Abs. 1 Nr. 1 StGB keine ausdrückliche Einschränkung in Bezug auf den Adressatenkreis der Offenbarung enthält, könnte sich eine solche beschränkende Wirkung allenfalls aus dem Tatgegenstand („fremdes Geheimnis“) oder der Tathandlung („unbefugtes Offenbaren“) ergeben. Der Begriff des Geheimnisses umfasst alle Tatsachen, die nur einem begrenzten Personenkreis bekannt sind und nach dem verständlichen Interesse des Geheimnisträgers nicht weiter bekannt werden sollen.[23] Daher erfasst § 203 Abs. 1 Nr. 1 StGB sämtliche personenbezogene Informationen von der Diagnose über die Therapie bis hin zu der Identität des Patienten und der bloßen Tatsache, dass dieser sich in ärztliche Behandlung begeben hat.[24] Für die hier zu behandelnde Thematik sind insbesondere diejenigen Informationen von Interesse, die einen Bezug zur Patientenidentität oder der Frage aufweisen, ob es während der Therapie zu einem Behandlungsfehler in Form einer Embryo- oder Keimzellvertauschung gekommen ist.

Bei alledem ist indes zu berücksichtigen, dass die meisten reproduktionsmedizinischen Behandlungsformen regelmäßig die Hinzuziehung weiteren Personals erfordern. So wird der Patient mitsamt seiner personenbezogenen Informationen häufig mit dem Empfangspersonal, Arzthelfern und vor allem den Labormitarbeitern in Kontakt kommen. Darüber ist sich der Patient jedoch im Klaren und nimmt es in Kauf, da auch er sich der Erkenntnis nicht entziehen kann, dass andernfalls eine Behandlung kaum vorstellbar ist. Seit Langem bestand Einigkeit,

---

[21] So etwa *Zimmermann* FamRZ 1981, 929 (932); *Waibl* S. 256 f.

[22] Explizit *Waibl* S. 257; implizit auch *Zimmermann* FamRZ 1981, 929 (932).

[23] BGHSt 41, 140 (142); BGHZ 40, 288 (292); NK-StGB/*Kargl* § 203 Rn. 6.

[24] Laufs/Katzenmeier/Lipp/*Katzenmeier* Kap. IX Rn. 12; MüKo-StGB/*Cierniak/Niehaus* § 203 Rn. 22 u. 25.

dass der Arzt diesen Personen – dem sog. Kreis der Wissenden[25] – gegenüber nicht zur Verschwiegenheit verpflichtet ist. Nun hat sich der Gesetzgeber aus Gründen der Rechtsklarheit dazu entschieden, diesen Umstand in § 203 Abs. 3 S. 1 StGB deklaratorisch festzustellen.

Danach liegt kein Offenbaren im Sinne der Vorschrift vor, wenn die Geheimnisse berufsmäßig tätigen Gehilfen oder zur Vorbereitung auf den Beruf tätigen Personen zugänglich gemacht werden. Mit der Wendung „berufsmäßig tätige Gehilfen" sind Personen gemeint, die „innerhalb des beruflichen Wirkungsbereichs eines Schweigepflichtigen [...] eine auf dessen berufliche Tätigkeit bezogene unterstützende Tätigkeit ausüben, welche die Kenntnis fremder Geheimnisse mit sich bringt oder ohne Überwindung besonderer Hindernisse ermöglicht."[26] Dies erfordert einen inneren Zusammenhang zwischen der unterstützenden Tätigkeit des Gehilfen und der berufsspezifischen Tätigkeit des Geheimnisträgers.[27] Nicht vom Tatbestandsausschluss erfasst sind damit solche Personen, deren Leistung in keinem unmittelbaren Zusammenhang zum Behandlungsvorgang steht, sondern vielmehr die äußeren Bedingungen für die fragliche Berufstätigkeit schafft oder betrifft.[28] Jene Personen sind nicht typischerweise Bestandteil des Behandlungsgeschehens, sodass der Patient auch nicht mit ihrer Einbindung in den „Kreis der Wissenden" rechnen muss.[29] Daneben gilt für die Weitergabe an sonstige (extern) mitwirkende Personen, deren Inanspruchnahme für die Tätigkeit erforderlich ist, der Rechtfertigungsgrund[30] des § 203 Abs. 3 S. 2 StGB.

Dementsprechend kann geschlussfolgert werden, dass jeder, der nicht durch seine behandlungsbezogene Hilfstätigkeit der Funktionseinheit des Geheimnisträgers und damit dem „Kreis der Wissenden" angehört, tauglicher Adressat einer tatbestandlichen Schweigepflichtverletzung i. S. d. § 203 Abs. 1 Nr. 1 StGB sein kann. Ist es also zu einem Vertauschungsvorfall gekommen, muss der behandelnde Arzt, wenn er die Klinikleitung oder den Träger der Einrichtung über die Geschehnisse in Kenntnis setzen will, besondere Vorsicht walten lassen. Unter keinen Umständen darf er die Identität der Patienten offenlegen, geschweige denn die mit personenbezogenen Daten gespickte Patientenakte übergeben. Viel-

---

25 *BGH* NJW 1995, 2915 (2916); Spickhoff/*Knauer/Brose* § 203 StGB Rn. 29; *Langkeit* NStZ 1994, 6.

26 So Schönke/Schröder/*Eisele* § 203 Rn. 25; ähnlich BeckOK-StGB/*Weidemann* § 203 Rn. 36.

27 BT-Drucks. 18/11936, S. 27; Schönke/Schröder/*Eisele* § 203 Rn. 25.

28 Schönke/Schröder/*Eisele* § 203 Rn. 26; ähnlich schon *Langkeit* NStZ 1994, 6; vgl. die Beispiele bei BT-Drucks. 18/11936, S. 17 f.

29 MüKo-StGB/*Cierniak/Niehaus* § 203 Rn. 54; Spickhoff/*Knauer/Brose* § 203 StGB Rn. 29 f.

30 BeckOK-StGB/*Weidemann* § 203 Rn. 37; Schönke/Schröder/*Eisele* § 203 Rn. 24.

mehr ist darauf zu achten, dass keinerlei Informationen preisgegeben werden, die einen Rückschluss auf die Identität der Patienten zuließen. Denn von einem tatbestandlichen Offenbaren kann – insbesondere auch im Hinblick auf das von § 203 StGB geschützte Rechtsgut[31] – nur dann die Rede sein, wenn der Erklärung die Möglichkeit der Individualisierung innewohnt,[32] die Informationen also einen hinreichenden Identitätsbezug aufweisen.[33] Eine entsprechende Informationsübermittlung an außerhalb der Organisationseinheit stehende Personen darf daher einzig in anonymisierter oder pseudonymisierter Form vorgenommen werden. Sollten die Paare bei unterschiedlichen Ärzten in Behandlung gewesen sein, die nicht ihrerseits auch an der Behandlung des jeweils anderen Paares mitgewirkt haben, besteht nach ganz überwiegender und zutreffender Meinung auch zwischen diesen Ärzten eine Verschwiegenheitsverpflichtung.[34] Dies ergibt sich daraus, dass die in das konkrete Behandlungsverhältnis Einzuweihenden nach dem Willen des Geheimnisgeschützten zu ermitteln sind und ein über die behandelnden Ärzte hinausgehender „Weitergabewille“ regelmäßig nicht vorliegen wird.[35] Daher ist auch bei der zwischenärztlichen Kommunikation – anders als viele Mediziner dies wohl vermuten würden[36] – ein besonders vorsichtiger Umgang mit patientenbezogenen Informationen geboten.

bb) Einrichtungsexterne Offenbarungen

Im Rahmen von Informationsübermittlungen, deren Adressat außerhalb der reproduktionsmedizinischen Einrichtung steht, ergeben sich die Besonderheiten für die ärztliche Schweigepflicht insbesondere aus dem Umstand, dass bei einem

---

[31] Unabhängig von der Frage, ob § 203 StGB ausschließlich Individual- oder daneben auch Allgemeininteressen schützt (dazu eingehend S. 80 ff.), kann es zu einer Beeinträchtigung der Rechtsgüter nur kommen, wenn der Geheimnisgeschützte mit den Informationen in Verbindung gebracht werden kann.

[32] Indes muss eine gewisse Wahrscheinlichkeit der Herstellung eines Personenbezugs bestehen, weil nicht jede theoretische Möglichkeit der Identifizierung ausreichen kann; so *Rogall* NStZ 1983, 1 (5) m. w. N.

[33] *Fischer* § 203 Rn. 33; Schönke/Schröder/*Eisele* § 203 Rn. 20; SK-StGB/*Hoyer* § 203 Rn. 31.

[34] *BGH* NJW 1992, 737 (739 f.); BayObLGSt 1994, 227 (228); BeckOK-StGB/*Weidemann* § 203 Rn. 34; NK-StGB/*Kargl* § 203 Rn. 19; SSW/*Bosch* § 203 Rn. 31; *Gramberg-Danielsen/Kern* NJW 1998, 2708 (2709); *Grömig* NJW 1970, 1209 (1210 ff.); *Knauer* FS Schöch, S. 439 (443); *Schmitz* JA 1996, 772 (777); a. A. *Müller* MDR 1971, 965 (970 f.).

[35] Vgl. *BGH* NJW 1992, 737 (739). Dazu *Knauer* FS Schöch, S. 439 (448), der zutreffend darauf hinweist, dass eine einzig auf die Vielzahl der ebenfalls zur Verschwiegenheit verpflichteten Ärzte abstellende Argumentation etwas kurz greift. So aber BayObLGSt 1994, 227 (228) m. zust. Anm. *Gropp* JR 1996, 478 (479).

[36] Vgl. *Grömig* NJW 1970, 1209 (1211); *Knauer* FS Schöch, S. 439 (443).

Vertauschungsvorfall stets eine „Dreieckskonstellation" entsteht: Dieses Dreieck bilden zum einen die beiden „komplementären" Patientenpaare, deren „Lager" nach der Geburt jeweils um ihre aus der Behandlung resultierenden Kinder erweitert wird, und zum anderen der Arzt bzw. die Ärzte der Einrichtung, in der es zu dem Vertauschen gekommen ist.

Bei der Arzt-Patienten-Kommunikation ist deshalb zu berücksichtigen, dass jeder Patient jeweils für sich von der ärztlichen Schweigepflicht geschützt wird. Ist daher die Entscheidung gefallen, dass die Patienten über den Vorfall in Kenntnis gesetzt werden sollen, muss der Arzt äußerst umsichtig vorgehen und jede Informationsübermittlung unterlassen, die eine Identifizierung des anderen Patientenpaares ermöglichen könnte. Dabei ist insbesondere zu berücksichtigen, dass aufgrund der familiären Verbindungen bereits die Kenntnis über die Beteiligung eines Familienangehörigen Rückschlüsse auf die Rolle der jeweils anderen zulässt. Erst wenn alle Beteiligten den Arzt von seiner Verschwiegenheitsverpflichtung entbinden oder ein anderer Erlaubnissatz eingreift, steht die ärztliche Schweigepflicht der Weitergabe von die Identifizierung ermöglichenden Daten nicht mehr entgegen.

Zu einer Ausweitung des Problems könnte die Geburt des von der Vertauschung betroffenen Kindes führen. Denn mit seiner Geburt wäre auch das Kind als „Person" i. S. v. § 203 StGB zu qualifizieren[37] und könnte dementsprechend dem Schutz der Schweigepflicht unterfallen. Dies würde allerdings voraussetzen, dass die Existenz der ärztlichen Schweigepflicht nicht von der Frage abhängig gemacht werden kann, ob zwischen dem Arzt und dem potentiellen „Opfer" – also dem Kind – ein Behandlungsvertrag und damit ein rechtliches Arzt-Patienten-Verhältnis besteht.[38] Da nämlich das noch nicht gezeugte Kind (sog. nondum conceptus) ersichtlich kein eigenes Rechtsverhältnis mit dem Arzt begründen kann, könnte sich ein solches allenfalls aus dem Behandlungsvertrag zwischen Arzt und Wunscheltern ergeben.

Allerdings geht die herrschende Meinung davon aus, dass es sich bei diesem Vertrag – entgegen der noch vom *OLG Hamm* vertretenen Rechtsauffassung[39] – nicht um einen (echten) Vertrag zugunsten des Kindes i. S. d. § 328 BGB han-

---

[37] Lackner/Kühl/*Heger* § 203 Rn. 1; MüKo-StGB/*Cierniak/Niehaus* § 203 Rn. 28 beide m. w. N.

[38] So finden sich in der Lit. häufig Formulierungen, die den Schluss nahelegen, der Arzt wäre nur gegenüber seinen Patienten im Rechtssinne zur Verschwiegenheit verpflichtet; vgl. etwa LK/*Schünemann* § 203 Rn. 39 („den Patienten betreffen"); Spickhoff/*Knauer/Brose* § 203 StGB Rn. 1 („dient dem Vertrauen zwischen Arzt und Patient"); *Eichelbrönner* S. 67 („Identität des Patienten"); *Vitkas* S. 29 („zwischen Arzt und Patient").

[39] *OLG Hamm* NJW 2013, 1167 (1168); krit. dazu *Schumann* MedR 2014 736 (747).

delt.[40] Auch der *BGH* ist dieser Ansicht mittlerweile entgegengetreten und nimmt vielmehr einen Vertrag mit Schutzwirkung zugunsten des Kindes an.[41] Die Ansicht des *OLG Hamm* vermochte schon deshalb nicht zu überzeugen, weil sich der Vertrag zugunsten Dritter dadurch auszeichnet, dass dem Dritten nach dem Willen der Vertragsparteien ein eigenes Forderungsrecht hinsichtlich der vertraglichen Hauptleistungspflicht zustehen soll.[42] Dem Kind ein Forderungsrecht in Bezug auf die eigene Zeugung zuzubilligen, leuchtet jedoch nicht ein. Deshalb geht der *BGH* von einem Vertrag mit Schutzwirkungen zugunsten Dritter aus, der zudem nicht voraussetzen soll, dass der Einzubeziehende bei Vertragsschluss schon gezeugt wurde.[43] Daraus folgt, dass das Kind nicht Vertragspartei und damit Patient im Rechtssinne wird, sondern „Ergebnis" einer erfolgreichen Behandlung ist. Entscheidend ist also, ob § 203 StGB ein formelles Verständnis des Patientenbegriffes zugrunde liegt und nur diejenigen Personen schützt, deren Patienteneigenschaft sich aus ihrer Stellung als Partei des Behandlungsvertrages ergibt.

Betrachtet man den Wortlaut des § 203 Abs. 1 StGB, ist lediglich festzustellen, dass der Gesetzgeber das Wort „Patient" nicht verwendet, die Bezugnahme auf die Patienteneigenschaft zugleich aber auch nicht abwegig ist, da die Verknüpfung zwischen Tätigkeit und Kenntniserlangung („als") ein solches Verständnis durchaus nahelegt. Hinzu kommt, dass auch die Gesetzesbegründung explizit auf die Patienteneigenschaft rekurriert.[44] Indes sprechen sowohl Systematik als auch Telos der Norm eindeutig gegen das Erfordernis der Patienteneigenschaft im rechtlichen Sinne. Zum einen wird zwischen den in § 203 Abs. 1 Nr. 4–5 StGB genannten Berufsgruppen und den potentiell Geheimnisgeschützten in aller Regel ebenfalls keine Vertragsbeziehung bestehen. Warum aber für den Schutz der ärztlichen Schweigepflicht eine solche erforderlich sein sollte, leuchtet nicht ein. Zudem erfasst § 203 Abs. 1 StGB nicht bloß „anvertraute", sondern auch „bekannt gewordene" Geheimnisse, sodass ihm nicht per se das Leitbild eines Arzt-Patienten-Vertrauensverhältnisses zugrunde liegt. Zum ande-

---

40 *BGH* NZFam 2015, 254 (255); *Fitting* Gynäkologe 2013, 760; *Leeb/Weber* ZKJ 2013, 277 (279); *Schröder* ZD 2013, 188 (189); *Schumann* MedR 2014 736 (747); a.A. *Spickhoff* MedR 2013, 677.

41 *BGH* NZFam 2015, 254 (255).

42 Vgl. *BGH* NZFam 2015, 254 (255); ebenso *Fitting* Gynäkologe 2013, 760; *Leeb/Weber* ZKJ 2013, 277 (279); *Schröder* ZD 2013, 188 (189).

43 So *BGH* NZFam 2015, 254 (255) m. zust. Anm. *Heiderhoff* LMK 2015, 369224. Allerdings darf nicht außer Acht gelassen werden, dass die im Hinblick auf die (grds.) mangelnde Rechtsfähigkeit des „nondum conceptus" geäußerten Bedenken durchaus zu Zweifeln an der dogmatischen Konstruktion über einen Vertrag mit Schutzwirkungen zugunsten Dritter berechtigen; vgl. etwa *Fitting* Gynäkologe 2013, 760 (761); *Gruber* ZfPW 2016, 68 (71 ff.) m. w. N.

44 BT-Drucks. 7/550, S. 238.

ren ist die Schutzbedürftigkeit des Kindes, das zwar selbst nicht Patient des Arztes geworden ist, aber aus der Behandlung hervorgegangen ist, jedenfalls nicht in geringerem Maße – ja, vielleicht sogar stärker –[45] zu betonen als bei anderen Patienten. So ist nicht einzusehen, warum der Arzt daran gehindert sein soll, Informationen über ein (bereits geborenes) Kind weiterzugeben, für das die Eltern mit dem Abschluss eines Vertrags zugunsten Dritter i. S. v. § 328 BGB die rechtliche Patientenstellung begründen können, während er zugleich keinerlei Beschränkungen in Bezug auf Informationen unterläge, die das noch nicht gezeugte Kind betreffen.

Zwar mag die Schutzbedürftigkeit oftmals mit dem Bestehen eines rechtlichen Arzt-Patienten-Verhältnisses zusammenfallen, dies kann jedoch nicht zur Voraussetzung des Schutzes gemacht werden. Andernfalls würde die Strafbarkeit des Geheimnisträgers von zivilrechtlichen Feinheiten abhängen.[46] Daher ist § 203 StGB so zu verstehen, dass all diejenigen Personen geschützt sein sollen, die sich in einer Situation befinden, in der der Geheimnisträger typischerweise verstärkt auf personenbezogene Daten des Betroffenen zugreifen kann. Die Patienteneigenschaft ist für das Bestehen einer solchen Situation hingegen nicht erforderlich, wie das Beispiel des „nondum conceptus" gerade eindrücklich beweist. Folglich ist auch das aus einer reproduktionsmedizinischen Behandlung hervorgegangene Kind – auch wenn es selbst nicht als „Patient" i. S. d. §§ 630a ff. BGB zu qualifizieren ist – vom Schutzbereich des § 203 StGB umfasst.

In aller Regel wird die Information über die Durchführung einer reproduktionsmedizinischen Behandlung bei den Eltern zugleich den Schluss zulassen, dass das Kind des betreffenden Paares aus einer solchen hervorgegangen ist. Dementsprechend ist eine Offenbarung personenbezogener Daten der Eltern nur dann zulässig, wenn auch die Weitergabe dieser gleichermaßen kindbezogenen Informationen ihrerseits gerechtfertigt ist.[47]

---

45 So kann der „nondum conceptus" nämlich (im Gegensatz zu anderen Patienten) in keiner Weise darüber entscheiden, ob er bestimmte Informationen gegenüber dem Reproduktionsmediziner offenbart oder nicht.

46 Etwa der Frage, ob der Geheimnisgeschützte geschäftsfähig war und daher einen wirksamen Behandlungsvertrag schließen konnte. So hinge der Schutz des § 203 StGB z. B. davon ab, ob sich ein psychisch Kranker zum Zeitpunkt des Vertragsschlusses in einem lichten Augenblick befand oder nicht; vgl. dazu MüKo-BGB/*Spickhoff* § 104 Rn. 13 f.

47 Schließlich sei der Vollständigkeit halber darauf hingewiesen, dass es sich bei den zwischen Eltern, Kind und Arzt bekannten Informationen nicht um „Drittgeheimnisse" der jeweils anderen handelt, da sowohl die Eltern als auch das Kind an einem zusammenhängenden Behandlungsverhältnis beteiligt sind. Somit sind die Beteiligten nicht als „Dritte" i. S. d. „Drittgeheimnis"-Problematik zu verstehen, obwohl sie jeweils isoliert von der ärztlichen Schweigepflicht geschützt werden. Zu der Thematik und den verschiedenen Lösungsansätzen eingehend MüKo-StGB/*Cierniak/Niehaus* § 203 Rn. 81 ff. u. *Vitkas* S. 39 ff.

Will der Arzt die Vertauschung gegenüber den betroffenen Kindern offenbaren, gelten im Wesentlichen die gleichen Erwägungen, die auch schon beim Umgang mit den elterlichen Daten eine Rolle gespielt haben: Sowohl die beiden Elternteile als auch die Kinder genießen jeweils den Schutz der ärztlichen Schweigepflicht.[48] Daraus ergibt sich das Erfordernis eines besonders umsichtigen Umgangs mit personenbezogenen Daten der anderen Geheimnisgeschützten, sofern die Offenbarung nicht durch einen Erlaubnissatz gedeckt ist.

b) Rechtfertigungsgründe

aa) Einwilligung

Der Erlaubnissatz mit der praktisch größten Bedeutung für § 203 StGB ist derjenige der Einwilligung des Geheimnisgeschützten.[49] Eine solche ist grundsätzlich als ausdrückliche, stillschweigende oder mutmaßliche Einwilligung denkbar.[50] Allerdings käme eine mutmaßliche Einwilligung nur in Betracht, wenn der Geheimnisgeschützte selbst keine rechtzeitige Einwilligung erteilen könnte.[51] Da eine vorherige Befragung häufig möglich sein wird, verbleibt in aller Regel kein Raum für eine mutmaßliche Einwilligung.[52] Erneut soll darauf hingewiesen sein, dass sich die Vertauschungskonstellation durch ihre Vielzahl an Beteiligten auszeichnet. Daher muss vor einer Offenbarung *jeder* Geheimnisgeschützte für sich die Einwilligung in die Informationsübermittlung erklären.[53] Dabei ist zu berücksichtigen, dass das Elternpaar sowie das Kind Beteiligte eines einheitlichen Behandlungsgeschehens sind. Kommt es aufgrund der Zustimmung einer Person

---

[48] Demgemäß sind insgesamt (min.) sechs Personen von der Schweigepflicht geschützt: Je zwei Elternpaare und wenigstens ein Kind pro Paar, wenn die Behandlung zu keiner Mehrlingsgeburt geführt hat.

[49] Zu der seit jeher umstrittenen Frage, ob die Zustimmung eine rechtfertigende Einwilligung oder ein tatbestandsausschließendes Einverständnis darstellt LK/*Schünemann* § 203 Rn. 92 f. m. w. N. Auf die Frage soll hier – mangels Relevanz für das Ergebnis – nicht weiter eingegangen werden. Der Einfachheit halber wird die Zustimmung zusammen mit den anderen Erlaubnissätzen als Rechtfertigungsgrund thematisiert, was laut *Schünemann* der „leicht überwiegenden Meinung“ (a. a. O.) entspricht.

[50] *Deutsch* VersR 2001, 1471 (1473); *Knauer* FS Schöch, S. 439 (444 ff.); *Schmitz* JA 1996, 949 (951). Die hypothetische Einwilligung hat für § 203 StGB hingegen keine Bedeutung, sondern allenfalls für Körperverletzungsdelikte. Selbst dazu skeptisch *Frister* AT, Kap. 15 Rn. 36.

[51] Vgl. MüKo-StGB/*Cierniak/Niehaus* § 203 Rn. 86; *Deutsch* VersR 2001, 1471 (1473).

[52] Auch bei der Annahme einer konkludenten Einwilligung ist nach h. M. Zurückhaltung geboten; vgl. etwa SSW/*Bosch* § 203 Rn. 34 m. w. N., der u. a. auf Abgrenzungsschwierigkeiten zur mutmaßlichen Einwilligung hinweist.

[53] Etwas anderes kann gelten, wenn es sich bei der übermittelten Information um ein Drittgeheimnis handelt; vgl. dazu *Ostendorf* JR 1981, 444 (445 ff.).

aus dieser Gruppe zu einer Informationsübermittlung, ist die Identifizierung der anderen zumeist ohne Weiteres möglich. Daraus folgt, dass die Identität eines Geheimnisgeschützten regelmäßig nur weitergegeben werden darf, wenn zugleich auch die anderen Geheimnisgeschützten aus dem „Lager" des Einwilligenden der Übermittlung zugestimmt haben. Denn die ärztliche Schweigepflicht schützt nicht nur vor der unmittelbaren Preisgabe einer Identität, sondern auch vor der Übermittlung von Daten, die eine Identifizierung hinreichend wahrscheinlich machen (s. dazu bereits S. 51). Deswegen sollte der Arzt dringend darauf achten, sowohl von der Mutter und dem Vater als auch von dem Kind selbst die Einwilligung in die Informationsweitergabe einzuholen.

Ist das Kind noch nicht volljährig, stellt sich zudem die Frage, ob es überhaupt berechtigt ist, die Zustimmung für sich zu erteilen oder ob diese Entscheidung den Eltern obliegt. Da die Entscheidung über die Befreiung von der Schweigepflicht ein höchstpersönliches Rechtsgut betrifft,[54] wird vielfach angenommen, eine Vertretung bei der Einwilligungserklärung sei unzulässig.[55] Diese Ansicht verkennt allerdings, dass die Vertretung insbesondere bei der ärztlichen Behandlung von Kindern „unentbehrlich" ist.[56] Ist der Minderjährige nämlich noch nicht einsichts- und urteilsfähig und geht man mit der eben dargestellten Ansicht davon aus, eine Vertretung durch die gesetzlichen Vertreter sei nicht möglich, gäbe es niemanden, der die Entbindung von der Schweigepflicht erklären könnte. Dass dies gerade in Notsituationen, in denen dann allenfalls eine Rechtfertigung über die Notstandsregelungen in Betracht käme, die Interessen des Minderjährigen erheblich gefährden könnte, kann kaum von der Hand gewiesen werden. Daher ist richtigerweise davon auszugehen, dass die Zustimmung grundsätzlich auch durch einen Vertreter erteilt werden kann.[57] Eine Vertretung wäre jedoch ohnehin überflüssig, wenn der Minderjährige über die Einsicht und Urteilskraft verfügt, Bedeutung und Tragweite seiner Entscheidung zu überblicken.[58] Dies ist einerseits anhand der Komplexität und Bedeutung der Entscheidung und andererseits anhand des geistigen Entwicklungsstandes des Kindes im Einzelfall zu

---

[54] *Saarländisches OLG* VuR 2010, 36 (37); Spickhoff/*Knauer/Brose* § 203 StGB Rn. 36; *Grömig* NJW 1970, 1209 (1212); vgl. zu dem Begriff in diesem Kontext instruktiv *Frister* FS Rogall, S. 473 (475).

[55] Dies wird insb. im Zusammenhang mit § 53 StPO thematisiert; vgl. LR/*Ignor/Bertheau* § 53 Rn. 81; Meyer-Goßner/*Schmitt* § 53 Rn. 48; MüKo-StPO/*Percic* § 53 Rn. 58, alle m. w. N.

[56] So LK/*Schünemann* § 203 Rn. 94 m. w. N.; ähnlich *Frister* FS Rogall, S. 473 (479 ff.).

[57] So auch LK/*Schünemann* § 203 Rn. 94; SK-StPO/*Rogall* § 53 Rn. 201; *Frister* FS Rogall, S. 473 ff.

[58] LK/*Schünemann* § 203 Rn. 94; MüKo-StGB/*Cierniak/Niehaus* § 203 Rn. 62. Demgegenüber ist bzgl. vermögenswerter Geheimnisse Geschäftsfähigkeit erforderlich; vgl. SSW/*Bosch* § 203 Rn. 33.

ermitteln.[59] Ist der Minderjährige in der Lage, die wesentlichen Konsequenzen seiner Entscheidung „verständig“[60] gegeneinander abzuwägen, ist er unabhängig von seinem Alter einwilligungsfähig und entscheidet über die Zustimmung unter Ausschluss des gesetzlichen Vertreters.[61] Zwar versucht die stärker von sorgerechtlichen Erwägungen geprägte zivilrechtliche Rechtsprechung bisweilen, diese im strafrechtlichen Diskurs kaum bestrittenen Erkenntnisse zu relativieren, indem Mitentscheidungsrechte der gesetzlichen Vertreter trotz Einwilligungsfähigkeit des Minderjährigen angenommen werden.[62] Dem wird allerdings zu Recht entgegengehalten, dass die verfassungsrechtlich gewährleistete Patientenautonomie in unerträglicher Weise beschnitten würde, wenn man einem intellektuell und voluntativ zur Entscheidung Fähigem die Alleinentscheidungskompetenz (einfachrechtlich) nähme.[63] So dient die elterliche Sorge keinem Selbstzweck, sondern in erster Linie den Interessen des Kindes. Deshalb kann die Überlegung, die wohlreflektierte und selbstbestimmte Entscheidung des Minderjährigen trotz dessen Einwilligungsfähigkeit durch eine elterliche Entscheidung zu überlagern, lediglich als Ausdruck eines jedenfalls teilweise paternalistisch geprägten Erziehungsverständnisses begriffen werden.[64]

Ist der Minderjährige nicht in hinreichendem Maße einsichts- und urteilsfähig, obliegt die Einwilligungsentscheidung grundsätzlich seinen gesetzlichen Vertretern, also in der Regel den Eltern.[65] Deren Entscheidung hat sich am „Wohl des Kindes“ zu orientieren (§ 1627 S. 1 BGB) und berücksichtigt „die wachsende Fähigkeit und das wachsende Bedürfnis des Kindes zu selbständigem verantwortungsbewusstem Handeln“ (§ 1626 Abs. 2 S. 1 BGB). Zwar billigt § 1626 Abs. 2 S. 2 BGB ihnen das Recht zu, gegen den Willen des Kindes zu entscheiden („*streben* Einvernehmen an“); allerdings darf die Entscheidung nicht ihrem Gutdünken entspringen, sondern muss das Ergebnis einer Abwägung sein, die die oben genannten Aspekte hinreichend würdigt. Dies kann durchaus dazu führen, dass die Kindesinteressen bei der Abwägung überwiegen und der Wille des Kindes nicht nur zu berücksichtigen ist, sondern ihm gar entsprochen werden

---

59 Statt vieler *Frister* AT Kap. 15 Rn. 8.

60 So etwa *BGH* NJW 1959, 825.

61 Vgl. Lackner/Kühl/*Heger* § 203 Rn. 18; LK/*Schünemann* § 203 Rn. 94; MüKo-StGB/*Cierniak/Niehaus* § 203 Rn. 61.

62 So etwa *BGH* NJW 1972, 335 (Erfordernis einer kumulativen Einwilligung des Minderjährigen sowie des gesetzlichen Vertreters) oder *BGH* NJW 2007, 217 (Konstruktion eines bloßen Vetorechts selbst bei Eingriffen mit womöglich erheblichen Folgen für die künftige Lebensgestaltung).

63 Vgl. Spickhoff/*Spickhoff* § 630d BGB Rn. 8.

64 Ähnlich wohl auch Spickhoff/*Spickhoff* § 630d BGB Rn. 8.

65 MüKo-StGB/*Cierniak/Niehaus* § 203 Rn. 61; vgl. auch *Frister* AT Kap. 15 Rn. 10.

muss.[66] Jedenfalls ist dem Arzt dringend zu raten, die Eltern darauf hinzuweisen, dass sie die Zustimmung nicht bloß für sich, sondern auch für ihr nicht einwilligungsfähiges Kind erteilen müssen. Andernfalls werden sie regelmäßig nicht im Bewusstsein handeln, dass ihr Kind ebenfalls dem Schutz der ärztlichen Schweigepflicht unterfällt. Dann fehlt es jedoch bereits an der Einsicht, einem rechtsgutgefährdenden Eingriff zuzustimmen und damit an den subjektiven Wirksamkeitsvoraussetzungen („innere Zustimmung“[67]) der Einwilligung. Überdies kommt eine stillschweigende oder mutmaßliche Einwilligung in solchen Fällen ersichtlich nicht in Betracht. Dementsprechend bestünde keine dem einwilligungsunfähigen Minderjährigen zurechenbare Einwilligung, sodass sich der Arzt – sollten die weiteren Strafbarkeitsvoraussetzungen des § 203 StGB vorliegen – wegen der Verletzung von Privatgeheimnissen strafbar machen würde.

bb) § 630c Abs. 2 S. 2 BGB

Eine Einwilligung wäre indes sogar entbehrlich, wenn den Arzt eine *Pflicht* zur Mitteilung personenbezogener Daten treffen würde. Wer nämlich einerseits zur Übermittlung einer Information verpflichtet wird, der kann nicht andererseits strafrechtliches Unrecht begehen, wenn er der Verpflichtung nachkommt. Bestünde eine Offenbarungspflicht, ließe sich das Verhalten nicht als „unbefugt“ i. S. d. § 203 Abs. 1 StGB bezeichnen, sodass der Arzt „jedenfalls gerechtfertigt handelte.“[68] Normativer Anknüpfungspunkt einer solchen Verpflichtung könnte § 630c Abs. 2 S. 2 BGB sein. Dieser regelt Informationspflichten des Behandelnden bei Behandlungsfehlern. „Behandelnder“ i. S. d. Norm ist, wer mit dem Patienten einen Behandlungsvertrag nach § 630a BGB geschlossen hat.[69] Dies kann entweder der Rechtsträger der reproduktionsmedizinischen Einrichtung oder aber der einzelne Arzt selbst sein.[70] Die praktische Durchführung der Informationsübermittlung müsste aber selbst bei einer Personengesellschaft oder Körperschaft aufgrund der auch einrichtungsintern wirkenden ärztlichen Schweigepflicht durch den behandelnden Arzt vorgenommen werden.

Tatbestandliche Voraussetzung des § 630c Abs. 2 S. 2 BGB ist zunächst, dass „Umstände erkennbar [sind], die die Annahme eines Behandlungsfehlers begründen.“ Aus der Formulierung lässt sich ableiten, dass die Informationspflicht erst nach bzw. bei mehraktigen Behandlungsgeschehen während der Behandlung

---

[66] Vgl. zu dem Vorstehenden eingehend MüKo-StGB/*Schlehofer* Vor § 32 Rn. 164.

[67] MüKo-StGB/*Schlehofer* Vor § 32 Rn. 174 ff.; *Frister* AT Kap. 15 Rn. 5 ff.

[68] *BGH* NZFam 2015, 254 (260). Vgl. dazu aber noch S. 73 ff.

[69] Jauernig/*Mansel* § 630a Rn. 1 f.; Quaas/Zuck/*Quaas* § 14 Rn. 19.

[70] So z. B. bei Praxisgemeinschaften oder Praxisnetzen, anders aber bei Gemeinschaftspraxen oder medizinischen Versorgungszentren; vgl. dazu Spickhoff/*Spickhoff* § 630a BGB Rn. 23 ff.

eingreift. Das Merkmal der Erkennbarkeit deutet des Weiteren darauf hin, dass nur solche Behandlungsfehler erfasst sind, die ein objektiver, verständiger Beobachter konkret feststellen kann.[71] Da es sich bei dem Vertauschen von Proben um einen Behandlungsfehler handelt (S. 46 f.) und es bereits ausreicht, dass der Behandelnde diesen Fehler für überwiegend wahrscheinlich hält,[72] müsste er den Patienten selbst bei Restzweifeln über die Umstände in Kenntnis setzen. Allerdings wird die Informationspflicht nur ausgelöst, wenn der Patient ausdrücklich[73] nach einem Behandlungsfehler fragt oder die Offenlegung des Fehlers zur Abwendung gesundheitlicher Gefahren erforderlich ist[74] (§ 630c Abs. 2 S. 2 BGB a. E.). Dass sich aus einem Vertauschen von Keimzellen oder Embryonen gesundheitliche Gefahren für die Patienten ergeben können, die über die stets mit einer Schwangerschaft verbundenen Risiken hinausgehen, erscheint kaum vorstellbar. Angesichts der dementsprechend geringen Bedeutung der zweiten Variante[75] kommt letztlich nur die Nachfragevariante als Auslöser der Informationspflicht in Betracht.

Aber auch die Nachfragevariante wäre lediglich dann relevant, wenn § 630c Abs. 2 S. 2 BGB die Verpflichtung statuiert, Informationen herauszugeben, die die Identifizierung anderer betroffener Patienten ermöglicht. Zweck der Aufklärungspflicht auf Nachfrage ist, die Geltendmachung von Ersatzansprüchen zu erleichtern.[76] Das Informationsgefälle zwischen Behandler- und Patientenseite soll eingeebnet werden, um „Waffengleichheit“ zwischen den Vertragsparteien herzustellen. So spricht der Wortlaut des § 630c Abs. 2 S. 2 BGB auch lediglich davon, dass der Behandelnde den Patienten über Umstände informieren muss, die die Annahme eines Behandlungsfehlers begründen. Der Inhalt der Informati-

---

[71] *Wagner* VersR 2012, 789 (796). Ebenso *Spickhoff* VersR 2013, 267 (273).

[72] MüKo-BGB/*Wagner* § 630c Rn. 39; *Spickhoff* JZ 2015, 15 (20).

[73] So BT-Drucks. 17/10488 S. 21. Der gesetzgeberischen Einschätzung folgend MüKo-BGB/*Wagner* § 630c Rn. 43; Palandt/*Weidenkaff* § 630c Rn. 7; a. A. aber *Spickhoff* JZ 2015, 15 (22); *ders.* VersR 2013, 267 (273), der seine Ansicht damit begründet, dass die Nachfragevariante andernfalls weitgehend „ins Leere liefe“ und durch ausdrückliche Nachfragen das Arzt-Patienten-Verhältnis belastet wird. Dem wird von der Lit. indes zu Recht entgegengehalten, dass allgemein gehaltene Fragen („War alles ok?“) in den meisten Patientengesprächen gestellt werden und das § 630c Abs. 2 S. 2 BGB zugrundeliegende Regel/Ausnahme-Verhältnis auf den Kopf gestellt würde (MüKo-BGB/*Wagner* a. a. O.). Zudem würde das Patientengespräch zur reinen „Kaffeesatzleserei“ verkommen, bei der der Arzt jede Formulierungsnuance richtig bewerten müsste, um der Gefahr der „Doppelhaftung“ zu entgehen.

[74] Zu der (berechtigten) Kritik an der leicht missverständlichen Gesetzesformulierung MüKo-BGB/*Wagner* § 630c Rn. 44.

[75] Vgl. auch *Spickhoff* JZ 2015, 15 (21 f.), der auf die ohnehin schon marginale Bedeutung der zweiten Variante hinweist und diese deshalb überzeugend kritisiert.

[76] MüKo-BGB/*Wagner* § 630c Rn. 28 ff.; Palandt/*Weidenkaff* § 630c Rn. 7; *Spickhoff* JZ 2015, 15 (18 u. 27); *Wagner* VersR 2012, 789 (795).

onspflicht erstreckt sich also lediglich auf diejenigen Informationen, die geeignet sind, die Inanspruchnahme der Behandlerseite in Bezug auf den Behandlungsfehler zu ermöglichen. Übertragen auf die hier zu behandelnde Thematik bedeutet dies, dass einzig das „Ob“ und „Wie“ des Vertauschens von der Informationspflicht erfasst ist. Denn die Frage, wer sonst noch von der Vertauschung betroffen ist, führt nicht zur Begründung eines Behandlungsfehlers und erleichtert daher auch nicht die Geltendmachung von Ersatzansprüchen. Demzufolge ergibt sich für den Behandelnden aus § 630c Abs. 2 S. 2 BGB keine Informationspflicht bezüglich personenbezogener Daten anderer Betroffener, aus der sich ein strafrechtlich relevanter Erlaubnissatz ableiten ließe.

cc) § 10 SaRegG

Allerdings könnte sich eine Pflicht zur Auskunftserteilung aus § 10 Abs. 1 Samenspenderregistergesetz (SaRegG) ergeben. Danach hat eine Person, die vermutet, durch heterologe Verwendung von Samen bei einer ärztlich unterstützten künstlichen Befruchtung gezeugt worden zu sein, gegenüber dem Deutschen Institut für Medizinische Dokumentation und Information (DIMDI) Anspruch auf Auskunft aus dem Samenspenderregister. Bereits aus der Formulierung ergibt sich indessen, dass jedenfalls eine direkte Anwendung des § 10 Abs. 1 SaRegG ausscheiden muss. Denn dieser spricht von einem Auskunftsanspruch gegenüber dem DIMDI, nicht aber gegenüber dem Arzt. Für das Verhältnis zwischen Arzt und Spenderkind hat § 10 Abs. 1 SaRegG daher keine unmittelbare Bedeutung.

Allenfalls käme eine analoge Anwendung des § 10 Abs. 1 SaRegG in Betracht. Zunächst sei darauf hingewiesen, dass das strafrechtliche Analogieverbot dem nicht entgegenstünde, da die Analogie zur Begründung eines Rechtfertigungsgrundes und damit zugunsten des Täters vorzunehmen wäre.[77] Zudem gilt es festzustellen, dass eine „einfache“ Analogie nicht ausreichen würde, um die Anwendbarkeit des § 10 Abs. 1 SaRegG zu begründen. So müsste nicht bloß nachgewiesen werden, dass ein Zusammenspiel von § 10 Abs. 1 SaRegG und den ärztlichen Übermittlungspflichten an das DIMDI aus § 6 SaRegG den Schluss zuließe, nunmehr auch den an den Arzt gerichteten Auskunftsanspruch unter das Regime des Samenspenderregistergesetzes zu stellen. Vielmehr wäre zudem darzulegen, warum auch die hier behandelte Konstellation des Vertauschens von Keimzellen oder Embryonen unter § 10 Abs. 1 SaRegG fallen sollte, wo dieser – und daneben auch die Zweckbestimmung in § 1 Abs. 2 SaRegG – doch explizit nur die heterologe Verwendung von Samen erfasst sehen will. Zugleich stellt der Gesetzgeber deutlich klar, dass er mit der Verwendung des Wortes „heterolog“

[77] Zum strafrechtlichen Analogieverbot etwa Maunz/Dürig/*Remmert* Art. 103 Abs. 2 Rn. 82 ff.

nicht sämtlichen Fremdsamen – also auch einen möglicherweise vertauschten Samen eines anderen Mannes – einbeziehen wollte, sondern nur denjenigen des (gewollten) Samenspenders (vgl. nur § 1 Abs. 2 SaRegG).[78] Daher müsste man den § 10 Abs. 1 SaRegG „doppelt analog“ anwenden, ihn also auf zwei unterschiedlichen Ebenen für eine Analogie öffnen.

Eine Analogie würde voraussetzen, dass das Samenspenderregistergesetz eine planwidrige Regelungslücke aufweist und die Interessenlage bei der heterologen Samenspendebehandlung mit derjenigen beim Vertauschen von Keimzellen oder Embryonen vergleichbar ist.[79] Allerdings wird man wohl unterstellen müssen, dass dem Gesetzgeber angesichts der umfangreichen medialen Berichterstattung (vgl. Anhang) das Risiko des Vertauschens durchaus geläufig war. Den eindeutigen Formulierungen des Gesetzes[80] ist aber zu entnehmen, dass der Gesetzgeber ausdrücklich keine Regelung eines allgemeinen Auskunftsanspruchs für Fälle vorsehen wollte, in denen die genetische von der rechtlichen Vaterschaft abweicht. Vielmehr wollte er – was er auch sprachlich hinreichend deutlich gemacht hat – einen eng begrenzten Anspruch einzig für die ärztlich assistierte heterologe Samenspendebehandlung statuieren. Bereits das Bestehen einer planwidrigen Regelungslücke lässt sich demzufolge nicht begründen, weshalb die Analogievoraussetzungen nicht erfüllt sind. Folglich scheidet für den hiesigen Fall sowohl die direkte, als auch die analoge Anwendung des § 10 Abs. 1 SaRegG aus.

dd) Auskunftsanspruch nach § 242 i. V. m. § 1618a BGB

Schließlich könnte eine Offenbarungsbefugnis und sogar -pflicht aus dem Auskunftsanspruch nach § 242 i. V. m. § 1618a BGB auf Kenntnis der eigenen Abstammung bzw. Abkömmlinge folgen. Erlangt eine der betroffenen Familien die Information, dass es zu einem Vertauschungsvorfall gekommen ist, nimmt der Arzt aufgrund seines Informationsmonopols die Schlüsselstellung bei der Aufklärung ein (s. bereits S. 45). Will die Familie herausfinden, wer „auf der anderen Seite“ von dem Vorfall betroffen ist, und weigert sich der behandelnde Arzt unter Bezugnahme auf seine ärztliche Schweigepflicht, die Information preiszugeben, scheint ein solches Auskunftsersuchen das vermutlich erfolgversprechendste Instrument zu sein, um den Arzt zu einer Offenbarung zu bewegen. Wäre ein sol-

[78] Hier zeigt sich, wie missverständlich der im juristischen Bereich gebräuchliche Begriff „heterolog“ ist. Treffender und weniger anfällig für Missverständnisse wäre der in der Medizin verwendete Begriff „donogen“.

[79] Zu diesen grundlegenden Analogievoraussetzungen *Larenz,* Methodenlehre der Rechtswissenschaft, S. 370 ff.

[80] Vgl. etwa §§ 1 Abs. 2, 2 Abs. 1, 4 ff., 10 Abs. 1, 2 SaRegG. So auch BT-Drucks. 18/11291 S. 1 f., 16, 23, 31.

cher Auskunftsanspruch zu bejahen, so würde der Arzt bei seiner Informationspreisgabe nicht „unbefugt“ und damit gerechtfertigt handeln.[81] Nachfolgend gilt es, zunächst den Kreis der Anspruchssteller (1) sowie die dogmatische Konstruktion des Auskunftsanspruchs (2) zu erörtern. Daraufhin werden sowohl Schwachstellen der Konzeption als auch entsprechende Lösungswege aufgezeigt (3), um schließlich die „Achillesferse“ des Auskunftsanspruchs offenzulegen (4).

(1) Kenntnis der genetischen Verwandtschaftsbeziehungen

Zwar wird der Auskunftsanspruch aus § 242 i. V. m. § 1618a BGB überwiegend im Zusammenhang mit dem Recht des Kindes auf Kenntnis der eigenen Abstammung diskutiert. Indes können auch die betroffenen Eltern ein Interesse daran haben, Kenntnis über die Identität ihrer genetischen Abkömmlinge zu erlangen. Versucht man, dieses Interesse grundrechtlich anzubinden, sind zwei normative Anknüpfungspunkte denkbar.

Zum einen könnte man das Interesse einer Person an Informationen über und Kontakt mit genetischen Abkömmlingen dem Schutz der Familie und damit dem Art. 6 Abs. 1, Abs. 2 S. 1 GG zuordnen. Ebenso schnell, wie dieser Ausgangspunkt gefunden wird, ist er aber im Hinblick auf die „verfassungsrechtliche Architektur“[82] der Norm wieder aufzugeben. Das *BVerfG* versteht die Familie als „umfassende Gemeinschaft von Eltern und ihren Kindern“[83] und weist explizit darauf hin, dass Art. 6 Abs. 2 S. 1 GG keinen grundsätzlichen Vorrang der rechtlichen vor der leiblichen Vaterschaft vorsieht.[84] Zwar statuiert die bürgerlich-rechtliche Konzeption der §§ 1589 ff. BGB einen solchen Vorrang,[85] allerdings ist dies nicht zwingend, ja widerspricht tendenziell sogar dem in Art. 6 Abs. 2 S. 1 GG enthaltenen Gebot, „möglichst eine Übereinstimmung von leiblicher und rechtlicher Elternschaft zu erreichen“[86]. Hingegen darf nicht außer Acht gelassen werden, dass Art. 6 Abs. 2 S. 1 GG lediglich einen „verfahrensrechtlichen“, auf „Prüfung und Feststellung der Vaterschaft“ gerichteten Zugang zum Elternrecht gewährleistet.[87] Demgegenüber kann „das Begehren, allein Kenntnis und Gewissheit über die Abstammung eines Kindes zu erlangen, […] nicht auf Art. 6 II 1 GG gestützt werden, weil ihm der Bezug zur Elternverant-

---

[81] *BGH* NZFam 2015, 254 (259); vgl. auch Schönke/Schröder/*Eisele* § 203 Rn. 29.

[82] Begriff bei Maunz/Dürig/*Badura* Art. 6 Rn. 22.

[83] St. Rspr.; vgl. BVerfGE 10, 59 (66); 48, 327 (339); 108, 82 (112).

[84] *BVerfG* NJW 2003, 2151 (2153 f.).

[85] Hier soll diese kurze Feststellung genügen, eingehende Überlegungen zu den §§ 1589 ff. BGB finden sich unter S. 115 ff.

[86] *BVerfG* NJW 2003, 2151 (2153). Vgl. auch *Jarass*/Pieroth Art. 6 Rn. 46; Münch/Kunig/*Coester-Waltjen* Art. 6 Rn. 71 ff.; dazu noch eingehend unter S. 130 ff.

[87] *BVerfG* NJW 2003, 2151 (2153 f.).

wortung fehlt.“[88] Da es hier aber in aller Regel genau um eine solche Kenntnis geht, ist der in Art. 6 GG garantierte Schutz der Familie grundsätzlich der falsche Anknüpfungspunkt. Einzig ein genetischer Vater, der nicht bloß Interesse an der Identität seines leiblichen Abkömmlings hat, sondern sich darüber hinaus auch rechtlich in Beziehung mit seinem leiblichen Kind setzen will,[89] kann sein Begehren auf Art. 6 Abs. 2 S. 1 GG stützen. In allen übrigen Fällen fehlt der vom *BVerfG* angemahnte Bezug zur Elternverantwortung.

Zum anderen könnte das Interesse der Eltern durch das aus Art. 2 Abs. 1 i. V. m. Art. 1 Abs. 1 GG hergeleitete allgemeine Persönlichkeitsrecht geschützt sein.[90] In Bezug auf die spiegelbildliche Konstellation des Kenntniswunsches des Kindes hinsichtlich der genetischen Eltern ist der Bezug zum allgemeinen Persönlichkeitsrecht in seiner Ausprägung als Recht auf Kenntnis der eigenen Abstammung seit langem anerkannt.[91] Auf diese Weise soll gewährleistet werden, dass die Kenntnis über die Identität der genetischen Eltern im Rahmen des Möglichen erlangt werden kann. Dahinter steht die Überlegung, dass die Abstammung „konstituierendes Element der Persönlichkeit“[92] ist und ihr dementsprechend maßgebliche Bedeutung für die Persönlichkeitsentwicklung zukommt.[93] So führt das *BVerfG* aus, dass „die Möglichkeit, sich als Individuum nicht nur sozial, sondern auch genealogisch in eine Beziehung zu anderen zu setzen, [...] im Bewusstsein der einzelnen Person eine Schlüsselstellung für ihre Individualitätsfindung wie für ihr Selbstverständnis und ihre langfristigen familiären Beziehungen zu anderen einnehmen“[94] kann. Angesichts der fortschreitenden technischen Möglichkeiten – etwa in Form von Vaterschaftstests und Samenspenden – verwundert es wenig, dass in den letzten Jahren auch das korrespondierende Recht auf Kenntnis der eigenen Abkömmlinge zum Gegenstand rechtlicher Auseinandersetzungen geworden ist.

---

[88] *BVerfG* NJW 2003, 2151 (2154).

[89] Genetischen Müttern steht eine solche Möglichkeit angesichts der Unanfechtbarkeit der Mutterschaft nicht zu.

[90] Daneben wird dieses Recht auch durch Art. 8 EMRK geschützt; vgl. *EGMR* FamRZ 2006, 1354 (1355); 2012, 1935; NJW 2013, 1937. Stark auf Art. 1 Abs. 1 GG fokussiert noch *Mansees* NJW 1988, 2984.

[91] So etwa BVerfGE 79, 256 (268 f.); 90, 263 (270 f.); 96, 56 (63 ff.). Ebenso *BGH* NZFam 2015, 254.

[92] BVerfGE 79, 256 (268); a. A. *Waibl* S. 219 f.

[93] *BVerfG* NJW 1989, 891; 1994, 2475; 1997, 1769; 2007, 753; 2016, 1939. Zust. etwa *Giesen* JZ 1989, 364 (368). Vgl. dazu auch MüKo-BGB/*Wellenhofer* Vor §§ 1591 ff. Rn. 29 m. w. N.

[94] *BVerfG* NJW 2016, 1939 (1940).

In diesem Sinne hat zunächst der *BGH*[95] und später dann auch das *BVerfG*[96] das persönlichkeitsbezogene Kenntnisrecht aus seiner Eindimensionalität befreit, indem es um die Kenntnis der leiblichen Elternschaft erweitert wurde. Dies ist nur logisch, wenn man berücksichtigt, dass auch die Frage, zu welchem Individuum sich ein genetischer Nachfahre entwickelt, für die Entfaltung der Persönlichkeit und die Identitätsfindung von entscheidender Bedeutung sein kann. So können aus einem Vergleich mit den Charaktereigenschaften und Persönlichkeitszügen der Nachfahren ebenso bedeutsame Rückschlüsse gezogen werden, wie es der Vergleich mit der Persönlichkeit des Vorfahren zulässt.[97] Erst ein solches Verständnis ermöglicht es, die erforderlichen „Puzzleteile" zur Entschlüsselung der eigenen Persönlichkeitsstruktur zusammenzutragen. In diesem Sinne hat der *BGH* ausdrücklich klargestellt, dass das Kenntnisrecht keinerlei altersbedingten Restriktionen unterliegt.[98] Bei der Persönlichkeitsentwicklung handelt es sich um einen fortwährenden Prozess, der nicht in einem bestimmten Lebensstadium innehält oder abbricht.[99] Dementsprechend kann der Einbeziehung des Rechts auf Kenntnis der eigenen Abkömmlinge in den Schutzbereich des allgemeinen Persönlichkeitsrechts nicht entgegengehalten werden, dass die Relevanz der Kenntnis bei Eltern aufgrund ihres Alters abnähme oder sogar überhaupt nicht mehr existiere. Folglich ist auch das Interesse der Eltern an Existenz und Identität ihrer Abkömmlinge dem Allgemeinen Persönlichkeitsrecht in seiner Ausprägung als „*Recht auf Kenntnis der genetischen Verwandtschaftsbeziehungen*"[100] zuzuordnen, sodass die im Folgenden dargestellten Überlegungen zum Auskunftsanspruch des Kindes ebenfalls für den Anspruch der Eltern gel-

---

[95] Vgl. die grundlegende Entscheidung *BGH* NJW 1999, 1632 (1633). Später dann auch *BGH* NJW 2005, 497 (499); 2006, 1657 (1660). Vgl. auch *Rittner/Rittner* NJW 2002, 1745 (1749).

[96] *BVerfG* NJW 2003, 2151 (2154 f.).

[97] Vgl. dazu die (zutr.) Argumentation des *BGH* NZFam 2015, 254 (258): „Der Bezug zu den Vorfahren kann im Bewusstsein des Einzelnen eine Schlüsselstellung für sein Selbstverständnis und seine Stellung in der Gemeinschaft einnehmen. Die Kenntnis der Herkunft kann wichtige Anknüpfungspunkte für das Verständnis des familiären Zusammenhangs und für die Entwicklung der eigenen Persönlichkeit geben."

[98] Vgl. die überzeugenden Ausführungen bei *BGH* NZFam 2015, 254 (256); dazu auch die zust. Anm. von *Löhnig* NJW 2015, 1104 f.

[99] Vgl. dazu etwa die 2014 veröffentlichte Studie von *Specht et al.* Journal of Personality and Social Psychology 107, 504 ff., in der enorme Persönlichkeitsveränderungen selbst in hohem Alter nachgewiesen wurden (abrufbar unter: http://dx.doi.org/10.1037/a0036863 [zuletzt abgerufen am: 30.09.19]).

[100] Diese Formel als Oberbegriff für das Recht auf Kenntnis der eigenen Abstammung und der eigenen Abkömmlinge zu verwenden wird der verfassungsrechtlichen Intention meines Erachtens eher gerecht.

ten.[101] Dies gilt insbesondere für die Frage der Anspruchsgrundlage sowie für die von der Rechtsprechung ausformulierten Voraussetzungen des Auskunftsanspruchs.

(2) Dogmatische Grundlagen des Auskunftsanspruchs

Auch wenn das Recht des Kindes auf Kenntnis der eigenen Abstammung als Ausprägung des allgemeinen Persönlichkeitsrechts anerkannt ist, gewährt es als grundrechtliches Abwehrrecht des Bürgers lediglich Schutz vor der Vorenthaltung erlangbarer Informationen durch staatliche Organe.[102] Ein unmittelbarer Anspruch auf Verschaffung der Kenntnis kann dieser Grundrechtsposition also nicht entnommen werden. Zwischen Privatrechtssubjekten entfalten die Grundrechte ihre Wirkung über die zivilrechtlichen Generalklauseln als „Einfallstor" für verfassungsrechtliche Wertungen – sog. mittelbare Drittwirkung der Grundrechte.[103] Daher bedarf es einer konkreten zivilrechtlichen Anspruchsgrundlage, die sich nach herrschender Meinung aus § 242 i. V. m. § 1618a BGB ergibt.[104] Entgegen der früher überwiegend vertretenen Ansicht, der Auskunftsanspruch sei wegen seiner Höchstpersönlichkeit in analoger Anwendung des § 888 I ZPO nicht vollstreckbar und laufe daher leer,[105] geht die nunmehr ganz überwiegende Ansicht von der Vollstreckbarkeit des Anspruchs aus.[106]

Obgleich sich der *BGH* in Bezug auf die Anspruchsgrundlage nur für den Anspruch des Kindes geäußert hat, wird man dieses Ergebnis aufgrund der Spiegelbildlichkeit des zugrundeliegenden Kenntnisrechts auch auf den korrespondierenden Anspruch der Eltern übertragen dürfen. Während sich die für den Anspruch erforderliche rechtliche Sonderverbindung für die Eltern aus dem zwischen diesen und dem Arzt geschlossenen Behandlungsvertrag ergibt, ist das Kind keine eigene Rechtsbeziehung mit dem Arzt eingegangen. Die ursprünglich vom *OLG Hamm* geäußerte Rechtsauffassung, dass es sich bei dem Behandlungsvertrag der Eltern um einen (echten) Vertrag zugunsten des Kindes i. S. d.

---

[101] Nicht zu übertragen sind natürlich diejenigen Aspekte, die in der besonderen Rechtslage des (noch ungeborenen) Kindes wurzeln. Die dortigen Erwägungen gelten auch nur für das Kind selbst.

[102] S. dazu *BGH* NZFam 2015, 254 f. m. w. N. und mit Anm. *Wellenhofer*.

[103] Vgl. BeckOK-BGB/*Sutschet* § 242 Rn. 22 ff.; MüKo-BGB/*Armbrüster* § 134 Rn. 34 und § 138 Rn. 20 ff.; Palandt/*Grüneberg* § 242 Rn. 8 ff.; *Enders* NJW 1989, 881 (882).

[104] Vgl. *BVerfG* NJW 1997, 1769; *Eidenmüller* JuS 1998, 789; *Frank/Helms* FamRZ 1997, 1258; *Moritz* Jura 1990, 134 (135); *Rotax* Kinderpsychologie 2007, 148 (155); *Spickhoff* ZfPW 2017, 257 (271); *Waibl* S. 256. Daneben wird vereinzelt alternativ oder kumulativ auf vertragliche Nebenpflichten aus dem Behandlungsvertrag abgestellt; vgl. etwa *Jorzig* jurisPR-MedizinR 2/2013 Anm. 1; *Schneider* FamFR 2013, 172.

[105] Früher wurde auf § 888 III ZPO a. F. abgestellt; vgl. nur *Frank* FamRZ 1988, 113 (116).

[106] Vgl. *OLG Bremen* NJW 2000, 963 (964) m. w. N.; *Eidenmüller* JuS 1998, 789 (792).

§ 328 BGB handele,[107] hat der *BGH* mittlerweile korrigiert und nimmt nunmehr einen Vertrag mit Schutzwirkungen zugunsten des Kindes an (vgl. bereits S. 55). Dieser soll nicht voraussetzen, dass der Einzubeziehende bei Vertragsschluss schon geboren wurde.[108]

(3) Schwierigkeiten der dogmatischen Konzeption

(a) Kritische Überlegungen der Literatur

In dem Fall des auf eine künstliche Befruchtung gerichteten Behandlungsvertrages besteht indes die Besonderheit, dass der Einzubeziehende (also das Kind) bei Vertragsschluss nicht bloß ungeboren, sondern sogar noch nicht einmal gezeugt ist. Die fehlenden Ausführungen des *BGH*[109] zu dieser Fragestellung können entweder damit begründet werden, dass er das Problem schlicht übersehen hat oder es nicht für erörterungsbedürftig erachtet. Unabhängig von den Ursachen sieht sich der *BGH* Kritik aus der Literatur ausgesetzt, da die Rechtsfähigkeit des sog. nondum conceptus keineswegs so eindeutig ist, wie das höchstrichterliche Schweigen vielleicht vermuten ließe. Denn anders als im Falle eines „nasciturus" ist in dem Zeitpunkt, in dem der Vertrag mit Schutzwirkungen zugunsten des Dritten geschlossen wird, „noch gar kein Subjekt vorhanden, dem als Rechtsträger Rechte zugeordnet werden könnten."[110] So ist zwar seit der grundlegenden Entscheidung des *RG* vom 09.03.1907[111] weithin anerkannt, dass der „nondum conceptus" grundsätzlich „beschränkt rechtsfähig" sein kann.[112] Indes entspricht es der ganz herrschenden Meinung in der Literatur, dass eine solche Teilrechtsfähigkeit ihre Grenzen in bestimmten gesetzlichen Regelungen[113] und einigen wenigen Analogien[114] zu diesen Normen findet.

Daher wird im Schrifttum überwiegend vertreten, dass „nondum concepti" nicht in einen Vertrag mit Schutzwirkungen zugunsten Dritter einbezogen werden können.[115] Dies wird damit begründet, dass auch die soeben beschriebenen

---

107 Auch vom *OLG Hamm* aufgegeben; vgl. jüngst *OLG Hamm* FamRZ 2018, 1162 (1163).

108 So explizit *Heiderhoff* LMK 2015, 369224.

109 In *BGH* NZFam 2015, 254.

110 *Gruber* ZfPW 2016, 68 (71).

111 RGZ 65, 277.

112 Ausgehend von RGZ 65, 277 (279 ff.) etwa BeckOK-BGB/*Bamberger* § 1 Rn. 17; Jauernig/*Mansel* § 1 Rn. 4; MüKo-BGB/*Spickhoff* § 1 Rn. 46 ff.; NK-BGB/*Dörner* § 1 Rn. 4.

113 Wie z. B. die §§ 331 Abs. 2, 2101 Abs. 1, 2106 Abs. 2, 2162, 2178, 1913 BGB. In diesem Sinn auch RGZ 65, 277 (281).

114 Vgl. dazu MüKo-BGB/*Spickhoff* § 1 Rn. 49 ff.

115 So etwa *Fitting* Gynäkologe 2013, 760 (761); *Gruber* ZfPW 2016, 68 (71 ff.); a. A. Spickhoff/*Spickhoff* § 1 BGB Rn. 15, dessen Argumentation indes nicht überzeugen kann.

„Vorwirkungen der Rechtsfähigkeit“[116] nicht darüber hinweghelfen können, dass es – insofern anders als beim „nasciturus“ – an einer hinreichenden Bestimmbarkeit des Schutzberechtigten fehle.[117] Allerdings kann dieser Ansicht nur dann beigepflichtet werden, wenn den „Differenzen zwischen Rechtsbegründung und Rechtszuordnung“[118] entscheidendes Gewicht beizumessen ist, es mit anderen Worten generell erforderlich ist, dass die Einbeziehung in den Vertrag mit Schutzwirkungen eine Bestimmbarkeit des Dritten zum Zeitpunkt des Vertragsschlusses voraussetzt. Betrachtet man die Voraussetzungen eines Vertrages mit Schutzwirkungen zugunsten Dritter – nämlich die Leistungsnähe des Dritten, das Interesse des Gläubigers an seiner Einbeziehung, die Erkennbarkeit dessen für den Schuldner und die Schutzbedürftigkeit des Dritten –[119] ganz unabhängig von der hiesigen Thematik, so kann eine deutliche Beziehung zwischen diesen Voraussetzungen und dem Zeitpunkt des Vertragsschlusses nicht geleugnet werden.

Insbesondere das Merkmal der Erkennbarkeit für den Schuldner kann lediglich so verstanden werden, dass ihm die für eine Einbeziehung sprechenden Aspekte im Zeitpunkt der Rechtsbegründung erkennbar gewesen sein müssen. Ließe man es genügen, dass die Anspruchsvoraussetzungen erst nach dem Vertragsschluss erfüllt sein müssen, würde man den Vertragsgegner seines Rechts berauben, privatautonome Entscheidungen zu fällen. Denn dann hätte er nicht mehr die Möglichkeit, den Vertragsschluss aufgrund der Unbestimmbarkeit des Schutzberechtigten zu verweigern. Vielmehr würde man ihm einen Vertrag „unterjubeln“, den er in Kenntnis aller Umstände vermutlich nicht geschlossen hätte. Dies widerspräche augenscheinlich dem Grundsatz der Privatautonomie und kann daher nicht überzeugen. Deshalb ist mit der herrschenden Lehre zu fordern, dass alle Voraussetzungen des Vertrages mit Schutzwirkung – und damit auch die Rechtsfähigkeit des Schutzberechtigten – im Zeitpunkt der Rechtsbegründung, also des „Hier-und-Jetzt des Vertragsschlusses“[120] vorliegen müssen.

Ein solches Verständnis mag letztlich zwar mit dem Recht auf Kenntnis der eigenen Abstammung konfligieren, ist aber angesichts der dogmatischen Hintergründe des Vertrages mit Schutzwirkungen zugunsten Dritter geboten und sollte nicht aufgrund von Zweckmäßigkeitserwägungen preisgegeben werden. So ist das Bemühen des *BGH* um die Konstruktion einer für den Auskunftsanspruch erforderlichen rechtlichen Sonderbeziehung zwar fraglos anerkennenswert, eine

---

[116] BeckOK-BGB/*Bamberger* § 1 Rn. 17.

[117] So ausdrücklich noch MüKo-BGB/*Schmitt*[7] § 1 Rn. 48; ihm beipflichtend *Gruber* ZfPW 2016, 68 (72).

[118] *Gruber* ZfPW 2016, 68 (71).

[119] Vgl. dazu *BGH* NJW 2008, 2245 (2247).

[120] So *Gruber* ZfPW 2016, 68 (72).

solche lässt sich jedoch mit vertraglichen Schutzwirkungen nicht begründen.[121] Da der *BGH* diese dogmatischen Unwägbarkeiten unbeantwortet gelassen hat, kann auch sein Ansatz zur Begründung einer rechtlichen Sonderbeziehung nicht überzeugen. Angesichts dieser Begründungsmängel müsste man nach Ansicht der Kritiker zu dem Ergebnis gelangen, dass das Zivilrecht keine taugliche Anspruchsgrundlage bereithält, mit der das Kind sein unstreitig bestehendes Recht auf Kenntnis der eigenen Abstammung realisieren könnte.[122] Dementsprechend wäre eigentlich zu konstatieren, dass der Ball im Spielfeld des Gesetzgebers liegt, der sich aufgerufen fühlen sollte, eine explizite, vollumfängliche Anspruchsgrundlage für das Auskunftsrecht des Kindes zu schaffen.[123] Einer solchen stünde die eingeschränkte Rechtsfähigkeit des „nondum conceptus" nämlich nicht entgegen, da sie anders als der Vertrag mit Schutzwirkungen zugunsten Dritter nicht an einen Zeitpunkt vor Zeugung des Kindes, sondern nach der Geburt des Kindes anknüpfen würde.[124]

Daneben ergibt sich aus der dogmatischen Konstruktion, die der zwölfte Zivilsenat zur Begründung des Auskunftsanspruchs gewählt hat, ein weiteres Problem, das dieser wiederum nicht für klärungsbedürftig erachtet. So wird in der Literatur moniert, dass sich die für § 242 BGB erforderliche rechtliche Sonderverbindung nicht aus dem Vertrag mit Schutzwirkungen zugunsten Dritter ergeben könne, da dieser grundsätzlich nur auf Sekundär-, nicht aber auf Primäransprüche abziele.[125] Da aber mithilfe von § 242 BGB ein primärrechtlicher Auskunftsanspruch realisiert werden soll, sei es nicht möglich, den Vertrag mit Schutzwirkungen als Begründungselement zu verwenden. Leite man die vertragliche Sonderverbindung nämlich über die Schutzwirkungen her, würde man diesem letztlich doch einen – zumindest mittelbaren – primärrechtlichen Gehalt zuerkennen.

---

[121] Dies gilt umso mehr, als die Anerkenntnis solcher „Nondum-Rechte" zu erheblichen Begründungsschwierigkeiten in Fällen führen kann, die die sog. wrongful life-Problematik zum Gegenstand haben; vgl. *Fitting* Gynäkologe 2013, 760 (761). Zu der Problematik an sich noch S. 283 ff.

[122] Daraus wäre zu folgern, dass das einfache Recht der verfassungsrechtlichen Bewertung nicht gerecht wird und Auskunftsansprüche für das Kind auf Grundlage der lex lata schlicht nicht existieren.

[123] Am 01.07.2018 ist das Samenspenderregistergesetz (BGBl. I S. 2513) in Kraft getreten, das in § 10 SaRegG eine explizite Regelung des Auskunftsanspruchs vorsieht. Allerdings wird der Auskunftsanspruch nur in Bezug auf das durch heterologe Samenspende gezeugte Kind und damit äußerst fragmentarisch geregelt; vgl. auch die krit. Stellungnahme der BÄK zum Entwurf (S. 4 u. 6), abrufbar unter: www.bundesaerztekammer.de/fileadmin/user_upload/downloads/pdfOrdner/Stellungnahmen/Samenspende-registergesetz.pdf (zuletzt abgerufen am: 30.09.19).

[124] Dazu erneut unter S. 312 ff.

[125] Vgl. etwa Palandt/*Grüneberg* § 328 Rn. 19; *Fitting* Gynäkologe 2013, 760 (761).

(b) Verfassungskonforme Auslegung

Auch wenn der *BGH* zu den angeführten Kritikpunkten nicht Stellung bezieht, soll in aller Kürze aufgezeigt werden, ob und wenn ja wie es möglich gewesen wäre, die vorgetragenen Argumente zu entkräften. Ausgangspunkt der Überlegung soll die Feststellung des *BVerfG* sein, dass das allgemeine Persönlichkeitsrecht „den Auftrag an den Staat enthält, vor der Vorenthaltung verfügbarer Abstammungsinformationen zu schützen."[126] Schlösse man sich also der in der Literatur geäußerten Kritik im Hinblick auf die fehlende Rechtsfähigkeit des „nondum conceptus" sowie des einzig sekundärrechtlichen Charakters des Vertrages mit Schutzwirkungen an, unterliefe man diesen staatlichen Schutzauftrag zugunsten dogmatischer Korrektheit. Dementsprechend wäre zu erwägen, ob dieser Widerspruch mithilfe einer verfassungskonformen Auslegung des § 1 BGB und der Regeln über den Vertrag mit Schutzwirkungen zugunsten Dritter aufgelöst werden kann.

Mithilfe einer verfassungskonformen Auslegung lässt sich die „Rechtsgültigkeit der Norm im allgemeinen unter Ausschaltung der beanstandeten Auslegung im besonderen"[127] bejahen. Während § 1 BGB als kodifizierte Regelung einer solchen Auslegung zugänglich wäre, bestehen im Hinblick auf den Vertrag mit Schutzwirkungen zugunsten Dritter bereits grundsätzliche Bedenken. So handelt es sich bei diesem um ein ungeschriebenes, durch richterrechtliche Rechtsfortbildung[128] geschaffenes Institut ohne eindeutige normative Anknüpfungspunkte. Wie die Formel des *BVerfG* deutlich macht, kann aber nur eine *Norm* verfassungskonform ausgelegt werden. Bei näherer Betrachtung ist dies auch nur logisch, da andernfalls eine Auslegung sowohl nach dem Wortlaut als auch nach der Systematik und Historie nicht möglich wäre. Verstößt aber eine auf Richterrecht basierende Entscheidungspraxis gegen einen grundrechtlich implizierten Schutzauftrag, ist auch das zugrundeliegende richterrechtliche Institut im Sinne dieser verfassungsrechtlichen Vorgaben anzupassen; es muss also mit anderen Worten verfassungskonform interpretiert werden. Daher kann ein richterrechtliches Institut zwar nicht im technischen Sinne ausgelegt werden, es wird aber ebenso wie eine Norm den verfassungsrechtlichen Vorgaben angepasst, sodass nur die Bezeichnung, nicht aber das inhaltliche Vorgehen divergiert.

Um § 1 BGB also mit den Anforderungen der Verfassung in Einklang zu bringen, muss dieser im Hinblick auf den Auskunftsanspruch so verstanden werden, dass die Vorwirkungen der Rechtsfähigkeit den „nondum conceptus" in die Lage

---

126 *BVerfG* NZFam 2016, 400 (403); so auch schon *BVerfG* NJW 1989, 891 (892); 1997, 1769 (1770).

127 BVerfGE 65, 132 (139).

128 Vgl. statt vieler MüKo-BGB/*Gottwald* § 328 Rn. 170 m. w. N.

versetzen, Dritter eines Vertrages mit Schutzwirkungen zu werden. Der Charakter des richterrechtlichen Vertrages mit Schutzwirkungen zugunsten Dritter ist derweil um diejenigen primärrechtlichen Elemente zu erweitern, die § 242 BGB und seine Voraussetzung einer vertraglichen Sonderbeziehung erfordern. Hätte der *BGH* seine Ansicht auf diese Weise begründet, hätte er deutlich weniger Angriffsfläche geliefert als mit seiner Weigerung, die – keineswegs abwegigen – Überlegungen der Literatur zu kommentieren. Auch wenn die Kritik im Kern keine Zustimmung verdient, muss sich der XII. Zivilsenat dennoch den Vorwurf gefallen lassen, dass seine Ausführungen an problematischen Stellen zu viele Fragen offenlassen, obgleich Antworten aufschlussreich gewesen wären. Nichtsdestotrotz bleibt zu konstatieren, dass auch der „Umweg" über eine verfassungskonforme Anpassung holprig anmutet. Deutlich vorteilhafter erscheint es, den in § 10 SaRegG normierten Auskunftsanspruch de lege ferenda auf sämtliche Fälle auszuweiten, in denen in Folge einer reproduktionsmedizinischen Behandlung die rechtliche von der genetischen Elternschaft abweicht (dazu später unter S. 312 ff.). Nur so kann nachhaltig Rechtssicherheit gewährleistet werden, ohne die zivilrechtliche Dogmatik über die Maßen strapazieren zu müssen.

(4) Zur Zumutbarkeit der Auskunftserteilung

(a) Die Defizite der Entscheidung

Nach alledem bleibt zu konstatieren, dass die dem Auskunftsanspruch zugrundeliegende dogmatische Konstruktion zwar auf tönernen Füßen stehen mag, davon abgesehen bewegen sich die Bedenken aber eher im theoretischen denn im rechtspraktischen Bereich. Auf wirklich dünnes Eis begibt sich der mit der Entscheidung befasste XII. Zivilsenat des *BGH* allerdings mit seinen Überlegungen zu der dem Anspruch zugrundeliegenden Interessenabwägung.[129] Eine solche benennt der *BGH* – insoweit noch zutreffend – unter der etwas missverständlichen Bezeichnung „Zumutbarkeit" als Anspruchsvoraussetzung. Missverständlich ist natürlich nicht der Begriff an sich, wohl aber das Bezugssubjekt dieser Zumutbarkeit. So bezieht der *BGH* die Frage der Zumutbarkeit zuvörderst auf den behandelnden Arzt[130] und befasst sich erst im Anschluss mit den Interessen der eigentlich durch eine etwaige Offenbarung Belasteten. Lässt man dieses umständlich anmutende Vorgehen zunächst einmal außen vor,[131] gelangt man zu dem eigentlichen – von mir eingangs als „Achillesferse" des Auskunftsanspruchs

---

[129] *BGH* NZFam 2015, 254 (258 ff.).

[130] *BGH* NZFam 2015, 254 (258; Rz. 40).

[131] Meines Erachtens spielt dieses Vorgehen aber ebenfalls eine gewisse Rolle in der anschließenden Fehlerkette. So führt es doch zu einer Verzerrung der eigentlichen Interessenlage, die im Ergebnis den Nährboden für eine zu oberflächliche Abwägung lieferte.

bezeichneten – Problem: Nach der Ansicht des XII. Zivilsenats erfordere die in diesem Rahmen vorzunehmende Interessenabwägung ein bloß einfaches Überwiegen des Auskunftsinteresses gegenüber sämtlichen widerstreitenden Interessen.[132] Stattdessen ein „qualifiziertes“ Übergewicht zu verlangen, wird indes nicht in Betracht gezogen.

Natürlich handelt es sich bei alledem zunächst einmal um Überlegungen, die sich in erster Linie auf eine zivilrechtliche Abwägung beziehen. Allerdings verdeutlicht der *BGH* die Tragweite seiner Erwägungen für die strafrechtliche Bewertung, indem er darauf hinweist, dass „aus dem zivilrechtlichen Anspruch [...] eine Offenbarungsbefugnis und auch -pflicht des Behandlers [folgt], sodass der Arzt nicht unbefugt i. S. d. § 203 Abs. 1 StGB und daher jedenfalls gerechtfertigt handelt und die strafrechtliche Relevanz der Auskunftserteilung [...] entfällt.“[133] Diese Aussage mag isoliert betrachtet durchaus zutreffen, doch verwendet sie der *BGH* so unreflektiert, dass das bisherige Ausbleiben kritischer Stimmen aus der Literatur durchaus verwundert. Wird in der Entscheidung nämlich die mangelnde Relevanz der ärztlichen Schweigepflicht für die Abwägung damit begründet, dass der zivilrechtliche Anspruch ja ohnehin bestehe und eine Strafbarkeit nach § 203 StGB daher jedenfalls gerechtfertigt sei,[134] liegt eine petitio principii vor. Denn dann begründet der *BGH* das eigentlich noch zu findende Ergebnis der Abwägung – nämlich das Bestehen des Auskunftsanspruchs – mit dem Bestehen des Anspruchs selbst: Die ärztliche Schweigepflicht spiele für den Anspruch keine Rolle, da der Anspruch die ärztliche Schweigepflicht gerade aus dem Weg räume. Die Existenz des Anspruchs wird damit gleichzeitig zu Ergebnis und Begründung der Abwägung gemacht.

Nun aber zu dem hinter diesem Zirkelschluss stehenden Irrtum: Offensichtlich geht der XII. Zivilsenat davon aus, dass ein auf Treu und Glauben gestützter Anspruch den „Vorrang“ vor der strafrechtlichen Abwägung des § 34 StGB genießt. Damit legt der *BGH* seinen Überlegungen allerdings eine falsche Prämisse zugrunde. Richtigerweise kann ein zivilrechtlicher Anspruch nur auf ein erlaubtes, also auch strafrechtlich zulässiges Anspruchsbegehren gerichtet sein. Ist das Anspruchsbegehr wie im hiesigen Fall eine Auskunftserteilung eines Arztes, darf § 203 Abs. 1 Nr. 1 StGB nicht im Wege stehen, da der Anspruchsgegner andernfalls rechtlich verpflichtet wäre, eine vom Recht missbilligte Verhaltensweise vorzunehmen.[135] Liegt keine Einwilligung des Geheimnisgeschützten vor und

---

[132] *BGH* NZFam 2015, 254 (258 ff.).

[133] *BGH* NZFam 2015, 254 (259).

[134] *BGH* NZFam 2015, 254 (259).

[135] A.A. bezüglich der Samenspende aber *Zimmermann* FamRZ 1981, 929 (932), dessen Rechtsauffassung indes auf überkommenen, bisweilen eigene moralische Vorstellungen transportierenden Grundannahmen beruht.

scheitert eine Rechtfertigung nach § 34 StGB, ist die Informationsübermittlung rechtswidrig und führt zu einer Strafbarkeit des Arztes nach § 203 StGB. Dies hätte zur Folge, dass die Rechtsordnung vermittels der Strafdrohung sowie des Anspruchs – wenn er denn bestünde – dem Normadressaten zwei sich widersprechende Verhaltenspflichten auferlegen würde. Der *BGH* versucht diese Konsequenz damit zu umgehen, dass er § 34 StGB mit dem Auskunftsanspruch und der dort vorzunehmenden („nicht-qualifizierten") Interessenabwägung zuvorkommt.

Damit ignoriert er jedoch die Existenz des gesetzlichen Rechtfertigungsgrundes des § 34 StGB, macht ihn damit überflüssig und missachtet das ihm zugrundeliegende Prinzip der lediglich begrenzten Pflicht zur zwischenmenschlichen Solidarität. Denn will man dem Leitbild eines liberalen Rechts- und Staatsverständnisses gerecht werden, muss die Abwälzung von Rechtsgutsbeeinträchtigungen auf Rechtsgüter Unbeteiligter auf solche Fälle beschränkt bleiben, in denen der Schaden bei dem Notstandsausübenden wesentlich gewichtiger wäre als bei demjenigen, der durch die Notstandshandlung beeinträchtigt wird.[136] Diese Aufgabe kommt dem Merkmal „wesentliches Überwiegen" zu, das dadurch mittelbar dem Schutz des Beeinträchtigten dient. Insoweit handelt es sich bei der Begrenzung auf eine bloße Mindestsolidaritätspflicht in § 34 StGB um einen Ausfluss des Rechtsstaatsprinzips (Art. 20 GG) sowie des Verhältnismäßigkeitsgrundsatzes.[137] Zwar ist der Solidaritätsgedanke auch „essentielles Strukturelement des modernen Verfassungsstaats" und zugleich Verfassungsprinzip,[138] jedoch muss er sich – jedenfalls, sofern er als Eingriffslegitimation herangezogen wird – gleichwohl an den gängigen verfassungsrechtlichen Schranken messen.

(b) Dogmatische Begründung

Während das Ergebnis – ein Verhalten kann nicht beansprucht werden, wenn es strafrechtlich unzulässig ist – gewiss eindeutig ist, stellt sich dennoch die Frage der dogmatischen Begründung dieser Prämisse. Zunächst sei darauf hingewiesen, dass insoweit weder § 134 BGB noch § 138 Abs. 1 BGB direkte Anwendung finden können. Da diese nämlich nur das Schicksal von Rechtsgeschäften in ihrer Gesamtheit behandeln,[139] müsste der Behandlungsvertrag zwischen den Eltern und dem Arzt gegen ein gesetzliches oder sittliches Verbot verstoßen.[140]

---

[136] Vgl. MüKo-StGB/*Erb* § 34 Rn. 7 f.; NK-StGB/*Neumann* § 34 Rn. 9 ff.

[137] Dazu eingehend *Kühnbach* S. 167 ff.

[138] So *Meyer* GA 2004, 356 (363) unter Verweis auf das kontraktualistische Begründungsmuster der wohl h. M.

[139] Vgl. nur MüKo-BGB/*Armbrüster* § 134 Rn. 23 u. § 138 Rn. 9.

[140] Auch die Möglichkeit einer Analogie wird man aufgrund des abschließenden Charakters der Regelungen verneinen müssen, da keine Strukturverwandtschaft zwischen bloßem Anspruch und Vertrag besteht; vgl. dazu MüKo-BGB/*Armbrüster* § 134 Rn. 24.

Vergegenwärtigt man sich jedoch, dass der Behandlungsvertrag keine Verpflichtung zur Auskunft vorsieht, sondern er vielmehr nur unterstützend herangezogen wird, um die für § 242 BGB erforderliche rechtliche Sonderverbindung zu begründen (s.o. S. 67ff.), folgt umgehend die Erkenntnis, dass die Betrachtung einzig und allein an den Auskunftsanspruch selbst, nicht aber an den Behandlungsvertrag anknüpfen kann. Zweifellos ist diese Konstellation überaus untypisch, folgt doch ein Anspruch in der Regel aus dem Vertrag selbst und wird nicht bloß mittelbar als Rechtsgrund herangezogen. Insofern handelt es sich um eine besondere Eigenheit, die sich u.a. aus der fehlenden vertraglichen Beziehung zwischen Arzt und Kind ergibt. Daher verbleiben letztlich zwei denkbare dogmatische Anknüpfungspunkte: Einerseits könnte man das Nichtbestehen eines Anspruchs, der auf ein strafrechtlich unzulässiges Anspruchsbegehr gerichtet ist, als eine Fallgruppe der wertungsoffenen Generalklausel des § 242 BGB oder andererseits als allgemeinen Rechtsgrundsatz ohne konkrete normative Wurzeln verstehen.

Will man die Prämisse in § 242 BGB verorten, ließe sich argumentieren, dass dieser keine „Einbahnstraße“ sei, der lediglich Rechtsgrund des Auskunftsanspruchs sein könne. Vielmehr ergebe sich aus Treu und Glauben zugleich Begründung und Begrenzung des Anspruchs. Insoweit böte sich eine Verortung unter der Fallgruppe des Rechtsmissbrauchs an, die auf Rechtsfolgenseite die Undurchsetzbarkeit des Anspruchs nach sich zöge.[141] Doch es ist gerade diese nicht schon anspruchsausschließende, sondern erst durchsetzungshemmende Rechtsfolge, die Zweifel an der Richtigkeit jener Begründung erweckt. Denn auch wenn § 134 BGB hier nicht direkt weiterhelfen mag, lässt sich aus diesem dennoch eine wichtige Erkenntnis gewinnen: Will die Rechtsordnung schon das gesetzlich verbotene, abstrakte Rechtsgeschäft umfassend unterbinden, muss sie dies erst recht auch bei einem Anspruch einhalten, der sogar unmittelbar auf die strafrechtlich unzulässige Handlung gerichtet ist. Deshalb überzeugt es nicht, den Aspekt erst als Einrede oder Einwendung zu berücksichtigen. Vielmehr muss der Anspruch entsprechend der Nichtigkeitsfolge des § 134 BGB schlechterdings, also bereits auf Tatbestandsebene ausgeschlossen sein. Aufgrund dessen liegt es näher, aus der hier gewonnenen Prämisse einen allgemeinen Rechtsgedanken abzuleiten, nach dem kein zivilrechtlicher Anspruch auf ein strafrechtlich untersagtes Verhalten bestehen kann. Nur ein solches Verständnis lässt sich letztlich auch mit dem Postulat der einheitlichen und widerspruchsfreien Rechtsordnung vereinbaren. Um dieses Ergebnis zu untermauern, sei schließlich auf zwei ähnliche, ja vielleicht sogar parallele strafrechtliche Überlegungen hinge-

[141] Zum Rechtsmissbrauch allgemein MüKo-BGB/*Schubert* § 242 Rn. 199ff., zu der Rechtsfolge Rn. 221ff. Vgl. auch Staudinger/*Olzen* /*Looschelders* § 242 Rn. 225ff.

wiesen: Zum einen soll auf den § 323c StGB und die dort normierte Unterlassene Hilfeleistung aufmerksam gemacht werden. So ist auch dort allgemein anerkannt, dass niemandem von Rechts wegen abverlangt werden kann, andere wichtige Pflichten zu verletzen.[142] Eine dieser Pflichten besteht darin, sich (straf-) rechtskonform zu verhalten. Etwas anderes wäre auch gänzlich absurd, da das Recht andernfalls zeitgleich zwei sich widersprechende Befehle an den Normadressaten richten würde. Zum anderen deckt sich die Bewertung mit derjenigen der Rechtfertigung beim Unterlassungsdelikt. Auch dort ist es unzumutbar, dem Normadressaten „die Vornahme verbotener – gegebenenfalls auch strafbarer – Handlungen“[143] abzuverlangen, da die Rechtsordnung ein und dieselbe Verhaltensweise gleichzeitig verbieten und gebieten würde.

(5) Zwischenergebnis

Folglich kann der Auskunftsanspruch – entgegen der Behauptung des *BGH* – nicht zum Ausgangspunkt der Überlegungen gemacht werden.[144] Vielmehr muss an die strafrechtliche Bewertung der potentiellen ärztlichen Indiskretion angeknüpft werden, die darüber entscheidet, ob das Verhalten des Arztes strafrechtlich zulässig wäre oder nicht. Nur wenn die „qualifizierte“ Abwägung des § 34 StGB zu dem Ergebnis führt, dass das Auskunftsinteresse das Verschwiegenheitsinteresse wesentlich überwiegt, ist die begehrte Handlung strafrechtlich indifferent und damit taugliches Anspruchsziel.[145] Dann ist aber genau genommen auch das Erfordernis einer Interessenabwägung im Rahmen des Auskunftsanspruchs überflüssig, da eine solche bereits bei der Prüfung des § 34 StGB durchgeführt wurde. Will der *BGH* gleichwohl an diesem Erfordernis festhalten, kann er dies nur, wenn er die Anforderungen an die Abwägung auf das Niveau hebt, das § 34 StGB vorgibt. Es kann also nicht bereits ein einfaches Überwiegen ausreichen, sondern es bedarf eines wesentlichen, graduell deutlich höher einzustufenden Übergewichts auf Seiten des Auskunftsinteresses. Für das hiesige Vorgehen folgt daraus, dass zunächst die Voraussetzungen des rechtfertigenden Notstands und insbesondere der dortigen Interessenabwägung zu prüfen sind. Erst wenn danach die Preisgabe personenbezogener Daten durch den Arzt gerechtfertigt wäre, ist der Weg zum zivilrechtlichen Auskunftsanspruch nach § 242 i.V.m. § 1618a BGB eröffnet.

---

[142] Vgl. etwa Schönke/Schröder/*Hecker* § 323c Rn. 19; SSW/*Schöch* § 323c Rn. 19.

[143] NK-StGB/*Wohlers/Gaede* § 13 Rn. 18; ebenso *Roxin* AT II § 31 Rn. 14.

[144] Von der Grundidee wohl ähnlich, aber in ganz anderem Zusammenhang *Engländer* MedR 2001, 143 (144).

[145] Bedient man sich der Worte des XII. Zivilsenats: Nur die Vornahme eines strafrechtlich zulässigen Verhaltens kann dem Arzt „zumutbar“ sein.

ee) § 34 StGB

Zwar folgt aus dem Bestehen eines rechtfertigenden Notstands nach § 34 StGB keine Pflicht,[146] aber jedenfalls ein Recht zur Offenbarung, welches das Schicksal des Auskunftsanspruchs maßgeblich vorzeichnet. Für eine Rechtfertigung nach § 34 StGB müsste der Arzt zunächst personenbezogene Daten offenlegen, um eine gegenwärtige, nicht anders abwendbare Gefahr von einem ihm oder einem anderen zustehenden Rechtsgut abzuwenden. Des Weiteren müsste bei der vorzunehmenden Abwägung der widerstreitenden Interessen das geschützte Interesse das beeinträchtigte wesentlich überwiegen.

(1) Das geschützte Interesse

Während der Kreis der beeinträchtigten Interessen durch den Komplex der Schweigepflicht und die damit einhergehenden Aspekte begrenzt wird (dazu noch S. 80 ff.), kann das Feld der geschützten Interessen deutlich weiter zu fassen sein. So sind all diejenigen Interessen in den Blick zu nehmen, die für eine Offenbarung streiten und dementsprechend in Konflikt mit dem Verschwiegenheitsinteresse treten können. In Betracht kommen demzufolge sowohl Interessen des offenbarenden Arztes oder des ahnungslosen Elternpaares als auch – und da wird der Schwerpunkt der nachfolgenden Betrachtung liegen – Interessen des Kindes, welches noch nicht über die Vertauschung im Bilde ist und daher von einer Offenlegung profitieren könnte.

(a) Interessen des Arztes und der Eltern

Wie bereits angedeutet, könnte der Arzt aus moralisch-altruistischen oder egoistischen[147] Gründen ein Interesse daran haben, seine Verantwortlichkeit für den Vertauschungsvorfall offenzulegen. Unabhängig von den genauen Beweggründen lässt sich die Motivation des Arztes auf einen Grundgedanken zurückführen: Da die Offenlegung für den Arzt eher rechtliche Nachteile mit sich bringt, kann das Interesse nur im nicht-rechtlichen, oft eine „seelische Erleichterung“ bewirkenden Bereich gefunden werden. Davon ausgehend ist zunächst die Frage zu beantworten, ob ein solches Interesse an geistigem Wohlbefinden überhaupt für die bei § 34 StGB vorzunehmende Abwägung fruchtbar gemacht werden kann. Denn wie das *BVerfG* festgestellt hat, schützt Art. 2 Abs. 2 S. 1 GG keinen Zustand des „vollständigen geistigen und sozialen Wohlbefindens“, sondern erschöpft sich in dem Schutz vor psychischen Beeinträchtigungen, die „ihrer Wir-

---

[146] Vgl. *Lenckner* NJW 1965, 321 (327).
[147] Etwa um nicht mehr die „Last“ des Geheimnisses auf seinen Schultern zu spüren.

kung nach körperlichen Eingriffen gleichzusetzen seien.“[148] Ist das geistige Wohlbefinden aber kein (grundrechtlich) geschütztes Rechtsgut, drängt sich die Frage nach der Relevanz für die Abwägung umso mehr auf. Zwar spricht § 34 StGB nicht von einer Abwägung der Rechtsgüter, sondern der widerstreitenden Interessen, allerdings wird zugleich eine Gefahr für ein Rechtsgut verlangt. Daher ist das Interesse des Arztes an seelischer Erleichterung kein anderes Rechtsgut i. S. d. § 34 StGB und insoweit für die Interessenabwägung bedeutungslos.

Während das Interesse des Arztes an der Offenlegung eher die Ausnahme denn die Regel sein dürfte, liegt das – sicherlich regelmäßig bestehende – Interesse des Elternpaares, an das die Informationsübermittlung gerichtet ist, auf der Hand: Aufgrund des Informationsmonopols des Arztes können die Betroffenen nur von ihm Kenntnis über die Identität weiterer involvierter Personen erlangen. Wollen die Eltern also in Kontakt mit anderen Betroffenen und vor allem mit dem eigenen genetischen Kind treten, sind sie darauf angewiesen, dass der Arzt zu ihren Gunsten gegen die ärztliche Schweigepflicht verstößt. Daher können sie ihr Recht auf Kenntnis der eigenen Abkömmlinge (s. o.) geltend machen, welches im allgemeinen Persönlichkeitsrecht (Art. 2 Abs. 1 i. V. m. Art. 1 Abs. 1 GG) wurzelt.

(b) (Kenntnis-)Rechte des Kindes

Diesem Interesse der Eltern an der Kenntnis der eigenen Abkömmlinge entspricht auf Seiten des Kindes das Interesse an bzw. das Recht auf Kenntnis der eigenen Abstammung. Wie bereits erwähnt, ist auch dieses Recht eine Facette des allgemeinen Persönlichkeitsrechts und steht dem Kind altersunabhängig zu. Ist das Kind nicht verfahrensfähig, können die aus diesem Recht resultierenden Ansprüche durch dessen gesetzliche Vertreter geltend gemacht werden.[149] In diesem Fall muss die Information allerdings verlangt werden, um sie – auch wenn dies erst in Zukunft geschehen soll – an das Kind weiterzugeben.[150] Daher könnten die Eltern versuchen, ihr eigenes Informationsinteresse gegenüber dem Arzt mithilfe eines Auskunftsanspruchs zu befriedigen, den sie neben ihrer eigenen Rechtsposition (s. o.) auch auf das Recht ihres Kindes auf Kenntnis der eigenen Abstammung stützen könnten. Solange sie vortragen können, das Recht zumindest *auch* auszuüben, um dem Informationsinteresse ihres rechtlichen Kindes nachzukommen, wird man dem Anspruch nicht den aus § 242 BGB hergeleiteten

---

148 Beides bei *BVerfG* NJW 1981, 1655 (1656 f.); a. A. ohne Begründung *OVG Koblenz* NJW 1998, 1422 (1423).

149 *BGH* NZFam 2015, 254 (256); vgl. dazu die zust. Anm. von *Löhnig* NJW 2015, 1104 f.

150 *BGH* NZFam 2015, 254 (257); vgl. auch *Wellenhofer* JuS 2015, 462 (463).

Einwand der Rechtsmissbräuchlichkeit als rechtsvernichtende Einwendung entgegenhalten können.[151]

Darüber hinaus ist durchaus denkbar, dass sowohl die Interessenposition des Kindes als auch diejenige der Eltern im Einzelfall durch weitere Aspekte ergänzt wird. So lässt sich z. B. nicht ausschließen, dass in besonders gelagerten Konstellationen das Bedürfnis nach Kenntnis über die genetischen Verwandtschaftsverhältnisse so ausgeprägt ist, dass die Nichtverschaffung der Kenntnis zu Beeinträchtigungen der geistigen und sogar körperlichen Integrität führen mag (Art. 2 Abs. 2 S. 1 GG), die über die ohnehin mit der Verweigerung einhergehenden Persönlichkeitsbeeinträchtigungen hinausgehen. Ebenfalls vorstellbar erscheint eine „überschießende“ Beeinträchtigung der familiären Strukturen, wenn die Vorenthaltung der Identität der genetischen Eltern den Familienfrieden oder auch den Bestand der Familie insgesamt bedroht (Art. 6 Abs. 1 GG). Wie bereits die vorsichtige Formulierung andeutet, handelt es sich bei diesen Überlegungen aber um hypothetische Umstände des Einzelfalles, die nicht regelmäßig vorliegen werden und daher bei der hiesigen Analyse zwar nicht unerwähnt bleiben sollen, die Betrachtung aber auch nicht maßgeblich prägen können.

(2) Gefahr für das geschützte Interesse

Diese Interessen müssten des Weiteren einer gegenwärtigen Gefahr ausgesetzt sein. Eine Gefahr ist dann anzunehmen, „wenn der Eintritt eines Schadens naheliegt“, also „nicht nur die gedankliche Möglichkeit, sondern eine auf festgestellte tatsächliche Umstände gegründete Wahrscheinlichkeit eines schädigenden Ereignisses besteht.“[152] Hält der Mediziner die ihm zur Verfügung stehenden personenbezogenen Informationen zurück, liegt nicht nur eine Gefahr für das Interesse an Kenntnis über die genetischen Verwandtschaftsbeziehungen vor, sondern sogar ein Schaden: Denn die Weigerung, die um Auskunft ersuchenden Betroffenen mit den entsprechenden Daten zu versorgen, bedeutet zugleich, dass das Recht auf Kenntnis der eigenen Abstammung bzw. der eigenen Abkömmlinge nicht befriedigt wird. Bis zu einer Herausgabe der verfügbaren Informationen besteht folglich eine fortlaufende Beeinträchtigung dieser geschützten Interessen. Gleiches gilt für die etwaig gegebenen Interessen des Arztes an „seelischer Erleichterung“. Auch diese Interessenposition wird so lange beeinträchtigt, bis die Offenbarung vorgenommen werden kann.

---

[151] Vgl. *OLG Hamm* FamRZ 2018, 1162 (1164).

[152] Beides bei *BGH* NJW 1963, 1069. Vgl. auch MüKo-StGB/*Erb* § 34 Rn. 60; NK-StGB/*Neumann* § 34 Rn. 39.

(3) Das beeinträchtigte Interesse

Welches Interesse durch die Tat beeinträchtigt wird, ist durch Rechtsgutbestimmung der verletzten Norm (§ 203 StGB) zu ermitteln.[153] Ebenso alt wie die die Verletzung von Privatgeheimnissen unter Strafe stellenden Normen ist der Streit um das von der Regelung geschützte Rechtsgut.[154] Auch wenn (oder vielleicht gerade weil) zu der Streitfrage bereits vieles gesagt wurde, ist das Meinungsbild – vermutlich wegen der nach wie vor ungebrochenen Relevanz des Problems und der bisweilen zu bemerkenden Undeutlichkeit der Argumentationsmuster[155] – recht unübersichtlich. Letztlich sind drei (Haupt-)Strömungen erkennbar, deren Übergänge teils fließend sind: Während einige Stimmen das Rechtsgut des § 203 StGB entweder ausschließlich oder jedenfalls vorrangig in individual- oder aber gemeinschaftsschützenden Aspekten zu finden glauben, verfolgen andere wiederum Ansätze, die auf einer „Fusion“[156] von Elementen des Individual- und Kollektivschutzes beruhen. Da aber eine „reine“ Gemeinschaftsschutzlehre auch in der Literatur letztlich nicht bzw. kaum vertreten wird,[157] soll für die hiesige Betrachtung eine dichotome Betrachtungsweise genügen. Weitgehend anerkannt ist mittlerweile nämlich, dass § 203 StGB jedenfalls *auch* individualschützenden Gehalt hat.[158] Daher kann das Meinungsspektrum im Ergebnis in die „Individualschutzlehre“ und die übrigen, vermittelnden Ansätze, die den Aspekt des Gemeinschaftsschutzes in unterschiedlich starkem Maße betonen, unterteilt werden.[159]

Obschon das Problem zum Teil als „wenig fruchtbarer Streit um Begrifflichkeiten“[160] eingestuft wird, zeigt die vorliegende Konstellation eindrücklich, dass es sich dabei um einen Trugschluss handelt: Wäre der Ansicht zu folgen, die neben dem Individual- auch ein Gemeinschaftsinteresse erfasst sieht, käme es bereits im Ausgangspunkt zu einer deutlichen Stärkung der Abwägungsposition „Geheimnisschutzinteresse“, indem diese um eine weitere Rechtsgut- und damit Interessendimension erweitert wird.[161] Aufgrund dessen sollte die Frage nach

---

[153] Darüber hinaus hat der *BGH* unmissverständlich deutlich gemacht, dass sich der Reproduktionsmediziner nicht auf ein Geheimhaltungsinteresse aus Art. 12 Abs. 1 GG berufen kann; *BGH* NZFam 2015, 254 (258 f.).

[154] Vgl. dazu schon *Jäschke* ZStW 131 (2019), 36.

[155] *Ders.* ZStW 131 (2019), 36 (37).

[156] So die Formulierung bei MüKo-StGB²/*Cierniak/Pohlit* § 203 Rn. 5.

[157] Vgl. dazu eingehend *Jäschke* ZStW 131 (2019), 36 (41 f.).

[158] *Ders.* ZStW 131 (2019), 36 (43).

[159] Insoweit sei für die nachstehenden Ausführungen auf *Jäschke* ZStW 131 (2019), 36 (41 ff.) verwiesen. Dort wird aufzeigt, dass eine „reine“ Gemeinschaftsschutzlehre de facto nicht existiert.

[160] SSW/*Bosch* § 203 Rn. 1.

[161] Denn Ausgangspunkt der bei § 34 StGB vorzunehmenden Interessenabwägung ist stets

dem Rechtsgut des § 203 StGB hier – aber auch in anderen Zusammenhängen –[162] eine nicht zu unterschätzende Bedeutung erfahren.[163]

(a) Die sog. Individualschutzlehre

Die Verfechter der sog. Individualschutzlehre vertreten den Standpunkt, § 203 StGB diene allein dem Schutz der Individualsphäre des Einzelnen.[164] Auch wenn die Frage, wie das Individualinteresse am Geheimnisschutz in letzter Konsequenz zu begründen ist, ebenfalls umstritten ist,[165] wurzeln die meisten[166] Erklärungen in einem individuellen und höchstpersönlichen Lebens- und Geheimbereich.[167] Diese vom Recht auf informationelle Selbstbestimmung garantierte Sphäre gewährleistet die Möglichkeit, selbst darüber zu bestimmen, welche Informationen zu welchem Zeitpunkt offengelegt werden.[168] Angesichts der Tatsache, dass weder dem Verfassungs- noch dem Zivilrecht eine subsumtionsfähige

---

eine „abstrakte“ Gegenüberstellung der widerstreitenden Interessen (vgl. nur MüKo-StGB/*Erb* § 34 Rn. 111 ff.). Je weitreichender also der Kreis der geschützten Rechtsgüter gezogen wird, desto stärker verschieben sich die Verhältnisse für die weitere Abwägung. Im Ansatz ähnlich *Vitkas* S. 27 (dort Fn. 137).

162 So etwa i.R.d. Strafantragsberechtigung, der Disponibilität des Rechtsguts und der Aktivlegitimation bzgl. der Einwilligung; vgl. *Vitkas* S. 24. Zudem hat die Frage Auswirkungen auf die Deliktsnatur; vgl. *Jäschke* ZStW 131 (2019), 36 (46 f.).

163 Vgl. auch Dölling/Duttge/König/Rössner/*Tag* § 203 Rn. 3; *Corinth* S. 20; *Jäschke* ZStW 131 (2019), 36 (37 ff.).

164 *OLG Hamburg* NStZ 1998, 358; *OLG Nürnberg* NJW 1958, 272; BeckOK-StGB/*Weidemann* § 203 Rn. 2; LK/*Schünemann* § 203 Rn. 14 ff.; NK-StGB/*Kargl* § 203 Rn. 2 ff.; Quaas/Zuck/*Zuck* § 72 Rn. 12; SK-StGB/*Hoyer* § 203 Rn. 3; *Bender* MedR 1997, 7 (11); *Bock/Wilms* JuS 2011, 24; *Dittrich* S. 56; *Hackel* NJW 1969, 2257 (2259); *Jung* GedS Constantinesco, S. 355 (357 f.); *Ostendorf* JR 1981, 444 (447 f.); *Rogall* NJW 1983, 413 (414); *Rogall* NStZ 1983, 1 (3 ff.); *Schmitz* JA 1996, 772 f.; *Schünemann* ZStW 90 (1978), 11 (51 ff.). Wohl auch BVerfGE 32, 373 (379) und *BGH* NZFam 2015, 254 (259 f.).

165 Während teils auf ein privates Verfügungsrecht über das Geheimnis verwiesen wird (so etwa NK-StGB/*Kargl* § 203 Rn. 4), legen andere ein materielles bzw. formelles Verständnis des Privatheitsbegriffs zugrunde (vgl. dazu *Rogall* NStZ 1983, 1 [4 f.]).

166 Anders aber die sog. Vertrauenstheorie, die das Individualinteresse in der persönlichen Vertrauensbeziehung zwischen Geheimnisgeschütztem und Geheimnisträger sieht und dabei die „Geheimsphäre“ häufig komplett ausklammert; vgl. dazu im Überblick *Jäschke* ZStW 2019 (131) 36 (49 ff.).

167 Vgl. *Stucke* S. 73 m. w. N. Beachte aber *Rogall* NStZ 1983, 1 (3 ff.), der angesichts der in § 203 StGB aufgenommenen Betriebs- und Geschäftsgeheimnissen daneben den Schutz von Vermögenswerten erfasst sieht.

168 Auch das *BVerfG* verortet die ärztliche Schweigepflicht in Art. 2 Abs. 1 i. V. m. Art. 1 Abs. 1 GG; vgl. *BVerfG* MedR 2006, 586 f. Zu den normativen Grundlagen der Schweigepflicht bereits S. 49 f.

Definition für den Persönlichkeitsbereich entnommen werden kann,[169] bedarf es im Hinblick auf das strafrechtliche Bestimmtheitsgebot einer weiteren inhaltlichen Eingrenzung. Obgleich die Frage nach der Eingrenzung des Privatheitsschutzes von den Vertretern der „Individualschutzlehre“ nicht immer einheitlich beantwortet wird, findet sich bei vielen – unterschiedlich stark akzentuiert – ein „viktimologisch“, das heißt am Subsidiaritätsprinzip orientiertes Verständnis des privatheitsbezogenen Schutzkonzepts.[170]

(b) Die vermittelnden Ansätze

Die wohl überwiegende Meinung ist der Ansicht, dass § 203 StGB sowohl individual- als auch gemeinschaftsschützenden Gehalt habe.[171] Während der Individualschutz als vom Gesetzgeber vorgesehene Schutzdimension zur Grundlage der Schutzgutbestimmung gemacht wird, besteht darüber hinaus hingegen Uneinigkeit hinsichtlich der Frage, ob nun den individual- oder doch den gemeinschaftsschützenden Aspekten ein stärkeres Gewicht beizumessen ist.[172] Einige sind der Auffassung, § 203 StGB schütze primär Individualinteressen und lediglich mittelbar[173] bzw. teilweise[174] Kollektivinteressen. Andere vertreten wiederum die Ansicht, dass Individual- und Gemeinschaftsschutz gleichwertig neben-

---

169 *Schünemann* ZStW 90 (1978), 11 (17 ff.) m. w. N.; a. A. ohne Erläuterung *Kreuzer* NJW 1975, 2232 (2234).

170 Vgl. dazu zusammenfassend *Jäschke* ZStW 131 (2019) 36 (39 ff.) m. w. N.

171 *BGH* NJW 1968, 2288 (2290); 1991, 2955 (2956); 1993, 1638; *BayObLG* NJW 1987, 1492 (1493); *OLG Karlsruhe* NJW 1984, 676; *OLG Köln* NStZ 1983, 412 f.; *LG Aurich* NJW 1971, 252; *Bockelmann,* Strafrecht des Arztes, S. 34; Dölling/Duttge/König/Rössner/*Tag* § 203 Rn. 5; *Fischer* § 203 Rn. 3; Lackner/Kühl/*Heger* § 203 Rn. 1; Laufs/Katzenmeier/Lipp/*Katzenmeier* Kap. IX Rn. 11; Laufs/Kern/Rehborn/*Ulsenheimer* § 139 Rn. 17; MüKo-StGB/*Cierniak/Niehaus* § 203 Rn. 8; Ponsold/*Bockelmann* S. 9 f.; Prütting/*Tsambikakis/Kessler* § 203 StGB Rn. 2; Roxin/Schroth/*Braun* Kap. II.4 S. 225; zurückhaltend Schönke/Schröder/*Eisele* § 203 Rn. 3; SSW/*Bosch* § 203 Rn. 1; Ulsenheimer/*Ulsenheimer* Rn. 860; *Arloth* MedR 1986, 295 (296); *Becker* MDR 1974, 888 (891); *Brötel* NJW 1998, 3387 (3388); *Cornelius* StV 2016, 380 (382); *Eichelbrönner* S. 61 f.; *Goll* S. 36 ff.; *Kaufmann* NJW 1958, 272 f.; *Krauß* ZStW 97 (1985), 81 (95); *Kreuzer* NJW 1975, 2232 (2233); *Grömig* NJW 1970, 1209 (1210); *Lenckner* NJW 1964, 1190; *ders.* NJW 1965, 321 (322); *Michalowski* ZStW 109 (1997), 519 (522); *Rein* VersR 1976, 117 (118); *Schmidt* NJW 1962, 1745 (1747); *Schmuck/Schmidt* NJOZ 2015, 1593 (1594); *Solbach* DRiZ 1978, 204 (205); wohl auch Spickhoff/*Knauer/Brose* § 203 StGB Rn. 1.

172 Dazu *Jäschke* ZStW 131 (2019) 36 (43).

173 Dölling/Duttge/König/Rössner/*Tag* § 203 Rn. 5; *Fischer* § 203 Rn. 3; Laufs/Katzenmeier/Lipp/*Katzenmeier* Kap. IX Rn. 11; Schönke/Schröder/*Eisele* § 203 Rn. 3; AWHH BT § 8 Rn. 29; *Cornelius* StV 2016, 380 (382); *Kreuzer* NJW 1975, 2232 (2233); *Schröter* S. 87 f.

174 *BGH* NJW 1991, 2955 (2956); Lackner/Kühl/*Heger* § 203 Rn. 1; Laufs/Kern/Rehborn/*Ulsenheimer* § 139 Rn. 17; Roxin/Schroth/*Braun* Kap. II.4 S. 225; SSW/*Bosch* § 203 Rn. 1; *Grömig* NJW 1970, 1209 (1210); *Kauder* StV 1981, 564; *Michalowski* ZStW 109 (1997), 519 (522); *Rein* VersR 1976, 117 (118); *Schmuck/Schmidt* NJOZ 2015, 1593 (1594).

einander[175] stünden oder § 203 StGB sogar eher gemeinschaftsschützende[176] Funktion habe.

Überwiegend werden die gemeinschaftsschützenden Elemente des § 203 StGB – und das ist meines Erachtens zugleich ein Schwachpunkt[177] der herrschenden Meinung – vor allem mit Verweis auf die Berufsgruppen der Ärzte und Anwälte begründet. Insoweit wird angeführt, eine ärztliche Behandlung (§ 203 Abs. 1 Nr. 1 StGB) oder eine Rechtsberatung (§ 203 Abs. 1 Nr. 3 StGB) könne nur dann effektiv gelingen, wenn der Patient oder Mandant sich dem Berufsträger bedenkenlos anvertraue.[178] Hegt er hingegen Zweifel an der Verschwiegenheit des Berufsträgers, könnte die Effektivität der Berufsausübung darunter leiden, dass er sich gehemmt fühlt, sämtliche für die Tätigkeit relevanten Umstände offenzulegen.[179] Dementsprechend diene § 203 StGB dazu, das Vertrauen der Allgemeinheit in die Verschwiegenheit der erfassten Berufsgruppen zu stärken.[180] Nur so könne etwa eine funktionsfähige Gesundheits- oder eine effiziente Rechtspflege gewährleistet werden.[181] Für den hiesigen Fall der ärztlichen Schweigepflicht wäre das letztlich geschützte Kollektivrechtsgut die Volksgesundheit,[182] die mithilfe des Gesundheitssystems gesichert werden soll. Diese auf die Funktionstüchtigkeit der Berufsgruppen[183] und des daraus resultierenden Gemeinwohls gerichteten Erwägungen genössen für § 203 StGB Allgemeingültigkeit und seien daher auf alle Berufe übertragbar.[184]

---

[175] MüKo-StGB/*Cierniak/Niehaus* § 203 Rn. 8; Terbille/Clausen/Schroeder-Printzen/*Sommer/Tsambikakis* § 3 Rn. 110; Ulsenheimer/*Ulsenheimer* Rn. 860; *Becker* MDR 1974, 888 (891); *Corinth* S. 21 f.; *Eichelbrönner* S. 62 f.; *Goll* S. 36 ff.; *Haffke* GA 1963, 65 (67); *Solbach* DRiZ 1978, 204 (205); *Vitkas* S. 29 ff.

[176] *OLG Karlsruhe* NJW 1984, 676; *OLG Köln* NStZ 1983, 412 f.; *OLG Schleswig* NJW 1981, 294; *Bockelmann,* Strafrecht des Arztes, S. 34; *Arloth* MedR 1986, 295 (296); *Kaufmann* NJW 1958, 272; *Lenckner* NJW 1964, 1190; *Schmidt* NJW 1962, 1745 (1747).

[177] S. dazu im Einzelnen *Jäschke* ZStW 131 (2019), 36 (49 ff.).

[178] Vgl. *Brötel* NJW 1998, 3387 (3388).

[179] *Krauß* ZStW 97 (1985), 81 (95); *Schmuck/Schmidt* NJOZ 2015, 1593 (1594).

[180] Laufs/Kern/Rehborn/*Ulsenheimer* § 139 Rn. 17; SSW/*Bosch* § 203 Rn. 1; *Arloth* MedR 1986, 295 (296); *Lenckner* NJW 1965, 321 (322), der – nach dieser Ansicht konsequent – von einer sozialrechtlichen Komponente spricht.

[181] Laufs/Katzenmeier/Lipp/*Katzenmeier* Kap. IX Rn. 11; *Michalowski* ZStW 109 (1997), 519 (522).

[182] *Kreuzer* NJW 1975, 2232 (2233); *Schmidt* NJW 1962, 1745 (1747); vgl. auch *Grömig* NJW 1970, 1209 (1210), die überdies auf die Nachteile für die Versicherungsgemeinschaft abstellt und *Solbach* DRiZ 1978, 204 (205), der zusätzlich das Sozialstaatsprinzip der Art. 20 Abs. 1, 28 Abs. 1 S. 1 GG bemüht.

[183] Demgegenüber wird der Schutz berufsständischer Interessen zu Recht ganz überwiegend abgelehnt, weil es nicht Aufgabe der Schweigepflicht sein kann, den Berufsstand „um seiner selbst willen zu schützen“; vgl. statt vieler NK-StGB/*Kargl* § 203 Rn. 2 m. w. N.

[184] Vgl. in Ansätzen *Fischer* § 203 Rn. 3; Laufs/Kern/Rehborn/*Ulsenheimer* § 139 Rn. 17;

(c) Ergebnis

Eine Stellungnahme zu der Frage, welcher Auffassung der Vorzug zu geben ist,[185] wäre freilich nur erforderlich, wenn die Ansichten unterschiedliche Auswirkungen auf die Bewertung der hier interessierenden Rechtsfrage mit sich brächten. Wie bereits dargelegt, würde die Hinzuziehung weiterer (Kollektiv-) Interessen auf Seiten des Geheimnisschutzes zu einer Verschiebung der Verhältnisse im Rahmen der bei § 34 StGB anzustellenden abstrakten Interessenabwägung führen. Dies hätte eine schon vor Eintritt in die konkrete Einzelfallabwägung festgezurrte Tendenz zugunsten des Geheimnisschutzes zur Folge, da das beeinträchtigte Interesse sodann mit einem jedenfalls quantitativ höheren Gewicht aufwarten kann. Um die nun durchzuführende Abwägung von der – stets die Gefahr des „Ins-Generelle-Abdriftens"[186] in sich tragenden – Sozialwertebene fernzuhalten, werden im Folgenden einzig die unstreitigen[187] Elemente des Individualschutzes zur Grundlage der Überlegungen gemacht. Denn wie noch zu zeigen sein wird, würde die um Kollektivinteressen ergänzte Ansicht der herrschenden Meinung lediglich dazu führen, dass das Abwägungsergebnis noch deutlicher ausfiele (dazu erneut S. 86).

(4) Interessenabwägung

Angesichts der Tatsache, dass die bei § 34 StGB vorzunehmende Abwägung in erheblichem Maße durch die Umstände des Einzelfalles beeinflusst wird, können im Folgenden nur regelmäßig auftretende Erwägungen berücksichtigt werden, mit deren Hilfe ein „Rahmen" für die Abwägung abgesteckt werden soll. Das bedeutet zugleich, dass hier auch bloß solche Interessen in den Blick genommen werden können, die nicht nur im Einzelfall, sondern *immer* eine Rolle spielen. Dementsprechend müssen diejenigen Interessen der Eltern und des Kindes unberücksichtigt bleiben, die in besonders gelagerten Einzelfällen gegebenenfalls neben die persönlichkeitsbezogenen Interessen treten könnten (S. 79). Insofern beschränkt sich die nachfolgende Betrachtung auch nur auf diese stets beeinträchtigten Persönlichkeitsbelange. Zur Klarstellung sei an dieser Stelle darauf hingewiesen, dass die nachfolgend angestellten Erwägungen eins zu eins auf die

---

für das anwaltliche Berufsgeheimnis etwa *Henssler* NJW 1994, 1817 (1820). Anders *Schmuck/ Schmidt* NJOZ 2015, 1593 (1594), die eine Beschränkung auf die ärztliche Schweigepflicht vornehmen.

[185] Dazu eingehend *Jäschke* ZStW 131 (2019), 36 (44 ff.).

[186] In diesem Sinne *Schünemann* ZStW 90 (1978), 11 (61); zust. *Jäschke* ZStW 131 (2019), 36 (61).

[187] Denn diese werden sowohl vom Gesetzgeber, dem *BVerfG* als auch der „Individualschutzlehre" sowie der h. M. geteilt; vgl. *Jäschke* ZStW 131 (2019), 36 (39 ff.).

Interessenabwägung übertragen werden können, die – sollten die Zivilgerichte an einer „zivilrechtlichen“ Abwägung unter dem Stichwort „Zumutbarkeit der Auskunftserteilung“ festhalten wollen (S. 76) – auch im Rahmen des Auskunftsanspruchs der Eltern oder des Kindes nach § 242 i. V. m. § 1618a BGB vorzunehmen wäre.[188]

(a) Abstraktes Rangverhältnis

Zunächst ist zu berücksichtigen, welcher abstrakte Rang den widerstreitenden Interessen von der Rechtsordnung zuerkannt wird. Dabei sind insbesondere auch verfassungsrechtliche Aspekte in den Blick zu nehmen.[189] Zwar handelt es sich bei der Interessenabwägung um keinen bloßen „Akt der Buchhaltung“[190], bei der die Interessen ihrem abstrakten Gewicht nach gegeneinander verrechnet werden könnten, ohne in eine umfassende Gesamtabwägung einzutreten.[191] Allerdings zeichnet das abstrakte Wertverhältnis oftmals die weitere Abwägung vor und dient daher stets als Ausgangspunkt der Überlegungen. Im Vorstehenden habe ich herausgearbeitet, dass sowohl die Auskunftsinteressen des Kindes und der Eltern auf der einen Seite als auch das Geheimhaltungsinteresse des Geheimnisgeschützten auf der anderen Seite im allgemeinen Persönlichkeitsrecht der Art. 2 Abs. 1 i. V. m. Art. 1 Abs. 1 GG wurzeln. Daneben können im Einzelfall diverse andere Interessen eine Rolle spielen, wie beispielsweise der Schutz und der Erhalt der Familie (Art. 6 Abs. 1 GG), wenn die etwaige Familie des Geheimnisgeschützten durch die Offenbarung beeinträchtigt wird (dazu schon S. 79) oder aber die Kenntniserlangung für die unwissende Familie von solcher Bedeutung ist, dass mit ihr die familiäre Integrität steht und fällt.[192] Lässt man diese nur bei entsprechender Veranlassung einzubeziehenden Aspekte nun aber außer Acht, verbleibt auf beiden Seiten der Abwägung jeweils das allgemeine Persönlichkeitsrecht. Obgleich dieses auf der einen Seite ein Kenntnisrecht und auf der anderen Seite die informationelle Selbstbestimmung schützt, ließe sich aus diesem Unterschied kein bedeutendes Wertgefälle konstruieren, da der abwehrrechtlichen Komponente des allgemeinen Persönlichkeitsrechts kein Vorrang bzw. kein inhaltlicher Mehrwert gegenüber seinem „Forderungsteil“ zukommt.

---

188 Vgl. dazu nur *BGH* NZFam 2015, 254 (258 ff.).

189 MüKo-StGB/*Erb* § 34 Rn. 111; NK-StGB/*Neumann* § 34 Rn. 71 f.

190 So NK-StGB/*Neumann* § 34 Rn. 65.

191 Vgl. etwa Lackner/Kühl/*Kühl* § 34 Rn. 6; Schönke/Schröder/*Perron* § 34 Rn. 22.

192 Zu der kaum überzeugenden Gegenauffassung, nach der auf der Eingriffsseite (also hier auf Seiten des Geheimnisgeschützten) nur diejenigen Rechtsgüter einzubeziehen sind, die durch den jeweiligen Straftatbestand geschützt sind, und zu der Kritik an dieser Ansicht MüKo-StGB/*Erb* § 34 Rn. 110 m. w. N.

Denn das allgemeine Persönlichkeitsrecht ist nicht nur legitimierender Rechtsgrund, sondern auch Begrenzung der aus ihm entwickelten Einzelausprägungen. Zwar wird das *BVerfG* nicht müde, die „Entwicklungsoffenheit" des allgemeinen Persönlichkeitsrechts stetig zu betonen;[193] daraus folgt aber keinesfalls die Möglichkeit, dass sich eine Einzelausprägung „verselbständigt" und über das allgemeine Persönlichkeitsrecht hinauswächst. Vielmehr müssen sich die unterschiedlichen Ausformungen in den von Art. 2 Abs. 1 i.V.m. Art. 1 Abs. 1 GG gesteckten Grenzen bewegen und werden damit auf einen einheitlichen Schutzgehalt limitiert. An diesem Ergebnis vermag schließlich auch der Umstand, dass hier zum einen die negative, abwehrrechtliche und zum anderen eine positive, auf Auskunft gerichtete Dimension des allgemeinen Persönlichkeitsrechts in Rede stehen, nicht zu rütteln. So gewinnt das Recht auf Kenntnis der genetischen Verwandtschaftsverhältnisse erst auf zivilrechtlicher Ebene informationsverschaffenden Charakter, während sich sein verfassungsrechtlicher Gehalt grundsätzlich in dem Schutz vor der Vorenthaltung erlangbarer Informationen erschöpft.[194] Daher sind beide Rechte originär als Abwehrrechte zu qualifizieren und weisen damit ein identisches abstraktes Gewicht auf.

Eine entsprechende Hierarchie könnte sich erst auf quantitativer Ebene herausbilden, wenn Mitglieder der einen Familie auf ihr Kenntnisrecht verzichten oder Mitglieder der anderen den Arzt von seiner Schweigepflicht entbinden. Bestehen aber Vater, Mutter und Kind der unwissenden Familie auf ihr Kenntnisrecht und verweigern zudem Vater, Mutter und Kind auf der anderen Seite dem Arzt die Zustimmung zur Offenbarung, entsteht auch bei quantitativer Betrachtung ein „Patt", das eine Gleichrangigkeit der widerstreitenden Interessen zur Folge hat.[195] Erneut möchte ich betonen, dass man zu diesem Ergebnis nur kommt, wenn man die ärztliche Schweigepflicht entgegen der herrschenden Meinung um ihren vermeintlich gemeinschaftsschützenden Gehalt erleichtert. Andernfalls käme man nicht umhin, dem Verschwiegenheitsinteresse aufgrund seines dann mit Gemeinschaftsbelangen „aufgeladenen" abstrakten Gewichts jedenfalls in qualitativer Hinsicht den Vorzug vor dem bloß individualbezogenen Kenntnisrecht zu gewähren (s. o. S. 80 f.).

(b) Abwägung in concreto

Da also der abstrakte Wertvergleich der betroffenen Interessen oftmals zu einem ausgeglichenen Ergebnis führen dürfte, wird die Gewichtung der Abwägungspo-

---

193 Vgl. nur BVerfGE 54, 148 (153 f.); 72, 155 (170); 79, 256 (268).

194 BVerfGE 79, 256 (269); 90, 263 (271); 96, 56 (63).

195 Wie bereits erwähnt, mag eine andere Bewertung geboten sein, wenn im Einzelfall weitere schutzwürdige Aspekte neben die persönlichkeitsbezogenen Interessen treten.

sitionen maßgeblich durch das Maß der zu erwartenden Beeinträchtigungen und den Grad der drohenden Gefahren bestimmt.[196] Das Maß der Beeinträchtigung wird in erster Linie durch die Intensität sowie den Umfang der Rechtsgutsverletzung ermittelt. Verstößt der Arzt gegen die ärztliche Schweigepflicht und offenbart personenbezogene Daten, wird das Interesse des Patienten an Verschwiegenheit und damit sein Recht auf informationelle Selbstbestimmung immer in Gänze beeinträchtigt. Es kann keine Rede davon sein, dass nur „ein bisschen“ oder „teilweise“ gegen die ärztliche Schweigepflicht verstoßen wurde. Gibt der Arzt Informationen preis, die unter die Verschwiegenheitsverpflichtung fallen, bedeutet dies immer einen vollwertigen, wenn man so will „hundertprozentigen“ Verstoß gegen das dahinterstehende allgemeine Persönlichkeitsrecht. Einzig die aus dem Verstoß gegen die Verschwiegenheitsverpflichtung erwachsenden Konsequenzen könnten unterschiedlich stark ausfallen. Aber auch diese sind im Falle des hier zu befürchtenden Offenlegungsumfangs überaus weitreichend. Zwar mag der Arzt einzelne Informationen zurückhalten können, um dem Kenntnisrecht der Gegenseite zu genügen, jedoch lässt sich bereits aus der bloßen Identität des Patienten eine Vielzahl brisanter Zusammenhänge knüpfen: So kann der Identität einerseits entnommen werden, dass die Person bei dem Arzt in Behandlung war. Andererseits lässt sich die Information gewinnen, dass das Paar ebenfalls von einem Vertauschungsvorfall betroffen ist und daher das Kind nicht oder nicht vollständig der genetische Abkömmling der Eltern ist. Überdies ermöglicht die Art des Fehlers sogar Rückschlüsse darauf, ob der Mann oder die Frau Ursache der Zeugungsprobleme ist. Schließlich kann von der Identität eines Elternteils oder des Kindes immer auch auf die jeweils anderen Familienangehörigen und deren Beteiligung an dem Behandlungsgeschehen geschlossen werden. Daher verbleiben nur wenige Informationen, die der Arzt durch seine Offenlegung nicht preisgeben würde.

Auf der anderen Seite wird das hinter dem Auskunftsinteresse stehende Recht auf Kenntnis der genetischen Verwandtschaftsbeziehungen ebenfalls in vollem Umfang beeinträchtigt. Da der Arzt aufgrund seines Informationsmonopols in aller Regel die einzige Person sein wird, die die erforderlichen Informationen vermitteln kann, würde eine Weigerung die vollständige Beeinträchtigung des Kenntnisrechts bedeuten. Dementsprechend läge auf beiden Seiten eine vollumfängliche und überaus intensive Beeinträchtigung der Abwägungspositionen vor. Etwas anderes könnte sich lediglich aus den in der Rechtsprechung[197] und der

---

[196] Vgl. etwa MüKo-StGB/*Erb* § 34 Rn. 114; *Roxin* AT I § 16 Rn. 32 u. 43 ff.

[197] So z. B. *BGH* NZFam 2015, 254 (257 f.); 2017, 25 (26); 2017, 121 (124); NJW 2017, 1672 (1675).

gesetzgeberischen Tätigkeit[198] erkennbaren Tendenzen ergeben, bei kindbezogenen Entscheidungen oftmals die Frage des Kindeswohls in den Mittelpunkt zu rücken. Ist diesem Umstand auch im Rahmen der Abwägung der verschiedenen Persönlichkeitsrechte Rechnung zu tragen, könnte sich aus der Beteiligung eines (minderjährigen) Kindes ein höheres Beeinträchtigungsmaß ergeben. Dies wäre meines Erachtens nur dann anzunehmen, wenn der Minderjährige in Bezug auf das Kenntnisrecht entweder besonders schutzwürdig wäre, da ihm aufgrund seines Alters eine rechtlich nachteilige Stellung zukommt, oder das Persönlichkeitsrecht des Minderjährigen schwerer wiegen würde, da er sich noch am Anfang seiner Persönlichkeitsentwicklung befindet und daher in besonderem Maße auf die Kenntnis angewiesen ist.

Sicherlich kann nicht bestritten werden, dass ein Minderjähriger – nicht zuletzt aufgrund normativer Beschränkungen – grundsätzlich in höherem Maße auf die Unterstützung und den Schutz anderer angewiesen ist als ein Erwachsener in der gleichen Situation. Allerdings kann eine besondere Schutzwürdigkeit dann nicht angenommen werden, wenn der Minderjährige von der Rechtsordnung durch geeignete Mechanismen auf die gleiche Stufe gestellt wird wie ein unbeschränkt rechtsfähiger Erwachsener. Im Falle des Kenntnisrechts geschieht dies, indem dem Kind zum einen der aus dem allgemeinen Persönlichkeitsrecht folgende Anspruch unabhängig von dessen Alter oder Entwicklungsstand zuerkannt wird.[199] Zum anderen – und das ist der eigentlich entscheidende Punkt – können die Eltern den Anspruch für das Kind „treuhänderisch" geltend machen.[200] Dementsprechend können die Eltern die Rechtsposition des Kindes sichern, bis es selbst in der Lage ist, seine Interessen zu wahren. Dem kann nicht entgegengehalten werden, dass das Kind in einem solchen Fall immer noch der Willkür der eigenen Eltern ausgeliefert sei, die frei entscheiden könnten, ob und wann sie dem Kind die Kenntnis verschaffen. Denn einerseits würde an diesem Umstand auch eine stärkere Position in der Abwägung mit dem Verschwiegenheitsinteresse nichts ändern und andererseits ist diese Befürchtung ohnehin unbegründet. So haben sich Zeitpunkt und Umfang der Informationsübermittlung an das Kind an der durch Art. 6 Abs. 2 S. 1 GG gewährleisteten und vom Staat überwachten (S. 2) elterlichen Erziehungsverantwortung zu orientieren,[201] deren leitende Maxime wiederum das Kindeswohl ist, wie den §§ 1626 ff. BGB unschwer zu entnehmen ist. Demzufolge wäre es geradezu absurd, dieser doch selbst dem Kin-

---

[198] Vgl. u. a. §§ 1626 Abs. 2, 3, 1627 S. 1, 1631, 1631b S. 1, 1671 Abs. 2, 1672 Abs. 1, 1757 Abs. 4 BGB.

[199] *BGH* NZFam 2015, 254 (256 ff.).

[200] *BGH* NZFam 2015, 254 (257).

[201] *BGH* NZFam 2015, 254 (256).

deswohl dienenden Beschränkung entgegenzuhalten, dass sie dem Kindeswohl zuwiderlaufe.

Aber auch einer Argumentation, die auf einer höheren Bedeutung der Kenntnis persönlichkeitsbezogener Informationen im Kindesalter beruht, kann nicht zugestimmt werden. Gewiss ließe sich die Aussage des *BGH*, dem Recht des Kindes auf Kenntnis der eigenen Abstammung wird „regelmäßig ein höheres Gewicht zukommen“[202] als dem entgegenstehenden Recht auf informationelle Selbstbestimmung, so deuten, dass damit eine universell gültige Grundsatzentscheidung für sämtliche Abwägungen im Bereich der kindbezogenen Persönlichkeitsrechte statuiert werden soll. Allerdings könnte ein solches Verständnis nicht überzeugen. Denn in der gleichen Entscheidung spricht der *BGH* – und zwar völlig zutreffend – davon, dass der Auskunftsanspruch wegen seines Bezugs zum allgemeinen Persönlichkeitsrecht keinerlei altersbedingten Restriktionen unterliege.[203] Daraus kann nur geschlossen werden, dass auch der *BGH* von dem in der Persönlichkeitsforschung anerkannten Grundsatz ausgeht, dass die Persönlichkeitsentwicklung nicht in einem bestimmten Alter an Bedeutung verliert bzw. auch in fortgeschrittenem Alter kein geringeres Bedürfnis besteht, einen Prozess der Identitätsfindung zu gewährleisten.[204] Wenn also das Alter kein Aspekt ist, der sich auf die Bedeutung von Persönlichkeitsrechten auswirkt, kann die Minderjährigkeit einer Person und damit das Kindeswohl nicht als Argument dafür fruchtbar gemacht werden, dass die drohenden Beeinträchtigungen den Minderjährigen besonders intensiv oder empfindlich treffen. Deshalb läge es näher, die Aussage des *BGH* einzig auf die Situation der Samenspende zu begrenzen, in der der Samenspender als potentiell Geheimnisgeschützter einen bewussten und maßgeblichen Beitrag zur Zeugung menschlichen Lebens geleistet hat, für das er rechtliche keine Verantwortung tragen möchte.[205] Dies ist aber bei der hier interessierenden Vertauschungskonstellation gerade nicht der Fall; der (berechtigte) Aspekt des Eigenverschuldens kann somit nicht zur Begründung einer verminderten Schutzbedürftigkeit herangezogen werden. Folglich bleibt es bei der eingangs gefundenen Bewertung, nach der das Maß der Beeinträchtigungen ausgeglichen ist.

Schließlich ergibt sich auch aus dem Abwägungskriterium „Grad der drohenden Gefahren“ keine Bewertung, die zu einem Überwiegen eines der beiden Interessen führen würde. So führt die Vornahme bzw. das Unterlassen der Notstandshandlung immer auch zu einer Beeinträchtigung des geschützten Interesses: Gibt der Arzt personenbezogene Daten preis, stellt dies zugleich eine Verlet-

---

[202] *BGH* NZFam 2015, 254 (259).
[203] *BGH* NZFam 2015, 254 (256).
[204] Dazu bereits S. 66, dort insb. Fn. 98 f.
[205] Vgl. *BGH* NZFam 2015, 254 (259 f.) m. w. N.

zung der ärztlichen Schweigepflicht und damit des Rechts auf Kenntnis der eigenen Abstammung dar. Und auch die Weigerung, die Informationen offenzulegen, bedeutet gleichzeitig die Vereitelung des Kenntnisrechts.

(c) Erfordernis des wesentlichen Überwiegens

(aa) Grundsätzliche Überlegungen

Um solche „Patt-Situationen" wie im vorliegenden Fall auflösen zu können, setzt § 34 StGB weiterhin voraus, dass das geschützte Interesse das beeinträchtigte wesentlich überwiegt. Das Erfordernis dieser Einschränkung ergibt sich daraus, dass der rechtfertigende Notstand auf dem Prinzip der zwischenmenschlichen Solidarität fußt.[206] Da unsere Rechtsordnung aber kaum von einem auf „gesamtgesellschaftliche Vorteile oder Belange Dritter" ausgerichteten „Nützlichkeitsdenken" geprägt ist,[207] muss die Auferlegung einer solchen Opferpflicht auf diejenigen Ausnahmefälle begrenzt bleiben, in denen das geschützte Interesse wesentlich schwerer wiegt als das beeinträchtigte.[208] Angesichts dieser Erwägung und des eindeutigen Wortlauts des § 34 StGB ist die ein bloß eindeutiges Überwiegen der geschützten Interessen fordernde Gegenauffassung[209] kategorisch abzulehnen. Wie aufgezeigt, gelangt man mithilfe der Abwägung aber in aller Regel zu keinem deutlichen, ja oftmals nicht einmal zu einem „einfachen" Übergewicht der geschützten Interessenposition. Nur in atypischen Konstellationen ist eine Entwicklung des Geschehens denkbar, bei der einzig das geschützte Interesse um weitere, über die Persönlichkeitsrechte hinausgehende Aspekte angereichert würde. Dementsprechend setzt sich – sofern nicht ausnahmsweise ein solcher Einzelfall vorliegt – zumeist das beeinträchtigte Interesse durch, sodass § 34 StGB die Verletzung der ärztlichen Schweigepflicht regelmäßig nicht zu rechtfertigen vermag.

(bb) Auswirkungen auf den Auskunftsanspruch

Wie bereits dargelegt, präjudiziert das hier gefundene Ergebnis zugleich das Schicksal des aus § 242 i. V. m. § 1618a BGB abgeleiteten Auskunftsanspruchs auf Kenntnis der genetischen Verwandtschaftsbeziehungen. Daneben sei erneut

---

[206] BeckOK-StGB/*Momsen/Savić* § 34 Rn. 2; NK-StGB/*Neumann* § 34 Rn. 7 ff. u. 67; *Frister* AT Kap. 17 Rn. 9; eingehend dazu *Kühnbach* S. 52 ff. u. 82 ff. Hier bereits S. 74.

[207] Beide Formulierungen bei MüKo-StGB/*Erb* § 34 Rn. 7; ähnlich etwa NK-StGB/*Neumann* § 34 Rn. 9.

[208] BeckOK-StGB/*Momsen/Savić* § 34 Rn. 2; Lackner/Kühl/*Kühl* § 34 Rn. 1 mit diversen weiteren Nachweisen; LK/*Zieschang* § 34 Rn. 76; MüKo-StGB/*Erb* § 34 Rn. 7; SSW/*Rosenau* § 34 Rn. 31.

[209] So Schönke/Schröder/*Perron* § 34 Rn. 45 m. w. N.; *Roxin* AT I § 16 Rn. 90.

darauf hingewiesen, dass es der (Zivil-)Rechtsprechung selbstverständlich offensteht, darüber zu entscheiden, ob sie die Interessenabwägung – wie hier geschehen – unter dem Titel „§ 34 StGB“ durchführt oder aber gewissermaßen eine „Schranken-Leihe“ vornimmt, indem das Erfordernis eines wesentlichen Überwiegens auf das für das Merkmal der Zumutbarkeit erforderliche Abwägungsniveau übertragen wird. Beide Verfahrensweisen führen zu gleichen Ergebnissen: Überwiegt das Auskunftsinteresse die widerstreitenden Interessen wesentlich, ist die entscheidende Voraussetzung für den Auskunftsanspruch erfüllt. Kann ein solch qualifiziertes Übergewicht hingegen nicht festgestellt werden, scheitert einerseits der Anspruch und andererseits die (strafrechtliche) Rechtfertigung nach § 34 StGB.

Auf Grundlage der hier vertretenen Auffassung dürfte man auch, wenn die Identität eines Samenspenders geklärt werden soll, zu weniger eindeutigen Ergebnissen gelangen. Kann man nämlich nicht – wie der *BGH* dies fälschlicherweise tut – einfach die ärztliche Schweigepflicht ausklammern,[210] wird die Abwägung nicht mehr so deutlich zugunsten des Auskunftsinteresses ausfallen, wie die Ausführungen des XII. Zivilsenats dies vielleicht implizieren mögen.[211] Denn wenn der *BGH* die Hypothese aufstellt, dass dem Recht auf Kenntnis der eigenen Abstammung gegenüber dem Recht auf informationelle Selbstbestimmung „regelmäßig ein höheres Gewicht zukommen wird“[212], handelt es sich dabei um eine bloße Behauptung, die er zu keinem Zeitpunkt zu beweisen vermag. Eher wird man auch in solchen Samenspendekonstellationen trotz des dort hinzutretenden „Selbstverschuldungs-Prinzips“ davon ausgehen müssen, dass die von § 34 StGB vorgegebene hohe Schwelle des wesentlichen Überwiegens nur in Einzelfällen, jedenfalls aber nicht „regelmäßig“ überschritten wird.

Im Übrigen: Folgt man der Ansicht des *BGH*, widerspricht man damit letztlich der überwiegenden Ansicht in Rechtsprechung und Literatur[213], welche im Rahmen von § 203 StGB neben § 34 StGB keinen speziellen Rechtfertigungsgrund der „Wahrnehmung berechtigter Interessen“ akzeptiert. Während ein solcher Rechtfertigungsgrund zum Teil als allgemeiner Rechtsgedanke bezeichnet oder

---

[210] Wobei auch in dieser Hinsicht die Ausführungen des *BGH* etwas unverständlich sind, da er die ärztliche Schweigepflicht nur auf den Arzt bezieht, nicht aber auf den eigentlich betroffenen Geheimnisgeschützten, trotzdem aber auf das Recht auf informationelle Selbstbestimmung eingeht, dass durch die ärztliche Schweigepflicht und § 203 StGB geschützt wird. Das verwundert umso mehr, als die ganz h. M. davon ausgeht, dass § 203 StGB keine berufsständischen Interessen schützt; vgl. schon Kap. D, Fn. 183.

[211] *BGH* NZFam 2015, 254 (258 ff.).

[212] *BGH* NZFam 2015, 254 (259).

[213] RGSt 50, 55; *OLG Düsseldorf* NStZ 2006, 243 (244); Lackner/Kühl/*Kühl* § 193 Rn. 4; LK/*Rönnau* Vor § 32 Rn. 304; MüKo-StGB/*Joecks* § 193 Rn. 8; NK-StGB/*Zaczyk* § 193 Rn. 12 m. w. N.

mit einer Analogie zu § 193 StGB herzuleiten versucht wird,[214] geht die ganz herrschende Meinung zu Recht davon aus, dass eine solche Erweiterung nicht mit dem spezialgesetzlichen Charakter des § 193 StGB zu vereinbaren ist, zu einer Beliebigkeit der Abwägung führt und § 34 StGB mit seiner strengen Verhältnismäßigkeitsprüfung letztendlich überflüssig werden würde.[215] Dementsprechend entfaltet die Wahrnehmung berechtigter Interessen bei § 203 StGB keine rechtfertigende Wirkung. Folgt man nun aber dem *BGH* in seiner Ansicht, über Treu und Glauben ließe sich ein Auskunftsanspruch konstruieren, der nicht unter dem einschränkenden Einfluss des wesentlichen Überwiegens stehe, sondern bloß Resultat einer einfachen Abwägung sei, führt dies im Ergebnis doch wieder zur Anerkenntnis eines Rechtfertigungsgrundes, der die gesetzgeberische Entscheidung in § 34 StGB unterläuft. Denn wie bereits dargelegt, handelt es sich bei der Begrenzung auf wesentlich überwiegende Interessen um die im Hinblick auf unsere grundsätzlich individualistisch orientierte Staats- und Gesellschaftsauffassung notwendige Einschränkung des „konsequentialistisch" geprägten Solidaritätsgedankens.[216]

Liegen die den Anspruch aus § 242 i. V. m. § 1618a BGB begründenden Voraussetzungen vor, so lassen sich mit Blick auf den Umfang dieses Anspruchs folgende Einsichten formulieren: Der Anspruch ist auf Auskunft über die Identität der genetischen Verwandten gerichtet. Damit geht es zunächst um den Namen dieser Verwandten sowie um weitere konkretisierende Angaben, die eine zweifelsfreie Identifizierung ermöglichen, da z. B. häufig vorkommende Namen eine Kenntniserlangung deutlich erschweren. Insoweit wird in der Rechtsprechung darauf hingewiesen, dass es für eine abschließende Auskunft erforderlich und geboten sei, eine zusammenfassende Erklärung abzugeben, die alle die genetischen Verwandten betreffenden Daten wie „das Geburtsdatum, die zuletzt bekannte Wohnanschrift, den zuletzt bekannten Arbeitgeber und die zuletzt bekannten Telefonnummern gebündelt enthält."[217] Der Auskunftsschuldner kann sich allerdings auf Unmöglichkeit (§ 275 Abs. 1 BGB) berufen, wenn die Informationen nicht mit ihm zumutbaren Anstrengungen in Erfahrung zu bringen sind.[218]

---

[214] So etwa *Eser,* Wahrnehmung berechtigter Interessen als allgemeiner Rechtfertigungsgrund, S. 23 ff.; vgl. auch *Hirthammer-Schmidt-Bleibtreu/Wiese* MedR 2017, 199 (200).

[215] Vgl. *Schmitz* JA 1996, 949 (953 f.).

[216] Vgl. dazu NK-StGB/*Neumann* § 34 Rn. 9. S. bereits Rn. 131.

[217] So jüngst *OLG Hamm* FamRZ 2018, 1162 (1164) unter Hinweis darauf, dass dies selbst die Telefonnummer des letzten Arbeitgebers umfasse.

[218] *BGH* NJW 2014, 2571 (2573) mit zust. Anm. *Löhnig*; MüKo-BGB/*v. Sachsen Gessaphe* § 1618a Rn. 16.

c) Ergebnis zu § 203 StGB

Machen die von einer Vertauschung betroffenen Eltern oder ein Kind gegenüber dem Arzt ihr Recht auf Kenntnis der genetischen Verwandtschaftsbeziehungen geltend und fordern von diesem, die Identität der Komplementär-Familie preiszugeben, wird vielfach nur die Einwilligung als Rechtfertigungsgrund für die Verletzung der ärztlichen Schweigepflicht in Betracht kommen. Denn das Erfordernis eines wesentlichen Überwiegens des Auskunftsinteresses gegenüber dem Geheimhaltungsinteresse wird regelmäßig einer Rechtfertigung nach § 34 StGB im Wege stehen. Nur in Fällen, in denen der Auskunftsbegehrende noch weitere, über das Auskunftsrecht hinausgehende Interessen geltend machen kann, ist ein solches wesentliches Überwiegen und damit auch ein rechtfertigender Notstand denkbar. In allen sonstigen Situationen setzt sich das Geheimhaltungsinteresse oftmals durch,[219] sodass die Einwilligung, die ebenfalls Ausdruck des informationellen Selbstbestimmungsrechts ist, in den Vordergrund rückt. Dabei ist insbesondere zu berücksichtigen, dass in aller Regel eine Zustimmung sämtlicher Geheimnisgeschützter erforderlich ist, da aufgrund der Besonderheiten der Konstellation stets die familiäre Verbindung Rückschlüsse auf die jeweils anderen zulässt. Willigt also etwa der Mann in die Informationsübermittlung ein, während seine Frau ihre Zustimmung verweigert, würde eine Weitergabe der Identität des Mannes immer auch die gegenüber der Frau bestehende ärztliche Schweigepflicht – wenn auch nur mittelbar – verletzen. Auf Grundlage der lex lata sieht sich der Arzt daher erheblichen Strafbarkeitsrisiken ausgesetzt, denen er nur mithilfe einer äußerst zurückhaltenden und bedachten Informationspolitik begegnen kann.

4. Recht auf Nichtwissen

Aber auch, wenn ein Erlaubnissatz die Offenlegung durch den Arzt rechtfertigen mag, könnte der Arzt aus anderen Gründen als der ärztlichen Schweigepflicht daran gehindert sein, Informationen in Bezug auf das Vertauschen an ahnungslose Betroffene zu übermitteln. Es stellt sich nämlich die Frage, ob der Arzt überhaupt an Patienten herantreten kann, um sich bei diesen ihre Zustimmung zu der Identitätsweitergabe einzuholen. Denn die Information, dass es zu einem Vertauschungsvorfall gekommen ist, kann für den Patienten psychisch überaus belastend sein, ja sogar lebensverändernde Konsequenzen nach sich ziehen.[220] Daher könnte das sog. *Recht auf Nichtwissen* einer Offenlegung entgegenstehen,

---

219 Wohl i. Erg. ähnlich – wenn auch in anderem Zusammenhang – *Veit/Hinz* FamRZ 2010, 505 (507).

220 Vgl. etwa *Rieder* S. 96; *Wollenschläger* AöR 138 (2013), 161 (164 u. 195 ff.).

wenn die Information dem Betroffenen ohne sein Einverständnis übermittelt wird. Dabei sind grundsätzlich zwei denkbare Konstellationen zu unterscheiden: Zum einen könnte der Arzt die Information preisgeben, obwohl der Patient zuvor zu verstehen gegeben hat, dass er über diese nicht in Kenntnis gesetzt werden möchte. Zum anderen wäre eine Situation vorstellbar, in der der Arzt den Patienten einfach über das Vertauschen in Kenntnis setzt, ohne zuvor – etwa durch vorsichtig herantastendes Nachfragen – zu eruieren, ob er diese Informationsübermittlung überhaupt wünscht. Des Weiteren bleibt zu berücksichtigen, dass auch die Qualität der Information von entscheidender Bedeutung sein kann: Unterbreitet der Arzt gesicherte Fakten oder deuten die Äußerungen lediglich auf die Möglichkeit eines Vertauschungsvorfalls hin?

a) *Grundlagen zum Recht auf Nichtwissen*

Nachdem das Recht auf Nichtwissen in den letzten Jahrzehnten immer stärker in den Fokus rechtswissenschaftlicher Untersuchungen gerückt ist,[221] kann es mittlerweile durchaus als juristisches Allgemeingut bezeichnet werden.[222] Während zu Beginn der Überlegungen noch die Frage im Mittelpunkt stand, ob das Recht auf Nichtwissen überhaupt besteht,[223] wird heute im Grunde nur noch über seine inhaltliche Reichweite gestritten.[224] Da sich auch im internationalen Diskurs die Erkenntnis durchgesetzt hat, dass – zumindest in bestimmten Bereichen – die Existenz des Rechts auf Nichtwissen nicht in Abrede gestellt werden kann,[225] handelt es sich bei der Diskussion auch keineswegs um eine rein deutsche Angelegenheit.

Bevor ich nun aber zu den (dogmatischen) Grundlagen dieses Rechts übergehe, sei in aller Kürze für terminologische Klarheit gesorgt. Zum Teil wird das Recht auf Nichtwissen in ein „Recht auf informationelle Abgeschiedenheit"

---

[221] Grundlegend war insoweit der Beitrag von *Wiese* FS Niederländer, S. 475, der zu den wichtigen, ja fast schon wegweisenden Ausführungen von *Taupitz* FS Wiese, S. 583 führte.

[222] So *Taupitz* FS Wiese, S. 583. Vgl. auch die Ausführungen in BT-Drucks. 16/10532 S. 27 f. zu § 9 Abs. 2 Nr. 5 GenDG u. zur Entwicklung der Diskussion eingehend *Fündling* S. 98 ff.

[223] Vgl. nur die mit einem Fragezeichen versehene Überschrift zum Beitrag von *Wiese* FS Niederländer, S. 475.

[224] Etwa *Duttge* DuD 2010, 34; *ders.* MedR 2016, 664; *Neuner* ZfpW 2015, 257; *Taupitz* FS Wiese, S. 583.

[225] Vgl. z. B. Art. 10 Abs. 2, 3 der Konvention von Oviedo; Art. 26 des Zusatzprotokolls „Biomedizinische Forschung"; Art. 10 der UNESCO-„Erklärung zum Schutz gen. Daten"; Nr. 7.4. der Weltärztebund-Deklaration von Lissabon zu den Rechten des Patienten. Zusammenfassend dazu *Fündling* S. 107 ff. u. *Rieder* S. 96 ff. Im Englischen ist vom „right to ignorance" die Rede.

(oder auch „Uninformiertheit“[226]) und ein daraus hervorgehendes „Recht auf geistige Untätigkeit“ unterteilt.[227] Während das Recht auf geistige Untätigkeit gewährleisten soll, „bestimmte Schlußfolgerungen nicht ziehen, also nicht ‚denken‘ zu müssen“, betrifft das Recht auf Uninformiertheit die Frage, ob der Einzelne „bestimmte Sinneseindrücke nicht empfangen und damit bestimmte Dinge nicht zur Kenntnis nehmen muss“.[228] Diese Unterteilung nimmt *Taupitz* allerdings nur vor, um dem Recht auf Nichtwissen schärfere Konturen zu verleihen. Würde man diesem nämlich ein sehr weites, nicht bloß abwehrrechtliches, sondern auch auf geistige Untätigkeit erstrecktes Verständnis zugrunde legen, wird das Recht auf Nichtwissen konturlos und taugt als (Grund-)Recht kaum mehr.[229] Daher muss das Recht auf Nichtwissen auf seinen abwehrrechtlichen Charakter begrenzt werden. Dann kann das Recht auf geistige Untätigkeit aber letztlich doch nicht als Bestandteil des Rechts auf Nichtwissen verstanden werden, da das Ziehen von Schlussfolgerungen als subjektiv-individueller Denkprozess „zwar von außen ‚angeregt‘, aber nicht im eigentlichen Sinne von außen ‚aufgezwungen‘ werden kann.“[230] Wird in den folgenden Ausführungen also die Wendung „Recht auf Nichtwissen“ verwendet, ist damit immer das Recht auf Uninformiertheit gemeint. Diese Bezeichnung wird teilweise gar als die „speziellere“, „angemessenere“ Formulierung gegenüber dem Begriff des „Nichtwissens“ bezeichnet.[231]

Versucht man sich diesem abwehrrechtlichen Gehalt des Rechts auf Nichtwissen weiter anzunähern, ist zunächst zu berücksichtigen, dass das „Recht, sich von der Welt abzukapseln, eine Vita contemplativa zu führen oder auch nur der Faulheit zu frönen“[232] durch das Recht auf freie Meinungsäußerung (Art. 5 Abs. 1 S. 1 GG) sowie das Informationsinteresse anderer begrenzt wird. Daher gibt es jedenfalls kein allgemeines, absolutes Recht auf Nichtwissen, das mit festem Zuweisungsgehalt als Abwehrrecht ausgeübt werden könnte.[233] Vielmehr wurzelt das Recht auf Nichtwissen in dem subjektiv-individuellen Willen des

---

226 *Neuner* ZfpW 2015, 257 (257 u. 281).

227 *Taupitz* FS Wiese, S. 583 (585).

228 Beides bei *Taupitz* FS Wiese, S. 583 (585).

229 *Ders.* FS Wiese, S. 583 (586).

230 *Ders.* FS Wiese, S. 583 (586).

231 So *Neuner* ZfpW 2015, 257 (281), der darauf hinweist, dass die Verwendung des Wortteils „Wissen“ zu einer – seiner Ansicht nach unangemessenen – Begrenzung des Schutzbereichs auf wahre Mitteilungen führt.

232 *Wiese* FS Niederländer, S. 475 (476).

233 *Taupitz* FS Wiese, S. 583 (587); *Wiese* FS Niederländer, S. 475 (476). Vgl. auch *Duttge* DuD 2010, 34 (38), der aber von einer „hohe[n] prima-facie-Geltung“ des Rechts auf Nichtwissen spricht.

Einzelnen, der von anderen nicht ohne Grund missachtet werden darf.[234] Insoweit kann von einer Erscheinungsform des Rechts auf informationelle Selbstbestimmung gesprochen werden, das dem allgemeinen Persönlichkeitsrecht des Art. 2 Abs. 1 i. V. m. Art. 1 Abs. 1 GG zugehörig ist und daher mittelbar unter dem Schutz der Menschenwürde (Art. 1 Abs. 1 GG) steht.[235, 236]

Manche bezweifeln allerdings, „dass im Nichtwissen eine ethisch legitime und auch rechtlich schützenswerte Ausübung von Autonomie liege"[237]. Vielmehr sei die Kenntnis bestimmter Informationen „eine Vorbedingung für sittlich verantwortliches Handeln für sich und andere" und mache das Leben „menschlicher", indem sie erst die Unterscheidung der „menschliche[n] Person vom animalischen Leben" gewährleiste.[238] Jedenfalls aber müsse man dem Recht auf Nichtwissen „grundsätzlich ein geringeres Gewicht gegenüber dem Recht auf Kenntnis [einräumen; …], weil allein dieses letztlich einen dauerhaften Beitrag zur eigenen Identitätsfindung […] leisten kann."[239] Eine solche Argumentation wird aber dem vielschichtigen Bedeutungsgehalt des Rechts auf Nichtwissen nicht gerecht. Auch wenn dem Begriff „Wissen" eine überwiegend positive Konnotation anhaftet, kann die Kenntnis bestimmter Informationen dennoch belastend wirken.[240] Nimmt man nun aber eine Bewertung vor, nach der es als schutzwürdiger zu betrachten wäre, nach Wissen zu streben als es zurückzuweisen, unterstellt man damit dem Informationsverweigernden, eine unüberlegte oder gar törichte Entscheidung getroffen zu haben. Auf diese Weise würde man sich eine Einschätzung anmaßen, die dem Betroffenen vorbehalten bleiben muss und allen anderen nicht zusteht. Selbst wenn nämlich die möglicherweise psy-

---

234 *Taupitz* FS Wiese, S. 583 (591 f.).

235 Maunz/Dürig/*Di Fabio* Art. 2 Abs. 1 Rn. 192; *Graf Vitzthum* FS Dürig, S. 185 (187 f.); *Hofmann* S. 47; *Neuner* ZfpW 2015, 257 (258 f.); *Retzko* S. 149 f.; *Schröter* S. 138 f.; *Taupitz* FS Wiese, S. 583 (592); *Wellbrock* CR 1989, 204 (209); *Wiese* FS Niederländer, S. 475 (484). So auch die Bund-Länder-Arbeitsgruppe „Genomanalyse", zit. nach *Hasskarl/Ostertag* MedR 2005, 640 (643) (Bundesanzeiger 1990 Nr. 161a v. 29.08.1990).

236 Meines Erachtens ist eine weitere Differenzierung i.R.d. allgemeinen Persönlichkeitsrechts letztlich auch nicht wirklich zielführend, da es keine Auswirkungen auf den Schutzumfang des Rechts auf Nichtwissen hat, ob man auf die bestehenden Kategorien zurückgreift und gewisse terminologische Ungenauigkeiten in Kauf nimmt, oder eine weitere Erscheinungsform des allgemeinen Persönlichkeitsrechts herausbildet. Vgl. etwa die kaum einen Mehrwert bringenden Ausführungen bei *Fündling* S. 145 ff.

237 *Wollenschläger* AöR 138 (2013), 161 (169 f.).

238 Alle Zitate von *Sass* Stellungnahme, S. 121 f. Ähnlich *Harris,* Der Wert des Lebens, S. 287 f.

239 BVerfGE 117, 202 (230). Vgl. dazu krit. *BMBF-Projektgruppe* „Recht auf Nichtwissen" MedR 2016, 399.

240 Vgl. Maunz/Dürig/*Di Fabio* Art. 2 Abs. 1 Rn. 192; *Duttge* DuD 2010, 34; *Wiese* FS Niederländer, S. 475.

chisch belastenden Wirkungen der Information außen vor gelassen werden, kann schon die Erwägung, dass es sich bei der Kenntnisnahme von Informationen um einen zeitraubenden und paternalistischen Vorgang handelt, eine wohlüberlegte und rationale Einschätzung sein, sodass man vom „Informationsverzicht als freiheitssicherndes Prinzip“[241] sprechen könnte.[242] Hinzu kommt, dass eine einmal erteilte Information irreversibel ist,[243] das Wissen um das Vertauschen also das künftige Denken fortwährend prägt. Eine Argumentation, die dem Wissen bereits grundsätzlich eine Aura der ehernen Überlegenheit gegenüber dem Nichtwissen zuschreibt, vermag dementsprechend nicht zu überzeugen.

Besonders lebhafte Diskussionen entfachen an der Frage, ob das Recht auf Uninformiertheit daneben noch durch weitere Aspekte beschränkt wird. Lange Zeit galt der von *Taupitz* aufgestellte Grundsatz, dass die Informationsübermittlung nur dann hinter dem auf Abwehr gerichteten Willen des Einzelnen zurückstehen muss, wenn dieser seinen Willen auch nach außen getragen hat.[244] Dementsprechend ziehe das Recht auf Nichtwissen Abwehr- und auch Schadensersatzansprüche einzig in Fällen nach sich, in denen es vom Betroffenen zuvor „aktiviert“ wurde. In jüngerer Zeit erheben sich indes zunehmend Stimmen, die ein solches Erfordernis bezweifeln. So wird bisweilen angeführt, dass der Bestand und Schutz des allgemeinen Persönlichkeitsrechts nicht davon abhängig gemacht werden kann, ob der Empfänger der ungewünschten Information seinen entgegenstehenden Willen zuvor artikuliert hat oder dies für den Erklärenden erkennbar war.[245] Daher sei dieser Umstand für die Begründung des Rechts irrelevant, weshalb er erst bei einer erforderlichen Abwägung berücksichtigt werden könne, also allenfalls die Rechtswidrigkeit beseitige.[246] Dass es sich bei dieser Frage nicht bloß um haarspalterische Wortklauberei handelt, zeigen die Konsequenzen der unterschiedlichen Ansichten: Entscheidet man sich für die erste Ansicht, ist die Informationsvermittlung grundsätzlich erlaubt und nur bei abwehrendem Willen des Betroffenen untersagt.[247] Folgt man indes der zweiten An-

---

241 *Simitis* in: Kroker/Dechamps, S. 153 (172): „Unvollständigkeit ist, so gesehen, nicht Mangel, sondern Tugend, Informationsverzicht nicht Eskapismus, sondern freiheitssicherndes Prinzip.“; vgl. auch *Duttge* DuD 2010, 34 (35); *Neuner* ZfpW 2015, 257 (259).

242 Dazu auch *Duttge* MedR 2016, 664 (665 f.).

243 Vgl. *OLG Koblenz* MedR 2016, 168 (172); *Rieder* S. 96; *Wollenschläger* AöR 138 (2013), 161 (195) m. w. N.

244 *Taupitz* FS Wiese, S. 583 (592 f.); ähnlich, wenn auch nicht ausdrücklich *Wiese* FS Niederländer, S. 475 (487 f.), indem dieser auf den „ausdrücklichen“ bzw. „erklärten“ Willen des Betroffenen abstellt.

245 *Neuner* ZfpW 2015, 257 (261); *Wollenschläger* AöR 138 (2013), 161 (192 ff.).

246 *Neuner* ZfpW 2015, 257 (261); so wohl auch *Schneider* NJW 2014, 3133 (3134).

247 So ausdrücklich *Taupitz* FS Wiese, S. 583 (593).

sicht, ist das informationsvermittelnde Verhalten grundsätzlich verboten und wird erst durch eine zustimmende Erklärung des Rechtsinhabers legitimiert.

Spricht *Neuner* von der „erforderlichen Abwägung“, in deren Folge die Rechtswidrigkeit der Informationsentwicklung entfallen kann, meint er damit in erster Linie keine Gegenüberstellung verschiedener Rechtsgüter auf verfassungsrechtlicher, sondern vielmehr auf deliktsrechtlicher Ebene.[248] So entfaltet das hinter dem Recht auf Nichtwissen stehende allgemeine Persönlichkeitsrecht in der Regel keine unmittelbare Drittwirkung unter Privatrechtssubjekten dergestalt, dass es unmittelbare, grundrechtliche Abwehransprüche gewährt.[249] Dafür bedarf es einer zivilrechtlichen Anspruchsgrundlage, die die objektive Werteordnung der Verfassung gleichsam als „Vehikel“ transportiert. Im Falle des Rechts auf Nichtwissen sind der Informationsvermittlung nachgelagerte Schadensersatzansprüche und dieser Übermittlung vorgelagerte Unterlassungsansprüche in den Blick zu nehmen.[250] Dabei spielt § 823 Abs. 1 BGB eine herausgehobene Rolle, da er das allgemeine Persönlichkeitsrecht als „sonstiges Recht“ erfasst und sich aus ihm der deliktsrechtliche Schadensersatzanspruch sowie der Anknüpfungspunkt für den quasinegatorischen Unterlassungsanspruch (§ 1004 i. V. m. § 823 Abs. 1 BGB) ergibt.[251] Die im Rahmen des § 823 Abs. 1 BGB vorzunehmende Prüfung der Rechtswidrigkeit ist dann auch Schauplatz jener Abwägung, die *Neuner* im Sinn hat.

Auch die mutmaßliche Einwilligung ist im Deliktsrecht als Rechtfertigungsgrund anerkannt.[252] Angesichts der Tatsache, dass eine ausdrückliche bzw. konkludente Zustimmung regelmäßig nicht vorliegen wird und das Hinwirken auf eine Einwilligung ohne einen eigenen Verstoß gegen das Recht auf Nichtwissen kaum denkbar ist (dazu noch S. 105 ff.), rückt die mutmaßliche Einwilligung in den Mittelpunkt der Betrachtung.[253] Kann der mutmaßliche Wille des Betroffe-

---

248 Aber auch für eine Abwägung auf verfassungsrechtlicher Ebene gelten die folgenden Ausführungen entsprechend. Dann sind die dargestellten Erwägungen eben im Rahmen der Verhältnismäßigkeitsprüfung anzustellen, ohne dass dieser divergierende Prüfungsstandort aber eine inhaltlich abweichende Bewertung nach sich zöge.

249 Vgl. *Neuner* ZfpW 2015, 257 (259); dazu bereits oben S. 67.

250 Wobei die Geltendmachung von Unterlassungsansprüchen in starkem Maße durch die begrenzte Möglichkeit der Vorhersehbarkeit von das Recht auf Nichtwissen beeinträchtigenden Informationsvermittlungen bedingt wird. Denkbar ist ein solcher allerdings, um etwa die künftige Übermittlung weiterer Details zu verhindern.

251 Vgl. *Fündling* S. 205 ff.; *Neuner* ZfpW 2015, 257 (259 f.); *Rieder* S. 104 f.

252 Statt vieler MüKo-BGB/*Wagner* § 823 Rn. 78.

253 Eine Rechtfertigung nach § 34 StGB trifft demgegenüber nicht den Kern des Problems, da es zunächst einmal um Interessen derselben Person geht. Die teils anzutreffende Argumentation hinsichtlich der Meinungsfreiheit erscheint recht vordergründig und gerade für den hiesigen Fall nicht wirklich relevant; so aber z. B. *Neuner* ZfpW 2015, 257 (268 f.); *Taupitz* FS Wiese, S. 583 (594).

nen nicht anhand früherer Willensbekundungen oder Ähnlichem ermittelt werden, entscheidet die objektive Interessenlage.[254] Diese wird anhand einer objektiv-sorgfältigen Prüfung aller Umstände im Einzelfall bestimmt.[255] Dabei stehen sich zwei hypothetische Interessen des Betroffenen gegenüber: Zum einen das Interesse von der Information verschont zu bleiben und zum anderen dasjenige am Erhalt der Information.[256]

In diesem Zusammenhang soll nun auch die Frage relevant werden, ob der Betroffene sein Recht auf Nichtwissen „aktiviert“ hat und ob dies für den die Informationsvermittlung Vornehmenden erkennbar war. Hat der Betroffene eine solche „Aktivierung“ nicht vorgenommen, obwohl er die Möglichkeit dazu hatte, werde dadurch offenbar, dass er offenkundig kein ausgeprägtes Interesse daran hegt, von der entsprechenden Information verschont zu bleiben. Zugleich wird für den das Recht auf Nichtwissen Beeinträchtigenden mangels entsprechender Willensäußerung des Betroffenen kaum erkennbar sein, dass die Information unerwünscht ist. So herrscht immer noch ein Verständnis vor, das dem Begriff „Wissen“ eine positive Konnotation beimisst, das Interesse an Kenntnis gleichsam als die natürliche Geisteshaltung des Menschen verstehen will.[257] Würde der Arzt dazu übergehen, aus Angst vor einer Verletzung des Rechts auf Nichtwissen überhaupt keine möglicherweise persönlichkeitsrelevanten Informationen preiszugeben, nähme er zugleich all jenen ihr ebenfalls grundrechtlich gewährleistetes Recht auf Wissen, die durchaus Interesse an der Kenntnis der Information haben. Aus alledem folgt eine deutliche Relativierung des „Nichtwissen-Interesses“ im Rahmen der Abwägung, aus der sich wiederum die Möglichkeit der „leichteren“ Rechtfertigung der Informationsvermittlung ergibt.

Nimmt man demgegenüber aber mit *Taupitz* an, dass das Recht auf Nichtwissen seiner „Aktivierung“ bedarf, führt dies letztlich zu einer gänzlichen Umkehrung der Verhältnisse. Denn dann wird das generelle Bestehen eines Grundrechts von einer vorherigen Handlung des Grundrechtsträgers abhängig gemacht, indem man ihm auferlegt, sein Interesse an diesem Recht nach außen tragen zu müssen. Dahinter steht nichts anderes als die Erwägung, dass der Grundrechtsträger mit seinem Verhalten über das „Ob“ des grundrechtlichen Schutzes entscheiden soll und es auch muss, wenn er diesen Schutz genießen will. Das hat letztlich

---

[254] Vgl. dazu BGHSt 35, 246 (249 f.); *Frister* AT, Kap. 15 Rn. 31.

[255] So Schönke/Schröder/*Sternberg-Lieben* Vor § 32 ff. Rn. 56 m. w. N.

[256] Da es sich jeweils um Interessen einer Person handelt, wäre auf § 34 StGB nur zurückzugreifen, wenn ein mutmaßlicher Wille nicht festgestellt werden kann.

[257] Dies wird etwa in der auf *Francis Bacon* zurückgehenden Parömie „Wissen ist Macht“ deutlich; vgl. zu diesem Verständnis eingehend *Duttge* DuD 2010, 34; *Wiese* FS Niederländer, S. 475 f. In diese Richtung auch BVerfGE 117, 202 (230), welches das Recht auf Nichtwissen wohl dem Recht auf Wissen unterordnen will.

zur Folge, dass eigentlich zur Abwägung gehörige Aspekte vorverlagert werden und damit über die grundsätzliche Existenz des Grundrechts entscheiden.[258] Ein solches Verständnis birgt die Gefahr voreiliger Rechtsverkürzung und widerspricht der verfassungsrechtlichen Konzeption, die an keiner anderen Stelle das Bestehen grundrechtlichen Schutzes unter die Bedingung eines aktiven, rechtsauslösenden Verhaltens des Grundrechtsträgers stellt.

Zwar ist die Frage der „Aktivierung" meines Erachtens gewiss eine Frage, der im Hinblick auf entgegenstehende Rechtspositionen begrenzende Wirkung im Rahmen der Abwägung zukommen muss. Das ergibt sich bereits aus der Überlegung, dass man schließlich nur demjenigen vorwerfen kann, er habe das Selbstbestimmungsrecht eines anderen verletzt, dem auch der entgegenstehende Wille des Gegenübers erkennbar war. Der Aspekt kann aber nicht zur Voraussetzung für den generellen Bestand des Rechts auf Nichtwissen gemacht werden. Sonst verkennt man, dass es sich bei der Beschränkung auf ein „aktiviertes" Recht auf Nichtwissen letztlich bloß um eine Erwägung handelt, mit der das Recht auf Nichtwissen aus seiner Konturlosigkeit gehoben werden soll, um es praktikabel zu machen. Zudem wäre im Ergebnis gar nicht mehr der Wille an sich – der ja eigentlich ein Vorgang des menschlichen „Innenlebens" ist – entscheidendes Kriterium, sondern einzig ein Kommunikationsinhalt. Nur die Tatsache, dass eine Kollision mit der Meinungsfreiheit regelmäßig vorliegen wird und der Aspekt der „Aktivierung" daher besonders ins Auge sticht, vermag *Taupitz'* so weitreichende Konsequenz der gänzlichen Rechtsverwehrung nicht zu legitimieren.[259] Dementsprechend kann nur die zweite Ansicht – die sich schließlich auch ohne Schwierigkeiten in das deliktsrechtliche System einfügt – mit der objektiv geprägten Grundrechtskonzeption in Einklang gebracht werden.

b) *Inhaltliche Reichweite des Rechts auf Nichtwissen*

Ein weiterer beschränkender Umstand liegt in der Frage, welche Informationen vom Recht auf Nichtwissen erfasst werden. So wird das Recht auf Nichtwissen

[258] Nur ein solches Verständnis steht im Einklang mit der primär liberalen Grundrechtstheorie der überzeugenden h. M., die mithilfe eines weiten Schutzbereichsverständnisses Abwägungsfragen konsequent aus der Bestimmung des Schutzbereiches heraushalten will; vgl. dazu eingehend *Kahl* Der Staat 2004 (43), 167 passim.

[259] Die Ansicht von *Taupitz* erstaunt umso mehr, als er die nun folgende Frage der inhaltlichen Beschränkung des Rechts auf Nichtwissen letztlich genau mit der Erwägung beantwortet, dass nur eine in rechtlich geordneten Bahnen durchgeführte Interessenabwägung zur Eingrenzung des Rechts herangezogen werden sollte (vgl. *Taupitz* FS Wiese, S. 583 [594 ff.]). Warum etwas anderes für die Frage der „Aktivierung" des Rechts auf Nichtwissen gelten sollte, wird nicht deutlich.

vor allem im Zusammenhang mit genetischen Untersuchungen erörtert,[260] sodass zu überlegen ist, ob sämtliche, auch nicht-genetische Informationsvermittlungen durch das Recht auf Uninformiertheit begrenzt werden oder nur bestimmte Daten zu berücksichtigen sind. Es ließe sich etwa argumentieren, dass nur diejenigen Informationen Relevanz für das aus dem allgemeinen Persönlichkeitsrecht abgeleitete Recht auf Nichtwissen haben können, denen ein gewisser „personaler“[261] Bezug anhaftet. Dies könnte man damit begründen, dass nur in Fällen, in denen die eigene Person betreffende Daten gegenständlich wären, eine persönlichkeitsbeeinflussende Wirkung der Informationsvermittlung zu erwarten sei. Ein solches Verständnis ließe sich auch mit der Rechtsprechung des *BVerfG* in Einklang bringen, die eine Tendenz erkennen lässt, mit der Persönlichkeitsrechte unter die Voraussetzung der „konstituierend[en] Bedeutung“[262] für die „engere Persönlichkeitssphäre“[263] gestellt werden.

Zwar ist das Recht auf Nichtwissen für den Bereich der Gendiagnostik von besonderer Bedeutung, allerdings geht eine im Vordringen befindliche Meinung in der Literatur zu Recht davon aus, dass die oben skizzierte Beschränkung auf Informationen, die das Selbstverständnis und den Lebensentwurf des Individuums betreffen,[264] nicht angezeigt ist.[265] Die Ursache für die exponierte Stellung der Gendiagnostik im Zusammenhang mit dem Recht auf Nichtwissen ist schnell gefunden: *Taupitz* kann nur beigepflichtet werden, wenn er feststellt, dass das Interesse an der Informationsabwehr „naturgemäß dort besonders groß [ist], wo nicht ‚Bagatellinformationen‘ in Frage stehen, sondern solche Informationen, die […] für den Betroffenen u. U. ‚lebensverändernde‘ Auswirkungen haben.“[266] Warum daraus aber induziert werden sollte, dass schon die grundsätzliche Existenz eines Rechts auf Nichtwissen von der Persönlichkeitsrelevanz der Information abhinge, leuchtet nicht ein.[267] Rückt man nämlich die Entscheidung des Einzelnen darüber, welche Informationen er im Einzelfall mitgeteilt bekommen

---

[260] Vgl. nur *Damm* MedR 2012, 705 (707); *ders.* MedR 2014, 139 (140); *Duttge* DuD 2010, 34 (35 ff.).

[261] Vgl. *Taupitz* FS Wiese, S. 583 (594 f.). Ähnlich auch *Neuner* ZfpW 2015, 257 (263).

[262] BVerfGE 106, 28 (39).

[263] BVerfGE 54, 148 (153 f.); 79, 256 (268).

[264] So die Formulierung bei *Taupitz* FS Wiese, S. 583 (595).

[265] *Brühl* Rescriptum 2016, 119 (120); *Duttge* DuD 2010, 34 (35 ff.); *Fündling* S. 141 ff.; *Neuner* ZfpW 2015, 257 (258); *Taupitz* FS Wiese, S. 583 (594 ff.). Noch sehr vorsichtig *Wiese* FS Niederländer, S. 475 (484).

[266] *Taupitz* FS Wiese, S. 583 (594).

[267] Vgl. auch *Duttge* MedR 2016, 664 (666), der völlig zu Recht darauf hinweist, dass die bloße Häufigkeit eines Bedürfnisses nicht rechtfertige, eine darüber hinaus gegebene Schutzbedürftigkeit einfach zu ignorieren.

möchte, in den Mittelpunkt der Betrachtung,[268] muss *jede* Nichtbeachtung dieses Willens grundsätzlich als Verletzung der informationellen Selbstbestimmung und damit des allgemeinen Persönlichkeitsrechts angesehen werden.[269] Denn dann ergibt sich die Persönlichkeitsrelevanz der Information nicht aus ihrem personalen Bezug, sondern aus den persönlichkeitsbeeinflussenden Auswirkungen der Nichtbeachtung dieses voluntativen Elements.

Nur mit einer solchen Konzeption lässt sich etwa die zivilgerichtliche Rechtsprechung legitimieren, die die Zusendung von Werbematerial ohne den Willen des Betroffenen als Persönlichkeitsverletzung wertet.[270] Andernfalls müsste man z. B. auch dem Angehörigen eines Verstorbenen mangels eigenem personalen Bezug der Information und damit mangels Schutzwürdigkeit das Recht verwehren, die genauen Todesumstände nicht wissen zu wollen.[271] Ist aber – wie aufgezeigt – die Bedeutung der Information für die Persönlichkeit kein Kriterium, das über den generellen Bestand des Rechts auf Nichtwissen bestimmen könnte, stellt sich die Frage, wie und an welcher Stelle dieser Aspekt zu berücksichtigen ist. Genau wie die soeben diskutierten Erwägungen bezüglich der „Aktivierung" des Rechts auf Nichtwissen handelt es sich bei der Persönlichkeitsbedeutung der in Rede stehenden Informationen nämlich unzweifelhaft um eine Überlegung, die für den Umfang des Rechts auf Nichtwissen bedeutend sein *muss* und daher nicht einfach ignoriert werden darf. Aus dem hier aufgezeigten Vergleich mit der „Aktivierungs-Frage" ergibt sich dann auch die Antwort auf die soeben formulierte Frage nach dem Rahmen, in dem die Persönlichkeitsrelevanz zu berücksichtigen ist: Lässt sich dem Kriterium „Maß der Persönlichkeitsbeeinträchtigung" kein Einfluss auf die generelle Schutzwürdigkeit und den grundsätzlichen Bestand des Rechts auf Nichtwissen abgewinnen, kann es sich einzig um eine Erwägung handeln, die im Rahmen einer vorzunehmenden Interessenabwägung zu berücksichtigen ist. Insoweit kann man als Faustformel festhalten, dass das Recht auf Nichtwissen umso „bissiger" ist, „je umfassender und ‚intimer' die Information" ist.[272]

Dass die hier vertretene Einordnung zutreffend ist, möchte ich schließlich mithilfe einer Parallele zum ärztlichen Heileingriff belegen. Auch dort geht die

---

268 Dazu auch die aus einem anderen Blickwinkel zu sehende Begründung bei *Stumper* DuD 1995, 511 (513).

269 Vgl. *Taupitz* FS Wiese, S. 583 (595). Wohl auch *Stumper* DuD 1995, 511 (513).

270 *BGH* NJW 1973, 1119 (1120 f.); 1989, 902 (903 f.); *KG* NJW 1990, 2284; *OLG Bremen* NJW 1990, 2140.

271 Beispiel bei *Taupitz* FS Wiese, S. 583 (595). So aber i. Erg. wohl *BGH* ZD 2014, 465 (467).

272 Formulierungen bei *Graf Vitzthum* FS Dürig, S. 185 (187).

Rechtsprechung seit der grundlegenden Entscheidung des *RG* vom 31.05.1894[273] davon aus, dass selbst der lege artis ausgeführte ärztliche Heileingriff eine tatbestandliche Körperverletzung bedeuten könne und der Unrechtsgehalt der Tat erst auf Ebene der Rechtfertigung aufzuwiegen sei.[274] Denn nur so könne das Selbstbestimmungsrecht des Patienten hinreichend vor ärztlichem Paternalismus geschützt werden. Dieser Schutz gelingt aber nur, wenn die freie Entscheidung des Patienten zum Maßstab der Entscheidung gemacht und er nicht schon grundsätzlich, also aufgrund objektiver Kriterien versagt wird. Daraus folgt, dass es sich bei der Frage, wie die Persönlichkeitsrelevanz der jeweiligen Information zu berücksichtigen ist, um einen Aspekt handelt, der im Rahmen der Rechtswidrigkeit der Handlung zu erörtern ist. Erst dort sollte das Ausmaß der Persönlichkeitsbeeinträchtigung in den geordneten Bahnen der Interessenabwägung mit den entgegenstehenden subjektiven Interessen in Ausgleich gebracht werden. Freilich wird man dabei besonders schicksalhaften Informationen ein beträchtliches Gewicht beimessen können.[275] Eine vorab selektierende, die Abwägung vorverlagernde „Informationstypisierung“, die einen generellen Ausschluss bestimmter Daten zur Folge hat, verkennt den eigentlichen Anknüpfungspunkt des informationellen Selbstbestimmungsrechts und ist daher abzulehnen. Vielmehr kann aus alledem der deduktive Schluss gezogen werden, dass eine grundsätzliche Begrenzung des Rechts auf Nichtwissen auf genetische Informationen nicht begründet werden kann. Es ist damit im Grunde auf alle Informationsinhalte anzuwenden, wenngleich das Gewicht der Information maßgeblichen Einfluss darauf hat, wie problemlos die Rechtfertigung einer Informationsvermittlung zu begründen ist.

c) Auswirkungen auf Vertauschungsfälle

Nun gilt es aber, die zuvor beschriebenen Überlegungen zum Recht auf Nichtwissen für die hier zu behandelnde Konstellation des Vertauschens von mensch-

[273] RGSt 25, 375. Diese Entscheidung prägt die höchstrichterliche Rspr. bis heute; vgl. BGHSt 11, 111 (112 ff.); 35, 246; 43, 306 (308); 45, 219 (221); *BGH* NJW 2011, 1088 (1089). Diesem Verständnis haben sich viele Literaturstimmen angeschlossen; vgl. LK/*Kühl* § 223 Rn. 9; NK-StGB/*Paeffgen/Böse* § 223 Rn. 26; *Tag* S. 87 ff.; i. Erg. wohl auch MüKo-StGB/*Joecks* § 223 Rn. 45 ff. u. SSW/*Momsen-Pflanz/Momsen* § 223 Rn. 22 ff.

[274] A.A. etwa Schönke/Schröder/*Sternberg-Lieben* § 223 Rn. 30 ff.; Spickhoff/*Knauer/Brose* § 223 StGB Rn. 20; *Bockelmann* NJW 1961, 945 (946 f.); *ders.* JZ 1962, 525; *Rudolphi* JR 1975, 512.

[275] Insoweit ist auch auf eine weitere Feststellung *Taupitz'* zu einem für die Abwägung relevanten Aspekt hinzuweisen: Je größer die Auswirkungen sind, die sich aus der Informationsvermittlung für die Persönlichkeit des Betroffenen ergeben können, desto geringer sind die Anforderungen, die an die „Aktivierung“ des Rechts auf Nichtwissen im Rahmen der Interessenabwägung zu stellen sind; vgl. *Taupitz* FS Wiese, S. 583 (596 f.).

lichen Keimzellen oder Embryonen fruchtbar zu machen. Wie eingangs bereits angedeutet, kann dabei zunächst danach unterschieden werden, ob der Informationsadressat einen der Informationsübermittlung widersprechenden Willen nach außen getragen hat oder nicht. Auf Grundlage des hier vertretenen Standpunktes ist die Informationsvermittlung in Bezug auf das Vertauschen unzweifelhaft als eine tatbestandliche Verletzung des Rechts auf Nichtwissen zu qualifizieren. Die folgenden Erwägungen sind also im Rahmen der mutmaßlichen Einwilligung unter dem Aspekt der Rechtswidrigkeit bei der Prüfung des § 823 Abs. 1 BGB anzustellen.[276]

aa) Informationsvermittlung bei vorhandener Willensäußerung

Hat der von der Informationsvermittlung Betroffene seinen der Übermittlung entgegenstehenden Willen zum Ausdruck gebracht, handelt es sich in aller Regel um recht eindeutige Fallgestaltungen: Die Beeinträchtigung des Interesses am „Nicht-wissen-wollen" ist dem Schädiger – also dem Arzt – unzweifelhaft erkennbar und wird durch die erhebliche Persönlichkeitsrelevanz der Information untermauert. Insoweit muss die Informationsvermittlung hinter dem Interesse an der Kenntnisverweigerung zurückstehen. Setzt der Arzt den Betroffenen gleichwohl in Kenntnis, kann er der rechtswidrigen Übermittlung weiterer Details mit dem quasinegatorischen Unterlassungsanspruch begegnen und für bereits erlittene Schäden Schadensersatz verlangen (dazu noch S. 288). Im Gegensatz zu der nachfolgend beschriebenen Konstellation ist die weitere Unterscheidung zwischen der Übermittlung gesicherter Fakten oder der bloßen Möglichkeit eines Vorfalls letztlich wohl überflüssig. So wird man regelmäßig davon ausgehen können, dass ein Betroffener, der Informationen in Bezug auf ein etwaiges Vertauschen nicht zur Kenntnis nehmen will, erst recht nicht mit der von Unsicherheiten behafteten bloßen Möglichkeit eines Vorfalls befasst werden möchte. Angesichts der weitreichenden Bedeutung des Selbstbestimmungsrechts des Betroffenen ist auch eine bedingte Zustimmungserteilung denkbar. Nicht abwegig wäre etwa die Vermutung, dass einige Betroffenen eben erst in Kenntnis gesetzt werden möchten, wenn tatsächlich ein Vertauschungsvorfall bestätigt ist und nicht bereits, wenn die bloße Möglichkeit eines solchen besteht.

Genau so eindeutig sind die Fälle, in denen der Betroffene ausdrücklich oder konkludent zu verstehen gegeben hat, dass er im Falle eines Vertauschens über die genauen Umstände informiert werden möchte. Denn dann hat er über sein grundsätzlich bestehendes Recht auf Nichtwissen disponiert, indem er einer In-

[276] Erneut sei darauf hingewiesen, dass die Überlegungen weitestgehend auf die verfassungsrechtliche Ebene übertragen werden können, wo sie entscheidendes Gewicht für die Verhältnismäßigkeit hätten (Kap. D, Fn. 248).

formationsübermittlung zugestimmt hat. Der „Umweg“ über den mutmaßlichen Willen wäre versperrt, da unmittelbar auf die Einwilligung des Betroffenen abgestellt werden kann. Der Vollständigkeit halber sei darauf hingewiesen, dass Eltern als gesetzliche Vertreter die Einwilligung grundsätzlich auch für ihr rechtliches Kind erteilen können, wenn sie sich dabei im Rahmen der von §§ 1626 Abs. 2, 1627 S. 1 BGB gezogenen Grenzen bewegen.[277]

bb) Informationsvermittlung ohne vorhergehende Willensäußerung

In unwägbares Terrain begibt sich der Arzt hingegen, wenn er Informationen übermittelt, ohne dass sich der Betroffene zuvor dazu geäußert hat, ob er die Kenntnis der Informationen wünscht oder ablehnt. Selbst die nach der Entdeckung eines Vertauschungsvorfalls an den Betroffenen gerichtete Frage, ob er im Falle eines Vertauschens informiert werden möchte oder nicht, könnte sich aufgrund des Rechts auf Nichtwissen gegebenenfalls in einem kritischen Bereich bewegen. Jedenfalls wird man aber festhalten können, dass der zuvor beschriebene unproblematische Bereich der Informationsvermittlung nach vorheriger Willensäußerung eher die Ausnahme denn die Regel sein wird, da eine prätherapeutische Aufklärung rechtlich nicht geboten ist (S. 46 f.) und tatsächlich zu Imageschäden führen dürfte. Ob sich nämlich ein Paar von einem Reproduktionsmediziner behandeln lässt, der ihnen vor der Behandlung eröffnet, er könne womöglich ihre Keimzellen oder gar Embryonen mit denjenigen anderer Paare vertauschen, ist mehr als fraglich. Daher darf angenommen werden, dass ein entsprechender Hinweis von Seiten des Arztes zumeist nicht erfolgt, um die Patienten nicht zu verunsichern und den Ruf der Einrichtung zu wahren.[278] Sprechen die Patienten das Risiko des Vertauschens aber nicht aus eigenem Antrieb an und äußern ihre Einstellung in Bezug auf eine etwaig vorzunehmende Informationsvermittlung, wird man in aller Regel davon ausgehen können, dass der hier beschriebene Fall der Informationsvermittlung ohne vorhergehende Willensäußerung eintritt.

(1) Gesicherte Fakten als Gegenstand der Übermittlung

Tritt der Arzt an den Betroffenen heran und unterbreitet die ein Vertauschen betreffenden Informationen als feststehende Tatsachen, entscheidet wiederum die Feststellung des mutmaßlichen Willens über die Rechtswidrigkeit der Informationsvermittlung. Zwar wird man dem hypothetischen Interesse an Unkenntnis

---

[277] Vgl. MüKo-StGB/*Schlehofer* Vor § 32 Rn. 164 ff.

[278] Dazu passen auch die zu Beginn dieser Analyse aufgezeigten Beteuerungen der Kliniken, ein Vertauschen sei nicht denkbar; vgl. S. 3.

aufgrund der erheblichen lebens- und persönlichkeitsbeeinflussenden Wirkung der Information ein gewisses Gewicht im Rahmen der Abwägung beimessen müssen. Gleichwohl darf nicht außer Acht gelassen werden, dass dieses Interesse dem Arzt mangels vorheriger Äußerungen nicht unmittelbar erkennbar gewesen ist. Man könnte einzig auf den Umstand abstellen, dass eine Übermittlung aufgrund der weitreichenden Konsequenzen eher hätte unterbleiben müssen. Indessen würde eine solche Argumentation verkennen, dass die negativen Konsequenzen nicht zwingend eintreten müssen, sondern in höchstem Maße hypothetischer Natur sind. Außerdem könnte man mit der gleichen Erwägung genau das gegenteilige Vorgehen stützen: Denn je relevanter die Information für die Persönlichkeit des Betroffenen sein kann, desto eher wird er geneigt sein, der Auskunftserteilung durch den Arzt zuzustimmen. Folglich sind solche Überlegungen wenig zielführend, sodass es regelmäßig bei der Feststellung bleiben muss, dass der Wille des Betroffenen für den Arzt nicht erkennbar war.

Dann kann man sich aber auch nicht der Erkenntnis verschließen, dass dem Arzt nichts Unmögliches abverlangt werden kann. Ist für ihn nämlich nicht erkennbar, dass der Betroffene keine Informationen erhalten will, muss dies zwangsläufig zu einer Aufwertung seiner Interessenposition im Rahmen der Abwägung führen. Darüber hinaus ist vor allem ein weiterer Aspekt von besonderer Bedeutung: Setzt sich in der Ärzteschaft aus Angst vor Verstößen gegen das Recht auf Nichtwissen eine äußerst restriktive Informationspolitik durch, besteht die begründete Gefahr, dass eine Informationsübermittlung auch bei Patienten unterlassen wird, die eigentlich Interesse an der Kenntnis über den Vertauschungsvorfall haben. Auf diese Weise würde das Kenntnisrecht einer Vielzahl von Personen beschnitten, um das Recht auf Nichtwissen einiger zu schützen. Angesichts dieser misslichen Lage wird das Mitteilungsinteresse des Arztes das Interesse am „Nicht-wissen-wollen" in der Regel wesentlich überwiegen. Dementsprechend wäre eine Informationsvermittlung aufgrund der mutmaßlichen Einwilligung gerechtfertigt und zöge keine rechtlichen Konsequenzen für den Arzt nach sich.

(2) Übermittlung einer bloßen Möglichkeitsvorstellung

Dem zuvor beschriebenen Problem, dass das Interesse vieler an positiver Kenntnis durch eine zurückhaltende Informationspolitik der Ärzte erhebliche beeinträchtigt würde, könnte man aber gegebenenfalls beikommen, indem der Arzt die Patienten vor der Informationsübermittlung „behutsam"[279] und schonend befragt, ob sie Informationen zu einem etwaigen Vertauschen wünschen oder

[279] Vgl. *Taupitz* FS Wiese, S. 583 (598).

nicht.[280] Dann könnte er die erforderliche Zustimmung einholen, um die Rechtfertigung ohne Eruierung des mutmaßlichen Willens zu erreichen. Ein solches Vorgehen würde aber nur dann eine echte Alternative darstellen, wenn es die Situation sowohl in tatsächlicher als auch in rechtlicher Hinsicht auflösen oder jedenfalls merklich bessern würde. Zwar wird die Situation des Arztes und auch des potentiellen Informationsadressaten zunächst verbessert, da sich für Letzteren eine Entscheidungsmöglichkeit auftut, die Ersteren aus dem Dilemma befreit, eine komplizierte Abwägungsentscheidung fällen zu müssen. Aber schon der zweite Blick verrät einige Schwächen dieser Vorgehensweise.

Zunächst ist zu berücksichtigen, dass der Arzt den Patienten nach der Behandlung ansprechen wird, es also längst zu einem Vertauschen gekommen ist. Fragt der Arzt in einer solchen Situation, ob der Betroffene nähere Informationen wünsche, sollte es zu einem Vertauschen gekommen sein, wird man kaum davon ausgehen können, der Patient sei danach noch zu einer unbeeinflussten Entscheidung in der Lage. Denn ihm wird durchaus klar sein, dass der Arzt die Frage nur deshalb gestellt hat, weil es tatsächlich zu einem entsprechenden Vorfall gekommen ist. Dann ist die Befragung durch den Arzt aber bei näherer Betrachtung überflüssig, da sowohl dem Patienten als auch dem Arzt die Antworten auf die noch offenen Fragen klar sind: Der Patient bedarf eigentlich keiner weiteren Informationen durch den Arzt, um die Gewissheit zu haben, dass es zu einem Vertauschen gekommen ist. Und der Arzt muss auch die Antwort des Patienten nicht abwarten, da er ohnehin weiß, wie er sich entscheiden wird. Ist die Möglichkeit eines Vertauschungsvorfalls so greifbar, dass der Arzt Informationen darüber vermitteln will, ist in Bezug auf das „Nicht-wissen-wollen“ das „Kind bereits in den Brunnen gefallen“. Ist nämlich letztlich schon klar, dass es zu einem Vertauschen gekommen sein muss, gibt es keinen plausiblen Grund mehr, sich nicht auch die letzte Gewissheit zu verschaffen. Vielmehr wird in einem solchen Fall die menschliche Neugier regelmäßig die verschwindend geringe Möglichkeit überwiegen, dass die Frage doch aus einem anderen Grund gestellt wurde. Auch wenn die vorherige Befragung also vom Anschein der Selbstbestimmbarkeit umgeben sein mag, ist eine *„echte“* Entscheidung eigentlich nicht mehr vorstellbar.

Dies verkennt aber eine Argumentation, nach der „eine autonome Entscheidung, bestimmte Informationen nicht erhalten zu wollen, Kenntnis von der Möglichkeit der Kenntnisnahme voraussetzt.“[281] Zwar soll nicht erforderlich sein, dass der Betroffene eine „vollinformierte Verweigerung“ tätigt, jedoch müsse ihm gleichsam auf der „Metaebene“ zumindest die abstrakte Kenntnis des frag-

---

[280] In diese Richtung etwa *Hofmann* S. 48 oder *Retzko* S. 175 f.

[281] So *Taupitz* FS Wiese, S. 583 (597); ihm zust. *BGH* ZD 2014, 465 (467) u. *Duttge* DuD 2010, 34 (38).

lichen Wissensbereichs schonend vermittelt werden.[282, 283] Begründet *Taupitz* das Recht auf Nichtwissen aber damit, dass die Nichtbeachtung eines entgegenstehenden Willens das Selbstbestimmungsrecht des Betroffenen verletze,[284] muss man ihm angesichts der hier gefundenen Ergebnisse mangelnde Stringenz vorwerfen.[285] So ist nicht einzusehen, warum der Betroffene erst darüber informiert werden soll, dass ihn betreffende Informationen eventuell vorhanden sind, bevor er darüber entscheiden können soll, sie zur Kenntnis zu nehmen oder nicht. Es kann doch schwerlich bestritten werden, dass bereits die bloße Möglichkeit eines einschneidenden Ereignisses zu einer nachhaltigen Beeinträchtigung der Persönlichkeit und Lebenssituation des Betroffenen führen kann.[286] Schreibt man ihm aber vor, sich mit dieser Möglichkeit auseinandersetzen zu müssen, beraubt man ihn in paternalistischer Weise der Entscheidung, sich überhaupt nicht – also weder in Form einer feststehenden Tatsache, noch einer Möglichkeitsvorstellung – mit dem Thema beschäftigen zu wollen. Insoweit kann man der Einschätzung der *BMBF-Projektgruppe* „Recht auf Nichtwissen" nur zustimmen, wenn sie anmerkt, „dass es doch gerade Gegenstand und Pointe dieses Rechts ist, nicht ‚aufgeklärt' sein zu wollen."[287] Dass es sich auch dabei um eine rationale, wohl reflektierte Entscheidung handeln kann, zeigt bereits die einfache Überlegung, dass es dem Betroffenen möglicherweise gar nicht auf eine genetische Verbindung zu seinem rechtlichen Kind ankommen mag, sondern er aufgrund seiner sozialen Beziehung zu dem Kind eine Situation verhindern möchte, in der Zweifel an der „Richtigkeit" der Verbindung sein künftiges Denken prägen.[288]

---

282 *Taupitz* FS Wiese, S. 583 (597 f.). So auch *Fündling* S. 260 f.; *Hofmann* S. 150 f.; *Scherrer* S. 277 f. m. w. N.

283 Die zu diesem Aspekt vorgetragenen Argumentationsmuster muten oft recht wirr an und gipfeln teils in absurden Sätzen wie: „Nichtwissen setzt zu einem gewissen Maße voraus, dass der Betreffende weiß, was er nicht wissen will"; so *Fündling* S. 260.

284 *Ders.* FS Wiese, S. 583 (592).

285 Vgl. darüber hinaus die Feststellung der *BMBF-Projektgruppe* „Recht auf Nichtwissen" in MedR 2016, 399, nach der es „merkwürdig anmute", wenn „die Existenz eines solchen Rechts unter dem Vorbehalt einer Erfüllung der dahingehenden ärztlichen Aufklärungspflicht" stünde.

286 Vgl. nur die Ausführungen bei *OLG Koblenz* MedR 2014, 168 (169) zu den psychischen Belastungen, die aus der bloßen Möglichkeit einer Chorea-Huntington-Erkrankung eines nahen Angehörigen erwachsen können.

287 *BMBF-Projektgruppe* „Recht auf Nichtwissen" MedR 2016, 399. Überzeugend ferner *OLG Koblenz* MedR 2014, 168 (172): „Das Recht auf informationelle Selbstbestimmung umfasst eben auch das Recht, überhaupt nicht wissen [zu] wollen."

288 In diese Richtung auch *BMBF-Projektgruppe* „Recht auf Nichtwissen" MedR 2016, 399 f.; *Duttge* MedR 2016, 664 (667); *Schneider* NJW 2014, 3133 (3134); *Wollenschläger* AöR 138 (2013), 161 (193 f.).

Will man sich keinem solchen Paternalismus hingeben, muss man den Schutzumfang des Rechts auf Nichtwissen auch auf die bloße Möglichkeitsvorstellung erstrecken. Daher stellt die vor einer Informationsübermittlung, aber nach der Durchführung einer Maßnahme an den Betroffenen gerichtete Frage, ob er Informationen zu einem etwaigen Vertauschen wünsche, keinen tauglichen Weg dar, mit dem das Interesse am „Nicht-wissen-wollen“ mit demjenigen am „Wissen-wollen“ in Einklang gebracht werden könnte. Vielmehr muss sich auch ein solches Vorgehen am Recht auf Nichtwissen messen, sodass auch hier die objektive Interessenlage entscheidend ist. Diese wird aber letztlich kaum Unterschiede zu derjenigen bei der Übermittlung von gesicherten Fakten aufweisen. Hier wie dort ist für den Arzt nämlich nicht erkennbar, ob ein entgegenstehender Wille besteht, sodass man ihm die Äußerung im Ergebnis kaum vorwerfen kann. Folglich wäre auch die Übermittlung einer bloßen Möglichkeitsvorstellung in solchen Fällen gerechtfertigt.

d) Besonderheiten der Mehrpersonen-Konstellation

Schließlich sei darauf hingewiesen, dass für das Recht auf Nichtwissen, anders als bei der ärztlichen Schweigepflicht, keine besonderen Probleme aus der regelmäßigen Beteiligung verschiedener Akteure erwachsen. So kann z. B. nicht argumentiert werden, der Arzt müsse das Recht auf Nichtwissen genau wie die ärztliche Schweigepflicht (S. 57 f., 93) einheitlich in Bezug auf die jeweilige Familie berücksichtigen. Zwar droht durchaus eine mittelbare Verletzung des Rechts auf Nichtwissen der jeweils anderen, wenn er einem der Familienangehörigen die Kenntnis verschafft und dieser sodann sein Wissen mit den anderen teilt. Ein solcher Fall wäre jedoch als eigenverantwortliches Dazwischentreten eines Dritten zu werten, das den Zurechnungszusammenhang zum Arzt unterbricht. Denn dann beeinträchtigt das Familienmitglied, das die Information übermittelt, selbst das Recht auf Nichtwissen der anderen.[289] Daraus folgt, dass das Recht auf Nichtwissen für den Arzt nur in denjenigen Fällen relevant ist, in denen er die Information unmittelbar an einen Betroffenen weitergibt.

Gleichwohl darf nicht außer Acht gelassen werden, dass bei minderjährigen[290] Kindern gegebenenfalls die elterliche Sorge (§ 1626 Abs. 1 BGB[291]) zu berücksichtigen ist. Den Eltern steht es nämlich frei, im Rahmen ihrer elterlichen Ver-

---

[289] Zu der rechtlichen Unbeachtlichkeit einer interfamiliären Offenbarung vgl. *Scherrer* S. 303 f.

[290] Der Aspekt verliert also jedenfalls mit Vollendung des 18. Lebensjahres des Kindes (§ 2 BGB) seine Relevanz. Vgl. auch § 1626 Abs. 1 S. 1 BGB.

[291] Beachte daneben die grundrechtliche Absicherung der elterlichen Sorge in Art. 6 Abs. 2 GG.

antwortung über das „Ob“ und „Wie“ der Informationsvermittlung zu entscheiden. Ist das Kind hinsichtlich der komplexen Entscheidung, ob es Informationen über einen etwaigen Vorfall erhalten möchte, mangels entsprechender Einsichts- und Urteilsfähigkeit[292] nicht einwilligungsfähig, überlagert die elterliche Entscheidung diejenige des Kindes.[293] Haben die Eltern ihr Kind nicht über den Umstand in Kenntnis gesetzt, dass es mithilfe einer reproduktionsmedizinischen Maßnahme gezeugt wurde, und wollen sie dies dem Kind auch weiterhin vorenthalten, muss der Arzt sich der elterlichen Entscheidung beugen. Versucht er dennoch, die Information an das Kind bzw. die Kinder weiterzugeben, können sich die Eltern mit einem Unterlassungsanspruch nach § 1004 Abs. 1 i.V.m. § 823 Abs. 1 BGB zur Wehr setzen. Sowohl beim Recht auf Nichtwissen als auch bei der elterlichen Sorge[294] handelt es sich anerkanntermaßen um ein absolutes subjektives Recht, das als „sonstiges Recht“ i.S.d. § 823 Abs. 1 BGB tauglicher Gegenstand des „quasinegatorischen“ Unterlassungsanspruchs sein kann.

e) *Abschließende Bemerkungen zum Recht auf Nichtwissen*

Nach alledem verbleibt dennoch eine unbefriedigende Situation für den Betroffenen, da er mangels Aufklärung und entsprechender Befragung in Bezug auf das Recht auf Nichtwissen der Möglichkeit beraubt wird, selbst darüber zu entscheiden, ob er die fraglichen Informationen zur Kenntnis nehmen will oder nicht. Wie dargelegt, wird es nämlich keineswegs die Regel sein, dass der Patient sein Recht auf Nichtwissen selbständig, also von sich aus „aktiviert“ oder der Arzt diesen hinsichtlich seiner Entscheidung befragt. Daher wären Informationsübermittlungen durch den Arzt im Gros der Fälle gerechtfertigt, sodass der Arzt nicht daran gehindert ist, eine solche vorzunehmen. So unbefriedigend die Situation für den Betroffenen ist, so unkompliziert wird sie dadurch für den Arzt, der letztlich nur für die Interessenabwägung sicheres Fahrwasser verlassen muss. Meint es der Gesetzgeber aber ernst mit dem Recht auf Nichtwissen, kann er sich im Hinblick auf den Grundsatz der praktischen Konkordanz mit einer so einseitig verteilten Rechtsgutsbeeinträchtigung nicht zufrieden geben. Folglich wird zu diskutieren sein, ob normative Anpassungen erforderlich sind, um einen angemessenen Ausgleich zwischen dem Interesse am „Wissen-wollen“, demjenigen am „Nicht-wissen-wollen“ und der Meinungsfreiheit des Arztes herzustellen (dazu S. 306 ff.).

---

292 MüKo-BGB/*Wagner* § 630d Rn. 20.

293 Vgl. dazu auch § 14 Abs. 1 Nr. 4 GenDG.

294 Vgl. statt vieler MüKo-BGB/*Wagner* § 823 Rn. 302 m.w.N.

III. Thesen

Als Ergebnis für den Problembereich „Aufklärung und Offenbarung“ lässt sich somit thesenartig festhalten:

1) Vor der Behandlung trifft den Behandelnden keine Pflicht zur Aufklärung über das Risiko einer Vertauschung. Es existieren zugleich aber auch keine rechtlichen Hindernisse, die einer solchen Aufklärung entgegenstünden.
2) Der nach der Behandlung stattfindenden Kommunikation sind durch zwei Aspekte rechtliche Grenzen gesetzt: zum einen durch die ärztliche Schweigepflicht jener Beteiligten, deren personenbezogene Daten möglicherweise übermittelt werden, und zum anderen – angesichts der weitreichenden Konsequenzen, die sich aus der Offenlegung ergeben können – durch das *Recht auf Nichtwissen* der Informationsadressaten.
3) Im Hinblick auf die ärztliche Schweigepflicht (§ 203 Abs. 1 Nr. 1 StGB) sind nur solche Informationen strafbarkeitsrelevant, die die Identifizierung des Beteiligten zulassen. Dabei ist nicht nur die Informationsweitergabe an Außenstehende zu berücksichtigen, sondern auch einrichtungsinterne Kommunikationsvorgänge unter Einbeziehung von Personen, die nicht ohnehin zum Behandlungsteam („Kreis der Wissenden“) gehören. Will der Arzt etwa den Vorstand oder andere Vorgesetzte über den Vorfall in Kenntnis setzen, muss er sämtliche Daten außer Acht lassen, die einen Schluss auf den betroffenen Patienten zuließen.
4) Übermittelt er personenbezogene Daten um z. B. einem Auskunftsanspruch der Eltern oder des Kindes auf Kenntnis der genetischen Verwandtschaftsverhältnisse nachzukommen, kommt zu seiner Rechtfertigung einerseits eine Einwilligung oder andererseits ein Notstand nach § 34 StGB in Betracht. Beruft sich der Behandelnde auf die rechtfertigende Einwilligung, ist zu beachten, dass aufgrund der Möglichkeit, ohne Weiteres Rückschlüsse von einem Familienmitglied auf andere zu ziehen, in der Regel nur der einheitlich erteilten Einwilligung aller betroffenen Familienangehöriger rechtfertigende Wirkung zukommt.
5) Haben die Beteiligten nicht in die Weitergabe persönlicher Informationen eingewilligt, hängt die Rechtfertigung von der im Rahmen des § 34 StGB vorzunehmenden Interessenabwägung ab. Nur wenn das für die Informationsweitergabe sprechende Interesse das Interesse an der Einhaltung der ärztlichen Schweigepflicht wesentlich überwiegt, ist der entsprechende Kommunikationsvorgang strafrechtlich zulässig. Während die ärztliche Schweigepflicht (jedenfalls) die Unverletzlichkeit der individuellen Geheimsphäre in ihrer speziellen Ausprägung als informationelle Dispositionsbefugnis schützt, findet sich die Determinante des Auskunftsinteresses in

dem Recht auf Kenntnis der genetischen Verwandtschaftsverhältnisse. Damit stehen sich letztlich zwei aus dem allgemeinen Persönlichkeitsrecht des Art. 2 Abs. 1 i. V. m. Art. 1 Abs. 1 GG abgeleitete Rechtsgüter gegenüber. Zwar mag der Kreis der jeweiligen Interessen in besonders gelagerten Einzelfällen um weitere schutzwürdige Aspekte erweitert sein, regelmäßig wird sich die Abwägung indes auf diese beiden Persönlichkeitsrechte begrenzen, sodass ein wesentliches Überwiegen des Auskunftsinteresses oftmals nicht festgestellt werden kann.

6) Die mehrfach angesprochene Entscheidung *BGH* NZFam 2015, 254, in der die rechtlichen Wurzeln und Voraussetzungen des zivilrechtlichen Auskunftsanspruchs zur Durchsetzung des verfassungsrechtlich begründeten Kenntnisrechts statuiert werden, überzeugt weder in der dogmatischen Begründung noch im Ergebnis. Obgleich eine dogmatisch widerspruchsfreie Begründung möglich wäre, leitet der XII. Zivilsenat den Auskunftsanspruch mithilfe eines Vertrags mit Schutzwirkungen zugunsten Dritter aus § 242 i. V. m. § 1618a BGB her, ohne auf den Konflikt mit der begrenzten Rechtsfähigkeit des „nondum conceptus“ oder den sekundärrechtlichen Charakter des Vertrages mit Schutzwirkungen einzugehen.

7) Ungeachtet dieser (vermeidbaren) dogmatischen Konstruktionsmängel unterläuft der in der Entscheidung zum Ausdruck gebrachte Verzicht auf ein wesentliches Überwiegen im Rahmen der Abwägung („Zumutbarkeit“) das dem § 34 StGB innewohnende Prinzip der nur begrenzten zwischenmenschlichen Solidarität und damit letztlich das Rechtsstaatsprinzip. Folglich kann dem *BGH* keineswegs zugestimmt werden, wenn er ein einfaches, „unqualifiziertes“ Überwiegen im Rahmen der Abwägung für ausreichend erachtet, um mithilfe des Auskunftsanspruchs die ärztliche Schweigepflicht in zirkelschlüssiger Weise auszuhebeln.

8) Das daneben zu berücksichtigende Recht auf Nichtwissen wird als („negativer“) Bestandteil der informationellen Selbstbestimmung ebenfalls vom allgemeinen Persönlichkeitsrecht geschützt. Entgegen der wohl herrschenden Meinung ist der grundsätzliche Bestand dieses Rechts nicht von einer vorherigen „Aktivierung“, einem „personalen Bezug“ der fraglichen Information oder gar einer vorgelagerten „Meta-Aufklärung“ abhängig. Diese beschränkenden Aspekte verfehlen teils den eigentlichen Schutzgehalt des Rechts auf Nichtwissen oder verursachen eine Vorverlagerung originärer Abwägungsfragen auf die Ebene der generellen Existenz dieses Rechts.

9) Liegt allerdings keine ausdrückliche oder konkludente Willensäußerung des Betroffenen vor, mit der dieser sein Interesse am „Wissen-wollen“ oder „Nicht-wissen-wollen“ zum Ausdruck gebracht hat, wird die erforderliche Abwägung in der Regel zu dem Ergebnis kommen, dass das Mitteilungsinte-

resse das – hypothetische, da für den Mitteilenden nicht erkennbare – Interesse an Unwissenheit wesentlich überwiegt.

10) Daher kann der Arzt an den Patienten herantreten, um diesen über den Vertauschungsvorfall in Kenntnis zu setzen und seine Zustimmung zur Weitergabe personenbezogener Daten an die „Komplementär-Familie" einzuholen. Willigt einer der Beteiligten jedoch nicht ein, „torpediert" er den gesamten Aufklärungsvorgang, da bei zutreffender Anwendung der lex lata ein Auskunftsanspruch regelmäßig an der strafrechtlichen Relevanz des mangels Rechtfertigung nach § 34 StGB unzulässigen Anspruchsziels scheitert. Die Frage nach dem „Ob" und „Wie" etwaiger normativer Anpassungen hinsichtlich des Bereichs „Offenlegung und Kommunikation" wird im Rahmen des rechtspolitischen Teils vertieft (S. 306 ff.).

E. Die zivilrechtlichen Primärrechtsfolgen des Vertauschens

Wie eingangs bereits angedeutet (S. 24), hält das deutsche Familienrecht keine Regelungen bereit, die sich mit den Auswirkungen eines Vertauschungsvorfalls auseinandersetzen. Daher entstehen durch das Vertauschen von Keimzellen oder Embryonen erhebliche abstammungsrechtliche Verwerfungen, denen – angesichts der Tatsache, dass etliche Rechtspositionen durch diese Weichenstellung präjudiziert werden – entscheidende Bedeutung für diverse Folgefragen zukommt. Dementsprechend werden nachfolgend zunächst diese abstammungsrechtlichen Weichenstellungen dargestellt, um anschließend die familien- und erbrechtlichen Konsequenzen zu beleuchten. Dabei ist im Wesentlichen zwischen vier Konstellationen zu unterscheiden:

1) Nur die *Eizellen* von zwei parallel behandelten Patientinnen werden vertauscht und der erzeugte Embryo wird der jeweils anderen implantiert. Während die Gebärende keine genetische Beziehung zu dem Kind aufweist, ist der Partner der Frau leiblicher Vater des Kindes.
2) Einzig die *Samenzellen* der an der Behandlung beteiligten Männer werden vertauscht und der Embryo wird auf die Frau übertragen. Die Gebärende ist genetische Mutter des Kindes, ihr Partner aber nicht leiblicher Vater.
3) Es werden *sowohl die Eizellen* der Frauen *als auch die Samenzellen* der Männer vertauscht. Weder die austragende Frau noch ihr Partner weisen eine genetische Beziehung zu dem Kind auf.
4) Nachdem Ei- und Samenzelle im Rahmen der Behandlung zu einem Embryo verschmolzen sind, wird dieser *Embryo* (oder zuvor eine *2-PN-Zelle*) vor dem Transfer mit demjenigen des Komplementär-Paares vertauscht. Weder die austragende Frau noch ihr Partner sind genetisch mit dem Kind verwandt.

Wie noch zu zeigen sein wird, ist die rechtliche Bewertung der dritten und vierten Konstellation weitestgehend deckungsgleich, sodass sich eine verknüpfte Darstellung anbietet. Vorab sei daneben noch auf zwei weitere Aspekte hingewiesen: Zum einen ist selbstverständlich denkbar, dass an der Behandlung auf einer oder beiden Seiten zusätzlich ein Samenspender oder eine Eizellspenderin[1] beteiligt ist. Allerdings sind die daraus folgenden Probleme keine Besonderheiten der Vertauschungs-Konstellation, sondern eine Eigenheit der Spenderbeteiligung. Deshalb soll diese weitere Komponente im Folgenden mangels eindeutiger Relevanz für die Betrachtung ausgeklammert werden. Zum anderen werden diejenigen Fälle ausgelassen, in denen mehr als zwei Paare von ein und demselben Vertauschungsvorfall betroffen sind, die Vertauschung also „rotierend" oder „über Kreuz" geschehen ist. Auch die Aufnahme solcher Konstellationen brächte keinen nennenswerten inhaltlichen Mehrwert mit sich, würde die Darstellung auf der anderen Seite aber erheblich verkomplizieren und ausdehnen.

Die Frage, welche Kriterien zu einer interessengerechten Zuordnung der Elternstellung führen, ist nicht nur eine solche von rechtlichem, sondern auch theologischem sowie literarischem Interesse. Bereits der alttestamentarische König Salomo[2] sowie der Richter Azdak in *Brecht*s kaukasischem Kreidekreis[3] fällten Urteile, die das Wohl des Kindes bei der Zuweisung der Elternposition in den Mittelpunkt rückten. Im Folgenden werden insbesondere die vom deutschen Familienrecht für maßgeblich befundenen Entscheidungskriterien untersucht und an Art. 6 GG gemessen, um herauszuarbeiten, inwiefern die Statusentscheidungen der §§ 1591 ff. BGB gesellschaftliche Vorstellungen widerspiegeln und den Interessen der Betroffenen dienen. Denn – und insoweit scheinen die Ausführungen im Alten Testament und *Brecht*s eine seit jeher bestehende Gewissheit zu manifestieren – die Zuweisung rechtlicher Elternschaft darf die betroffenen Kinder nicht zum Objekt elterlicher Individualinteressen machen.

I. Abstammungsrechtliche Verwerfungen

Im Folgenden wird zunächst das abstammungsrechtliche Zuweisungskonzept für die Mutter- sowie Vaterschaft dargestellt, um daran anknüpfend Probleme des Anfechtungsrechts in § 1600 BGB aufzuzeigen. Überlegungen zur Verfassungskonformität des § 1591 BGB in Fällen der Keimzell- oder Embryovertauschung werden indes erst später angestellt (S. 175 ff.), da sie nur im Zusammenhang mit den sich aus der abstammungsrechtlichen Lage ergebenden familien- und erbrechtlichen Konsequenzen einen vollständigen Charakter bekommen.

---

[1] Aufgrund des Verbots der Eizellspende in § 1 Abs. 1 Nr. 1, 2, Abs. 2 ESchG käme eine Eizellspende indes nur bei einer im Ausland durchgeführten Behandlung in Betracht oder wenn sie verbotenerweise im Inland durchgeführt wurde.

[2] Altes Testament, 1. Buch der Könige, 3. Kapitel, Vers 16–28.

[3] Vgl. *Bertolt Brecht,* Der kaukasische Kreidekreis, Das Bertolt Brecht Buch, S. 357 (428 ff.).

1. Mutterschaft

a) Zuordnungskonzept des § 1591 BGB

Da erst die Fortentwicklung der modernen Reproduktionsmedizin ein Auseinanderfallen von genetischer Mutter und austragender Frau ermöglichte, bestand lange Zeit kein Bedürfnis, die rechtliche Mutterschaft normativ zu verankern („mater semper certa est").[4] Für solche Fälle der gespaltenen Mutterschaft hat der Gesetzgeber mit der Kindschaftsrechtsreform von 1998 in § 1591 BGB „von vornherein unverrückbar" festgelegt, dass „Mutter im Rechtssinne allein die Frau ist, die das Kind geboren hat".[5] Dementsprechend bereitet die Feststellung der abstammungsrechtlichen Lage im Mutter-Kind-Verhältnis auch kaum Probleme. Selbst wenn es zu einer Vertauschung der Eizelle oder des Embryos gekommen ist (S. 114, Konstellationen 1, 3 und 4), entscheidet stets die Geburt über die rechtliche Mutterschaft. Nur die Gebärende ist gesetzliche Mutter, selbst wenn sie keine genetische Beziehung zu dem Kind aufweist. Der eigentlichen genetischen Mutter ist der Weg zur rechtlichen Mutterschaft hingegen – abgesehen von § 1755 BGB – unabänderlich versperrt.[6]

Etwaige Parallelen zu Fällen postnataler Kindesvertauschungen, in denen die Mutterschaft im Abstammungsverfahren nach § 169 Nr. 1 FamFG deklaratorisch festgestellt werden kann,[7] kommen hingegen nicht in Betracht, da dort genetische und rechtliche Mutterschaft nicht auseinanderfallen. Denn die Vertauschung fand erst nach der Geburt statt, sodass die Rechtsfolge des § 1591 BGB weiterhin eindeutig feststeht. Ermittelt werden muss in solchen Fällen lediglich, welche Frau welches Kind zur Welt gebracht hat, während diese Frage bei Vertauschungen von Keimzellen oder Embryonen zweifelsfrei beantwortet werden kann.

b) Zeitlicher Anwendungsbereich des § 1591 BGB

Kaum diskutiert, aber für die hier gegenständlichen Problemfälle durchaus von Relevanz (S. 170), ist die Frage, ab welchem Zeitpunkt die Regelung des § 1591 BGB ihre Wirkung entfaltet. Die Antwort darauf ist durch Auslegung zu ermitteln. Bereits der Wortlaut lässt recht deutlich erkennen, wie diese Frage zu beantworten ist. So spricht § 1591 BGB von der Frau, die das Kind „geboren hat". Die Verwendung des Perfekts kann dabei nur so verstanden werden, dass es bereits

[4] Vgl. MüKo-BGB/*Wellenhofer* § 1591 Rn. 1.

[5] Beides bei BT-Drucks. 13/4899, S. 82.

[6] Daran vermag auch ein die genetische Mutterschaft nachweisendes Abstammungsgutachten nichts zu ändern; vgl. *OLG Köln* StAZ 2015, 244 sowie allgemeiner *BGH* NJW 2015, 479 (481).

[7] Vgl. *Frank* FamRZ 2015, 1149; *Veit/Hinz* FamRZ 2010, 505 (508).

zu einer Geburt gekommen, die Schwangerschaft also beendet ist. Dieses Ergebnis wird zudem durch die Historie sowie die Ratio der Norm gestützt. Denn auch in den Materialien spricht der Gesetzgeber stets von der „gebärenden Frau“[8], womit er sich ebenfalls auf das Ergebnis des Geburtsvorgangs bezieht. Begründet er seine Zuordnungsentscheidung damit, dass nur die austragende Frau „zu dem Kind während der Schwangerschaft sowie während und unmittelbar nach der Geburt eine körperliche und psychosoziale Beziehung hat“[9], ist auch der Sinn und Zweck der Regelung eindeutig auf den Zeitraum nach der Geburt ausgerichtet.[10] Schließlich bleibt zu berücksichtigen, dass der Gesetzgeber sich für die „mater-est-Regel“ entschieden hat, weil sie durch die Anknüpfung an den „Publizitätsakt“ der Entbindung eine verlässliche Zuordnungsregelung bereithält.[11] Eine Vorverlagerung der Mutterschaftszuweisung auf einen Zeitpunkt vor der Entbindung würde diesen Zweck aufgrund der Möglichkeit einer gespaltenen Mutterschaft aber gerade in Frage stellen.[12]

2. *Vaterschaft*

Während § 1591 BGB mit seiner Anknüpfung an das „Publizitätsmerkmal“[13] der Geburt zu klaren, aber dafür strikten Ergebnissen bei der Bestimmung der Abstammung führt, ist die Feststellung der Vaterschaft mit beachtlicheren Unwägbarkeiten verbunden. Da für den Mann nämlich ein ebenso eindeutiges Ereignis wie der Geburtsvorgang fehlt, an das angeknüpft werden könnte, musste sich der Gesetzgeber für die Zuweisung der Vaterschaft im Ausgangspunkt verschiedener Vermutungstatbestände bedienen. Dementsprechend enthält § 1592 BGB drei abschließende[14] und gleichwertig nebeneinander stehende Zuordnungsregeln, die sich allerdings gegenseitig ausschließen: die Vaterschaft kraft Ehe (Nr. 1), die Vaterschaft kraft Anerkennung (Nr. 2) sowie die Vaterschaft kraft gerichtlicher Feststellung (Nr. 3).

---

[8] BT-Drucks. 13/4899, S. 82 f.

[9] BT-Drucks. 13/4899, S. 82.

[10] Insoweit verhält sich das Abstammungsrecht „konsequentialistisch“; s. *Jäschke* FamRZ 2018, 887 (890).

[11] Vgl. dazu MüKo-BGB/*Wellenhofer* § 1591 Rn. 5.

[12] Vgl. zur Versagung einer pränatalen Vaterschaftsfeststellung *BVerfG* NJW 2017, 948 (949).

[13] MüKo-BGB/*Wellenhofer* § 1591 Rn. 5; *Jäschke* FamRZ 2018, 887 (890).

[14] § 1593 BGB erweitert § 1592 Nr. 1 BGB, während § 1599 Abs. 2 BGB § 1592 Nr. 2 BGB ergänzt und von § 1592 Nr. 1 BGB abgrenzt; vgl. dazu MüKo-BGB/*Wellenhofer* § 1592 Rn. 1.

a) Vaterschaft kraft Ehe

Die soeben angesprochene Gleichwertigkeit der Zuordnungstatbestände bezieht sich freilich nur auf die Rechtsfolge, während § 1592 Nr. 1 BGB selbstredend Vorrang i. S. d. „Leiterprinzips" gegenüber Nr. 2 und Nr. 3 in Bezug auf seine Anwendung genießt.[15] Auch wenn gesellschaftliche Entwicklungen zu einer zunehmenden Ablösung traditioneller Familienbilder führen, kommt § 1592 Nr. 1 BGB ungebrochene Bedeutung zu. Ist der Mann mit der Gebärenden verheiratet, wird er dem Kind als rechtlicher Vater zugeordnet, selbst wenn seine Samenzellen oder der gesamte Embryo vertauscht wurden und er deshalb keine genetische Verwandtschaft zu dem Kind aufweist (S. 114, Konstellationen 2–4).

b) Vaterschaft kraft Anerkennung

Obwohl die Durchführung reproduktionsmedizinischer Maßnahmen in Deutschland lange Zeit vor allem verheirateten Paaren vorbehalten war, haben auch die anderen beiden Varianten des § 1592 BGB einen nicht zu vernachlässigenden Anwendungsbereich. Ist der Wunschvater nicht mit der gebärenden Frau verheiratet, kommt zunächst eine Vaterschaft kraft Anerkennung gemäß § 1592 Nr. 2 BGB i. V. m. §§ 1594 ff. BGB in Betracht, die bereits pränatal begründet werden kann (§ 1594 Abs. 4 BGB). Hat der Wunschvater seine Vaterschaft vor oder nach der Geburt anerkannt und erteilt die Mutter die notwendige Zustimmung (§ 1595 BGB), wird er dem Kind ebenfalls als rechtlicher Vater zugewiesen, auch wenn diese Zuordnung genetisch betrachtet jeglicher Grundlage entbehrt.

c) Vaterschaft kraft gerichtlicher Feststellung

Nur, wenn der Wunschvater weder mit der gebärenden Frau verheiratet ist noch die Vaterschaft anerkennt, greift eine Zuordnungsform ein, die eine gespaltene Vaterschaft verhindert. Denn die gerichtliche Feststellung der Vaterschaft nach § 1600d BGB bzw. § 182 Abs. 1 FamFG (§ 1592 Nr. 3 BGB) bezieht sich einzig auf die genetische Vaterschaft und wird in der Regel mithilfe eines Abstammungsgutachtens unmittelbar festgestellt (§ 177 Abs. 2 FamFG). Der verfahrenseinleitende Antrag gemäß §§ 169 Nr. 1, 171 Abs. 1 FamFG kann durch den potentiellen leiblichen Vater, die Mutter oder das Kind gestellt werden.[16] Ist es zu einer Vertauschung von Samenzellen oder gar des Embryos gekommen, wird das Gericht aufgrund des Gutachtens feststellen, dass keine genetische Verwandtschaft zu dem Wunschvater besteht und den Antrag als unbegründet abweisen. Deshalb würde der Wunschvater nicht von § 1592 Nr. 3 BGB als gesetzlicher

---

[15] Vgl. Soergel/*Schmidt-Recla* § 1592 Rn. 1; Staudinger/*Rauscher* § 1592 Rn. 11.

[16] Soergel/*Schmidt-Recla* § 1592 Rn. 34; Staudinger/*Rauscher* § 1592 Rn. 64.

Vater des von seiner Partnerin ausgetragenen Kindes zugeordnet. Dies hat zur Folge, dass das betroffene Kind keinen rechtlichen Vater hat, bis der Vertauschungsvorfall aufgeklärt wurde und ein neues Verfahren zur gerichtlichen Feststellung der Vaterschaft bezüglich des eigentlichen genetischen Vaters abgeschlossen wurde. Angesichts der bereits dargelegten, die Aufklärung erheblich erschwerenden Hindernisse dürfte das Kind in solchen Fällen vielfach ohne rechtlichen Vater bleiben.

3. Möglichkeit der Anfechtung und Vaterschaftsfeststellung

Wie dargelegt, zeigt das Abstammungsrecht gewisse Unzulänglichkeiten bei der Herstellung eines Gleichlaufs zwischen rechtlicher und genetischer Elternschaft. Daher halten die §§ 1600 ff. BGB mit dem Anfechtungsrecht ein Korrektiv für diese abstammungsrechtlichen Verwerfungen bereit. Allerdings gilt diese Korrekturmöglichkeit ausschließlich für die Vaterschaft, während sich die Mutterschaft unanfechtbar und unabänderlich an der Geburt orientiert.[17] Des Weiteren wird die Anfechtung dadurch begrenzt, dass nach § 1600 Abs. 1 BGB nur bestimmte Personen zur Anfechtung berechtigt sind; namentlich der rechtliche Vater (Nr. 1), der vermeintliche genetische Vater (Nr. 2), die Mutter (Nr. 3) sowie das Kind (Nr. 4).

a) Anfechtungsrechte der „Wunschfamilie"

Wurde der Partner der gebärenden Frau von § 1592 Nr. 1 oder Nr. 2 BGB als rechtlicher Vater des Kindes zugeordnet, kann er seine Vaterschaft nach § 1600 Abs. 1 Nr. 1 BGB anfechten. In dem zu diesem Zweck eingeleiteten Abstammungsverfahren (§ 169 Nr. 4 FamFG) hebt das Gericht auf der Grundlage eines Abstammungsgutachtens den Widerspruch zwischen gesetzlicher Vaterschaft und genetischer Realität auf, indem der von einer Vertauschung Betroffene aus seiner rechtlichen Vaterschaft entlassen wird. Insoweit entstünde die gleiche Situation wie im Fall der Ablehnung einer Vaterschaftszuordnung mittels gerichtlicher Feststellung nach § 1592 Nr. 3 BGB: Das Kind wird vorbehaltlich einer später anderweitig betriebenen Vaterschaftsfeststellung vaterlos. Daneben steht es auch der Mutter und dem Kind frei, die Vaterschaft des rechtlichen Vaters in dem Bestreben anzufechten, den eigentlichen leiblichen Vater als rechtlichen Vater feststellen zu lassen oder schlicht die rechtliche Verbindung zu dem nichtgenetischen Vater zu kappen (§ 1600 Abs. 1 Nr. 3, 4 BGB). Zudem sei darauf hingewiesen, dass § 1600 Abs. 4 BGB ausschließlich für den Fall einer konsen-

---

[17] BT-Drucks. 13/4899, S. 82; s. auch BeckOK-BGB/*Hahn* § 1591 Rn. 1; Staudinger/*Rauscher* § 1591 Rn. 16.

tierten heterologen Behandlungsform gilt. In Vertauschungsfällen mag es zwar ebenfalls zu der Verwendung von Fremdsamen kommen, die Interessenlage ist aber eine völlig andere. Denn die § 1600 Abs. 4 BGB tragende gesetzgeberische Überlegung, dass sich die Eltern „bewusst für die Zeugung eines Kindes durch Fremdsamenübertragung entscheiden" und deshalb „eine Aufkündigung der [...] Vaterschaft nicht zugelassen werden" kann,[18] entspricht in keiner Weise den Umständen der hier besprochenen Fälle, in denen die Verwendung von Samen Dritter gerade nicht gewünscht oder gar gewollt ist.

b) Anfechtungsrecht des genetischen Vaters

Besonderheiten gelten allerdings für das Anfechtungsrecht des potentiell leiblichen Vaters – also des Mannes, der „auf der anderen Seite" von der Vertauschung betroffen ist. Er ist nämlich gemäß § 1600 Abs. 1 Nr. 2 BGB nur dann zur Anfechtung berechtigt, wenn er einerseits an Eides statt versichert, der Mutter zur Empfängniszeit beigewohnt zu haben und andererseits zwischen Kind und rechtlichem Vater keine sozial-familiäre Beziehung besteht oder im Todeszeitpunkt des rechtlichen Vaters bestanden hat (§ 1600 Abs. 2, 3 BGB). Da das Anfechtungsrecht des genetischen Vaters – neben § 1686a BGB – de lege lata das einzige Instrument für die nicht-rechtlichen Eltern ist, sich rechtlich mit dem Kind in Verbindung zu setzen, wird im Folgenden insbesondere diskutiert, ob die die Anfechtung beschränkende Sperre der sozial-familiären Beziehung verfassungskonform ist.

aa) Versicherung an Eides Statt

Da die hier interessierenden Fälle stets Maßnahmen der assistierten Reproduktion zum Gegenstand haben, könnte der Begriff der „Beiwohnung" problematisch sein. Wie sich aus der Formulierung ergibt, hatte der Gesetzgeber zunächst einmal nur natürliche Zeugungsvorgänge im Blick, also alle sexuellen Handlungen, die geeignet sind, ein Kind zu zeugen.[19] Ob darüber hinaus auch eine Inseminationsbehandlung, IVF oder ICSI als Beiwohnung i. S. d. § 1600 Abs. 1 Nr. 2 BGB qualifiziert werden kann, begegnet durchaus Bedenken.[20] Zwar handelt es sich bei dem Erfordernis der eidesstattlichen Versicherung um eine „formell

---

[18] BT-Drucks. 14/2096, S. 7.

[19] BT-Drucks. 15/2492, S. 9; vgl. Soergel/*Schmidt-Recla* § 1600 Rn. 14; Staudinger/*Rauscher* § 1600d Rn. 49.

[20] So sollte durch den Terminus „Beiwohnung" gerade dem Samenspender – also einem Beteiligten an einer assistierten Reproduktion – ein Anfechtungsrecht verwehrt werden; vgl. BT-Drucks. 15/2253, S. 15.

leicht erfüllbare Verfahrensvoraussetzung“[21], für deren Inhalt auch im Bestreitensfall kein Beweis erhoben wird. Allerdings sollte dadurch lediglich verhindert werden, dass das Anfechtungsrecht ins Blaue hinein ausgeübt wird.[22] Es stellt sich folglich die Frage, ob in allen Fällen der assistierten Reproduktion zu fordern ist, dass der Anfechtende an Eides Statt versichert, der Mutter „beigewohnt“ zu haben.

Der *BGH* hat in einer Entscheidung vom 15.05.2013[23] klargestellt, dass sich der Anfechtungsausschluss des § 1600 Abs. 1 Nr. 2 BGB nur auf Konstellationen bezieht, in denen „mit der Mutter, dem Wunschvater und dem [...] Dritten alle an der Zeugung des Kindes Beteiligten übereinstimmend von einer (noch zu begründenden) rechtlichen Vaterschaft des Wunschvaters ausgehen.“[24] In solchen Fällen wolle der Dritte die Übernahme elterlicher Verantwortung dem Wunschvater überlassen und selbst regelmäßig anonym bleiben, sodass von einem konkludenten Verzicht auf seine rechtliche Vaterschaft und sein Anfechtungsrecht auszugehen sei.[25] Auch wenn der Vorgang der Samenspende noch weitaus stärker institutionalisiert ist, lässt sich aus diesen auf die Konstellation der konsentierten heterologen Samenspendebehandlung gemünzten Ausführungen ein Rückschluss gewinnen, der auf den hiesigen Fall übertragen werden kann: Berücksichtigt man die gesetzgeberische Zweckbestimmung, den Samenspender in Fällen des § 1600 Abs. 4 BGB von der Anfechtung auszuschließen,[26] kann der Zugang zur Elternschaft in Konstellationen, in denen der genetische Vater keinen Verzicht auf die spätere Begründung des Elternrechts zum Ausdruck bringt, „schon aus verfassungsrechtlichen Erwägungen“[27] nicht bereits grundsätzlich verwehrt werden. In diesem Sinne stellt der *BGH* klar, dass in Fällen, in denen keine konsentierte heterologe Behandlungsform vorliegt, die Anwendung der Vorschrift sowohl im Hinblick auf „Sinn und Zweck der gesetzlichen Regelung als auch ihre Stellung im System des Abstammungsrechts“ selbst in Fällen geboten ist, in denen es zu einer Zeugung ohne Geschlechtsverkehr gekommen ist.[28] Da in Vertauschungsfällen nie eine entsprechende Abrede zwischen den betroffenen Paaren vorliegen wird, schließt das Erfordernis der Versicherung an Eides Statt den genetischen Vater nicht von der Anfechtung aus.[29] In einem solchen

---

21 BT-Drucks. 15/2253, S. 10; vgl. dazu *BGH* NJW 2013, 2589 (2590).

22 BT-Drucks. 15/2492, S. 10.

23 *BGH* NJW 2013, 2589.

24 *BGH* NJW 2013, 2589 (2591).

25 *BGH* NJW 2013, 2589 (2591).

26 Vgl. BT-Drucks. 15/2942, S. 9.

27 *BGH* NJW 2013, 2589 (2591).

28 So *BGH* NJW 2013, 2589 (2590).

29 *BGH* NJW 2013, 2589 (2590 f.), erneut unter Verweis auf die Charakterisierung als „formelle Hürde“.

Fall muss sich die Versicherung nur auf Tatsachen beziehen, die ein Befruchtungsgeschehen mit Samenzellen des Anfechtenden nahelegen.[30] Insofern könnte versichert werden, dass Samenzellen für einen Behandlungszyklus abgegeben wurden und Tatsachen die Annahme rechtfertigen, dass es zu einem Vertauschungsvorfall kam, von dem auch die angefochtene Vaterschaft betroffen ist.

bb) Keine sozial-familiäre Beziehung

Auch wenn der genetische Vater die von § 1600 Abs. 1 Nr. 2 BGB geforderte Versicherung folglich abgeben kann, ist das größte Hindernis für den Erfolg des Anfechtungsbegehrens letztlich ohnehin § 1600 Abs. 2, 3 BGB. Besteht nämlich zwischen dem Kind und dem Wunschvater eine sozial-familiäre Beziehung oder bestand eine solche im Todeszeitpunkt des Wunschvaters, so ist die Anfechtung durch den leiblichen Vater ausgeschlossen. Gemäß § 1600 Abs. 3 S. 1 BGB ist eine sozial-familiäre Beziehung von der Übernahme tatsächlicher Verantwortung für das Kind geprägt. § 1600 Abs. 3 S. 2 BGB enthält die Vermutung, dass tatsächliche Verantwortung getragen wird bzw. wurde, wenn der Wunschvater mit der Mutter des Kindes verheiratet ist oder mit dem Kind längere Zeit in häuslicher Gemeinschaft zusammengelebt hat. Nach dem eindeutigen Wortlaut der Bestimmung ist der Anfechtungsantrag ausnahmslos als unbegründet abzuweisen, wenn eine solche sozial-familiäre Beziehung zwischen Kind und Wunschvater besteht. Während die in Rechtsprechung und (Kommentar-)Literatur bereits ausreichend erörterten Voraussetzungen für eine sozial-familiäre Beziehung an dieser Stelle nicht weiter vertieft werden sollen,[31] stellt sich die Frage nach der grundsätzlichen Legitimation der gesetzgeberischen Entscheidung umso dringlicher.

(1) Der Ausgangspunkt

Die aktuelle Fassung des § 1600 Abs. 2 BGB geht im Wesentlichen[32] auf eine Entscheidung des *BVerfG* vom 09.04.2003[33] zurück, die den Gesetzgeber zu einer – jedenfalls teilweisen – Öffnung des Anfechtungsrechts für den leiblichen Vater anhielt. In der genannten Entscheidung fordert das *BVerfG* eine Interessen-

[30] So implizit *BGH* NJW 2013, 2589 (2590), da es in diesem Fall einer sog. Becherspende genügte, zu versichern, dass der Mutter Sperma zum Zweck der (Selbst-)Befruchtung zur Verfügung gestellt wurde.

[31] Vgl. etwa MüKo-BGB/*Wellenhofer* § 1600 Rn. 22 ff.; Soergel/*Schmidt-Recla* § 1600 Rn. 19 ff.; Staudinger/*Rauscher* § 1600 Rn. 42 ff.

[32] Vgl. BT-Drucks. 15/2253, S. 9 ff.

[33] *BVerfG* NJW 2003, 2151. Die sich in die gesetzgeberische Entscheidung erstreckenden Schwächen des Beschlusses werden eingehend analysiert von *Roth* NJW 2003, 3153.

abwägung, in der die soziale der ebenfalls von Art. 6 Abs. 2 S. 1 GG geschützten genetischen Vaterschaft gegenüberzustellen ist.[34] Der Gesetzgeber hat diese Vorgabe in stark typisierender Weise in § 1600 Abs. 2, 3 BGB übernommen, indem er an die Erfüllung der von ihm definierten Merkmale einer sozialen Familie die zwingende und ausnahmslos anzuwendende Rechtsfolge des Anfechtungsausschlusses geknüpft hat. Die Typisierung vollzieht sich dabei auf zwei Ebenen: Zunächst stellt § 1600 Abs. 2 BGB die Behauptung auf, eine zwischen rechtlichem Vater und Kind bestehende sozial-familiäre Verbindung bedeute stets, dass das Interesse des genetischen Vaters an der Anfechtung weniger Gewicht habe.[35] Daran schließt sich die offensichtliche(re) Schematisierung durch die Regelvermutungen des § 1600 Abs. 3 S. 2 BGB an, nach der von der Übernahme tatsächlicher Verantwortung und damit dem Bestehen einer sozial-familiären Beziehung auszugehen sei, wenn der rechtliche Vater mit der Mutter des Kindes verheiratet ist oder mit dem Kind längere Zeit in häuslicher Gemeinschaft zusammengelebt hat.[36] Im Folgenden wird dargelegt, dass die vom *BVerfG* vorgezeichneten und in § 1600 Abs. 2, 3 BGB zum Ausdruck gebrachten Typisierungen sowohl gewisse inhaltliche als auch methodische Schwächen offenbaren.

(2) Inhaltliche Bedenken

Auch wenn § 1600 Abs. 2, 3 BGB sowohl vom *BGH*[37] als auch vom *BVerfG*[38] für verfassungskonform erachtet wurde, steht die geltende Gesetzeslage zu Recht in der Kritik. Der pauschale Vorrang der sozial-familiären Beziehung zum rechtlichen Vater nimmt dem genetischen Vater jede Möglichkeit, selbst in die rechtliche Vaterstellung einzurücken.[39] Da de lege lata weder eine Einbeziehung des Kindeswohls noch eine Interessenabwägung im Einzelfall vorgesehen ist, bleibt gänzlich unberücksichtigt, ob auch der leibliche Vater bereits eine sozial-familiäre Beziehung zu dem Kind aufgebaut hat, die ebenfalls schützenswert wäre.[40]

---

[34] Vgl. *BVerfG* NJW 2003, 2151 (2155).

[35] BT-Drucks. 15/2253, S. 11.

[36] Diese Typisierung gibt das *BVerfG* NJW 2003, 2151 (2155) ganz offen zu und damit auch der Gesetzgeber, übernimmt er die Vorgehensweise doch nahezu vollständig.

[37] *BGH* NJW 2007, 1677; FamRZ 2018, 41 f.; 2018, 275 (278) m. zust. Anm. *Duden* FamRZ 2018, 355.

[38] BVerfG NJW 2009, 423; FamRZ 2014, 191; 2015, 817.

[39] Die bisherige Rspr. bestätigte jüngst *BGH* FamRZ 2018, 275; etwas weniger strikt für eine Sonderkonstellation *BGH* NJW 2018, 3773; krit. zu jener Rspr. u. a. MüKo-BGB/*Wellenhofer* § 1600 Rn. 14; *Coester-Waltjen* FamRZ 2013, 1693 (1695); *Helms* in: Regelungsaufgabe, S. 19 (33).

[40] *OLG Bremen* FamRZ 2013, 1824 f.; MüKo-BGB/*Wellenhofer* § 1600 Rn. 14; *Coester-Waltjen* FamRZ 2013, 1693 (1698); *Helms* FamRZ 2014, 277; *ders.* Gutachten F 71. DJT, F44; vgl. auch Diskussionsteilentwurf des BMJV zum Abstammungsrecht v. 12.03.19, S. 47;

Daneben zeigen sich klare Defizite bei einem Vergleich mit dem Adoptionsrecht. Dort soll es erforderlich sein, dass der leibliche Vater in die Adoption einwilligt (§ 1747 Abs. 1 S. 2 BGB) und diese dem Kindeswohl dient (§ 1741 Abs. 1 S. 1 BGB). Erfolgt die Vaterschaftszuordnung demgegenüber mittels Anerkennung, werden sämtliche (Veto-)Rechte des genetischen Vaters de facto ausgeschaltet.[41] Insoweit wird zu Recht darauf hingewiesen, dass etwas, das im Rahmen der Adoption für verfassungsrechtlich geboten erachtet wird – nämlich die Beteiligung des genetischen Vaters –, bei anderen Zuordnungsmöglichkeiten der rechtlichen Vaterschaft nicht ohne Weiteres außer Acht gelassen werden dürfe.[42] Darüber hinaus wird kritisiert, dass dann, wenn das elterliche Erziehungsrecht des rechtlichen Vaters aufgrund der Volljährigkeit des Kindes wegfällt, das gesetzliche Konzept nicht mehr aufgehe.[43]

Bisweilen wird argumentiert, dass die Beschränkung in § 1600 Abs. 2, 3 BGB deshalb angemessen sei, weil dem Kind – sollte es Interesse an einer rechtlichen Beziehung zu seinem genetischen Vater haben – selbst ein unbeschränktes Anfechtungsrecht nach § 1600 Abs. 1 Nr. 4 BGB zustehe. Daher sei eine Erweiterung des Anfechtungsrechts aus § 1600 Abs. 1 Nr. 2 BGB nicht erforderlich.[44] Diese Argumentation vermag jedoch nicht zu überzeugen. Denn sie übersieht, dass das Kind zu Beginn seines Lebens für eine lange Zeit gesetzlich vertreten werden muss, sodass nicht zwangsläufig das Wohl des Kindes, sondern das Interesse der gesetzlichen Vertreter leitend für die Entscheidung für oder gegen eine Anfechtung sein wird.[45] Außerdem darf nicht unberücksichtigt bleiben, dass das Interesse der rechtlichen Mutter an einer sozialen Vater-Kind-Beziehung in hohem Maße von der Beziehung zwischen Mutter und rechtlichem Vater abhängt, während das „genetische Band zum biologischen Vater dauerhaftes Interesse am Schicksal des Kindes und damit eine gewisse Beziehungs-Kontinuität und Stabilität" versprechen könnte.[46]

---

krit. mit Blick auf eine fehlende Einzelfallabwägung auch *EGMR*, Urt. v. 18.05.2006 – 55339/00, Rz. 77 ff.

[41] MüKo-BGB/*Wellenhofer* § 1600 Rn. 14; *Aust* S. 107; *Coester-Waltjen* FamRZ 2013, 1693 (1698); *Helms* FamRZ 2010, 1 (6); *Wellenhofer* NZFam 2017, 898 (902).

[42] *Coester-Waltjen* FamRZ 2013, 1693 (1698); vgl. auch *Wellenhofer* FamRZ 2012, 828 (831).

[43] MüKo-BGB/*Wellenhofer* § 1600 Rn. 14 m. w. N.

[44] So etwa *BVerfG* NJW 2003, 2151 (2154 f.).

[45] Demgegenüber greifen die Bedenken von *Heiderhoff* in: Regelungsaufgabe, S. 9 (12) nicht durch; vgl. *Helms* in: Regelungsaufgabe, S. 19 (20, Fn. 4).

[46] *Helms* FamRZ 2010, 1 (6) m. w. N.; *ders.* in: Regelungsaufgabe, S. 19 (33); *ders.* Gutachten F 71. DJT, F45; *ders.* FamRZ 2016, 1382 (1385); so auch überzeugend MüKo-BGB/*Wellenhofer* § 1600 Rn. 14.

Ferner verkennt der typisierende Schluss vom Bestehen der Ehe auf ein sozial-familiäres Zusammenleben, dass aufgrund hoher Scheidungszahlen ohnehin viele Eheleute in Trennung leben.[47] Dieser Umstand wird noch dadurch verstärkt, dass durch das Kind eines Dritten destabilisierte Ehen überdurchschnittlich trennungsanfällig sein dürften.[48] Auch wenn es sich dabei um bloße Regelbeispiele handelt, verschiebt die Negativformulierung in § 1600 Abs. 3 S. 2 BGB die Darlegungs- und Beweislast auf den Anfechtenden,[49] was die Erfolgsaussichten seiner Anfechtung aufgrund beschränkter Einsichtsmöglichkeiten[50] in interfamiliäre Beziehungen wesentlich schmälern wird. Darüber hinaus setzt sich der Gesetzgeber selbst in Widerspruch, indem er auch der Mutter ein zweijähriges Anfechtungsrecht zuerkennt (§§ 1600 Abs. 1 Nr. 3, 1600b Abs. 1 S. 1 BGB) und diese Frist damit begründet, dass sich „innerhalb dieses Zeitraums [...] persönliche Bindungen des Kindes zu seinem Vater noch nicht in einem solchen Maße entwickeln [können], daß ein etwa vorhandenes Interesse des Kindes am Fortbestand der Vaterschaft das Anfechtungsinteresse der Mutter überwiegen könnte."[51]

Zwar soll dies von der Überlegung getragen werden, dass die Mutter anders als der genetische Vater nicht als Dritte störend in den intakten Familienverband eingreife.[52] Allerdings liegt dieser Argumentation die Erwägung zugrunde, dass der Wegfall der rechtlichen Beziehung zwischen rechtlichem Vater und Kind belastender sei, wenn die Mutter nicht mehr mit dem rechtlichen Vater als Paar zusammenlebt. Dies beinhaltet einerseits das Eingeständnis, dass die Schutzwürdigkeit der rechtlichen Vaterschaft vor allem von der Entscheidung der Mutter über die Fortführung der Beziehung abhängt. Dann müsste man sich aber zugleich dem bisweilen in der Literatur geäußerten Vorwurf aussetzen, der Topos „soziale Familie"[53] werde letztlich eigentlich als „eheliche Familie" verstanden und diene unterschwellig dazu, der Mutter die Entscheidung über die soziale Einbettung des Kindes zu ermöglichen.[54]

---

[47] Soergel/*Schmidt-Recla* § 1600 Rn. 23; Staudinger/*Rauscher* § 1600 Rn. 13; *Roth* NJW 2003, 3153 (3154). Dazu auch die insgesamt zweifelnden Überlegungen bei *Frank* FS Schwab, S. 1127 (1132).

[48] Staudinger/*Rauscher* § 1600 Rn. 13; *Roth* NJW 2003, 3153 (3154 f.).

[49] *BGH* NJW 2007, 1677 (1680); *Büttner* FS Schwab, S. 735 (738); *Wellenhofer* FamRZ 2012, 828 (832).

[50] Dazu *Schneider* NZFam 2016, 939 (940); *Wellenhofer* NZFam 2017, 898.

[51] So BT-Drucks. 13/8511, S. 70.

[52] *BVerfG* NJW 2003, 2151 (2154).

[53] Bereits der Begriff an sich wird überwiegend mit Kritik bedacht; vgl. Erman/*Hammermann* § 1600 Rn. 11 („unschön"); *Gernhuber/Coester-Waltjen* § 52 Rn. 110 („Spitzentanz"); Soergel/*Schmidt-Recla* § 1600 Rn. 19 („sprachliches Artefakt", das „nur als vollkommen missraten angesehen werden kann").

[54] Vgl. Staudinger/*Rauscher* § 1600 Rn. 13; ähnlich *Hager* FS Schwab, S. 773 (775 ff.).

Andererseits fußt der Einwand, nur die Anfechtung des genetischen Vaters störe den intakten Familienverband, auf der Prämisse, dass der Schutz des Familien*verbands* ein Aspekt sei, der im Rahmen der abstammungsrechtlichen Zuordnung Berücksichtigung finden müsse. Indes ist das Abstammungsrecht von einer dichotomen Denkweise geprägt: Zuweisungsentscheidungen vollziehen sich stets im Verhältnis zwischen zwei Personen. Auf der einen Seite das Kind, das auf der anderen Seite einem Elternteil zugewiesen werden soll. Aus dieser Interpersonalität folgt, dass „die Familie“ als Personenverband bei der Zuordnungsentscheidung keine Rolle spielen sollte. Ein Kind kann keiner Familie insgesamt abstammungsrechtlich zugeordnet werden, sondern immer nur zwei Elternteilen isoliert als Mutter und Vater. Daraus kann deduziert werden, dass auch der Schutz des Familienverbands keine primäre Aufgabe des Abstammungsrechts ist.[55] Geschützt werden lediglich die Mitglieder der Familie in ihrem jeweiligen Verhältnis zum Kind. In diesem Sinne stellt auch § 1600 Abs. 2, 3 BGB allein auf die sozial-familiäre Beziehung zwischen Vater und Kind ab, ohne dabei das Verhältnis von rechtlichem Vater und Mutter oder gar den Personenverband als Gesamtheit in den Blick zu nehmen.[56] Jedenfalls als Fingerzeig sollte der insoweit eindeutige Wortlaut des § 1600 Abs. 2, 3 BGB verstanden werden (dazu noch S. 136 f.).

Dementsprechend ist es nach hier vertretener Auffassung überzeugender, die grundsätzliche Schutzwürdigkeit der rechtlichen Vater-Kind-Beziehung unabhängig von der Entscheidung der Mutter zu bewerten.[57] Ermöglichen die §§ 1600 Abs. 1 Nr. 3, 1600b Abs. 1 S. 1 BGB der Mutter (voraussetzungslos) die Anfechtung, wird damit zugleich zum Ausdruck gebracht, dass die rechtliche Vaterbeziehung kein unantastbarer Wert ist. Warum in Anbetracht des Vorstehenden etwas anderes für den genetischen Vater gelten sollte – vor allem, wenn er die Anfechtung im unmittelbaren Zeitraum nach der Geburt erklärt –, ist kaum zu begründen.[58] Denn – und das ist offensichtlich auch die Prämisse, die der Gesetzgeber seiner obigen Äußerung zugrunde gelegt hat – im Zeitpunkt der Geburt ist nicht der Ehemann die „soziale Familie des Kindes, sondern allenfalls der

---

[55] Anders wohl *BVerfG* NJW 2003, 2151 (2154) unter Verweis auf BT-Drucks. 13/4899, S. 58.

[56] *BGH* NJW 2018, 947 (949); wohl auch *BGH* FamRZ 2018, 275 (278); ebenso *Helms* NJW-Beil 2016, 49 (51); These 29 des AK Abstammungsrecht in seinem Abschlussbericht aus 2017 (S. 52 f.).

[57] So i. Erg. auch *BVerfG* NJW 2003, 2151 (2155); *BGH* NJW 2018, 947 (949); wohl auch MüKo-BGB/*Wellenhofer* § 1600 Rn. 14.

[58] Ebenso These 30 des AK Abstammungsrecht in seinem Abschlussbericht aus 2017 (S. 52 f.).

Mutter."[59] Die Ungleichbehandlung erscheint noch frappierender, wenn man sich vergegenwärtigt, dass es bei dem Anfechtungsrecht der Mutter lediglich um den Ausschluss eines anderen von der gesetzlichen Vaterschaft geht, während der genetische Vater um die Anerkennung seiner eigenen rechtlichen Vaterschaft streitet.[60]

(3) Methodische Einwände

Darüber hinaus überschreitet der Gesetzgeber mit § 1600 Abs. 3 S. 2 BGB den ihm verfassungsrechtlich zustehenden Gestaltungsspielraum für typisierende gesetzliche Regelungen.[61] Denn der Gleichheitssatz des Art. 3 Abs. 1 GG verbietet es, Ungleiches ohne sachlichen Grund gleich zu behandeln.[62] Zweifellos ist die gesetzgeberische Technik der Typisierung oftmals unvermeidlich, um dem berechtigten Interesse an Praktikabilität und Rechtssicherheit Genüge zu tun.[63] Indes dürfen die aus der Typisierung erwachsenden Härten lediglich von geringer Intensität sein und nur eine verhältnismäßig kleine Zahl von Personen treffen.[64] Zudem darf der Eingriff nicht oder nur unter nicht hinnehmbaren Schwierigkeiten zu vermeiden sein.[65] Überschreitet die Typisierung diese Grenzen, bedarf es einer Ausnahmeklausel, mit der nicht mehr hinnehmbare Härten der Regelung im Einzelfall aufgefangen werden können.[66] Fehlt eine solche Klausel, erhöhen sich die Anforderungen an die Zulässigkeit einer Typisierung umso deutlicher, je stärker der jeweilige Eingriff den einzelnen als Person in der Ausübung seiner Grundrechte beschränkt.[67]

§ 1600 Abs. 2, 3 BGB betrifft nicht bloß einen verhältnismäßig kleinen Kreis von Personen, sondern eine Vielzahl genetischer Väter, die durch die Existenz eines Scheinvaters von der Erlangung rechtlicher Vaterschaft bei ihren leiblichen Kindern abgehalten werden. Zudem greifen die Regelungen in erheblichem Maße in Grundrechtspositionen (insb. Art. 6 Abs. 2 S. 1 GG) des biologischen Vaters ein, die den „Kern seines Personseins betreffen, nämlich […] seine Vater-

---

[59] Staudinger/*Rauscher* § 1600 Rn. 13; vgl. *Frank* FS Schwab, S. 1127 (1132); *Hager* FS Schwab, S. 773 (774).

[60] So *Roth* NJW 2003, 3153 (3155).

[61] Insoweit überschreitet er auch den vom *EGMR* EuGRZ 2015, 644 abgesteckten Ermessensspielraum. Nun auch (vorsichtig) krit. im Hinblick auf die Pauschalität *BVerfG* NJW 2018, 3773 (3775).

[62] BeckOK-GG/*Kischel* Art. 3 Rn. 14; Maunz/Dürig/*Kirchhof* Art. 3 Abs. 1 Rn. 9.

[63] *Roth* NJW 2003, 3153 (3154).

[64] *BVerfG* NJW 1993, 643; 1999, 2501 (2502); 2001, 1716.

[65] *BVerfG* NJW 1993, 643; 1999, 2501.

[66] *BVerfG* NJW 1985, 963 (964).

[67] *BVerfG* NZA 1999, 194; NJW 2001, 1779 (1782). Vgl. *Coester* FamRZ 1995, 1245 (1246).

stellung."[68] Wenn – wie das *BVerfG* zutreffend entschied –[69] bereits Sorgerechtsentscheidungen das Elternrecht in einer Weise beschränken, dass Typisierungen ohne individuelle gerichtliche Überprüfungsmöglichkeit unzulässig sind, muss dies mit Blick auf Art. 3 Abs. 1 GG erst Recht für die Möglichkeit der Vaterschaftsanfechtung und -anerkennung gelten.[70] Auch wenn Sorge- und Abstammungsrecht grundsätzlich einer unterschiedlichen Logik folgen, ist die Entscheidung über die Zuweisung des Sorgerechts gegenüber der abstammungsrechtlichen Zuordnung nachrangig.[71] So ist es weitaus einschneidender, einer Person bereits den grundsätzlichen Zugang zum Elternrecht zu verwehren, als ihr „bloß" das Sorgerecht vorzuenthalten. Daher wäre die generalisierende Regelung des § 1600 Abs. 3 S. 2 BGB im Hinblick auf den Gleichheitssatz nur zu legitimieren, wenn zugleich die Möglichkeit der gerichtlichen Einzelfallentscheidung für Härtefälle eröffnet würde.

Eine solche könnte sich zwar aus der Tatsache ergeben, dass die Norm lediglich eine Regelvermutung aufstellt, der die Möglichkeit innewohnt, die von der Bestimmung vorausgesetzte Annahme zu widerlegen. Allerdings handelt es sich dabei um keine Ausnahmeregelung, die auf die Handhabung besonderer Härtefälle zugeschnitten ist. Zudem wird der genetische Vater aufgrund mangelnder Einsichtsmöglichkeiten einerseits kaum in der Lage sein, die Verantwortungsübernahme durch den rechtlichen Vater zu widerlegen.[72] Andererseits zeigt bereits die Tatsache, dass selbst in Fällen, in denen eine sozial-familiäre Bindung zwischen Kind und genetischem Vater besteht und weder Beeinträchtigungen des Kindeswohls noch der ehelichen Strukturen zu befürchten sind, ein Anfechtungsrecht des leiblichen Vaters überaus kritisch gesehen wird,[73] dass die Bereitschaft für eine wirklich der Interessenlage entsprechende Norminterpretation nur selten existent ist. Aber selbst, wenn in solchen Fällen eine teleologische Reduktion der Anfechtungssperre befürwortet wird,[74] dürfte es künftig nicht mehr viele

---

[68] *Roth* NJW 2003, 3153 (3154). Mahnend für das Familienrecht bereits *Coester* FamRZ 1995, 1245 (1246).

[69] *BVerfG* NJW 1983, 101 (103); 1991, 1944 (1945).

[70] *Roth* NJW 2003, 3153 (3154).

[71] Ohnehin ist die Übertragbarkeit von sorge- und umgangsrechtlichen Erwägungen auf das Abstammungsrecht durchaus möglich und ergiebig; so überzeugend *Helms* Gutachten F 71. DJT, F45 f.

[72] So i. Erg. auch *Schneider* NZFam 2016, 939 (940).

[73] Etwa *Schröder* S. 199 ff. o. *Gernhuber/Coester-Waltjen* § 52 Rn. 110 Fn. 253 in Bezug auf eine Entscheidung des *AG Herford* FamRZ 2008, 1270. Vgl. auch *BGH* FamRZ 2018, 275, wo von der Vorinstanz ebenfalls ein Anfechtungsrecht bejaht wurde (*OLG Hamm* NZFam 2016, 938); ähnlich *OLG Bremen* FamRZ 2013, 1824.

[74] So etwa MüKo-BGB/*Wellenhofer* § 1600 Rn. 25; Soergel/*Schmidt-Recla* § 1600 Rn. 31;

solcher Konstellationen geben. Würden die rechtlichen Eltern nämlich von Tendenzen in der Rechtsprechung Kenntnis erlangen, wonach die Anfechtung bei sozial-familiärer Beziehung zwischen Kind und genetischem Vater im Einzelfall zuzulassen wäre, würden sie gewiss alle Möglichkeiten ausschöpfen, um die Entstehung eines solchen sozialen Kontakts zu verhindern.[75] Denn mit der Gewährung des sozialen Kontakts würden sie die Tür zu einer Anfechtung des leiblichen Vaters ohne Einflussmöglichkeit ihrerseits aufstoßen, was die Verdrängung des rechtlichen Vaters aus seiner Vaterstellung zur Folge haben könnte.

Daraus ist nach hier vertretener Auffassung zu schlussfolgern, dass die Anfechtung durch den leiblichen Vater nicht nur auf Fälle beschränkt bleiben darf, in denen eine sozial-familiäre Beziehung bereits besteht. Die in dieser Weise von der deutschen Rechtsprechung[76] vorgenommene Beschränkung offenbart ohnehin gewisse Widersprüche zu der auf Art. 8 EMRK gestützten Rechtsauffassung des *EGMR* zum Begriff der „sozialen Familie".[77] Danach kann auch ein beabsichtigtes Familienleben („intended family life") „ausnahmsweise unter Art. 8 EMRK fallen, wenn der Umstand, dass es zu einem Familienleben nicht gekommen ist, nicht dem [genetischen Vater; ...] zugerechnet werden kann."[78] Davon ist insbesondere in Fällen auszugehen, in denen der genetische Vater zwar mit dem Kind durch ein natürliches Band unveränderbar verbunden ist, die tatsächliche sozial-familiäre Verbindung hingegen „aus praktischen oder rechtlichen Gründen von der Mutter des Kindes und ihrem Ehemann bestimmt werden kann."[79] Bringt der genetische Vater also sein nachhaltiges Interesse zum Ausdruck, Verantwortung für sein leibliches Kind zu übernehmen,[80] muss der Begriff der „sozial-familiären Beziehung" auf Konstellationen ausgeweitet werden, in denen zwar der Aufbau einer solchen Verbindung angestrebt wird, dies aber bislang in einer dem genetischen Vater nicht vorwerfbaren Weise unmöglich war.

---

krit. in Bezug auf die Technik der teleologischen Reduktion *Schneider* NZFam 2016, 939 (940 f.).

[75] In diese Richtung auch *Coester-Waltjen* FamRZ 2013, 1693.

[76] Vgl. *OLG Hamm* NZFam 2016, 938; in Ansätzen auch *OLG Bremen* FamRZ 2013, 1824; *AG Herford* FamRZ 2008, 1270; vgl. zudem *BVerfG* NJW 2018, 3773 f.

[77] Vgl. *EGMR* NJW 2012, 2781; FPR 2013, 275. Wie hier *Coester-Waltjen* FamRZ 2013, 1693 (1698).

[78] *EGMR* FPR 2013, 275 (276); vgl. auch *EGMR* NJW 2012, 2781 (2784).

[79] *EGMR* FPR 2013, 275 (276); ebenso *EGMR* NJW 2012, 2781 (2784).

[80] Der *EGMR* hat dafür u. a. auf den mehrfach geäußerten Wunsch, Umgang mit dem Kind zu erhalten, und die Bereitschaft, diesem Wunsch auch gerichtlich nachzugehen, abgestellt; vgl. *EGMR* FPR 2013, 275 (276).

(4) Erfordernis einer Einzelfallabwägung

Vor allem bleibt jedoch zu konstatieren, dass die strikte Sperre der sozial-familiären Beziehung durch ihren Verzicht auf eine Ausnahmeklausel zu Härten führt, die mit dem Verweis auf die Praktikabilität der Typisierung nicht mehr gerechtfertigt werden können. Insoweit bleiben die § 1600 Abs. 2, 3 BGB hinter den Anforderungen des Art. 3 Abs. 1 GG an eine verhältnismäßige Lösung des Interessenwiderstreits zurück.[81] Richtigerweise wird § 1600 Abs. 2, 3 BGB verfassungsrechtlichen Anforderungen daher nur gerecht, wenn Raum für eine individuelle gerichtliche Überprüfung etwaiger Härtefälle besteht.[82] Zunächst sollen nun diejenigen Aspekte aufgezeigt werden, denen ein besonderes Gewicht für eine solche Abwägung zukommen würde, um anschließend der Frage nachzugehen, ob das verfassungsrechtliche Erfordernis einer praktische Konkordanz herstellenden Einzelfallabwägung auf Grundlage der lex lata umzusetzen ist oder insoweit normative Korrekturen angezeigt sind. Ausgangspunkt der Überlegungen ist eine Einschätzung zum Begriff der sozialen Familie (a). Daraufhin werden genetische und rechtliche Vaterschaft gegenübergestellt (b), um – nach einer überleitenden Betrachtung der mütterlichen Interessen (c) – schließlich auf den entscheidenden Aspekt des Kindeswohls einzugehen (d). Die getrennte Bewertung der unterschiedlichen Interessenpositionen soll dabei helfen, das intrikate Interessengeflecht strukturiert zu entflechten.

Um Irritationen vorzubeugen, sei Folgendes angemerkt: Mit dem *EGMR* auf ein intendiertes Familienleben abzustellen und das Anfechtungsrecht des leiblichen Vaters daher in vielfacher Hinsicht offener zu gestalten, ist nur ein – wenn auch richtiger – Zwischenschritt auf dem Weg zu einem interessengerechten Zuordnungsergebnis. Denn das bloße Abstellen auf eine soziale Vaterschaft des genetischen Vaters wäre wiederum generalisierend und angesichts der zuvor geäußerten Kritik widersprüchlich. Dementsprechend wird nur ein größtmöglicher Verzicht auf Schematisierungen und damit eine individuelle Abwägung zur Herstellung praktischer Konkordanz der mehrpoligen Grundrechts- und Interessenlage gerecht. Dabei sei darauf hingewiesen, dass den nachstehenden Überlegungen nicht bloß in Bezug auf Vertauschungsfälle, sondern vielmehr allgemein Gültigkeit zukommen dürfte.

---

[81] A.A. etwa *BVerfG* NJW 2018, 3773 f., wo nun aber einschränkend formuliert wird, dass § 1600 Abs. 2, 3 „grundsätzlich" nicht zu beanstanden sei.

[82] So explizit auch *EGMR*, Urt. v. 18.05.2006 – 55339/00, Rz. 77 ff. In eine ähnliche Richtung geht der Beschluss „D.15.c)" zum Familienrecht des 71. DJT 2016; a.A. aber wohl *Helms* NJW-Beil 2016, 49 (51).

(a) Die soziale Familie als Eigenwert

Bevor die Einzelinteressen der beteiligten Personen dargestellt werden, sind einige einordnende Bemerkungen zu dem Begriff der „sozialen Familie“ unerlässlich. Was genau unter sozialer Elternschaft zu verstehen ist, wird zumeist als „selbstverständlich gesetzt“[83] und „inhaltlich sehr diffus oder lediglich in Abgrenzung zu biologischer und rechtlicher Elternschaft bestimmt.“[84] Alle Ansätze eint jedenfalls, dass die „soziale“ Komponente des Eltern-Kind-Verhältnisses in der tatsächlichen Übernahme von Verantwortung für das Wohlergehen des Kindes gesehen wird. Damit werden bestimmte Interessenpositionen der Beteiligten beschrieben: Der soziale Vater möchte mit der Mutter zusammenleben, für das Kind mitsorgen und es in seiner Entwicklung begleiten. Die Mutter hat ein Interesse daran, das Kind nicht allein erziehen zu müssen, sondern einen Partner zu haben, der die Vaterrolle ausfüllt und tatsächlich Verantwortung für das Kind übernimmt. Der kindlichen Entwicklung ist es schließlich dienlich, zwei Elternteile zu haben, die im familiären Verbund elterlichen Aufgaben nachkommen.

Insoweit ist der Topos „soziale Familie“ ein Sammelbegriff für die Interessen des zusammenlebenden Elternpaares und des Kindes. Da der Begriff erst durch diese Einzelinteressen Konturen sowie inhaltlichen Gehalt gewinnt, hat der Topos an sich einen geringen Eigenwert. Nach hier vertretener Ansicht ist es deshalb vorzugswürdig, unmittelbar mit den im Begriff der „sozialen Familie“ verkörperten Interessenpositionen zu argumentieren, anstatt mit der jedem Sammelbegriff innewohnenden Pauschalierung den Blick auf die dahinterstehenden Aspekte zu trüben. Denn auch der von Art. 6 Abs. 1 GG gewährleistete Schutz der sozialen Familie wirkt nicht zugunsten des Begriffs, sondern zugunsten des im Einzelfall betroffenen Interesses.[85] Daher liegt der Fokus der folgenden Ausführungen auf den zuvor skizzierten Einzelinteressen, während dem Topos „soziale Familie“ keine wesentliche Bedeutung zukommt.

(b) Genetische und rechtliche Vaterschaft

Wie das *BVerfG* treffend festgestellt hat, geht der Verfassungsgeber davon aus, dass „diejenigen, die einem Kinde das Leben geben, von Natur aus bereit und berufen sind, die Verantwortung für seine Pflege und Erziehung zu übernehmen.“[86] Spricht Art. 6 Abs. 2 S. 1 GG vom „natürlichen Recht“ der Eltern, kann damit aber kein normativ konstruiertes, sondern nur ein dem Staat „vorgegebe-

---

[83] *Peukert/Motakef/Teschlade/Wimbaue* NZFam 2018, 322 (326).

[84] *Dies.* NZFam 2018, 322 (323) mit einem Überblick zu den Versuchen einer Begriffsbestimmung.

[85] Dazu etwa Maunz/Dürig/*Badura* Art. 6 Rn. 73 f.

[86] *BVerfG* NJW 1968, 2233 (2237). Zust. v. Mangoldt/Klein/Stark/*Robbers* Art. 6 Rn. 166

nes Recht vorstaatlichen Charakters“[87] gemeint sein. Insoweit bezieht sich Art. 6 Abs. 2 S. 1 GG primär auf die genetische Elternschaft,[88] was – anders als es die Formulierungen[89] des *BVerfG* vielleicht vermuten ließen – auch dem allgemeinen Sprachgebrauch entsprechen dürfte.[90] Enthält Art. 6 Abs. 2 S. 1 GG also prinzipiell den Auftrag an den Gesetzgeber, das einfache Recht so auszugestalten, dass ein Gleichlauf zwischen genetischer und rechtlicher Elternschaft hergestellt wird,[91] kann die rechtliche Vaterschaft schon von Verfassung wegen keinen generellen Vorrang gegenüber der leiblichen Elternschaft genießen.[92] Daran anknüpfend soll mit einer Prämisse aufgeräumt werden, die angesichts der hier gefundenen Ergebnisse als unzutreffend gewertet werden muss: Bisweilen wird argumentiert, es bedürfe guter Gründe, die vom Gesetzgeber getroffene Wertentscheidung zugunsten der sozial-familiären Strukturen in Frage zu stellen.[93] Es ist aber richtigerweise „genau umgekehrt rechtfertigungsbedürftig, weshalb der biologische Vater nicht auch der rechtliche sein soll.“[94] Insoweit erscheint es zu einseitig, wenn der Gesetzgeber darauf pocht, die Ausführungen des *BVerfG*[95] seien so zu verstehen, dass „kein automatisches Rangverhältnis zwischen der

u. 183 ff.; Sachs/*von Coelln* Art. 6 Rn. 52; a.A. *Büttner* FS Schwab, S. 735 (743) hinsichtlich genetischer Eltern.

87 *BVerfG* NJW 1982, 1375 (1376); 2003, 2151 (2152); *Roth* NJW 2003, 3153 (3155). Ähnl. *Coester* FamRZ 1995, 1245 (1246); *Schumann* FamRZ 2000, 389 (390).

88 So erkennt es auch das *BVerfG* NJW 2003, 2151 (2152) an; vgl. dazu bereits *BVerfG* NJW 1989, 891; ebenso *Jarass*/Pieroth Art. 6 Rn. 46; *Coester-Waltjen* FamRZ 2013, 1693 (1699); *Wellenhofer-Klein* FamRZ 2003, 1889; *Weyrauch* S. 53 f. So auch der *EGMR* FamRZ 2006, 181 f. mit Blick auf Art. 8 EMRK; dazu *Spickhoff* in: Streit um die Abstammung, S. 13 (18 f.).

89 *BVerfG* NJW 2003, 2151 (2152): „Der Elternbegriff umfasst […] *auch* die leiblichen Eltern eines Kindes“.

90 Treffend *Roth* NJW 2003, 3153 (3155). Ähnl. *Coester* FamRZ 1995, 1245 sowie *Helms* in: Regelungsaufgabe, S. 19 (21 f.) mit Verweis auf ein rechtsvergleichend nachgewiesenes kulturelles Grundverständnis; ähnlich *Spickhoff* in: Streit um die Abstammung, S. 13 (24). Insgesamt lesenswert *Burkart* in: Regelungsaufgabe, S. 73 (80 ff.).

91 So explizit *BVerfG* NJW 2003, 2151 (2152).

92 *Roth* NJW 2003, 3153 (3156). Dazu auch *BVerfG* NJW 2003, 2151 (2154).

93 So jüngst etwa *Reuß* FamRZ 2016, 2137 (2138). Aber auch das *BVerfG* deutet mit seinen Formulierungen (vgl. Kap. E, Fn. 89) derartige Tendenzen an; vgl. *Roth* NJW 2003, 3153 (3155).

94 So *Roth* NJW 2003, 3153 (3155). Vgl. auch überzeugend *Coester* FamRZ 1995, 1245 (1246); *Schumann* in Fortpflanzungsmedizingesetz, S. 155 (174) unter Verweis auf BVerfGE 92, 158 (178).

95 *BVerfG* NJW 2003, 2151 (2154): „[…] die Grundrechtsnorm [gibt] keine starre Gewichtung dafür vor, welchem der beiden Merkmale, die die Elternschaft ausmachen sollen, der Vorrang einzuräumen ist und bestimmt insoweit kein Rangverhältnis zwischen der biologischen und der sozialen Elternschaft.“

biologischen und der sozialen Elternschaft“[96] bestehe. Vielmehr ist die in der Entscheidung genannte Präzisierung, dass er „*neben* der Abstammung *auch* rechtlichen und sozialen Tatbeständen Bedeutung zumessen“[97] kann, entscheidend: Ausgangspunkt aller Überlegungen sollte die genetische Elternschaft sein, von der nach eingehender Interessenabwägung – insbesondere zur Berücksichtigung des Kindeswohls (S. 137 f.) – abgewichen werden kann.

Dem steht nicht entgegen, dass der vom *BVerfG* herausgearbeitete gesetzgeberische Auftrag, einen Gleichlauf zwischen genetischer und rechtlicher Elternschaft herzustellen,[98] in gewisser Weise keine historische Grundlage findet. So besteht überhaupt erst seit einigen Jahrzehnten die Möglichkeit, die genetische Abstammung mittels DNA-basiertem Abstammungsgutachten zweifelsfrei festzustellen. Erst die Erfindung der DNA-Analyse[99] ergänzte das abstammungsrechtliche Koordinatensystem rechtstatsächlich um die Dimension der Genetik. Das bedeutet indessen nicht, dass die genetische Abstammung zuvor keine Rolle spielte. Denn seit jeher ist es das Ziel des Abstammungsrechts, die Elternschaft den „richtigen“ Eltern zuzuweisen. Während dies bei der Mutterschaft lange Zeit unproblematisch war („mater semper certa est“), konnte die Vaterschaft immer nur mithilfe von Vermutungstatbeständen bestimmt werden, die eine größtmögliche Harmonisierung mit der Realität ermöglichen sollen. Auch wenn die Feststellung der tatsächlichen genetischen Abstammung erst seit einiger Zeit möglich ist, intendierten die abstammungsrechtlichen Zuordnungsregeln daher stets, die rechtliche Zuweisung der genetischen Lage anzunähern.[100]

Angesichts dieser Ausgangslage muss das Interesse des rechtlichen Vaters, von Vaterschaftsanfechtungsverfahren verschont zu bleiben, zurücktreten. Wie *Roth* richtigerweise feststellt, begründet § 1592 Nr. 1, 2 BGB „zwar eine (widerlegliche) Vermutung der Vaterschaft, nicht aber als solche ein Recht auf die Vaterschaft.“[101] Wird nämlich durch die Anfechtung ein lediglich vermuteter Rechtszustand mit der tatsächlichen Sachlage in Einklang gebracht, liegt darin kein Vorgang, dessen Auswirkungen für den rechtlichen Vater so gravierend sind, dass sie nicht mit dem Einwand, der biologische Vater habe das „grundrechtlich besser abgesicherte Recht“ auf seiner Seite, relativiert werden könn-

---

96 BT-Drucks. 15/2253, S. 7.

97 *BVerfG* NJW 2003, 2151 (2154) [Anm.: Hervorhebung durch Verfasser].

98 *BVerfG* NJW 2003, 2151 (2152).

99 Sir *Alec John Jeffreys* entwickelte die moderne DNA-Analyse im Jahre 1984; vgl. www.dw.com/de/genetischer-fingerabdruck-wird-30/a-17910680 (zuletzt abgerufen am: 30.09.19).

100 So auch *Quantius* FamRZ 1998, 1145 (1146) m. w. N.: „darüber bestand niemals Uneinigkeit“; *Spickhoff* in: Streit um die Abstammung, S. 13 (18).

101 *Roth* NJW 2003, 3153 (3157).

ten.[102] So handelt es sich bei dem rechtlichen Vater de facto um einen Stiefvater, der nur aufgrund der Tatsache, dass er schon bei Geburt mit der Mutter verheiratet war oder zusammenlebte, auch die gesetzliche Vaterstellung zuerkannt bekommt.[103] Wäre dies nicht der Fall und der genetische Vater würde nach der Geburt als rechtlicher Vater des Kindes zugeordnet werden, wäre es selbst dann völlig fernliegend, ihn aus dieser Rechtsstellung zu verdrängen, wenn ein neuer Partner der Mutter für das Kind tatsächlich Verantwortung trägt und mit ihm in familiärer Gemeinschaft zusammenlebt.[104]

Nicht unerwähnt bleiben darf eine Erwägung, die die Richtigkeit der hiesigen Argumentationslinie in Frage stellen könnte: Da § 1686a BGB dem genetischen, nicht-rechtlichen Vater ein Umgangs- und Auskunftsrecht zuweist (dazu noch S. 150), wird argumentiert, dass die abstammungsrechtliche Lage zwar Ungereimtheiten aufweisen mag, die Interessen des genetischen Vaters aber durch diese Rechte hinreichend berücksichtigt würden,[105] sodass die hier geäußerte Forderung nach normativen Anpassungen an Bedeutung verlöre. Dem ist indes zum einen entgegenzuhalten, dass § 1686a Abs. 1 Nr. 1 BGB ein Umgangsrecht nur dann gewährt, wenn der Umgang dem Kindeswohl dient. Der Umgang muss also einen positiven Einfluss auf das Kindeswohl haben und darf nicht nur keinen Widerspruch zu dem Wohl des Kindes auslösen.[106] Zum anderen ermöglicht § 1686a BGB eben bloß ein Umgangs- und Informationsrecht und bleibt damit hinter dem grundsätzlich von Art. 6 Abs. 2 S. 1 GG geforderten Zugang zum Elternrecht zurück.[107] Denn diese beiden Rechte decken lediglich zwei Aspekte elterlicher Verantwortung ab, weshalb § 1686a BGB keinen grundrechtlich hinreichenden Interessenschutz gewährleistet.[108] Ausgehend von der Feststellung, dass die gesetzgeberischen Typisierungen Defizite im Hinblick auf Art. 3 Abs. 1 GG aufweisen, kann für die weiteren Ausführungen Folgendes festgehalten wer-

---

[102] *Roth* NJW 2003, 3153 (3157).

[103] Diese Parallele stellt etwa auch *Schumann* in: Fortpflanzungsmedizingesetz, S. 155 (173 ff.) detailliert her. Ähnlich MüKo-BGB/*Wellenhofer* § 1600 Rn. 15; *Helms* NJW-Beil 2016, 49 (51).

[104] Vgl. dazu die eingehende Analyse bei *Roth* NJW 2003, 3153 (3157). *Aust* S. 107 f. und *Helms* FamRZ 2010, 1 (6) verweisen zudem darauf, dass ein gewisser Widerspruch zu § 1747 Abs. 1 S. 2 BGB besteht.

[105] *EGMR*, Urt. v. 22.03.2012 – 45071/09 (Ahrens./.Deutschland) und 23338/09 (Katzor./.Deutschland). So auch der AK Abstammungsrecht in seinem Abschlussbericht aus 2017 (S. 52), jedoch mit Blick auf ein sachlich unbeschränktes Anfechtungsrecht; ähnlich nun auch *BVerfG* FamRZ 2015, 817.

[106] Ebenso krit. *Helms* Gutachten F 71. DJT, F50 f.; *Wellenhofer* NZFam 2017, 898 (899).

[107] Zur grds. Kritik an der gesetzlichen Konzeption der §§ 1600 Abs. 2, 3, 1686a BGB: MüKo-BGB/*Wellenhofer* § 1600 Rn. 15 m. w. N.; *DAV* FF 2013, 134 f.

[108] So auch *Helms* Gutachten F 71. DJT, F50 f.; vgl. zudem *DAV* FF 2013, 134 f.

den: Der von Art. 6 Abs. 2 S. 1 GG intendierte Gleichlauf zwischen rechtlicher und genetischer Vaterschaft impliziert zugleich, dass die von § 1686a BGB gewährleisteten Rechte nicht ausreichend sind, um dem genetischen Vater im Übrigen seine rechtliche Elternstellung zu verwehren.[109]

Obgleich der *EGMR* dem hier beschriebenen Einwand in den Rechtssachen „Ahrens“ und „Katzor“ Ausdruck verliehen hat,[110] ist seine Rechtsauffassung letztlich aufgrund der speziellen Sachverhaltsgestaltung und vorausgehender Entscheidungen nicht mit hinreichender Klarheit zu bestimmen.[111] In beiden Rechtssachen verneinte der *EGMR* einen Eingriff in das Recht auf Achtung des Familienlebens,[112] sodass lediglich ein Eingriff in das Recht auf Achtung des Privatlebens gegenständlich war.[113] Dass dieser stärker persönlichkeitsrechtlich geprägte Eingriff eher durch Umgangsrechte aufgewogen werden kann, soll nicht in Zweifel gezogen werden, eine eindeutige Aussage in Bezug auf das Elternrecht ergibt sich daraus allerdings nicht.[114] Denn auch der *EGMR* stützte seine Entscheidungen maßgeblich auf die Tatsache, dass unter den Mitgliedsstaaten nicht einmal ein Konsens darüber bestehe, ob überhaupt eine Vaterschaftsanfechtung zuzulassen sei.[115] Deshalb stehe den nationalen Gesetzgebern insofern ein weiter Ermessensspielraum zu.[116] Daneben muss berücksichtigt werden, dass in früheren Entscheidungen, in denen der Schutz durch das Recht auf Achtung des Familienlebens bejaht wurde,[117] ein eindeutiger Fokus auf eine Einzelfallabwägung zu erkennen ist.[118] Daher bleibt abzuwarten, welchen Weg künftige Entscheidungen des *EGMR* weisen werden.

---

[109] Ebenso explizit *Helms* FamRZ 2016, 1382 (1385); ähnlich *Wellenhofer* NZFam 2017, 898 (899).

[110] *EGMR*, Urt. v. 22.03.2012 – 45071/09, Rz. 74 und 23338/09, Rz. 76.

[111] So auch *Wellenhofer* FamRZ 2012, 828 (831 f.); a.A. *BGH* NJW 2018, 947 (949).

[112] *EGMR*, Urt. v. 22.03.2012 – 45071/09, Rz. 59 und 23338/09, Rz. 62.

[113] *EGMR*, Urt. v. 22.03.2012 – 45071/09, Rz. 60 und 23338/09, Rz. 63.

[114] *Wellenhofer* FamRZ 2012, 828 (831 f.); vgl. auch *dies.* NZFam 2017, 898 (899).

[115] *EGMR*, Urt. v. 22.03.2012 – 45071/09, Rz. 69 f. und 23338/09, Rz. 71 f. Vgl. *BGH* FamRZ 2018, 41 (42).

[116] *EGMR*, Urt. v. 22.03.2012 – 45071/09, Rz. 75 und 23338/09, Rz. 78.

[117] *EGMR*, Urt. v. 18.05.2006 – 55339/00, Rz. 63 ff. Der Schutz greift jedenfalls dann ein, wenn ein Familienleben beabsichtigt wird; vgl. schon S. 129.

[118] *EGMR*, Urt. v. 18.05.2006 – 55339/00, Rz. 77 ff. Diese Entscheidung knüpfte an die Rechtssachen *EGMR*, Urt. v. 27.10.1994 – 18535/91 sowie Urt. v. 26.05.1994 – 16969/90 an; vgl. *Schulze* S. 148 sowie *Wellenhofer* NZFam 2017, 898 (899) unter Verweis auf *EGMR* FamRZ 2017, 385.

(c) Die Interessen der Mutter

Wie eingangs bereits skizziert, ist das Interesse der Mutter an einer eingeschränkten Anfechtungsmöglichkeit des genetischen Vaters vielgestaltig. Im Mittelpunkt dürfte jedoch zweifellos der Schutz der sozialen Familie stehen, die nicht durch die Anfechtung eines außerhalb dieser Familie Stehenden gestört werden soll. Im Rahmen dieser sozialen Familie bestehen drei Personenverhältnisse: Das Verhältnis zwischen Mutter und Kind, das zwischen Vater und Kind sowie dasjenige zwischen Mutter und Vater. Ficht ein Dritter die rechtliche Vaterschaft an, hat dies indessen keine Auswirkungen auf das Verhältnis der Mutter zu ihrem Kind. Mutterschaft und Vaterschaft werden abstrakt voneinander bestimmt. Ebenso wenig beeinträchtigt die Anfechtung an sich die Beziehung zwischen rechtlichem Vater und Mutter. Der Bestand dieses Verhältnisses hängt einzig von den Entscheidungen der Partner ab, nicht jedoch von der Existenz einer rechtlichen Beziehung zwischen Vater und Kind. Es verbleibt mithin das Interesse der Mutter an der Aufrechterhaltung der rechtlichen Beziehung zwischen ihrem Partner und dem Kind.[119]

Unbestreitbar ist, dass die Mutter ein berechtigtes Interesse hat, darüber zu entscheiden, in welcher sozialen Umgebung das Kind aufwächst. Da das soziale Umfeld zweifellos eine prägende Rolle für die kindliche Entwicklung einnimmt, ist die Entscheidung, wer als Vaterfigur Verantwortung für das Kind übernimmt, von großer Bedeutung. Ob dieses Interesse aber auch in rechtlicher Hinsicht Beachtung finden muss, ist damit noch nicht dargetan. Denn auch wenn das Interesse der Mutter auf der einen Seite menschlich absolut verständlich ist, muss auf der anderen Seite in Zweifel gezogen werden, ob ein entsprechender Entscheidungswille der Mutter darüber bestimmen kann, zu welchem Mann das Kind rechtliche und soziale Beziehungen aufbauen kann. Wie das *BVerfG* nämlich richtigerweise feststellt, ist ein solches Interesse der Mutter nicht von Art. 6 Abs. 2 S. 1 GG geschützt, „der die Elternstellung nicht vom Willen des anderen Elternteils abhängig macht, sondern allein von dem Umstand der vermuteten oder wirklichen [also genetischen] Elternschaft."[120] Dies steht im Einklang mit der soeben getroffenen Feststellung, dass die abstammungsrechtliche Zuordnung in erster Linie von Interessen derer geleitet werden muss, die unmittelbar an der Zuweisung beteiligt sind. Widersprüchlich ist dementsprechend die Normfassung de lege lata, nach der letztlich allein der Mutter die Entscheidung darüber zusteht, wem sie eine sozial-familiäre Beziehung zum Kind ermöglicht.[121]

---

[119] Vgl. auch *BVerfG* NJW 2003, 2151 (2155).

[120] *BVerfG* NJW 2003, 2151 (2155). Vgl. auch *Roth* NJW 2003, 3153 (3156 f.); a.A. wohl BT-Drucks. 13/8511 S. 83.

[121] So zutr. MüKo-BGB/*Wellenhofer* § 1600 Rn. 14; Palandt/*Brudermüller* § 1600 Rn. 8;

Die aus dem Vorstehenden zu ziehende Schlussfolgerung, dass es bei der Anfechtung der rechtlichen Vaterschaft in aller erster Linie um das Verhältnis zwischen dem rechtlichen Vater und dem Kind geht, nicht aber um die Beziehungen der Mutter zum Vater und dem Kind,[122] ist für die Bestimmung, welche Interessen entscheidendes Gewicht haben müssen, besonders aufschlussreich. Wenn nämlich die „sozialen Tatbestände“, die das *BVerfG* bei der Zuordnung von Elternschaft berücksichtigt sehen will,[123] in erster Linie in dem Verhältnis zwischen Vater und Kind wurzeln, muss maßgebend sein, zu wessen Gunsten diese Beziehung aufrecht erhalten werden soll. Selbstverständlich kann nicht von der Hand gewiesen werden, dass die rechtlichen Eltern ein emotionales und soziales Eigeninteresse daran haben, die rechtliche Vaterposition von Veränderungen freizuhalten. Vor allem dient der Bestand der Beziehung aber den Interessen des Kindes: Die Gewährleistung einer gewissen Konstanz in den sozialen Beziehungen verspricht eine ungestörte Entwicklung des Kindes.[124] Insofern verbirgt sich hinter dem Topos „Schutz der sozialen Familie“ im Zusammenhang mit § 1600 BGB zuvörderst der Schutz des Kindeswohls.[125] Denn die soziale Familie selbst kann sich „im Konfliktfall als reine Fiktion erweisen.“[126]

(d) Das Wohl des Kindes

Daher sind letztlich vor allem Kindeswohlerwägungen in der Lage, eine Anfechtungssperre für den genetischen Vater zu legitimieren.[127] Liegen im Einzelfall nachweislich Umstände vor, die befürchten lassen, dass sich die Anfechtung negativ auf das Wohl des Kindes auswirkt, muss das Anfechtungsrecht des leiblichen Vaters zurücktreten.[128] An dieser Stelle ist zunächst zu berücksichtigen, dass der Wechsel in der rechtlichen Vaterschaft zu Konflikten mit der Mutter

---

Coester-Waltjen FamRZ 2013, 1693 (1698); *Helms* FamRZ 2014, 277; *ders*. Gutachten F 71. DJT, F46.

[122] Ebenso i. Erg. *BGH* FamRZ 2018, 275 (278): § 1600 Abs. 2, 3 BGB stellt nicht „auf das Bestehen einer sozial-familiären Beziehung des rechtlichen Vaters zur Mutter“ ab.

[123] *BVerfG* NJW 2003, 2151 (2154).

[124] Vgl. MüKo-BGB/*Wellenhofer* § 1600 Rn. 14 m. w. N.

[125] Im Einklang damit fordert u. a. der Beschluss „D.15.c)“ des 71. DJT 2016 zum Familienrecht eine Kindeswohlprüfung anstelle der Sperre der sozial-familiären Beziehung; dazu noch unter S. 317 ff.

[126] *Spickhoff* in: Streit um die Abstammung, S. 13 (25) m. w. N.

[127] Ebenso *Schumann* FamRZ 2000, 389 (392); *Hager* FS Schwab, S. 773 (774); a. A. *Ernst* NZFam 2018, 443 (446); *Schröder* S. 202. Die Einzelheiten der Kindeswohlprüfung und der entsprechende Normvorschlag werden eingehend erläutert unter S. 315 ff.

[128] So i. Erg. auch *Roth* NJW 2003, 3153 (3157 f.). Vgl. aber *EGMR* FamRZ 2016, 529, der davon ausgeht, dass eine Anfechtung nicht per se Einfluss auf die sozio-affektiven Beziehungen zu den rechtlichen Eltern habe.

führen kann. Auch wenn der nachvollziehbare Wille der Mutter, die Zuordnung der Vaterschaft in ihrem Sinne zu beeinflussen, nach hier vertretener Auffassung rechtlich nicht geschützt ist, können in tatsächlicher Hinsicht Probleme entstehen. Denn die Mutter müsste nach dem Wechsel das Elternrecht mit einem Mann teilen, mit dem sie in keiner sozialen Beziehung (mehr) steht.[129] Würde diese Situation dazu führen, dass elterliche Konflikte zugleich auf das Wohl des Kindes ausstrahlen, ergäbe sich eine neue Bewertungsgrundlage: Dann würde sich das Interesse daran, über die soziale Einbettung des Kindes entscheiden zu können, nicht auf die Mutter beschränken, sondern mit einem entsprechenden Interesse des Kindes korrespondieren, keinem familiären Zerwürfnis ausgesetzt zu sein.

Des Weiteren ist zu besorgen, dass das Kind durch die Umorientierung vom bisherigen zu einem neuen Vater in Identitätsprobleme gestürzt werden könnte.[130] Fraglich bleibt jedoch, in welchen Fällen ein solches Argumentationsmuster überhaupt angebracht werden kann. So darf nämlich zum einen nicht aus dem Blick gelassen werden, dass ähnliche Gefahren für das Wohl des Kindes auftreten können, wenn die Mutter oder der rechtliche Vater die Anfechtung betreibt.[131] Zwar versucht das *BVerfG* diesen Einwand damit zu entkräften, dass in solchen Konstellationen der Zusammenhalt des sozialen Eltern-Kind-Verbandes aus sich heraus gefährdet werde und „nicht erst durch denjenigen, der die Vaterschaft für sich beansprucht."[132] Allerdings bleibt unklar, warum es aus Sicht des Kindes und seines Wohlergehens relevant sein soll, von *wem* die Beeinträchtigung des Vater-Kind-Beziehung ausgeht. Wie bereits dargelegt, muss es meines Erachtens in erster Linie auf eben diese Beziehung zwischen Kind und rechtlichem Vater anstelle des sozialen Verbands als Gesamtheit ankommen. In Bezug auf dieses Zwei-Personen-Verhältnis offenbart aber jedenfalls das Anfechtungsrecht der Mutter dasselbe „Störungspotenzial"[133] wie das Anfechtungsrecht des genetischen Vaters, weil auch sie außerhalb der Vater-Kind-Beziehung steht. Daher drängt sich der Eindruck auf, dass der Schutz des „sozialen Familienverbandes" im Ergebnis überhaupt nicht den „Schutz der Beziehungen [bezweckt], in denen das *Kind* steht, sondern es geht hier tatsächlich um den Schutz der Beziehungen der Mutter zu ihrem Ehemann."[134] Weshalb aber das Abstammungsrecht den

---

129 *BVerfG* NJW 2003, 2151 (2154).

130 *BVerfG* NJW 2003, 2151 (2154).

131 *Roth* NJW 2003, 3153 (3157).

132 *BVerfG* NJW 2003, 2151 (2154).

133 *OLG Celle* NJW 2001, 3419; *Roth* NJW 2003, 3153 (3157).

134 *Ders.* NJW 2003, 3153 (3157 f.). So i. Erg. auch Staudinger/*Rauscher* § 1600 Rn. 10 ff.; *Hager* FS Schwab, S. 773 (774).

Schutz dieser Beziehung gewährleisten soll, indem der genetische Vater von seinem Kind getrennt bleibt, kann in Frage gestellt werden.[135]

Zum anderen ist die in der Entscheidung anklingende Wertung, die Anfechtung der Vaterschaft des Scheinvaters sei häufig kindeswohlgefährdend, nicht mit der Rechtsprechung des *BVerfG* zum Adoptionsrecht eines Stiefelternteils[136] in Einklang zu bringen.[137] Danach soll es für eine gedeihliche Entwicklung des Kindes nicht erforderlich sein, dass die faktisch bestehende Situation (der Stiefvater trägt tatsächliche Verantwortung für das Kind) auch rechtlich abgesichert werden müsse.[138] Dann kann es aber umgekehrt auch nicht zwingend zu einer Beeinträchtigung des Kindeswohls führen, wenn der Scheinvater in Folge der Anfechtung nicht mehr rechtlicher Vater, sondern „nur noch" faktischer Stiefvater ist.[139]

Bei der von Art. 3 Abs. 1 GG geforderten Möglichkeit, Härtefälle mithilfe einer Einzelfallprüfung berücksichtigen zu können, sind in erster Linie Kindeswohlbelange von Bedeutung (dazu noch S. 317 ff.).[140] Die Vor- und Nachteile einer Anfechtung für das Wohl des Kindes sind individuell festzustellen, während nicht generell unterstellt werden kann, dass die Anfechtung regelmäßig Interessen und Belange des Kindes nachteilig beeinträchtigt. Wer dies nicht anerkennt und bei der Abwägung einzig das Risiko, nicht aber die Chancen einer Anfechtung und nachfolgenden Vaterschaftsfeststellung berücksichtigt, „muss notwendigerweise zu einem verzerrten Abwägungsergebnis"[141] gelangen. Denn das *BVerfG* klammert das Interesse des Kindes, „seinen leiblichen Vater nicht nur zu kennen, sondern ihn auch als Vater rechtlich zugeordnet zu erhalten"[142], im Rahmen des Anfechtungsrechts des Vaters kategorisch aus. Dieses Interesse könne das Kind mit seinem eigenen Anfechtungsrecht verfolgen, sodass es für das Anfechtungsrecht des leiblichen Vaters unbeachtlich sei.[143] Bleiben also alle „positiven", für das Anfechtungsrecht sprechenden Kindeswohlbelange unbe-

---

[135] Vgl. *Hager* FS Schwab, S. 773 (774); *Roth* NJW 2003, 3153 (3158); a.A. *Büttner* FS Schwab, S. 735 (740).

[136] S. *BVerfG* NJW 1995, 2155.

[137] Darüber hinaus scheint auch der *EGMR* die Beziehung zum genetischen Vater als unbedingt erforderlich für das Kindeswohl zu erachten; dazu zusammenfassend *Lembke* in: Regelungsaufgabe, S. 37 (42 f.).

[138] Vgl. *BVerfG* NJW 1995, 2155 (2157).

[139] *Roth* NJW 2003, 3153 (3157).

[140] Vgl. dazu auch die Rspr. des *BGH* zur Anerkennung von ausländischen Leihmutterschaftsentscheidungen: *BGH* FamRZ 2015, 240; dazu auch *Helms* in: Kinderwunschmedizin, S. 47 (55 ff.); *Thomale* S. 19 ff.

[141] *Roth* NJW 2003, 3153 (3158). Ebenso krit. *Helms* NJW-Beil 2016, 49 (51).

[142] *BVerfG* NJW 2003, 2151 (2154).

[143] *BVerfG* NJW 2003, 2151 (2154 f.). Zu Recht krit. u. a. *Aust* S. 105.

rücksichtigt, während die gegen ein Anfechtungsrecht anzuführenden Aspekte einbezogen werden, resultiert daraus eine grundrechtsdogmatisch kaum überzeugende Schieflage für die Abwägung.[144] Zwar ist es durchaus richtig, dass das Kind selbst in der Lage ist, sich von seinem bisherigen rechtlichen Vater zu lösen.[145] Diese Erwägung hilft indessen bei der Beantwortung der Frage, ob daneben auch die Anfechtung durch den leiblichen Vater dem Interesse des Kindes entsprechen kann, nicht weiter. Da der Gesetzgeber diese vom *BVerfG* aufgestellte Prämisse auch § 1600 Abs. 2, 3 BGB zugrunde gelegt hat, wird die Interessenabwägung durch eine einseitig privilegierende Unwucht zugunsten der sozialen Elternschaft vorgezeichnet. Diese Vorgehensweise ist nicht mit der Feststellung in Einklang zu bringen, es bestünde kein automatisches Rangverhältnis zwischen der biologischen und der rechtlich-sozialen Elternschaft, weshalb die Interessen der Beteiligten gegeneinander abzuwägen seien.[146]

Angesichts der aktuellen Gesetzesfassung überwiegen Kindeswohlerwägungen das Interesse des leiblichen Vaters an rechtlicher Zuordnung zu seinem Kind immer dann, wenn sie im Einzelfall durch die Anfechtung des genetischen Vaters stärker beeinträchtigt werden würden, als es bei einer Anfechtung durch den rechtlichen Vater oder die Mutter der Fall wäre. Da dies aber nur in besonders gelagerten Konstellationen anzunehmen ist, wird man entgegen der gesetzlichen Wertung davon ausgehen müssen, dass zumeist das Interesse des leiblichen Vaters überwiegt. Will der Gesetzgeber diesem Argument beikommen, müsste er de lege ferenda die für die Anfechtung des leiblichen Vaters geltenden Beschränkungen auch auf die Anfechtung durch die Mutter wie den rechtlichen Vater erstrecken.[147] Überdies gilt zu beachten, dass das Anfechtungsinteresse des genetischen Vaters im Hinblick auf das Schikaneverbot des § 226 BGB nur dann als schutzwürdig eingestuft werden kann, wenn es auch mit einer Vaterschaftsfeststellungsklage (§ 1600d BGB) verbunden ist.[148]

(5) Verfassungskonforme Reduktion versus Reform

Schließlich bleibt die Frage, ob die hier angemahnte Einzelfallabwägung auf Grundlage der aktuellen Gesetzesfassung mithilfe einer verfassungskonformen Gesetzesauslegung umgesetzt werden kann oder vielmehr normative Anpassun-

---

144 *Roth* NJW 2003, 3153 (3158).

145 De facto aber ohnehin erst, wenn die rechtliche Vertretung wegfällt; vgl. schon S. 124.

146 BT-Drucks. 15/2253, S. 11 unter Bezugnahme auf *BVerfG* NJW 2003, 2151 (2154).

147 Vgl. *Schröder* S. 199 ff. u. *Coester* JZ 1992, 809 (811), der allerdings auch die Anfechtung durch das Kind beschränken will, was m. E. nicht überzeugen kann; vgl. dazu noch S. 323 ff.

148 *Roth* NJW 2003, 3153 (3159); *Wellenhofer-Klein* FamRZ 2003, 1889 (1891 f.); s. dazu auch S. 328.

gen erforderlich sind. Während der *BGH* stets davon ausging, dass der Wortlaut des § 1600 Abs. 2, 3 BGB eindeutig sei und das Bestehen einer sozial-familiären Beziehung zwingend zum ausnahmslosen Ausschluss des Anfechtungsrechts des leiblichen Vaters führen müsse,[149] hat das *OLG Hamm* jüngst einen Vorstoß gewagt, die Problematik der fehlenden Abwägungsmöglichkeit mittels „historischer und teleologischer Auslegung“[150] zu lösen. Diese Entwicklung ist angesichts früherer Entscheidungen[151] des *AG Herford*[152] und des *OLG Bremen*[153] nicht völlig „revolutionär“, überrascht aber aufgrund der methodischen Vorgehensweise durchaus. Denn das *OLG Hamm* nimmt trotz des auch von ihm als eindeutig erachteten Wortlauts an, dass eine einschränkende Auslegung der Norm möglich sei.[154] Auch wenn diese Rechtsauffassung in sachlicher Hinsicht gewiss Beifall verdienen mag, hat sie dem *OLG Hamm* dennoch von mehreren Seiten Kritik[155] eingebracht und wurde vom *BGH* letztlich auch zurückgewiesen.[156] So wird kritisiert, dass eine solche Auslegung contra legem geschehe und die eindeutige gesetzgeberische Zielsetzung missachte.[157]

Da der in der Entscheidung zum Ausdruck gebrachte inhaltliche Standpunkt im Wesentlichen mit den hier gefundenen Ergebnissen übereinstimmt, bleibt bloß noch die Frage zu beantworten, ob der Weg über eine Auslegung auch unter methodisch-dogmatischen Gesichtspunkten überzeugen kann. Dabei gilt es zunächst, für terminologische Klarheit zu sorgen: Während die früheren Entscheidungen noch keine „Farbe bekannten“ und das methodische Vorgehen nicht genau bezeichneten, hat das *OLG Hamm* explizit zu verstehen gegeben, dass es eine historisch und teleologisch begründete einschränkende Auslegung vornehme.[158] Um eine Auslegung im technischen Sinne handelt es sich dabei entgegen der Betitelung durch das Gericht allerdings nicht, da der Wortlaut aufgrund sei-

---

149 Vgl. nur *BGH* NJW 2007, 1677 (1680).

150 *OLG Hamm* NZFam 2016, 938 (939) m. Anm. *Schneider*; nun geht auch das *BVerfG* davon aus, dass eine bestehende sozial-familiäre Familie des leiblichen Vaters u. U. zu berücksichtigen sei, vgl. *BVerfG* NJW 2018, 3773 (3774).

151 Weitere Widersprüche/Bedenken in der Rspr. werden aufgezeigt bei *Helms* Gutachten F 71. DJT, F46 ff.; jetzt auch *BVerfG* NJW 2018, 3773 (3774).

152 *AG Herford* FamRZ 2008, 1270; zust. jurisPK-BGB/*Nickel/Di Cato* § 1600 Rn. 45 f.

153 *OLG Bremen* FamRZ 2013, 1824.

154 *OLG Hamm* NZFam 2016, 938 (939); vgl. *Helms* FamRZ 2010, 1 (6); Spickhoff/*Spickhoff* § 1600 BGB Rn. 5.

155 Vgl. *Schneider* NZFam 2016, 939 (940 f.); *Reuß* FamRZ 2016, 2137 f.; abgelehnt durch *BGH* FamRZ 2018, 275; *Wellenhofer* NZFam 2017, 898 (900) scheint demgegenüber nicht ablehnend eingestellt zu sein.

156 *BGH* NJW 2018, 947.

157 *BGH* NJW 2018, 947 (948 f.); *Schneider* NZFam 2016, 939 (940 f.); a. A. *Schulze* S, 227.

158 *OLG Hamm* NZFam 2016, 938 (939).

ner eindeutigen Fassung überhaupt nicht auslegungsfähig ist.[159] Zwar beinhaltet die Norm durchaus unbestimmte Rechtsbegriffe, allerdings ist der entscheidende Aspekt – dass nämlich eine Einzelfallabwägung nicht vorgesehen ist – nicht durch Auslegung zu beheben. Vielmehr nimmt das *OLG Hamm* eine verfassungskonforme Reduktion des Wortlauts vor, um die Normfassung den selbst als maßgebend erachteten Vorgaben der Verfassung anzupassen. Insoweit handelt es sich nicht einmal – wie das Gericht andeuten will – um eine teleologisch bedingte Anpassung,[160] sondern eben um eine an verfassungsrechtlichen Anforderungen orientierte Erwägung.

Bevor die Frage erörtert wird, ob ein solches Vorgehen methodisch zulässig ist, soll ein populäres Beispiel aus der Rechtsprechung des *BVerfG* beweisen, dass eine solche verfassungskonforme Reduktion einer Norm trotz eindeutigen Wortlautes nicht besonders außergewöhnlich ist, sondern in ähnlicher Weise persistent von deutschen Gerichten durchgeführt wird. Seit dem sog. Wencker-Beschluss[161] vom 15.12.1965 geht das *BVerfG* davon aus, dass § 112 Abs. 3 StPO restriktiv anzuwenden, also zu reduzieren ist. Insoweit sei der dort verankerte Haftgrund der Schwerkriminalität so zu verstehen, dass bei entsprechenden Delikten lediglich geringere Begründungsanforderungen an die Haftgründe des § 112 Abs. 2 Nr. 2, 3 StPO zu stellen wären.[162] Diese Gesetzesanwendung findet – auch wenn das *BVerfG* Gegenteiliges vertritt[163] – angesichts des eindeutigen Wortlauts des § 112 Abs. 3 StPO keinen normativen Anknüpfungspunkt. Nähme man diese verfassungskonforme Reduktion also nicht vor, wäre die Regelung andernfalls aufgrund des offenkundigen Verstoßes gegen den Verhältnismäßigkeitsgrundsatz verfassungswidrig.[164] Ähnlich liegt der Fall hier: Kann § 1600 Abs. 2, 3 BGB durch verfassungskonforme Anpassung kein Inhalt abgewonnen werden, der dem oben aufgezeigten (grundrechtlichen) Erfordernis einer Ausnahmeregelung gerecht wird, liegt in Härtefall-Konstellationen aufgrund der ausnahmslosen Anfechtungssperre ein nicht zu rechtfertigender Verstoß gegen Art. 3 Abs. 1 GG vor.[165] Daher müsste das *BVerfG* § 1600 Abs. 2, 3 BGB im Falle einer Verfassungsbeschwerde oder eines Normenkontrollverfahrens für unver-

---

159 So explizit *BGH* NJW 2018, 947 (948).

160 So aber auch *Löhnig* NJW 2018, 906.

161 *BVerfG* NJW 1966, 243.

162 *BVerfG* NJW 1966, 243 (244 f.); Urt. v. 01.02.2006 – 2 BvR 2056/05, Rz. 40.

163 *BVerfG* NJW 1966, 243 (244).

164 *OLG Oldenburg* StV 2008, 84; MüKo-StPO/*Böhm/Werner* § 112 Rn. 94.

165 A.A. *BVerfG* FamRZ 2008, 2257; 2014, 191; 2015, 817; *BGH* FamRZ 2007, 538 (540).

einbar[166] mit dem Grundgesetz erklären und dem Gesetzgeber eine Frist[167] zur Neuregelung setzen.

Zwar wird in der Literatur zum Teil angeführt, es könne nur direkt an den Wortlaut der Norm angeknüpft werden, weshalb eine teleologische Reduktion ausscheiden müsse.[168] Daher sei etwa an das Merkmal der „längeren Zeit" in § 1600 Abs. 3 S. 2 BGB anzuknüpfen[169] oder § 1600 Abs. 2 BGB sei auf solche sozial-familiären Beziehungen zu beschränken, „deren Qualität das Elternrecht des biologischen Vaters auf Grundlage von Art. 6 Abs. 2 GG zu verdrängen vermag."[170] Allerdings stellen auch diese Überlegungen keine wirklich vorzugswürdige Alternative gegenüber dem zuvor erörterten Ansatz dar. Denn der erste Vorschlag ist lediglich auf die zweite Variante des § 1600 Abs. 3 S. 2 BGB anwendbar, sodass viele Konstellationen nicht gelöst werden können, während es auch der zweite Vorschlag versäumt, das zwingende Wechselspiel zwischen dem Tragen tatsächlicher Verantwortung und dem Bestehen einer sozial-familiären Beziehung aufzulösen.

Sicherlich ließe sich angesichts der verfassungsgerichtlichen Praxis, Normen trotz eindeutigen Wortlauts teleologisch zu reduzieren, auch eine Lösung auf Grundlage der lex lata erzielen. Indessen überzeugt es kaum, das *BVerfG* sowie den Gesetzgeber ob seiner methodisch fragwürdigen Vorgehensweise zu kritisieren (S. 127 ff.), um nun selbst eine methodisch-dogmatische Antwort zu präsentieren, die ihrerseits Raum für Kritik bietet. Wenn nämlich sowohl der Wortlaut einer Norm als auch die hinter der Regelung stehende gesetzgeberische Zielsetzung nicht mit verfassungsrechtlichen Erfordernissen in Einklang zu bringen ist, handelt es sich nicht mehr um eine Frage, die durch Rechtsanwendung, sondern durch Rechtspolitik zu lösen ist.[171] Aus diesem Grund wird auch die Rechtsprechung des *BVerfG* zu § 112 Abs. 3 StPO zu Recht kritisiert.[172] Es ist nicht Aufgabe der Gerichte, den Gesetzgeber davor zu bewahren, dass die von ihm erlassenen Normen mit dem Verdikt der Verfassungswidrigkeit belegt werden (vgl. auch Art. 100 GG). Vielmehr ist der Gesetzgeber in einer solchen Situation darauf hinzuweisen, dass er seine Entscheidung – freilich innerhalb der verfas-

---

[166] Es wäre nicht die Nichtigkeitsfolge anzuwenden, da andernfalls das zuvor bestehende Gesetz „wiederaufleben" würde, was zu einem „noch verfassungsferneren Zustand" führte, da § 1600 Abs. 1 BGB a. F. die Anfechtung durch den leiblichen Vater überhaupt nicht vorsah. Vgl. zu der Unvereinbarerklärung in solchen Fällen z. B. BVerfGE 8, 1 (19); 95, 193 (218 f.); 128, 326 (329 ff. u. 404); 137, 108 (171).

[167] Vgl. dazu etwa BVerfGE 102, 197 (223).

[168] Vgl. *Schneider* NZFam 2016, 939 (941); a. A. explizit *Helms* FamRZ 2010, 1 (6).

[169] *Schneider* NZFam 2016, 939 (941) in Anlehnung an *OLG Bremen* FamRZ 2013, 1824.

[170] Staudinger/*Rauscher* § 1600 Rn. 40; grds. zust. Soergel/*Schmidt-Recla* § 1600 Rn. 31.

[171] Überzeugend SK-StPO/*Paeffgen* § 112 Rn. 43a.

[172] So etwa MüKo-StPO/*Böhm/Werner* § 112 Rn. 91; SK-StPO/*Paeffgen* § 112 Rn. 43a ff.

sungsrechtlichen Grenzen – im Rahmen seines Einschätzungsspielraums zu korrigieren hat.[173] Folglich ist es meines Erachtens erforderlich, § 1600 Abs. 2, 3 BGB in einer Weise zu ändern, die den verfassungsrechtlich implementierten Anforderungen an den Schutz des Verhältnisses zwischen leiblichem Vater und Kind Rechnung trägt (dazu eingehend unten S. 317 ff.).

4. Wertende Zusammenfassung

Die Zuordnung der Mutterschaft richtet sich gemäß § 1591 BGB unabänderlich und unanfechtbar nach der Geburt des Kindes. Demgegenüber können die von § 1592 Nr. 1, 2 BGB aufgestellten Vaterschaftsvermutungen durch eine Anfechtung der Vaterschaft nach § 1600 Abs. 1 BGB widerlegt werden. Danach kann die Anfechtung durch das Kind, dessen Mutter, den rechtlichen sowie den leiblichen Vater betrieben werden. Das Anfechtungsrecht des genetischen Vaters wird – und insoweit bestehen sowohl verfassungsrechtliche als auch rechtsmethodische Bedenken – durch § 1600 Abs. 2, 3 BGB auf Fälle beschränkt, in denen keine sozial-familiäre Beziehung zwischen Kind und rechtlichem Vater besteht. Dass diese stark pauschalierende Normfassung erheblichen Bedenken begegnen muss, zeigt die hier interessierende Fallgestaltung eindrücklich: Es ist nur sehr schwer zu begründen, warum einem Mann, der nur aufgrund eines Versehens des Arztes daran gehindert wird, die rechtliche Vaterstellung einzunehmen, generell die Möglichkeit genommen werden sollte, sich rechtlich zu seinem genetischen Kind in Verbindung zu setzen, wenn zu einem anderen Mann bereits eine sozial-familiäre Beziehung besteht. Insoweit sollten normative Anpassungen ergriffen werden.

Das infolge einer Anfechtung einzuleitende Vaterschaftsfeststellungsverfahren nach § 1600d BGB eröffnet leiblichem Vater und Kind die Möglichkeit, sich zu dem jeweils anderen auch rechtlich in Beziehung zu setzen. Kommt es zu einer solchen Situation oder musste die Vaterschaft ohnehin über §§ 1592 Nr. 3, 1600d BGB gerichtlich festgestellt werden, tritt eine „gekreuzte“ Elternschaft ein: Der als genetischer Vater festgestellte Mann wird dem leiblichen Kind als rechtlicher Vater zugeordnet, obwohl er mit der rechtlichen Mutter des Kindes vermutlich noch nie in Kontakt stand. Da er aufgrund der Vertauschungs-Konstellation mit seiner Partnerin oftmals auch ein eigenes rechtliches Kind hat, kann auch diese Vaterschaft angefochten werden, sodass es zu einer „echten“ Elternschaft „über Kreuz“ kommen würde. Wird die Vaterschaft allerdings nicht angefochten, ist er der rechtliche Vater sowohl seines genetischen als auch seines nicht-leiblichen aber sozialen Kindes.

---

[173] Ebenso *BGH* NJW 2018, 947 (949) m. zust. Anm. *Löhnig* NJW 2018, 906 (907).

Diese Situationen können sowohl bei einer Vertauschung von Samenzellen als auch bei der Verwechslung von Embryonen eintreten. Die Vertauschung von Embryonen und Eizellen hat demgegenüber keine Auswirkung auf die rechtliche Mutterschaft der gebärenden Frau. Schon jetzt sei daher auf ein grundsätzliches Problem des Abstammungsrechts hingewiesen, welches ausgehend von der Weichenstellung in den §§ 1591 ff. BGB durch die an diese Bestimmungen anknüpfenden familien- und erbrechtlichen Folgeregelungen perpetuiert wird: Die Ungleichbehandlung von Mutter und Vater. Insgesamt scheint es, als beruhe die aktuelle Gesetzeslage nach wie vor auf zwei recht antiquierten Ausgangsüberlegungen: Auf der einen Seite die Unterstellung, „uneheliche" Väter zeichne ein generelles Desinteresse an ihren Kindern aus und ein ihnen zustehendes Anfechtungsrecht sei als „Bedrohung der Familiengemeinschaft" anzusehen.[174] Und auf der anderen Seite ist die Gesetzesfassung in starkem Maße von der Überlegung getragen, dass der juristische Status eine außerordentliche Rolle für die Entwicklung des Kindes einnehme, da er ein Bezugssystem darstelle, „das dem Kind einen Orientierungsrahmen bietet, aus dem heraus es seine eigene Identität entwickeln kann."[175] Auch wenn Statusklarheit und Statussicherheit einen hohen Wert haben mögen,[176] erfüllen sie dennoch keinen Selbstzweck und dürfen folglich „nicht als Wert verabsolutiert werden."[177] Denn sie sollen dem Kind nutzen und sind damit – anders ausgedrückt – Instrumente, die der Durchsetzung und dem Schutz der Kindesbelange zu dienen bestimmt sind. Wird aber bei der hier vorgeschlagenen Einzelfallabwägung[178] bereits festgestellt, dass die Anfechtung den Interessen des Kindes nicht widerspricht, kann eine an statussichernden Überlegungen ausgerichtete Argumentation nicht (mehr) überzeugen.

Daneben soll nicht unerwähnt bleiben, dass die deutsche Rechtsordnung an anderen Stellen sehr deutlich zum Ausdruck bringt, dass sie eigentlich der Auf-

---

174 Vgl. die rechtshistorische Analyse bei *Helms* FamRZ 2010, 1 f.

175 *Ders.* FamRZ 1997, 913 (918).

176 *Ders.* FamRZ 1997, 913 (918); *Reuß* FamRZ 2016, 2137 (2138). Vgl. zudem *DAV* FF 2013, 134, wo das Argument „Abstammungsklarheit" sogar für die Stärkung der genetischen Vaterschaft herangezogen wird.

177 *Roth* NJW 2003, 3153 (3158); ähnlich *Röthel* in: Regelungsaufgabe, S. 89 (101 ff.), die außerdem zutr. anmerkt, dass der Statusgedanke und damit sein Argumentationswert stets von dessen Bezugspunkt abhängt.

178 Für eine solche sprechen sich ebenfalls – mehr oder weniger deutlich – aus: MüKo-BGB/*Wellenhofer* § 1600 Rn. 14 f.; Staudinger/*Rauscher* § 1600 Rn. 40; *Aust* S. 96 ff.; *Coester* FamRZ 1995, 1245 (1246 f.); *Coester-Waltjen* FamRZ 2013, 1693 (1699); *Helms* FamRZ 2010, 1 (6 f.); *Lembke* in: Regelungsaufgabe, S. 37 (40); *Löhnig* ZRP 2017, 205; *Rixe* FPR 2008, 222 (225); *Roth* NJW 2003, 3153 (3158); *Schulze* S. 226 f.; *Schumann* FamRZ 2000, 389 (391); *Wellenhofer* NZFam 2017, 898 (901); *Wellenhofer-Klein* FamRZ 2003, 1889 (1891); zurückhaltend, i. Erg. aber ähnlich Soergel/*Schmidt-Recla* § 1600 Rn. 31.

fassung ist, „wahrer“ Vater des Kindes sei letztlich sein Erzeuger. Dies wird insbesondere im Rahmen des Scheinvaterregresses offenbar, durch den der rechtliche den genetischen Vater – aufgrund der ex tunc-Wirkung der Anfechtung – auch nach Jahren noch für Unterhaltsleistungen in Regress nehmen kann.[179]

II. Familienrechtliche Folgefragen

Während die abstammungsrechtliche Zuordnung der Mutterschaft aufgrund der „mater-est-Regel“ in klaren Bahnen verläuft, ist die (dauerhafte) Zuweisung von rechtlicher Vaterschaft aufgrund der gegebenen Anfechtungsmöglichkeiten mit erheblichen Unwägbarkeiten verbunden. Da viele familienrechtliche Folgeregelungen an die statusrechtlichen Weichenstellungen der §§ 1591 ff. BGB anknüpfen, erstreckt sich die „Schieflage“ bei der Zuweisung rechtlicher Elternschaft auch auf die hier zu beantwortenden Fragen. Ähnlich wie in den vorstehenden Ausführungen ist es vor allem die veränderliche Vaterschaft, die zu einer problembehafteten sowie erörterungsbedürftigen Rechtslage führt.

1. Unterhaltsansprüche

Gemäß § 1601 BGB sind Verwandte in gerader Linie (§§ 1589 ff. BGB) dazu verpflichtet, einander Unterhalt zu gewähren. Daher schuldet der rechtliche Vater dem Kind bis zu einer erfolgreichen Anfechtung der Vaterschaft Unterhalt, selbst wenn bereits feststeht, dass er eigentlich nicht der genetische Vater des Kindes ist. Gleiches gilt für die rechtliche Mutter, auch wenn in diesem Zusammenhang die Möglichkeit einer Neuzuordnung der rechtlichen Elternschaft durch Anfechtung und Abstammungsfeststellung nicht besteht. Wird die Vaterschaft in Fällen einer Samenzellen- oder Embryonenvertauschung (S. 114, Konstellationen 2–4) angefochten, entfällt die Unterhaltspflicht des bisherigen Vaters mit ex tunc-Wirkung auf den Zeitpunkt der Geburt, sodass zunächst die rechtliche Mutter den vollen Unterhalt schuldet, bis der eigentliche genetische Vater als rechtlicher Vater zugeordnet wird.[180] Auch auf die gegebenenfalls bestehende, durch die Zustimmung zur Befruchtungsbehandlung begründete rechtsgeschäftliche Unterhaltspflicht des Wunschvaters kann hier nicht zurückgegriffen werden, da das Vertauschen der Keimzellen oder des Embryos unzweifelhaft als Wegfall der

[179] Vgl. *Helms* FamRZ 2010, 1 (4), der zudem auf die Gesetzgebungshistorie des „Gesetzes zur Klärung der Vaterschaft unabhängig vom Anfechtungsverfahren“ (BGBl. I S. 441) und den dort angedachten § 1600b Abs. 7 BGB-E (BT-Drucks. 16/6561, S. 5 u. 14 f.) verweist.

[180] *Aust* S. 231.

Geschäftsgrundlage (§ 313 Abs. 1 BGB) zu bewerten wäre.[181] Erst wenn der leibliche Vater nach § 1600d BGB gerichtlich als Vater festgestellt wurde, treffen diesen auch die Pflichten aus seiner Vaterschaft. Aufgrund der ex tunc-Wirkung der Feststellung entsteht die Unterhaltspflicht des neuen rechtlichen Vaters rückwirkend vom Zeitpunkt der Geburt an und damit für einen Zeitraum, in dem bereits der durch die Anfechtung aus seiner Vaterstellung verdrängte Mann Unterhalt für das Kind geleistet hat.

Dementsprechend drängt sich vor allem die Frage auf, ob und wie der bisherige rechtliche Vater die von ihm in der Vergangenheit geleisteten Unterhaltszahlungen regressieren kann.[182] Dabei kommen drei Personen als Regressschuldner in Betracht: die rechtliche Mutter, der leibliche und jetzt auch rechtliche Vater sowie das Kind selbst. Während ein Regressanspruch gegen das Kind nach überzeugender Ansicht[183] regelmäßig an dem Entreicherungseinwand des § 818 Abs. 3 BGB scheitert, wird auch ein Ausgleichsanspruch gegen die Mutter in den hier interessierenden Fällen nicht von Erfolg gekrönt sein. Denn bei einer Verwechslung von Keimzellen oder Embryonen liegt keine Pflichtverletzung der Mutter vor, die zu einer Haftung[184] führen könnte.[185]

Daher verbliebe lediglich der leibliche und jetzt auch rechtliche Vater des Kindes als Regressschuldner. Für dieses Verhältnis sieht das Gesetz in § 1607 Abs. 3 S. 2 BGB eine cessio legis vor, mit der der bisherige Vater den Unterhaltsanspruch des Kindes gegen den neuen Vater erwirbt. Daraus folgt, dass der Regressanspruch der Höhe nach auf den Betrag begrenzt ist, den das Kind von dem leiblichen Vater hätte fordern können.[186] Zugleich ist zu beachten, dass der Ausgleich den tatsächlich geleisteten Unterhalt nicht übersteigen und nach § 1607 Abs. 4 BGB nicht geltend gemacht werden darf, wenn es dadurch zu einer Beeinträchtigung der künftigen Unterhaltsansprüche des Kindes gegen den neuen rechtlichen Vater käme. An dieser Stelle zeigt sich erneut die Relevanz des Auskunftsanspruchs (S. 63 ff.): Denn allein die Kenntnis über die Person des genetischen Vaters ermöglicht dem bislang rechtlichen Vater den Unterhaltsrückgriff über die cessio legis des § 1607 Abs. 3 S. 2 BGB.

---

[181] Vgl. dazu *BGH* NJW 1995, 2028 (2030 f.), der bereits die erfolgreiche Anfechtung der Vaterschaft grds. als Wegfall der Geschäftsgrundlage wertet, sodass der hiesige Fall erst Recht erfasst wäre; s. auch *Kirchmeier* FamRZ 1998, 1281 (1283).

[182] Hierbei werden Schadensersatzansprüche gegen das reproduktionsmedizinische Zentrum bzw. seine Angestellten zunächst außen vor bleiben. Dazu im Einzelnen unter S. 225 ff.

[183] *BGH* NJW 1981, 48 (49); 1981, 2183 (2184).

[184] Vgl. *BGH* NJW 2013, 2108 m. zust. Anm. *Löhnig/Preisner* NJW 2013, 2080.

[185] Ein Anspruch gegenüber der Mutter aus § 812 BGB würde i.d.R. ebenfalls an § 818 Abs. 3 BGB scheitern.

[186] Dazu statt vieler *Gernhuber/Coester-Waltjen* § 52 Rn. 138.

2. *Sorgerecht*

Auch wenn es zu einer erfolgreichen Anfechtung und Neuzuordnung der Vaterschaft gekommen ist (S. 114, Konstellationen 2–4), führt dies nicht automatisch zum Erwerb der Sorgerechtsinhaberschaft durch den leiblichen Vater. Eine ex lege-Sorgerechtsinhaberschaft hat der Gesetzgeber nur bei denjenigen Eltern vorgesehen, die bei der Geburt des Kindes miteinander verheiratet sind oder einander später heiraten (§ 1626a Abs. 1 Nr. 2 BGB). Ist dies nicht der Fall, wird nur der Mutter die elterliche Sorge ex lege zugewiesen, während der Vater weitere Voraussetzungen erfüllen muss, um das Sorgerecht zu erlangen. Die Vaterschaftsanfechtung führt demnach zunächst zur Alleinsorge der Mutter, da lediglich der bisherige rechtliche Vater seine Elternstellung und damit den tatbestandlichen Anknüpfungspunkt für die elterliche Sorge verliert, der neue rechtliche Vater aber nicht kraft Gesetzes in dessen vorherige Rechtsstellung einrückt. Ein nicht mit der Mutter verheirateter Vater kann die elterliche Sorge gemäß § 1626a Abs. 1 BGB nur erlangen, wenn er und die Mutter gemeinsame und übereinstimmende Sorgeerklärungen abgeben (Nr. 1), sie einander heiraten (Nr. 2) oder den Eltern die Sorgerechtsinhaberschaft durch das Familiengericht gemeinsam übertragen wird (Nr. 3).

Da die Verwirklichung der beiden erstgenannten Varianten eher unwahrscheinlich ist, rückt der auf Vorgabe des *BVerfG*[187] durch das SorgeRefG[188] eingefügte § 1626a Abs. 1 Nr. 3, Abs. 2 BGB in den Mittelpunkt der Betrachtung. Gemäß § 1626a Abs. 2 S. 1 BGB überträgt das Familiengericht die elterliche Sorge nach § 1626a Abs. 1 Nr. 3 BGB beiden Eltern gemeinsam, wenn die Übertragung dem Kindeswohl nicht widerspricht. § 1626a Abs. 2 S. 2 BGB stellt zudem die Vermutung auf, dass kein Kindeswohlwiderspruch besteht, wenn der andere Elternteil keine Gründe vortragen kann, die der Übertragung der gemeinsamen elterlichen Sorge entgegenstehen können, und solche Gründe auch sonst nicht ersichtlich sind.[189] Diese Regelungen sollen das gesetzgeberische Leitbild, nach dem die gemeinsame elterliche Sorge grundsätzlich dem Kindeswohl entspricht, festigen.[190] Vor allem die in § 1626a Abs. 2 S. 1 BGB verankerte negative Kindeswohlprüfung verleiht diesem Verständnis Ausdruck. Während die vom *BVerfG* festgesetzte Übergangsregelung noch eine positive Kindeswohlprüfung

---

187 *BVerfG* NJW 2010, 3008. Ähnlich bereits angemahnt von *Coester* FamRZ 1995, 1245 (1247 f.).

188 „Gesetz zur Reform der elterlichen Sorge nicht miteinander verheirateter Eltern" (BGBl. I 2013 S. 795).

189 Dies wird ggfs. durch ein beschleunigtes vereinfachtes Verfahren nach § 155a Abs. 3 FamFG unterstützt, in dem das Gericht im schriftlichen Verfahren ohne Anhörung des Jugendamtes und ohne persönliche Anhörung der Eltern entscheiden kann.

190 Vgl. BT-Drucks. 17/11048, S. 17.

vorsah,[191] ist der Gesetzgeber über diese Vorgabe hinausgegangen, indem es nunmehr genügt, dass die gemeinsame elterliche Sorge dem Wohl des Kindes „nicht widerspricht". Greifen § 1626a Abs. 2 S. 2 BGB und § 155a Abs. 3 FamFG angesichts einer dem Gericht vorliegenden Entscheidungsgrundlage, aus der sich „aufgrund konkreter tatsächlicher Anhaltspunkte die Möglichkeit ergibt, dass die gemeinsame elterliche Sorge nicht mit dem Kindeswohl vereinbar ist"[192], nicht, prüft das Gericht im regulären Verfahren die Vereinbarkeit mit dem Kindeswohl i. S. d. § 1626a Abs. 2 S. 1 BGB.[193]

Dabei ist eine vollumfängliche und fallbezogene Kindeswohlprüfung durchzuführen, deren Maßstab sich an den für § 1671 BGB und § 1696 BGB entwickelten Kriterien orientiert.[194] Kann in diesem Zusammenhang nicht festgestellt werden, dass die Begründung der gemeinsamen elterlichen Sorge etwa durch eine fehlende Kooperationswilligkeit oder -fähigkeit der Eltern, mangelnde individuelle Sorgeeignung der Eltern oder einen entgegenstehenden Kindeswillen gefährdet wäre, scheidet eine Kindeswohlunverträglichkeit aus.[195] Doch gerade in Vertauschungskonstellationen, in denen sich die beiden betroffenen Patientenpaare in aller Regel nicht kennen dürften, wird es eher die Regel denn die Ausnahme sein, dass die Mutter nicht mit dem durch die Anfechtung und Neuzuordnung in die Vaterstellung gerückten genetischen Vater kooperieren will oder kann. Da der Situation nicht etwa ein „Seitensprung" zugrunde liegt, der die Beziehung zwischen der Mutter und ihrem Partner ohnehin erschüttern würde, dürfte die gemeinsame elterliche Sorge mit dem genetischen Vater häufig zu einer Beeinträchtigung der bestehenden sozialen Familie führen. Dementsprechend ist zu erwarten, dass die Erteilung der gemeinsamen elterlichen Sorge in Vertauschungsfällen oftmals dem Kindeswohl widerspricht.

Der Vollständigkeit halber sei darauf hingewiesen, dass die genetische Mutter einzig in einem Fall der Embryonenvertauschung (S. 114, Konstellationen 3 und 4) und auch dort nur dann in den Genuss gewisser sorgerechtlicher Befugnisse gelangen kann, wenn der (äußerst seltene) Fall einträte, dass ihrem Ehemann – nach Anfechtung und Vaterschaftsfeststellung gemäß §§ 1600, 1600d BGB – die Alleinsorge zugewiesen werden würde (§ 1687b Abs. 1 S. 1 BGB).

---

191 *BVerfG* NJW 2010, 3008 (3015): „[…] dem Kindeswohl am besten entspricht."
192 *BGH* NJW 2016, 2497 (2500).
193 Zum Anwendungsbereich im Einzelnen vgl. MüKo-BGB/*Huber* § 1626a Rn. 67.
194 Vgl. *BGH* NJW 2016, 2497 (2499); MüKo-BGB/*Huber* § 1626a Rn. 70 f.
195 Dazu und zu den weiteren Kriterien MüKo-BGB/*Huber* § 1626a Rn. 72 ff.

3. Umgangsrecht

Während die Frage nach der elterlichen Sorge nur aktuell wird, wenn der genetische Vater nach einer erfolgreichen Anfechtung als neuer rechtlicher Vater zugeordnet wurde, ist die rechtliche Elternstellung für ein etwaiges Umgangsrecht nicht konstitutiv. Zwar ist gemäß § 1684 Abs. 1 Hs. 2 BGB jeder Elternteil zum Umgang mit dem Kind verpflichtet und berechtigt. Dieses unmittelbar aus Art. 6 Abs. 2 S. 1 GG[196] fließende Elternrecht ist in jeder Hinsicht vom Bestehen der elterlichen Sorge unabhängig.[197] Insofern kann selbst dann ein Umgangsrecht des leiblichen Vaters bestehen, wenn das Familiengericht hinsichtlich der Begründung einer gemeinsamen elterlichen Sorge zu dem Ergebnis gekommen ist, dass eine solche dem Wohl des Kindes widerspricht. Allerdings steht auch dem bloß leiblichen, nicht-rechtlichen Vater nach § 1686a Abs. 1 Nr. 1 BGB ein Umgangsrecht zu, wenn er ernsthaftes Interesse an dem Kind gezeigt hat und der Umgang dem Kindeswohl dient. Im Gegensatz zu der Prüfung bei der Zuweisung gemeinsamer elterlicher Sorge ist hier ein positiver Kindeswohlmaßstab anzulegen, der die schwächere Stellung des nur leiblichen, aber nicht rechtlichen Vaters unterstreichen soll. Flankiert wird das Umgangsrecht durch ein Auskunftsrecht über Informationen bezüglich der persönlichen Verhältnisse des Kindes (§ 1686a Abs. 1 Nr. 2 BGB). Voraussetzung für diesen Auskunftsanspruch sind ein berechtigtes Interesse an den Informationen und eine Kindeswohlverträglichkeit[198] der Informationspreisgabe.

Ein Umgangsrecht der genetischen Mutter könnte demgegenüber aus § 1685 Abs. 2 S. 1 BGB folgen: Lebt sie weiterhin mit dem leiblichen und nun auch rechtlichen Vater des Kindes zusammen, bestünde die Möglichkeit, dass sich zwischen genetischer Mutter und Kind ebenfalls eine sozial-familiäre Beziehung entwickelt. Da eine längere häusliche Gemeinschaft nicht bloß sporadische Kontakte, sondern ein Zusammenleben über einen nicht unerheblichen Zeitraum erfordert,[199] wird die Vermutungsregelung des § 1685 Abs. 2 S. 2 BGB – jedenfalls sofern keine Alleinsorge des Partners besteht – regelmäßig keine Rolle spielen. Nur in ganz außergewöhnlichen Einzelfällen wird es für die genetische Mutter möglich sein, unabhängig von der Vermutung des § 1685 Abs. 2 S. 2 BGB tatsächliche Verantwortung zu tragen.[200] Ob sich die genetische Mutter derweil

---

196 So die ganz überwiegende Meinung; vgl. statt vieler Sachs/*von Coelln* Art. 6 Rn. 55.

197 *Gernhuber/Coester-Waltjen* § 66 Rn. 2 m. w. N.

198 Insoweit ist erneut eine „negative" Kindeswohlprüfung vorzunehmen.

199 Vgl. *BGH* NJW-RR 2005, 729, der ein knappes Jahr für ausreichend erachtete.

200 Vgl. etwa *OLG Brandenburg* NJOZ 2011, 578, das eine sozial-familiäre Beziehung trotz täglichen häuslichen Kontaktes verneint hat, da „nicht jeder längere Sozialkontakt geschützt werden soll".

ebenfalls auf § 1686a BGB berufen kann, soll an dieser Stelle zunächst unbeantwortet bleiben (dazu S. 191 ff.).

III. Erbrechtliche Auswirkungen

Auch die gesetzliche Erbfolge wird von der abstammungsrechtlichen Lage in entscheidendem Maße beeinflusst. Daneben tritt die Frage, ob Vertauschungsvorfälle und daraus gegebenenfalls resultierende statusrechtliche Änderungen außerdem Auswirkungen auf letztwillige Verfügungen mit sich bringen.

1. Gesetzliche Erbfolge

Durch den Verweis der §§ 1922, 1924 Abs. 1 BGB auf die abstammungsrechtliche Situation der Kinder („Abkömmling"), wirken sich statusrechtliche Neuzuordnungen unmittelbar auf die gesetzliche Erbfolge aus. Wird die Vaterschaft des gesetzlichen Vaters nicht angefochten, bleibt sein rechtliches Kind weiterhin gesetzlicher Erbe erster Ordnung, auch wenn keine biologische Verwandtschaft zwischen beiden besteht. Erst eine Anfechtung führt zum Wegfall des tatbestandlichen Anknüpfungspunktes und damit zum Ausschluss aus der Erbfolge (S. 114, Konstellationen 2–4). Wird daraufhin der leibliche Vater gerichtlich als rechtlicher Vater festgestellt, rückt das Kind in die Erbfolge nach seinem genetischen Vater ein.

Wurde die Vaterschaftsfeststellung gegen den Willen des leiblichen Vaters betrieben, kann dieser die Erbengemeinschaft durch Enterbung vor einer Inanspruchnahme durch das „neue" Kind schützen. Allerdings bleibt das Kind dennoch zumindest pflichtteilsberechtigt (§ 2303 Abs. 1 BGB).[201] Ein Erb- oder Pflichtteilsverzicht des Kindes käme allenfalls nach Eintritt der Volljährigkeit in Betracht. Denn zuvor bedürfte es für die Wirksamkeit eines solchen Verzichts neben der notariellen Beurkundung (§ 2348 BGB) auch noch einer Genehmigung des Familiengerichts (§ 2347 Abs. 1 S. 1 Hs. 2 BGB). Eine solche dürfte bei einem minderjährigen Kind indessen nur erteilt werden, wenn dem Verzichtenden zugleich ein angemessener Ausgleich zukäme.[202] Folglich verbliebe dem enterbten Kind jedenfalls der Pflichtteil in Höhe des hälftigen Wertes des gesetzlichen Erbteils (§ 2303 Abs. 1 S. 2 BGB).

Gleiches gilt auch für den zwar rechtlichen, aber nicht genetischen Vater: Ficht er die Vaterschaft nicht an, kann er das Kind zwar enterben, das Pflichtteilsrecht aus § 2303 Abs. 1 BGB lässt sich indes nicht umgehen. Selbst wenn sich das

---

[201] *Wellenhofer* FamRZ 2013, 825 (828).

[202] *Rütz* S. 187; ähnlich *Taupitz* ZRP 2011, 161 (163); *Wellenhofer* FamRZ 2013, 825 (828).

bereits in Gang gesetzte Vaterschaftsanfechtungsverfahren nur durch den Tod des Vaters erledigt, können die verbliebenen Erben das Pflichtteilsrecht nicht beseitigen. Eine inzidente Feststellung der Nicht-Vaterschaft im Zuge eines Rechtsstreits über das Pflichtteilsrecht kommt nicht einmal dann in Betracht, wenn die Divergenz zwischen rechtlicher und leiblicher Vaterschaft aufgrund eines privaten Abstammungsgutachtens feststeht.[203]

2. *Gewillkürte Erbfolge*

Da die Möglichkeit, das rechtliche Kind durch Enterbung von der Erbfolge auszuschließen, bereits angesprochen wurde, sollen die folgenden Ausführungen vor allem zwei Aspekte näher beleuchten: Die Testamentsauslegung sowie die Testamentsanfechtung. Verfasst der Erblasser ein Testament, gelten all diejenigen Personen als enterbt, die bei Anwendung der gesetzlichen Erbfolge Erben gewesen wären, hingegen nicht im Testament bedacht werden (vgl. § 1938 BGB e contrario).[204] Benennt der Erblasser seine Kinder dabei nicht beim Namen, sondern setzt „seine Kinder" als Erben ein, ließe sich durchaus überlegen, ob in Vertauschungskonstellationen damit nur die genetisch eigenen Kinder oder die rechtlichen Kinder gemeint sind. Da sich eine Testamentsauslegung nicht an dem buchstäblichen Sinne des Ausdrucks zu orientieren, sondern vielmehr den wirklichen Willen des Erklärenden zu erforschen hat (§ 133 BGB), bedarf es einer strikten Einzelfalluntersuchung des Erklärungsgehalts.

Obwohl sich schematische Lösungen demzufolge verbieten, dürfte die Frage, ob der Erblasser von den genauen abstammungsrechtlichen Umständen Kenntnis hatte, eine gewisse Orientierungshilfe bieten. Ist dem Erblasser nämlich bewusst, dass er durch die Vertauschung weitere leibliche, aber nicht-rechtliche Kinder hat und fasst er sein Testament dennoch so unbestimmt, wird regelmäßig nicht davon auszugehen sein, dass er die Wendung „meine Kinder" bloß auf die ihm statusrechtlich zugeordneten Kinder beschränken wollte. Zugleich kann nicht davon ausgegangen werden, dass ein Erblasser, der in dieser Weise verfügt, aber Kenntnis davon hat, nicht leiblicher Vater eines seiner rechtlichen Kinder zu sein, seine Verfügung nur auf genetisch eigene Kinder beschränkt wissen will. Ist der Erblasser nicht darüber im Bilde, dass sein rechtliches Kind nicht auch sein leibliches Kind ist, wird die Formulierung gleichwohl auch das nicht-leibliche Kind erfassen. So wird in aller Regel davon auszugehen sein, dass diejenigen bedacht werden sollten, die als eigene Kinder wahrgenommen und behandelt worden sind.[205] Anders verhält es sich, wenn dem Erblasser nicht bewusst war,

---

203 Vgl. *OLG Koblenz* FamRZ 2013, 1247; *Aust* S. 244.

204 Vgl. *BGH* NJW-RR 2006, 948.

205 Vgl. *Willems* NZFam 2016, 445 (448).

dass er neben seinen rechtlichen Kindern noch ein weiteres leibliches, aber nicht-rechtliches Kind hatte. In einem solchen Fall kann der Erblasser selbstredend keinen wirklichen Willen dergestalt haben, auch ein solches – für ihn bloß hypothetisch existierendes – Kind zu bedenken. Allerdings könnte im Rahmen der ergänzenden Testamentsauslegung der hypothetische Wille des Erblassers festgestellt werden, dass er auch sein genetisches Kind erfasst sehen wollte, hätte er um dessen Existenz gewusst.[206]

Meines Erachtens muss die in der Literatur bisweilen anzutreffende Überlegung, das leibliche Kind könne, wenn es bei einer testamentarischen Erbeinsetzung nicht bedacht wurde und der Wortlaut des Testaments keinen Raum für die oben skizzierte Auslegung bietet, das Testament wegen Übergehung eines Pflichtteilsberechtigten gemäß § 2079 BGB anfechten,[207] für die hiesigen Fälle präzisiert werden. Dabei darf nämlich nicht übersehen werden, dass es nahezu undenkbar ist, ein leibliches Kind zu haben, das zugleich rechtliches Kind ist, aber dennoch keine Kenntnis über die Existenz dieses Kindes bestehen soll. Da § 2303 Abs. 1 S. 1 BGB ebenfalls über den Begriff „Abkömmling" an die abstammungsrechtliche Lage anknüpft,[208] setzt die Pflichtteilsberechtigung unzweifelhaft die statusrechtliche Vaterschaftszuordnung nach den §§ 1589 ff. BGB voraus. War der Erblasser aber zum Zeitpunkt der Geburt des Kindes mit der gebärenden Frau verheiratet (§ 1592 Nr. 1 BGB), wird man wohl in aller Regel davon ausgehen können, dass ihm die Schwangerschaft und die Geburt nicht unbekannt geblieben ist. Gleiches gilt für ein durch ihn zu erklärendes Anerkenntnis (§ 1592 Nr. 2 BGB) oder eine gerichtliche Vaterschaftsfeststellung nach § 1600d BGB, mit der er als Vater festgestellt werden soll (§ 1592 Nr. 3 BGB). Wirklich realistisch ist eine solche Konstellation daher nur, wenn ein postmortales Feststellungsverfahren[209] betrieben wurde, weshalb der bereits verstorbene Mann von der ex tunc wirkenden Feststellung seiner Vaterschaft keine Kenntnis mehr erlangen konnte. Nur in einem solch außergewöhnlichen Fall hätte der Erblasser einen nach § 2303 Abs. 1 BGB Pflichtteilsberechtigten übergangen, sodass eine Testamentsanfechtung gemäß §§ 2079 S. 1, 2080 Abs. 3 BGB denkbar wäre.[210] Die Testamentsanfechtung hätte nach der überzeugenden herr-

---

[206] So explizit *Willems* NZFam 2016, 445 (448); ähnlich etwa MüKo-BGB/*Leipold* § 2084 Rn. 43 u. 92.

[207] *Minwegen* FuR 2014, 343 (345); *Willems* NZFam 2016, 445 (448).

[208] Vgl. statt vieler MüKo-BGB/*Lange* § 2303 Rn. 26.

[209] Ein solches ist – auch nach der Aufhebung des § 1600e BGB – unstreitig zulässig; vgl. etwa MüKo-BGB/*Wellenhofer* § 1600d Rn. 25; Spickhoff/*Spickhoff* § 1600d BGB Rn. 25.

[210] Daneben wäre eine Anfechtung nach § 2079 S. 1 BGB natürlich auch denkbar, wenn das Kind erst nach der Errichtung der letztwilligen Verfügung geboren wurde. Dies wäre aber keine für die Vertauschungskonstellation prägende Besonderheit, die es gesondert hervorzuheben gilt.

schenden Meinung in der Regel zur Folge, dass die Erbteile der anderen Erben proportional um den Erbteil des Pflichtteilsberechtigten zu kürzen wären.[211]

IV. Schutz vor finanzieller Inanspruchnahme

Es kann nicht von der Hand gewiesen werden, dass die hier diskutierten Fallgestaltungen der abstammungsrechtlichen Neuzuordnungen mit anschließender finanzieller Inanspruchnahme eines nun als Vater festgestellten Mannes eine gewisse Nähe zu denjenigen Fällen aufweisen, in denen ein Samenspender durch das Spenderkind infolge einer erfolgreichen Vaterschaftsfeststellung in Anspruch genommen wird. Die seit langem im rechtswissenschaftlichen Diskurs geforderte[212] Beschränkung einer finanziellen Inanspruchnahme des Spenders hat der Gesetzgeber mittlerweile in § 1600d Abs. 4 BGB[213] umgesetzt. Im Folgenden wird erörtert, ob eine solche Entlastung auch zugunsten des von einer Vertauschung betroffenen Mannes interessengerecht wäre und auf welche Weise diese erreicht werden könnte.

1. Finanzielle Interessen der Väter

Man wird nicht fehlgehen in der Annahme, dass ein genetischer Vater oftmals an der rechtlichen Zuordnung zu seinem leiblichen Kind interessiert ist. Die bisherigen Ausführungen sind – das soll nicht bestritten werden – in gewissem Maße von diesem vielfach bestehenden Interesse des Vaters geleitet. Allerdings darf dabei nicht verschwiegen werden, dass durchaus Gegenteiliges der Fall sein kann: Will bzw. kann sich der Vater nicht zugleich von dem eigenen rechtlichen, aber nicht-leiblichen Kind lösen, um der finanziellen Doppelbelastung zu entkommen, führt die statusrechtliche Neuzuordnung eines durch eine Vertauschung betroffenen Kindes zu seinem leiblichen Vater zu einer signifikanten finanziellen Mehrbelastung des Vaters.[214] So sind durchaus Situationen denkbar, in denen dem nun doppelt belasteten Vater die Anfechtung seiner bisherigen rechtlichen Vaterschaft entweder unzumutbar ist oder aus rechtlichen Gründen[215] verwehrt

---

[211] Vgl. MüKo-BGB/*Leipold* § 2079 Rn. 25 ff. m. w. N.; ebenso *Willems* NZFam 2016, 445 (448).

[212] Einen strukturierten Überblick über die Diskussion gibt *Olzen* GuP 2010, 41.

[213] Eingefügt durch das „Gesetz zur Regelung des Rechts auf Kenntnis der Abstammung bei heterologer Verwendung von Samen" vom 17.07.17 (BGBl. I S. 2513).

[214] Dies gilt selbstredend nur, solange nicht auch die Vaterschaft in Bezug auf das andere Kind angefochten wird.

[215] Sowohl die lex lata (§ 1600 Abs. 2, 3 BGB) als auch die m. E. erforderliche gesetzliche Anpassung (dazu S. 328) könnte ein solches Ergebnis nach sich ziehen.

bleibt. In einer solchen Konstellation hätte der Betroffene plötzlich zwei rechtliche Kinder, für die er Unterhalt leisten muss. Daher kann nicht bereits grundsätzlich davon ausgegangen werden, dass ein Vater neben seinem rechtlichen Kind noch ein – auch wenn es das genetisch eigene sein mag – weiteres Kind rechtlich zugewiesen bekommen will.[216] Angesichts der Tatsache, dass ein Kind bis zum 18. Lebensjahr durchschnittliche Kosten in Höhe von circa 130.000 € verursachen dürfte,[217] ist die Entscheidung, ob man auf eine rechtliche Zuordnung besteht oder sich mit den Rechten nach § 1686a BGB begnügt, mit erheblichen wirtschaftlichen Auswirkungen verbunden, die nicht jeder ohne Weiteres tragen möchte.[218]

Hinzu kommt, dass dem Beitrag des von der Vertauschung betroffenen Vaters zur Existenz der Doppelbelastung weniger Gewicht zukommt, als demjenigen, den der Samenspender mit seiner Spende geleistet hat. Es war dem Spender nämlich bewusst, dass er mit seiner Spende eine Kausalkette in Gang setzt, an deren Ende die Geburt eines Kindes steht, das mit ihm genetisch verwandt ist. Demgegenüber ging der von der Vertauschung Betroffene nicht davon aus, ein Kind zu zeugen, das bei einer anderen rechtlich-sozialen Familie aufwächst, aber sein leibliches Kind ist und ihn daher in der Zukunft zusätzlich als Unterhaltsschuldner in Anspruch nehmen könnte. Vielmehr nahm er an, (bloß) ein leibliches Kind zu zeugen, das ihm rechtlich zugeordnet wird und dem gegenüber er zum Unterhalt verpflichtet ist. Wird der Samenspender trotz seiner zielgerichteten Entscheidung für die Spende durch die Rechtsordnung von seiner finanziellen Verantwortung für sein leibliches Kind befreit (§ 1600d Abs. 4 BGB), ließe sich argumentieren, dass dies erst Recht für denjenigen gelten müsse, der nur aufgrund unglücklicher Umstände von der Mehrfachbelastung betroffen ist.

Gewiss könnte einer solchen Überlegung entgegengehalten werden, dass der assistierten Reproduktion ein insgesamt erhöhtes Risiko einer Mehrlingsschwangerschaft innewohnt, sodass auch die Möglichkeit einer Inanspruchnahme durch mehr als ein Kind in der Zurverfügungstellung der Samenzellen angelegt war. Allerdings wird in der reproduktionsmedizinischen Praxis – auch wenn die sog. Dreier-Regel des § 1 Abs. 1 Nr. 3 ESchG anderes erlauben würde – mittlerweile in aller Regel lediglich ein Embryo übertragen, um eine auch für die Schwangere belastende Mehrlingsschwangerschaft auszuschließen.[219] Aber selbst wenn die

---

[216] Vgl. nur den Fall *BGH* FamRZ 2008, 1424 m. Anm. *Wellenhofer*.

[217] So die Zahlen einer Erhebung des Statistischen Bundesamtes aus dem Jahre 2014; abrufbar unter: www.destatis.de/DE/Publikationen/Thematisch/EinkommenKonsumLebensbedingungen/Konsumausgaben/KonsumausgabenFamilienKinder.html (zuletzt abgerufen am: 30.09.19).

[218] Dazu etwa *Heiderhoff* in: Regelungsaufgabe, S. 9 (12).

[219] Dazu bereits S. 12.

Möglichkeit einer Mehrlingsschwangerschaft akzeptiert wurde, wohnt darin einzig die Akzeptanz einer mehrfachen Inanspruchnahme durch genetisch eigene Kinder (vgl. dazu Kap. F, Fn. 199). Insoweit ändert das gegebenenfalls bestehende Risiko einer Mehrlingsschwangerschaft nichts an der grundsätzlichen Vergleichbarkeit beider Situationen.

2. *Anwendbarkeit des neuen § 1600d Abs. 4 BGB*

Zunächst könnte zur Begrenzung der finanziellen Inanspruchnahme auf § 1600d Abs. 4 BGB zurückgegriffen werden. Ausweislich des eindeutigen Wortlauts der Regelung findet diese ausschließlich auf ärztlich unterstützte künstliche Befruchtungen Anwendung, wenn die Zeugung unter heterologer Verwendung von Samen erfolgt. Daher kommt eine unmittelbare Anwendbarkeit von § 1600d Abs. 4 BGB auch nur bei der Verwendung einer Samenspende in Betracht. Aber selbst wenn es bei einer heterologen Behandlungsmethode zu einer Vertauschung gekommen wäre, würde § 1600d Abs. 4 BGB lediglich den Schutz des Samenspenders bewirken, während der Wunschvater mangels genetischer Verbindung zu dem Kind ohnehin nicht als leiblicher Vater festgestellt werden könnte. Dementsprechend wäre der hier vorgestellte Schutz vor finanzieller Inanspruchnahme nur mithilfe einer Analogie des § 1600d Abs. 4 BGB zu erreichen.

Sollte eine planwidrige Regelungslücke bei vergleichbarer Interessenlage vorliegen, könnte die Norm in einer Weise erweitert werden, dass auch der von einer Vertauschung betroffene Mann trotz genetischer Vaterschaft nicht als Vater desjenigen Kindes festgestellt werden kann, für das er bislang keine tatsächliche Verantwortung getragen hat. Gegen eine solche Analogie sind indes mehrere Einwände ins Feld zu führen: Zum einen bereitet bereits die Feststellung einer vergleichbaren Interessenlage Probleme. Zwar ist das Interesse des in Anspruch genommenen Mannes nahezu identisch mit demjenigen Interesse, das den Vaterschaftsfeststellungsausschluss des Samenspenders in § 1600d Abs. 4 BGB rechtfertigt. Allerdings bedarf es für die Analogie einer vergleichbaren Interessen*lage,* was die Berücksichtigung bloß einer einzelnen Interessenposition ausschließt. Vielmehr müssen sämtliche von einer analogen Anwendung der Norm betroffenen Interessen miteinbezogen werden, um einen gerechten Ausgleich herbeiführen zu können, ohne die Rechtslage mittels einseitig beeinflusster Analogien zu verzerren. Insofern ist zunächst festzustellen, dass der Ausschluss der Vaterschaftsfeststellung dazu führen könnte, dass das Kind vaterlos wird. Anders als in Fällen heterologer Behandlungsformen, in denen das Kind durch § 1600 Abs. 4 BGB vor der (fremdbestimmten) Vaterlosigkeit geschützt wird, würde in den hiesigen Konstellationen kein korrespondierender Anfechtungsausschluss eingreifen. Kann sich das Kind nicht zugleich mit seinem wahren genetischen

Vater in rechtliche Beziehung setzen, verliert es seinen Unterhaltsschuldner ersatzlos, was eine unzumutbare Härte für das Kind bedeuten würde.

Zum anderen ähnelt die Situation des Betroffenen eines Vertauschungsvorfalls derjenigen des Samenspenders allein bei rein wirtschaftlicher Betrachtungsweise. Denn eine der Überlegungen, die den Schutz des Samenspenders vor finanzieller Inanspruchnahme begründen, folgt aus der altruistisch geprägten Motivation des Samenspenders. Die in der Regel recht geringe Aufwandsentschädigung[220] für die Spende bedeutete für den Spender ein „finanzielles Vabanquespiel"[221], das ihn angesichts des überschaubaren Eigennutzens zu stark belastete. Da viele Paare zur Realisierung ihres Kinderwunsches auf eine Samenspende angewiesen sind, soll die (selbstlose) Hilfe des Spenders nicht auch noch mit einem unkontrollierbaren wirtschaftlichen Risiko quittiert werden.[222] Ist es hingegen zu einem Vertauschen gekommen, hat der betroffene Mann seinen Samen nicht aus uneigennützigen Gründen hergegeben, sondern um seinen Kinderwunsch zu erfüllen. Aufgrund dessen wäre es nicht zu legitimieren, das Risiko des Vertauschens einseitig auf das betroffene Kind zu verlagern, nur um den Wunschvater vor einer Doppelbelastung zu bewahren. Die Lösung muss vielmehr im Verhältnis zwischen den beiden Vätern und dem Verursacher der Situation gefunden werden, ohne dass daraus Nachteile für das Kind resultieren.

3. *Freistellungsvereinbarungen*

Ein grundsätzlich denkbarer Lösungsansatz wäre eine Freistellungsvereinbarung zwischen der reproduktionsmedizinischen Einrichtung und der Wunschfamilie für den Fall einer Vertauschung. Mit einer solchen könnten die Beteiligten einer Fortpflanzungsbehandlung gegenüber dem Befruchtungsarzt[223] erklären, im Falle einer Vertauschung die Unterhaltskosten für das von der jeweiligen Frau zur Welt gebrachte Kind zu übernehmen, selbst wenn es zu einer Anfechtung der Vaterschaft kommen sollte. Eine Freistellungsvereinbarung wäre als Schuldbeitritt zu qualifizieren, durch den das infolge Anfechtung kinderlose Paar gemeinsam mit dem nun zweifachen Vater als Gesamtschuldner im Sinne von § 421 BGB haftet.[224] Zugleich wird bestimmt (§ 426 Abs. 1 S. 1 BGB), dass das

---

[220] Vgl. etwa *Taupitz* ZRP 2011, 161 (163, Fn. 32); *Rütz* S. 21 f.

[221] *Taupitz* ZRP 2011, 161.

[222] BT-Drucks. 18/11291 S. 35 f. Vgl. auch *Dethloff/Gerhardt* ZRP 2013, 91 (92 f.); *Frommel* FS Hassemer, S. 831 (846); *Katzorke* Gynäkologe 2007, 807 (812); *Olzen* GuP 2015, 41.

[223] Eine Freistellungsvereinbarung wird wegen der zwischen den Wunschelternpaaren herrschenden Anonymität mit dem Befruchtungsarzt als Vertrag zugunsten Dritter i. S. v. § 328 Abs. 1 BGB geschlossen; vgl. *Eckersberger* MittBayNot 2002, 261 (264); *Taupitz/Schlüter* AcP 2005, 591 (599 f.).

[224] *Meier* NZFam 2014, 337 (341); *Taupitz/Schlüter* AcP 2005, 591 (606).

Paar die Schuld im Innenverhältnis zum „doppelten" Vater vollständig zu tragen hat. Auf diese Weise blieben die Ansprüche des Kindes gegen den eigentlichen genetischen Vater unberührt, sodass kein unzulässiger Vertrag zulasten des Kindes vorläge.[225] Auch die Tatsache, dass die Forderung erst in der Zukunft entstünde, würde dem Schuldbeitritt nicht entgegenstehen.[226] Jedoch stellt sich – unabhängig von der Tatsache, dass ein Hinweis auf das Vertauschungsrisiko vor der Behandlung ohnehin kaum erfolgen wird (S. 105) und nicht zu erwarten ist, dass ein Elternpaar einer solchen Vereinbarung zustimmt – die Frage, ob entsprechende Vereinbarungen überhaupt in der Lage sind, effektiven Schutz vor finanzieller Inanspruchnahme zu bieten.

Denn es kann nicht von der Hand gewiesen werden, dass Freistellungsvereinbarungen aufgrund ihrer „technischen" Konstruktion eine große Schwachstelle innewohnt, die ihre Tauglichkeit als schützendes Element erheblich mindert.[227] Wie zuvor erwähnt, sind Freistellungsvereinbarungen unzulässig, wenn Ansprüche des Kindes beeinträchtigt werden und deshalb ein Vertrag zulasten Dritter vorliegt. Daher wirkt die Regelung ausschließlich im Innenverhältnis zwischen dem Befruchtungsarzt und den Wunschelternpaaren, denen bloß eine Regressmöglichkeit gegenüber dem jeweils anderen Paar eröffnet wird.[228] Dies hat naturgemäß zur Folge, dass der doppelt belastete Vater bei seinem Rückgriff mit dem Risiko der Zahlungsunfähigkeit des Mannes belastet wäre, dessen Vaterschaft durch Anfechtung beseitigt wurde.[229] Da eine Neuzuordnung der Vaterschaft nicht zuletzt in Situationen aktuell werden dürfte, in denen der eigene rechtliche Vater – wegen Zahlungsunfähigkeit – als Unterhaltsschuldner ausfällt, wird die Regressmöglichkeit oftmals ins Leere laufen. Folglich bieten Freistellungsvereinbarungen kein lückenloses „finanzielles Fangnetz", mit dem sich die Wunschväter für den Fall des Vertauschens vor einer doppelten Inanspruchnahme schützen könnten.

4. *Ausgleich über Schadensersatz*

Insofern bleibt zu konstatieren, dass der doppelt belastete Vater auf Grundlage der lex lata keine Möglichkeit hat, sich gegenüber dem „Komplementär-Vater" schadlos zu halten, der infolge einer Vaterschaftsanfechtung nun gar kein rechtliches Kind mehr hat und dessen Unterhaltspflicht sogar für die Vergangenheit

---

225 Vgl. *Grziwotz* FF 2013, 233 (237 f.); *Wellenhofer* FamRZ 2013, 825 (827).

226 *BGH* NJW-RR 1993, 307 (308 f.); MüKo-BGB/*Bydlinski* Vor §§ 414 ff. Rn. 12.

227 Insoweit sei bereits auf die Diskussion in Bezug auf die Samenspender-Fälle verwiesen; vgl. dazu *Taupitz/Schlüter* AcP 2005, 591 (620 ff.).

228 MüKo-BGB/*Wellenhofer* § 1600 Rn. 43.

229 Vgl. *Deutsch/Spickhoff* Rn. 1096; *Dethloff/Gerhardt* ZRP 2013, 91 (92); *Taupitz/Schlüter* AcP 2005, 591 (620 u. 643).

wegfällt (§ 1607 Abs. 3 S. 2 BGB). Deshalb könnte sich der Betroffene einzig an die reproduktionsmedizinische Einrichtung und ihre Angestellten richten, um seine Belastung mittels Schadensersatzansprüchen zu begrenzen. Im nächsten Kapitel (Kapitel F., dort S. 231 ff.) wird erörtert, ob und wenn ja welche Positionen schadensersatzrechtlich liquidiert werden können, um anschließend (Kapitel G., dort S. 339 ff.) die Frage zu beantworten, ob dennoch – jedenfalls, wenn man eine interessengerechte Verteilung des (finanziellen) Vertauschungsrisikos erreichen will – eine Beschränkung der cessio legis geboten erscheint.

V. Herausgabeansprüche

Nachdem bislang vor allem familien- und erbrechtliche Primärrechtsfolgen die Ausführungen dominiert haben, wird im folgenden Abschnitt eine weitere Facette beleuchtet, die zwar ebenfalls als Folgefrage des Vertauschens, nicht aber der Existenz eines von einer Vertauschung betroffenen Kindes zu qualifizieren ist. Während die vorstehenden Überlegungen einzig den Zeitraum nach der Geburt des Kindes betrafen, sind etwaige Herausgabeansprüche bereits denkbar, wenn das jeweilige Kind noch nicht zur Welt gekommen ist. Nachstehend wird zunächst in der gebotenen Kürze aufgezeigt, welche Anspruchsgrundlagen grundsätzlich in Betracht kommen, um die Herausgabe von Keimzellen, Vorkernstadien, Embryonen oder eines Kindes zu verlangen (1.). Um die jeweils relevanten Anspruchsgrundlagen zu identifizieren, wird anschließend nach dem Zeitpunkt der Anspruchsstellung und damit nach dem Rechtscharakter des „Herausgabeobjekts"[230] unterschieden (2.).

1. Denkbare Anspruchsgrundlagen

Sollten Keimzellen, Vorkernstadien und sogar Embryonen als Sachen i. S. d. § 90 BGB zu qualifizieren sein, könnte deren Herausgabe mithilfe sachenrechtlicher Herausgabeansprüche erwirkt werden. Dabei ist zunächst an § 985 BGB zu denken, nach dem ein Eigentümer von dem Besitzer die Herausgabe einer Sache verlangen kann. Daneben könnte § 1007 BGB und der sog. Besitzschutzanspruch aus § 861 BGB in den Blick genommen werden.

Versteht man Keimzellen, Vorkernstadien, Embryonen oder auch ein Kind als erlangtes „Etwas", käme des Weiteren ein bereicherungsrechtlicher Herausgabe-

---

[230] Bei § 1632 BGB handelt es sich selbstredend „um einen besonderen Herausgabeanspruch personenrechtlicher Art, bei dem das Kind nicht lediglich bloßes Objekt des Herausgabeverlangens ist"; so MüKo-BGB/*Huber* § 1632 Rn. 4; vgl. auch *Gernhuber/Coester-Waltjen* § 57 Rn. 47; Staudinger/*Salgo* § 1632 Rn. 5.

anspruch aus § 812 BGB in Betracht. Allerdings stellt das Vertauschen weder eine bewusste und zweckgerichtete Mehrung fremden Vermögens dar[231] noch hat die Eingriffskondiktion des § 812 Abs. 1 S. 1 Alt. 2 BGB einen eigenständigen Gehalt, wenn bereits der dingliche Herausgabeanspruch nach § 985 BGB besteht.[232] Denn wenn der Herausgabegegenstand als Sache zu qualifizieren wäre, ginge damit zugleich eine Bewertung als „Etwas" i. S. d. § 812 BGB einher. Daher kommt den Kondiktionsansprüchen aus § 812 BGB bei der Herausgabe vertauschter Keimzellen, Vorkernstadien, Embryonen oder Kinder keine Bedeutung zu.

Ist das Kind bereits geboren, scheidet eine Anwendung des sachenrechtlichen Herausgabesystems offenkundig aus. Für solche Fälle hat der Gesetzgeber mit § 1632 Abs. 1 BGB einen speziellen Herausgabeanspruch personenrechtlicher Art geschaffen. Danach umfasst die Personensorge (§ 1626 BGB) das Recht, die Herausgabe des Kindes von jedem zu verlangen, der es den Eltern oder einem Elternteil widerrechtlich vorenthält.[233]

2. Zeitpunkt des Herausgabeverlangens

Maßgeblich für die Wahl der Anspruchsgrundlage und den Erfolg des Herausgabeverlangens ist der Zeitpunkt, in dem die Vertauschung bemerkt und der Anspruch auf Herausgabe geltend gemacht wird. Wie bereits angedeutet, entscheidet die Frage, ob das „Herausgabeobjekt" (noch) als Sache i. S. d. § 90 BGB zu qualifizieren ist, über die Anwendbarkeit des dinglichen oder aber personenrechtlichen Herausgabesystems. Da oftmals die Geschwindigkeit, mit der die Ansprüche durchgesetzt werden können, über Erfolg oder Misserfolg des Herausgabebegehrs bestimmt, wird außerdem ein knapper Überblick über die Möglichkeiten des einstweiligen Rechtsschutzes gegeben.

a) Vor Imprägnation

aa) Dingliche Qualität der Keimzellen

Wird die Vertauschung im Zeitraum vor dem Befruchtungsgeschehen bemerkt, richtet sich der Anspruch auf die Herausgabe von Ei- oder Samenzellen. Ob abgetrennte Körperbestandteile und -substanzen als Sachen im zivilrechtlichen

---

231 Zu dem Leistungsbegriff des § 812 Abs. 1 BGB vgl. BGHZ 40, 272 (277); 50, 227 (231 f.); 72, 246 (248 f.).

232 Vgl. nur MüKo-BGB/*Schwab* § 812 Rn. 269.

233 Lediglich der Vollständigkeit halber sei darauf hingewiesen, dass auch der Weg über eine pränatale Vaterschaftsfeststellung zur Erlangung einer Verfügungsbefugnis ausscheidet; vgl. *OLG Düsseldorf* FamRZ 2015, 1980 m. Anm. *Mankowski* sowie *Coester-Waltjen*. Zu der gleichen Sache *BVerfG* FamRZ 2017, 446.

Sinne qualifiziert werden können, ist seit jeher umstritten. Das Meinungsbild kann im Wesentlichen in drei unterschiedliche Strömungen unterteilt werden: Nach traditioneller Auffassung sind vom Körper abgetrennte Körperbestandteile rein sachenrechtlich zu bewerten.[234] Zwar handele es sich bei dem lebenden menschlichen Körper um keine Sache,[235] indes entfalle die Subjektsqualität der Körperbestandteile mit ihrer Trennung vom Körper. Derjenige, von dessen Körper der Bestandteil oder die Substanz stammt, erlange nach dem § 953 BGB innewohnenden Rechtsgedanken Eigentum an den abgetrennten Bestandteilen.[236] Danach könne der Eigentümer nach Belieben mit Körperbestandteilen verfahren (§ 903 S. 1 BGB).

Andere sind der Ansicht, Körperbestandteile seien selbst nach ihrer Trennung vom Körper nicht eigentumsfähig,[237] da das Persönlichkeitsrecht an den Körperbestandteilen auch nach der Trennung fortbestehe.[238] Die Ablehnung einer dinglichen Betrachtungsweise wird damit begründet, dass das Eigentumsrecht – mangels speziellen Zuschnitts auf die höchstpersönlichen Belange des bisherigen Trägers – für Rechte an abgetrennten Körperbestandteilen „nicht die adäquate Rechtsform" sei.[239] Demgegenüber könne das Persönlichkeitsrecht die Interessen des vormaligen Trägers deutlich effektiver schützen, indem es sich etwa einer mit der Abgabe verbundenen persönlichen Zweckbestimmung elastisch anpasse.[240] Indes nimmt die persönlichkeitsrechtliche Auffassung an, dass der Wegfall der persönlichen Interessen an dem Körperteil zugleich den Wegfall des Persönlichkeitsrechts bedeute und der dann persönlichkeitsrechtlich „entkleidete" Körperteil sacheigentumsfähig werden soll.[241]

---

234 MüKo-BGB/*Stresemann* § 90 Rn. 26 f.; *Spranger* NJW 2005, 1084 (1085).

235 Dies ergibt sich bereits aus dem Konfusionsargument, dass Rechtssubjekte nicht zugleich Rechtsobjekte sein können; vgl. nur *Danz/Pagel* MedR 2008, 602 (603).

236 MüKo-BGB/*Stresemann* § 90 Rn. 26; Staudinger/*Stieper* § 90 Rn. 30. Eine ältere Auffassung ging demgegenüber davon aus, die abgetrennten Bestandteile würden zunächst herrenlos, sodass dem bisherigen Träger ein durch § 958 Abs. 2 BGB „gesichertes" Aneignungsrecht zustehe; vgl. dazu etwa *Kallmann* FamRZ 1969, 572 (577). Diese Konstruktion wird allerdings überwiegend zutreffend als „gekünstelt" gewertet; vgl. nur MüKo-BGB/*Stresemann* § 90 Rn. 26.

237 Diese Auffassung ähnelt i. Erg. stark der sog. Überlagerungsthese, nach der der Wille des Trägers darüber bestimme, ob eine persönlichkeitsrechtliche Bindung zum Körperbestandteil fortbestehe, die die sachenrechtliche Bewertung überlagere; vgl. *Lanz-Zumstein* S. 222 ff. u. 249 f.; *Schünemann* S. 89 ff. u. 100 ff. Daher erfolgt an dieser Stelle keine weitergehende Differenzierung.

238 BeckOK-BGB/*Fritzsche* § 90 Rn. 33; *Deutsch* AcP 192 (1992), 162 (173); *Forkel* JZ 1974, 593 (595 f.).

239 Vgl. *ders.* JZ 1974, 593 (595 f.).

240 *Ders.* JZ 1974, 593 (595); ähnlich *Schröder/Taupitz,* Menschliches Blut, S. 94.

241 *Forkel* JZ 1974, 593 (596).

Die mittlerweile wohl überwiegende Ansicht geht davon aus, dass Körperbestandteile grundsätzlich sacheigentumsfähig sind, diese dingliche Ebene aber von Persönlichkeitsrechten überlagert wird, die die Eigentümerbefugnisse des § 903 S. 1 BGB beschränken.[242] Anders als bei der sog. Überlagerungsthese sei die Existenz sachenrechtlicher Befugnisse aber nicht von einem entsprechenden Willen des Trägers abhängig, sondern entstehe ipso facto mit der Trennung eines Bestandteils vom Körper.[243] Das ohnehin am Körper bestehende Persönlichkeitsrecht bestehe auch an den abgetrennten Bestandteilen weiter, werde aber durch die entstehende dingliche Dimension flankiert. Diese ergebe sich als „schwächere" Befugniskomponente aus dem Persönlichkeitsrecht.[244] Das Nebeneinander von Eigentums- und Persönlichkeitsrecht wird zumeist damit begründet, dass abgetrennte Körperbestandteile alle Tatbestandsvoraussetzungen des § 90 BGB erfüllen, von der natürlichen Verkehrsanschauung gleich einer Sache gegenständlich wahrgenommen werden und ein völliger Verzicht auf eine sachenrechtliche Betrachtungsweise von Körperbestandteilen der Realität nicht gerecht werde.[245] Selbst wenn aber über den Körperbestandteil verfügt wurde, bestehe mit dem Persönlichkeitsrecht ein die Eigentümerbefugnisse beschränkendes Recht eines anderen (vgl. § 903 S. 1 BGB).

Während der erstgenannten Ansicht entgegenzuhalten ist, dass eine rein sachenrechtliche Bewertung durch die Gefahr des gutgläubigen Erwerbs das Erfordernis eines hohen Schutzniveaus für Körperbestandteile in Frage stellt,[246] ist die zweite Ansicht in der Tat nur schwer mit der Realität in Einklang zu bringen. Darüber hinaus vermag sie der Argumentation von *Taupitz'*, wenn schon abgetrennte Sachbestandteile in das Eigentum des Sachinhabers fallen, dies erst recht für die deutlich intensivere Beziehung zwischen Person und abgetrennten Körperbestandteilen gelten müsse,[247] nichts entgegenzusetzen. Schließlich – und das ist meines Erachtens der entscheidende Aspekt – ist die von voluntativen Elementen abhängige Umwandlung von rein persönlichkeitsrechtlich zu betrachtenden Körperbestandteilen in dann bloß sachenrechtliche Bestandteile dogmatisch

242 *Coester-Waltjen* FamRZ 2015, 1981; *Danz/Pagel* MedR 2008, 602 (603 f.); *Freund/Weiss* MedR 2014, 315 (316); Frister/Olzen/*Frister/Börgers,* S. 93 (97 ff.); *Halàsz* S. 29 ff.; *Laufs/Reiling* NJW 1994, 775 (776); *Schlüter* S. 136 ff.; *Schröder/Taupitz,* Menschliches Blut, S. 94 f.; *Taupitz* JZ 1992, 1089 (1092 f.). I. Erg. auch *BGH* NJW 1994, 127 (128); *Backmann* S. 34; *Damm* JZ 1998, 926 (933 f.); *Laufs* JZ 1986, 769 (772).

243 *Taupitz* JZ 1992, 1089 (1092).

244 *Ders.* JZ 1992, 1089 (1092).

245 Vgl. *Danz/Pagel* MedR 2008, 602 (603 f.), die darauf verweisen, dass natürliche Haare zu Perücken und Baustoff verarbeitet werden oder Blut gespendet wird.

246 *Dies.* MedR 2008, 602 (604).

247 *Taupitz* JZ 1992, 1089 (1092).

kaum zu begründen.[248] So kann die Bejahung oder Negierung der Sachqualität eines körperlichen Gegenstandes nicht von dem individuellen Willen einer Person, sondern vielmehr nur von der natürlichen Verkehrsanschauung abhängig gemacht werden.[249] Demgegenüber schafft es die letztgenannte Ansicht, das Risiko eines gutgläubigen Erwerbs dadurch abzuschwächen, dass die persönlichkeitsrechtlichen Befugnisse von einem solchen Eigentumswechsel abstrahiert werden.[250] Daher gelingt es nur dieser „Kombinationslösung“, etwaige Konflikte zwischen ideellen, persönlichkeitsrechtlichen Interessen einerseits und den „materiellen Interessen der Verfügbarkeit und Verkehrsfähigkeit von Körpersubstanzen“[251] andererseits zufriedenstellend aufzulösen.[252]

Allerdings handelt es sich bei Keimzellen um ganz besondere Körperbestandteile, die trotz ihrer Trennung vom Körper eine „herausragende, den noch eingegliederten Körperteilen angenäherte persönlichkeitsrechtliche Bedeutung haben“[253] können. In einer Entscheidung aus dem Jahr 1994 nahm der *BGH* diesen Umstand zum Anlass, Körperbestandteile auch nach ihrer Abtrennung als dem Körper angehörig zu bewerten, wenn sie „aus der Sicht des Schutzzweckes der Norm mit diesem weiterhin eine funktionale Einheit bilden.“[254] Auch wenn sich der *BGH* ob seines dogmatischen Vorgehens zu Recht harscher Kritik[255] ausgesetzt sah, ist die der Entscheidung zugrunde liegende Ausgangsüberlegung nicht unberechtigt. Aufgrund der besonderen Bedeutung der Keimzellen, die körperliche Funktion der Fortpflanzung zur Geltung zu bringen, scheint es gerechtfertigt, im Hinblick auf ihre Verkehrsfähigkeit die für den menschlichen Körper geltenden Wertungen zu berücksichtigen.[256] Dies hätte zur Folge, dass das Eigentum an menschlichen Keimzellen als res extra commercium zwar durch Dereliktion preisgegeben,[257] nicht aber durch ein Verfügungsgeschäft übertragen werden kann.[258] Ist nämlich das zu übertragende Eigentum ohnehin persönlichkeitsrechtlich überlagert, wirkt es gekünstelt, dem Eigentümer ein Verfügungsrecht über

---

248 *Danz/Pagel* MedR 2008, 602 (604); *Halàsz* S. 29 ff.

249 Staudinger/*Stieper* § 90 Rn. 31 u. Vor §§ 90 ff. Rn. 9.

250 Vgl. *Halàsz* S. 40; *Schlüter* S. 136.

251 *Damm* JZ 1998, 926 (933 f.).

252 So auch *Schlüter* S. 136 f.

253 Frister/Olzen/*Frister/Börgers,* S. 93 (100).

254 *BGH* NJW 1994, 127 (128).

255 Vgl. statt vieler die überzeugende Argumentation bei *Taupitz* NJW 1995, 745 (746 ff.), der etwa darauf hinweist, dass der *BGH* mit seiner Entscheidung die Multilokation, also die zeitgleiche Anwesenheit eines Körpers an mehreren verschiedenen Orten, ermöglichen würde. Dem *BGH* zust. allerdings z. B. BeckOK-BGB/*Fritzsche* § 90 Rn. 30.

256 Frister/Olzen/*Frister/Börgers,* S. 93 (100).

257 Eine Aneignung wäre in einem solchen Fall aber ebenfalls nicht möglich.

258 Frister/Olzen/*Frister/Börgers,* S. 93 (100); a. A. *Halàsz* S. 48 f.

dieses völlig inhaltsleere Eigentumsrecht einzuräumen. Da diese Erkenntnis indessen keine Auswirkungen auf die grundsätzliche Sachqualität mit sich bringt, wird die Frage nicht weiter vertieft.

Demzufolge können menschliche Keimzellen aufgrund ihres sachenrechtlichen Charakters Gegenstand eines dinglichen Herausgabeanspruchs sein. Wie bereits dargelegt, wird dabei dem Vindikationsanspruch des § 985 BGB die größte Bedeutung zukommen. Ob daneben Ansprüche aus den §§ 861, 1007 BGB in Betracht zu ziehen sind, hängt von den jeweiligen Umständen des Einzelfalls ab. Aber auch, wenn ein Herausgabeanspruch tatbestandlich bestehen mag, kann der Eigentümer der Keimzellen keine Herausgabe an sich selbst verlangen. Bei Keimzellen handelt es sich um Gewebe i. S. d. § 1a Nr. 4 TPG (vgl. bereits S. 25 f.), sodass die Vorschriften des TPG sowie der TPG-GewV zur vollständigen Rückverfolgbarkeit des Gewebes Anwendung finden.[259] Die Rückverfolgbarkeit kann indes nur sichergestellt werden, wenn das Gewebe allein an staatlich kontrollierte Gewebeeinrichtungen und Einrichtungen der medizinischen Versorgung nach § 1a Nr. 8, 9 TPG abgegeben wird, was den Kreis der Empfänger bei Keimzellen auf reproduktionsmedizinische Einrichtungen beschränkt.[260] Folglich besteht einzig ein Anspruch auf Herausgabe der Keimzellen an einen vom Eigentümer benannten Reproduktionsmediziner, während der Anspruch auf Herausgabe an andere Personen rechtlich unmöglich (§ 275 Abs. 1 BGB) und damit ausgeschlossen ist.

bb) Sicherungsmöglichkeiten im einstweiligen Rechtsschutz

Angesichts der Tatsache, dass die Fortsetzung des Behandlungsgeschehens im Labor oftmals innerhalb kürzester Zeit möglich ist und die Betroffenen dadurch vor vollendete Tatsachen gestellt werden könnten, wird regelmäßig einstweiliger Rechtsschutz in Anspruch zu nehmen sein, um einer nachteiligen Veränderung des bestehenden Zustands vorzubeugen. Wie nachfolgend gezeigt wird, führt bereits die Zusammenführung der Keimzellen zu einer sog. 2-PN-Zelle zu erheblichen Erschwerungen bei der Durchsetzung von Herausgabeansprüchen (S. 166 f.). Daneben wird die isolierte Herausgabe einer einzelnen Keimzelle durch die Imprägnation auch in tatsächlicher Hinsicht unmöglich gemacht, da eine keimzellerhaltende Extraktion etwa der Samenzelle aus der 2-PN-Zelle nicht möglich ist.

Zunächst sei darauf hingewiesen, dass einstweiliger Rechtsschutz nach den §§ 49 ff. FamFG nicht in Betracht kommt. Da der Eilrechtsschutz insbesondere

---

[259] Vgl. auch Frister/Olzen/*Frister/Börgers,* S. 93 (101).

[260] Frister/Olzen/*dies.*, S. 93 (101); vgl. *Hilland/Kentenich* in: Praxisleitfaden Gewebegesetz, S. 253 (254).

in der Phase vor der Nidation Relevanz gewinnt, werden – insoweit sei auf die nachstehenden Ausführungen verwiesen – die Herausgabeansprüche sachenrechtlicher Natur sein.[261] Damit scheidet eine Qualifikation als Familiensache i. S. d. § 111 FamFG aus, sodass der Anwendungsbereich des FamFG nach § 1 FamFG nicht eröffnet ist. Vielmehr kann einstweiliger Rechtsschutz nur durch den Erlass einer einstweiligen Verfügung nach den §§ 935 ff. ZPO gewährt werden. Der Antragsteller will mithilfe der einstweiligen Verfügung erreichen, dass die Verwirklichung seines Herausgabeanspruchs durch eine ihm nachteilige Veränderung des bestehenden Zustandes vereitelt oder wesentlich erschwert wird. Daher dürfte in aller Regel eine bloße Veränderungssperre und damit eine Sicherungsverfügung genügen, um dem Rechtsschutzziel des Antragsstellers gerecht zu werden. Sollte im Einzelfall eine rechtsgestaltende Regelung eines einstweiligen Zustandes bezüglich eines streitigen Rechtsverhältnisses – nämlich der Eigentumsverhältnisse an den Zellen – erforderlich sein, kann alternativ eine Regelungsverfügung nach §§ 935, 940 ZPO getroffen werden. Da die vorstehenden Ausführungen im Ergebnis für alle Fallkonstellationen vor der Nidation Geltung beanspruchen, wird auf einen erneuten Hinweis im Folgenden verzichtet. Das hier Gesagte gilt dort jeweils entsprechend.

b) Vor Befruchtung

Wurde die Vertauschung nach Imprägnation, aber vor Befruchtung bemerkt, befinden sich die Keimzellen im sog. Vorkernstadium (oder auch 2-PN-Stadium). In diesem Stadium ist die Samenzelle zwar bereits in die Eizelle eingedrungen, die beiden Chromosomensätze haben sich allerdings noch nicht geteilt, sodass zwei Vorkerne – die sog. Pronuklei – in der Zelle vorhanden sind.[262] Erst wenn sich die beiden Chromosomensätze zur ersten gemeinsamen Teilung zusammenfinden, entsteht ein Embryo i. S. d. § 8 Abs. 1 ESchG.[263] Da oftmals solche bereits imprägnierten Eizellen im 2-PN-Stadium kryokonserviert werden,[264] um einen späteren Behandlungszyklus durchführen zu können, dürfte ein auf 2-PN-Zellen gerichtetes Herausgabeverlangen kein allzu unwahrscheinlicher Fall sein. Entscheidend für den Erfolg des Anspruchs ist wiederum die Frage nach dem Rechtscharakter einer solchen 2-PN-Zelle: Handelt es sich trotz des Eindringens der Samenzelle noch um eine Sache oder stellt dieser Moment den Beginn der Wandlung von der dinglichen zur personalen Ebene dar?

---

261 Insbesondere handelt es sich nicht um eine abstammungsrechtliche Fragestellung (§ 111 Nr. 3 FamFG), da das Abstammungsrecht seine Wirkung erst nach der Geburt entfaltet.

262 S. *LG Bonn* FamRZ 2017, 447 (448).

263 Vgl. dazu *OLG Karlsruhe* FamRZ 2016, 1790 (1791) m. Anm. *Spickhoff*.

264 Vgl. Frister/Olzen/*Möller/Hilland*, S. 127.

Da die 2-PN-Zelle aus einer Samen- und einer Eizelle besteht, die jeweils im Eigentum von Mann und Frau stehen (S. 160 ff.), geht die herrschende Meinung davon aus, dass beide nach dem Rechtsgedanken des § 947 Abs. 1 BGB[265] mit der Imprägnation Miteigentümer[266] der 2-PN-Zelle werden.[267] Damit nimmt die überwiegende Auffassung zugleich an, dass das bloße Eindringen einer Samenzelle in die Eizelle noch nicht den Zeitpunkt markiert, zu dem sich eine sachenrechtliche Bewertung angesichts des in der Entstehung befindlichen menschlichen Lebens verbietet. Zwar hat das *BVerfG* bislang offen gelassen, ob der verfassungsrechtliche Schutz des werdenden Lebens bereits im Zeitpunkt der Zellverschmelzung einsetzt,[268] ein früherer Beginn der personalen Qualität wurde allerdings nicht in Betracht gezogen.[269] Anders als dies zum Teil vermutet wird,[270] entspricht die Rechtsnatur der 2-PN-Zelle daher nicht derjenigen des Embryos, sondern vielmehr derjenigen der noch nicht imprägnierten Keimzelle. An beiden kann persönlichkeitsrechtlich überlagertes Eigentum begründet werden. Folglich können Mann und Frau als Miteigentümer gemäß § 985 BGB die Herausgabe der imprägnierten Keimzelle unter den Voraussetzungen der §§ 1011, 432 BGB verlangen.

Deshalb können die Miteigentümer die Herausgabe nur an alle Miteigentümer fordern (§ 432 Abs. 1 S. 1 BGB). Wurden also lediglich die Samen- oder die Eizellen vertauscht, kann nicht einer der Miteigentümer die Herausgabe der aus diesen Zellen entstandenen Vorkernstadien allein an sich verlangen. Ohnehin könnte eine Behandlung mit der von einer Vertauschung betroffenen 2-PN-Zelle im Hinblick auf strafrechtliche Verbotsnormen Probleme bereiten (dazu noch eingehend S. 223 ff.) und verstieße gegen die grundrechtlich geschützte Reproduktionsfreiheit als Teil des allgemeinen Persönlichkeitsrechts, wenn nicht beide Personen, von denen die Keimzellen stammen, wirksam in die Behandlung ein-

[265] Eine Anwendung des § 947 Abs. 2 BGB muss ausscheiden, da sich die Existenz der 2-PN-Zelle nur aus einem gleichberechtigten Nebeneinander der männlichen und weiblichen Keimzelle erklärt.

[266] Daran vermag auch ein Vertragspassus in dem Behandlungsvertrag mit der Klinik nichts zu ändern, mit dem das Eigentum bloß einer der Personen zugewiesen werden soll; vgl. *LG Bonn* FamRZ 2017, 447 (450).

[267] *Bilsdorfer* MDR 1984, 803 (804); Frister/Olzen/*Frister/Börgers,* S. 93 (97); *Schlüter* S. 144 f.; *Siede* FamRB 2016, 461 (462); implizit auch *OLG Rostock* FamRZ 2010, 1117; *OLG Karlsruhe* FamRZ 2016, 1790 (1792) m. Anm. *Spickhoff.* Diese Auffassung teilt daneben auch die BÄK in ihrer Kommentierung zur (Muster-) Richtlinie zur Durchführung der assistierten Reproduktion (Dt. Ärzteblatt 103 [2006], 1392 [1402]). Verfehlt ist hingegen die Behauptung von *Schlüter* S. 142 ff., es bestünde eine Deckungsgleichheit der Rechtsnatur von 2-PN-Zelle und Embryo; dazu noch S. 168 ff.

[268] Vgl. *Günther* GedS Keller, S. 37 (40).

[269] Dazu auch Frister/Olzen/*Frister/Börgers,* S. 93 (96); ähnlich *Backmann* S. 25.

[270] So *Schlüter* S. 142 ff. Vgl. auch *LG Bonn* FamRZ 2017, 447 (449).

willigen.[271] Insoweit besteht „bis zur Verschmelzung der Zellkerne und dem anschließenden Transfer […] noch für beide Elternteile gleichermaßen die Möglichkeit, sich gegen die Zeugung werdenden Lebens zu entscheiden."[272] Da vor allem Frauen[273] den Wunsch hegen könnten, trotz der Vertauschung von Samenzellen eine Schwangerschaft mit den erzeugten 2-PN-Zellen herbeizuführen, dürfte sie dieses Ergebnis besonders hart treffen. So können sie die Herausgabe der von ihnen stammenden, aber mit vertauschten Samenzellen imprägnierten Eizellen an einen von ihnen benannten Reproduktionsmediziner erst verlangen, wenn die Zustimmung des Mannes vorliegt, von dem die verwendete Samenzelle stammt. Steht fest, dass die Zustimmung zur weiteren Behandlung nicht erlangt werden kann, ist die reproduktionsmedizinische Einrichtung befugt, die (kryokonservierten) 2-PN-Zellen zu verwerfen.[274]

Wurden hingegen die 2-PN-Zellen an sich und nicht bereits die Keimzellen vor der Imprägnation vertauscht, ist die Rechtslage eindeutig: Da richtige Miteigentümer der 2-PN-Zellen die Personen sind, von denen die dafür verwendeten Keimzellen stammen, können sie jederzeit die Herausgabe der Zellen verlangen. Dass die Zellen gegebenenfalls im Register der reproduktionsmedizinischen Einrichtung bereits einem anderen Paar zugeordnet wurden, ändert daran nichts. Dies mag zwar im Einzelfall durchaus zu erheblichen Härtefällen führen, eine andere rechtliche Bewertung rechtfertigt dies allerdings nicht. Hat ein Paar z. B. alle Zellen, die ihnen zwar (fälschlicherweise) zugeordnet wurden, aber nicht von ihnen stammen, für erfolglose Befruchtungsversuche „aufgebraucht", können sie dennoch weiterhin die Herausgabe der in ihrem Eigentum stehenden Zellen verlangen, obwohl diese wiederum dem Komplementär-Paar zugeordnet wurden. Auch wenn ein Paar in einem solchen Fall durch das Herausgabeverlangen völlig ohne 2-PN-Zellen dastünde, besteht keine rechtlich relevante Erwägung, die dem Anspruch der Eigentümer entgegengehalten werden könnte.

c) Vor Geburt

aa) Dingliche Qualität des Embryo

Bei einem nach der Befruchtung aber vor der Geburt bemerkten Vertauschen befindet sich das werdende Leben im embryonalen Stadium (§ 8 Abs. 1 ESchG).

---

[271] Dazu *LG Bonn* FamRZ 2017, 447 (449).

[272] *LG Bonn* FamRZ 2017, 447 (449).

[273] Aufgrund des in Deutschland geltenden Verbotes der Herbeiführung einer gespaltenen Mutterschaft kann der Mann nämlich mit einer 2-PN-Zelle, die aus der Eizelle einer fremden Frau besteht, keine Schwangerschaft seiner Partnerin oder einer anderen Frau herbeiführen lassen, weshalb sein Herausgabeinteresse weniger stark ausgeprägt sein dürfte.

[274] Vgl. Günther/*Taupitz*/Kaiser § 9 Rn. 14.

Zunächst ist zu konstatieren, dass ein in dieser Phase vorgebrachtes Herausgabeverlangen durch die immer noch beschränkten Möglichkeiten der modernen Medizin begrenzt wird. Eine Embryotransplantation nach Nidation ist nach dem aktuellen Stand der medizinischen Technik nicht möglich, sodass ein ab diesem Zeitpunkt geltend gemachter Herausgabeanspruch an § 275 Abs. 1 BGB scheitert. Aber selbst wenn eine solche Methode künftig möglich werden sollte, wäre sie der schwangeren Frau nicht zumutbar (§ 275 Abs. 3 BGB), weshalb dieser Zeitspanne bei der hiesigen Analyse keine weitere Aufmerksamkeit zu Teil werden soll.

Vielmehr ist erneut die Frage zu beantworten, ob der mit der Verschmelzung der Zellkerne entstehende Embryo weiterhin als Sache i. S. d. § 90 BGB zu bewerten ist, sodass bis zur Nidation das bereits aufgezeigte dingliche Herausgabesystem Anwendung finden würde. Die ganz herrschende Meinung geht indes zutreffend davon aus, dass ein Embryo bereits als werdendes, ungeborenes Leben zu qualifizieren ist,[275] was einer Einstufung als Sache entgegensteht. In diese Richtung äußert sich u. a. auch der Gesetzgeber, wenn er bereits ab der Zellkernverschmelzung von „ungeborenem Leben" spricht.[276] Daher wird diese Einsicht auch nur ganz vereinzelt in Zweifel gezogen.[277] *Schlüter* begründet ihre abweichende Auffassung vor allem damit, dass der Embryo vor Nidation noch nicht Träger von Grundrechten sei.[278] Diese Ansicht verkennt jedoch zum einen, dass die Frage, ab wann das werdende Leben Träger von Grundrechten sein kann, heftig umstritten ist und keineswegs so eindeutig auf den Zeitpunkt der Nidation festgelegt werden kann.[279] Zum anderen ist der dieser Auffassung zugrundeliegende Umkehrschluss nicht schlüssig. Selbst wenn nämlich der Embryo vor Nidation nicht in den Genuss grundrechtlichen Schutzes kommen sollte, folgt daraus nicht automatisch, dass er nur eine Sache i. S. d. § 90 BGB sein kann. Ein solch zwingendes Wechselspiel zwischen der Existenz grundrechtlichen Schutzes und der Feststellung eines dinglichen Rechtscharakters leuchtet nicht ein. Auch wenn der Embryo in vitro kein Grundrechtsträger sein mag, kann er dennoch als werdendes Leben und damit – wenn man so will – als „Vorstufe zum geborenen Menschen"[280] zu bewerten sein, was wiederum nicht mit der Bejahung eines sachenrechtlichen Charakters in Einklang gebracht werden kann.

---

275 *BFH* NJW 2005, 3517 (3520); *OLG Karlsruhe* FamRZ 2016, 1790 (1792) m. Anm. *Spickhoff*; Erman/*Schmidt* § 90 Rn. 5; Staudinger/*Stieper* § 90 Rn. 37; *Lanz-Zumstein* S. 286 ff.

276 BT-Drucks. 17/6400, S. 11 (in Bezug auf die sog. Präimplantationsdiagnostik).

277 Etwa durch *Bilsdorfer* MDR 1984, 803 (804 f.) und *Schlüter* S. 143 ff.

278 *Dies.* S. 144.

279 Vgl. dazu nur Frister/Olzen/*Frister/Börgers,* S. 93 (96 f.) m. w. N.

280 *OLG Karlsruhe* FamRZ 2016, 1790 (1792) m. Anm. *Spickhoff.*

Darüber hinaus wirft *Schlüter* der herrschenden Meinung eine widersprüchliche Argumentation vor, wenn die dingliche Qualität des Embryos mit der Erwägung abgelehnt wird, dass andernfalls – wenn man sich nämlich der dinglichen Bewertung anschließen möchte – im Zeitpunkt der Nidation eine Wandlung einer Sache in eine Person stattfinden müsste.[281] Dieses Argument könne nicht durchgreifen, da die überwiegende Meinung nun einmal selbst in Bezug auf Keimzellen und 2-PN-Zellen eine sachenrechtliche Bewertung vornimmt und daher ebenfalls davon ausgeht, dass ein Wechsel vom dinglichen zum personalen Charakter möglich sei.[282] Diese Auffassung trägt allerdings dem Umstand nicht hinreichend Rechnung, dass ein Embryo qualitativ nicht mit Keimzellen oder 2-PN-Zellen vergleichbar ist.[283] Sowohl Keimzellen als auch 2-PN-Zellen besitzen lediglich das bloße Potential, im weiteren Verlauf zur Entstehung menschlichen Lebens beizutragen.[284] Vor dem Zeitpunkt der Zellkernverschmelzung handelt es sich noch um zwei nebeneinander bestehende Chromosomensätze, die nicht als Ausdruck einer gemeinsamen individuellen Existenz verstanden werden können. Erst mit der Verschmelzung verlieren die Zellen ihren Charakter als abgetrennte Körperbestandteile einer Person und finden zur „Vorstufe"[285] einer neuen Person zusammen. Aufgrund dessen stellt die Verschmelzung der Zellkerne den natürlichen Auftakt zur Entstehung menschlichen Lebens dar, der zugleich die Umwandlung zweier – ohnedies persönlichkeitsrechtlich geprägter – Sachen zu einer Person bedeutet.

Weniger überzeugend ist die Auffassung, eine solche Wandlung vollziehe sich im Zeitpunkt der Nidation. Sowohl vor als auch nach Nidation ist das in Rede stehende „Zellgebilde" als Embryo zu bewerten. Warum nun der Embryo durch die Einnistung im Uterus eine solch einschneidende Veränderung durchlaufen soll, die die Entstehung einer neuen personalen Qualität gerade zu diesem Zeitpunkt rechtfertigt, vermag die Gegenauffassung nicht zu erhellen. Somit geht die herrschende Meinung recht in der Annahme, dass ein Embryo i. S. d. § 8 Abs. 1 ESchG nicht an sachenrechtlichen Maßstäben gemessen werden kann, da er als im Entstehen begriffenes Rechtssubjekt den Rechtsobjekten gegenübersteht. Folglich findet das dingliche Herausgabesystem ab dem Zeitpunkt der Zellkernverschmelzung keine Anwendung (mehr).[286]

---

281 So *Schlüter* S. 143.

282 *Dies.* S. 143.

283 Ähnlicher Grundgedanke bei *LG Bonn* FamRZ 2017, 447 (449).

284 In diese Richtung auch *Backmann* S. 25 f.

285 *OLG Karlsruhe* FamRZ 2016, 1790 (1792) m. Anm. *Spickhoff.*

286 So auch explizit *OLG Karlsruhe* FamRZ 2016, 1790 (1792) m. Anm. *Spickhoff.*

bb) Anwendbarkeit des § 1632 BGB

Kann der Embryo also nicht sachenrechtlich, sondern nur „personal" erfasst werden, drängt sich die Frage auf, ob die soeben beschriebenen Vorwirkungen zugleich dazu führen, dass schon vor der Entbindung die für das geborene Kind relevanten personenrechtlichen Herausgabeansprüche Anwendung finden. Insoweit käme § 1632 Abs. 1 BGB in Betracht, der den Eltern das Recht zuerkennt, die Herausgabe des Kindes von jedem zu verlangen, der es ihnen widerrechtlich vorenthält. Der Wortlaut lässt unschwer erkennen, dass zunächst ein Eltern-Kind-Verhältnis bestehen muss. Wie bereits dargelegt wurde (s.o.), knüpft § 1591 BGB jedoch einzig an den Zeitpunkt der Geburt an, um eine effektive und verlässliche Zuordnung der Mutterschaft zu gewährleisten. Da die Regelungen der Vaterschaftszuordnung in § 1592 BGB ebenfalls die Existenz einer Mutter voraussetzen, geht das deutsche Familienrecht insgesamt von einer grundsätzlich postnatalen Zuweisung der Elternschaft aus.[287] Dies ergibt sich daraus, dass in den meisten Fällen kein Bedarf für eine pränatale Zuordnung besteht. Wird ein solches Bedürfnis doch offenbar, muss eine unmittelbare Anwendung der an die §§ 1591 f. BGB anknüpfenden Normen ausscheiden. Sowohl Wortlaut als auch Ratio des § 1591 BGB sind derart eindeutig, dass eine extensive Auslegung nicht in Betracht kommt.

Allenfalls eine Analogie könnte in einem solchen Fall weiterhelfen. Während eine vergleichbare Interessenlage noch bejaht werden kann, dürfte indes die Planwidrigkeit der Regelungslücke kaum festzustellen sein. Denn es war gerade die Intention des Gesetzgebers, eine zuverlässige Zuordnungsregelung zu schaffen, die mit ihrer Anknüpfung an das „Publizitätsmerkmal" der Geburt eine hohe Überzeugungskraft entfaltet.[288] Nun mittels analoger Anwendung des § 1591 BGB eine Vorverlagerung der Mutterschaftszuweisung herbeizuführen, würde die gesetzgeberische Grundsatzentscheidung konterkarieren und vermag daher schwerlich zu überzeugen. Dieses Ergebnis steht im Einklang mit der Auffassung des *BVerfG*, die Möglichkeit einer pränatalen Elternschaftsfeststellung sei verfassungsrechtlich nicht gefordert, da das einfache Recht hinreichende Schutzmechanismen vorsehe.[289]

cc) Analoge Anwendung dinglicher Herausgabeansprüche

Zwar wurde zuvor herausgearbeitet, dass ein Embryo aufgrund seiner Stellung als werdendes Individuum nicht mehr durch das sachenrechtliche System erfasst

[287] Vgl. auch *OLG Düsseldorf* FamRZ 2015, 1980 m. Anm. *Mankowski* sowie *Coester-Waltjen*.

[288] Dazu MüKo-BGB/*Wellenhofer* § 1591 Rn. 5.

[289] *BVerfG* NJW 2017, 948 (949).

werden kann. Allerdings steht diese Erkenntnis einer etwaigen Analogie nicht bereits grundsätzlich im Wege. Die Vergleichbarkeit der Interessenlage ergibt sich daraus, dass eine 2-PN-Zelle noch sachenrechtlich erfasst werden kann, während dies nach der Verschmelzung der Zellkerne nicht mehr möglich ist. Auch wenn sich aufgrund der nun bestehenden „personalen" Qualität des Embryos eine Bewertung als Sache verbietet, kann nicht von der Hand gewiesen werden, dass eine deutliche Nähe zwischen diesen beiden „Zellgebilden" besteht. Insbesondere unmittelbar nach der Zellkernverschmelzung besteht der Unterschied lediglich darin, dass in dem einen Fall noch zwei isolierte Chromosomensätze in der Zelle vorhanden sind, während diese in dem anderen bereits zusammengefunden haben.[290] Mit anderen Worten: Oft entscheidet lediglich ein bloß unter einem Mikroskop zu verfolgender Augenblick darüber, ob es sich noch um eine Sache oder schon um eine „Vorstufe" zur Person handelt. Demgemäß ist die Interessenlage in beiden Fällen vergleichbar.

Würde man die hier diskutierte Analogie nicht zur Anwendung bringen, bestünde für Embryonen kein gesetzlicher Herausgabetatbestand. Dies führte in vielen Fällen zu einer inakzeptabel fragmentarischen Rechtslage, sodass eine Regelungslücke zu bejahen ist. Diese ist schließlich auch planwidrig, da sich der Gesetzgeber nicht im Klaren war, dass „etwas" herausverlangt werden könnte, das weder Sache noch Person ist und damit weder durch das dingliche noch durch das personenrechtliche Herausgabesystem erfasst wird. Insoweit bietet eine Analogie im Bereich des Sachenrechts einen eleganteren Lösungsweg, als die durchaus „verwinkelte" Lösung über § 1632 Abs. 1 BGB und eine Modifikation des § 1591 BGB. In Bezug auf § 985 BGB muss für die Analogie letztlich nur der Begriff der Sache auf solche „Zellgebilde" erweitert werden, die zwar körperlich umgrenzt und daher wie eine Sache zu handhaben sind, die aber wegen der bereits vorhandenen „personalen" Qualität nicht als solche eingestuft werden können. Der Begriff des Eigentums ist dementsprechend so zu verstehen, dass die Personen, die zuvor das Eigentum an der 2-PN-Zelle, aus der der Embryo hervorgegangen ist, innehatten, zur Anspruchsstellung befugt sind.

Wendet man § 985 BGB in dieser Weise analog an, entspricht die hiesige Rechtslage im Übrigen derjenigen, die bereits für die 2-PN-Zelle erörtert wurde: Die „Eigentümer" können die Herausgabe in Gemäßheit der §§ 1011, 432 BGB nur an sich gemeinsam verlangen. Daher wird der Anspruch auch hier nur entscheidend weiterhelfen, wenn der Embryo selbst und nicht einzelne Keimzellen vertauscht wurden. Sollte in letzterem Fall keine Herausgabe an eine der Personen möglich und eine Zustimmung zur weiteren Behandlung bei der Frau nicht

[290] Ebenfalls auf Ähnlichkeiten hinweisend *Spickhoff* FamRZ 2016, 1792 (1793).

zu erzielen sein, steht der reproduktionsmedizinischen Einrichtung auch hinsichtlich des Embryos ein Verwerfungsrecht zu (s. o.).

d) Nach Geburt

Jedenfalls mit der Vollendung der Geburt kann das Kind als Rechtssubjekt (§ 1 BGB) nicht mehr Gegenstand eines sachenrechtlichen Herausgabeanspruchs sein. Daher kommt einzig der spezielle personenrechtliche Herausgabeanspruch des § 1632 Abs. 1 BGB in Betracht, um eine pränidative Vertauschung postnatal rückgängig zu machen. Allerdings sei erneut an die Konzeption dieses personenrechtlichen Herausgabeanspruchs erinnert: Durch die Anknüpfung an die abstammungsrechtliche Lage („Eltern“) entscheidet erneut § 1591 BGB über das Schicksal des Herausgabeanspruchs. Da die gebärende Frau ungeachtet der genetischen Wahrheiten de lege lata nicht aus ihrer Elternstellung verdrängt werden kann, wird ein ihr gegenüber vorgebrachtes Herausgabeverlangen in aller Regel daran scheitern, dass sie selbst Trägerin der elterlichen Sorge ist und das Kind daher keinem anderen widerrechtlich vorenthält. Nur, wenn der eher unwahrscheinliche Fall einträte, dass dem von der Vertauschung betroffenen genetischen Vater die Vaterschaftsanfechtung und -neuzuordnung gelingt und er sodann die alleinige elterliche Sorge unter Ausschluss der gebärenden Frau zugewiesen bekäme, könnte er das Kind von der Mutter gemäß § 1632 Abs. 1 BGB herausverlangen. In allen anderen Fällen scheitert der Herausgabeanspruch an der nicht der genetischen Realität entsprechenden mater-est-Regelung des § 1591 BGB.

Um der Lösung des Problems ein Stück näher zu gelangen, soll ein Vergleich mit den Fällen der postnatalen Kindesvertauschung angestrengt werden: Dort wird die grundsätzliche Existenz des Herausgabeanspruchs nach § 1632 Abs. 1 BGB in keiner Weise in Frage gestellt,[291] da sich eine postnatale Vertauschung nicht auf die Entscheidung des § 1591 BGB auswirkt, der gebärenden Frau die Mutterschaft zuzuweisen. Anders als in dem Fall einer pränidativen Vertauschung stimmt insoweit die genetische mit der rechtlichen Elternschaft überein. Nur im Einzelfall kann der Herausgabeanspruch an dem Merkmal der Widerrechtlichkeit in § 1632 Abs. 1 BGB scheitern. Die Vorenthaltung ist vor allem dann als widerrechtlich zu bewerten, wenn das Herausgabeverlangen seinerseits einen Missbrauch elterlicher Sorge bedeutet und das Kindeswohl gefährdet.[292] Abgesehen von diesen Kindeswohlerwägungen ermöglicht § 1632 Abs. 1 BGB den ge-

[291] Vgl. nur *Veit/Hinz* FamRZ 2010, 505 (509 f.); *Willems* NZFam 2016, 445 (446 f.).

[292] *BayObLG* FamRZ 1990, 1379 (1381); *OLG Hamm* FamRZ 1970, 95 (96); *OLG Düsseldorf* FamRZ 1981, 601; BeckOK-BGB/*Veit* § 1632 Rn. 8; Staudinger/*Salgo* § 1632 Rn. 15 ff.; *Willems* NZFam 2016, 445 (446).

netischen und rechtlichen Eltern, ihr Kind von den „nur" sozialen Eltern heraus zu verlangen.

Dementsprechend unterscheiden sich beide Fälle letztlich allein durch den Zeitpunkt des Vertauschens. Kommt es zu einer pränidativen Vertauschung, greift § 1591 BGB ein und das Herausgabeverlangen scheitert an der rechtlichen Mutterschaft der gebärenden Frau. Geschieht die Vertauschung indessen erst nach der Geburt, weist § 1591 BGB der genetischen Mutter auch die rechtliche Mutterschaft zu, die ihr über die elterliche Sorge die Anspruchsberechtigung hinsichtlich des Herausgabeverlangens verleiht. Um also die oben getroffene Feststellung, dass der Zeitpunkt des Vertauschens über den Erfolg des Herausgabeverlangens entscheidet, zu präzisieren, muss konstatiert werden, dass die eigentlich entscheidende Frage lautet, ob es vor oder nach der Schwangerschaft zum Vertauschen gekommen ist. Denn – um es mit drastischen Worten zu formulieren – genau das ist es, was § 1591 BGB letztlich bewirkt: Die Schwangerschaft tilgt jede genetisch-biologische Wahrheit.

Unterscheidet sich die Interessenlage zwischen einer postnatalen und einer pränidativen Vertauschung somit nur durch die zeitliche Abfolge von Vertauschung und Schwangerschaft, muss die Phase der Schwangerschaft zugleich rechtfertigen, warum ein Herausgabeanspruch im einen Fall möglich ist, während er im anderen ins Leere läuft. Da diese Überlegung nahezu gleichbedeutend mit der Frage ist, ob die Entscheidung des Gesetzgebers, § 1591 BGB kategorisch und unverrückbar an dem „Publizitätsakt" der Schwangerschaft und Geburt auszurichten, mit der Verfassung in Einklang steht, werden beide Aspekte gemeinsam erörtert (S. 175 ff.). Sollte die Untersuchung zu dem Ergebnis gelangen, dass § 1591 BGB verfassungswidrig ist, bedeutet dies zugleich, dass die auf § 1591 BGB beruhende Ungleichbehandlung bei Herausgabeverlangen aufgrund des Vertauschungszeitpunktes nicht zu legitimieren ist. Da der Wortlaut des § 1632 Abs. 1 BGB eindeutig ist und damit keinen Raum für eine Analogie bietet, müsste in einem solchen Fall über normative Anpassungen diskutiert werden. Ist § 1591 BGB jedoch verfassungskonform, kann auch der daran anknüpfende Herausgabeanspruch nicht beanstandet werden.

VI. Sonstige Einflussnahme auf embryobezogene Entscheidungen

Wie bereits gezeigt, kommt ein Herausgabeanspruch nach Nidation aber vor Geburt nicht in Betracht. Gleichwohl sind Situationen vorstellbar, in denen die genetischen Eltern ein Interesse daran haben könnten, Einfluss auf embryobezogene Entscheidungen der Schwangeren auszuüben. Dabei sind insbesondere all diejenigen Entscheidungen in den Blick zu nehmen, die sich nachteilig auf den Embryo auswirken könnten. Zu denken ist beispielsweise an invasive Diagnoseverfahren wie etwa die Amniozentese oder gar eine Abtreibung, wenn die Schwangere innerhalb von zwölf Wochen ab der Empfängnis (vgl. § 218a Abs. 1 Nr. 3 StGB) von der Vertauschung erfährt und sich gegen die Austragung des fremden Kindes entscheidet. In solchen Fällen kollidiert das Interesse der genetischen Eltern am Schutz ihres ungeborenen genetischen Abkömmlings mit der Menschenwürde, der körperlichen Integrität sowie dem Persönlichkeitsrecht der Schwangeren.[293] Diese Belange der Schwangeren können bei der Entscheidung, wer über das Schicksal des ungeborenen Lebens bestimmen kann, nicht außen vor gelassen werden, da die Effektivität staatlicher Schutzmöglichkeiten zugunsten Ungeborener maßgeblich von der Bereitschaft der Schwangeren zur Rücksichtnahme abhängen.[294]

Mit der Entscheidung des Gesetzgebers, die Interessen der Schwangeren jedenfalls für einen bestimmten Zeitraum über diejenigen am Lebensschutz des Ungeborenen zu stellen, hat er unmissverständlich zum Ausdruck gebracht, dass den Belangen der Schwangeren bei der Abwägung der unterschiedlichen Interessen ein bedeutendes Gewicht zukommt. Diese Prämisse kann für den hiesigen Fall „Pate stehen“: Da eine Anspruchsgrundlage, mit der Dritte embryobezogene Entscheidungen der Schwangeren beeinflussen könnten, nicht existiert, wären ohnehin neue normative Strukturen zu implementieren. Diesbezüglich sei zweierlei angemerkt: Zum einen kann der für den Schwangerschaftsabbruch gefundene Interessenausgleich auch auf sämtliche anderen embryobezogenen Entscheidungen übertragen werden. Wenn bereits die einschneidendste Entscheidung – nämlich diejenige über Leben und Tod des ungeborenen Lebens – durch das besondere Gewicht der Schwangerenbelange legitimiert wird, muss dies ebenso für alle anderen Problemfelder gelten. Zum anderen spielt das – hier hinzutretende – Interesse der genetischen Eltern am Lebensschutz keine überragende Bedeutung. Meines Erachtens handelt es sich bei diesem Interesse um den bloßen Reflex des ohnehin bei der Abwägung berücksichtigten Lebensrechts des Ungeborenen. So wird bei einem Schwangerschaftsabbruch etwa das Interesse des Vaters am Lebensschutz trotz seiner unmittelbaren genetischen Verwandtschaft zum Ungeborenen ebenfalls nicht berücksichtigt. Aufgrund dessen weist die lex lata keine das Bedürfnis für normative Anpassungen auslösende Regelungslücke auf. Vielmehr ist es vom gesetzgeberischen Entscheidungs- und Gestaltungsspielraum gedeckt, der Schwangeren die „Letztentscheidungskompe-

[293] Vgl. dazu *BVerfG* NJW 1993, 1751 (1753 f.); MüKo-StGB/*Gropp* Vor § 218 Rn. 11.

[294] Vgl. MüKo-StGB/*Gropp* Vor § 218 Rn. 11.

tenz"[295] für embryobezogene Entscheidungen (bis zu einem gewissen Zeitpunkt) zuzuerkennen.

VII. Verfassungskonformität der Mutterschaftszuordnung

Wie die vorstehenden Ausführungen gezeigt haben, wurzeln viele (familienrechtliche) Probleme in der weichenstellenden Grundsatzentscheidung des Gesetzgebers, die Mutterschaft in § 1591 BGB kategorisch und unverrückbar anhand der mater-est-Regelung zu bestimmen. Aufgrund dieser Rigorosität wird § 1591 BGB im rechtswissenschaftlichen Diskurs bisweilen äußerst kritisch betrachtet.[296] Zwar wird die Kritik zumeist mit Blick auf die Rechtslage bei anderen Fällen der gespaltenen Mutterschaft wie der Ersatz- bzw. Leihmutterschaft sowie der Eizell- und Embryospende geäußert,[297] allerdings trifft sie auch auf Fälle der Keimzell- oder Embryovertauschung zu.[298] Um etwaige Mängel der aktuellen Gesetzeskonzeption im Folgenden präziser benennen zu können, wird die Verfassungskonformität der Mutterschaftszuordnung auf zwei Ebenen überprüft: Zunächst ist zu untersuchen, ob die grundsätzliche Wertentscheidung, die Mutterschaftszuordnung ausschließlich und unanfechtbar anhand der Entbindung zu vollziehen, grundrechtlichen Bedenken begegnet. Auch diese Prüfung wird wiederum in zwei Aspekte unterteilt. Zum einen die Frage nach der Primärzuordnung des § 1591 BGB und zum anderen die Frage, ob der Ausschluss jeglicher Korrekturmöglichkeiten auf der Sekundärebene zu rechtfertigen ist. Sodann wird erörtert, inwiefern die sich aus dieser Grundsatzentscheidung ergebenden Konsequenzen mit der Verfassung in Einklang stehen. Während die Frage der Primärzuordnung zuvörderst die Konkurrenz zwischen genetischer Abstammung und Austragungsmutterschaft betrifft (Art. 6 Abs. 2 S. 1 GG), treten für die beiden letztgenannten Fragen gleichheitsrechtliche Aspekte in den Vordergrund (Art. 3 Abs. 1 GG).

1. Der verfassungsrechtliche Auftrag

Für die Vaterschaft wurde festgestellt, dass grundsätzlich ein verfassungsrechtlicher Auftrag besteht, einen Gleichlauf zwischen genetischer und rechtlicher El-

[295] So NK-StGB/*Merkel* Vor §§ 218 ff. Rn. 20.

[296] Vgl. etwa MüKo-BGB/*Wellenhofer* § 1591 Rn. 41 ff.; *Coester-Waltjen* Jura 2009, 427 (428, Fn. 9).

[297] MüKo-BGB/*Wellenhofer* § 1591 Rn. 44 ff.; *Kaiser* in: Pluralisierung, S. 258 ff.

[298] So etwa *Coester-Waltjen* Jura 2009, 427 (428, Fn. 9).

ternschaft herzustellen.[299] Zwar kommt dem Aspekt der Genetik kein genereller Vorrang zu, weil daneben auch rechtlichen und sozialen Tatbeständen Bedeutung beigemessen werden kann,[300] allerdings ist die genetische Abstammung durchaus als Ausgangspunkt der Zuordnungsentscheidung bei der Vaterschaft zu verstehen (S. 131 ff.). Ob diese Erwägungen auf die Zuweisung von Mutterschaft zu übertragen sind, könnte in Zweifel gezogen werden. Die bei der Vaterschaft neben der Abstammung zu berücksichtigenden Aspekte treten allesamt erst nach der Entbindung auf. Darüber hinaus ist die Genetik das einzige „natürliche" bzw. biologische Kriterium, an das für die Vaterschaftszuordnung angeknüpft werden kann. Demgegenüber wartet die gespaltene Mutterschaft stets mit einer natürlich-biologischen Dichotomie auf: Auf der einen Seite die genetische Abstammung von der Frau, deren Eizelle für die Zeugung verwendet wurde und auf der anderen Seite die jedenfalls körperliche Verbindung zu derjenigen Frau, die das Kind ausgetragen hat. Gleichwohl hat das *BVerfG* in seinem Beschluss vom 09.04.2003 deutlich Stellung bezogen und den verfassungsrechtlichen Auftrag zur Herstellung eines Gleichlaufs nicht allein auf den Vater beschränkt. So wird explizit formuliert, dass der Gesetzgeber gehalten sei, „die Zuweisung der *elterlichen* Rechtsposition an der Abstammung des Kindes auszurichten."[301] Auch im Übrigen scheint das Gericht sehr darauf bedacht, vom „Elternbegriff" und der „Elternschaft" zu sprechen, um nicht den Eindruck zu erwecken, die Ausführungen seien einzig auf die Vaterschaft gemünzt.

Obgleich der verfassungsrechtliche Auftrag dementsprechend auch für die Mutterschaft gilt, orientiert sich § 1591 BGB allein an der Tragemutterschaft. Zwar stimmt die Genetik mit der Austragung in den meisten Fällen überein, nicht jedoch in Fällen der gespaltenen Mutterschaft. Insoweit stellt § 1591 BGB ebenfalls eine bloße Vermutung auf, die aber – im Gegensatz zu den Vermutungen des § 1592 BGB – nicht widerlegbar ist. Die Fokussierung auf die Austragemutterschaft leuchtet letztlich nur ein, wenn durch die Schwangerschaft und/oder die Geburt ein unabhängig von der Zuweisung rechtlicher Elternschaft durch § 1591 BGB bestehendes,[302] von Art. 6 Abs. 2 S. 1 GG geschütztes Elternrecht entsteht.

Naheliegend wäre zunächst, ein solches Elternrecht in der sozialen Elternschaft verwirklicht zu sehen. Allerdings sei erneut daran erinnert, dass die Feststellung einer sozialen Elternschaft im unmittelbaren Zeitpunkt nach der Geburt kaum möglich ist (vgl. bereits S. 126 f.). Die Entstehung einer sozial-familiären

---

[299] Vgl. nur *BVerfG* NJW 1989, 891; 2003, 2151 (2152); v. Mangoldt/Klein/Stark/*Robbers* Art. 6 Rn. 183 ff.

[300] *BVerfG* NJW 1995, 2155 (2156); 2003, 2151 (2154).

[301] *BVerfG* NJW 2003, 2151 (2152) [Anm.: Hervorhebung durch Verfasser].

[302] Der einfachgesetzlichen Entscheidung über die Elternschaftszuordnung kommt nur bedingt Bedeutung für die verfassungsrechtliche Bewertungsebene zu; vgl. dazu bereits S. 131 ff.

Struktur wird maßgeblich durch die Übernahme tatsächlicher Verantwortung bedingt. Wer also vom Gesetz die rechtliche Elternschaft und damit zugleich die elterliche Sorge übertragen bekommt, trägt in aller Regel auch die tatsächliche Verantwortung. Folglich ist der Aspekt der sozialen Elternschaft kein tauglicher Anknüpfungspunkt zur Begründung eines grundrechtlich geschützten Elternrechts im Zeitpunkt der Geburt. Erst wenn sich eine sozial-familiäre Bindung herausgebildet hat und rechtliche sowie soziale Elternschaft auseinanderfielen, bekäme die soziale Elternschaft einen eigenständigen Bedeutungsgehalt, der grundrechtlichen Schutz durch Art. 6 Abs. 2 S. 1 GG erfordert und verdient.[303] Dementsprechend muss das Elternrecht einer anderen, der rechtlichen Bewertung des § 1591 BGB vorgelagerten Bindung entspringen.

Einzig die Zeitspanne der Schwangerschaft kommt in diesem Sinne als denkbarer Anknüpfungspunkt in Betracht. Während der Austragung soll die austragende Frau zu ihrem Kind eine intensive „körperliche und psychosoziale Beziehung“ aufbauen.[304] Der Gesetzgeber geht insoweit davon aus, dass diese Bindung von solch bedeutendem Gewicht ist, dass sie die genetischen Bande zwischen dem Kind und seiner eigentlichen genetischen Mutter in den Hintergrund treten lässt.[305] Durch Schwangerschaft und Geburt entstehe eine besondere Verbindung zwischen austragender Frau und Kind, deren Schutz der Gesetzgeber mit § 1591 BGB letztlich zu gewährleisten sucht. Insoweit handelt es sich bei der Tragemutterschaft um ein „Hybrid“ zwischen genetischer und sozialer Elternschaft. Auf der einen Seite fußt die Mutterschaft durch Austragung auf einer körperlich-biologischen Komponente, die auf der anderen Seite durch eine „potentielle soziale Elternschaft“ flankiert wird. So geht das *BVerfG* zu Recht davon aus, dass „diejenigen, die einem Kind das Leben geben, von Natur aus grundsätzlich bereit und berufen sind, die Verantwortung für seine Pflege und Erziehung zu übernehmen.“[306] Auch wenn sich die Äußerung zuvörderst auf die genetische Verwandtschaft beziehen mag, trifft sie aufgrund der intensiven Beziehung durch die Austragung, die ohnehin bei natürlicher Betrachtung viel eher als Akt des „Leben-Gebens“ bezeichnet werden muss, auch auf die Mutterschaft der austragenden Frau zu. Folglich ist die Mutterschaft der gebärenden Frau ein von Art. 6 Abs. 2 S. 1 GG umfasstes Rechtsgut.

Aufgrund dessen scheint die Annahme gerechtfertigt, von einem weiteren verfassungsrechtlichen Auftrag ausgehen zu können: Der Gesetzgeber ist gehalten,

---

[303] Dass die soziale Elternschaft unter dem Schutz des Art. 6 Abs. 2 S. 1 GG steht, ist unbestritten und soll auch hier nicht in Frage gestellt werden; vgl. etwa *BVerfG* NJW 2003, 2151 (2152 f.).

[304] BT-Drucks. 13/4899, S. 82.

[305] Vgl. BT-Drucks. 13/4899, S. 82 f.

[306] *BVerfG* NJW 2003, 2151 (2152) sowie ähnlich *BVerfG* NJW 1968, 2233.

die Zuweisung der mütterlichen Rechtsposition an der Austragung des Kindes auszurichten. Damit stehen sich zwei konkurrierende gesetzgeberische Aufträge gegenüber, denen die Verfassung kein generelles Rangverhältnis zuschreibt. Beide Prinzipien zu einem schonenden, dem Gedanken der praktischen Konkordanz entsprechenden Ausgleich zu bringen, war Aufgabe des Gesetzgebers. Nur wenn ihm dies mit der Regelung des § 1591 BGB gelungen ist, genügt die Primärzuordnung von rechtlicher Mutterschaft verfassungsrechtlichen Anforderungen.

2. Zur grundlegenden Wertentscheidung

a) Die Primärzuordnung des § 1591 BGB

Bereits mehrfach wurde erwähnt, dass sich der Gesetzgeber an der mater-est-Regel orientiert hat, um mithilfe des eindeutigen „Publizitätsaktes" der Geburt eine klare und effektive Zuordnungsregelung für die rechtliche Mutterschaft zu treffen. Es darf indes nicht vergessen werden, dass es sich bei dieser Überlegung um eine reine Praktikabilitätserwägung handelt, die isoliert betrachtet kaum in der Lage sein wird, Grundrechtseingriffe von erheblichem Gewicht zu legitimieren.[307] Für die an dieser Stelle allein interessierende Frage nach der Primärzuordnung des § 1591 BGB sind Praktikabilitätserwägungen allerdings von entscheidender Bedeutung. Da eine rechtlich pluralisierte Elternschaft vom deutschen Familienrechtssystem nicht vorgesehen,[308] sondern an vielen Stellen gar bewusst verhindert wird, musste sich der Gesetzgeber zwingend für eine Frau als rechtliche Mutter entscheiden. Nur wenn eine Frau im Zeitpunkt der Geburt als rechtliche Mutter zugeordnet wird, besteht die Gewähr, dass das Kind in der Zeit unmittelbar nach Entbindung hinreichend umsorgt wird. Im Bereich der Primärzuordnung von Elternschaft kann es daher nicht in erster Linie darum gehen, die bestmögliche Entscheidung für die Eltern zu finden, sondern es geht vor allem um die Wahrung der Interessen des Kindes durch Zuweisung von Eltern, die unmittelbar nach der Entbindung die Sorge für das Kind übernehmen. Damit handelt es sich im Ergebnis um eine Gegenüberstellung von Erfolgsaussichten: Ist es wahrscheinlicher, dass diejenige Frau im Zeitpunkt der Entbindung die Sorge für das Kind übernimmt, die es neun Monate in ihrem Leib getragen und ihm unmittelbar das Leben geschenkt hat, oder aber diejenige Frau, die durch ihren Chromosomensatz (bloß) die genetische Ursache für die Existenz des Kin-

307 Vgl. *Jäschke* NZFam 2019, 895 (896). So ist auch die bloß genetische, aber nicht-rechtliche Elternschaft von Art. 6 Abs. 2 S. 1 GG geschützt, vgl. S. 131 ff.

308 *BVerfG* NJW 2003, 2151 (2152 f.); 2013, 847 (849); vgl. auch die These 62 des AK Abstammungsrecht in seinem Abschlussbericht aus 2017 (S. 76). Wenngleich auch z. B. die Regelung des § 1686a BGB eine gewisse Pluralisierung von Elternschaft (im weiten Sinne) bedeutet.

des gesetzt hat? Insofern hat der Gesetzgeber eine Prognose mit dem Ergebnis angestellt, dass das Wohl des Kindes besser geschützt wird, wenn der Tragemutter die elterliche Rechtsposition zugewiesen wird.

Zu überlegen bleibt nunmehr, ob der Gesetzgeber mit der Entscheidung zugunsten der Mutterschaft durch Austragung seinen Einschätzungs- und Ermessensspielraum überschritten hat. Der Gesetzgeber ist als unmittelbar demokratisch legitimiertes Organ der Politikgestaltung prinzipiell mit weiten Ausgestaltungsbefugnissen ausgestattet.[309] Allerdings besteht dieser Beurteilungsspielraum nicht uneingeschränkt, sondern nur in Abhängigkeit von Sachbereich und verfassungsrechtlicher Regelung bzw. Nicht-Regelung der in Rede stehenden Rechtsfrage.[310] In Bezug auf das durch Art. 6 Abs. 2 S. 1 GG geschützte Elternrecht ist die Existenz eines solchen Einschätzungsspielraums weitgehend unbestritten. Zwar enthält Art. 6 Abs. 2 S. 1 GG den grundsätzlichen Auftrag an den Gesetzgeber, das einfache Recht so zu gestalten, dass es die genetische Realität bestmöglich abbildet. Jedoch handelt es sich dabei eben nur um einen von zwei konkurrierenden verfassungsrechtlichen Aufträgen, die zu einem schonenden Ausgleich gebracht werden müssen (S. 177 f.).

Die Kontrolldichte bei der Beurteilung von Prognoseeinschätzungen des Gesetzgebers differiert je nach „der Eigenart des in Rede stehenden Sachbereichs, den Möglichkeiten, sich ein hinreichend sicheres Urteil zu bilden, und der Bedeutung der auf dem Spiele stehenden Rechtsgüter."[311] Diese differenzierten Beurteilungsmaßstäbe reichen von einer Evidenzkontrolle über eine Vertretbarkeitskontrolle bis hin zu einer intensivierten inhaltlichen Kontrolle (sog. Drei-Stufen-Lehre).[312] Je gewichtiger die Fragestellung, je einschneidender die Beeinträchtigungen, desto intensiver wird die gesetzgeberische Entscheidung inhaltlich kontrolliert. Allerdings bleibt zu berücksichtigen, dass die drei genannten Stufen der Kontrolle nicht eindeutig voneinander separiert werden können, weshalb sie nicht als normativ strikt bindende Sätze, sondern vielmehr als „Markierungen innerhalb einer gleitenden Skala der Kontrolldichten" zu verstehen sind.[313] Schließt der Gesetzgeber die genetische Mutter unverrückbar von der rechtlichen Mutterschaft aus, handelt es sich dabei um einen massiven Eingriff in bedeutende, ja existenzielle Rechtsgüter. Dementsprechend muss die Entscheidung des Gesetzgebers, die Mutterschaftszuordnung strikt anhand der mater-est-

---

[309] BVerfGE 37, 1 (20); 71, 66 (77); 73, 301 (315); 81, 156 (205); 121, 317 (356).

[310] Vgl. etwa *Schlaich/Korioth* Rn. 530 m. w. N.

[311] *BVerfG* NJW 1979, 699 (701).

[312] *BVerfG* NJW 1979, 699 (701) mit diversen weiteren Nachweisen.

[313] So *Schlaich/Korioth* Rn. 535, die daraus den Schluss ziehen, dass das *BVerfG* in besonders gewichtigen Fällen besonders intensiv prüft, die Unterscheidung davon abgesehen aber weitgehend ohne Bedeutung bleibt.

Regel zu vollziehen, einer intensivierten inhaltlichen Kontrolle der dritten Stufe unterzogen werden.

Den Anforderungen, denen die Entscheidung im Einzelnen gerecht werden muss, hat sich das *BVerfG* in mehreren Entscheidungen angenähert: So ist etwa zu prüfen, ob der Gesetzgeber im Rahmen seiner Möglichkeiten „das Erforderliche getan hat, um Gefahren von dem zu schützenden Rechtsgut abzuwenden."[314] Die Prüfung hat „im Einzelnen" zu erfolgen und untersucht, ob die der Entscheidung zugrunde liegenden Erwägungen „von solcher Art und solchem Gewicht" sind, dass die daraus hervorgehenden Grundrechtsbeeinträchtigungen gerechtfertigt erscheinen.[315] Dabei endet sein Spielraum erst dort, wo die gesetzliche Regelung „nicht mehr mit einer am Gerechtigkeitsgedanken orientierten Betrachtungsweise vereinbar ist, wo also ein einleuchtender Grund für die gesetzliche [Vorgehensweise] fehlt."[316]

Wie eingangs bereits dargelegt (S. 131 ff.), dient die Zuordnung von Elternschaft natürlich auch den Interessen der (potentiellen) Eltern. Indes rückt die Wahrung des Kindeswohls in der Zeitspanne unmittelbar nach der Entbindung in den Vordergrund, da dem Kind in dieser Situation eindeutig und schnell eine Mutter zugeordnet werden muss. Besteht keine effektive Zuordnungsregel, ist keine Mutter vorhanden, die das Kind umsorgt und wichtige Entscheidungen trifft. Berücksichtigt man die Tatsache, dass die austragende Frau durch die Schwangerschaft und Geburt laut Gesetzgeber eine intensive körperliche und psychosoziale Beziehung zu dem Kind aufbaut (S. 116 f.), ist die Zuweisung der Mutterschaft zugunsten der gebärenden Frau als einleuchtend sowie überzeugend zu bewerten. Für eine an der genetischen Abstammung orientierte Primärzuordnung wäre nämlich zumindest die Einholung eines Abstammungsgutachtens erforderlich. Die dafür erforderliche Zeitspanne würde eine Schwebephase bewirken, die dem eben beschriebenen Ziel einer zeitnahen und klaren Zuordnung für den Zeitpunkt der Entbindung widerspräche. Insoweit stand es dem Gesetzgeber zu, seiner Entscheidung die nachvollziehbare Überlegung zugrunde zu legen, dass die Gebärende als „potentielle soziale Mutter" mit hoher Wahrscheinlichkeit die Sorge für das Kind nach der Geburt übernehmen wird.[317] Berücksichtigt man schließlich, dass speziell bei normgeprägten, also durch das einfache Recht ausdifferenzierten Grundrechten weitgehende Ausgestaltungsbefugnisse anzunehmen sind, kann die Entscheidung im Grundsatz nicht beanstandet werden.[318]

---

314 *BVerfG* NJW 1975, 573 (578).

315 Beides bei BVerfGE 88, 87 (97).

316 *BVerfG* NJW 1977, 1525 (1534).

317 Vgl. BT-Drs. 13/4899, S. 52, 82.

318 Überzeugend *Jestaedt* in: Kinderwunschmedizin, S. 23 (30); ähnlich MüKo-BGB/*Wel-*

Zur Klarstellung sei indes betont, dass mit diesem Ergebnis keine prinzipielle Zustimmung zum gesetzgeberischen Vorgehen in seiner Gesamtheit zum Ausdruck gebracht werden soll. Vielmehr sind die Überlegungen einzig von der Vorstellung geleitet, dass sich der Gesetzgeber aus Gründen des Kindeswohls für eine der beiden Frauen entscheiden *musste*. Dies setzt indes nicht voraus, dass die Zuordnung der Mutterschaft in unverrückbarer Weise ausgestaltet wird. Ebenfalls ausreichend wäre insoweit gewesen, die primäre Zuordnung – parallel zu der Vaterschaftszuweisung – als widerlegbare Vermutung auszugestalten.[319] Dass aber nicht eine solche, sondern vielmehr eine definitive Zuweisungsnorm vom Gesetzgeber gewollt war, ist unbestritten.[320] Als vorläufiges Ergebnis lässt sich daher festhalten: Die Mutterschaftszuordnung anhand der Entbindung ist als Ausgangspunkt einer effektiven und praktikablen Statusentscheidung – aufgrund des Erfordernisses, überhaupt irgendeine Entscheidung zu treffen – nicht zu beanstanden. Daher entspricht § 1591 BGB isoliert betrachtet verfassungsrechtlichen Anforderungen.

b) Die Unverrückbarkeit der Statusentscheidung

Ob es allerdings bei der Zuweisung des § 1591 BGB bleiben muss, gilt es im Folgenden zu erörtern. Entsprechend der Terminologie bei der Vaterschaftszuordnung wurde auch hier der Begriff „Primärzuordnung" verwendet. Damit wird zum Ausdruck gebracht, dass es sich auch bei § 1591 BGB um einen Vermutungstatbestand handelt, der jedoch im Gegensatz zu der Vaterschaftszuordnung (§§ 1592, 1600 BGB) nicht widerlegt werden kann. Richtigerweise ist es daher erst das Fehlen einer § 1600 BGB vergleichbaren Regelung für die Mutterschaft, die im Zusammenspiel mit der strikten Zuordnungsnorm des § 1591 BGB zur Unverrückbarkeit der Mutterschaftszuweisung führt. Diese gesetzliche Systematik – Möglichkeit einer Sekundärzuordnung bei der Vaterschaft, während eine solche bei der Mutterschaft fehlt – gilt es im Hinblick auf Art. 3 GG zu überprüfen. Denn es würde eine erhebliche geschlechtsspezifische Ungleichbehandlung bedeuten, wenn in Bezug auf die Elternschaftszuordnung wesentlich Gleiches ohne rechtfertigenden Grund ungleich behandelt werden würde.

Hier besteht die erste Vergleichsgruppe aus genetischen Müttern, denen in Folge einer gespaltenen Mutterschaft keine Möglichkeit der Sekundärzuordnung

---

lenhofer § 1591 Rn. 5. Vgl. daneben auch *EGMR* NJW 1979, 2449 (2450 f.), der das belgische Recht kritisierte, weil es die mater-est-Regel gar nicht berücksichtigte.

[319] So auch *Seidl* FPR 2002, 402 (403).

[320] BT-Drucks. 13/4899, S. 82. Vgl. daneben Staudinger/*Rauscher* § 1591 Rn. 13; *Gaul* FamRZ 1997, 1441 (1463); *ders.* FamRZ 2000, 1461 (1473); *Quantius* FamRZ 1998, 1145 (1150).

entsprechend der genetischen Wahrheit eröffnet ist. Die andere Vergleichsgruppe bilden diejenigen genetischen Väter, die die Folgen einer gespaltenen Vaterschaft unter den Voraussetzungen des § 1600 BGB korrigieren können. Da sich beide Vergleichsgruppen unterschiedlicher rechtlicher Möglichkeiten bedienen können, liegt eine Ungleichbehandlung vor, die schließlich auch aus der geschlechtlichen Zuordnung resultiert. Diese Differenzierung zwischen der Zuweisung von rechtlicher Vater- und Mutterschaft kann nur gerechtfertigt werden, wenn sie zwingend erforderlich zur Lösung von Problemen ist, die ihrer Natur nach nur bei Frauen oder Männern auftreten können,[321] oder kollidierendes Verfassungsrecht sie geboten erscheinen lässt.[322]

Dafür ist erneut zu untersuchen, welche Ziele der Gesetzgeber mit der unverrückbaren Mutterschaftszuweisung zugunsten der gebärenden Frau verfolgt hat. Nur wenn die vom Gesetzgeber vorgetragenen Erwägungen hinreichende Überzeugungskraft entfalten, ist die Ungleichbehandlung zwischen Mutterschaft und Vaterschaft im Hinblick auf ihre Korrigierbarkeit durch Anfechtung vor Art. 3 Abs. 2, 3 GG zu rechtfertigen. Dabei sei klarstellend darauf hingewiesen, dass sich die folgenden Überlegungen – auch wenn zunächst der Anschein entstehen sollte – keineswegs in der bloßen Wiederholung der oben gefundenen Ergebnisse erschöpfen. So ist der Anknüpfungspunkt für die Betrachtung in beiden Fällen grundverschieden: Während die vorstehenden Ausführungen einzig unter dem bereits betonten Aspekt der Notwendigkeit (irgend-)einer Statusentscheidung zu lesen sind, betrifft das Nachstehende die Frage, ob die Ausgestaltung der Mutterschaftszuordnung als unwiderlegbare Vermutungsregel mit Erwägungen begründet werden kann, die nicht auch der Konzeption der Vaterschaftszuordnung zugrunde liegen.

aa) Gesetzgeberische Erwägungen

Da der Gesetzgeber die Statusentscheidung und ihre Unverrückbarkeit als Einheit sieht, decken sich die Erwägungen, mit denen er sie zu rechtfertigen versucht. In beiden Fällen beruft er sich maßgeblich auf die Effektivität und Zuverlässigkeit der Zuordnungsregel, die Gewähr bietet für Statusklarheit sowie -sicherheit.[323] Ebenso wie für die obige Betrachtung gilt jedoch, dass solche Praktikabilitätserwägungen für sich genommen nicht in der Lage sind, bedeutende Grundrechtseingriffe zu rechtfertigen (S. 127 ff.).[324] An dieser Stelle enden die Gemeinsamkeiten in der Bewertung dann allerdings schon, da vor allem das Ar-

321 So die st. Rspr. seit *BVerfG* NJW 1992, 964 (965).

322 *BVerfG* NJW 1995, 1733 (1734).

323 BT-Drucks. 13/4899, S. 82.

324 Ergänzend sei angemerkt, dass dieses Ziel im Großteil der Fälle ohnehin auch durch eine

gument der körperlichen und psychosozialen Beziehung bei näherer Betrachtung nicht ganz so unwidersprochen bleiben darf, wie es im Vorstehenden aufgrund der beschränkten Kontrolldichte im Bereich gesetzgeberischer Ausgestaltungsbefugnisse noch möglich war.

Die Gesetzesbegründung wird von der Überlegung getragen, dass der körperlich geprägten Mutter-Kind-Beziehung im Vergleich zu der rein sozial angelegten Verbindung zwischen rechtlichem Vater und Kind ein höheres Gewicht und daher eine gesteigerte Schutzbedürftigkeit zukommen müsse. Die Mutterschaft als abstammungsrechtlicher „Anker“ solle keine bloße Scheinmutterschaft sein,[325] sondern das während der Schwangerschaft und Geburt geknüpfte Band zwischen gebärender Frau und Kind unumstößlich (rechtlich) festigen. Richtig mag daran sein, dass die Verbindung auf physischen Elementen ruht und ihr daher durchaus ein anderes Gewicht zukommen kann, als der durch bloße Übernahme von Verantwortung begründeten sozialen Elternschaft.[326] Berücksichtigt man darüber hinaus, dass die Gebärende durch die Entbindung unweigerlich die größte „Nähe“ zu dem Kind hat,[327] ist die Zuordnung der Mutterschaft zu dieser Frau – dies wurde bereits hinlänglich betont – als Ausgangspunkt zweckmäßig und einleuchtend. Gleichwohl gelingt es weder der Gesetzesbegründung noch den beipflichtenden Stimmen in der Literatur, sämtliche Zweifel an der These von der besonders intensiven psychosozialen Beziehung zu zerstreuen. Die Gegenthese wird nämlich wie folgt formuliert: Behauptet man eine stets aus der Schwangerschaft resultierende psychosoziale Nähe, führt dies letztlich zu einer pauschalen Überbetonung des Austragungsaktes, die einer kindespsychologischen Grundlage (dazu noch S. 185 ff.) entbehrt.[328]

Zum einen ist zu bedenken, dass das Abstammungsrecht keineswegs von einer durchgängigen und zielgerichteten Orientierung an dem Prinzip der engsten psychosozialen Verbundenheit geleitet wird.[329] So entsteht auch zwischen dem Kind und dem Mann, der das Kind nach der Geburt als eigenes behandelt, eine psychosoziale Beziehung, die allerdings nicht zum Anlass genommen wird, die Anfechtbarkeit der Vaterschaft in Frage zu stellen. Darüber hinaus ordnet § 1591

---

anfechtbare Vermutungsregelung hätte erreicht werden können; vgl. ähnlich Staudinger/*Rauscher* § 1591 Rn. 13.

325 BT-Drucks. 13/4899, S. 82.

326 Ebenso, auch wenn im Übrigen a.A. Staudinger/*Rauscher* § 1591 Rn. 12.

327 Vgl. nur MüKo-BGB/*Wellenhofer* § 1591 Rn. 5 u. 56 m.w.N.

328 Staudinger/*Rauscher* § 1591 Rn. 12 spricht (zu) drastisch von einem „kindespsychologisch widerlegten Muttermythos“; so auch Soergel/*Schmidt-Recla* § 1600 Rn. 9; i. Erg. ähnlich *Schumann* in: Fortpflanzungsmedizingesetz, S. 155 (186) m.w.N. sowie *Coester* JZ 1992, 809 (813). Vgl. zusammenfassend zu mehreren kindespsychologischen Langzeitstudien *Bernat* in: Fortpflanzungsmedizingesetz, S. 203 (224 f.).

329 Staudinger/*Rauscher* § 1591 Rn. 12.

BGB selbst derjenigen Leihmutter die rechtliche Elternschaft zu, die gar kein Interesse an dem Kind hat, also gerade keine psychosoziale Mutterschaft begründen will. Aufgrund dieser Inkonsistenz ist durchaus in Frage zu stellen, ob § 1591 BGB als „Hinwendung zu einem sozial determinierten Verwandtschaftsbegriff" verstanden werden kann, woraus sich die Plausibilität des psychosozialen Erklärungsmusters speisen würde.[330] Zum anderen ist für die Feststellung biologischer Unterschiede im Rahmen der Prüfung gleichheitsrechtlicher Verstöße ein spezifischer, positiver Nachweis erforderlich, der sich nicht in Pauschalierungen oder sozialen Befunden erschöpfen darf.[331] Insoweit muss sich der Gesetzgeber den Vorwurf gefallen lassen, dass er weder untersucht hat, ob stets eine psychosoziale Verbindung zwischen Tragemutter und Kind entsteht, noch wird deutlich, inwiefern die von ihm wegen der Auflösung der Bindung befürchteten Belastungen tatsächlich eintreten. Denn neuere Studien zur Verhaltens- und Persönlichkeitsentwicklung von adoptierten oder mithilfe von Samen-, Eizell- oder Embryonenspende gezeugten Kindern zeigen, dass die Persönlichkeitsentwicklung und Identitätsbildung dieser Kinder vor allem davon beeinflusst wird, ob ihr Familien- und Sozialleben intakt ist.[332]

Schließlich sei auf eine Überlegung hingewiesen, die die These der psychosozialen Verbindung deutlich in Frage stellen dürfte: Wie insbesondere Fälle der postnatalen Kindesvertauschung beweisen, hat die Mutter zu dem Kind eine psychosoziale Beziehung, das von ihr als das selbst ausgetragene angesehen wird. Auch wenn es nicht das von ihr ausgetragene Kind sein mag, geht die Mutter davon aus, zu dem „eigenen" Kind eine besondere, durch die schwangerschaftliche Verbindung geschmiedete Beziehung zu haben. Mit anderen Worten: Die Gebärende nimmt dasjenige Kind in ihre Obhut und behandelt es als eigenes, welches ihr in den Arm gelegt wird. Ähnliches dürfte auf der anderen Seite für das Kind gelten, da auch insoweit davon auszugehen ist, dass eine psychosoziale Bindung zu derjenigen Person aufgebaut wird, die dem Kind Zuneigung schenkt und es groß zieht. Dementsprechend leidet der auf die körperliche und psychosoziale Beziehung gestützte Begründungsansatz an entscheidenden Schwächen mit Blick auf die Rechtfertigung einer perpetuell unverrückbaren Statusentscheidung. Denn selbst wenn eine psychosoziale Bindung bestehen sollte, kann auch der Einwand *Coester*s nicht von der Hand gewiesen werden, dass „ein uneinholbarer, existentieller Muttervorsprung […] zu den schönen Dingen [gehört], an

---

330 Die vorstehenden Überlegungen wurzeln in den Ausführungen von Staudinger/*Rauscher* § 1591 Rn. 12.

331 *BVerfG* NJW 1992, 964 (965); BeckOK-GG/*Kischel* Art. 3 Rn. 193 f.

332 Vgl. zusammenfassend statt vieler *Gombolok,* Modern Families, S. 91 ff. u. 192 ff. m. w. N.

die man glauben mag oder nicht, [der] aber sicherlich nicht als Grundlage rationaler Gesetzgebung [taugt].“[333]

Diese Überlegungen finden zudem Bestätigung in Erkenntnissen psychoneuroendokrinologischer Forschung der vergangenen Jahre. Mittlerweile ist allgemein anerkannt, dass das Entstehen einer Nähebeziehung neurobiologisch maßgeblich auf das sog. Kuschelhormon[334] Oxytocin zurückzuführen ist.[335] Dabei handelt es sich um ein Peptidhormon, das im Gehirn sämtlicher Säugetierarten produziert wird.[336] Fokussiert man sich auf die Mutter-Kind-Beziehung, erfüllt Oxytocin im Wesentlichen drei Funktionen: Es löst die Gebärmutterkontraktion während des Geburtsvorgangs aus,[337] stößt die Milchproduktion und -sekretion an[338] und fördert mütterliches sowie kindliches Zuwendungs- sowie Bindungsverhalten nach der Geburt.[339] Indes wirkt nur das in der axonalen extrazellulären Flüssigkeit des supraoptischen Kerns des Hypothalamus synthetisierte Oxytocin als Neurotransmitter bindungsfördernd.[340] Demgegenüber wird das vor und während der Geburt in großen Mengen ausgeschüttete wehenauslösende Oxytocin im Hypophysenhinterlappen produziert.[341] Dieser Oxytocinsorte kommt für die hiesige Betrachtung daher keine besondere Bedeutung zu.

Die Ausschüttung des erstgenannten „Hypothalamus-Oxytocins“ wird im Rahmen der Mutter-Kind-Beziehung vor allem durch das Stillen, angenehmen Körperkontakt und sogar durch Blickkontakt sowie Gerüche und Geräusche bewirkt.[342] Diese Elemente führen zu einer Oxytocinfreisetzung sowohl bei der Mutter als auch bei dem Kind.[343] Dadurch werden angenehme Gefühle hervorgerufen, die die emotionale Bindung zwischen Mutter und Kind fördern.[344] Eine

---

[333] *Coester* JZ 1992, 809 (813); ebenso Soergel/*Schmidt-Recla* § 1600 Rn. 9.

[334] S. etwa www.zeit.de/2016/15/oxytocin-hormon-gehirn-forschung (zuletzt abgerufen am: 30.09.19).

[335] *Rüegg* Gehirn, S. 91; *Schiepek* Neurobiologie, S. 346; *Schmidt/Schaible* Neuro- und Sinnesphysiologie, S. 434 f.; *Bier/Nindl/Kussmann* Originalia 2013, 69 (73); *Kovács* Oxytocin and Behaviour, S. 91 (109).

[336] *Bear/Connors/Paradiso* Neurowissenschaften, S. 634; *Uvnäs Moberg* Oxytocin, S. 84 ff.

[337] *Schmidt/Schaible* Neuro- und Sinnesphysiologie, S. 434; *Thompson* Das Gehirn, S. 178 u. 184.

[338] *Kovács* Oxytocin and Behaviour, S. 91 (109); *Thompson* Das Gehirn, S. 178 u. 184.

[339] *Kovács* Oxytocin and Behaviour, S. 91 (109); *Schmidt/Schaible* Neuro- und Sinnesphysiologie, S. 434 f.

[340] *Dies.* Neuro- und Sinnesphysiologie, S. 434 f.

[341] *Dies.* Neuro- und Sinnesphysiologie, S. 434; *Thompson* Das Gehirn, S. 178.

[342] *Bear/Connors/Paradiso* Neurowissenschaften, S. 634; *Uvnäs Moberg* Oxytocin, S. 46 ff. u. 90 ff.

[343] *Rüegg* Gehirn, S. 91; *Uexküll* Psychosomatische Medizin, S. 61 u. 454 f.; *Fries et al.* PNAS 2005, 17237.

[344] *Walter* FS Vollmer, S. 333 (373).

erhöhte Oxytocinkonzentration im Körper der Mutter ist unmittelbar nach der Entbindung festzustellen, die Oxytocinausschüttung im weiteren Verlauf wird durch die Intensität und Häufigkeit der Interaktion beeinflusst: Während des Stillens schüttet das Gehirn der Stillenden Oxytocin schubweise in 90-Sekunden-Intervallen aus, Hautkontakt verursacht demgegenüber weniger, aber dafür längere Oxytocinschübe.[345] Auch wenn die kurze Phase unmittelbar nach der Geburt eine herausgehobene Stellung für die Mutter-Kind-Bindung einnimmt, hat sich gezeigt, dass nicht zuletzt die wiederholte Ausschüttung von Oxytocin langfristige positive Effekte hat.[346]

Aus diesem knappen Überblick können mehrere Schlussfolgerungen gezogen werden: Eine psychosoziale Bindung im psychoneuroendokrinologisch-wissenschaftlichen Sinne entsteht in erster Linie in der Phase nach der Entbindung.[347] Sie entsteht nicht zwingend zu der Person, die das Kind ausgetragen hat, sondern derjenigen, die es stillt[348] und wiederholte körperliche Kontakte ermöglicht. Wegen des letztgenannten kann auch zwischen dem Vater und dem Kind eine oxytocinbasierte und damit psychosoziale Beziehung entstehen.[349] Insoweit überzeugt es nicht, davon auszugehen, dass es der Gebärenden vorbehalten bliebe, eine psychosoziale Bindung zu dem Kind aufzubauen. Es liegen keine wissenschaftlichen Erkenntnisse vor, dass allein die Schwangerschaft an sich maßgebliche neurobiologische Bindungsprozesse bewirkt. Vielmehr ist die Phase nach der Entbindung von entscheidender Relevanz für die Entwicklung einer Mutter-Kind-Bindung.

Wenn auch in anderem Zusammenhang, aber ebenfalls in Bezug auf Fälle der gespaltenen Mutterschaft führt der Gesetzgeber aus, dass ein „Kind entscheidend sowohl durch die von der genetischen Mutter stammenden Erbanlagen als auch durch die enge während der Schwangerschaft bestehende Bindung zwischen ihm und der austragenden Mutter geprägt“ wird.[350] Angesichts des Vorstehenden bleibt der Gesetzgeber Antworten auf mehrere Fragen schuldig: Warum soll im Rahmen der abstammungsrechtlichen Zuordnung allein das psychosoziale Band maßgeblich sein, während genetische Aspekte stets in den Hintergrund treten? Kann der Gesetzgeber überhaupt auf eine psychosoziale Bindung abstellen,

---

345 *Uvnäs Moberg* Oxytocin, S. 98.

346 *Dies.* Oxytocin, S. 97 u. 106. Vgl. auch *Bier/Nindl/Kussmann* Originalia 2013, 69 (73).

347 Dazu *Fries et al.* PNAS 2005, 17237.

348 Vgl. *von Wolff/Stute* Gynäkologische Endokrinologie, S. 194f. zu der sog. De-novo-Laktationsinduktion.

349 So explizit *Uvnäs Moberg* Oxytocin, S. 94f. Dies zeigt, dass die gesetzgeberische Begründung auf brüchigen naturwissenschaftlichen Grundlagen steht, weil – wenn überhaupt – auch Vater und Kind vor dem Verlust ihrer psychosozialen Bindung hätten geschützt werden müssen, was jedoch nicht berücksichtigt wurde.

350 BT-Drucks. 11/5460, S. 7.

wenn diese im Wesentlichen doch erst nach Abschluss der Schwangerschaftsphase entsteht?[351] Ist die daneben verbleibende körperlich-biologische Komponente der Austragung wirklich derart bedeutsam, dass dem Aspekt der genetischen Bindung ausnahmslos keine Beachtung geschenkt werden darf?

Die gesetzgeberischen Erwägungen gewinnen meines Erachtens erst dadurch an Überzeugungskraft, dass der Rechtfertigungskanon mit dem Hinweis abgerundet wird, die klare Regelung des § 1591 BGB diene auch der Verhinderung von Leihmutterschaften.[352] Nur unter dem Aspekt der Vermeidung solch unerwünschter Vorgänge erklärt sich die kategorische Unanfechtbarkeit der Mutterschaft.[353] Alle sonstigen Legitimationsansätze finden sich – abgesehen von der körperlich-psychosozialen Komponente – so oder so ähnlich auch bei der Begründung der Zuweisungsentscheidungen des § 1592 BGB wieder, die allerdings – im Gegensatz zur rechtlichen Mutterschaft – die Korrektur durch § 1600 BGB zulassen. Daher muss die Rechtfertigung der Unanfechtbarkeit der Mutterschaft gerade in diesem gesetzgeberischen Ziel, Leihmutterschaften und damit gewollte gespaltene Mutterschaften zu verhindern, zu finden sein. Sicherlich mag richtig sein, dass Regelungen auf dem Gebiet des Straf- oder öffentlichen Rechts das überzeugendere Betätigungsfeld zur Verwirklichung dieser gesetzgeberischen Präventionsziele gewesen wären.[354] Ebenso richtig ist aber, dass nur das Familienrecht in der Lage ist, die Durchführung unerwünschter Behandlungsformen auch im Ausland – Stichwort: Fortpflanzungstourismus – unattraktiv(er) zu machen.[355] Daher konnte der Gesetzgeber der Generalprävention grundsätzlich entscheidende Bedeutung beimessen und sogar das Prinzip der Abstammungswahrheit einschränken.[356]

bb) Gewollte und ungewollte gespaltene Mutterschaft

Auch wenn die zur Ablehnung der Leih- bzw. Ersatzmutterschaft, Eizell- und Embryonenspende führenden Erwägungen oftmals vorgeschoben wirken und der Eindruck nicht gänzlich schwindet, dass letztlich vor allem tradierte Moral-

---

[351] Allein der Wortteil „sozial“ wird nach seinem üblichen (auch juristischen) Sprachverständnis durch eine irgendwie geartete zwischenmenschliche Interaktion definiert und ist daher im Grunde unpassend.

[352] BT-Drucks. 13/4899, S. 82.

[353] Staudinger/*Rauscher* § 1591 Rn. 14. Ähnlich *Helms* NJW-Beil 2016, 49 (51); wohl auch *Thomale* S. 23.

[354] In diese Richtung etwa *Schlegel* FuR 1996, 284 f.

[355] Vgl. Staudinger/*Rauscher* § 1591 Rn. 14; zu der überaus streitigen Frage, inwiefern Entscheidungen ausländischer Gerichte über die Feststellung der Elternschaft im Nachgang einer Leihmutterschaft auch in Deutschland anzuerkennen sind, instruktiv *Thomale* S. 19 ff.

[356] So Staudinger/*Rauscher* § 1591 Rn. 14.

und Wertvorstellungen perpetuiert werden sollen, können die umfangreichen Begründungsmodelle zur Legitimation dieser Verbote nicht im Einzelnen beleuchtet werden.[357] Dies würde den Blick zu stark für das hier eigentlich interessierende Problem trüben. Die oben genannten Fallkonstellationen der gespaltenen Mutterschaft zeichnen sich nämlich allesamt dadurch aus, dass sie bewusst und gewollt herbeigeführt wurden. Im Falle eines Vertauschens von Keimzellen oder Embryonen ist das Auseinanderfallen der genetischen und rechtlichen Mutterschaft von den Beteiligten aber gerade nicht intendiert. Solche Fallgestaltungen hatte der Gesetzgeber allerdings nicht im Sinne, als er die Mutterschaftszuordnung unverrückbar ausgestaltete, um dem Entstehen einer gespaltenen Mutterschaft vorzubeugen. Um den Fokus nicht zu verlieren, beschränken sich die folgenden Ausführungen auf eben jene Konstellationen, in denen das Auseinanderfallen der Mutterschaft von den Beteiligten nicht beabsichtigt war. Neben den Fällen der Keimzell- oder Embryonen-Vertauschung ist an alle sonstigen Konstellationen zu denken, in denen ein Gameten- oder Embryotransfer gegen oder ohne den Willen der Frau vorgenommen wurde.[358] Aus alledem folgt zugleich, dass die hier zu findende Lösung ausschließlich Geltung für eben diese Fallgestaltungen beansprucht. Nur, wenn die Präventionsziele des Gesetzgebers – also die Vermeidung aller Vorgänge, die zu einer intendierten gespaltenen Mutterschaft führen – und die zu diesem Zweck vorgeschalteten Verbote ihre Berechtigung verlieren sollten, könnten die nachstehenden Überlegungen als „Blaupause" für die dann erforderlichen Anpassungen herangezogen werden.[359]

Die Grenzen des abstammungsrechtlichen Regelungspotentials im Hinblick auf generalpräventive Zielsetzungen dürften jedenfalls dann ausgereizt sein, wenn kein zu missbilligendes Verhalten festgestellt werden kann, das durch die statusrechtliche Sanktion verhindert werden könnte. Während zuvor noch recht vage von den „Beteiligten" die Rede war, deren Verhalten nicht auf die Herbeiführung einer gespaltenen Mutterschaft gerichtet sein darf, ist nunmehr zu überlegen, welches Verhalten genau von § 1591 BGB missbilligt wird, wer also Adressat der in ihr wohnenden Verbotsnorm ist. Sicherlich soll § 1591 BGB nicht zuletzt Ärzte und reproduktionsmedizinische Zentren dazu anhalten, keine Maß-

---

[357] Vgl. zur Leihmutterschaft z. B. *Helms* Gutachten F 71. DJT, F52 ff.; *Thomale* S. 5 ff.

[358] Vgl. dazu auch MüKo-BGB/*Wellenhofer* § 1591 Rn. 41 u. 57; *Mutschler* FamRZ 1994, 65 (69); a. A. mit m. E. nicht überzeugender Argumentation Staudinger/*Rauscher* § 1591 Rn. 18.

[359] Vgl. zudem *Schwenzer* Gutachten zum 59. DJT, A 39 f.; *Kaiser* in: Pluralisierung, S. 263 ff. mit weitergehenden Überlegungen zur Anfechtbarkeit in Leihmutterschaftsfällen; *Weyrauch* S. 200; 59. DJT, Deutscher Juristinnenbund und „AG Nichtehelichenrecht" bevorzugten Mitte der 90er-Jahre generell eine widerlegbare Vermutungslösung ähnlich wie in § 1592 BGB; s. *DJT* FamRZ 1992, 1275 (1276); BT-Drucks. 13/4899, S. 52.

nahmen durchzuführen, die eine gespaltene Mutterschaft zur Folge haben können. Zur Verfolgung dieses Ziels dürfte aber zweifellos das Standes- oder Straf- bzw. Ordnungswidrigkeitenrecht deutlich geeigneter und effektiver sein.[360] Dies zeigt sich insbesondere daran, dass die Rechtsfolgen des § 1591 BGB vornehmlich die Wunschmutter der jeweiligen Reproduktionsmaßnahme belasten.[361] Von dieser Warte lässt sich nun auch das vom Gesetzgeber als sanktionswürdig erachtete Verhalten bestimmen: Frauen, die nicht selbst zur Austragung bereit oder im Stande sind, aber gleichwohl rechtliche Mütter des von einer anderen Frau für sie ausgetragenen Kindes werden wollen, sollen keine Handlungen vornehmen, die dazu führen, dass das erwünschte Kind sowohl eine Tragemutter als auch eine rechtliche Mutter sowie in bestimmten Fällen gar zusätzlich noch eine genetische Mutter haben wird. Werden solche Handlungen dennoch vorgenommen, versperrt § 1591 BGB diesen Frauen den „einfachen" Weg zur rechtlichen Mutterschaft, indem die austragende Frau unverrückbar gesetzlich als Mutter bestimmt wird. Da der Weg über eine Adoption kaum beschnitten werden kann, verbleibt für die Wunschmutter das Risiko, dass die austragende Frau ihre Bereitschaft zur Adoptionsfreigabe überdenkt oder das Gericht die Kindeswohldienlichkeit verneint,[362] sodass der Zugang zur rechtlichen Mutterschaft dauerhaft versperrt bleibt.

In den hier analysierten Fällen einer Keimzell- oder Embryonenvertauschung liegt ein solches Verhalten der Wunschmutter nicht vor.[363] Zum einen widerspricht das Auseinanderfallen der Mutterschaft ihren Interessen und zum anderen findet das Auseinanderfallen seine Ursache in einem Bereich, der sich ihrer Beherrschbarkeit entzieht. Dementsprechend ist kein Verhalten der Wunschmutter festzustellen, das einen Beitrag zur Entstehung der gespaltenen Mutterschaft leistet. Fehlt es aber an einem missbilligten, sanktionswürdigen Verhalten, verliert die Sanktion ihr präventives Ziel und damit ihre Existenzberechtigung. So ist keine Erwägung ersichtlich, mit der die Eignung der § 1591 BGB innewohnenden Verbotsnorm in Fällen der ungewollten gespaltenen Mutterschaft zu begründen wäre. Ganz im Gegenteil drängt sich viel eher die Frage auf, ob es interessengerecht sein kann, einer Frau, die in keiner Weise Verantwortung für das

---

[360] So etwa durch § 1 Abs. 1 Nr. 1, 2, 6, 7, Abs. 2 ESchG.

[361] Sowie den Wunschvater wegen §§ 1592 Nr. 1, 2, 1595 BGB.

[362] Dazu § 1741 Abs. 1 S. 2 BGB, der die Möglichkeit der Kindesannahme in Leihmutterschaftsfällen unter den Vorbehalt einer positiven Kindeswohlprüfung stellt, während sonst lediglich eine negative Prüfung erforderlich ist; vgl. NK-BGB/*Kemper* § 1591 Rn. 2.

[363] Gleiches gilt für alle sonstigen Fälle, in denen ein Gameten- oder Embryotransfer gegen oder ohne den Willen der austragenden Frau durchgeführt wurde.

Entstehen einer gespaltenen Mutterschaft trägt,[364] aber durch ein von einem anderen verursachtes Geschehen massiv belastet wird, obendrein noch den Zugang zur rechtlichen Mutterschaft für ihr genetisches Kind kategorisch zu verwehren.

Damit schließt sich der Kreis zu der eingangs aufgeworfenen Frage: Eine vor Art. 3 Abs. 2, 3 GG zu rechtfertigende Ungleichbehandlung liegt nur insoweit vor, als auch solchen Frauen die Möglichkeit einer genetisch richtigen Sekundärzuordnung genommen wird, die kein – im Sinne von § 1591 BGB – sanktionswürdiges Verhalten vorgenommen haben. Im Übrigen liegt dem Konzept der unverrückbaren Statusentscheidung eine legitimierende Erwägung zugrunde, die bei der Zuweisung von Vaterschaft keine Rolle spielt. So ist eine Leihmutterschaft nur bei Frauen möglich und muss auch nur bei ihnen durch Sanktionen unterbunden werden, wenn der Gesetzgeber Leihmutterschaft verhindern will. Daher besteht insofern keine ungerechtfertigte Ungleichbehandlung. In Fällen ungewollter gespaltener Mutterschaft kann die Ungleichbehandlung jedoch nur gerechtfertigt werden, wenn sie in ihrem Gewicht durch entsprechende sachliche Gründe aufgewogen wird.[365] Wie zuvor bereits festgestellt, kann das entscheidende Differenzierungskriterium, welches zugleich Rechtfertigungsgrund gewesen wäre, für Fälle ungewollter gespaltener Mutterschaften nicht fruchtbar gemacht werden. Einzig die Sanktionsbedürftigkeit von Handlungen, die auf die Herbeiführung einer gespaltenen Mutterschaft gerichtet sind, wäre ein Problem gewesen, das seiner Natur nach nur bei Frauen auftreten kann. Dementsprechend ist die Differenzierung in Fällen ungewollter gespaltener Mutterschaft nicht zu rechtfertigen. Für diese Konstellationen verstößt die fehlende Möglichkeit einer Sekundärzuordnung bei der Mutterschaft gegen den Gleichheitssatz des Art. 3 Abs. 2, 3 GG, sodass ein klares Bedürfnis für eine Korrektur der Mutterschaft in Fällen der ungewollten gespaltenen Mutterschaft festzustellen bleibt.[366] Auch der 59. DJT sowie der deutsche Juristinnenbund und die „Arbeitsgruppe Nichtehelichenrecht" gingen vor der Einführung des § 1591 BGB im Jahr 1998 davon aus, dass es keinen Grund für eine Andersbehandlung der Mutter gegenüber dem

---

[364] Die lediglich naturwissenschaftliche Kausalität genügt zur Begründung einer Sanktionen auslösenden Zurechnung zum Verhalten der genetischen Mutter nicht.

[365] So *BVerfG* NJW 2000, 418 (419); NJW 2010, 1439 (1440f.); BeckOK-GG/*Kischel* Art. 3 Rn. 37.

[366] Wie hier (für die gebärende Frau) MüKo-BGB/*Wellenhofer* § 1591 Rn. 57; ähnlich *Mutschler* FamRZ 1994, 65 (69). Noch darüberhinausgehend *Muscheler,* Familienrecht, Rn. 530; *Weyrauch* S. 200, die eine Mutterschaftsanfechtung generell – in Parallelität zu den Voraussetzungen des § 1600 BGB – zulassen wollen; a. A. These 4 des AK Abstammungsrecht in seinem Abschlussbericht aus 2017 (S. 36) – aber mit knappem Abstimmungsergebnis. Vgl. auch BT-Drucks. 19/2665, S. 4.

Vater gebe, sodass auch die die Mutterschaftszuordnung bewirkende Norm als widerlegliche (ergo anfechtbare) Vermutung auszugestalten sei.[367]

Auch wenn der Schwerpunkt auf dem gleichheitsrechtlichen Verstoß liegen mag, sei darauf hingewiesen, dass sich aus dem Vorstehenden zugleich eine ungerechtfertigte Verletzung des Art. 6 Abs. 2 S. 1 GG ergibt. Verbietet Art. 3 Abs. 2, 3 GG nämlich eine Ungleichbehandlung von Mann und Frau im Hinblick auf die Anfechtbarkeit der Elternschaft in Fällen ungewollter gespaltener Mutterschaft, muss auch der vom *BVerfG* geprägte Satz, dass Art. 6 Abs. 2 S. 1 GG dem „biologischen Vater grundsätzlich einen verfahrensrechtlichen Zugang zum Elternrecht" gewährleistet, damit dieser die Möglichkeit hat, auch rechtlich die Vaterstellung einzunehmen,[368] auf die Situation der Mutter übertragen werden. Diese auf Prüfung und Feststellung der Elternschaft gerichtete verfahrensrechtliche Gewährleistung des Art. 6 Abs. 2 S. 1 GG[369] ist Ausdruck praktischer Konkordanz. Es bedeutet einen schonenden Ausgleich der widerstreitenden Interessen, wenn das Elternteil in die Lage versetzt wird, sich in bestimmten Situationen rechtlich-genealogisch in eine Beziehung zu dem Kind zu stellen. Da auch in diesem freiheitsrechtlichen Zusammenhang die zur Legitimation der Grundrechtsbeeinträchtigung vorgetragenen Gründe mit denen zur Rechtfertigung der Ungleichbehandlung übereinstimmen, vermögen sie wie schon im Vorstehenden nicht gänzlich zu überzeugen. Daher verletzt die Unverrückbarkeit der Statusentscheidung das Recht der genetischen Mutter aus Art. 6 Abs. 2 S. 1 GG in Fallkonstellationen, in denen die gespaltene Mutterschaft ungewollt zustande gekommen ist.

3. Vertiefung der Ungleichbehandlung

Am deutlichsten wird die gesetzgeberische Idealvorstellung einer „exklusiven" Mutterschaft der gebärenden Frau durch § 1686a BGB konturiert. Das Factum einer gespaltenen Mutterschaft wird nicht allein mit der rigorosen Zuordnungsregel des § 1591 BGB beantwortet, sondern darüber hinaus wird die genetische Mutter in sehr weitreichendem Umfang von der (Trage-)Mutter-Kind-Beziehung ferngehalten. Während dem genetischen Vater mit § 1686a BGB die Möglichkeit eröffnet wird, an der Entwicklung des genetisch eigenen Kindes zu partizipieren, auch wenn er nicht zugleich rechtlicher Vater des Kindes ist, ist eine parallele Vorschrift für die genetische Mutter nicht vorgesehen. Den „gesetzgeberischen

---

367 *DJT* FamRZ 1992, 1275 (1276); BT-Drucks. 13/4899, S. 52.

368 *BVerfG* NJW 2003, 2151 (2153 f.).

369 *BVerfG* NJW 2003, 2151 (2154).

Stein“ brachten zwei Entscheidungen des *EGMR* ins Rollen,[370] in denen moniert wurde, dass sich das deutsche Recht zu sehr auf die soziale Familie fokussiere und darüber vor allem vergesse, dass es durchaus dem Kindeswohl dienlich sein kann, wenn das Kind Umgang mit seinem leiblichen Vater pflege.[371] Insoweit reklamierte der *EGMR* das Fehlen eines Umgangsrechts des genetischen Vaters und wies auf Defizite bei Auskunftsansprüchen hin.[372] Diese Entscheidungen nahm der Gesetzgeber zum Anlass,[373] mit dem „Gesetz zur Stärkung der Rechte des leiblichen, nicht rechtlichen Vaters“[374] in § 1686a BGB ein Umgangs- und Auskunftsrecht für den genetischen, aber nicht-rechtlichen Vater zu statuieren. Angesichts der Tatsache, dass sich die aktuelle Gesetzesfassung strikt an den Vorgaben des *EGMR* orientiert, ohne die Entscheidungen kritisch zu hinterfragen oder Auswirkungen auf andere Bereiche zu bedenken, ist der Vorwurf, § 1686a BGB sei eine bloße Paraphrase der *EGMR*-Leitsätze,[375] durchaus nachvollziehbar. Die Beschränkung der Umgangs- und Informationsrechte auf den genetischen Vater unter Ausschluss der genetischen Mutter führt zu einer Ungleichbehandlung von Frauen und Männern aufgrund des Geschlechts (Art. 3 Abs. 2, 3 GG): Einer Vergleichsgruppe stehen Umgangs- und Auskunftsrechte zu, der anderen hingegen nicht.

Warum es kollidierendes Verfassungsrecht oder Probleme, die ihrer Natur nach nur bei Frauen und Männern auftreten können,[376] zwingend erforderlich machen, dass diese Rechte nur Männern zustehen sollen, wird weder dargelegt noch sind tragfähige Erwägungen ersichtlich, mit denen die Ungleichbehandlung zwischen genetischen Müttern und Vätern zu rechtfertigen wäre.[377] Da die in § 1686a BGB verankerten Rechte ohnehin unter dem Vorbehalt der Kindeswohlverträglichkeit stehen, scheiden sämtliche auf dem Kindeswohl aufbauende Argumentationsmuster zur Legitimation der Differenzierung aus. Übrig bleibt daher erneut eine auf sanktionellen Erwägungen fußende Argumentation zur Verhinderung gespaltener Mutterschaften. Vergegenwärtigt man sich allerdings, dass es Wunschmüttern in aller Regel nicht bloß darum geht, zum Umgang mit dem genetisch eigenen Kind berechtigt zu sein, sondern sich letztlich als rechtliche Mutter mit dem Kind in Verbindung zu setzen, scheint die unverrückbare

---

370 *EGMR* NJW 2011, 3565 (Anayo./.Deutschland) sowie *EGMR* NJW 2012, 2781 (Schneider./.Deutschland).

371 *EGMR* NJW 2011, 3565 (3567); 2012, 2781 (2784 ff.).

372 Vgl. insb. *EGMR* NJW 2012, 2781 (2784 ff.).

373 Vgl. die explizite Bezugnahme in BT-Drucks. 17/12163, S. 8 f.

374 BGBl. I S. 2176 (v. 04.07.2013).

375 So *Löhnig/Preisner* FamFR 2013, 340 (343).

376 Dazu erneut *BVerfG* NJW 1995, 1733 (1734).

377 Ähnlich MüKo-BGB/*Hennemann* § 1686a Rn. 5; *Löhnig* FamRZ 2015, 806 (807).

Statusentscheidung in § 1591 BGB das geeignetere und außerdem ausreichende Instrument zur Zielerreichung zu sein. Warum darüber hinaus auch ein Umgangsrecht ausgeschlossen wird, obwohl dieses dem Kindeswohl zuträglich wäre (§ 1686a Abs. 1 Nr. 1 BGB), ist nicht einzusehen und konterkariert das eigentlich der sorge- und umgangsrechtlichen Gesetzgebung zugrundeliegende Leitbild vom Primat des Kindeswohls.[378] Selbst wenn man ein sanktionswürdiges Verhalten der Wunschmutter feststellen sollte, kann eine Beeinträchtigung des Kindeswohls nicht mithilfe generalpräventiver Erwägungen gerechtfertigt werden. Eine solche Argumentation wäre höchst widersprüchlich, da die Sanktionen zugleich das Kind träfen, das doch eigentlich durch das Verbot der Herbeiführung gespaltener Mutterschaften geschützt werden soll. Daher ist das Fehlen entsprechender Umgangs- und Auskunftsrechte grundsätzlich eine nicht zu rechtfertigende geschlechterbezogene Diskriminierung.

Darüber hinaus wird das Elternrecht der genetischen Mutter (Art. 8 EMRK)[379] in unverhältnismäßiger Weise eingeschränkt. Der einzige Grund, warum der *EGMR* in seinen Entscheidungen den Schutz durch Art. 8 EMRK nicht auch ausdrücklich auf die genetische Mutter ausgeweitet hat, um auch für sie entsprechende Partizipationsrechte zu fordern, liegt in dem begrenzten Prüfungsumfang des Gerichts. Da sich die zu klärende Rechtsfrage auf die Vereinbarkeit der nationalen Rechtslage zu den Rechten des genetischen, aber nicht-rechtlichen Vaters mit Art. 8 EMRK bezog, waren Ausführungen zur Rechtssituation genetischer Mütter nicht angezeigt. Mit anderen Worten: Der *EGMR* hatte überhaupt nicht die Möglichkeit, auch die Situation genetischer Mütter zu untersuchen und einen entsprechenden Verstoß gegen Art. 8 EMRK festzustellen. Angesichts der Tatsache, dass keine sachlichen Gründe die Ungleichbehandlung rechtfertigen, müsste die für Männer geltende Wertung nach hier vertretener Auffassung auch auf Frauen übertragen werden.

Die hier geäußerten verfassungsrechtlichen Bedenken müssten den Gesetzgeber indessen nicht zwangsläufig verpflichten, die verfassungswidrige Rechtslage durch normative Anpassungen zu beseitigen. So wird namentlich von *Hennemann* eine analoge Anwendung des § 1686a BGB in Fällen der genetischen, nicht-rechtlichen Mutterschaft befürwortet.[380] Da die Vergleichbarkeit der Inter-

---

[378] Zudem ist nicht davon auszugehen, dass zu der genetischen Mutter regelmäßig eine sozial-familiäre Beziehung besteht oder bestand, sodass sich ein Umgangsrecht aus § 1685 Abs. 2 BGB ergäbe.

[379] Nach umstrittener Ansicht seien die Rechte des § 1686a BGB nicht aus Art. 6 Abs. 2 S. 1 BGB abzuleiten; vgl. *Lang* FPR 2013, 233 (235 f.). Dazu auch Staudinger/*Dürbeck* § 1686a Rn. 6.

[380] MüKo-BGB/*Hennemann* § 1686a Rn. 5, wenn auch ohne nähere Erläuterung. Ebenso *Löhnig* FamRZ 2015, 806 (807).

essenlage und die sich daraus ergebende Regelungslücke vorstehend angenommen wurden, bleibt einzig zu klären, ob das Regelungsdefizit zudem als planwidrig zu qualifizieren ist. Es könnte argumentiert werden, dass sich der Gesetzgeber einerseits bewusst war, dass es neben dem Vater noch ein zweites Elternteil gibt und andererseits als offenkundig zu bewerten ist, dass sich das Recht auf Kenntnis der eigenen Abstammung nicht bloß auf die Vaterschaft bezieht. Des Weiteren verdeutlicht bereits die Existenz des § 1591 BGB, dass sich der Gesetzgeber über die Möglichkeit im Klaren ist, im Ausland gespaltene Mutterschaften herbeizuführen, deren rechtliche Auswirkungen das deutsche Zivilrecht trotz der inländischen Verbotsnormen moderieren muss. Diese Aspekte schlichtweg nicht zu beachten, komme – so ließe sich argumentieren – einer bewussten Absage an die Einbeziehung der Mutter gleich. Daneben könnte auf den Umstand verwiesen werden, dass der Gesetzgeber davon ausging, die Entstehung gespaltener Mutterschaften in vielen Fällen durch die generalpräventive Wirkung des § 1591 BGB bereits auf einer früheren Stufe zu verhindern, sodass Folgefragen keiner zusätzlichen Klärung bedürften.[381]

Dem kann aber entgegengehalten werden, dass der Gesetzgeber angibt, mit § 1686a BGB in erster Linie der Aufforderung des *EGMR* nachzukommen, entsprechende Regelungen zum Schutze des genetischen, nicht-rechtlichen Vaters zu statuieren. Nach hier vertretener Auffassung ist es nicht möglich, dem Gesetzgeber durch diese Orientierung an den Mindestvoraussetzungen sowohl in sachlicher als auch personaler Hinsicht eine ablehnende Haltung gegenüber einem Umgangs- und Informationsrecht auch der genetischen Mutter zu unterstellen. Es ist nicht davon auszugehen, dass der Gesetzgeber beabsichtigte, eine über die vom *EGMR* geforderten Regelungen hinausgehende Wertung zu treffen.[382] Entscheidendes Argument dürfte bei alledem jedoch ein anderes sein: Nur weil die bestehenden Regelungen und die Ausführungen in den Gesetzesbegründungen nicht mit hinreichender Klarheit erkennen lassen, wie der Gesetzgeber zu einer bestimmten Frage steht, kann die Analogiefähigkeit einer Norm – wohlgemerkt zur Herstellung verfassungskonformer Zustände – nicht verneint werden. Daher ist meines Erachtens grundsätzlich von einer Analogiefähigkeit des § 1686a BGB bezüglich genetischer, aber nicht-rechtlicher Mütter auszugehen,[383] sodass nach hier vertretener Auffassung bereits auf Grundlage der lex lata die diesbezüglich bestehenden verfassungsrechtlichen Bedenken ausgeräumt werden könnten. Allerdings stellen die von § 1686a BGB definierten Anspruchsvoraus-

[381] Dabei darf allerdings nicht geleugnet werden, dass dieses Argument nicht ohne Widersprüche mit demjenigen der Kenntnis über die Möglichkeiten des Reproduktionstourismus kombiniert werden kann.

[382] Vgl. auch *Löhnig* FamRZ 2015, 806 (807).

[383] Insoweit übereinstimmend mit MüKo-BGB/*Hennemann* § 1686a Rn. 5.

setzungen ebenfalls Beschränkungen des Elternrechts aus Art. 8 EMRK dar, sodass eine – ohnehin unschwer mögliche – normative Anpassung vorzugswürdig, wenn nicht gar geboten erscheint.

4. Zwischenergebnis

Die gesetzgeberische Grundsatzentscheidung, weder eine statusrechtliche Schwebephase noch eine rechtliche Pluralisierung von Elternschaft zuzulassen, sondern die Mutterschaft zunächst der austragenden Frau zuzuweisen, kann im Hinblick auf die gesetzgeberischen Ausgestaltungsbefugnisse verfassungsrechtlich nicht beanstandet werden. Diesen Ermessensspielraum überschreitet der Gesetzgeber allerdings, wenn er die Zuordnungsentscheidung kategorisch unanfechtbar vollzieht, ohne etwaige Ausnahmen zuzulassen. So decken sich – abgesehen von den körperlich-psychosozialen Argumentationslinien – die Begründungsansätze bezüglich der Zuweisung von Mutterschaft und Vaterschaft weitgehend. Erst das Hinzuziehen der mit § 1591 BGB verfolgten generalpräventiven Zwecke erklärt, warum die Mutterschaft unanfechtbar, die Vaterschaft demgegenüber anfechtbar ausgestaltet wurde. Fallen die die Verbote stützenden Gründe – etwa weil sich herausstellt, dass sie doch nicht tragfähig sein sollten – weg, ist die Ungleichbehandlung zwischen Mutter- und Vaterschaft nicht mehr zu rechtfertigen. Da nur in Fällen einer gewollten gespaltenen Mutterschaft ein sanktionswürdiges Verhalten der Wunscheltern als Adressaten der in § 1591 BGB ruhenden Verbotsnorm festzustellen ist, vermögen die vorgebrachten Erklärungsmuster die strikte Unverrückbarkeit der Statusentscheidung in Bezug auf ungewollt herbeigeführte Mutterschaftsspaltungen nicht zu legitimieren. Die im Umfeld zu der Mutterschaftszuweisung getroffenen (Folge-)Entscheidungen können nach hier vertretener Ansicht grundsätzlich mithilfe der lex lata zufriedenstellend und insbesondere verfassungskonform aufgelöst werden. Jedoch ist im Hinblick auf Art. 8 EMRK (zumindest) eine Korrektur mit Blick auf Umgangs- und Auskunftsrechte der genetischen, nicht-rechtlichen Mutter erforderlich.

Dementsprechend werden normative Anpassungen in folgenden Bereichen zu diskutieren sein (unter S. 329 ff.): Zunächst muss eine Lösung für die Zuordnung rechtlicher Mutterschaft in der Ausnahmekonstellation einer ungewollten gespaltenen Mutterschaft gefunden werden. Dabei ist zu berücksichtigen, dass die Möglichkeit einer nachträglichen Verschiebung der Mutterschaft zugleich Auswirkungen auf die Zuweisung der rechtlichen Vaterschaft (§ 1592 BGB) hat. Darüber hinaus wird die soeben angemerkte Wortlautkorrektur des § 1686a BGB dargestellt, um schließlich Überlegungen zu der bereits zuvor erörterten Frage der postnatalen Herausgabeansprüche anstellen zu können.

VIII. Zwischenfazit

Als Zwischenergebnis sei für den Problembereich „Die zivilrechtlichen Primärrechtsfolgen des Vertauschens" Folgendes festgehalten:

1) Während § 1591 BGB die rechtliche Mutterschaft unverrückbar der gebärenden Frau zuordnet, kann die von § 1592 BGB zugewiesene rechtliche Vaterschaft nach § 1600 BGB mit ex tunc-Wirkung angefochten werden. Daher besteht die Möglichkeit, die durch eine Vertauschung verursachten abstammungsrechtlichen Verwerfungen in Bezug auf den Vater zu korrigieren. Demgegenüber orientiert sich die Mutterschaftszuweisung der lex lata nicht an dem von Art. 6 Abs. 2 S. 1 GG vorgezeichneten Prinzip der Abstammungswahrheit.
2) Das Anfechtungsrecht des genetischen Vaters wird durch § 1600 Abs. 2, 3 BGB in unverhältnismäßiger Weise eingeschränkt. Die vom Gesetzgeber vorgenommenen Typisierungen überdehnen sowohl in methodischer als auch inhaltlicher Hinsicht die ihm zustehenden Einschätzungsbefugnisse bei der Ausgestaltung des Abstammungsrechts. Darüber hinaus missachtet das voraussetzungslos gewährleistete Anfechtungsrecht der Mutter und des rechtlichen Vaters das Kindeswohl. Die aufgezeigten Defizite können behoben werden, wenn sämtliche Anfechtungsrechte der Eltern unter den Vorbehalt einer „offenen" Interessenabwägung gestellt werden, die in erster Linie an den Interessen und Belangen des betroffenen Kindes auszurichten ist (dazu noch eingehend S. 317 ff.).
3) Um die eingangs eingebrachten Verweise zu religiösen und weltliterarischen Episoden der Probleme rechtlicher Zuteilung von Elternverantwortung erneut aufzugreifen, sei Folgendes festgehalten: Sowohl König Salomo als auch Richter Azdak trafen Entscheidungen, mit denen diejenigen Beziehungen des Kindes rechtlich abgesichert wurden, die seine Entwicklung und sein Wohlergehen bestmöglich gewährleisteten. Auch die lex lata orientiert sich mit dem Schutz sozial-familiärer Beziehungen bereits in beachtlichem Maße an Kindeswohlerwägungen (dazu noch S. 317 f.).
4) Die Ungleichbehandlung zwischen Mutterschaft und Vaterschaft wird durch die an die statusrechtliche Weichenstellung anknüpfenden Folgefragen vertieft. Während sämtliche Abstammungsfolgen durch die rechtliche Neuzuordnung der Vaterschaft auf den genetischen Vater übertragen werden können, bleiben der genetischen Mutter sämtliche elterlichen Rechte und Pflichten verwehrt. Ähnliches gilt für erbrechtliche Fragestellungen, da die Abstammung sowohl für die gesetzliche als auch die gewillkürte Erbfolge Relevanz gewinnen kann.

5) Angesichts der augenfälligen Ungleichbehandlung zwischen Mutterschaft und Vaterschaft durch das Abstammungsrecht und die daran anknüpfenden familien- und erbrechtlichen Folgefragen rückt die Frage nach der Verfassungskonformität des § 1591 BGB in den Blickpunkt. Die unverrückbare Statusentscheidung zugunsten der austragenden Frau führt zu einem vollständigen Ausschluss der genetischen Mutter von sämtlichen Elternrechten. Unter Berücksichtigung des Bedürfnisses, überhaupt eine abstammungsrechtliche Zuordnung im Zeitpunkt der Geburt vornehmen zu müssen, ist die statusrechtliche Primärzuweisung der mütterlichen Rechte an die Gebärende im Hinblick auf Art. 6 Abs. 2 S. 1 GG grundsätzlich nicht zu beanstanden.
6) Demgegenüber ist die Unverrückbarkeit der Statusentscheidung für Fälle der ungewollten gespaltenen Mutterschaft nicht mit der Verfassung in Einklang zu bringen. Da sich die Begründungsmuster für die Zuweisung rechtlicher Mutterschaft und Vaterschaft weitgehend decken, bei der Mutterschaft lediglich das Verbot der Leihmutterschaft als ergänzender Legitimationsaspekt herangezogen wird, muss die Unanfechtbarkeit ihre Berechtigung auch in eben diesem zusätzlichen Element finden. Liegt demzufolge kein sanktionswürdiges Verhalten in Form von auf eine gespaltene Mutterschaft gerichteten Handlungen der genetischen Mutter als Normadressatin des § 1591 BGB vor, kann die dieser Norm innewohnende Sanktion (vollständiger Ausschluss von rechtlicher Mutterschaft) nicht gerechtfertigt werden. Daher bedeutet die Unverrückbarkeit der Statusentscheidung in § 1591 BGB für Fälle der ungewollten gespaltenen Mutterschaft eine nicht zu rechtfertigende Ungleichbehandlung aufgrund des Geschlechts (Art. 3 Abs. 2, 3 GG).
7) Vor der Nidation können Keimzellen, 2-PN-Zellen und Embryonen mithilfe des – erforderlichenfalls analog anzuwendenden – sachenrechtlichen Herausgabesystems von den Eigentümern herausverlangt werden. Die Imprägnation begründet nach dem Rechtsgedanken des § 947 BGB Miteigentum derjenigen Personen, von denen die verwendeten Keimzellen stammen. In diesem Fall sind für das Herausgabeverlangen die §§ 1011, 432 BGB zu berücksichtigen. Nach der Geburt des Kindes vollzieht sich der Wechsel vom sachenrechtlichen zum personenrechtlichen Herausgabesystem, sodass nur noch der sorgerechtlich determinierte Anspruch aus § 1632 Abs. 1 BGB Anwendung findet.

F. Die Sekundärrechtsfolgen des Vertauschens

Nicht nur der Bereich der Primär- sondern auch derjenige der Sekundärrechtsfolgen des Vertauschens von Keimzellen und Embryonen wartet mit einer beachtlichen Vielzahl rechtlicher Probleme auf. Um eine bessere Einordnung der unterschiedlichen Aspekte zu gewährleisten, wird zunächst ein kurzer Überblick über die verschiedenen Differenzierungsstufen im Bereich der Sekundärrechtsfolgen gegeben, an denen sich auch die nachfolgenden Überlegungen orientieren werden: Zu allererst kann danach unterschieden werden, ob eine zivil- oder strafrechtliche Haftung in Rede steht. Da vor allem § 823 Abs. 2 BGB auf strafrechtliche Schutzgesetze zurückgreift, aber auch die Prüfung der Rechtswidrigkeit im Rahmen des § 823 Abs. 1 BGB maßgeblich von der Frage geprägt ist, ob und wenn ja welche Willensmängel für die Wirksamkeit einer Einwilligung beachtlich sind, wird die Analyse der strafrechtlichen derjenigen der zivilrechtlichen Rechtsfolgen vorangestellt.

Im zivilrechtlichen Haftungssystem sind sodann folgende Differenzierungen zu berücksichtigen: Naheliegend ist die personale Unterscheidungsstufe zwischen verschiedenen Geschädigten und Schädigern. Während als Geschädigte vor allem die von der Vertauschung betroffenen Elternpaare und ihre Kinder in Betracht kommen, können als Schädiger – je nachdem, in wessen Sphäre das Vertauschen geschehen ist – sowohl der Rechtsträger der reproduktionsmedizinischen Einrichtung sowie des ART-Labors, der behandelnde Arzt oder der jeweils in die Behandlungskette integrierte nichtärztliche (Labor-)Mitarbeiter in Anspruch genommen werden. Daran anknüpfend ist danach zu differenzieren, ob es sich um einen vertraglichen oder deliktischen Schadensersatzanspruch handelt. So können z.B. Vermögensschäden nicht mithilfe des § 823 Abs. 1 BGB liquidiert werden,[1] Verletzungen des allgemeinen Persönlichkeitsrechts sind hingegen allein im deliktischen Haftungssystem auszugleichen.[2] Damit einher geht zum einen die Frage, an welche Schädigungshandlung das jeweilige Schadens-

[1] Vgl. RGZ 51, 92 (93); 95, 173 (174); 102, 223 (225); *BGH* NJW 1958, 1041 (1042); 1983, 2313 (2314).

[2] Dazu noch im Einzelnen unter S. 268 f.

ersatzbegehren geknüpft wird und zum anderen die Frage, welche Schadensposition geltend gemacht werden soll.

Diese Gliederungsebenen aufgreifend, beginnen die zivilrechtlichen Ausführungen mit Schadensersatzansprüchen wegen des Vertauschens an sich. Dort wird wiederum nach Ansprüchen der Eltern sowie des Kindes unterschieden, um die weitere Struktur anhand der Differenzierung zwischen vertraglichem und deliktischem Haftungssystem, verschiedenen Schädigern und unterschiedlichen Schadensposten auszuarbeiten. Schließlich ist in gebotenem Umfang auf Ersatzansprüche einzugehen, die auf Schäden aus der Offenbarung des Vertauschungsvorfalls – Stichwort: „Schockschäden“ – beruhen. Daneben sind Ansprüche wegen der Verletzung von Dokumentationspflichten in den Blick zu nehmen. In diesem Zusammenhang sei schon an dieser Stelle daran erinnert, dass keine Rechtspflicht besteht, das Vertauschungsrisiko zum Gegenstand des Aufklärungsgesprächs zu machen (s. S. 46 f.). Daher scheiden auf Aufklärungsmängel gestützte Ersatzansprüche bereits von vornherein aus.

I. Die strafrechtliche Haftung der Beteiligten

Strafrechtliche Relevanz gewinnt das Verhalten des Reproduktionsmediziners vor allem im Hinblick auf Körperverletzungsdelikte sowie § 4 Abs. 1 Nr. 1 und Nr. 2 ESchG. Angesichts der Tatsache, dass § 223 Abs. 1 BGB einen höheren Strafrahmen als § 4 Abs. 1 ESchG vorsieht und die Frage nach der Bedeutung von Willensmängeln für die Einwilligung überwiegend im Zusammenhang mit § 223 StGB Diskussionen auslöst, wird die Prüfung der Körperverletzungsdelikte (1.) derjenigen des eigentlich spezielleren § 4 Abs. 1 ESchG (2.) vorangestellt. Daneben ist auf eine etwaige Strafbarkeit nach § 1 Abs. 1 Nr. 2 ESchG (3.) sowie § 1 Abs. 2 ESchG (4.) einzugehen.

1. *Körperverletzungsdelikte*

a) *§ 223 Abs. 1 StGB*

aa) *Tatbestand*

Der mithilfe eines intrauterin eingeführten Katheters[3] vorgenommene Samen- oder Embryotransfer[4] stellt als von außen eingeleiteter, unnatürlicher Vorgang[5] eine körperliche Misshandlung dar.[6] In aller Regel dürfte die Behandlung die Bagatellgrenze in Bezug auf die Beeinträchtigung des körperlichen Befindens und der körperlichen Unversehrtheit überschreiten.[7] Ob daneben auch eine Gesundheitsschädigung in Form eines vom Normalzustand der körperlichen Funktionen nachteilig abweichenden pathologischen Zustands[8] hervorgerufen wird, hängt davon ab, ob es bei der Durchführung des Transfers zu inneren Verletzungen (z. B. der Gebärmutterwand) kommt, was gelegentlich der Fall ist.[9] Des Weiteren erkennt der behandelnde Reproduktionsmediziner das tatbestandsmäßige Geschehen als möglich und will es ausführen, sodass er regelmäßig absichtlich (dolus directus 1. Grades) handeln wird. Daher erfüllt der Samen- bzw. Embryotransfer den Tatbestand des § 223 Abs. 1 StGB.

bb) *Rechtswidrigkeit und Schuld*

Zudem müsste der behandelnde Reproduktionsmediziner rechtswidrig handeln. Dies wäre der Fall, wenn sein Handeln nicht durch Rechtfertigungsgründe gedeckt ist. Insoweit ist insbesondere an eine rechtfertigende Einwilligung der Patientin zu denken. Indem die Patientin ihren Behandlungswunsch zum Ausdruck bringt und sich mit dem Embryotransfer einverstanden zeigt, erklärt sie damit grundsätzlich ihre Einwilligung in Bezug auf Beeinträchtigungen ihrer körperli-

---

3 Zu dem Vorgehen bei diesem Transfer bereits S. 10 f.

4 Demgegenüber könnte an vorausgehende Behandlungsschritte i.R.d. § 223 StGB nur dann angeknüpft werden, wenn man mit dem *BGH* davon ausginge, Körperbestandteile könnten auch nach der Trennung vom Körper mit diesem noch eine funktionale Einheit bilden. Wie oben bereits angemerkt, wird dieses Vorgehen in der Literatur zu Recht überwiegend abgelehnt (s. o.).

5 Demgegenüber kann die Schwangerschaft an sich i.d.R. nicht als Körperverletzung bewertet werden, da es sich um einen natürlichen Körpervorgang handelt; vgl. etwa *Eser/Koch* DÄBl. 1981, 1673 (1675).

6 Die vieldiskutierte Streitfrage, ob ein ärztlicher Heileingriff überhaupt eine tatbestandliche Körperverletzung darstellt, wird mangels Relevanz für das Ergebnis außen vor gelassen; vgl. dazu bereits S. 103; ergänzend etwa *Fischer* § 223 Rn. 16 ff.; Spickhoff/*Knauer/Brose* § 223 StGB Rn. 15 ff.

7 Zu diesem Kriterium vgl. *BGH* NJW 1953, 1440; 1977, 339; 1990, 3156 (3157).

8 Vgl. etwa *BGH* NJW 1989, 781 (783); 1990, 129.

9 S. dazu die Hinweise bei *Jen Huang/Rosenwaks* in: Human Fertility, S. 171 (203 f.).

chen Integrität und Gesundheit. Denn ihre Zustimmung bezieht sich auf ein für sie als alleinige Rechtsgutinhaberin disponibles Rechtsgut und dürfte – abgesehen von etwaigen Einzelfällen – regelmäßig im Zustand der Einwilligungsfähigkeit abgegeben worden sein.

(1) Auswirkungen von Willensmängeln

Probleme wirft indes die Frage auf, ob die Wirksamkeit der Einwilligung voraussetzt, dass die Willensentscheidung des Betroffenen frei von jeglichen Willensmängeln zu Stande gekommen sein muss. Es ist nämlich davon auszugehen, dass die Patientin ihre Einwilligung in der Vorstellung abgibt, auf sie werde – entsprechend der vertraglichen Abrede – ein genetisch mit ihr sowie ihrem Partner verwandter Embryo transferiert. Sie stellt ihre Zustimmung damit unter die Bedingung vertragskonformen Verhaltens und unterliegt einem Irrtum, wenn sie die Zustimmung gegenüber dem Arzt aufrecht erhält, obwohl dieser sich abredewidrig verhält und einen Embryo transferiert, der genetisch nicht mit beiden Patienten verwandt ist. Damit liegt ein Willensmangel vor, der sich auf das Motiv der Einwilligenden – Zeugung eines genetisch eigenen Kindes – und nicht auf den Rechtsgutseingriff an sich bezieht, da sich die Betroffene über Art, Umfang und Risiken der Rechtsgutsbeeinträchtigung im Klaren ist. Es ist indessen äußerst streitig, ob Fehlvorstellungen, die sich nicht auf die konkret verursachte Rechtsgutsbeeinträchtigung beziehen, die Wirksamkeit der Einwilligung berühren können.[10]

(a) Das Meinungsspektrum

(aa) Die (wohl) herrschende Doktrin

Die auf *Arzt*[11] zurückgehende (wohl[12]) herrschende Lehre vertritt die Ansicht, dass lediglich sog. rechtsgutsbezogene Irrtümer für die Einwilligung beachtlich seien.[13] Danach sei zu unterscheiden, ob der Täter „über den Wert des vom Opfer

---

[10] Kein Problem sieht insoweit wohl *Spickhoff* ZfPW 2017, 257 (267). Nur am Rande sei darauf hingewiesen, dass sich ein paralleles Problem bei irrtumsbedingten Selbstverletzungen des Opfers i.R.d. mittelbaren Täterschaft stellen kann; vgl. dazu *Küper* JZ 1986, 219.

[11] *Arzt,* Willensmängel bei der Einwilligung, S. 15 ff. und passim.

[12] So gehen die Einschätzungen darüber, was h.M. ist, durchaus auseinander; vgl. etwa *Roxin* AT I, § 13 Rn. 97.

[13] Schönke/Schröder/*Sternberg-Lieben* Vor §§ 32 ff. Rn. 46; *Krey/Esser* AT, Rn. 661; *Kühl* AT, § 9 Rn. 37 ff., wenn auch mit Verständnis für die Ansicht *Amelungs*; *Stratenwerth/Kuhlen* AT, § 9 Rn. 26 (Fn. 38); *Bergmann* JuS 1989, L65 (L67); *Bichlmeier* JZ 1980, 53 (55); *Küper* JZ 1986, 219 (226); *Michel* JuS 1988, 8 (11); *Rudolphi* ZStW 86 (1974), 82 (86 f.); *Sternberg-Lieben* GA 1990, 289 (292 ff.).

hingegebenen Gutes oder über den vom Täter versprochenen Gegenwert täuscht."[14] Nur im ersten Fall könne der Irrtum als rechtsgutsbezogen gewertet werden. Dieser Auffassung liegt die Erwägung zugrunde, dass zwischen dem Bestandsschutz und der Tauschfreiheit von Gütern zu differenzieren sei. Während der Tauschwert eines Rechtsguts lediglich vereinzelt – etwa durch die Nötigung oder bestimmte Vermögensdelikte – geschützt sei, dienen Strafnormen im Übrigen allein dem Bestandsschutz von Rechtsgütern.[15] Wer z. B. einer Blutspende in der irrigen Annahme zustimmt, für die Abgabe eine finanzielle Gegenleistung zu erhalten, wird, wenn die Gegenleistung ausbleibt, in seinem Rechtsgut „Vermögen" beeinträchtigt. Das Rechtsgut „Körper" gewähre demgegenüber keinen über § 263 StGB hinausgehenden Vermögensschutz, weshalb die frustrierte Erwartung auf den Gegenwert nicht das preisgegebene Gut treffen könne.[16] Daraus sei zu folgern, dass regelmäßig nur solche Irrtümer die Einwilligung in Frage stellen, die den Bestand und nicht den Tauschwert des in Rede stehenden Rechtsguts betreffen. Deshalb sei der mit der Preisgabe des Rechtsguts verfolgte Zweck insoweit unbeachtlich. Für den hier zu beurteilenden Fall eines Irrtums über die Identität des zu transferierenden Embryos wäre die Tauschfreiheit betroffen, die von § 223 StGB nicht geschützt wird. Denn die Patientin wird in ihrer „rechtsgutsfremden" Erwartung enttäuscht, ein genetisch eigenes Kind transferiert zu bekommen, während ihr Art, Umfang und Risiken des körperlichen Eingriffs klar sind. Somit hätte der Irrtum der Einwilligenden – jedenfalls bei konsequenter Anwendung[17] der Lehre von der Rechtsgutsbezogenheit – keine Bedeutung für die Wirksamkeit ihrer Einwilligung.

Auch wenn einige Vertreter der herrschenden Lehre bestimmten *Arzt*'schen Grundannahmen die Zustimmung verweigern, stimmen doch die meisten mit seinen wesentlichen Ergebnissen überein. Beispielhaft sei die Ansicht *Roxin*s herausgestellt, nach der zwar das der Lehre *Arzt*s zugrundeliegende Rechtsgutsverständnis zweifelhaft sei, im Ergebnis aber dennoch vor allem rechtsgutsbezogene Irrtümer dem Zustandekommen einer wirksamen Einwilligung entgegenstehen können.[18] Allerdings modifiziert *Roxin* die herrschende Lehre dahingehend, dass auch solche Irrtümer beachtlich sein sollen, die zwar nicht das Rechtsgut, aber eine altruistische Zwecksetzung des Einwilligenden betreffen.[19]

---

[14] *Arzt* FS Geppert, S. 1 (4).

[15] *Ders.*, Willensmängel bei der Einwilligung, S. 17 ff.; *Sternberg-Lieben* S. 532 ff.

[16] *Arzt* FS Geppert, S. 1 (4 f.).

[17] Bisweilen findet sich eine nicht mit dem Grundgedanken der h.L. zu vereinbarende Ausweitungstendenz im Hinblick auf den Begriff „rechtsgutsbezogen"; so etwa bei *Michel* JuS 1988, 8 (11).

[18] *Roxin* AT I, § 13 Rn. 101; *ders.* GedS Noll, S. 275 (283).

[19] *Ders.* AT I, § 13 Rn. 104; *ders.* GedS Noll, S. 275 (285 f.).

Ferner seien Täuschungen über notstandsähnliche Situationen einwilligungsrelevant, da die Lage der eines Bedrohten gleiche.[20] Diese Erweiterungen arbeitet *Roxin* anhand fünf unterschiedlicher Fallgruppen heraus, von denen nur drei für die Wirksamkeit der Einwilligung von Bedeutung seien.[21] Der hiesige Fall eines Irrtums über die Identität des zu transferierenden Embryos könnte sich allenfalls „auf motivationsrelevante Begleitumstände des Geschehens oder auf Erwartungen, deren Erfüllung nicht vom Täter abhängt"[22] beziehen. Hier zeigt sich bereits eine der Schwächen der von *Roxin* vorgenommenen kasuistischen Betrachtung: Die Fallgruppen können nicht durchgängig trennscharf voneinander unterschieden werden bzw. engen sprachliche Kautelen sie zu stark ein.[23] Auch wird nicht hinreichend deutlich, welche Fälle genau den Fallgruppen unterfallen sollen und welche nicht. In Bezug auf die hier in Betracht kommende Fallgruppe bleibt unklar, ob *Roxin* dem einschränkenden Merkmal der „Täterabhängigkeit" derart großes Gewicht beimisst, dass der Irrtum der Patientin über die Identität des Embryos als beachtlich zu bewerten wäre. Wäre dies nicht der Fall, so würde es sich bei der Vorstellung, einen genetisch eigenen Embryo transferiert zu bekommen, um eine Erwartung handeln, die die Einwilligungsentscheidung maßgeblich prägt und daher motivationsrelevant ist. Solche Irrtümer hält *Roxin* indes für unbeachtlich, sodass die Einwilligung trotz des Willensmangels – im Einklang mit der Lehre *Arzt*s – als wirksam anzusehen wäre.[24] Dieses Ergebnis dürfte nach hier vertretener Auffassung eher dem Konzept *Roxin*s entsprechen, wobei es sich hierbei zugegebenermaßen um eine bloße Mutmaßung handelt.

(bb) Der Ansatz Amelungs

Die Gegenauffassung beruht auf der zu Beginn des 20. Jahrhunderts vorherrschenden Meinung, die jedoch zwischenzeitlich an Bedeutung verlor und erst in jüngerer Zeit durch die instruktiven Schriften *Amelung*s[25] neue Anhänger fand.[26]

---

[20] *Roxin* AT I, § 13 Rn. 105; *ders.* GedS Noll, S. 275 (286 ff.).

[21] *Ders.* GedS Noll, S. 275 (281 ff.).

[22] *Ders.* GedS Noll, S. 275 (282).

[23] Das erkennt *Roxin* letztlich auch selbst an; *Roxin* GedS Noll, S. 275 (291).

[24] *Ders.* GedS Noll, S. 275 (288).

[25] *Amelung* ZStW 104 (1992), 525; *ders.* ZStW 104 (1992), 821; *ders.* ZStW 109 (1997), 490; *ders.*, Irrtum und Täuschung, passim; *ders.* JR 1999, 45; *ders.* GA 1999, 182; *ders./Eymann* JuS 2001, 937; *Amelung/Lorenz* FS Otto, S. 527; *Amelung* ZStW 115 (2008), 710 – in chronologischer Reihenfolge.

[26] Ähnlich wie *Amelung: Fischer* Vor § 32 Rn. 3b; NK-StGB/*Paeffgen/Zabel* Vor §§ 32 ff. Rn. 156 f. und § 228 Rn. 32; Baumann/Weber/*Mitsch*/Eisele AT, § 15 Rn. 140 ff.; *Frister* AT, Kap. 15 Rn. 17 ff.; *Kindhäuser* AT, § 12 Rn. 27; *Rengier* AT, § 23 Rn. 32 f.; *Mitsch,* Rechtfertigung, S. 507 ff.; *ders.* JZ 1999, 513.

Amelung hält der herrschenden Lehre entgegen, dass sie von einem „statischen"[27] Rechtsgutsverständnis ausgehe, das den Interessen des Einwilligenden nicht gerecht werden könne.[28] Ein solches Verständnis führe dazu, dass die Einwilligungsentscheidung vom Wertsystem des Einwilligenden isoliert werde. Dadurch werde nicht hinreichend berücksichtigt, dass „Rechtsgüter nicht bloßer Besitzstand sind, sondern auch Handlungsgrundlage ihres Inhabers sein können."[29] Opfere der Einwilligende ein Gut – also einen Gegenstand, der für ihn einen Wert hat –, dann doch nur, um damit einen Wert zu erlangen oder zu verwirklichen, der ihm größer erscheint als der aufgeopferte.[30] Insoweit sei die in der Einwilligung verwirklichte Dispositionsfreiheit in erster Linie Tauschfreiheit und damit die Freiheit, „das zur Disposition überlassene Gut entsprechend den eigenen Wertvorstellungen gegen einen anderen Wert einzutauschen."[31] Mit der Preisgabe eines Guts bringe der Verfügende zum Ausdruck, dass für ihn ein anderes Gut in seinem persönlichen Wertsystem einen höheren Stellenwert einnehme, weshalb dem preisgegebenen Gut lediglich ein relativer Wert zukomme.[32] Verweigert die herrschende Lehre der Tauschfreiheit ihren Schutz, werde derjenige, der zu erkennen gibt, dass ein Gut für ihn nur einen relativen Wert besitze, aber so behandelt, als habe es überhaupt keinen Wert.[33] Die daraus erwachsenden Konsequenzen wären bei stringenter Orientierung an rechtsgutsbezogenen Willensmängeln „so künstlich"[34], dass die herrschende Lehre sie selbst nicht durchhalten könne. Werde etwa ein Irrtum über die Notwendigkeit einer Operation von ihr als rechtsgutsbezogen eingestuft, verliere der Begriff des rechtsgutsbezogenen Irrtums seinen eigentlichen Sinngehalt.[35] Insoweit könne nur eine Einwilligung als wirksam betrachtet werden, die der Einwilligende in Übereinstimmung mit seinem Wertsystem abgibt.[36] Irrt die Patientin über die Identität des zu transferierenden Embryos, ist die Einwilligung unter Berücksichtigung ihres Wertsystems sinnlos, da sie das von ihr verfolgte Ziel nicht erreichen kann. Folglich wäre die Einwilligung nach dieser Ansicht nicht autonom erteilt und damit unwirksam.

---

[27] So auch *Arzt* FS Baumann, S. 201 (206) selbst.

[28] *Amelung* ZStW 109 (1997), 490 (499); *Amelung/Eymann* JuS 2001, 937 (943). Zust. *Frister* AT, Kap. 15 Rn. 19; *Mitsch,* Rechtfertigung, S. 509 („formal, vordergründig, positivistisch und statisch").

[29] *Amelung* ZStW 109 (1997), 490 (499).

[30] *Ders.* GA 1999, 182 (188). Ebenso *Frister* AT, Kap. 15 Rn. 19.

[31] *Amelung* GA 1999, 182 (188 f. u. 200).

[32] *Ders.* GA 1999, 182 (189).

[33] *Ders.* ZStW 109 (1997), 490 (501).

[34] *Ders.* ZStW 109 (1997), 490 (500).

[35] So zu Recht *Frister* AT, Kap. 15 Rn. 18.

[36] *Amelung* ZStW 109 (1997), 490 (515).

(cc) Abweichungen bei Rönnau

Rönnau entwickelt seinen Lösungsansatz im Grunde auf dem Boden der Ansicht *Amelung*s,[37] auch wenn er in einigen Fragen abweichende Antworten zu finden sucht. Das von *Rönnau* ausgearbeitete „Basismodell“[38] deckt sich im Wesentlichen mit dem zuvor skizzierten Rechtsgutsverständnis, nach dem Individualrechtsgüter als Handlungsgrundlage des Gutsträgers zu begreifen sind.[39] Außerdem wird die von der herrschenden Lehre vorgenommene Beschränkung auf den Rechtsgutsbezug des Willensdefekts ebenfalls abgelehnt.[40] Unterschiede offenbaren sich hingegen bei der Umgrenzung des erforderlichen Autonomieschutzes. So wirft *Rönnau Amelung* vor, sein Autonomiebegriff sei ein „verkümmerter Idealtopos“ und entferne sich dadurch zu stark von der Lebenswirklichkeit, weshalb ihm keine wesentliche Funktion mehr zukomme.[41] Vielmehr müsse ein realistischeres Verständnis von Autonomie zugrunde gelegt werden, welches dem Umstand Rechnung trägt, dass menschliche Entscheidungen stets auf unzureichender bzw. unrichtiger Entscheidungsgrundlage oder unter Zwang getroffen werden. Da dies nur gelingen könne, wenn „die dem Menschen Kraft seiner Natur mitgegebene Begrenztheit“ in die rechtliche Bewertung integriert werde, seien nur solche Einwilligungsentscheidungen als nicht autonom anzusehen, die von einer anderen Person „unlauter beeinflusst“ wurden.[42]

Daraus entwickelt *Rönnau* Kritik an der Konzeption *Amelung*s zur Zurechnung des Willensdefizits zu Einwilligendem oder Einwilligungsempfänger. Während *Amelung* ein zweistufiges Vorgehen vorschlägt, um die von ihm im ersten Schritt festgestellte Unwirksamkeit der Einwilligung im zweiten Schritt entweder dem Einwilligenden oder dem Täter zuzuschreiben, will *Rönnau* die Zurechnung allein mit seiner Formel von der unlauteren Beeinflussung gewährleisten.[43] Dementsprechend sei die auf einem eigenerzeugten nichtrechtsgutsbezogenen (Motiv-)Irrtum beruhende Einwilligung als wirksam einzustufen, wenn kein Garant für die Aufklärung des Irrtums einzustehen habe.[44] Allerdings sei davon der Fall zu unterscheiden, dass die vom Gutsinhaber aufgestellten rechtsgutsbezogenen oder nichtrechtsgutsbezogenen Bedingungen missachtet wür-

---

[37] Vgl. LK/*Rönnau* Vor § 32 Rn. 199.

[38] Dazu *ders.*, Willensmängel, S. 85 ff.

[39] Vgl. ergänzend *Amelung* ZStW 115 (2008), 710 (715).

[40] LK/*Rönnau* Vor § 32 Rn. 199; *ders.* Jura 2002, 665 (670 f.).

[41] *Ders.* Jura 2002, 665 (672); ebenso *ders.*, Willensmängel, S. 220 ff.

[42] LK/*Rönnau* Vor § 32 Rn. 201.

[43] LK/*Rönnau* Vor § 32 Rn. 201; *ders.* Jura 2002, 665 (673).

[44] LK/*Rönnau* Vor § 32 Rn. 204; *ders.* Jura 2002, 665 (673).

den.[45] Wie erwähnt, steht die Einwilligung der Patientin unter der Bedingung vertragskonformen Verhaltens des Reproduktionsmediziners (S. 201). Von einer „Missachtung" dieser Bedingung kann indes nur gesprochen werden, wenn dem Täter das der Bedingung zuwiderlaufende Geschehen bekannt war. Hat er diese Kenntnis nicht, verfügt er über keine Informationen, die er „achten" oder „missachten" könnte. Danach könnte von einer beachtlichen Autonomieverletzung zunächst einmal nur ausgegangen werden, wenn der Eingreifende bei dem Transfer wusste, dass der transferierte Embryo genetisch nicht von dem Patientenpaar abstammt.

In Fällen, in denen der Eingreifende eine entsprechende Kenntnis nicht hatte, sei demgegenüber entscheidend, ob der Irrtum als „eigenerzeugt" zu bewerten ist. Zunächst einmal wirkt es, als wäre der Begriff „eigenerzeugt" so zu verstehen, dass der Einwilligende selbst die Verantwortung für seine Fehlvorstellung trägt, er sie also selbst verursacht hat. Dann könnte der hier zu bewertende Irrtum aber nicht als eigenerzeugt qualifiziert werden, da es für die Patienten vor dem Transfer nahezu unmöglich ist, Kenntnis von der Vertauschung zu erlangen. *Rönnau* verwendet den Begriff jedoch als Gegenstück zu täuschungsbedingten und damit unlauter beeinflussten Irrtümern,[46] weshalb wohl bloß die Abstinenz solcher unlauteren Beeinflussungen gemeint sein dürfte.[47] Da solche Beeinflussungen regelmäßig nicht vorliegen werden,[48] wäre der Motivirrtum nach dieser Auffassung nur dann beachtlich, wenn ein Garant für die Vermeidung des Willensdefizits einzustehen hätte. Dem Arzt kommt kraft Übernahme der medizinischen Betreuung eine Garantenstellung gegenüber dem Patienten zu.[49] Laut *Rönnau* müsse der Arzt für solche einwilligungsrelevanten Motivirrtümer des Patienten einstehen, die er erkannt hat oder jedenfalls erkennen musste.[50]

Wie noch darzulegen ist, handelt es sich bei dem Vertauschen von Keimzellen oder Embryonen um ein sog. voll beherrschbares Risiko (S. 227), das der Reproduktionsmediziner aufgrund der vollumfänglichen Vermeidbarkeit des Geschehens verhindern muss. Hat sich vor dem Eingriff gleichwohl ein Risiko realisiert, das eigentlich als voll beherrschbar zu qualifizieren ist, obliegt es dem Arzt je-

---

45 LK/*Rönnau* Vor § 32 Rn. 205; *ders.* Jura 2002, 665 (673 f.); *ders.*, Willensmängel, S. 418 ff.

46 Vgl. nur *ders.*, Willensmängel, S. 410; insoweit scheint mir der Begriff etwas missverständlich zu sein.

47 Diese Einschätzung wird durch den Autonomiebegriff von *Rönnau*, Willensmängel, S. 263 gestützt.

48 Sollte dies gleichwohl einmal der Fall sein, wäre der Irrtum nach *Rönnau* eindeutig beachtlich und die Einwilligung als unwirksam zu bewerten; vgl. *Rönnau*, Willensmängel, S. 430 ff.

49 MüKo-StGB/*Freund* § 13 Rn. 173; Schönke/Schröder/*Bosch* § 13 Rn. 28a.

50 *Rönnau*, Willensmängel, S. 425 u. 428.

denfalls, sich Kenntnis von dem Vorfall zu verschaffen. Insoweit kann diese Pflicht zur Kenntnisnahme als „Minus“ gegenüber der Pflicht verstanden werden, den Schaden durch Anwendung der pflichtgemäßen Sorgfalt zu vermeiden. Nur so wäre es nämlich möglich, den gänzlich vermeidbaren Schadenseintritt trotz des bereits eingetretenen Zwischenfalls noch abzuwenden. Die Einstufung als voll beherrschbar dient der Abgrenzung von Risikobereichen und der Zuweisung der Risiken zu Patient oder Behandelndem.

Vorstehend wurde erläutert, dass *Rönnau* mit seiner Konzeption genau das gleiche erreichen will: Nur in Fällen, in denen der Willensmangel von dem Eingreifenden verursacht wurde, ist er seiner Risikosphäre zuzuweisen, sodass die Einwilligung als Rechtfertigungsgrund für sein Handeln ausscheidet. Zwar bezieht sich das Fehlverhalten des Eingreifenden in dem hier zu beurteilenden Fall nicht unmittelbar auf das Vorstellungsbild des Einwilligenden, jedoch wird die tatsächliche Bewertungsgrundlage geändert, auf der die Motivation zur Preisgabe des Rechtsguts beruht. Gewiss mag es sich insofern um eine atypische Konstellation handeln, die *Rönnau* nicht bewusst im Blick hatte. Allerdings ist die Ursache für die Unkenntnis über den Vertauschungsvorfall im Zeitpunkt des Transfers allein bei dem Reproduktionsmediziner zu finden, während der Einwilligende keinerlei Verantwortung für den Willensmangel trägt. Dementsprechend wäre es die Pflicht des eingreifenden Arztes gewesen, den Irrtum der Patientin vor dem Eingriff zu erkennen und sie über den Vertauschungsvorfall sowie die Identität des Embryos in Kenntnis zu setzen. Nur eine solche Bewertung entspricht dem von *Rönnau* verfolgten Ziel einer interessengerechten Risikozuweisung. Folglich wäre der Willensmangel der Patientin über die Identität des Embryos nach dieser Ansicht stets als beachtlich und damit einwilligungsausschließend zu bewerten.

(dd) Die Ansicht der Rechtsprechung

Die Rechtsprechung hat sich bislang nicht zu dem in der Lehre schwelenden Streit positioniert. Der *BGH* vertritt den Standpunkt, dass grundsätzlich alle Willensmängel für die Einwilligung beachtlich sein können, sofern sie nicht bloß als „unwesentlich“ bzw. „bedeutungslos“ einzustufen sind.[51] Eine entsprechende Einschätzung vorzunehmen, obliege dem Tatrichter „unter Würdigung und Abwägung aller besonderen Umstände des Falles.“[52] Dabei soll entscheidend sein, ob „nach Lage der Verhältnisse der Wille in einer Art und in einem Maße beein-

---

[51] So *BGH* NJW 1962, 682 (683); vgl. auch RGSt 41, 392 (395); *BGH* NJW 1953, 1070 (1072); 1964, 1177 (1178); 1984, 1633; ebenso etwa *OLG Stuttgart* NJW 1962, 62 (63); 1982, 2266 (2267).

[52] *OLG Stuttgart* NJW 1962, 62 (63).

trächtigt ist, daß die Willensentschließung noch als Ausfluß einer eigenen wahren inneren Willensbildung des Betroffenen gelten kann."[53] Eine Aussage dazu, welcher Bezugspunkt bei der Beurteilung der Willensentschließungsfreiheit maßgeblich sein soll, wird jedoch nicht getroffen. Dementsprechend schwer fällt die Subsumtion unter die von der Rechtsprechung aufgestellten Kriterien.[54] Obgleich kein allgemeingültiger Beurteilungsmaßstab aufgestellt wird, wohnt doch der Formulierung, „dass Willensmängel der Einwilligung *regelmäßig* die rechtfertigende Kraft nehmen"[55], eine gewisse Tendenz inne. Es scheint, als ginge die Rechtsprechung nicht davon aus, dass die Freiheit der Willensentschließung allein auf eine rechtsgutsbezogene Perspektive zu reduzieren sei. Man wird nicht fehlgehen in der Annahme, dass die Frage, ob der transferierte Embryo genetisch mit dem Patientenpaar verwandt ist oder nicht, von entscheidender Bedeutung für den Entschluss zur Zustimmung in den Transfer ist. Würde es dem Patientenpaar nicht maßgeblich darauf ankommen, ein genetisch eigenes Kind zu bekommen, hätten sie sich nicht für eine Methode der assistierten Reproduktion unter Verwendung ihrer eigenen Keimzellen entschieden, sondern ein Kind adoptiert. Für die Willensentschließung insgesamt kann der Irrtum somit nicht als unwesentlich oder bedeutungslos qualifiziert werden. Daher dürfte der Willensmangel der Patientin von der Rechtsprechung (wohl) als beachtlich zu werten sein.

(ee) Fazit

Es ist davon auszugehen, dass der Reproduktionsmediziner im Zeitpunkt des Embryotransfers in aller Regel keine Kenntnis davon hat, dass es zu einem Vertauschungsvorfall gekommen ist. In diesen Konstellationen wären lediglich die drei letztgenannten Ansichten der Auffassung, dass der Irrtum der Patientin Einfluss auf die Wirksamkeit der Einwilligung hat. Der erstgenannten Ansicht zufolge würde die Berücksichtigung des Willensmangels hingegen zu einer unzulässigen Vertauschung der geschützten Rechtsgüter führen. An diesem Dogma wäre selbst in dem hier zu beurteilenden Vertauschungsfall festzuhalten. Daher sind im Folgenden die Argumente der erstgenannten Ansicht gegen diejenigen der drei letztgenannten Auffassungen abzuwägen.

(b) Stellungnahme

Der hier skizzierte Meinungsstreit kann letztlich auf eine Kernfrage reduziert werden: Welche Willensmängel des einwilligenden Rechtsgutsinhabers sind ihm

---

[53] *BGH* NJW 1964, 1177 (1178).
[54] Krit. insoweit etwa *Amelung/Eymann* JuS 2001, 937 (943); *Rönnau* Jura 2002, 665 (670).
[55] *BGH* NJW 1962, 682 (683) [Anm.: Hervorhebung durch Verfasser].

(dem Opfer) zuzurechnen und welche dem Eingreifenden (dem Täter), will man eine angemessene „Risikoverteilung“ erzielen?[56] Wie diese Frage zu beantworten ist, hängt im Wesentlichen von zwei zentralen Grundannahmen ab, die im Fokus der weiteren Überlegungen stehen sollen. Zum einen liegt den verschiedenen Auffassungen ein unterschiedliches Rechtsgutsverständnis zugrunde, aus dem zum anderen voneinander abweichende Autonomiebegriffe entwickelt werden.

(aa) Zur Rechtsnatur der Einwilligung

Um den Boden für die Ausführungen zu diesen beiden Hauptaspekten zu bereiten, sind einige Bemerkungen sowohl zum Charakter als auch zum Rechtsgrund der Einwilligung unumgänglich. Es wurde bereits angesprochen, dass die Einwilligung kein Unterfall einer rechtsgeschäftlichen Willenserklärung ist. Mit einer Willenserklärung nimmt der Erklärende am „Spiel“ des Rechtsverkehrs teil und schafft durch seine Äußerung eine Vertrauensgrundlage, die der Erklärungsempfänger zum Ausgangspunkt weiterer Planungen machen kann.[57] Insoweit stehen Willenserklärungen im Kontext „konstitutiver“ Normen, die die Erwartungen der am Rechtsverkehr Beteiligten – unter dem Vorbehalt der §§ 119 ff. BGB – schützen.[58] Demgegenüber beziehen sich Einwilligungen auf „regulative“ Normen. Setzt ein Einwilligender eine solche Norm gegenüber dem Eingreifenden außer Kraft, bringt er damit lediglich zum Ausdruck, dass er gegenwärtig kein Interesse an dem Erhalt des in Rede stehenden Gutes hat.[59] Da die Einwilligung keine Bindung für die Zukunft bedeutet, sondern jederzeit frei widerruflich ist, kann sie nicht als Planungsgrundlage für künftige Dispositionen dienen.[60] Insoweit handelt es sich bei der Einwilligung um die bloße Informationsübermittlung im Hinblick auf die gegenwärtige Einstellung des Rechtsgutsinhabers zu seinem Gut, nicht aber um die Gewährleistung einer rechtlich garantierten Planungsgrundlage.[61]

Das Recht, ein bestimmtes Gut preiszugeben und damit auf Rechtsgüterschutz zu verzichten, kann aus der verfassungsrechtlichen Garantie der allgemeinen Handlungsfreiheit (Art. 2 Abs. 1 GG) abgeleitet werden.[62] Die Verfügungsbe-

---

[56] Ebenso LK/*Rönnau* Vor § 32 Rn. 198; *ders.* Jura 2002, 665 (670).

[57] *Amelung* ZStW 109 (1997), 490 (494); *Rönnau,* Willensmängel, S. 178.

[58] *Amelung* ZStW 109 (1997), 490 (494 f.); *ders./Eymann* JuS 2001, 937; *Rönnau,* Willensmängel, S. 178.

[59] *Amelung* ZStW 109 (1997), 490 (495); *ders.*, Irrtum und Täuschung, S. 15.

[60] *Ders.* ZStW 109 (1997), 490 (495); *ders.*, Irrtum und Täuschung, S. 14.

[61] *Ders.* ZStW 109 (1997), 490 (495 f.); *ders./Eymann* JuS 2001, 937 (938); *Rönnau,* Willensmängel, S. 178.

[62] Schönke/Schröder/*Sternberg-Lieben* Vor § 32 ff. Rn. 33; *Amelung,* Irrtum und Täuschung, S. 41; *ders./Eymann* JuS 2001, 937 (939); *Bichlmeier* JZ 1980, 53 (54).

fugnis über die dem Rechtsgutsinhaber zustehenden Güter ist ein elementarer Bestandteil der individuellen Freiheit und gewährleistet die Selbstbestimmung des Einzelnen.[63] Auf diese Freiheit wird im Folgenden zurückzukommen sein.

(bb) Unterschiedliches Rechtsguts- und Autonomieverständnis

Wie bereits angedeutet, ist Ursprung und Kernaspekt des Meinungsstreits ein uneinheitliches Rechtsgutsverständnis. Das von der herrschenden Lehre zugrunde gelegte „statische" Rechtsgutsverständnis vermag nicht zu überzeugen. Ein solches Verständnis verkennt völlig, dass Individualrechtsgüter primär im Tausch erlebt werden.[64] So werden selbst höchstpersönliche Güter von ihrem Inhaber vielfach eingesetzt, um sie gegen andere von ihm begehrte Rechtsgüter einzutauschen oder sonstige Interessen zu befriedigen – mit anderen Worten: Um sein Leben nach seinen Vorstellungen und Bedürfnissen zu gestalten.[65] Dieser Tauschwert kommt am besten zum Ausdruck, wenn man Rechtsgüter als „gespeicherte Freiheit"[66] begreift. Erst die Preisgabe dieser Freiheit zur Verfolgung bestimmter Ziele definiert den wahren Wert eines Rechtsguts für die personale Entfaltung ihres Inhabers.[67] Versteht man Rechtsgüter nicht auch als Handlungsgrundlage ihres Inhabers, blendet man die mit der Rechtsgutspreisgabe verfolgten Ziele und damit den für die Motivation des Einwilligenden maßgeblichen Aspekt vollkommen aus. Denn der Einwilligende verzichtet auf den Rechtsgüterschutz nicht, weil sein Rechtsgut gar keine Bedeutung für ihn hat, sondern weil ihm ein anderes Bedürfnis dringlicher oder ein anderes Rechtsgut erstrebenswerter erscheint. Insoweit handelt es sich bei der Einwilligung um ein Instrument der Interessenwahrnehmung.[68]

Bevor sich der Einwilligende zur Preisgabe des Gutes entscheidet, bewertet er seine Rechtsgüter und Handlungsziele im Rahmen einer Güter- bzw. Interessenbilanz, aus der sich eine subjektive Präferenzordnung ergibt.[69] Dieses Wertsystem führt logischerweise dazu, dass die als weniger wichtig bewerteten Rechtsgüter in gewisser Weise relativiert werden. Dies kann aber selbstverständlich nicht zur Folge haben, dass derjenige, der zu erkennen gibt, dass ein Rechtsgut für ihn nur einen relativen Wert besitzt, so behandelt wird, als habe es für ihn

---

[63] *Amelung,* Irrtum und Täuschung, S. 29; *Rönnau,* Willensmängel, S. 9 f.

[64] *Ders.* Jura 2002, 665 (671); *ders.*, Willensmängel, S. 285 ff.

[65] *Frister* AT, Kap. 15 Rn. 19; *Kindhäuser* AT, § 12 Rn. 27; *Rönnau* Jura 2002, 665 (671).

[66] *Frister* AT, Kap. 15 Rn. 19.

[67] *Rönnau* Jura 2002, 665 (671); *ders.*, Willensmängel, S. 285.

[68] *Amelung* ZStW 104 (1992), 525 (544); ähnl. Baumann/Weber/*Mitsch*/Eisele AT, § 15 Rn. 142.

[69] *Amelung* GA 1999, 182 (188); *Rönnau* Jura 2002, 665 (671); *ders.*, Willensmängel, S. 285.

überhaupt keinen Wert (dazu schon S. 203 f.).[70] Denn der Verfügende verzichtet gerade nicht bedingungslos auf sein Rechtsgut, sondern lediglich dann, wenn der mit der Rechtsgutspreisgabe verfolgte Zweck zu realisieren ist.[71] Irrt der Einwilligende über die Erreichbarkeit seiner Ziele, erleidet er dabei „im Ergebnis ebenso einen unfreiwilligen Freiheitsverlust wie derjenige, dem schon die Preisgabe des Rechtsguts verborgen bleibt."[72] Wird der Willensmangel dennoch als unbeachtlich gewertet, stuft man Entscheidungen des Einwilligenden als autonom ein, die sich für ihn zumeist als völlig sinnlos darstellen.[73] Hätte er um die wahren Umstände gewusst, wäre er jedoch nie zu einem positiven Nutzen-Saldo gekommen und hätte sein Rechtsgut nicht zur Verfolgung des unerreichbaren Handlungsziels aufgeopfert. Daher ist das Urteil *Rönnau*s, das Rechtsgutsverständnis der herrschenden Lehre verfehle die Lebenswirklichkeit,[74] durchaus nachvollziehbar.

Aus dem „statischen" Rechtsgutsverständnis entwickelt die herrschende Lehre zugleich das Hauptargument für ihre Beschränkung auf rechtsgutsbezogene Willensmängel. So wird argumentiert, dass eine unzulässige Rechtsgutsvertauschung einträte, wenn man bloßen Motivirrtümern Einfluss auf die Wirksamkeit der Einwilligung zuzuschreiben versucht.[75] Denn es sei eigentlich nicht das Interesse am Bestand des preisgegebenen Guts beeinträchtigt, sondern das frustrierte Interesse am Erhalt der erstrebten Gegenleistung. Im Beispielsfall der „Blutspende" werde daher ein Körperverletzungs- in ein Vermögensdelikt umgewandelt.[76] Daraus resultiere, dass Delikte mit beschränktem Normzweck „entgegen ihrer besonderen Schutzrichtung per Unwirksamkeit jeder irrtümlich erteilten Einwilligung zu unspezifisch-allgemeinen Delikten gegen die ‚Autonomie'" gemacht würden.[77] Da hier indes ein „dynamisches" Rechtsgutsverständnis als zutreffend herausgearbeitet wurde, kann der Strafrechtsschutz nicht bloß rechtsgutsbezogenen Willensmängeln vorbehalten bleiben. Vielmehr muss auch die Tauschfreiheit und damit das Wertsystem des Einwilligenden gegen Angriffe abgesichert werden.[78] Und selbst, wenn es möglicherweise zu Schutzbereichs-

---

[70] So *Amelung* ZStW 109 (1997), 490 (501); *Rönnau,* Willensmängel, S. 296.

[71] *Amelung* GA 1999, 182 (188); *Rönnau* Jura 2002, 665 (671).

[72] Überzeugend *Frister* AT, Kap. 15 Rn. 19.

[73] LK/*Rönnau* Vor § 32 Rn. 199; *ders.* Jura 2002, 665 (671); ebenso *Amelung* ZStW 109 (1997), 490 (500).

[74] *Rönnau* Jura 2002, 665 (671); *ders.*, Willensmängel, S. 286.

[75] Vgl. *Küper* JZ 1986, 219 (226); *Sternberg-Lieben* GA 1990, 289 (293); *ders.* S. 533 f.

[76] Andere sprechen gar von einer „Verfälschung" und „Überfrachtung" der Güterschutzintention; vgl. *Sternberg-Lieben* GA 1990, 289 (293).

[77] So *Küper* JZ 1986, 219 (226). Zu den Schwächen des eigentlich dahinterstehenden Kommerzialisierungseinwands eingehend *Rönnau,* Willensmängel, S. 296 ff.

[78] *Ders.,* Willensmängel, S. 294.

überlagerungen kommen sollte – die ohnehin problemlos im Konkurrenzwege ausgeglichen werden könnten – ergibt sich daraus noch nicht zwingend ein stichhaltiges Argument. So dürfte sich gerade im „Blutspende-Fall" der Unrechtsgehalt der Tat nicht allein in der Vermögensverletzung erschöpfen, sondern auch die empfindliche Störung der Dispositionsfreiheit in Bezug auf das Rechtsgut Körper umfassen.[79] Denn wäre das Rechtsgut Körper nicht vom Unrechtsgehalt umfasst, würde ein wichtiger Bereich gutsbezogener Autonomie schutzlos gestellt.[80] Solche nicht unbedenklichen Schutzlücken zeigen sich bereits, wenn etwa dem über die Gegenleistung Täuschenden die Bereicherungsabsicht fehlt und infolgedessen auch die Strafbarkeit wegen Betrugs entfällt.[81] Daher scheint eine gegebenenfalls anzunehmende Bestrafung aus mehreren Tatbeständen mit Blick auf einen sinnvollen Autonomieschutz durchaus sachangemessen zu sein.[82]

Wenn also festgestellt wird, dass ein „Autonomiemangel [...] als Grund für die Unwirksamkeit der Einwilligung nur insoweit relevant [sei], als seine Anerkennung die spezifische Güterschutzintention des jeweiligen Tatbestandes nicht verfälscht"[83], kann entgegengehalten werden, dass eine solche Betrachtungsweise von einem fehlerhaften Autonomiebegriff geleitet wird, der auf einem lückenhaften Rechtsgutsverständnis beruht. Autonom kann eine Einwilligung nur erteilt werden, wenn der Einwilligende in Übereinstimmung mit seinem Wertsystem und damit nach selbstgesetzten Präferenzregeln entscheidet.[84] Dies ist mit einer einzig auf rechtsgutsbezogene Willensmängel Rücksicht nehmenden Auffassung nicht in Einklang zu bringen.

(cc) Rechtsgutsbezug und Inkonsistenz

Auch wenn damit das entscheidende Argument für eine Beschränkung auf rechtsgutsbezogene Willensmängel entkräftet ist, sollen darüber hinaus einige Brüche in der Konzeption der herrschenden Lehre aufgezeigt werden. *Amelung* merkt zu Recht an, dass die von *Arzt* vorgenommene Isolierung der Einwilligungsentscheidung vom Wertsystem des Einwilligenden so künstlich sei, dass er sie selbst nicht durchzuhalten vermag.[85] So geht *Arzt* davon aus, dass eine Drohung immer rechtsgutsbezogen sei, da der Bedrohte die Preisgabe des Rechts-

---

[79] *Rönnau*, Willensmängel, S. 294; *ders.* Jura 2002, 665 (671).

[80] NK-StGB/*Paeffgen*/*Zabel* § 228 Rn. 27; *Rönnau,* Willensmängel, S. 295.

[81] So auch *Amelung* ZStW 109 (1997), 490 (502).

[82] LK/*Rönnau* Vor § 32 Rn. 199; *ders.* Jura 2002, 665 (671); a.A. *Roxin* AT, § 13 Rn. 100.

[83] *Küper* JZ 1986, 219 (226).

[84] *Amelung* ZStW 109 (1997), 490 (515); *ders.* GA 1999, 182 (193 f.); *ders.*, Irrtum und Täuschung, S. 41.

[85] *Amelung* ZStW 109 (1997), 490 (500); *ders.*, Irrtum und Täuschung, S. 21 f.

guts nicht wirklich wolle.[86] Deshalb seien auf einer Drohung beruhende Einwilligungen grundsätzlich als unwirksam zu behandeln. Indes wird bei der Nötigung zu einer Einwilligung regelmäßig ein Rechtsgut des Opfers bedroht, um es dazu zu bringen, ein anderes Rechtsgut einzusetzen, das dem Opfer weniger wert ist als das bedrohte. Damit betrifft die Drohung ein völlig anderes Gut als dasjenige, in das infolge der Einwilligung eingegriffen wird. Sie ist genauso wenig konkret rechtsgutsbezogen wie eine Täuschung über eine Gegenleistung.[87] Es ist kein substantieller Grund ersichtlich, warum dem Kriterium der Rechtgutsbezogenheit bei der Drohung ein anderer Sinn zu geben wäre als bei der Täuschung. Bei konsequent rechtgutsbezogener Betrachtung müsste also fast jede Drohung als für die Wirksamkeit der Einwilligung unbeachtlich gewertet werden. Ein solches Ergebnis will *Arzt* jedoch nicht akzeptieren.

Dass der Begriff des Rechtsgutsbezugs keine trennscharfe Abgrenzung gewährleistet, zeigt sich auch in anderem Zusammenhang: Die Vertreter der herrschenden Lehre gehen davon aus, dass der Irrtum über die Notwendigkeit oder den Zweck einer Operation als rechtsgutsbezogen zu werten sei.[88] Ein solcher Irrtum betrifft jedoch allein die Vorstellung des Patienten, die (kurzfristige) Beeinträchtigung seiner körperlichen Integrität durch den Eingriff werde durch positive (Langzeit-)Effekte auf den Erhalt seiner Rechtsgüter Leben und Gesundheit im Ganzen aufgewogen. Nach der herrschenden Lehre müsste die irrige Vorstellung vorteilhafter Folgen der Rechtsgutsbeeinträchtigung jedoch generell ohne Bedeutung bleiben.[89] Das Beispiel zeigt, dass der Begriff des Rechtsgutsbezugs von der herrschenden Lehre seines eigentlichen (engen) Sinngehalts beraubt wird, um interessengerechte Lösungen zu finden.[90]

Zweifel im grundsätzlicheren Bereich ruft das Kriterium der Rechtsgutsbezogenheit hervor, wenn man sich vergegenwärtigt, dass ein rechtsgutsbezogener Mangel davon abhängen soll, ob der Einwilligende über Umfang, Folgen, Bedeutung und Tragweite seines Rechtsgutsverzichts im Bilde ist.[91] Wer aber z. B. nicht weiß, ob ihm bei einer Operation nur der Blinddarm oder gleich der gesamte Darm entfernt werden soll, stimmt dem Eingriff in seiner konkreten Form ge-

---

86 *Arzt,* Willensmängel bei der Einwilligung, S. 31.

87 So *Amelung* ZStW 109 (1997), 490 (500); *ders.*, Irrtum und Täuschung, S. 21 f.; *Rönnau* Jura 2002, 665 (671).

88 Vgl. statt vieler Schönke/Schröder/*Sternberg-Lieben* Vor §§ 32 ff. Rn. 46.

89 Dazu insgesamt überzeugend *Frister* AT, Kap. 15 Rn. 18.

90 S. auch die eingehende Kritik von *Mitsch,* Rechtfertigung, S. 511 ff.

91 *Arzt,* Willensmängel bei der Einwilligung, S. 20 ff.; *Brandts/Schlehofer* JZ 1987, 442 (446 f.).

rade nicht zu, sodass schon gar keine Einwilligung vorliegt.[92] Die Frage der Wirksamkeit der Einwilligung ist daher letztlich überhaupt nicht betroffen.

Dementsprechend bleibt zu konstatieren, dass „die dogmatischen Grundlagen der Einwilligungslehre eine Ungleichbehandlung von rechtsgutsbezogenen und sonstigen Irrtümern nicht tragen.“[93] Die hier beschriebenen Unstimmigkeiten haben auch bei diversen Vertretern der herrschenden Lehre Bedenken hervorgerufen, sodass etliche Zusatzregeln und Sonderfälle entwickelt wurden, mit denen die Schwächen des Abgrenzungskriteriums „Rechtsgutsbezug“ behoben werden sollen.[94] Da sich die obige Darstellung des Meinungsstandes bereits auf bestimmte Ansichten beschränken musste, soll auch hier die dortige Auswahl beibehalten werden. Dies rechtfertigt sich daraus, dass die meisten „Aufweichungstendenzen“ auf dem Boden des als fehlerhaft bewerteten Rechtsgutsverständnisses erarbeitet werden und damit bereits im dogmatischen Kern Bedenken begegnen, selbst wenn es in Einzelfragen gelingen mag, zutreffende Ergebnisse zu erzielen.

(dd) Weitere Kritikpunkte

In Bezug auf die Ansicht *Roxin*s kann dieser Einwand hingegen nicht ohne Weiteres durchgreifen, da auch *Roxin* das statische Rechtsgutsverständnis der herrschenden Lehre ablehnt (S. 202 f.). Da die Konsequenzen der Lehre *Roxin*s für den hier zu beurteilenden Fall unklar sind, sei angemerkt, dass ihr ohnehin nicht gefolgt werden kann. *Roxin* muss sich v. a. entgegenhalten lassen, dass seine These, alle Straftatbestände mit individueller Schutzrichtung würden die menschliche Autonomie sichern, nicht mit positivem Strafrecht in Einklang zu bringen ist.[95] Nähme man an, § 223 StGB schütze nicht nur den Körper, sondern zugleich die Möglichkeit, ihn zu autonomer Selbstbestimmung zu gebrauchen, fiele es schwer, z. B. ein willensunfähiges Baby strafrechtlich vor körperlichen Beeinträchtigungen zu bewahren.[96] Nicht ganz zu Unrecht wird *Roxin* daher vorgeworfen, sein Verständnis von Autonomie und Selbstbestimmung diene lediglich als „undefinierter Rahmenbegriff für kasuistische Billigkeitserwägungen“[97]. In diesem Sinne ist nicht nachzuvollziehen,[98] inwiefern eine durch Täuschung über Gegenleistungen erwirkte Einwilligung Ausdruck der Selbstbestimmung des

---

92 LK/*Rönnau* Vor § 32 Rn. 199; *ders.* Jura 2002, 665 (671); *Roxin* GedS Noll, S. 275 (283).

93 Baumann/Weber/*Mitsch*/Eisele AT, § 15 Rn. 142.

94 Exemplarisch sei verwiesen auf: Lackner/Kühl/*Kühl* § 228 Rn. 8; *ders.* AT, § 9 Rn. 39; *Brandts/Schlehofer* JZ 1987, 442 (446).

95 *Amelung* ZStW 109 (1997), 490 (505); *ders.*, Irrtum und Täuschung, S. 28.

96 *Ders.* ZStW 109 (1997), 490 (505 f.); *ders.*, Irrtum und Täuschung, S. 28.

97 *Ders.* ZStW 109 (1997), 490 (506 f.); *ders.*, Irrtum und Täuschung, S. 29 f.

98 Vgl. *ders.* ZStW 109 (1997), 490 (507); *ders.* GA 1999, 182 (183).

Einwilligenden sein soll.[99] Führt das Begriffsverständnis dazu, dass der Inhalt des Begriffs auf solche Weise in sein Gegenteil verkehrt werden kann, so verliert es seine Relevanz als Abgrenzungs- und Begründungskriterium.[100] Dies wird durch das bewusste Offenhalten des Fallgruppenkatalogs unterstrichen, das in der Sache zu bedenklichen Unschärfen führt und sich „aus dem Grundgedanken der Einwilligung […] weder begründen noch begrenzen" lässt.[101] Zum Teil wird der Vorwurf laut, der Begriff der Autonomie „zerbrösele" dadurch in einer wenig übersichtlichen Kasuistik.[102] Da insoweit das entscheidungsrelevante Kriterium für die Zusammensetzung der Fallgruppen unklar bleibt[103] und keine allgemeingültigen Aussagen getroffen werden, ist die Auffassung *Roxin*s abzulehnen.

(ee) Rechtsfolgen

Es verbleiben daher die drei letztgenannten Ansichten, die in dem hier zu beurteilenden Fall allesamt zu gleichen Ergebnissen führen und daher grundsätzlich nicht weiter voneinander abgegrenzt werden müssten. Etwas anderes ergäbe sich allenfalls dann, wenn sich die von den Ansichten vorgesehenen Rechtsfolgen derart widersprächen, dass ein weiterführender Streitentscheid mit Blick auf den Fortgang der weiteren Strafbarkeitsprüfung unumgänglich erscheint. *Amelung* hält aufgrund des interaktionistischen Charakters von Rechtsgutsverletzungen, die auf Einwilligungen beruhen, ein „Hin- und Herwenden" des Blickes für erforderlich.[104] Dies versucht er mit einer zweistufigen Prüfung zu erreichen, bei der im Anschluss an die Feststellung der Un-/Wirksamkeit der Einwilligung die Zurechnungsfrage im Hinblick auf den Willensmangel neu zu stellen wäre. Dafür sei auf die Grundsätze über die individuelle Zurechnung einer Rechtsgutsverletzung zurückzugreifen.[105] *Rönnau* wendet sich nachdrücklich gegen eine solch zweistufige Prüfung, die er im Hinblick auf den „anerkannten Grundsatz", dass das Fehlen eines Rechtfertigungsgrunds zugleich ein abschließendes Urteil über die Rechtswidrigkeit des Verhaltens fälle, als inakzeptabel bewertet.[106] Nach seiner Auffassung müsse die Frage der Zurechnung schon im Rahmen der Entscheidung über die Wirksamkeit der Einwilligung Berücksichtigung finden. Dies sei

---

[99] So aber *Roxin* GedS Noll, S. 275 (284).

[100] *Amelung* ZStW 109 (1997), 490 (507): „Es läßt sich aus ihnen alles und damit gar nichts ableiten."; ähnlich etwa *Rengier* AT, § 23 Rn. 31.

[101] LK/*Rönnau* Vor § 32 Rn. 1999; *ders*. Jura 2002, 665 (671).

[102] *Amelung* GA 1999, 182 (183).

[103] Vgl. NK-StGB/*Paeffgen/Zabel* § 228 Rn. 29, die zudem auf die Unschärfe der intrasystematischen Grenzziehung hinweisen, die von ihnen als nahezu unmöglich bewertet wird.

[104] *Amelung* ZStW 115 (2008), 710 (716).

[105] *Ders./Eymann* JuS 2001, 937 (944).

[106] *Rönnau* Jura 2002, 665 (672).

zu erreichen, wenn man lediglich „unlauter beeinflusste" Willensmängel als beachtlich einstufen würde (dazu schon S. 205 f.), da die Beeinflussung gleichzeitig leitend für die Frage der Zurechnung sei.

Beiden Ansätzen können jeweils gewisse Vor- und Nachteile attestiert werden. Ein weiterführender Streitentscheid dürfte jedoch aus zweierlei Gründen entbehrlich sein: Zum einen scheinen die Differenzen zwischen *Amelung* und *Rönnau* im Wesentlichen ohnehin konstruktiver Natur zu sein.[107] Zum anderen darf nicht aus dem Blick gelassen werden, dass nach allen hier dargestellten Ansichten eine Anwendung des Erlaubnistatbestandsirrtums in Betracht zu ziehen ist. Dieser Umstand spricht nicht nur gegen das Erfordernis eines weiteren Streitentscheides, sondern auch gegen die herrschende Lehre. Erkennt der Eingreifende, dass der Einwilligende sein Rechtsgut allein aufgrund eines Irrtums preisgibt, wird er nicht unbillig belastet, „wenn man von ihm verlangt, diesen entweder über seinen Irrtum aufzuklären oder auf die Vornahme des Eingriffs zu verzichten."[108] Erkennt er den Irrtum nicht, wird er durch die Regeln über den Erlaubnistatbestandsirrtum hinreichend geschützt, sodass das Irrtumsrisiko auch dann nicht einseitig zu Lasten des Eingreifenden verteilt wird, wenn man jedem Motivirrtum Bedeutung für die Wirksamkeit der Einwilligung zuschreibt.[109] Daher bleibt an dieser Stelle festzuhalten, dass der Irrtum der Patientin über die Identität des transferierten Embryos die erteilte Einwilligung unwirksam macht, weshalb das Handeln des Reproduktionsmediziners durch keinen Erlaubnistatbestand gedeckt ist.

(2) Erlaubnistatbestandsirrtum

Allerdings dürfte sich der Reproduktionsmediziner oftmals einen Sachverhalt vorstellen, bei dessen tatsächlichem Vorliegen sein Handeln unter die Voraussetzungen eines Erlaubnistatbestandes fiele. So weiß der den Embryotransfer durchführende Arzt in aller Regel nicht, dass es zuvor zu einer Keimzell- oder Embryonenvertauschung gekommen ist. Daher ist ihm nicht bewusst, dass die vorgestellte Tatsachengrundlage, von der aus die Patientin ihre Einwilligung in den Transfer erteilt, nicht mit der Realität übereinstimmt und daher von einem beachtlichen Willensmangel auszugehen ist. Die irrtümliche Annahme solch rechtfertigender Umstände gleicht als Erlaubnistatbestandsirrtum den Motivationsunwert des Tatbestandsvorsatzes aus.[110] Überaus streitig wird allerdings die Frage

---

[107] Vgl. dazu nur *Amelung* ZStW 115 (2008), 710 (718).

[108] Überzeugend *Frister* AT, Kap. 15 Rn. 20; ähnl. *Amelung* GA 1999, 182 (203).

[109] Schönke/Schröder/*Sternberg-Lieben* Vor §§ 32 ff. Rn. 50; *Frister* AT, Kap. 15 Rn. 20; *Amelung* ZStW 109 (1997), 490 (517).

[110] *Frister* AT, Kap. 14 Rn. 30.

diskutiert, welche Rechtsfolgen die Feststellung eines Erlaubnistatbestandsirrtums bewirkt.

Im Wesentlichen kann zwischen zwei „Lagern" unterschieden werden: Das eine Lager will den Erlaubnistatbestandsirrtum nach dem Rechtsgedanken des § 16 Abs. 1 StGB behandeln, während das andere die Regelung des § 17 StGB für anwendbar hält. Der erstgenannte Ansatz lässt sich wiederum in die *Lehre von den negativen Tatbestandsmerkmalen,* die *„reine" eingeschränkte Schuldtheorie* sowie die sog. *rechtsfolgenverweisende Schuldtheorie* unterteilen. Die für eine Anwendung des § 17 StGB plädierende Auffassung wird als *strenge Schuldtheorie* bezeichnet.[111] Aus der nach dieser Ansicht gebotenen Anwendung des § 17 StGB folgt, dass ein Fahrlässigkeitsunrecht nur dann angenommen werden kann, wenn der Irrtum für den Täter unvermeidbar war. Ist er es nicht, bleibt es bei einer Bestrafung aus dem Vorsatzdelikt bei gleichzeitiger Strafmilderung nach § 49 Abs. 1 StGB (§ 17 S. 2 StGB). Während diejenigen Ansichten, die die Regeln über den Tatbestandsirrtum unmittelbar bzw. entsprechend anwenden möchten, über § 16 Abs. 1 S. 2 StGB zu der Prüfung einer Fahrlässigkeitsstrafbarkeit gelangen, hängt die Rechtsfolge des § 17 StGB von dem Urteil über die Vermeidbarkeit des Irrtums ab. Ob der Irrtum vermeidbar ist, muss im Einzelfall beurteilt werden und entzieht sich allgemeinen Feststellungen. Daher soll es an dieser Stelle bei der Feststellung bleiben, dass die § 16 StGB anwendenden Ansichten ohnehin vorzugswürdig sind, sodass eine Fahrlässigkeitsstrafbarkeit in Betracht kommt. Die im Folgenden zur Fahrlässigkeit angestellten Erwägungen können aufgrund inhaltlicher Parallelen im Wesentlichen auf die Beurteilung der Vermeidbarkeit übertragen werden.

b) § 229 StGB

aa) Reproduktionsmediziner als Täter

Den Täter trifft ein Fahrlässigkeitsvorwurf, „wenn er einem vermeidbaren Tatbestandsirrtum erliegt, er also nicht alle den Tatbestand verwirklichenden Umstände erkannt hat, ihm diese Umstände aber erkennbar waren."[112] Von einer solchen Erkennbarkeit ist auszugehen, wenn er die Umstände bei gebotener Aufmerksamkeit durch Anwendung seines Erfahrungswissens erkannt hätte.[113] Die Frage der Erkennbarkeit knüpft an das den unmittelbar körperverletzenden Handlun-

---

[111] Für einen Überblick (auch) über die daneben vertretenen, die hier dargestellten Ansätze z. T. nur leicht modifizierenden Ansichten vgl. MüKo-StGB/*Joecks* § 16 Rn. 123 ff.

[112] *Frister* AT, Kap. 12 Rn. 3; ähnl. *Stratenwerth/Kuhlen* AT, § 15 Rn. 17; eher krit., wenn auch nicht gänzlich abgeneigt MüKo-StGB/*Duttge* § 15 Rn. 109; wohl auch *Fischer* § 15 Rn. 14.

[113] *Frister* AT, Kap. 12 Rn. 3 u. 12 ff.

gen vorgelagerte Geschehen – und damit das Vorliegen einer wirksamen Einwilligung – an. Um eine strukturierte Prüfung dieser Aspekte zu gewährleisten, bietet es sich an, die Überlegungen in drei Schritte[114] zu untergliedern:

Zunächst ist zu untersuchen, ob es dem Täter faktisch überhaupt möglich war, das Sorgfaltswidrige seines Verhaltens zu erkennen. Eine solch reale Erkenntnismöglichkeit besteht bereits dann, wenn irgendjemand in der Lage wäre, eine zutreffende Einschätzung über die Pflichtwidrigkeit des geplanten Verhaltens abzugeben.[115] Im hier zu beurteilenden Fall müsste also ein anderer Rechtsgenosse Auskunft darüber geben können, ob die von der Patientin erteilte Einwilligung frei von Willensmängeln ist oder nicht. Denn der Täter geht irrtümlich davon aus, dass die Einwilligung wirksam ist, obwohl sie tatsächlich an einem beachtlichen Willensmangel leidet. Eine solche Erkenntnismöglichkeit bestünde, wenn festzustellen ist, ob das dem Embryotransfer vorgelagerte Behandlungsgeschehen vertauschungsfrei durchgeführt wurde. Zwar wird dieser Behandlungsverlauf nicht allein von dem den Transfer durchführenden Arzt betreut, jedoch wäre ein (hypothetisch gedachter) Arzt, der das gesamte Behandlungsgeschehen gewissenhaft überwacht oder ein lückenhaftes sowie effektives QM-System implementiert hat, durchaus in der Lage, die Behandlung im Zeitpunkt des Transfers als frei von Vertauschungen zu bewerten. Dies gilt umso mehr, als ein überzeugendes QM-System durch Protokollierung des Behandlungsverlaufs die Möglichkeit der späteren Rückverfolgung einzelner Behandlungsschritte gewährleisten sollte. Folglich besteht die reale Möglichkeit, die Pflichtwidrigkeit des Verhaltens zu erkennen.

Des Weiteren ist zu fragen, ob es für den Täter einen konkreten Anlass gab, die Auswirkungen seiner Handlungen zu hinterfragen.[116] Davon ist auszugehen, wenn dem Täter Umstände bekannt sind, die in irgendeiner Form auf die Sorgfaltswidrigkeit seines Handelns hindeuten und einem verantwortungsbewussten Menschen hinreichender Grund gewesen wären, die Konsequenzen seines Verhaltens zu klären.[117] Hat der Reproduktionsmediziner nicht die tatsächliche Kenntnis darüber, dass es zu einem Vertauschungsvorfall gekommen ist, so können die zweifelbegründenden Umstände nur aus einem anderen (vorgelagerten) Bereich herrühren. Auch wenn das Risiko einer Vertauschung zumeist relativiert wird (S. 3), dürfte jedem im reproduktionsmedizinischen Bereich tätigen Arzt bewusst sein, dass die Möglichkeit der Vertauschung de facto besteht. Wird

[114] Insoweit wird eine Anleihe bei dem parallelen Problem der Vermeidbarkeit i.R.d. § 17 StGB gemacht; vgl. dazu MüKo-StGB/*Joecks* § 17 Rn. 48 ff.

[115] MüKo-StGB/*Joecks* § 17 Rn. 49.

[116] SK-StGB/*Rudolphi* § 17 Rn. 30; *Frister* AT, Kap. 19 Rn. 8.

[117] *OLG Düsseldorf* NStZ 1981, 444; MüKo-StGB/*Joecks* § 17 Rn. 50; SK-StGB/*Rudolphi* § 17 Rn. 31.

gleichwohl ein QM-System angewandt, das nicht allerhöchsten Sicherheitsstandards genügt, oder ist es bereits zuvor zu Situationen gekommen, in denen sich dem Arzt die Unzuverlässigkeit oder ungenaue Arbeitsweise des im Übrigen an der Behandlung beteiligten Personals gezeigt hat, dürfte – auch im Hinblick auf den strengen Beurteilungsmaßstab der Rechtsprechung[118] – von einem Anlass zur Überprüfung auszugehen sein. Ist indes noch nie eine Situation eingetreten, die den verantwortlichen Mediziner zu Zweifeln an der Qualität und Quantität seiner personalen, räumlichen oder technischen Ausstattung bzw. an der Effektivität der von ihm implementierten Arbeitsanweisungen und Sicherungsmechanismen hätte anhalten sollen, wird ein Anlass zum Nachdenken über die Sorgfaltswidrigkeit des Verhaltens nicht gegeben sein. Ob entsprechende Umstände vorliegen oder nicht ist zwar im Einzelfall zu beurteilen und entzieht sich allgemeinen Feststellungen. Allerdings kann bezüglich der Frage, welcher Standard von reproduktionsmedizinischen Einrichtungen einzuhalten ist, auf die eingangs dargestellten Empfehlungen und Richtlinien von Fachorganisationen zurückgegriffen werden (S. 33 ff.). Dies gilt jedenfalls so lange, bis der Gesetzgeber verbindliche gesetzliche Vorgaben schafft.[119]

Sollte ein Überprüfungsanlass bestehen, ist schließlich festzustellen, ob es dem Täter zumutbar war, sich die mögliche Kenntnis von der Pflichtwidrigkeit seines Verhaltens zu verschaffen.[120] Diese Kenntnisverschaffung wird im Einzelfall oftmals durch Nachverfolgung der Aufzeichnungen über den Behandlungsverlauf möglich sein. Ergänzend könnten die an der Behandlung beteiligten Mitarbeiter befragt werden und der aktuell kryokonservierte oder in Brutschränken befindliche Keimzell- und Embryobestand könnte auf Ungereimtheiten untersucht werden. Allerdings ist durchaus in Betracht zu ziehen, dass diese Maßnahmen in gewissen Fällen – zu denken ist etwa an eine mangelhafte Dokumentation oder weit zurückliegende Behandlungsschritte z. B. bei kryokonservierten Zellen – keine zweifelsfreie Feststellung der Identität des zu transferierenden Embryos gewährleisten. In einem solchen Fall wäre die Kenntnis von der Pflichtwidrigkeit des Verhaltens nur zu erlangen, wenn vor dem Transfer eine genetische Untersuchung durchgeführt wird, mit der die Abstammung zu dem Patientenpaar festgestellt werden kann. Offensichtlich unzumutbar wäre ein solches Vorgehen, wenn es den Arzt einem Strafbarkeitsrisiko aussetzen würde. Nach § 3a Abs. 1 ESchG wird bestraft, wer Zellen eines Embryos in vitro vor seinem intrauterinen Transfer genetisch untersucht. Bei unbefangener Betrachtung erfüllt eine Abstam-

---

[118] Vgl. etwa BGHSt 4, 236 (243); 21, 18 (20).

[119] Dazu im Einzelnen noch S. 296 ff. Vgl. auch Maurach/Gössel/Zipf/*Gössel* AT II, § 43 Rn. 57 ff.

[120] MüKo-StGB/*Joecks* § 17 Rn. 48.

mungsuntersuchung vor dem Embryotransfer den Tatbestand des § 3a Abs. 1 ESchG.

Zweifel an der Richtigkeit dieses Ergebnisses weckt jedoch der Begriff „Präimplantations*diagnostik*" (PID), der in Klammern dem Tatbestand angefügt ist und auf diese Weise anzeigt, dass das Vorstehende eine Legaldefinition darstellt. Eine Diagnose ist die Feststellung oder Bestimmung einer Krankheit.[121] In diesem Sinne werden auch die von § 3a Abs. 1 ESchG erfassten Methoden verstanden, wie die Gesetzgebungshistorie eindeutig zu erkennen gibt. So ist durchweg die Rede davon, dass die PID dazu diene, „schwere Erbkrankheiten und Chromosomenanomalien […] zu erkennen" um dadurch „die Weitergabe von besonders schweren Erkrankungen an das zukünftige Kind […] und schwere Belastungen" zu verhindern.[122] Aus dieser Möglichkeit ergibt sich der Normzweck des § 3a Abs. 1 ESchG, der einer Entwicklung entgegenzutreten sucht, an deren Ende die Akzeptanz gesellschaftlicher Vielfalt gefährdet sei und der soziale Druck auf die Eltern, ein gesundes Kind haben zu müssen, erhöht werde.[123] Das Verbot der PID rechtfertigt sich also aus den Gefahren einer Selektion unter Berücksichtigung genetischer Merkmale und chromosomaler Störungen. Wird die genetische Untersuchung hingegen allein zur Feststellung der Abstammung durchgeführt, greift der Normzweck des § 3a Abs. 1 ESchG nicht ein. Die Untersuchung dient einzig der Verhinderung einer gespaltenen Elternschaft, was der Gesetzgeber an anderer Stelle als bedeutsames und erstrebenswertes Handlungsziel definiert (S. 116). Auch verhindert die Untersuchung nicht zwingend, dass der Embryo transferiert wird, da infolge der Feststellung eines Vertauschungsvorfalls gegebenenfalls die Möglichkeit eröffnet wird, den Embryo der genetisch „richtigen" Mutter zu übertragen. Daher ist die genetische Abstammungsuntersuchung vor der Durchführung eines intrauterinen Transfers nach hier vertretener Auffassung nicht gemäß § 3a Abs. 1 ESchG strafbar. Allerdings würde eine solche genetische Untersuchung voraussetzen, dass der Arzt zuvor die Einwilligung der Eltern einholt.[124]

Auch der sog. Vertrauensgrundsatz stellt die Erkenn- und Vermeidbarkeit nicht per se in Frage. Nach diesem Grundsatz könne demjenigen kein Vorwurf gemacht werden, der auf das verkehrsgerechte Verhalten Dritter vertrauen darf.[125] Gerade im Bereich des arbeitsteilig organisierten Zusammenwirkens – wie etwa

---

121 So die im *Duden* (27. Aufl., 2017) angeführte Definition.

122 Beides bei BT-Drucks. 17/5451 S. 2; BT-Drucks. 17/6400 S. 4 f. Ebenso bereits BT-Drucks. 14/9020 S. 27.

123 So BT-Drucks. 17/6400 S. 4. Eingehend zu den Hintergründen BT-Drucks. 14/9020 S. 111 ff.

124 Vgl. zu dem ähnlichen Fall heimlicher Vaterschaftstests *BVerfG* NJW 2007, 753 (754).

125 Vgl. etwa Maurach/Gössel/Zipf/*Gössel* AT II, § 43 Rn. 88; *Roxin* AT I, § 24 Rn. 21 ff.

im ärztlichen (Operations-)Team – ist die Anwendbarkeit des Vertrauensgrundsatzes anerkannt.[126] Daraus folgt, dass sich die an einer Behandlung beteiligten Ärzte „grundsätzlich auf die fehlerfreie Mitwirkung des Kollegen aus der anderen Fachrichtung verlassen können."[127] Allerdings gilt dies nicht in Bezug auf Hilfspersonal des Täters, da ihn insoweit eigene Überwachungspflichten treffen.[128] Gehört das die Vertauschung verursachende (Labor-)Personal zu dem Organisationsbereich des den intrauterinen Embryotransfer durchführenden Arztes, entlastet ihn der Vertrauensgrundsatz folglich nicht. Etwas anderes kann sich lediglich dann ergeben, wenn die reproduktionsmedizinische Einrichtung des Arztes keine eigene ART-Laboreinheit hat und dahingehend auf einen Drittanbieter bzw. eine andere Abteilung zurückgreift. In einem solchen Fall läge die Überwachung des Laborpersonals nicht im Verantwortungsbereich des den Transfer vornehmenden Arztes, sodass eine Berufung auf den Vertrauensgrundsatz in Betracht kommt.

Davon abgesehen ist es durch Nachforschungen möglich und zumutbar, sich die Kenntnis über die Pflichtwidrigkeit des Verhaltens zu verschaffen. Bestand für den Reproduktionsmediziner aufgrund bestimmter Umstände Anlass, sich Gedanken über die Möglichkeit einer Keimzell- oder Embryovertauschung zu machen, hätte er die Einsicht gewinnen können, dass die Patientin infolge des Vertauschungsvorfalls einer Fehlvorstellung über tatsächliche Gegebenheiten unterliegt. Da dieser Willensmangel Einfluss auf die Wirksamkeit der Einwilligung in den Embryotransfer hat (S. 216), wäre dem Arzt zugleich klar gewesen, dass sein Handeln nicht durch einen Erlaubnissatz gerechtfertigt ist und er deshalb rechtswidrig handelt. Für solche Fälle kann dementsprechend festgestellt werden, dass die strafbarkeitsbegründenden Umstände für den Arzt erkennbar gewesen wären, er sie mithin vermeiden konnte und ihm daher ein Fahrlässigkeitsvorwurf gemacht werden kann.

Entscheidend wird regelmäßig die Feststellung sein, ob Defizite im Bereich der Organisation der personalen, räumlichen oder technischen Ausstattung oder im Zusammenhang mit lückenhaften bzw. wenig effizienten Sicherungsmaßnahmen bestehen, was de lege lata unter Berücksichtigung von Empfehlungen und Richtlinien von Fachgesellschaften zu bewerten ist.[129] Wird der gebotene Standard unterschritten, besteht ein Anlass für weitere Erkundigungen vor Durchführung des intrauterinen Transfers. Wird dieser gleichwohl vorgenommen, ohne sich darüber zu informieren, ob das Behandlungsgeschehen frei von Ver-

---

[126] *BGH* NJW 1980, 649 (650); Maurach/Gössel/Zipf/*Gössel* AT II, § 43 Rn. 94; *Roxin* AT I, § 24 Rn. 25.

[127] *BGH* NJW 1980, 649 (650).

[128] Maurach/Gössel/Zipf/*Gössel* AT II, § 43 Rn. 94; *Roxin* AT I, § 24 Rn. 25 m. w. N.

[129] Ausführungen zu diesen Empfehlungen und Richtlinien finden sich unter S. 33 ff.

tauschungsvorfällen geblieben ist, dürfte eine Fahrlässigkeitsstrafbarkeit gemäß § 229 StGB in der Regel zu bejahen sein.

Ein Fahrlässigkeitsvorwurf trifft außerdem denjenigen leitenden Angestellten der reproduktionsmedizinischen Einrichtung, der zwar nicht den Embryotransfer durchführt, aber die Verantwortung für die Organisation der Einrichtung trägt und es in diesem Bereich unterlässt, erforderliche Sicherungsmaßnahmen zu ergreifen oder eine hinreichende räumliche, technische und personelle Ausstattung zu gewährleisten. Wenn in Bezug auf die Nichtberücksichtigung solcher Vorgaben nicht bereits von einem dolus eventualis auszugehen ist, ist es dem für die Organisation der reproduktionsmedizinischen Einrichtung Verantwortlichen zumutbar, sich über die Empfehlungen und Leitlinien derjenigen Fachgesellschaften zu informieren, die im Bereich der Reproduktionsmedizin Standards für die Ausgestaltung einer ART-Einheit ausarbeiten und veröffentlichen. Insoweit ist es vermeidbar, diese Vorgaben sorgfaltswidrig unberücksichtigt zu lassen. Daraus kann der generelle Schluss gezogen werden, dass Vertauschungsvorfälle, die auf einem Organisationsmangel der Einrichtung beruhen, der in Leitlinien von Fachgesellschaften angesprochen wird, stets einen Fahrlässigkeitsvorwurf begründen. Eine solche Strafbarkeit wegen fahrlässiger Körperverletzung durch Unterlassen hängt jedoch entscheidend davon ab, ob der Vertauschungsvorfall in kausaler und objektiv zurechenbarer Weise auf das Organisationsdefizit zurückgeführt werden kann.

bb) (Labor-)Personal als Täter

Darüber hinaus ist zu bedenken, dass eine Strafbarkeit nach § 229 StGB auch für den die Vertauschung verursachenden Mitarbeiter in Betracht zu ziehen ist. Wie bereits dargelegt (S. 22), dürften die Tätigkeiten im ART-Labor die größten Vertauschungsrisiken mit sich bringen, sodass sich vor allem das Laborpersonal einem Fahrlässigkeitsvorwurf ausgesetzt sehen könnte. Dieser ergäbe sich aus dem jeweiligen Fehlverhalten bei der Durchführung des Befruchtungsgeschehens: So ist z.B. erkennbar, dass es zu Vertauschungsvorfällen kommen kann, wenn die Arbeitsschritte im Rahmen der Befruchtung nicht mit größtmöglicher Aufmerksamkeit durchgeführt werden, zur Beschleunigung der Vorgänge auf erforderliche Sicherheitsvorkehrungen verzichtet wird oder die Arbeit trotz bemerkter Ermüdung nicht unterbrochen wird.[130] Sollte die Vertauschung jedoch allein in einem Organisationsfehler des leitenden Arztes wurzeln – zu denken ist beispielsweise an die Anordnung, nicht verwechslungssichere Probenbeschriftungen zu verwenden –, liegt die Pflichtverletzung nicht im Verantwortungsbe-

[130] Zu den einzelnen Fehlerquellen (im Labor) bereits S. 14ff.

reich der Hilfsperson. In einem solchen Fall kann dem Mitarbeiter mangels zumutbarer Erkennbarkeit kein Fahrlässigkeitsvorwurf gemacht werden.

Zu überlegen bleibt allerdings, ob der Zurechnungszusammenhang zu dem die Vertauschung verursachenden Ersttäter unterbrochen wird, wenn sich an die Pflichtwidrigkeit des Labormitarbeiters eine Fahrlässigkeit des Reproduktionsmediziners in Form einer fehlerhaften Kontrolle der Laborvorgänge oder anderer Versäumnisse anschließt. Denn das „Dazwischentreten" des Arztes könnte dazu führen, dass sich das vom Mitarbeiter verursachte rechtlich missbilligte Risiko nicht mehr im Erfolg realisiert. Der Schutzzweckzusammenhang setzt voraus, dass die Handlung gerade wegen ihrer Eignung, den Erfolg in einer bestimmten Art und Weise herbeizuführen, rechtlich missbilligt ist.[131] Die zuvor beschriebenen Pflichtwidrigkeiten des Laborpersonals sollen gerade deswegen verhindert werden, weil es nach dem Befruchtungsvorgang und vor dem Embryotransfer nicht mehr ohne Weiteres möglich ist, den Vertauschungsvorfall zu bemerken. In der Vertauschung ist damit zugleich das Risiko angelegt, dass der Vorfall unbemerkt bleibt und die Patientin eine willensmangelhafte und damit unwirksame Einwilligung abgibt. Deshalb dienen die zur Verhinderung von Vertauschungsvorfällen aufgestellten Sorgfaltsnormen auch dazu, einwilligungsausschließende Willensdefizite und somit tatbestandliche sowie rechtswidrige Körperverletzungen zu verhindern. Zudem kann nicht die Rede davon sein, dass die Überwachungsobliegenheiten des Reproduktionsmediziners die Hilfsperson aus der Verantwortung für die sorgfältige Besorgung der Labortätigkeiten entlässt. Folglich realisiert sich in dem vom Arzt verursachten Körperverletzungserfolg noch das vom Labormitarbeiter gesetzte Ausgangsrisiko, sodass eine Fahrlässigkeitsstrafbarkeit des die Vertauschung verursachenden Laborpersonals neben dem Arzt möglich bleibt.

2. *§ 4 Abs. 1 Nr. 1, 2 ESchG*

In der Prüfung einer Strafbarkeit nach § 4 Abs. 1 Nr. 1 ESchG spiegeln sich die im Rahmen des § 223 StGB erörterten Probleme. Da § 4 Abs. 1 Nr. 1 ESchG nämlich die künstliche Befruchtung einer Eizelle unter Strafe stellt, wenn nicht die Frau, deren Eizelle befruchtet wird, und der Mann, dessen Samenzelle für die Befruchtung verwendet wird, eingewilligt haben, kommt es auch hier maßgeblich auf die Wirksamkeit der Zustimmung der Patientin an. Insoweit gilt das oben Gesagte entsprechend (S. 201 ff.). Allerdings handelt es sich aufgrund der Nennung im Tatbestand dogmatisch um keine rechtfertigende Einwilligung, sondern um ein tatbestandsausschließendes Einverständnis.[132] Dieser Umstand hat je-

[131] *Frister* AT, Kap. 10 Rn. 20; *Kühl* AT § 17 Rn. 68 ff.; *Rengier* AT, § 52 Rn. 37.

[132] Vgl. Günther/*Taupitz*/Kaiser, § 4 ESchG Rn. 6.

doch weder Auswirkungen auf die rechtliche Bewertung noch hindert er die Übertragbarkeit der zuvor gefundenen Ergebnisse. Daher erfüllt die Befruchtung der Eizelle mit nicht zum gewünschten Partner der Patientin gehörenden Samenzellen aufgrund des die Wirksamkeit des Einverständnisses ausschließenden Willensmangels den objektiven Tatbestand des § 4 Abs. 1 Nr. 1 ESchG. Angesichts der Tatsache, dass es sich bei § 4 Abs. 1 Nr. 1 ESchG um ein Vorsatzdelikt handelt,[133] kommt eine Bestrafung indes nur dann in Betracht, wenn der Täter[134] bei dem Unternehmen der Behandlung Kenntnis von den die Wirksamkeit des Einverständnisses erschütternden Umständen hatte. Eine entsprechende Fahrlässigkeitsstrafbarkeit wird hingegen nicht angeordnet (§ 15 StGB).

Sollte der Reproduktionsmediziner erst nach der Befruchtung von dem Vertauschungsvorfall Kenntnis erlangen, war ihm bei der Fertilisation nicht bewusst, dass die Einwilligung der Patientin an einem wirksamkeitsausschließenden Willensmangel leidet. Dementsprechend würde eine Strafbarkeit nach § 4 Abs. 1 Nr. 1 ESchG ausscheiden, sodass § 4 Abs. 1 Nr. 2 ESchG in den Blick zu nehmen ist. Danach wird bestraft, wer es unternimmt, auf eine Frau ohne deren Einwilligung einen Embryo zu übertragen. Da es sich bei § 4 Abs. 1 Nr. 2 ESchG ebenfalls um ein Vorsatzdelikt handelt,[135] hängt eine Strafbarkeit gleichermaßen von der Kenntnis über die die Unwirksamkeit der Einwilligung begründenden Umstände ab.

3. § 1 Abs. 1 Nr. 2 ESchG

Daneben ist an eine Strafbarkeit aus § 1 Abs. 1 Nr. 2 ESchG zu denken. Danach wird bestraft, wer es unternimmt, eine Eizelle zu einem anderen Zweck künstlich zu befruchten, als eine Schwangerschaft der Frau herbeizuführen, von der die Eizelle stammt. Dies setzt die Absicht des Täters voraus, den Embryo auf eine fremde Frau zu transferieren oder den Embryo nicht zur Herbeiführung der Schwangerschaft einer Frau zu verwenden.[136] In Vertauschungsfällen kommt dementsprechend nur dann eine Strafbarkeit nach § 1 Abs. 1 Nr. 2 ESchG in Betracht, wenn der die Befruchtung unternehmende Täter die Vertauschung vorsätzlich begeht, um eine gespaltene Mutterschaft herbeizuführen. Auch wenn es sich dabei sicherlich um (seltene) Grenzfälle handeln mag, ist es selbst zu solchen Situationen bereits gekommen.[137]

---

133 Günther/*Taupitz*/Kaiser, § 4 ESchG Rn. 12.

134 Täter i. S.d §§ 1–7 ESchG können sowohl Ärzte als auch die übrigen am Behandlungsgeschehen beteiligten (Labor-)Mitarbeiter sein; vgl. *Günther*/Taupitz/Kaiser, Vor § 1 ESchG Rn. 21.

135 Günther/*Taupitz*/Kaiser, § 4 ESchG Rn. 21.

136 *Günther*/Taupitz/Kaiser, § 1 Abs. 1 Nr. 2 ESchG Rn. 18.

137 Vgl. dazu Anhang, Fälle 19 und 23.

4. § 1 Abs. 2 ESchG

Schließlich ist eine Strafbarkeit nach § 1 Abs. 2 ESchG in Betracht zu ziehen.[138] Gemäß § 1 Abs. 2 Nr. 1 ESchG wird bestraft, wer künstlich bewirkt, dass eine menschliche Samenzelle in eine menschliche Eizelle eindringt, ohne eine Schwangerschaft der Frau herbeiführen zu wollen, von der die Eizelle stammt. Gleiches gilt nach § 1 Abs. 2 Nr. 2 ESchG für denjenigen, der eine menschliche Samenzelle in eine menschliche Eizelle künstlich verbringt, ohne eine Schwangerschaft der Frau herbeiführen zu wollen, von der die Eizelle stammt. Für eine Strafbarkeit nach § 1 Abs. 2 ESchG wäre aber ebenso wie bei § 1 Abs. 1 Nr. 2 ESchG ein absichtliches Verhalten des Täters erforderlich.[139] Daher müsste der Täter auch hier vorsätzlich in Bezug auf das Vertauschen handeln.

II. Schadensersatzansprüche der Eltern wegen des Vertauschens

Wie eingangs bereits erwähnt, nehmen die Ausführungen zu den zivilrechtlichen Sekundärrechtsfolgen zunächst Schadensersatzansprüche der Eltern wegen des Vertauschens an sich in den Blick. Dabei ist auf der ersten Differenzierungsstufe zwischen vertraglichen und deliktischen Ersatzansprüchen zu unterscheiden.

1. Vertragliche Ansprüche

In Betracht zu ziehen ist ein Ersatzanspruch der von der Vertauschung betroffenen Eltern aus § 280 Abs. 1 BGB. In diesem Zusammenhang ist einerseits zu untersuchen, ob die von dem Kind ausgehende Unterhaltsbelastung als Schaden geltend gemacht werden kann. Andererseits wird geprüft, ob die Behandlungs- und Entbindungskosten, ein immaterieller Schaden sowie ein etwaiger Verdienstausfall schadensrechtlich liquidiert werden könnten.

a) Schuldverhältnis

Der Anspruch aus § 280 Abs. 1 BGB setzt zunächst ein Schuldverhältnis i. S. d. § 311 BGB voraus. Dieses Schuldverhältnis definiert zugleich den möglichen Anspruchsgegner des vertraglichen Ersatzanspruchs. Einzig der Vertragspartner der Eltern kann aus § 280 Abs. 1 BGB in Anspruch genommen werden. Bei dem von den Eltern geschlossenen Vertrag handelt es sich um einen Behandlungsvertrag nach den §§ 630a ff. BGB, der die reproduktionsmedizinische Zeugung ei-

---

[138] Zu der Konkurrenz zu § 1 Abs. 1 Nr. 2 ESchG vgl. *Günther*/Taupitz/Kaiser, § 1 Abs. 2 ESchG Rn. 11 u. 24.

[139] *Günther*/Taupitz/Kaiser, § 1 Abs. 2 ESchG Rn. 15.

nes Kindes zum Gegenstand hat. In aller Regel werden beide Elternteile Vertragsparteien[140] und damit „Patienten" i. S. d. § 630a Abs. 1 BGB, da die Behandlung notwendigerweise die Einbringung sowohl von Keimzellen der Frau als auch des Mannes voraussetzt.[141] Vertragspartner der Eltern wird derjenige, welcher die medizinische Behandlung des Patienten zusagt (Behandelnder). Wie bereits dargelegt, wird dies regelmäßig nicht der behandelnde Arzt als natürliche Person sein, sondern die Personengesellschaft oder Körperschaft, die die reproduktionsmedizinische Einrichtung als Rechtsträger betreibt (S. 60). Wie die Haftung der Beteiligten im Innenverhältnis ausgestaltet ist, hängt von der jeweiligen Rechtsform und dem konkreten Kooperationsvertrag ab und soll daher nicht vertieft werden. Denn das Außenverhältnis zum Patienten bleibt davon unberührt; Anspruchsgegner ist immer diejenige natürliche oder juristische Person, mit der der Vertrag zur Durchführung der assistierten Reproduktion abgeschlossen wurde.

b) *Pflichtverletzung*

Das Vertauschen von Keimzellen oder Embryonen wäre ohne Zweifel als Pflichtverletzung zu qualifizieren, wenn die ausschließliche Verwendung von Keimzellen des Patientenpaares zur Zeugung des Kindes Gegenstand der vertraglichen Vereinbarung geworden wäre. Werden die beiden Patienten bei dem reproduktionsmedizinischen Zentrum als Paar vorstellig und geben jeweils ihre Keimzellen zur Zeugung eines Kindes her, bringen sie damit jedenfalls konkludent zum Ausdruck, dass sie ein Kind erwarten, das aus den bereitgestellten Keimzellen entstanden und deshalb mit ihnen genetisch verwandt ist. Auch wenn dieser Umstand nicht ausdrücklich zur Sprache kommen mag, vereinbaren die Parteien damit vertraglich, dass nur ein solcher Embryo auf die Frau transferiert werden soll, der aus dem zur Verfügung gestellten Keimzellmaterial erzeugt wurde.[142] Wird demgegenüber ein Embryo transferiert, der keine genetische Verbindung entweder zur Patientin bzw. dem Patienten oder gar zu beiden aufweist, verhält sich der Behandelnde abredewidrig und begeht damit eine Pflichtverletzung i. S. d. § 280 Abs. 1 BGB.[143]

---

[140] Sollte dies einmal nicht der Fall sein, kann auf § 1357 BGB oder den Vertrag mit Schutzwirkungen zugunsten eines Dritten zurückgegriffen werden; vgl. *Waibl* NJW 1987, 1513 (1514).

[141] Ist das Patientenpaar gesetzlich krankenversichert, ist zu beachten, dass ein echter Vertrag zugunsten Dritter (§ 328 BGB) geschlossen wird, weshalb die Patienten weiterhin Gläubiger der Erfüllungs- und Schadensersatzansprüche bleiben; vgl. *Waibl* NJW 1987, 1513 (1514).

[142] Vgl. auch *Spickhoff* ZfPW 2017, 257 (267) in anderem Kontext.

[143] So letztlich auch *OLG Hamm,* Urt. v. 19.02.2018 – 3 U 66/16, Rz. 60, auch wenn dem

Selbst wenn im (kaum vorstellbaren) Einzelfall keine konkludente Abrede über die Verwendung der beigebrachten Keimzellen festgestellt werden könnte, lässt sich die Pflichtverletzung auch aus allgemeinen Überlegungen herleiten. Nach § 630a Abs. 2 BGB hat die Behandlung nach den zum Zeitpunkt der Behandlung bestehenden, allgemein anerkannten fachlichen Standards zu erfolgen. Der Sorgfaltsmaßstab wird anhand objektiv-typisierender Kriterien bestimmt, die sich nach dem jeweiligen Stand der medizinischen Wissenschaft richten.[144] Dabei kann auf Leitlinien und Handlungsempfehlungen medizinischer Fachgesellschaften zurückgegriffen werden,[145] denen zwar keine konstitutive, aber doch deklaratorische Bedeutung zukommt.[146] In welchem Umfang Sorgfaltsmaßnahmen im Einzelfall ergriffen werden müssen, richtet sich zum einen nach dem Rang der betroffenen Rechtsgüter und der Intensität der Gefahr und zum anderen nach den Möglichkeiten und Kosten der Sicherungsmaßnahmen.[147] Da die drohenden Auswirkungen eines Vertauschungsvorfalls massiv sind und die Gewährleistung der Konzentration der Mitarbeiter keine außergewöhnlichen Kosten verursacht, ist die Unterschreitung des erforderlichen Sorgfaltsstandards leicht dargetan.

Dies gilt umso mehr, als sich der Fehler in einem Bereich bewegt, der von dem Behandelnden „voll beherrschbar" ist (vgl. § 630h Abs. 1 BGB). Die in § 630h Abs. 1 BGB enthaltene Vermutungsregelung bezieht sich auf Situationen, in denen eine Verletzung des Lebens, des Körpers oder der Gesundheit des Patienten eingetreten ist. Wie bereits dargetan, verursacht der Embryotransfer eine körperliche Beeinträchtigung der Patientin. Mit der gesetzlichen Kodifizierung der in der Rechtsprechung seit langem anerkannten[148] Beweislastumkehr hat der Gesetzgeber die Risikosphären bei der Behandlung eindeutig abgesteckt. Risiken, die dem Herrschafts- und Organisationsbereich des Behandelnden zugeordnet und nach dem Erkennen mit Sicherheit ausgeschlossen werden können, sind allein von ihm zu tragen.[149] Insoweit wandelt sich der üblicherweise dienstvertraglich geprägte Behandlungsvertrag in Bezug auf Behandlungsrisiken, die bei pflichtgemäßer Sorgfalt gänzlich vermeidbar sind, in einen erfolgsbezogenen Werkvertrag.[150]

Vertrag aufgrund besonderer Umstände ausnahmsweise eine ausdrückliche Abrede zugrunde lag.

[144] Vgl. etwa *BGH* NJW 1983, 2080 (2081); 1988, 763 (764); 2000, 1801 (1802); MüKo-BGB/*Wagner* § 630a Rn. 99; *Eckebrecht* FPR 2011, 394 (399).

[145] *Ders.* FPR 2011, 394 (399).

[146] Vgl. *OLG Hamm,* Urt. v. 09.05.2001 – 3 U 250/99, Rz. 22.

[147] So MüKo-BGB/*Wagner* § 630a Rn. 99.

[148] Vgl. *BGH* NJW 2007, 1682 (1683); 1978, 584; 1991, 1541 (1542); 1995, 1594 (1595).

[149] Vgl. MüKo-BGB/*Wagner* § 630h Rn. 26; Spickhoff/*Spickhoff* § 630h BGB Rn. 5.

[150] So auch MüKo-BGB/*Wagner* § 630h Rn. 22 ff. Vgl. zudem *v. d. Tann* NZFam 2018, 619.

Daraus ergibt sich, dass der Behandelnde in bestimmten Bereichen für das Ausbleiben spezifischer Schadensverläufe einzustehen hat. Tritt das voll beherrschbare Risiko gleichwohl ein, steht damit zugleich fest, dass der erforderliche Sorgfaltsmaßstab pflichtwidrig nicht eingehalten wurde. Zu dem vom Behandelnden zu verantwortenden Risikobereich gehört u. a. die Organisation und Koordination des Behandlungsgeschehens.[151] In diesem Zusammenhang ist insbesondere dafür Sorge zu tragen, dass eine hinreichende personelle Ausstattung[152] sowie eine fehlerfreie Abstimmung, Kooperation und Kommunikation im Rahmen der vertikalen Arbeitsteilung gewährleistet ist.[153] Des Weiteren geht die Rechtsprechung davon aus, dass Risiken im Bereich der Verrichtungssicherheit des nicht-ärztlichen Personals und im Hygienebereich voll beherrschbar sind.[154] Wie bereits dargelegt (s. o. S. 22), wurzeln die allermeisten Vertauschungsvorfälle in einem Fehlverhalten des nicht-ärztlichen (Labor-)Personals, sodass der hier in Rede stehende Bereich der Keimzell- und Embryonensicherheit eine deutliche Nähe zu den von der Rechtsprechung anerkannten Fallgruppen aufweist.

Selbstredend ist es kaum möglich, die sich in einfachen Nachlässigkeiten niederschlagende menschliche Unzulänglichkeit gänzlich auszuschalten. Das Gleiche gilt allerdings auch für die Einhaltung von Hygienevorschriften und die Verrichtungssicherheit des nicht-ärztlichen Personals. Dies zeigt jedoch bloß, dass der Begriff „volle Beherrschbarkeit" leicht zu Missverständnissen führen kann. Wie vorstehend erwähnt, ist Ziel der Qualifikation eines Tätigkeitsbereichs als „voll beherrschbar" die Abgrenzung von Risikobereichen. Nicht zuletzt wegen der Möglichkeiten, die neuere technische Entwicklungen bieten,[155] kann die menschliche Unzulänglichkeit im Hinblick auf Vertauschungsvorfälle bis auf ein Minimum – etwa auf das Bekleben des richtigen Behälters mit dem passenden RFID-Chip (S. 43) – reduziert werden. Daher erscheint es gerechtfertigt, die hinter § 630h Abs. 1 BGB stehende Wertung auf Vertauschungskonstellationen zu übertragen. Daraus ergibt sich zugleich eine Rangfolge bei der Feststellung der Pflichtwidrigkeit: Ist die eigentliche Vertauschungshandlung durch das Laborpersonal nicht als schuldhaft zu bewerten, kann auf Defizite bei der Organisation und Ausstattung der reproduktionsmedizinischen Einrichtung abgestellt werden.

---

[151] Vgl. BT-Drucks. 17/10488, S. 28.

[152] Dazu *OLG Köln* VersR 1992, 452 (453).

[153] Andeutend *BGH* NJW 1999, 1779 (1780 f.); explizit BeckOK-BGB/*Katzenmeier* § 630h Rn. 25.

[154] Zusammenfassend Spickhoff/*Spickhoff* § 823 BGB Rn. 164 m. w. N.

[155] Vgl. insoweit die Ausführungen zu vollautomatischen elektronischen Sicherungssystemen, S. 41.

Des Weiteren ist für den Nachweis der objektiven Pflichtwidrigkeit als auch der Kausalität an den Anscheinsbeweis zu denken. Jedenfalls wenn die assistierte Reproduktion durchgeführt werden muss, weil die Frau mit Fertilitätsproblemen kämpft, dürfte oftmals feststehen, dass eine Schwangerschaft auf natürlichem Wege ausgeschlossen oder zumindest sehr unwahrscheinlich ist. Kommt in einem solchen Fall ein genetisch nicht mit dem Patientenpaar verwandtes Kind zur Welt, steht zugleich fest, dass eine andere Ursache als ein Fehler im Behandlungsverlauf nicht mehr ernstlich in Betracht zu ziehen ist.[156] Gleiches gilt, wenn das Kind genetisch nicht mit der Gebärenden verwandt ist.

c) Zuvertretenhaben

Des Weiteren müsste der Schuldner die Pflichtverletzung zu vertreten haben (§ 280 Abs. 1 S. 2 BGB). Das Vertretenmüssen kann aus einem Verschuldensvorwurf in Form von Vorsatz oder Fahrlässigkeit (§ 276 Abs. 1 S. 1 BGB) abgeleitet werden.[157] Gegenstand des Verschuldensurteils ist das jeweils der Pflichtverletzung zugrundeliegende Schuldnerverhalten. Da die Vertauschung in aller Regel durch ein Fehlverhalten des nicht-ärztlichen (Labor-)Personals ausgelöst wird, ist § 278 BGB von entscheidender Bedeutung, da dem eigentlichen Vertragspartner – der reproduktionsmedizinischen Einrichtung oder dem behandelnden Arzt – oft kein eigener Verschuldensvorwurf gemacht werden kann. Nach § 278 S. 1 BGB hat der Schuldner ein Verschulden der Personen, deren er sich zur Erfüllung seiner Verbindlichkeit bedient, in gleichem Umfang zu vertreten wie eigenes Verschulden. Ein solcher Erfüllungsgehilfe ist, wer nach den tatsächlichen Gegebenheiten des Falls mit dem Willen des Schuldners bei der Erfüllung einer diesem obliegenden Verbindlichkeit als seine Hilfsperson tätig wird.[158] Keiner weiteren Erläuterung bedarf die Tatsache, dass es sich bei der Pflicht, die künstliche Befruchtung vertauschungsfrei durchzuführen, offenkundig um eine Schuldner- und keine Gläubigerverbindlichkeit handelt. Das Vertauschungsrisiko ist eindeutig der Gefahrensphäre des Behandelnden zuzuweisen und nicht von den Patienten zu tragen.

Die Stellung als Erfüllungsgehilfe folgt aus der Funktion des Gehilfen im Behandlungsgeschehen unabhängig von der Art der zwischen Schuldner und Hilfsperson bestehenden rechtlichen Beziehung.[159] In den hier interessierenden Fällen steht die Hilfsperson zu dem Behandelnden entweder in einem Arbeit- oder Auftragnehmerverhältnis – je nachdem, ob die Labortätigkeit in der eigenen Einrich-

---

[156] Vgl. dazu *Waibl* NJW 1987, 1513 (1520).

[157] Vgl. MüKo-BGB/*Ernst* § 280 Rn. 26.

[158] *BGH* NJW 2011, 139 (140) m. w. N.

[159] BeckOK-BGB/*Lorenz* § 278 Rn. 11; Jauernig/*Stadler* § 278 Rn. 6.

tung oder extern durchgeführt wird. Nicht zu bestreiten ist jedenfalls, dass die Hilfsperson ihre Tätigkeit mit dem Willen des Schuldners ausübt. Auch erfolgt die Gehilfenhandlung in unmittelbar innerem Zusammenhang zu den Aufgaben, die im Hinblick auf die Schuldnerverbindlichkeit zugewiesen wurden.[160] Daher handelt es sich bei dem zur Durchführung des Behandlungsgeschehens eingesetzten nicht-ärztlichen Personal um Erfüllungsgehilfen des Behandelnden i. S. d. § 278 S. 1 BGB. Insoweit kann für das Vertretenmüssen des Schuldners auf das Verschulden der jeweiligen Hilfsperson abgestellt werden.

Auch wenn einzelne Fälle vorsätzlichen Verhaltens selbst bei Vertauschungsvorfällen nicht ausgeschlossen werden können und bereits geschehen sind,[161] dürfte die Pflichtverletzung regelmäßig fahrlässig verursacht worden sein. Nach § 276 Abs. 2 BGB handelt fahrlässig, wer die im Verkehr erforderliche Sorgfalt außer Acht lässt. Je nachdem, welcher Umstand die Vertauschung konkret verursacht hat, kommen verschiedene Anknüpfungspunkte für den Fahrlässigkeitsvorwurf in Betracht (s. bereits S. 221 ff.): Zwar hängt der Vorfall faktisch immer mit einer Unachtsamkeit des Personals zusammen, aber ob der Fehler letztlich darin zu erblicken ist, dass sich der Mitarbeiter hat ablenken lassen, eine Übermüdung aufgrund mangelnder Ruhepausen eingetreten ist oder eine allgemeine Unaufmerksamkeit auftrat, ist im Einzelfall festzustellen. Vielfach wird eine Situation vorliegen, in der der Schadensverlauf für den Erfüllungsgehilfen erkennbar sowie vermeidbar war, sodass jedenfalls das Vorliegen einfacher Fahrlässigkeit zu konstatieren ist.[162] Beruht der Vorfall demgegenüber einzig auf nicht-schuldhafter menschlicher Unzulänglichkeit, war es zumindest erkennbar und vermeidbar, dass die Sicherungsmaßnahmen Defizite bei der Verhinderung von Nachlässigkeiten des Personals aufweisen. Dementsprechend hat der Behandelnde die Pflichtverletzung zu vertreten.

d) Schaden

Schließlich müsste den Patienten ein ersatzfähiger Schaden entstanden sein, den es auszugleichen gilt. Dabei ist vor allem zu überlegen, ob der für das Kind erforderliche Unterhaltsaufwand als Vermögenseinbuße schadensrechtlich erfasst werden kann. Weitere denkbare Schadenspositionen sind die aus der Schwangerschaft und Geburt folgenden Entbindungskosten einschließlich der damit gege-

---

160 Dazu *BGH* NJW 1957, 709 (710); 1960, 669 (671).

161 Vgl. dazu Anhang, Fälle 19 und 23.

162 Im Einzelfall mag sicherlich ein höherer Fahrlässigkeitsgrad vorliegen, was regelmäßig jedoch keine Rolle spielt, da der Regelfall der einfachen Fahrlässigkeit für den Verschuldensvorwurf genügt.

benenfalls verbundenen immateriellen Beeinträchtigungen (S. 263 ff.) sowie die Kosten der Behandlung (S. 265 ff.) und ein etwaiger Verdienstausfall (S. 267).

aa) Unterhaltsbelastung

Da sich die Probleme, die im Zusammenhang mit der Frage, ob eine Unterhaltsbelastung als ersatzfähiger Schaden geltend gemacht werden kann, auftauchen, nicht in dem irritierenden und zudem falschen[163] Schlagwort vom „Kind als Schaden" erschöpfen, sondern vielmehr äußerst intrikat sind, werden die einzelnen schadensrechtlichen Aspekte im Folgenden voneinander gelöst. Zunächst wird – unter gänzlicher Ausblendung ethisch-moralischer Überlegungen – der Frage nachgegangen, ob anhand der Differenzhypothese eine Vermögenseinbuße festzustellen ist, die *grundsätzlich* zum Schadensersatz verpflichten würde. Sodann ist zu untersuchen, ob eine normativ-wertende Korrektur des mithilfe der Differenzrechnung gefundenen Ergebnisses angezeigt ist. Ferner wird festgestellt, ob die etwaig bestehende Vermögenseinbuße i. S. d. „Schutzzwecklehre" von der verletzten vertraglichen Pflicht erfasst wird, um schließlich zu beantworten, was im Grunde unter dem Topos „Kind als Schaden" diskutiert wird: Ist es mit der Verfassung in Einklang zu bringen, die Unterhaltskosten eines Kindes als ersatzfähigen Schaden zu qualifizieren?

(1) Schadensberechnung

(a) Der Ausgangspunkt

Bei der Anwendung der Differenzhypothese ist allein auf die Vermögenseinbuße in Form der Unterhaltspflicht gegenüber dem genetisch nicht eigenen Kind abzustellen. Das Kind selbst könnte nie als Schaden qualifiziert werden. Dies würde zum einen die Menschenwürde des Kindes (Art. 1 Abs. 1 GG) in unerträglicher Weise beeinträchtigen[164] und wäre zum anderen nicht mit dem Schadensbegriff des § 249 BGB zu vereinbaren. Denn nicht das Kind an sich, sondern erst die für es getätigten materiellen und immateriellen Leistungen können eine schadensrechtlich relevante Vermögenseinbuße begründen.[165]

Zur Bestimmung des Schadens ist der (hypothetische) Rechtsgüterstand ohne das schädigende Ereignis mit dem tatsächlich gegebenen Rechtsgüterstand zu vergleichen. Die ermittelte Differenz zwischen den Vermögensständen stellt den

---

[163] Vgl. die Richtigstellung bei *Müller* NJW 2003, 697 (698) sowie *Grunsky* Jura 1987, 82.

[164] So die zutr. einhellige Ansicht; vgl. nur *BGH* NJW 1980, 1450 (1451); *Müller* NJW 2003, 697 (698); *Neuner* AcP 214 (2014), 459 (462); *Pahmeier* S. 32, jeweils m. w. N.

[165] Vgl. *Giesen* FamRZ 1970, 565 (567); *Schöbener* JR 1996, 89 (90).

Schaden dar.[166] Das bedeutet zugleich, dass nur dann ein Schaden gegeben ist, wenn die Vermögenseinbuße entfiele, sofern das schädigende Ereignis – mithin die Pflichtverletzung – hinweggedacht würde. In Vertauschungsfällen besteht indessen die Besonderheit, dass die Betroffenen um Hilfe des Reproduktionsmediziners ersuchen, weil sie Eltern eines Kindes werden möchten. Unabhängig von der Frage, ob es letztlich zu einer Vertauschung gekommen ist, war die „drohende" Unterhaltspflicht dem Patientenpaar also bekannt und wurde von diesem akzeptiert. Wäre es nicht zu einer Vertauschung von Keimzellen oder Embryonen gekommen, hätte die Betroffene ein genetisch eigenes Kind zur Welt gebracht und der Unterhalt wäre gleichwohl zu leisten gewesen.[167] Dementsprechend könnte die Vertauschung grundsätzlich keine conditio sine qua non für die Unterhaltszahlungen und damit für die Vermögenseinbuße darstellen.

In Bezug auf die Höhe der ersatzfähigen Unterhaltsleistungen orientiert sich die Rechtsprechung an dem durchschnittlich aufzuwendenden Barunterhalt, der um einen angemessenen Betrag für die Betreuung des Kindes zu ergänzen ist.[168] Die genaue Höhe errechnet sich aus dem gesetzlichen Mindestunterhalt gemäß § 1612a BGB, der sich auf das nach § 32 Abs. 6 S. 1 EStG festgesetzte sächliche Existenzminimum bezieht.[169] Zwar ist dieses Vorgehen stark schematisierend und „dogmatisch nicht zwingend"[170], aber aufgrund der gesetzlichen Verknüpfung von Unterhaltshöhe und wirtschaftlicher Situation des Unterhaltspflichtigen sachgerecht[171] und nahezu alternativlos.[172] Jedenfalls führt es dazu, dass im Rahmen der Differenzhypothese die Berechnung jeweils auf die exakt gleiche Art und Weise unabhängig von dem tatsächlich geleisteten Unterhalt erfolgen würde. Daher stünden sich sowohl bei realer als auch bei hypothetischer Betrachtung der Vermögenslage differenzlos gleiche Wertstände gegenüber. Eine solche Betrachtung kommt zu dem Ergebnis, dass der Regelbedarf in Vertauschungsfällen keine schadensersatzrechtlich relevante Vermögenseinbuße verursacht, die mithilfe der §§ 249 ff. BGB auszugleichen wäre.

---

166 Dazu insgesamt MüKo-BGB/*Oetker* § 249 Rn. 18 f.

167 Vgl. auch *Neuner* AcP 214 (2014), 459 (503).

168 Vgl. *BGH* NJW 1980, 1452; 1984, 658; 1994, 788; 2007, 989 (991); a.A. *Grunsky* Jura 1987, 82 (85).

169 So zutr. Erman/*Ebert* § 249 Rn. 62; MüKo-BGB/*Oetker* § 249 Rn. 38.

170 MüKo-BGB/*Oetker* § 249 Rn. 38.

171 MüKo-BGB/*Oetker* § 249 Rn. 38; *Waibl* NJW 1987, 1513 (1515 ff.); a.A. *Grunsky* Jura 1987, 82 (85).

172 So selbst *Stürner* FamRZ 1985, 753 (760), obschon er den *BGH* im Übrigen kritisiert.

(b) Korrektur der Differenzhypothese

Die ganz überwiegende Ansicht geht jedoch zu Recht davon aus, dass die Differenzhypothese lediglich rechnerischer Ausgangspunkt der Schadensfeststellung sein kann. Daneben bedarf es einer wertenden Betrachtung, um die Schwächen der Differenzhypothese zur Erreichung interessengerechter schadensrechtlicher Lösungen auszugleichen (sog. dualistischer Schadensbegriff).[173] Dies ermöglicht, das mithilfe der Differenzhypothese gefundene Ergebnis zu korrigieren. Auch wenn der Schadensbegriff insoweit einen normativen Gehalt bekommt, hilft es im Hinblick auf die Schadensfeststellung nicht weiter, den Begriff der Normativität bloß als Schlagwort zu gebrauchen.[174] Entscheidend ist vielmehr, dass eine Abweichung von dem natürlich-rechnerischen Schadensverständnis „nur aufgrund konkreter und in der Rechtsordnung bereits angelegter Grundsätze legitim" ist.[175] Im Folgenden wird zunächst überlegt, ob ein solcher Grundsatz für den Fall vertauschter Keimzellen oder Embryonen existiert (aa). Diese Überlegungen bereiten den Boden für Feststellungen zu der Übertragbarkeit der wertenden Erwägung auf das Zivilrecht allgemein (bb) sowie auf den hier zu beurteilenden Fall im Speziellen (cc).

(aa) Zweckverfehlung

Im Rahmen der strafrechtlichen Analyse wurde bereits festgestellt, dass das Patientenpaar einem Motivirrtum unterliegt. Nach der Vorstellung des Paares wird auf die Patientin ein Embryo transferiert, der genetisch mit beiden Partnern verwandt ist. Tatsächlich ist dies allerdings nicht der Fall, sodass ein beachtlicher Willensmangel die Einwilligung der Patientin unwirksam macht (S. 201 ff.). Mit anderen Worten: Die Einwilligung dient nicht dem von der Patientin verfolgten Zweck, infolge der assistierten Reproduktion ein genetisch mit ihr und ihrem Partner verwandtes Kind auszutragen. Dieser Aspekt der Zweckverfehlung offenbart eine gewisse Parallele zu einem ähnlichen Problem, das v. a. im strafrechtlichen Kontext diskutiert wird. Der Betrugstatbestand (§ 263 Abs. 1 StGB) verlangt nach ganz überwiegender Auffassung einen Vermögensschaden, der auf einer täuschungsbedingt unbewussten Selbstschädigung beruht.[176] Aufgrund dessen bereiten Fälle des sog. Bettel- bzw. Spenden- und Subventionsbetrugs erhebliche Probleme. Denn in solchen Fällen ist sich der Verfügende regelmäßig

---

[173] *BGH* NJW 1987, 50 (51); 1998, 302 (304); Erman/*Ebert* § 249 Rn. 47; *Lange/Schiemann* § 1 III 1, S. 38 f.; MüKo-BGB/*Oetker* § 249 Rn. 22; Staudinger/*Schiemann* Vor § 249 Rn. 41 f.

[174] *Lange/Schiemann* § 1 III 1, S. 38 ff.; ähnlich MüKo-BGB/*Oetker* § 249 Rn. 22.

[175] So *Lange/Schiemann* § 1 III 1, S. 39.

[176] *Fischer* § 263 Rn. 70; Schönke/Schröder/*Perron* § 263 Rn. 3.

bewusst, dass er Vermögenswerte weggibt, ohne dafür einen wirtschaftlichen Gegenwert zu erlangen. Insofern liegt eine bewusste Vermögensschädigung vor, die keinen tatbestandsrelevanten Vermögensschaden begründen kann. An dieser Stelle knüpft die sog. Lehre von der Zweckverfehlung an.[177]

Ausgangspunkt dieser Lehre ist die Überlegung, dass der Verfügende zwar bewusst Vermögenswerte weggibt, ohne dafür einen wirtschaftlichen Gegenwert zu erlangen, aber gleichwohl davon ausgeht, mit seiner Vermögensverfügung das anvisierte Ziel zu erreichen.[178] Im Fall des Bettel- oder Spendenbetrugs liegt der Verfügung eine sozial-altruistische Zwecksetzung zugrunde, mit Subventionen wollen staatliche Stellen z. B. bestimmte sozial-, gesellschafts- oder wirtschaftspolitische Zwecke verfolgen. Verwendet der Verfügungsempfänger die Vermögenswerte entgegen der Zwecksetzung des Verfügenden, so wird das verfolgte Ziel nicht erreicht. Diese Zweckverfehlung hat zur Folge, dass die mit der Vermögensverfügung verbundene Erwartung frustriert wird, woraus sich trotz des Erfordernisses einer bewussten Selbstschädigung ein betrugsrelevanter Vermögensschaden ergeben könne.[179] Nun soll im ersten Schritt untersucht werden, ob die hinter der Zweckverfehlungslehre stehende Erwägung prinzipiell geeignet ist, als Rechtsgrundsatz zur wertenden Korrektur der Differenzhypothese herangezogen zu werden. Im zweiten Schritt wird sodann geprüft, inwiefern die Überlegung auch für den hier zu beurteilenden Fall fruchtbar gemacht werden kann.

(bb) Abstrakte Vergleichbarkeit

Schutzgut des § 263 Abs. 1 StGB ist nach einhelliger Auffassung ausschließlich das Vermögen,[180] weshalb sich die Schadensfeststellung auch nur auf einen Vermögensschaden bezieht. Demgegenüber erfasst § 253 Abs. 1 BGB auch der Persönlichkeitssphäre zuzurechnende ideelle Güter und damit einen immateriellen Schaden.[181] Gleichwohl deckt sich in Bezug auf Vermögensschäden das Begriffsverständnis der §§ 249 ff. BGB grundsätzlich mit demjenigen des § 263 Abs. 1 StGB, da in beiden Fällen sämtliche in Geld messbare Werte erfasst

[177] Vgl. Schönke/Schröder/*Perron* § 263 Rn. 102; *Fischer* § 263 Rn. 137; *Kargl* wistra 2008, 121 (125).

[178] *BGH* NJW 2014, 2295 (2297); BeckOK-StGB/*Beukelmann* § 263 Rn. 49.1; Lackner/Kühl/*Kühl* § 263 Rn. 56; Schönke/Schröder/*Perron* § 263 Rn. 102; *Deutscher/Körner* JuS 1996, 296 (302).

[179] *Deutscher/Körner* JuS 1996, 296 (302); *Kargl* wistra 2008, 121 (125).

[180] RGSt 74, 167 (168); *BGH* NJW 1961, 1876; 1962, 309 (310); 1987, 388 (389); *Fischer* § 263 Rn. 3; MüKo-StGB/*Hefendehl* § 263 Rn. 1; NK-StGB/*Kindhäuser* § 263 Rn. 10; Schönke/Schröder/*Perron* § 263 Rn. 1/2.

[181] *Lange/Schiemann* § 2 I 2, S. 52.

sind[182] und das Vermögen im Ganzen geschützt wird.[183] Mit Blick auf den Grundsatz der einheitlichen Rechtsordnung liegt es nahe, für die strafrechtliche Schadensfeststellung maßgebliche Erwägungen grundsätzlich auch auf das Zivilrecht zu übertragen. Dies gilt umso mehr, als die Parallelität der Schadensbegriffe im Grunde auch normativ vorgezeichnet wird. So wäre es etwa im Rahmen des § 823 Abs. 2 BGB bei einer Verletzung des § 263 Abs. 1 StGB als Schutzgesetz mit Inkongruenzen verbunden, den Schaden strafrechtlich unter Berücksichtigung der Zweckverfehlungslehre zu bejahen, ihn daraufhin aber zivilrechtlich zu negieren. Dann wäre nämlich eine strafrechtliche Sanktionierung durch § 263 Abs. 1 StGB gegeben, ohne dass die Möglichkeit für das Opfer bestünde, den Schaden gegenüber dem Schädiger zu liquidieren. Dies wird zum Teil mithilfe eines Erst-Recht-Schlusses untermauert: Wenn schon das durch Art. 103 Abs. 2 GG in seinen Auslegungsmöglichkeiten stärker beschränkte Strafrecht die Schadensfeststellung aufgrund einer zweckbezogenen Wertung ermöglicht, wäre es ein „kaum nachvollziehbares Ergebnis, wenn sich das in den Auslegungskriterien flexiblere Zivilrecht insoweit einer rein objektiven Betrachtung verpflichtet fühlen und damit einen Schaden verneinen wollte."[184]

Insoweit folgerichtig geht der *BGH* auch in Zivilsachen davon aus, dass in Fällen des Subventionsbetrugs die zweckfremde Hergabe von Subventionen „nicht nur haushaltsrechtlich die ungedeckte Verwendung der Mittel, sondern gleichzeitig auch einen entsprechenden vermögensmäßigen Schaden des Staates zur Folge [hat], weil nämlich Mittel für unberechtigte Zuwendungen etatmäßig überhaupt nicht zur Verfügung stehen."[185] Dabei wird zum einen betont, dass der Schaden bereits in der Verfehlung des Zweckes liege,[186] und zum anderen, dass die strafrechtliche Bewertung im Rahmen des Betrugstatbestandes vergleichbar sei.[187] Demzufolge ist der Aspekt der Zweckverfehlung bei der wertenden Korrektur der Differenzrechnung im Rahmen der §§ 249 ff. BGB grundsätzlich zu berücksichtigen.

---

[182] Vgl. *Lange/Schiemann* § 2 I 2, S. 50 f.; MüKo-BGB/*Oetker* § 249 Rn. 28; *Fischer* § 263 Rn. 91; LK/*Tiedemann* § 263 Rn. 132.

[183] *Fischer* § 263 Rn. 3; NK-StGB/*Kindhäuser* § 263 Rn. 35; Schönke/Schröder/*Perron* § 263 Rn. 3.

[184] So *Büdenbender* NJW 2000, 986 (991).

[185] *BGH* NJW 1989, 974 (975); ebenso *BGH* NJW 1998, 302 (304 f.); NJW-RR 2005, 611 (612 f.); NZG 2014, 835 (837); NJW-RR 2015, 275 (276).

[186] *BGH* NJW-RR 2005, 611 (613); NZG 2014, 835 (837).

[187] So explizit *BGH* NJW 1998, 302 (304); NJW-RR 2005, 611 (613) verweist zudem auf strafrechtliche Judikate.

(cc) Konkrete Übertragbarkeit

Soll die Zweckverfehlung auch für die Vertauschungskonstellation fruchtbar gemacht werden, muss die Situation sowohl in tatsächlicher als auch in normativ-wertender Hinsicht mit derjenigen des Bettel- bzw. Spenden- oder Subventionsbetrugs vergleichbar sein. Dabei soll der Fokus auf der Frage liegen, welche Zwecke überhaupt als beachtlich zu bewerten sind und welche unberücksichtigt bleiben müssen. Für den hier aufgeworfenen Ansatz kann nämlich letztlich nicht entscheidend sein, ob irgendein Zweck nicht erreicht wird, sondern vielmehr die Einsicht, dass gerade der verfehlte Zweck als bedeutsam einzustufen ist.[188] Aus dem Vergleich mit den Bettel- bzw. Spendenbetrugsfällen auf der einen und dem Subventionsbetrug auf der anderen Seite kann jeweils eine aufschlussreiche Erkenntnis für die hier zu beurteilenden Fälle gewonnen werden. Bettel- und Spendenbetrugsfällen liegt ein nahezu identischer Sachverhalt zugrunde: Dem Opfer wird vom Täter vorgespiegelt, dass die anvisierte Vermögensverfügung einem sozialen Zweck diene. Um diesen sozialen Zweck zu unterstützen, entscheidet sich das Opfer dazu, sein Vermögen um einen Vermögensgegenstand zu verringern. Abgesehen von dem Irrtum über die tatsächliche Verwendung der Vermögenswerte entscheidet sich das Opfer eigenverantwortlich und bewusst dazu, sein Vermögen zu verringern. Daher liegt eine bewusste Selbstschädigung vor, die dem Schutzzweck des Betrugstatbestands nicht unterfallen soll (S. 233 f.). Ähnlich gelagert ist die Situation bei den Vertauschungsfällen. Zwar erfolgen die Unterhaltszahlungen der Eltern in erster Linie deshalb, weil sie ihrer gesetzlichen Verpflichtung aus § 1601 BGB nachkommen wollen. Allerdings ist dieser Umstand nicht entscheidend. Maßgeblich ist vielmehr, dass die Eltern Entscheidungen getroffen haben – so z. B. die Abgabe der den Behandlungsvertrag herbeiführenden Willenserklärungen oder die Einwilligung in die Durchführung der assistierten Reproduktion –, die zu der Geburt eines Kindes und der damit untrennbar verbundenen Unterhaltspflicht geführt haben. Anzuknüpfen ist folglich an das die Unterhaltsverpflichtung verursachende Verhalten, in dem durchaus eine bewusste Selbstschädigung liegt. Daher sind die Fälle des Bettel- bzw. Spendenbetrugs mit dem hier zu bewertenden Vertauschungsfall vergleichbar.

In Bettel- und Spendenbetrugsfällen wird als entscheidendes Kriterium für die Auswahl, welcher Zweck als beachtlich einzustufen ist, zumeist der Begriff der „sozialen Zweckverfehlung" verwendet.[189] Dem liegt die Überlegung zugrunde, dass nicht jeder Motivirrtum Berücksichtigung finden kann, sondern nur die Ver-

---

[188] So im Ergebnis wohl auch *Rudolphi* NStZ 1995, 289.

[189] *BGH* NJW 1992, 2167; 1995, 539 m. Anm. *Rudolphi* NStZ 1995, 289; Schönke/Schröder/*Perron* § 263 Rn. 102; Wessels/*Hillenkamp* Rn. 554; *Deutscher/Körner* JuS 1996, 296 (298).

fehlung eines Zweckes, „der dem Verfügenden in der konkreten Situation notwendig und sinnvoll erscheint.“[190] Zur Abgrenzung wird häufig auf Fälle verwiesen, in denen ein Spendensammler Personen zur Abgabe höherer Spendensummen dadurch veranlasst, dass er vorgibt, die Nachbarn hätten ebenfalls namhafte Beträge gespendet.[191] In solchen Konstellationen sei das mit der Verfügung verfolgte Ziel ein bloßes „Affektionsinteresse“ oder als „persönliche Marotte“ zu werten.[192] Uneinigkeit besteht jedoch im Hinblick auf die Frage, wo genau die Trennlinie zwischen solch unbeachtlichen Motiven und den zu berücksichtigenden Zwecksetzungen verläuft. Auch wenn an dieser Stelle nicht jeder dazu vertretene Konkretisierungsansatz gewürdigt werden soll, kann festgehalten werden, dass sämtliche Vorschläge eine wertende Betrachtung erfordern.[193] Während einige dabei etwa auf allgemein gebilligte soziale Zwecke oder sittliche Anstandspflichten abstellen wollen, ziehen andere alternativ bzw. kumulativ gewisse rechtliche Elemente heran.[194] Ohne damit eine für sämtliche Zwecksetzungen verbindliche Aussage treffen zu wollen, sei jedenfalls für den hier zu beurteilenden Fall Folgendes festgehalten: Das Ziel, für ein genetisch eigenes Kind unterhaltspflichtig zu werden, kann – im weiten Sinne – als sozialer Zweck bezeichnet werden, der sowohl sittlich anständig als auch allgemein gesellschaftlich gebilligt ist. Angesichts der Tatsache, dass der Behandlungsvertrag auf die Zeugung eines genetisch eigenen Kindes abzielt (S. 226), ist der Zweck als „notwendig und sinnvoll“ (s. o.) sowie objektivierbar einzustufen und ist der konkreten Leistung immanent. Denn er konkretisiert letztlich nur die dem Abschluss des Behandlungsvertrags zugrundeliegende Motivation des Patientenpaares. Insoweit gilt, dass die von den Eltern verfolgte Zielsetzung grundsätzlich beachtlich ist und bei der wertenden Korrektur der Differenzrechnung berücksichtigt werden muss.

---

190 *BGH* NJW 1992, 2167; 1995, 539 mit dem Hinweis, dass es sich auch um „indirekt wirtschaftlich relevante Zwecke“ handeln könne; zust. BeckOK-StGB/*Beukelmann* § 263 Rn. 49.1 f.

191 Schönke/Schröder/*Perron* § 263 Rn. 102; *Cramer,* Vermögensbegriff, S. 206 f.; *Rudolphi* FS Klug, S. 315 (318); Wessels/*Hillenkamp* Rn. 554 ff.; a. A. *BayObLG* NJW 1952, 798.

192 Vgl. statt vieler MüKo-StGB/*Hefendehl* § 263 Rn. 838 m. w. N.; s. auch Lackner/Kühl/*Kühl* § 263 Rn. 56: „unerheblich sind Bedingungen, die nicht in den Zweckzusammenhang [...] gehören“.

193 Einen guten Überblick gewährt MüKo-StGB/*Hefendehl* § 263 Rn. 838, der zudem zutr. darauf hinweist, dass sich die Positionen i.Erg. ähneln, auch wenn die Kriterien unterschiedlich sind.

194 So etwa Wessels/*Hillenkamp* Rn. 554: „Zur Schadensbegründung geeignet kann nur eine objektivierbare, der konkreten Leistung immanente und wirtschaftlich relevante Zwecksetzung sein“; ebenso *Deutscher/Körner* JuS 1996, 296 (298); ähnlich *Gallas* FS Schmidt, S. 401 (435).

Damit ist allerdings noch nicht dargetan, ob diese spezielle Zweckverfehlung auch in dem hier interessierenden Kontext einer Unterhaltsverpflichtung (§§ 1601 ff. BGB) beachtlich ist. Dahingehend können weitere Erkenntnisse aus einem Vergleich mit dem Fall des Subventionsbetrugs gewonnen werden. Dort wird eine staatliche Stelle mithilfe der Täuschung, die gewährten Mittel entsprechend der von ihr aufgestellten Zwecksetzung zu verwenden, zu der Auszahlung von Subventionsgeldern gebracht. Auch in diesem Fall ist sich die staatliche Stelle bewusst, dass sie für den Einsatz der Mittel keinen wirtschaftlichen Gegenwert zur Kompensation der Vermögenseinbuße erhält. In aller Regel sind die rechtlichen Rahmenbedingungen einer Subventionsvergabe so ausgestaltet, dass eine Rechtspflicht zur Gewährung explizit vorgesehen ist oder sich eine solche jedenfalls aus einer Ermessensreduzierung auf null ergibt, sofern bestimmte Vergabevoraussetzungen erfüllt sind.[195] Damit besteht insofern eine Vergleichbarkeit zu dem Fall der Unterhaltszahlung in Vertauschungskonstellationen. Denn auch hier wird letztlich geleistet, um von einer gesetzlichen Verpflichtung frei zu werden (S. 236).

Um den entscheidenden Aspekt pointiert herausarbeiten zu können, soll ein Beispiel des Subventionsbetrugs zur Verdeutlichung dienen: die Förderung von Agrarumweltmaßnahmen durch das Land Nordrhein-Westfalen. Ziffer 7 der Richtlinie zur Förderung von Agrarumweltmaßnahmen[196] sieht vor, dass der Anbau vielfältiger Kulturen im Ackerbau (Ziff. 7.1) mit Zuschüssen durch die Landwirtschaftskammer NRW als Landesbeauftragte gefördert wird (Ziff. 7.3). Voraussetzung für die Förderung ist, dass auf der Ackerfläche des landwirtschaftlichen Betriebs jährlich mindestens fünf verschiedene Hauptfruchtarten mit einem Anteil von mindestens 10 % und maximal 30 % angebaut werden (Ziff. 7.2.1 S. 1). In Bezug auf diese Fördermaßnahme wäre unzweifelhaft von einem Subventionsbetrug auszugehen, wenn der mit der Subvention bedachte Landwirt die Mittel dadurch erlangt, dass er in seinem Förderantrag den Anbau jeder Hauptfruchtsorte mit 20 % angibt, obwohl er ausschließlich (lukratives) Getreide anbauen will. In diesem Fall wäre der in Ziffer 7.1 verankerte Zweck, die ökologische Landwirtschaft durch die Aufrechterhaltung vielfältiger Kulturen im Ackerbau zu fördern, verfehlt und die mit der Förderung verbundene Erwartung frustriert.

---

[195] Dazu nur MüKo-StGB/*Hefendehl* § 263 Rn. 855. Denn die Vergabe von Subventionen wird nur deshalb in das Ermessen der Behörde gestellt, weil dem Umstand, dass lediglich begrenzte Haushaltsmittel zur Verfügung stehen, Rechnung getragen werden muss und daher kein Rechtsanspruch auf die Gewährung der Subvention bestehen kann. Sind Mittel verfügbar und werden die Vergabevoraussetzungen erfüllt, reduziert sich das Ermessen in aller Regel auf null.

[196] Vgl. die entsprechende RL unter MBl. NRW 2015 Nr. 34 v. 07.12.15, S. 733 ff.

Nun stelle man sich aber vor, die Landwirtschaftskammer NRW ginge davon aus, dass die Förderung ausschließlich wirtschaftlich schwachen Betrieben und nicht generell ökologisch arbeitenden Betrieben zukommen soll. Vergibt sie in einem solchen Fall die Subvention an einen wirtschaftlich potenten Öko-Landwirt, weil dieser nicht nur (zutreffend) angab, die Fördervoraussetzung der Ziffer 7.2.1 zu erfüllen sondern auch vortäuschte, sich in finanziellen Schwierigkeiten zu befinden, wird der von der Landwirtschaftskammer NRW verfolgte Zweck der Vermögensverfügung verfehlt. Allerdings bezweckt Ziffer 7 lediglich, die ökologische Landwirtschaft durch die Gewährleistung vielfältiger Kulturen im Ackerbau zu fördern (Ziff. 7.1). Es wird also ein in erster Linie umweltpolitisches Ziel verfolgt. Das von der Behörde zusätzlich verfolgte (primär sozialpolitische) Ziel der Förderung von finanzschwachen Betrieben mag zwar ehrenwert sein, ist jedoch rechtlich unbeachtlich, da Ziffer 7.1 diese Zielsetzung nicht vorsieht. Daher können weder Täuschung noch Irrtum oder Schaden als betrugsrelevant qualifiziert werden, sodass § 263 Abs. 1 StGB tatbestandlich nicht erfüllt wäre. Daraus ist zu schließen, dass eine Zweckverfehlung nur dann zur Schadensbegründung herangezogen werden kann, wenn ein Zweck verfolgt wird, der in Bezug auf die jeweilige Vermögensverfügung nicht als rechtlich bedeutungslos zu qualifizieren ist. In einem gesetzlich determinierten Umfeld wie der Subventionsvergabe ist es daher erforderlich, dass Zweck und Vermögensverfügung bereits normativ auf gewisse Weise miteinander verknüpft sind. Zwar besteht bei Subventionen die Besonderheit, dass der staatlichen Stelle die Auswahl der beachtlichen Zwecke durch ein Gesetz vorgegeben wird, während ein Privatrechtssubjekt grundsätzlich autonom bestimmt, welche Zwecke es mit einer Verfügung verfolgt. Allerdings kann auch ein privatautonomer Zweck lediglich dann berücksichtigt werden, wenn er in keinem normativen Kontext steht, der individuelle Ziele der Beteiligten für unbeachtlich erklärt.

Insofern wäre Voraussetzung dafür, die mit dem Eingehen der Unterhaltsverpflichtung verbundene Zielsetzung der Eltern zu berücksichtigen, dass diese von den §§ 1601 ff. BGB jedenfalls nicht als irrelevant bewertet wird. Allerdings spielt die Vorstellung der Eltern, einem genetisch eigenen Kind Unterhalt zu leisten, im Rahmen der §§ 1601 ff. BGB keine Rolle. Ganz im Gegenteil: § 1601 BGB knüpft durch die Verwendung des Begriffs „Verwandte" an die abstammungsrechtliche Lage (§§ 1591 ff. BGB) an und erklärt damit die gesetzliche und nicht die genetische Elternschaft für allein maßgeblich. Dies wird durch § 1607 Abs. 3 S. 2 BGB gestützt, der einen Unterhaltsregress des rechtlichen gegen den genetischen Vater nur zulässt, wenn dieser seinerseits rechtlich als Vater festgestellt wurde. Auch wenn hier an das der konkreten Unterhaltsleistung vorgelagerte Geschehen angeknüpft wird (S. 236), kann dennoch nicht außer Acht gelassen werden, dass Bezugspunkt dieses Geschehens im Ergebnis doch die gesetzliche Verpflichtung des § 1601 BGB ist. Gerade deshalb wird es nach hier vertretener Auffassung auch nicht möglich sein, die Wertung des normativen Kontexts unter Verweis auf diese Vorverlagerung zu umgehen. Vielmehr ist zu berücksichtigen, dass die Entscheidung, die rechtliche Elternstellung im Rahmen der §§ 1601 ff. BGB als das einzig entscheidende Kriterium einzustufen, zugleich der genetischen Elternschaft ihre Bedeutung in diesem Kontext abspricht. Damit wird auch die individuelle Zielsetzung eines Unterhaltsverpflichteten, die an dieses Kriterium anknüpft, für unbeachtlich erklärt. Daher muss die Vorstellung, bloß dem genetisch eigenen Kind Unterhalt zu gewähren, bei der Feststellung eines Schadens unberücksichtigt bleiben, da die zu berücksichtigenden Zwecke durch die gesetzliche Konzeption abschließend festgelegt wurden.

(dd) Schlussfolgerung

Dementsprechend können zwei Einsichten formuliert werden: Zum einen ist eine normativ-wertende Korrektur des mithilfe der Differenzhypothese bei Unterhaltsleistungen gefundenen Ergebnisses in Vertauschungsfällen nicht geboten. Es verbleibt insoweit bei der Feststellung, dass die Eltern grundsätzlich auch bei Ausbleiben des pflichtwidrigen Verhaltens eine Vermögenseinbuße erlitten hätten, da sie auch in diesem Fall unterhaltspflichtig gewesen wären (S. 231 ff.). Dieses Ergebnis beruht jedoch entscheidend auf der Besonderheit, dass die §§ 1601 ff. BGB individuelle Zwecke für bedeutungslos erklären, die nicht mit der Anknüpfung an die rechtliche Elternschaft übereinstimmen. Das ändert hingegen nichts daran, dass es sich bei der Zielvorstellung, dem genetischen Kind Unterhalt gewähren zu wollen, grundsätzlich um einen beachtlichen Zweck handelt (S. 236 f.). Zum anderen ergibt sich aus dem Vorstehenden, wieso die Zweckverfehlung im Rahmen des § 223 Abs. 1 StGB beachtlich ist und zur Unwirksamkeit der Einwilligung führt, während sie hier keine Berücksichtigung finden kann. Die Einwilligung in eine Körperverletzung betrifft ein Schutzgut, dessen Gehalt nicht mithilfe rechtlicher Wertungen bestimmt werden muss. Demgegenüber ist das Vermögen nach ganz überwiegender Auffassung eine nicht allein vorrechtlich bzw. „natürlich“ zu bestimmende Güteransammlung.[197] Deshalb muss mit Blick auf das Vermögen stets untersucht werden, ob der eine Vermögensverfügung auslösende Motivirrtum bei normativ-wertender Betrachtung als beachtlich für die jeweilige Verfügung anzusehen ist.

---

197 Dazu die Nachweise bei Kap. F, Fn. 173.

(c) Doppelbelastung als Vermögenseinbuße

Ungeachtet dessen könnte sich eine Vermögenseinbuße aus der bereits oben thematisierten Möglichkeit ergeben, dass ein Vater doppelt auf Unterhalt in Anspruch genommen wird (S. 154 ff.). Kann ein Vater seine Vaterschaft anfechten, während der Komplementär-Vater aus rechtlichen Gründen an der Anfechtung gehindert ist,[198] wird dieser sowohl von seinem genetischen als auch dem nicht-genetischen, aber rechtlichen Kind auf Unterhalt in Anspruch genommen. Der Unterhaltsaufwand verdoppelt sich damit, was zu einer Überschreitung der ursprünglich akzeptierten Unterhaltskosten führt: Die Patienten wollten lediglich ein gemeinsames Kind bekommen und auch nur für dieses Kind unterhaltspflichtig werden.[199] Sollte ein solcher Fall eintreten, wäre die zusätzliche Unterhaltsbelastung auf Grundlage der lex lata als schadensersatzrechtlich relevante Vermögenseinbuße zu bewerten. Unerheblich ist dabei, ob an den Unterhaltsaufwand für das genetische oder das nur rechtliche Kind angeknüpft wird, da die von der Rechtsprechung vorgenommene schematische Betrachtung zu gleichen Ergebnissen in Bezug auf den Regelunterhalt gelangt.

Indes sei schon an dieser Stelle angemerkt, dass es meines Erachtens kaum interessengerecht ist, die Kosten für den Regelunterhalt auf den Behandelnden abwälzen und sich selbst durch Anfechtung von jeder Unterhaltspflicht gänzlich befreien zu können. Denn wie bereits dargelegt, haben beide Patientenpaare den Unterhaltsaufwand für ihr genetisch eigenes Kind mit dem Abschluss des Behandlungsvertrags akzeptiert. Warum nun ein Vater aufgrund des für ihn „glücklichen" Umstandes, dass seiner Anfechtung keine rechtlichen Gründe entgegenstehen, von seiner Unterhaltspflicht völlig frei werden sollte, leuchtet nicht ein. Insoweit erscheint es weitaus interessengerechter, wenn der Ausgleich der Unterhaltskosten de lege ferenda im Verhältnis zwischen den beiden von der Vertauschung betroffenen Paaren stattfindet (dazu eingehend S. 339 ff.). Diese Überlegungen besitzen jedoch ausschließlich für Konstellationen Gültigkeit, in der es infolge der Vertauschung zu der Geburt zweier Kinder gekommen ist, die jeweils mit dem rechtlichen Vater genetisch nicht verwandt sind. War die Behandlung nur bei einem Patientenpaar erfolgreich, bleibt kein Raum für die hier zur Diskussion gestellte Ausgleichssystematik.

---

[198] Darüber hinaus müsste die Anfechtung ebenso wie etwa die Adoption als persönliche Entscheidung des Betroffenen gewertet werden, zu der kein rechtlicher Zwang bestehen darf; vgl. auch S. 281 f.

[199] Dies gilt sowohl bei einem Single-Embryo-Transfer als auch bei dem Transfer mehrerer Embryonen. Denn das darin angelegte Risiko einer Mehrlingsschwangerschaft kann nicht mit dem Vertauschungsrisiko gleichgesetzt werden. Außerdem würde andernfalls für den Arzt der bedenkliche Anreiz gesetzt, zu gefahrträchtigeren Mehrlingsschwangerschaften zu raten, um das Risiko vertraglich abzusichern.

(d) Teilbarkeit von Regel- und Mehrbedarf

Daneben könnte ein Schaden in solchen – zugegebenermaßen recht außergewöhnlichen – Fällen entstehen, in denen die betroffene Patientin ein Kind zur Welt bringt, das aufgrund einer durch die spezifische Kombination der vertauschten Keimzellen ausgelöste Behinderung einen finanziellen Mehraufwand verursacht, der über den oben beschriebenen Regelaufwand (S. 232) hinausgeht. In einem solchen Fall ließe sich – jedenfalls sofern das genetisch eigene Kind nicht ebenfalls eine Behinderung aufwiese, die exakt den gleichen Mehraufwand verursachen würde – die Vertauschung nicht hinwegdenken, ohne dass der Unterhalt zumindest niedriger ausfiele. Daraus ergäbe sich nach der Differenzhypothese eine Vermögenseinbuße, der grundsätzlich schadensersatzrechtliche Relevanz zukäme.

Indes vertritt der *BGH* in vergleichbaren Fällen des behinderungsbedingten Mehrbedarfs, dass sich der Unterhaltsaufwand nicht aufteilen ließe „in solchen, der für ein hypothetisch gesundes Kind von den Eltern familienrechtlich geschuldet wird, und einen solchen, der durch den Gesundheitsschaden des Kindes zusätzlich bedingt ist."[200] Da schon die Geburt eines geschädigten (oder vertauschten) Kindes unerwünscht sei, könne auch nur die volle Unterhaltslast für dieses Kind von vornherein als ungewollt qualifiziert werden.[201] Überträgt man diese Erwägungen auf den hiesigen Fall, scheinen die vorstehenden Überlegungen ihre Gültigkeit zu verlieren: Soll nämlich entscheidend sein, ob die Unterhaltslast als unerwünscht zu bewerten ist oder nicht, dann müsste in Vertauschungskonstellationen – entgegen dem eingangs gefundenen Ausgangspunkt – auch der Regelbedarf als Schaden eingestuft werden. Denn die Eltern wollten ein genetisch eigenes Kind zur Welt bringen und allein die Unterhaltspflicht gegenüber diesem Kind war – legt man die Maßstäbe des *BGH* zugrunde – „erwünscht".

Unabhängig von der Frage, wie sich die Feststellung auswirkt, dass die Zweckverfehlung in dem hier zu beurteilenden Fall bei einer Unterhaltspflicht keine Berücksichtigung finden kann (S. 240), überzeugt die Rechtsauffassung des *BGH* meines Erachtens ohnehin nicht, wendet man sie in Vertauschungsfällen an. Zum einen ist die Vergleichbarkeit der beiden Konstellationen nur auf den ersten Blick gegeben, während tatsächlich erhebliche Zweifel angezeigt sind. So ist unverkennbar, dass auch der *BGH* der oben dargestellten Kausalitätsfrage maßgebliche Bedeutung beimisst. Anders kann seine – im Hinblick auf das Ergebnis durchaus als zentral zu bewertende – Äußerung, es „liege auf der Hand", dass die Eltern

---

[200] *BGH* NJW 1984, 658 (660); 1994, 788 (793). Zust. *Zimmermann* JZ 1997, 131 (132).

[201] *BGH* NJW 1984, 658 (660); a.A. *Deutsch* VersR 1995, 609 (614), der die Anspruchsversagung „für funktionell kaum noch vertretbar" hält.

bei richtiger Behandlung gar kein Kind zur Welt gebracht hätten,[202] nicht gedeutet werden.[203] Darin liegt aber gerade der entscheidende Unterschied zwischen dem vom *BGH* zu entscheidenden Fall einer mangelhaften genetischen Beratung und den Vertauschungskonstellationen. Hätte der Reproduktionsmediziner seine vertragliche Pflicht nicht verletzt, wäre in Vertauschungsfällen ein genetisch mit den Eltern verwandtes Kind zur Welt gekommen.

Zum anderen wirft die Vorgehensweise des *BGH* auch inhaltliche Fragen auf. Die Unteilbarkeit des Unterhaltsaufwands in Regel- und Mehrbedarf begründet der VI. Zivilsenat letztlich vor allem damit, dass „es auch mit der Achtung vor der Person des Kindes i. S. von Art. 1 Abs. 1 GG unvereinbar [sei], an seine Existenz und die sich hieraus im einzelnen ergebenden Bedürfnisse den Maßstab eines ‚normalen' Kindes anzulegen."[204] Eben jener Senat urteilt jedoch in ständiger Rechtsprechung, dass bei der Bewertung einer Unterhaltspflicht als Schaden eine streng abstrahierende schadensersatzrechtliche Betrachtung einzuhalten sei, sodass das Kind selbst als Schadensquelle ausscheide.[205] Nur dieses Verständnis ermöglicht überhaupt, den Unterhaltsaufwand für ein Kind schadensersatzrechtlich zu erfassen. Es wird aber geradezu konterkariert, wenn der *BGH* nun mit Erwägungen zur Würde des Kindes versucht, die Unteilbarkeit des Unterhaltsaufwandes zu begründen.

Würde der VI. Zivilsenat die selbstauferlegte schadensrechtliche Betrachtung wirklich konsequent einhalten, käme er zu dem Ergebnis, dass eine Argumentation unter Bezugnahme auf die Würde des Kindes ausscheiden sollte.[206] Sie kann nämlich nur gelingen, wenn man die objektive Ebene der isolierten Unterhaltspflicht verlässt und nach den Ursachen für diese Verpflichtung sucht. Dies macht der *BGH* – nicht nur inhaltlich, sondern auch sprachlich – recht offensichtlich, wenn er die „Existenz und die sich hieraus im einzelnen ergebenden Bedürfnisse"[207] des Kindes ins Verhältnis zum Unterhaltsaufwand setzt. Damit widerspricht er seinen eigenen Prämissen zur grundsätzlichen schadensersatzrechtlichen Erfassung des Unterhaltsaufwands. Denn eine konsequent schadensrechtliche Betrachtung würde eben nicht auf die Existenz des Kindes zurückgreifen und sie damit letztlich – entgegen dem eigenen „Dogma" – als Schadensquelle benennen.[208] Dass der *BGH* in dem Vergleich zwischen hypothetisch gesundem Kind

---

[202] *BGH* NJW 1994, 788 (793).

[203] Vgl. dazu auch *Riedel* S. 115.

[204] *BGH* NJW 1994, 788 (793); zust. *Müller* NJW 2003, 697 (705); *Olzen/Kubiak* JZ 2013, 495 (501).

[205] Vgl. nur BGH NJW 1994, 788 (791 f.) m. w. N. Dazu im Einzelnen noch unter S. 249 ff.

[206] So auch *Roth* NJW 1994, 2402 (2403); ähnlich bereits *ders.* FuR 1993, 305 (307 f.).

[207] *BGH* NJW 1994, 788 (793); *Müller* NJW 2003, 697 (705).

[208] Vgl. *Roth* NJW 1994, 2402 (2403). Tut man dies doch, darf nicht außer Acht gelassen

und dem behinderten Kind selbst eigentlich keinen Würdeverstoß sieht, zeigt bereits die Tatsache, dass er ihn toleriert, wenn er durch das begrenzte Begehren einer Prozesspartei bedingt wird.[209] Insoweit hat er ausgeführt, dass „die durch die Behinderung bedingten Mehraufwendungen als ersatzfähiger Schaden in Frage kommen können."[210] Weshalb aber die Frage, ob nur der Mehraufwand oder der gesamte Unterhaltsaufwand geltend gemacht wurde, Auswirkungen für die Bewertung der grundsätzlichen Teilbarkeit des Unterhaltsaufwands mit sich bringen sollte, ist nicht ersichtlich.

Auch mit den unterschwellig anklingenden Zweifeln[211] in Bezug auf die Berechenbarkeit des Mehraufwands kann der *BGH* nicht durchdringen. Angesichts der Tatsache, dass der Regelaufwand anhand einer schematisierenden Berechnung bestimmt wird (s. o.), kann dieser Regelbedarf ohne Weiteres von dem den behinderungsbedingten Mehraufwand umfassenden Gesamtunterhaltsaufwand subtrahiert werden. Es verbleibt der Mehraufwand, der als Schaden geltend gemacht werden kann. Dass eine solche Vorgehensweise faktisch möglich ist, hat eben auch der *BGH* höchstselbst anerkannt.[212]

Nach hier vertretener Auffassung würde die Erstattungsfähigkeit des gesamten Unterhaltsaufwands eine Über- bzw. Fehlbetonung subjektiver Elemente bedeuten.[213] Entscheidender Bezugspunkt für die elterlichen Vorstellungen bzw. Wünsche muss die schadensbegründende Unterhaltsverpflichtung bleiben. Akzeptieren die Eltern eine Unterhaltspflicht, um ihren Wunsch nach einem Kind zu verwirklichen, bezieht sich ihre Akzeptanz auf denjenigen Unterhaltsumfang, der „in ihren Keimzellen genetisch angelegt ist".[214] Nur das ihnen genetisch eigene Behinderungsrisiko nehmen Sie in Kauf, während das durch eine fremde Keim-

---

werden, dass „eine Pflicht zum Ersatz der vollen Unterhaltskosten […] gegenüber dem behinderten Kind ausgrenzend" wirken könnte, sodass „es in seinem gesamten Dasein in Frage gestellt und gleichsam als ‚aliud' gegenüber einem gesunden Kind" ausgewiesen würde; so *Neuner* AcP 214 (2014), 459 (478) und i.Erg. auch *Roth* a. a. O.

209 Vgl. *BGH* NJW 1983, 1371 (1372): Die Eltern hatten ausdrücklich nur den behinderungsbedingten Mehraufwand geltend gemacht.

210 *BGH* NJW 1983, 1371 (1372).

211 *BGH* NJW 1994, 788 (793).

212 *BGH* NJW 1983, 1371 (1372). So auch MüKo-BGB/*Oetker* § 249 Rn. 40; Staudinger/*Schiemann* § 249 Rn. 204; *Giesen* JR 1983, 221 (225); *Grunsky* Jura 1987, 82 (85).

213 Nicht überzeugen kann demgegenüber die Annahme von *Roth* NJW 1994, 2402 (2403), die Vermeidung von Unterhaltspflichten entzöge sich per se jeglicher privatautonomer Kontrolle. Wie noch zu zeigen ist (S. 247), bedeutet der Wunsch nach einem bestimmten (eigenen) Kind immer auch die Ablehnung aller anderen Kinder und damit die Ablehnung der Unterhaltspflichten für all diese Kinder.

214 In diesem Sinne auch treffend *Backhaus* MedR 1996, 201 (202 u. 204 f.); *Roth* NJW 1994, 2402 (2403).

zelle beeinflusste Risiko unerwünscht bleibt.[215] Daraus folgt zugleich, dass nur solche behinderungsbedingten Mehrbelastungen als beachtlich zu bewerten sind, die auf die genetische Disposition der „fremden" Keimzelle(n) zurückzuführen sind. Für alle anderen Vermögenseinbußen ist die Pflichtverletzung keine conditio sine qua non, sodass die Einstufung als Schaden ausscheiden muss.[216] Wie noch zu zeigen sein wird (S. 339 ff.), entspricht es viel eher einer interessengerechten Lastenverteilung, die Kosten für den Regelbedarf allein zwischen den beiden Elternpaaren aufzuteilen und nur für den Mehrbedarf auf den Reproduktionsmediziner zurückzugreifen. Dass die Annahme einer unteilbaren Unterhaltspflicht nicht zuletzt von einer gewissen Ergebnisorientiertheit getragen wird, zeigt bereits die „Einfachheit" ihrer „auf dogmatische Einbindung" und „Anwendung haftungsrechtlicher Kategorien" verzichtende Begründung.[217]

(2) Zweck der verletzten Vertragspflicht

Zwar kann in den Fällen einer doppelten Inanspruchnahme sowie der durch die Vertauschung verursachten Behinderung eine Vermögenseinbuße anhand der Differenzhypothese festgestellt werden. Allerdings müsste der ermittelte Schaden auch vom Schutzzweck der verletzten Vertragspflicht umfasst sein.[218] Die von deliktsrechtlichen Erwägungen inspirierte, maßgeblich auf *Rabel*[219] zurückgehende „Schutzzwecklehre" soll gewährleisten, dass nur diejenigen Schäden ersetzt werden, vor denen die verletzte Vertragspflicht bzw. das in Rede stehende Vertragsverhältnis den geschädigten Vertragspartner bewahren sollte.[220] Erforderlich sei zwar nicht unbedingt, dass die Vermeidung wirtschaftlicher Nachteile im Vordergrund stünde,[221] sie dürfe aber auch nicht gänzlich durch nicht-wirtschaftliche Ziele verdrängt werden.

---

215 Ähnlich in anderem Zusammenhang *Michalski* JA 1979, 186 (189).

216 So i.Erg. auch *Neuner* AcP 214 (2014), 459 (502 f.), wobei die ins Spiel gebrachte Wertung des § 1591 BGB m.E. kein entscheidendes Gewicht haben kann; vgl. insoweit die Kritik an § 1591 BGB bei S. 178 ff.

217 Alles bei *Giesen* JR 1984, 221 (224), der den *BGH* aber gerade wegen dieser „verblüffenden" Begründung (*Giesen* a.a.O.) lobt. Vgl. dazu etwa *BGH* NJW 1984, 658 (660): „Es bleibt genug für die Eltern zu tragen, was sie ohnehin nicht auf den Schädiger abwälzen können."

218 Vgl. dazu statt vieler *BGH* NJW 2007, 989 (990); zu der Schutzzwecklehre insgesamt MüKo-BGB/*Oetker* § 249 Rn. 120 ff.; Staudinger/*Schiemann* § 249 Rn. 27 ff.; *Gehrlein* NJW 2000, 1771 f.

219 *Rabel,* Das Recht des Warenkaufs, Bd. 1, S. 495 ff.

220 Vgl. Staudinger/*Schiemann* § 249 Rn. 27 ff.

221 *BGH* NJW 2007, 989 (990); 2000, 1782 (1783); 1994, 788 (791).

Im Zusammenhang mit der Frage, ob die Unterhaltsbelastung einen ersatzfähigen Schaden darstellt, hat die Rechtsprechung mehrere Fallgruppen[222] konturiert, in denen von einer Ersatzfähigkeit des Schadens ausgegangen werden kann. Den dort behandelten Fällen ist gemein, dass die jeweiligen Verträge – sei es etwa zur Vornahme einer Sterilisation oder aber zur Durchführung eines Schwangerschaftsabbruchs – auf die Verhinderung einer Schwangerschaft gerichtet waren. Dieses „Fallgruppendenken" hat dazu beigetragen, dass zuweilen ein deutlich verzerrtes Verständnis der „Schutzzwecklehre" anzutreffen ist, das nur noch relativ wenig mit deren eigentlicher Zielsetzung zu tun hat. So findet sich zuweilen die Aussage, es sei für den Schutzzweckzusammenhang „unverzichtbar", dass das betroffene Vertragsverhältnis „gezielt die Verhinderung einer Geburt bezweckt."[223] Dieses Verständnis geht fehl.

Es kann nicht überzeugen, allein aus der Tatsache, dass bislang vorwiegend Fälle zu entscheiden waren, in denen es um die gezielte Verhinderung einer Schwangerschaft ging, den induktiven Schluss zu ziehen, nur Verträge, deren Gegenstand eine solche Handlung ist, genügten den Anforderungen des Schutzzweckzusammenhangs. Bereits in Fallkonstellationen, in denen ein Fehler bei einer genetischen Beratung zu der Geburt eines behinderten Kindes führt, verliert die Aussage ihre Gültigkeit. Unbestritten ist, dass in solchen Fällen der Schutzzweckzusammenhang besteht,[224] obgleich der Vertrag in erster Linie den Ausschluss eines Behinderungsrisikos bezweckte und nicht per se auf die gezielte Verhinderung einer Geburt gerichtet war. Ähnlich gelagert ist die Situation in den hier diskutierten Fallkonstellationen. Vereinbart ein Paar mit dem Reproduktionsmediziner, die Keimzellen der jeweiligen Partner zur künstlichen Befruchtung zu verwenden, ist der Vertragszweck zunächst einmal positiv definiert: Es geht nicht um die gezielte Verhinderung einer unerwünschten, sondern um die Herbeiführung einer bestimmten gewünschten Schwangerschaft (s. schon S. 226).

Im Umkehrschluss ergibt sich aus dieser positiven Parteivereinbarung aber zugleich, dass eine andere Schwangerschaft als die mit den zur künstlichen Befruchtung bereitgestellten Keimzellen der Partner herbeigeführte nicht erwünscht ist. Insoweit unterscheidet sich dieser Fall kaum von demjenigen einer fehlerhaften genetischen Beratung, da die Parteivereinbarung hier wie dort nicht durch eine negative Zweckbestimmung geprägt wird. Die von *Gehrlein* angeführte These von der „gezielten Geburtsverhinderung"[225] hilft dementsprechend nicht

---

222 Vgl. *BGH* NJW 2007, 989 (990); zusammenfassend MüKo-BGB/*Oetker* § 249 Rn. 31.

223 So aber *Gehrlein* NJW 2000, 1771 (1772).

224 Vgl. nur *BGH* NJW 1994, 788 (791).

225 Vgl. erneut *Gehrlein* NJW 2000, 1771 (1772).

weiter. Vielmehr führt lediglich eine auf das Wesentliche fokussierte Anwendung der „Schutzzwecklehre" zu richtigen Ergebnissen.

Besteht der Vertragszweck im hiesigen Fall in der Zeugung eines Kindes, das genetisch mit dem behandelten Patientenpaar verwandt ist, folgt daraus zugleich, dass ein Kind „geschuldet" ist, das den Eltern in einer Weise abstammungsrechtlich zugeordnet werden kann, die mit der genetischen Lage übereinstimmt. Andernfalls wäre der Vertrag für die Eltern sinnlos, da ihnen verwehrt bliebe, auch rechtliche Eltern des genetisch eigenen Kindes zu werden.[226] Dieser Umstand ist auch für den Reproduktionsmediziner offensichtlich. Letztes Glied in der Kausal- bzw. Rechtsfolgenkette ist die Tatsache, dass die abstammungsrechtliche Zuordnung als Eltern mit der Zuweisung elterlicher Rechte und Pflichten einhergeht. Eine dieser unmittelbar an die statusrechtliche Zuweisung anknüpfenden Rechtsfolgen ist der Kindesunterhalt nach den §§ 1601 ff. BGB. Vollzieht man die hier skizzierte Abfolge tatsächlicher und rechtlicher Umstände nach, verbleibt als logische Schlussfolgerung, dass dem Behandlungsvertrag die zumindest konkludente Abrede zugrunde liegt, keine Geburt eines Kindes zu bewirken, das den Eltern entgegen der genetischen Realität mit allen rechtlichen Konsequenzen abstammungsrechtlich zugeordnet werden kann. Daher ist die Vermeidung wirtschaftlicher Nachteile in aller Regel[227] jedenfalls mittelbar vom Vertragszweck umfasst.

Entscheidend ist nunmehr, ob das hier beschriebene Maß an Mittelbarkeit gleichwohl den Anforderungen der „Schutzzwecklehre" Genüge tut. Um es mit den Worten des *BGH* zu halten: Steht die Vermeidung wirtschaftlicher Nachteile noch hinreichend im „Vordergrund"[228], oder wird das finanzielle Element bereits zu stark in den Hintergrund gedrängt? Angesichts der Tatsache, dass dem Vertrag regelmäßig ein Motivbündel der Parteien zugrunde liegen wird,[229] kann sich die Antwort auf diese Frage nur aus der Abwägung zweier unstreitig feststehender Umstände ergeben: Auf der einen Seite die Tatsache, dass die Vereinbarung der Parteien eindeutig und ausschließlich auf die Zeugung eines Kindes mit den Keimzellen des Patientenpaares gerichtet ist. Und auf der anderen Seite ist zu berücksichtigen, dass die Verbindung zwischen diesem offensichtlich bestehen-

---

[226] Jedenfalls auf Grundlage der lex lata, da der Mutter eine Anfechtung unmöglich ist und die Zurechnungsaussichten des Vaters durch § 1600 Abs. 2 BGB erheblich getrübt werden; vgl. schon S. 226.

[227] Dies bedeutet – entgegen *Stürner* FamRZ 1985, 753 (758) – keineswegs, dass die Schutzbereichsbestimmung abstrakt zu erfolgen hätte. Die Formulierung unterstreicht lediglich die statistische Häufigkeit.

[228] *BGH* NJW 2007, 989 (990); 2000, 1782 (1783); 1994, 788 (791).

[229] Vgl. in diese Richtung auch *Fischer* NJW 1981, 1991 (1992); *Giesen* JR 1984, 221 (223); *Pahmeier* S. 26.

den Vertragszweck und dem Schutz vor finanzieller Belastung – und das soll nicht geleugnet werden – nur unter Einbeziehung der oben beschriebenen Zwischenschritte hergestellt werden kann.

Jedoch sind es gerade diese Zwischenschritte, aus denen sich das entscheidende Argument für die Abwägung ergibt. Denn wie zuvor gezeigt werden konnte, sind all diese Schritte entweder denklogisch oder aber rechtlich verknüpft und können daher nicht aus der Betrachtung gestrichen werden (S. 247). Schon aus der Feststellung, dass der Vertrag die Zeugung eines genetisch eigenen Kindes bezweckt, kann die Einsicht gewonnen werden, dass aufgrund der daran im Ergebnis anknüpfenden unterhaltsrechtlichen Folgen auch finanzielle Aspekte erfasst sind. Insoweit wird deutlich, dass die Ausgangsvereinbarung automatisch und zwangsläufig den Schutz wirtschaftlicher Interessen nach sich zieht. Das eine ist nicht ohne das andere denkbar, sodass finanzielle Aspekte nicht völlig in den Hintergrund gedrängt werden. Nähme man demgegenüber an, das Maß an Mittelbarkeit sei überschritten, würde zugleich der Parteiwille desavouiert, der nach hier vertretener Auffassung ohnehin nicht ausdrücklich oder auch nur konkludent zum Ausdruck gebracht werden muss.

Gestützt wird diese Einschätzung letztlich durch eine bemerkbare Entwicklung in der Rechtsprechung, die sich auch in jüngeren Entscheidungen des *BGH* zu der hier relevanten Unterhaltsproblematik niedergeschlagen hat. So ist unverkennbar, dass die Rechtsprechung bei der Beurteilung des Vertragszweckes einen großzügigen Maßstab anlegt und erst dort einen fehlenden Schutzzweckzusammenhang annimmt, wo der Behandlungsvertrag keinerlei Berührungspunkte zu der Schwangerschaft aufweist.[230] In diesem Sinne betont *Müller,* dass ein „Zusammenhang zwischen dem Zweck des ärztlichen Handelns und der Geburt des Kindes“[231] entscheidend sei. Diese Grenzziehung ist vergleichsweise offen, steht aber im Einklang mit der insgesamt feststellbaren Tendenz, der Schutzzweckbestimmung keinen übermäßig strengen Maßstab zugrunde zu legen.[232] Jedenfalls kann nach alledem festgehalten werden, dass durch ein Vertauschen von Embryonen oder Keimzellen verursachte wirtschaftliche Belastungen vom Schutzzweck des Behandlungsvertrags umfasst sind.

Gleiches gilt auch für die oben bereits angesprochene Doppelbelastung eines zweifach in Anspruch genommenen Vaters (S. 154 ff.): Insbesondere in Fällen, in denen allein in den Transfer eines einzelnen Embryos eingewilligt wurde (sog.

---

230 Vgl. *BGH* NJW 2000, 1782 (1784). Auf diesen Fall rekurriert auch die Vorsitzende Richterin des VI. *BGH*-Zivilsenats *Müller* (NJW 2003, 697 [698] m. w. N.), um die Grenzen des Schutzzwecks aufzuzeigen. Selbst *Gehrlein* NJW 2000, 1771 (1772) bezieht sich auf diesen Fall, zieht daraus aber die falschen, weil zu weitgehenden Schlüsse.

231 *Müller* NJW 2003, 697 (698); ähnlich *Fischer* NJW 1981, 1991 (1992).

232 Vgl. dazu Staudinger/*Schiemann* § 249 Rn. 30.

Single-Embryo-Transfer), ist der Vertragszweck eindeutig darauf ausgelegt, nur *ein* genetisch sowie rechtlich verwandtes Kind zu zeugen, sodass auch nur dieses Kind Unterhaltsansprüche gegenüber den Eltern geltend machen kann. Daher ist auch die mit der Verdopplung des Unterhaltsaufwandes entstehende Vermögenseinbuße vom Schutzzweck des Behandlungsvertrages mitumfasst.

(3) Die Diskussion „Kind als Schaden"

Die unter dem Topos „Kind als Schaden" geführte Diskussion sucht in vielerlei Hinsicht ihresgleichen: Zunächst einmal wird sie seit jeher überaus erbittert und in einer Vielzahl von Wortmeldungen geführt. Zudem wird die Fragestellung inhaltlich bisweilen deutlich verschärft, indem sie als Problem begriffen wird, das „an Grundlagen unserer Rechtskultur rührt."[233] Schließlich liegt der Diskussion eine außergewöhnliche rechtsprechungsinterne Fehde zugrunde, aus der die zwei entgegenstehenden Auffassungen abgeleitet werden können. Daher gewährt die folgende Darstellung einen einleitenden Überblick über die Chronologie der Ereignisse in der Rechtsprechung (a), um daran anknüpfend die verschiedenen Meinungsströmungen (b) sowie die wesentlichen Argumentationslinien (c) nachzuzeichnen.

(a) Zur Chronologie der Ereignisse

Die Diskussion findet ihren Ursprung in einer Entscheidung des *RG* vom 22.02.1924[234], mit der der für ein Kind zu leistende Unterhalt als Schaden eingestuft wurde. Diese Rechtsauffassung griff der VI. Zivilsenat des *BGH* am 18.03.1980 in seiner Leitentscheidung[235] zur schadensrechtlichen Qualifizierung der Unterhaltskosten – jedenfalls teilweise – auf. Seitdem vertritt der *BGH* in ständiger Rechtsprechung[236] die Ansicht, Unterhaltskosten seien als Vermögenseinbußen schadensrechtlich erfassbar.[237]

Am 28.05.1993 äußerte sich erstmals das *BVerfG* in einem von der Bayerischen Staatsregierung beantragten Normenkontrollverfahren nach Art. 93 Abs. 1

---

233 *Backhaus* MedR 1996, 201; *Laufs* NJW 1991, 1516 (1522).

234 RGZ 108, 86. Neuen „Schwung" bekam die Diskussion im Jahre 1968 durch *LG Itzehoe* VersR 1969, 265 – ein Fall, der als „Des Apothekers Kind"-Entscheidung Eingang in die Rechtsgeschichte gefunden hat.

235 *BGH* NJW 1980, 1450. Vorausgegangen waren einige differierende Entscheidungen verschiedener Instanzgerichte; vgl. etwa verneinend *LG München* FamRZ 1970, 314; bejahend *OLG Düsseldorf* NJW 1975, 595.

236 *BGH* NJW 1980, 1450; 1983, 1371; 1984, 685; 1994, 788; 2007, 989.

237 Eine detaillierte Übersicht über die Rechtsprechungsentwicklung findet sich bei *Yoon* S. 26 ff.

Nr. 2 GG, § 13 Nr. 6 BVerfGG zu der Rechtsfrage.[238] Obgleich das Verfahren die verfassungsgerichtliche Überprüfung der Vorschriften in §§ 218b Abs. 1 S. 1, Abs. 2, 219 Abs. 1 S. 1 StGB in der Fassung des 15. Strafrechtsänderungsgesetzes zum Gegenstand hatte, nutzte der Zweite Senat des *BVerfG* die Möglichkeit, die Rechtsauffassung des *BGH* in „apodiktischer Kürze"[239] als „der Überprüfung bedürftig"[240] zu bezeichnen. Zudem wurde in Leitsatz 14 festgehalten, dass „eine rechtliche Qualifikation des Daseins eines Kindes als Schadensquelle [...] von Verfassungs wegen (Art. 1 Abs. 1 GG) nicht in Betracht" komme und es sich deshalb verbiete, „die Unterhaltspflicht für ein Kind als Schaden zu begreifen."[241]

Diese Äußerungen wurden – selbst von Stimmen,[242] die dem Zweiten Senat im Übrigen inhaltlich ihre Gefolgschaft antrugen – nahezu einhellig als bloße obiter dicta gewertet,[243] die weder eine Bindungswirkung aus § 31 Abs. 1 BVerfGG[244] oder faktische Bindung[245] nach sich ziehen können. Daher kam der VI. Zivilsenat des *BGH* mit Urteil vom 16.11.1993 zu dem Ergebnis, dass an seiner Rechtsauffassung zur schadensersatzrechtlichen Bewertung des Unterhaltsaufwands der Eltern grundsätzlich festzuhalten sei.[246] Am 12.11.1997 entschied der Erste Senat des *BVerfG*, dass die schadensersatzrechtliche Qualifizierung der Unterhaltslast durch die Rechtsprechung der Zivilgerichte nicht gegen die Würde des Kindes nach Art. 1 Abs. 1 GG verstieße.[247] Dieser Entscheidung ging eine beispiellose „Stellungnahme" des Zweiten Senats des *BVerfG* voraus, die dieser am 22.10.1997 in Beschlussform veröffentlichte.[248] Darin brachte er seine Rechtsauffassung zum Ausdruck, dass die Ausführungen zu der schadensersatzrechtlichen Bewertung der Unterhaltspflicht „tragend" für die Entscheidung vom 28.05.1993 seien und der Erste Senat von dieser Ansicht nur abweichen könne, wenn er eine Entscheidung des Plenums herbeiführe.[249]

---

238 *BVerfG* NJW 1993, 1751.

239 So selbst *Weber* VersR 1999, 389 (391), der dem Zweiten Senat im Übrigen das Wort redet.

240 *BVerfG* NJW 1993, 1751 (1764).

241 *BVerfG* NJW 1993, 1751.

242 Vgl. etwa *Roth* FuR 1993, 305 (312); *ders.* NJW 1994, 2402; *Weber* VersR 1999, 389 (399).

243 MüKo-StGB/*Gropp* Vor § 218 Rn. 95; *Deutsch* NJW 1994, 776 (777); a.A. aber *BVerfG* NJW 1998, 523 f. Der Streit um diese Rechtsfrage bleibt bei der hiesigen Analyse mangels Ergebnisrelevanz außen vor.

244 *Giesen* JZ 1994, 286 (287 f.); *Roth* NJW 1994, 2402; *Schöbener* JR 1996, 89.

245 *Giesen* JZ 1994, 286 (288 f.); *Schöbener* JR 1996, 89.

246 *BGH* NJW 1994, 788 (so explizit in Leitsatz 3).

247 *BVerfG* NJW 1998, 519.

248 *BVerfG* NJW 1998, 523.

249 *BVerfG* NJW 1998, 523.

Das offensive Vorgehen des Zweiten Senats führte dazu, dass sich einige Instanzgerichte nicht länger an die Spruchpraxis des *BGH* gebunden fühlten und die streng schadensersatzrechtliche Betrachtungsweise ablehnten.[250] Gleichwohl hält der *BGH* – bestärkt durch die Entscheidung des Ersten Senats – an seiner Rechtsauffassung fest, die auch von der überwiegenden Anzahl der Instanzgerichte geteilt wird.[251]

(b) Die gegenläufigen Positionen

Auch wenn gewisse Einzelheiten selbst innerhalb der zwei Lager umstritten sein mögen, herrscht doch in den Grundpositionen im Wesentlichen Übereinstimmung. Insoweit teilt sich das Meinungsbild grob in diejenigen, die für die Rechtsauffassung des *BGH* sowie des Ersten Senats des *BVerfG* streiten,[252] und jene, die dem Zweiten Senat des *BVerfG* das Wort reden.[253] Angesichts der Tatsache, dass die Unterhaltslast rein rechnerisch gesehen eine Vermögenseinbuße darstellt und solche Einbußen grundsätzlich schadensrechtlich ausgeglichen werden sollen (S. 231 ff.), befinden sich die Stimmen, die die Spruchpraxis der Zivilgerichte ablehnen, in der Begründungspflicht. Ihre Argumente müssen von solchem Gewicht sein, dass ein Abweichen von dem – wenn man so will – „natürlichen"[254] Axiom der schadensersatzrechtlichen Betrachtung angezeigt scheint.[255] Dementsprechend strukturieren sich die nachstehenden Ausführungen wie folgt: Ausgangspunkt der Überlegungen sind die kritischen Anmerkungen derjenigen, die eine schadensrechtliche Betrachtung ablehnen. Nur, wenn diese Einwände nicht zu entkräften sind, kann der durchaus als „vorherrschend" zu bezeichnenden An-

---

[250] *OLG Bamberg* NJW 1978, 1685; *OLG Düsseldorf* NJW 1994, 805; *OLG Frankfurt* NJW 1983, 341; *OLG Nürnberg* MedR 1994, 200.

[251] So etwa *OLG Celle* NJW 1978, 1688; *OLG Düsseldorf* NJW 1975, 595; *OLG Karlsruhe* NJW 1979, 599; *OLG Zweibrücken* NJW 1978, 2340.

[252] *Deutsch/Spickhoff* Rn. 664 ff.; Erman/*Ebert* § 249 Rn. 63; MüKo-BGB/*Oetker* § 249 Rn. 33; MüKo-BGB/*Wagner* § 823 Rn. 196 ff.; Staudinger/*Schiemann* § 249 Rn. 208 f.; *Deutsch* JZ 1983, 451; *ders.* NJW 1993, 2361; 1994, 776; 1998, 510; *ders.* VersR 1995, 609; *Fischer* NJW 1981, 1991; *Franzki* VersR 1990, 1181; *Giesen* FamRZ 1970, 565; *ders.* JR 1984, 221; *ders.* JZ 1994, 286; *Grunsky* Jura 1987, 82; *Losch/Radau* NJW 1999, 821; *Mertens* FamRZ 1969, 251; *Michalski* JA 1979, 186; *Müller* NJW 2003, 697; *Pahmeier* S. 14 ff.; *Reinelt* FamRZ 1970, 572; *Riedel* S. 98 ff.; *Schöbener* JR 1996, 89.

[253] Laufs/Kern/Rehborn/*Kern/Rehborn* § 98 Rn. 3 f.; Maunz/Dürig/*Di Fabio* Art. 2 Rn. 222; MüKo-StGB/*Gropp* Vor § 218 Rn. 95; *Backhaus* MedR 1996, 201; *Lankers* FamRZ 1969, 384; *Laufs* NJW 1998, 796; *Picker* AcP 195 (1995), 483; *Stürner* JZ 1998, 317; *Weber* VersR 1999, 389; *Weber* ZfL 2004, 74; *Zimmermann* JZ 1997, 131.

[254] Vgl. *Deutsch* VersR 1995, 609 (613); ähnlich *Mertens* FamRZ 1969, 251 (254).

[255] So etwa *Giesen* FamRZ 1970, 565 (572); *Müller* NJW 2003, 697 (698 f.); *Reinelt* FamRZ 1970, 572 f. Dies – angesichts obiger Ergebnisse – fälschlicherweise umkehrend *Lankers* FamRZ 1969, 384 (385).

sicht des *BGH* nicht gefolgt werden. Können die Bedenken allerdings argumentativ ausgeräumt werden, muss es bei dem schadensersatzrechtlichen Grundsatz bleiben.

(c) Maßgebliche Argumentationslinien

Zunächst sei darauf hingewiesen, dass sowohl Argumentationsansätze, die die Ansiedlung des Problems im Verfassungsrecht als „verfehlt"[256] werten, als auch solche, die sich der Frage nahezu ausschließlich grundrechtlich annähern wollen,[257] nicht weiterhelfen können. Es gilt gerade zu beweisen, dass die schadensrechtliche Qualifikation der Unterhaltslast die Würde des betroffenen Kindes beeinträchtigt. Ist dies nicht der Fall, hat das Problem in der Tat keinen verfassungsrechtlichen Gehalt. Die Rechtsprechung des *BGH* hingegen zu kritisieren, ohne einen entsprechenden Beweis erbracht zu haben, muss als petitio principii zurückgewiesen werden. Die Frage, ob das Problem eine grundrechtliche Dimension hat oder eben nicht, richtet sich also allein danach, welcher Ansicht der Vorzug zu gewähren ist. Zweifelhaft erscheint mir ebenso, sich mit Mutmaßungen zu Auswirkungen der Zuerkennung eines Schadensersatzanspruchs auf die weitere Entwicklung des Kindes zu beschäftigen.[258] Ob nun die Kenntnis über die schadensersatzrechtliche Qualifikation der Unterhaltskosten für das Kind eine fortwährende Traumatisierung bedeutet[259] oder die Eltern eher geneigt sind, das Kind zu akzeptieren, wenn immerhin keine finanziellen Belastungen von ihm ausgehen,[260] ist müßige Spekulation und daher nicht zielführend. In beide Richtungen liegen keine gesicherten soziologischen Erkenntnisse vor, sodass diese stark einzelfallabhängigen Erwägungen außen vor bleiben müssen. Sie führen bloß zu einer unnötigen „Versubjektivierung" der Streitfrage ohne entscheidenden rechtlichen Wert.[261]

---

256 *Losch/Radau* NJW 1999, 821 (826); ähnlich *Deutsch* NJW 1998, 510.

257 *Laufs* NJW 1998, 796 (798).

258 Ebenso *Roth* FuR 1993, 305 (307).

259 So *Laufs* NJW 1998, 796 (797); *Weber* VersR 1999, 389 (397 f.) m. w. N.

260 *Deutsch* NJW 1994, 776 (777); *Giesen* FamRZ 1970, 565 (568); *Losch/Radau* NJW 1999, 821 (826); *Yoon* S. 94 f.; diese Sichtweise – m. E. zu Unrecht – aufs Schärfste kritisierend *Backhaus* MedR 1996, 201 (204).

261 A.A. *Weber* VersR 1999, 389 (397): Der Einwand habe „unverkennbar besonderes Gewicht".

(aa) Personale Einheit?

Beachtlich ist demgegenüber der – durchaus als Hauptargument zu bewertende – Einwand, dass sich die herrschende Meinung eines „sophistischen"[262] und deshalb „unstatthaften Kunstgriffs"[263] bediene, wenn sie ihrer Ansicht die Annahme zugrunde lege, dass zwar nicht das Kind selber, wohl aber der für dieses erforderliche Unterhaltsaufwand als Schaden bewertet werden könne. Insoweit wird angeführt, dass es nicht möglich sei, die Unterhaltspflicht von dem Kind zu separieren, um sie isoliert zur Grundlage der Schadensfeststellung zu machen.[264] Das Dasein des Kindes sei konstitutiver Bestandteil der Unterhaltsverpflichtung, was sich vor allem darin manifestiere, dass im Rahmen der Differenzhypothese auf eine Vergleichssituation zurückgegriffen werden müsse, in der kein Kind existiert.[265] Demzufolge wohne auch dem Rückgriff auf die Unterhaltskosten stets ein „existentielles Negativurteil"[266] inne, das die Menschenwürde des Kindes berühre. Dieser Argumentation kann nur gefolgt werden, wenn es tatsächlich unmöglich ist, zwischen dem Kind und dem Kindesunterhalt zu differenzieren. Andernfalls greift der Einwand nicht durch.

Mit anderen Worten: Es muss eine „personale Einheit"[267] bestehen, die der Teilbarkeit von Kind und Unterhaltspflicht entgegensteht. Wäre dies nämlich der Fall, ergäbe sich aus der Einstufung des Kindesunterhalts als Schaden zweifellos ein die Menschenwürde verletzendes mittelbares Unwerturteil über das Kind.[268] Auf diese Weise würde das Kind zwar nicht zum Schaden, aber doch in unzulässiger Weise zur Schadensquelle gemacht.[269] In dieses Argumentationsmuster lässt sich außerdem der Vorwurf eingliedern, die Zivilgerichte nehmen eine „wertneutrale Rechenoperation"[270] vor, die den tatsächlichen Bedeutungsgehalt des Problems missachte. Auch diese Erwägung hilft jedoch nicht entscheidend weiter, da der Unwert eines neutralen Vorgehens nur dann ersichtlich wäre, wenn tatsächlich ein Menschenwürdeverstoß vorläge (dazu bereits S. 252). Somit läuft

---

262 So *Backhaus* MedR 1996, 201 (204), der des Weiteren von einem „Pseudoargument" spricht.

263 *Laufs* NJW 1998, 796 (797); ähnlich *Picker* AcP 195 (1995), 483 (503): „Verbalakrobatik".

264 Etwa Laufs/Kern/Rehborn/*Kern/Rehborn* § 98 Rn. 3; *Lankers* FamRZ 1969, 384 (385 ff.); *Weber* ZfL 2004, 74 (79).

265 Vgl. Laufs/Kern/Rehborn/*Kern/Rehborn* § 98 Rn. 3; *Laufs* NJW 1998, 796 (797).

266 Laufs/Kern/Rehborn/*Kern/Rehborn* § 98 Rn. 3; *Laufs* NJW 1998, 796 (797); *Picker* AcP 195 (1995), 483 (507).

267 So *Lankers* FamRZ 1969, 384 (386).

268 Vgl. *Picker* AcP 195 (1995), 483 (501) m. w. N.; dazu auch *Riedel* S. 100; *Waibl* NJW 1987, 1513 (1516).

269 Vgl. *Weber* VersR 1999, 389 (395).

270 *Roth* NJW 1994, 2402 (2403).

alles auf die zentrale Frage hinaus, ob der Kindesunterhalt von dem Kind isoliert werden kann oder nicht.

Der einzig substantielle Begründungsversuch für eine „personale Einheit" findet sich in der Überlegung, dass die „Komplexität des Eltern-Kind-Verhältnisses und die zwischen Eltern und Kind bestehende biologische Konnexität"[271] eine isolierte Bewertung der Unterhaltspflicht verbiete. Wie aber *Roth* wohltuend objektiv anmerkt, „ersetzt [die These von der Einheit des Eltern-Kind-Verhältnisses] noch keine Beweisführung: Man kann sie glauben oder nicht!"[272] Weshalb genau die biologische Verbindung zwischen Eltern und Kind dazu führen soll, dass das Kind den ihm geschuldeten Unterhaltsaufwand gleichsam inkorporiert, kann auch dieser Erklärungsansatz nicht erhellen. Selbstredend ist das Kind auch im Sinne einer „sozialen Anschaulichkeit" die Ursache für den Unterhaltsanspruch.[273] Daraus folgt aber nicht zwangsläufig, dass der Unterhalt untrennbar mit der Person des Kindes verschweißt ist.

Die herrschende Meinung begegnet dem hier dargestellten Einwand in vielfältiger Weise: Zum einen wird angeführt, dass die rechtlich implizierte Differenzierung zwischen Aufwendungsverursachung und daraus folgender Zahlungspflicht mit dem Argument, sie sei nach dem „Alltagsverständnis nicht nachvollziehbar", zugunsten einer „moralischen Argumentationsebene" aufgegeben werde.[274] Zum anderen wird zu Recht darauf hingewiesen, dass die Existenz des Kindes nur eine tatbestandliche Bedingung für die Entstehung einer Unterhaltspflicht sei, während nicht umgekehrt die Unterhaltsverpflichtung zum unbedingten Bestandteil des Kindes werde.[275] Insoweit bewege sich die These von der personalen Gesamtheit auf einer künstlichen, in erster Linie moralisch geprägten Bewertungsebene.[276] Denn auch wenn sich der im Rahmen der Differenzhypothese angestellte Vergleich regelmäßig tatsächlich auf komplexe Lebenssachverhalte beziehen mag, entspreche es dem gewöhnlichen Vorgehen, die wirtschaftliche Seite des Lebenssachverhaltes „herauszuziehen".[277] Dies müsse umso mehr

---

271 *Lankers* FamRZ 1969, 384 (386), auf den der Begriff der „personalen Ganzheit" zurückgeht; in diese Richtung auch *Picker* AcP 195 (1995), 483 (519); *Weber* ZfL 2004, 74 (79).

272 *Roth* FuR 1995, 305 (307); so auch *Giesen* JZ 1994, 286 (291); *Selb* JZ 1971, 201 (202); *Waibl* S. 73.

273 So *Picker* AcP 195 (1995), 483 (519).

274 Beides bei *Losch/Radau* NJW 1999, 821 (822). Deutlich wird dies etwa bei *Stürner* FamRZ 1985, 753 (761).

275 So *Losch/Radau* NJW 1999, 821 (825); ähnlich *Giesen* JZ 1994, 286 (291); *Reinelt* FamRZ 1970, 572 (573).

276 *Losch/Radau* NJW 1999, 821 (825); ebenso *Reinelt* FamRZ 1970, 572 (573), der zu Recht darauf hinweist, dass bereits der Begriff „Zergliederung" einen Zirkelschluss nahelegt. Ähnlich *Selb* JZ 1971, 201 (202); *Sigel* NJW 1978, 2340 (2341).

277 *Deutsch* NJW 1994, 776 (777); *Schöbener* JR 1996, 89 (94); *Waibl* NJW 1987, 1513

gelten, als der Anspruch auf Unterhalt im Haftungsrecht auch sonst unabhängig von der Person und ihrer Würde als Schaden angesehen werde.[278] Die Unterhaltsverpflichtung werde nicht allein durch ihren familienrechtlichen Charakter zu einer derart „höchstpersönlichen Verpflichtung, daß sie nicht unter Gesichtspunkten des Schadensersatzes auch gegen den schädigenden Dritten gekehrt werden dürfte."[279] Aus alledem folge, dass die Existenz des Kindes lediglich als Bestandteil eines naturgesetzlichen Kausalzusammenhangs zu werten sei, an dessen Ende der Unterhaltsanspruch stehe.[280] Insoweit sei in der schadensrechtlichen Bewertung des Kindesunterhalts „bei sachlicher und emotionsfreier Betrachtungsweise kein Unwerturteil enthalten."[281]

Wie schon dargelegt, ist es Sache der Kritiker, die von ihnen angenommene „personale Ganzheit" zu beweisen. Dass dies kaum einmal überzeugend gelingt, zeigen exemplarisch die Ausführungen von *Weber*, der beständig betont, die Frage nach der Teilbarkeit von Kind und Kindesunterhalt sei von entscheidender Bedeutung, sie aber selbst nicht in seinem Sinne zu beantworten vermag, sondern stets im Stadium der Behauptung verbleibt.[282] Die These von der „personalen Einheit" ist durchaus wohlklingend und kann keineswegs mit dem Verdikt „abwegig" beschieden werden. Ein wahrlich überzeugender Beweis für die Unteilbarkeit wurde meines Erachtens bislang allerdings noch nicht erbracht. Demgegenüber kann nicht von der Hand gewiesen werden, dass die die personale Gesamtheit anzweifelnden Erwiderungen der herrschenden Meinung gehaltvoll sind und die „Einheitlichkeitsthese" im Wesentlichen zu widerlegen vermögen.

(bb) Kommerzialisierung der Menschwerdung

Ferner wird bisweilen der Vorwurf erhoben, die Zuerkennung von Unterhaltsersatzansprüchen „kommerzialisiere" den Akt der Menschwerdung, was für sich genommen bereits in Konflikt mit der Würde des Kindes trete.[283] Richtigerweise ist es aber das Gesetz selbst, das durch die Auferlegung von Unterhaltspflichten

(1516). *Mertens* FamRZ 1969, 251 (254) bezeichnet die Trennung gar als „unverzichtbare Forderung unseres Schadensrechts".

278 *Deutsch* NJW 1998, 510; *Pahmeier* S. 33; vgl. auch *Giesen* FamRZ 1970, 565 (568 u. 572), der auf diverse Normen verweist, die eine Abwälzung unterhaltsrechtlicher Ansprüche auf Dritte zum Gegenstand haben.

279 *Giesen* FamRZ 1970, 565 (572); ebenso *Pahmeier* S. 19; *Waibl* S. 61.

280 Vgl. MüKo-BGB/*Oetker* § 249 Rn. 33; *Waibl* NJW 1987, 1513 (1516), die außerdem darauf hinweist, dass nur „Gleichrangiges und Gleichwertiges eine Einheit bilden" könne.

281 *Müller* NJW 2003, 697 (699); vergleichbar Staudinger/*Schiemann* § 249 Rn. 209.

282 So etwa *Weber* VersR 1999, 389 (399 f.); ähnlich *Weber* ZfL 2004, 74 (79).

283 Vgl. *Weber* VersR 1999, 389 (396).

einen kommerziellen Nachteil der Eltern begründet.[284] Wird dieser Nachteil durch die Zuerkennung von Schadensersatzansprüchen an einen Dritten lediglich weitergereicht, bleibt unklar, inwiefern diese Abwälzung selbst Ursprung der Kommerzialisierung und damit des Würdeverstoßes sein kann.[285] Folglich vermag auch der „Kommerzialisierungsaspekt" die schadensersatzrechtliche Betrachtung der herrschenden Meinung nicht in Frage zu stellen.[286]

(cc) Fehlende Vorteilsanrechnung

Daneben wird in verschiedener Weise versucht, vermeintliche Widersprüche in der Konzeption der schadensrechtlichen Betrachtungsweise aufzudecken. Ein Ansatzpunkt für Kritik wird in dem Umstand gesucht, dass der *BGH* Zurückhaltung bei der schadensrechtlichen Anrechnung von Vorteilen zugunsten des Schädigers walten lässt.[287] So sei zwar das Kindergeld anzurechnen, hingegen blieben etwa die Eingruppierung in eine günstigere Steuerklasse oder sonstige potentielle Vorteile aus der Geburt des Kindes unberücksichtigt.[288] Ein solches Vorgehen sei inkonsistent und daher schwer nachvollziehbar.[289] Zurück geht diese Argumentation wohl auf die Überlegung von *Diederichsen,* die Geburt eines Kindes stets als „Wertverwirklichung"[290] zu begreifen. Diese These mag zwar aus der Perspektive „christlich-humanistischer Kulturvorstellungen"[291] ihre Richtigkeit haben, im schadensrechtlichen Zusammenhang impliziert sie jedoch, dass ein Mensch an sich ein irgendwie berechenbarer Wertposten sei, der als Vorteil in eine Kosten-Nutzen-Abwägung eingebracht werden könne. Ein solches Verständnis konterkariert die Kritik an der das Kind selbst gerade nicht als Nachteil

---

284 Staudinger/*Schiemann* § 249 Rn. 209.

285 Vgl. Staudinger/*Schiemann* § 249 Rn. 209.

286 Ebenso wenig verfängt die Behauptung, Art. 1 Abs. 1 GG verbiete, ein Kind zum Streitgegenstand eines Prozesses zu machen (so aber explizit *Weber* VersR 1999, 389 [395]), da sie offensichtlich nicht mit familienrechtlichen Realitäten in Einklang gebracht werden kann; vgl. nur §§ 1600 ff. BGB.

287 *Backhaus* MedR 1996, 201 (203); *Laufs* NJW 1998, 796 (797); *Weber* ZfL 2004, 74 (81).

288 Vgl. *Backhaus* MedR 1996, 201 (203), der die Unterhaltspflicht gegenüber den Eltern, die allgemeine Beistandspflicht, ein eventuelles Erbrecht sowie die Pflicht zur Mitarbeit im Haushalt anführt.

289 So *Backhaus* MedR 1996, 201 (203); *Laufs* NJW 1998, 796 (797).

290 *Diederichsen,* Haftung des Warenherstellers, S. 386; daran anknüpfend etwa *OLG Bamberg* NJW 1978, 1658; *Pahmeier* S. 20 f.

291 In diesem Sinne *OLG Bamberg* NJW 1978, 1658.

bewertenden herrschenden Meinung in ihren Grundsätzen und ist dementsprechend abzulehnen.[292]

Dies spricht zwar nicht gegen die Anrechnung derjenigen Vorteile, die prinzipiell berechenbar wären, indes dürfte die Vorteilsausgleichung dann in aller Regel aus anderem Grunde scheitern. Da die geltend gemachten Vorteile potentiell und damit „latent sowie ungewiss"[293] sind, kann in dem Zeitpunkt, in dem die Vorteilsanrechnung vorzunehmen wäre, nicht von einem gegenwärtigen vermögenswerten Vorteil des Geschädigten die Rede sein.[294] Nur, wenn es dem Schädiger ausnahmsweise gelingen sollte, einen berechenbaren Vorteil des Geschädigten konkret nachzuweisen, wäre bereits im Zeitpunkt der Entstehung des Schadensersatzanspruchs die Vorteilsausgleichung durchzuführen.[295] In allen anderen Fällen verbleibt die Möglichkeit, per Änderungsklage Vorteile zum Ausgleich zu bringen, sobald diese nachweis- und berechenbar sind.[296]

(dd) Schadensminderungspflicht

Eine weitere Widersprüchlichkeit behaupten die Kritiker im Zusammenhang mit der Obliegenheit zur Schadensminderung bzw. -abwendung (§ 254 Abs. 2 S. 1 BGB) gefunden zu haben. Insoweit wird ausgeführt, dass die herrschende Meinung – will sie ihrer „rein kaufmännischen"[297] Betrachtung konsequent treu bleiben – der Betroffenen eine Obliegenheit zur Schadensminderung durch Abtreibung oder jedenfalls durch Freigabe zur Adoption[298] auferlegen müsste.[299] Es sei nicht möglich, sich bei der Schadensfeststellung auf die wirtschaftliche Seite des Lebenssachverhaltes zu beschränken, dies dann aber nicht in gleicher Weise im

---

292 So auch *Mertens* FamRZ 1969, 251 (254); *Reinelt* FamRZ 1970, 572 (574); ähnlich *Michalski* JA 1979, 186.

293 *Reinelt* FamRZ 1970, 572 (574).

294 *Lange/Schiemann* § 6 IX 7, S. 336; *Giesen* FamRZ 1970, 565 (569); *Reinelt* FamRZ 1970, 572 (574).

295 Vgl. *ders.* FamRZ 1970, 572 (574); a.A. *Selb* JZ 1971, 201 (204), der die Vorteilsausgleichung grds. ablehnt.

296 Dazu *Michalski* JA 1979, 186. Dies ist letztlich auch der Grund, warum nicht – parallel zum Vorgehen des *BGH* bei der Festlegung des Unterhaltsaufwandes – ein pauschaler Abschlag gewährt wird, um die etwaigen Vorteile zu berücksichtigen. Zum einen ist ihr Entstehen anders als der Unterhalt ungewiss und zum anderen können sie, wenn sie entstehen, präzise ausgeglichen werden; vgl. *Giesen* FamRZ 1970, 565 (569).

297 *Picker* AcP 195 (1995), 483 (508).

298 Speziell für die hiesigen Fallkonstellationen sei darauf hingewiesen, dass eine Vaterschaftsanfechtung nicht als Schadensminderung in Betracht kommt, da der Schaden dann nur noch bei der Mutter verbliebe, sich aber der Höhe nach nicht ändern würde. Daher wäre kein Vorteil für den Schädiger zu ersehen, sodass lediglich die negativen Folgen einer Anfechtung verblieben.

299 *Picker* AcP 195 (1995), 483 (507 ff.); *Weber* ZfL 2004, 74 (81).

Rahmen des Mitverschuldens durchzuhalten.[300] Daher müsse die Argumentation des *BGH*, die Abtreibung bzw. Freigabe zur Adoption sei als persönliche Gewissensentscheidung der Frau zu respektieren,[301] außer Acht gelassen werden. Die daraus resultierenden „Tötungsobliegenheiten"[302] würden als „Rechtsperversion"[303] die Fehlerhaftigkeit der schadensrechtlichen Betrachtung unterstreichen.

Es steht außer Zweifel, dass die Vernichtung werdenden Lebens sowie die Zerschlagung natürlicher Familienstrukturen nicht zur Obliegenheit i. S. d. § 254 BGB und damit zum zivilrechtlich geforderten Verhalten aufgewertet werden kann.[304] Geht man von diesem Axiom aus, liegt das eigentliche Problem allein in der Frage, ob es tatsächlich widersprüchlich ist, im Rahmen der Schadensminderungsobliegenheit auf mögliche immaterielle Interessen und Motivationen der Betroffenen zurückzugreifen, um die Zumutbarkeit des schadensmindernden Verhaltens in Abrede zu stellen. Das Verdikt der Inkonsequenz wäre nämlich nur gerechtfertigt, wenn eine unbedingte Konnexität zwischen Schadensfeststellung und der Minderungsobliegenheit bestünde, die einen gänzlichen Gleichlauf beider Aspekte einforderte. Demgegenüber sind isolierte Erwägungen zur verfassungsrechtlich geschützten Entscheidungsfreiheit der Betroffenen überflüssig, da sie im Ergebnis bloß der Grundannahme der Kritik das Wort reden.

Um das Problem unvoreingenommen bewerten zu können, bietet sich eine Rückbesinnung auf die Grundlagen von Schadensfeststellung und -minderung an. In Fällen, denen mangels Beteiligung eines Kindes und seines Unterhalts Überlegungen zu einer etwaigen ethisch-moralischen Interessendimension fremd sind, wird der Schaden ebenfalls anhand einer rein wirtschaftlichen Perspektive bestimmt. Dies ist letztlich auch nur logisch, da einzig die wirtschaftliche Seite eines Lebenssachverhaltes – mag er noch so komplex sein – Aufschluss darüber geben kann, ob und in welchem Umfang ein materieller Vermögensschaden eingetreten ist. Demgegenüber ist bei § 254 BGB die Handlungsweise eines ordentlichen und verständigen Menschen in der Lage des Geschädigten maßgeblich.[305] Damit wird ein Verhaltensmaßstab umschrieben, dem ein wertender Kern innewohnt. Zwar mag es nicht gelingen, diese Wertung zu einer aussagekräftigen und zugleich allgemeingültigen Regel zu konkretisieren, jedoch eint

---

300 *Picker* AcP 195 (1995), 483 (507 f.); *Weber* ZfL 2004, 74 (81).

301 Vgl. dazu *BGH* NJW 1984, 2625 (2626); so auch *Harrer* S. 138; *Michalski* JA 1979, 186 (190); *Yoon* S. 104.

302 *Picker* AcP 195 (1995), 483 (510); *Stürner* FamRZ 1985, 753 (758).

303 So *Picker* AcP 195 (1995), 483 (510).

304 *Lange/Schiemann* § 6 IX 7, S. 337.

305 *Dies.* § 10 X 1, S. 577; MüKo-BGB/*Oetker* § 254 Rn. 76.

die zur Annäherung gebildeten Fallgruppen der Rückgriff auf den Gesichtspunkt der Zumutbarkeit.[306]

Damit steht fest, dass die Frage, was der Beschädigte genau zu unternehmen hat, um seinen Schaden im Interesse des Schädigers abzuwenden oder jedenfalls gering zu halten, nur im Einzelfall und auch nur unter Berücksichtigung der widerstreitenden Interessen beantwortet werden kann. Gewiss wird bei der dafür erforderlichen Abwägung ein Fokus auf den rein wirtschaftlichen Auswirkungen eines schadensmindernden Verhaltens oder Unterlassens liegen. Es kann meines Erachtens indessen nicht überzeugend begründet werden, weshalb die Zumutbarkeit bereits grundsätzlich von immateriellen Aspekten unabhängig sein sollte. Dann ließe sich nämlich nicht erklären, warum sich etwa ein körperlich Geschädigter nur dann einer Operation unterziehen muss, wenn sie „einfach und gefahrlos ist, wenn sie nicht mit besonderen Schmerzen verbunden ist und wenn sie die sichere Aussicht auf Heilung oder wesentliche Besserung bietet."[307] All diese Faktoren sind immaterieller Natur und werden zu Recht einhellig als beachtlich für die Beurteilung des Zumutbaren angesehen.

Auf den Punkt gebracht: Es entspricht allgemeinen Grundsätzen, der Schadensfeststellung eine objektivierend wirtschaftliche Perspektive zugrunde zu legen, während die Schadensminderungsobliegenheit zugleich von wertenden, die Grenzen des rein Ökonomischen überschreitenden Elementen geprägt wird. Daraus lässt sich ableiten, dass es rechtlich nicht zwingend ist, beide Aspekte am exakt gleichen Beurteilungsmaßstab zu messen. Dies leuchtet nicht zuletzt deswegen ein, weil die Bewertung jeweils an gänzlich unterschiedliche Bezugspunkte anknüpft – nämlich das Verhalten des Beschädigten auf der einen und dasjenige des Schädigers auf der anderen Seite, bei dem offensichtlich keine Rolle spielen kann, ob ihm der Ersatz der von ihm verursachten Schäden zuzumuten ist. Für die hiesige Streitfrage folgt daraus, dass die unstreitig zutreffenden Ausgangsüberlegungen zur verfassungsrechtlich geforderten Zurückhaltung bei Einmischungen in den höchstpersönlichen Entscheidungsbereich im Rahmen der Zumutbarkeit Beachtung finden müssen.[308] Ein unvermeidlicher Gleichlauf zwischen Schadensfeststellung und Minderungsobliegenheit wird von schadensrechtlichen Grundsätzen nicht gefordert. Dementsprechend verfängt der Einwand – auch wenn ihm gerade im Hinblick auf die eher vordergründigen Be-

---

[306] Vgl. Erman/*Ebert* § 254 Rn. 61 ff.; *Lange/Schiemann* § 10 X 1, S. 578 ff.; MüKo-BGB/*Oetker* § 254 Rn. 79 ff.; Staudinger/*Schiemann* § 254 Rn. 81 ff.

[307] *BGH* NJW 1953, 1098; 1989, 2332; 1994, 1592 (1593).

[308] Vgl. dazu auch *Sigel* NJW 1978, 2340 (2341), der von einer „Pflichtenkollision" spricht; ähnlich *Eser/Koch* DÄBl. 1981, 1673 (1675).

gründungsansätze[309] der herrschenden Doktrin seine Berechtigung keineswegs abgesprochen werden kann – im Ergebnis nicht.

(ee) Kritikpunkte

In der Tat nicht durchdringen kann der *BGH* aber mit seiner Überlegung, die Freistellung des Arztes von Schadensersatzansprüchen sei ein „gravierender Eingriff in das Gefüge vertraglicher Interessen“[310]. Dieses Argument wird zu Recht als zirkelschlüssig[311] zurückgewiesen,[312] da der zu beweisende Umstand, dass tatsächlich keine Beeinträchtigung der Menschenwürde zu befürchten ist, zur Grundlage der Beweisführung gemacht wird. Kann nämlich ein Grundrechtsverstoß festgestellt werden, entbindet der bloße Hinweis auf vertragliche Interessen in Anbetracht der mittelbaren Drittwirkung der Grundrechte nicht von der Berücksichtigung jener verfassungsrechtlichen Implikationen. Es scheint daher ratsam, auf Argumentationslinien zu verzichten, die ohne Not „Angriffsfläche“ für (berechtigte) Kritik preisgeben.

Daher sollte der *BGH* meines Erachtens auch darauf verzichten, das Fortbestehen einer „Familienplanungsstörung“ zum konstitutiven Bestandteil der Schadensersatzpflicht zu erheben. In der Tat legt diese Voraussetzung den Schluss nahe, dass die Ablehnung des Kindes für die Eltern finanziell vorteilhaft wäre.[313] Es scheint, als müssten die Eltern dem Kind fortwährend mit Ablehnung begegnen, damit es nicht zu einem nachträglichen Wegfall der Störung der Familienplanung kommt. Dass dieses Ergebnis einen „durchaus unbehaglichen Wertungswiderspruch“[314] beinhalten würde, muss nicht weiter erläutert werden. Nach hier vertretener Auffassung kann aber die Ablehnung des Kindes letztlich keine Rolle spielen, da bei der gebotenen konsequent abstrahierenden Betrachtung einzig die Unterhaltspflicht als Bezugspunkt der elterlichen Vorstellungen in Betracht zu ziehen ist (S. 243 ff.). Richtigerweise darf also nicht von einer Störung der Familien-, sondern allenfalls der Unterhaltsplanung die Rede sein. Dies relativiert die Bedenken gegen die höchstrichterlichen Erwägungen deutlich, da es keineswegs widersprüchlich sein muss, ein ursprünglich ungeplantes Kind zu akzeptieren und liebevoll aufzuziehen, zugleich aber die für es erforderlichen

---

309 Überzeugende Überlegungen mit einem anderen Ansatzpunkt finden sich aber bei *Riedel* S. 102.

310 *BGH* NJW 1994, 788 (791).

311 *Picker* AcP 195 (1995), 483 (513).

312 Vgl. *Ders.* AcP 195 (1995), 483 (512 ff.); *Roth* NJW 1994, 2402 (2404); *Weber* VersR 1999, 389 (394).

313 Vgl. *Backhaus* MedR 1996, 201 (204); *Laufs* NJW 1998, 796 (797); *Weber* VersR 1999, 389 (397).

314 *Laufs* NJW 1998, 796 (797).

Unterhaltszahlungen als ökonomische Beeinträchtigung abzulehnen.[315] Allerdings sei angemerkt, dass damit auch die Voraussetzung der Familienplanungsstörung an Aussagekraft verliert, weshalb auf dieses Kriterium ganz verzichtet werden sollte.

(ff) Fondslösung

Nicht unerwähnt bleiben soll schließlich ein vielfach von Kritikern der schadensrechtlichen Betrachtung angeführter Lösungsvorschlag: Die Errichtung eines Fonds, der den Mehraufwand für behindert geborene Kinder ausgleichen soll.[316] Wird die Belastung durch einen Fonds ausgeglichen, sind Schadensersatzansprüche überflüssig, sodass es nicht mehr erforderlich sein wird, das Kind mittels staatlichen Richterspruchs in eine wie auch immer geartete Verbindung zu dem Begriff „Schaden" zu setzen. Auch wenn es sich dabei sicherlich um einen erwägenswerten Vorschlag handeln mag,[317] der an dieser Stelle auch keiner vertieften inhaltlichen Überprüfung unterzogen werden soll, kommt man nicht um die Feststellung herum, dass es sich letztlich bloß um eine terminologische Problemverschiebung handelt.

Unter Kritikern des *BGH* besonders weit verbreitet ist nämlich die bereits skizzierte Argumentationslinie, nach der es psychologisch überaus bedenklich sei, dem Kind durch fortwährende Zahlungen des Schädigers vor Augen zu führen, dass seiner Existenz ein ungewollter Behandlungs- bzw. Beratungsfehler zugrunde liegt.[318] Ob es aber tatsächlich aus der Sicht des Kindes einen Unterschied machen kann, ob die Kompensationszahlungen von dem Schädiger als Schadensersatz oder von einem Fonds als „Unterstützungsleistungen" getätigt werden, dürfte durchaus in Zweifel zu ziehen sein. In beiden Fällen wird dem Kind deutlich, dass die von ihm verursachten Kosten für die auf ein gesundes Kind hoffenden Eltern eine außergewöhnliche Belastung darstellen, mit der sie nicht allein gelassen werden sollen. Gewiss würde dann zwar nicht mehr der Begriff des „Schadens" im Raum stehen, eine über diesen terminologischen Vorteil hinausgehende substantielle Besserung der Situation des Kindes scheint jedoch nicht erreicht zu werden.[319] Sollte der Gesetzgeber gleichwohl eine Fondslösung in Betracht ziehen, könnte sich die Streitfrage insoweit erübrigen, als die

---

315 Ebenfalls zweifelnd aber mit anderem Ansatz *Lange/Schiemann* § 6 IX 7, S. 333.

316 So etwa *Stürner* JZ 1998, 317 (325 f.); *Weber* ZfL 2004, 74 (82).

317 Allerdings sei auf die von *Riedel* S. 111 ff. aufgeworfenen Probleme hingewiesen.

318 Vgl. dazu schon S. 252.

319 Ablehnend auch *Harrer* S. 73, der auf die Haftpflichtversicherung des Schädigers und die Überlastung öffentlicher Haushalte verweist.

Eltern keinen Schaden erlitten, wenn die Vermögenseinbuße durch eine Ausgleichszahlung kompensiert würde.

(4) Zwischenergebnis

Nicht zu leugnen ist, dass die vom Recht angebotenen Instrumentarien bei der Bewertung der „Kind als Schaden"-Problematik an ihre Grenzen stoßen. Daher wirkt es auch „sehr leicht frivol oder zynisch"[320], wenn man dieses Instrumentar gleichwohl anzuwenden sucht. Insofern überrascht es keineswegs, dass die Diskussion in starkem Maße emotionalisiert ist,[321] was sich in einer zuweilen drastischen[322], nicht zuletzt ins verklärend „Bilderhafte"[323] abdriftenden Sprache äußert. Nach hier vertretener Ansicht ist es deshalb geboten, den gesamten Problemkomplex sorgfältig in seine Einzelfragen zu unterteilen. Zunächst ist festzustellen, dass in Vertauschungskonstellationen nach der Differenzhypothese nur ein behinderungsbedingter oder auf eine doppelte Inanspruchnahme zurückzuführender Unterhaltsmehraufwand als Vermögensschaden bewertet werden kann. Dieser Mehraufwand ist zudem bei konsequenter Anwendung einer schadensrechtlichen Betrachtung von dem Regelaufwand teilbar. Davon abgesehen ist es auch nicht unter Rückgriff auf den Zweckverfehlungsgedanken möglich, den gesamten Unterhaltsaufwand mithilfe einer normativ-wertenden Betrachtung als Schaden zu qualifizieren. Dies ergibt sich aus der Besonderheit, dass der hier von den Eltern verfolgte Zweck mit Blick auf die Zielsetzung der §§ 1601 ff. BGB als unbeachtlich zu bewerten ist.

Da auch der Vertragszweck die Belastungen regelmäßig umfassen dürfte und der Grundsatz zu berücksichtigen ist, dass der Beschädigte nur aus gutem Grund ersatzlos gestellt werden darf, liegt der eigentlichen „Kind als Schaden"-Diskussion folgende Ausgangslage zugrunde: Nicht die herrschende Meinung, sondern die Gegenauffassung muss ihre von dem Axiom der schadensrechtlichen Erfassung finanziell nachteiliger Pflichtverletzungen abweichende Sichtweise überzeugend begründen. Auch wenn einigen Einwänden keineswegs ihre Berechtigung abgesprochen werden kann, ist unverkennbar, dass viele Erwägungen von „christlich-humanistischen Kulturvorstellungen" geprägt sind. Dies ist einer der Gründe, weshalb die meisten Kritikpunkte widerleg- oder jedenfalls angreifbar sind. Zwar bedarf auch die Rechtsauffassung der herrschenden Meinung punktu-

---

[320] *Selb* JZ 1971, 201 (204).

[321] So auch *Losch/Radau* NJW 1999, 821 (823).

[322] Vgl. etwa *Deutsch,* Allg. Haftungsrecht, Rn. 800, der die Entscheidung des Zweiten Senats des *BVerfG* als „peinlich" bezeichnet; Laufs/Kern/Rehborn/*Kern/Rehborn* § 98 Rn. 3, die von „Rabulistik" sprechen oder *Picker* AcP 195 (1995), 483 (506), der der h. M. einen „gedanklichen Kurzschluss" vorwirft. Vgl. auch schon Kap. F, Fn. 262 f.

[323] Vgl. *Reinelt* FamRZ 1970, 572 (573); *Sigel* NJW 1978, 2340 (2341).

eller Korrekturen, jedoch vermag sie im Ganzen eher zu überzeugen. Daher ist in Vertauschungsfällen der durch die genetische Disposition eines unerwünschten Beteiligten beeinflusste behinderungsbedingte Mehraufwand als Schaden ersatzfähig.[324]

Gleiches gilt de lege lata für die Verdopplung des Unterhaltsaufwands bei einer vertauschungsbedingten Mehrfachinanspruchnahme eines der betroffenen Väter. Indes sollte de lege ferenda ein alternatives Ausgleichssystem erwogen werden, mit dem die verschiedenen Interessenpositionen in ein angemesseneres Verhältnis gebracht werden können (S. 339 ff.). Schon jetzt sei darauf hingewiesen, dass das hier vorgeschlagene Konzept für Fälle, in denen beide von der Vertauschung betroffenen Behandlungen zu einer erfolgreichen Schwangerschaft geführt haben, zu einem Wegfall des Schadens führen würde, da die Vermögenseinbuße auf anderem Wege ausgeglichen wird. Daher wäre die schadensersatzrechtliche Ausgleichung nur noch für Situationen relevant, in denen das eine Patientenpaar kein in die Vertauschung verwickeltes Kind bekommen hätte.

bb) Entbindungskosten und Schmerzensgeld

Darüber hinaus könnten Belastungen, die im Zuge einer Schwangerschaft auf die Betroffene zukommen, einen ersatzfähigen Schaden darstellen. In diesem Zusammenhang ist insbesondere an die Entbindungskosten und den immateriellen Schaden durch die Beeinträchtigungen während der Behandlung, der Schwangerschaft sowie der Geburt zu denken. Im Ausgangspunkt gilt auch hier das oben Gesagte: Da es der Schwangeren gerade darum ging, ein Kind zu bekommen, hat sie die üblicherweise mit einer Schwangerschaft verbundenen materiellen und immateriellen Belastungen von Anfang an akzeptiert. Daher wird bisweilen die Ansicht vertreten, dass ein diesbezüglicher Schadensersatzanspruch ausscheiden müsse.[325] Allerdings wird dabei nicht berücksichtigt, dass der Aspekt der Zweckverfehlung im Rahmen einer normativ-wertenden Korrektur der mithilfe der Differenzrechnung erzielten Ergebnisse in die Betrachtung miteinzubeziehen ist. Diesbezüglich kann auf die bereits im Zusammenhang mit der Unterhaltsbelastung der Eltern herausgearbeiteten Grundsätze zur Einbeziehung einer Zweckverfehlung zurückgegriffen werden (S. 233 ff.).

Insofern gilt Folgendes: Es wurde festgestellt, dass eine normativ-wertende Korrektur in Betracht kommt, wenn ein konkreter und in der Rechtsordnung angelegter Grundsatz dies erfordert. Der Aspekt der Zweckverfehlung genügt dieser Anforderung, da er sowohl im Straf- als auch im Zivilrecht – v. a. in Fällen des Spenden-, Bettel- oder Subventionsbetrugs – anerkannt ist. Ferner ist zu be-

[324] Zu der Höhe des Ersatzanspruchs vgl. erneut S. 232, 244.

[325] *Neuner* AcP 214 (2014), 459 (503).

rücksichtigen, dass insbesondere im Hinblick auf Vermögensschäden eine doppelte normativ-wertende Betrachtung geboten ist. Denn der Vermögensbegriff beruht seinerseits auf rechtlichen Wertungen und steht in Abhängigkeit zu der Haftungsnorm, mit der ein Vermögensschaden ausgeglichen werden soll. Daher ist speziell bei normativ geprägten Schädigungssituationen zu berücksichtigen, ob die jeweilige Schädigung mit dem verfolgten Zweck rechtlich verknüpft ist.

Die Beeinträchtigungen während der Behandlung, Schwangerschaft und Geburt führen zu keinem wirtschaftlichen, sondern einem immateriellen Schaden. So sind etwa die körperlichen, aber gegebenenfalls auch die psychischen Folgen des gesamten Zeugungs- und Austragungsvorgangs in den Blick zu nehmen. In Bezug auf schädigende Behandlungsschritte wurde bereits festgestellt, dass vielfach von einer Strafbarkeit des Reproduktionsmediziners wegen fahrlässiger Körperverletzung nach § 222 StGB auszugehen sein wird, da die Einwilligung in die Maßnahmen aufgrund eines beachtlichen Irrtums unwirksam ist (S. 216). Angesichts dessen und der Tatsache, dass kein Vermögensschaden in Rede steht, ist die Zweckverfehlung bei der normativ-wertenden Korrektur der mithilfe der natürlichen Schadensfeststellung gewonnenen Ergebnisse zu berücksichtigen. Es käme zu Widersprüchen, wenn die Zweckverfehlung als beachtlich für die Wirksamkeit der Einwilligung in die Körperverletzung eingestuft wird, zugleich aber festgestellt würde, dass die durch die Körperverletzung verursachten Schäden nicht auszugleichen sind, obwohl die Schadensfeststellung keiner weiteren rechtlichen Differenzierungsstufe bedarf. Gleiches gilt für die Beeinträchtigungen während der Schwangerschaft und der Geburt. Diese haben nur deshalb keine strafrechtliche Relevanz, weil sie als natürlicher Vorgang nicht dem Tatbestand der Körperverletzung unterfallen (vgl. Kap. F, Fn. 5). Diesem Umstand kommt allerdings keine Bedeutung für die zivilrechtliche Schadensbestimmung zu. Vielmehr wäre nicht einzusehen, warum die Beeinträchtigungen während der Behandlung als Schaden qualifiziert werden können, während jene während der Schwangerschaft und Geburt nicht zu ersetzen wären. In beiden Fällen erleidet die Patientin immaterielle Schäden dadurch, dass sie die Beeinträchtigungen hinnehmen muss, obwohl sie kein genetisch eigenes Kind zur Welt bringt. Daher sind die Schäden nach Maßgabe des § 253 Abs. 2 BGB zu ersetzen. Welche Schmerzensgeldsumme angemessen ist, folgt aus einer Gesamtschau aller Begleitumstände auf Seiten des Geschädigten und des Schädigers.[326] Demgegenüber liegt in dem Umstand, nicht das genetisch eigene Kind austragen und aufziehen zu können, keine im Rahmen des vertraglichen Ersatzanspruchs aus § 280 Abs. 1 BGB zu ersetzende Schadensposition. Die Verfehlung dieses Interesses

[326] Dazu und zu der Bemessung des Schmerzensgelds insgesamt lesenswert *Born* NZV 2016, 545 (546).

verletzt das Allgemeine Persönlichkeitsrecht der Eltern in der Ausprägung als Recht auf reproduktive Selbstbestimmung.[327] Beeinträchtigungen des allgemeinen Persönlichkeitsrechts können indes nicht mittels vertraglicher Schadensersatzansprüche aus § 280 Abs. 1 i.V.m. § 253 Abs. 2 BGB liquidiert werden, sondern einzig unter den Voraussetzungen der §§ 823 ff. BGB (s. S. 268 f.).[328]

Die Entbindungskosten sind demgegenüber ein Vermögensschaden, sodass zu untersuchen ist, ob eine normativ-wertende Betrachtung zulässt, den von den Eltern verfolgten Zweck im Rahmen der Korrektur der Differenzrechnung zu berücksichtigen. Im Gegensatz zu den Unterhaltspflichten (§§ 1601 ff. BGB) gibt es für Entbindungskosten keinen speziellen Normkomplex, der Rückschlüsse auf die Frage zuließe, ob ein bestimmter Zweck Beachtung finden kann oder nicht. Insoweit könnte allenfalls auf den Behandlungsvertrag zwischen dem Reproduktionsmediziner und den Patienten zurückgegriffen werden, da die Entbindungskosten als logische Folge der dort vorgesehenen Leistungspflichten verstanden werden könnte. Dieser Vertrag enthält jedoch keine Regelungen, die den Schluss zuließen, die Zweckbestimmung der Eltern sei unbeachtlich. Vielmehr wird dort – deshalb ist die Vertauschung auch als Verletzung einer Pflicht aus dem Behandlungsvertrag zu bewerten – jedenfalls konkludent vereinbart, dass zur Behandlung die Keimzellen des Patientenpaares zu verwenden sind, damit es zu einer Schwangerschaft mit einem genetisch eigenen Kind kommt (S. 226). Folglich ist der Umstand der Zweckverfehlung bei der normativ-wertenden Korrektur der Differenzrechnung zu berücksichtigen, sodass sich der Vermögensschaden aus der Tatsache ergibt, dass „Mittel verringert werden, ohne dass der erstrebte [...] Zweck erreicht wird.“[329]

cc) Behandlungskosten

Daneben sind die Kosten für die reproduktionsmedizinische Behandlung als etwaige Vermögenseinbuße in den Blick zu nehmen. Dabei ist die Unterscheidung zwischen Schadensersatz neben und statt der Leistung von Relevanz: Wollen die Patienten die Kosten für den von der Vertauschung betroffenen und damit „fehlgeschlagenen“ Behandlungszyklus als Schaden geltend machen, handelt es sich um einen Schadensersatzanspruch statt der Leistung. Dieser Anspruch besteht lediglich unter den zusätzlichen Voraussetzungen des § 281 BGB. Zudem geht die ganz überwiegende Auffassung davon aus, dass Folgekosten der Nichterfül-

---

[327] Vgl. nur *Neuner* AcP 214 (2014), 459 (503); dazu noch eingehend unter S. 268 f.

[328] Dazu BT-Drucks. 14/7752, S. 24 f. sowie *Neuner* AcP 214 (2014), 459 (466 f.).

[329] Vgl. *BGH* NJW-RR 2005, 611 (613); NZG 2014, 835 (837); NJW-RR 2015, 275 (276); explizit a.A. in Bezug auf Vertauschungskonstellationen *Neuner* AcP 214 (2014), 459 (503).

lung ebenfalls unter § 281 BGB fallen.[330] Daher müssten für solche Ansprüche die weiteren Voraussetzungen des § 281 Abs. 1 BGB erfüllt sein. Dieser setzt voraus, dass der Gläubiger dem Schuldner erfolglos eine angemessene Frist zur Leistung oder Nacherfüllung bestimmt hat (S. 1). Eine Fristsetzung ist jedoch entbehrlich, wenn der Schuldner die Leistung ernsthaft und endgültig verweigert oder wenn besondere Umstände vorliegen, die unter Abwägung der beiderseitigen Interessen die sofortige Geltendmachung des Schadensersatzanspruchs rechtfertigen (§ 281 Abs. 2 BGB). Bezugspunkt dieser Abwägung ist auf Seiten des Gläubigers der Ausschluss einer neuerlichen Leistung durch den Schuldner.[331]

Auch wenn die Abwägung strengen Anforderungen unterliegt,[332] ist in dem hier zu beurteilenden Fall stets von einem überwiegenden Interesse des Gläubigers am Schadensersatz auszugehen. Zentraler Bestandteil des Arzt-Patienten-Verhältnisses ist die zwischen beiden bestehende Vertrauensbeziehung. Ist es in einem derart sensiblen Bereich wie der Fortpflanzung zu einem solch schwerwiegenden Zwischenfall wie einer Vertauschung von Keimzellen oder Embryonen gekommen, ist das Vertrauen zwischen dem Behandelnden und den Patienten nachhaltig erschüttert. Es ist den Patienten nicht zumutbar, sich erneut bei dem für die Vertauschung Verantwortlichen in Behandlung zu begeben, um diesem die Nacherfüllung zu ermöglichen.[333] Demgegenüber sind Interessen des Schuldners, die der sofortigen Geltendmachung des Schadensersatzanspruchs entgegenstehen könnten, nicht ersichtlich. Da die Pflichtverletzung außerdem erheblich ist (§ 281 Abs. 1 S. 3 BGB), entfallen die zusätzlichen Voraussetzungen des § 281 BGB insgesamt.[334] Im Hinblick auf die Feststellung von Folgeschäden der Nichterfüllung ist z. B. an Kosten zu denken, die dadurch entstehen, dass bei den von der Vertauschung betroffenen Behandlungen sämtliche vorrätige Eizellen verbraucht wurden und infolgedessen eine erneute Follikelpunktion erforderlich wird, um den immer noch bestehenden Wunsch nach einem genetisch eigenen Kind erfüllen zu können. Solche Folgeschäden wären bei pflichtgemäßem Verhalten des Reproduktionsmediziners nicht eingetreten, sodass man bereits bei Anwendung der Differenzhypothese zu einem rechnerischen Schaden kommt.

---

330 Statt vieler MüKo-BGB/*Ernst* § 281 Rn. 1 m. w. N.

331 MüKo-BGB/*Ernst* § 281 Rn. 62.

332 *BGH* NJW-RR 1997, 622 (623 f.); NJW 2000, 803 (804); Staudinger/*Schwarze* § 281 Rn. B 100.

333 Vgl. *OLG Jena* NJW 2012, 2357; *OLG Koblenz* ArztR 2013, 133; Spickhoff/*Spickhoff* § 280 BGB Rn. 11.

334 Deshalb wird an dieser Stelle auch von einer getrennten Darstellung der Ansprüche abgesehen.

In Bezug auf die Kosten des von der Behandlung betroffenen Zyklus stellt sich hingegen erneut die Frage, ob das mithilfe der Differenzhypothese gefundene Ergebnis unter Berücksichtigung des Zweckverfehlungsaspekts zu korrigieren ist. Denn auch wenn es nicht zu dem schädigenden Ereignis gekommen wäre, hätten die Patienten die reproduktionsmedizinische Behandlung bezahlen müssen (§ 630a Abs. 1 BGB), sodass anhand der Differenzrechnung grundsätzlich kein rechnerischer Schaden festgestellt werden könnte. Demzufolge ist auch hier zu überlegen, ob der Normkontext des Behandlungsvertrags die Berücksichtigung der Zweckverfehlung zulässt oder nicht. Dabei ergeben sich keine Abweichungen zu den Feststellungen im Zusammenhang mit dem Anspruch auf Ersatz der Entbindungskosten (S. 265). Somit können die Patienten die Kosten für den von der Vertauschung betroffenen Behandlungszyklus als Schaden gemäß §§ 280 Abs. 1, 3, 281 Abs. 1 BGB geltend machen.

dd) Verdienstausfall

Schließlich könnte der infolge von Schwangerschaft und Geburt eintretende Verdienstausfall einen Schaden begründen. Auch hier ließe sich ein Schaden nur feststellen, wenn die Zweckverfehlung bei normativ-wertender Betrachtung zur Schadensbegründung heranzuziehen wäre. Denn die Mutter würde den Verdienstausfall unabhängig davon erleiden, ob es sich um ein genetisch eigenes Kind handelt oder nicht. Etwas anderes würde nur dann gelten, wenn der Betroffenen (etwa wegen einer Behinderung des Kindes) im Einzelfall eine besondere Lastentragung abverlangt wird, die erst zu dem Verdienstausfall führt. In einem solchen Fall würde bereits die Differenzrechnung zur Feststellung eines Schadens gelangen.[335] Ist dies allerdings nicht der Fall, kann wiederum auf die Zweckverfehlung abgestellt werden, mithilfe derer bei normativ-wertender Korrektur der Differenzrechnung ein Schaden zu bestimmen ist. Knüpft man an die Aussage des *BGH* an, dass sich der Schaden aus der Verringerung von Mitteln ergebe, obwohl der verfolgte Zweck nicht erreicht wird (S. 265, dort Fn. 329), bedarf es für den Verdienstausfall einer geringfügigen Umformulierung. So betrifft der Verdienstausfall nicht den Einsatz, sondern vielmehr den Nichteinsatz eines Mittels. Daher ändert sich die Aussage dahingehend, dass der Schaden daraus folgt, keine Möglichkeit zu haben, mit der eigenen Arbeitsleistung einen Verdienst zu erzielen, obwohl der mit der Nichttätigkeit verfolgte Zweck nicht erreicht wird.

---

335 Vgl. dazu *Franzki* VersR 1990, 1181 (1184) m. w. N.

2. Deliktische Ansprüche

Darüber hinaus sind Ansprüche auf Schadensersatz aufgrund deliktischer Haftung nach den §§ 823 ff. BGB in Betracht zu ziehen.

a) § 823 Abs. 1 BGB

aa) Rechtsgutsverletzung

§ 823 Abs. 1 BGB schützt ausschließlich sog. absolute Rechte. Gemeint sind damit all jene Rechte, die ihrem Inhaber absoluten Schutz gegenüber jedermann gewähren.[336] Neben den in § 823 Abs. 1 BGB explizit genannten Rechten werden auch „sonstige Rechte" erfasst, die vergleichbar bedeutsam sind und ebenfalls absolute Wirkung entfalten. Von den benannten Rechten sind für die hiesigen Fälle vor allem die Rechtsgüter Körper und Gesundheit von Relevanz. Wie bereits dargelegt, erfüllt der intrauterine Embryotransfer angesichts seines invasiven Charakters jedenfalls die Voraussetzungen einer Körperverletzung.[337]

Daneben ist als unbenanntes Rechtsgut das allgemeine Persönlichkeitsrecht in seiner Ausprägung als „Recht auf reproduktive Selbstbestimmung"[338] in den Blick zu nehmen. Kommt es zu einem Vertauschungsvorfall, wird der Patientin die Möglichkeit genommen, das von ihr und ihrem Partner genetisch abstammende Kind auszutragen und es als rechtliche Mutter großzuziehen. Gleiches gilt – jedenfalls, sofern die rechtliche Vaterschaft nicht über §§ 1600, 1600d BGB erlangt werden kann – mutatis mutandis für den verhinderten Vater.[339] Anknüpfungspunkt für die Rechtsgutsverletzung ist folglich die entgangene Elternschaft im Verhältnis zum genetisch eigenen Kind.[340] Dies ist der entscheidende Unterschied zu jenen Konstellationen, die unter dem Schlagwort „Recht auf Familienplanung"[341] diskutiert werden. Dort wird auf die Durchkreuzung der Familienplanung durch ein so nicht gewolltes Kind abgestellt. Damit wird das Haben bzw. die Existenz des rechtlichen Kindes als Rechtsgutsbeeinträchtigung gewertet, weshalb entsprechende Ansprüche mit Blick auf verfassungsrechtliche Be-

---

336 Vgl. *BGH* NJW 2012, 2034 (2036); MüKo-BGB/*Wagner* § 823 Rn. 162.

337 Dazu schon S. 200; vgl. auch *Lange/Schiemann* § 6 IX 7, S. 330 für die zivilrechtliche Perspektive.

338 Vgl. *Neuner* AcP 214 (2014), 459 (503); *Reinelt* FamRZ 1970, 572 (575) spricht pauschalierender vom „Recht auf Entschließungsfreiheit", was er schließlich aber mangels absoluter Wirkung selbst ablehnt.

339 So überzeugend *Neuner* AcP 214 (2014), 459 (503).

340 *Ders.* AcP 214 (2014), 459 (503); so auch *Reinelt* FamRZ 1970, 572 (575).

341 Vgl. etwa *Giesen* FamRZ 1970, 565 (569); *Riedel* S. 109. *Mertens* FamRZ 1969, 251 (252) lehnt ein solches Recht mangels allgemeiner Anerkenntnis insgesamt ab.

denken zu Recht abgelehnt werden.[342] Richtigerweise kann daher allein an die Vorenthaltung einer Elternschaft, nicht aber an das Bestehen einer solchen (nicht gewollten) angeknüpft werden, um eine Verletzung des allgemeinen Persönlichkeitsrechts zu begründen.

Demgegenüber wird das reine Vermögen nicht von § 823 Abs. 1 BGB umfasst. Es ist unbestritten, dass das Vermögen kein absolutes Recht ist und daher eine Qualifikation als „sonstiges Recht" i. S. d. § 823 Abs. 1 BGB ausscheiden muss.[343] Deshalb kann in der Herbeiführung eines etwaigen Unterhaltsschadens keine Rechtsgutsverletzung erblickt werden, die eine Haftung nach § 823 Abs. 1 BGB auslöst. Der Schutz des Vermögens wird vielmehr durch vertragliche Ansprüche sowie §§ 823 Abs. 2, 826 BGB gewährleistet.

bb) Handlung des Schädigers

Des Weiteren müsste eine Handlung des Anspruchsgegners vorliegen, die die Rechtsgutsverletzung in objektiv zurechenbarer Weise verursacht hat. Dafür soll zunächst aufgezeigt werden, welche Personen als Anspruchsgegner und damit Schädiger in Betracht kommen, um daran anschließend die jeweiligen Verletzungshandlungen zu benennen.

(1) Anspruchsgegner

Auf den ersten Blick zu erkennen ist, dass sowohl der behandelnde Arzt als auch die an dem Befruchtungsgeschehen beteiligten (Labor-)Mitarbeiter als Schädiger in Betracht kommen. Diese sind als natürliche Personen an der Behandlung beteiligt und könnten daher Verletzungshandlungen vorgenommen haben. Daneben ist allerdings auch an den Rechtsträger der reproduktionsmedizinischen Einrichtung zu denken, mit der die Patienten den Behandlungsvertrag abgeschlossen haben. Diese wird als juristische Person erst durch die Integration natürlicher Personen als Organwalter handlungsfähig, sodass § 31 BGB (analog[344]) in den Blick zu nehmen ist. Da sich § 31 BGB von einer Organ- zu einer Repräsentantenhaftung entwickelt hat, muss die juristische Person für alle Personen haften, denen „durch die allgemeine Betriebsregelung und Handhabung bedeutsame,

[342] Dazu bereits *BGH* NJW 1983, 1371 (1373): „ein solcher Anspruch wegen der […] seelischen Belastung durch das Haben eines schwer geschädigten Kindes [wäre] der deutschen Rechtsordnung fremd"; vgl. auch *Giesen* JR 1984, 221 (226); *ders.* JZ 1994, 286 (290); *Riedel* S. 109; *Sigel* NJW 2340 (2341).

[343] *BGH* NJW 1958, 1041 (1042); 1964, 720 (722); 1983, 2313 (2314); MüKo-BGB/*Wagner* § 823 Rn. 370.

[344] Nach h. M. erfasst § 31 BGB trotz seines eingeschränkten Wortlauts sämtliche juristische Personen mittels Analogiebildung; vgl. MüKo-BGB/*Leuschner* § 31 Rn. 3.

wesensmäßige Funktionen der juristischen Person zur selbständigen, eigenverantwortlichen Erfüllung zugewiesen sind“, sodass sie die juristische Person im Rechtsverkehr repräsentieren.[345] Damit werden Angestellte mit Leitungsfunktion wie etwa der Chefarzt erfasst,[346] während einfache Angestellte wie z. B. ein Assistenzarzt ausscheiden sollen.[347] Sollte der Chefarzt nicht direkt an dem Behandlungsgeschehen beteiligt sein, sodass er eine deliktische Handlung i. S. d. §§ 823 ff. BGB hätte ausführen können, ist an die Verletzung einer Verkehrssicherungspflicht im Organisationsbereich zu denken. Schließlich ist in aller Regel davon auszugehen, dass der jeweilige leitende Angestellte im Bereich des Behandlungsgeschehens oder der Erfüllung von Verkehrssicherungspflichten in beruflicher Eigenschaft und nicht bloß als Privatperson tätig geworden ist,[348] sodass eine Haftung auch des Rechtsträgers der reproduktionsmedizinischen Einrichtung für das Verhalten ihrer leitenden Angestellten in Betracht kommt. Zugleich bleibt zu berücksichtigen, dass das Verhalten des leitenden Angestellten ebenfalls – unabhängig von § 31 BGB – zu einer Eigenhaftung der handelnden Person (als Chefarzt) führen kann. Sind mehrere nebeneinander für den aus der unerlaubten Handlung entstehenden Schaden verantwortlich, so haften sie als Gesamtschuldner i. S. d. §§ 421 ff. BGB (§ 840 BGB).

(2) Verletzungshandlung

Für das an der Behandlung beteiligte (ärztliche) Personal ist vor allem der intrauterine Embryotransfer als Verletzungshandlung in den Blick zu nehmen. Ist der behandelnde Arzt nicht zugleich mit organisatorischen Aufgaben betraut, trägt er keine Verantwortung für die personelle, räumliche und technische Ausstattung der Einrichtung. Dann kann daneben nicht auf entsprechende Organisationsversäumnisse abgestellt werden, sodass insoweit nur derjenige leitende Angestellte in Anspruch genommen werden kann, in dessen Verantwortungsbereich die Organisation der reproduktionsmedizinischen Einrichtung liegt. Die Rechtsgutsverletzung erfolgt in einem solchen Fall durch das Unterlassen geeigneter Sicherungsmaßnahmen bzw. durch die Untätigkeit im Hinblick auf die Gewährleistung der erforderlichen Ausstattung der Einrichtung (sog. Verkehrspflichten). Für diese Versäumnisse haftet der Rechtsträger nach den zuvor dargestellten Grundsätzen in (analoger) Anwendung des § 31 BGB. Vor allem in Bezug auf Pflichtwidrigkeiten im organisatorischen Bereich muss besonders sorgfältig untersucht

---

345 So *BGH* NJW 1968, 391 (392).

346 *BGH* NJW 1987, 2925; *OLG München* NJW 1977, 2123; VersR 1978, 285; *LG Köln* VersR 1975, 458.

347 Vgl. MüKo-BGB/*Arnold*[7] § 31 Rn. 20 (Fn. 69); a. A. *RG*, Urt. v. 12.11.1943 – V 65/43.

348 Zu diesem Erfordernis *BGH* NJW 1952, 537 (538), 1980, 115 f.

werden, ob der konkrete Vertauschungsvorfall auf dem jeweilig festgestellten Organisationsmangel beruht. Dafür müsste die Verletzungshandlung einerseits eine conditio sine qua non für die Rechtsgutsbeeinträchtigung sein. Andererseits müssten die Anforderungen der objektiven Zurechnung erfüllt sein. Insoweit sei zum einen auf die obigen Ausführungen zu §§ 223, 229 StGB verwiesen und zum anderen angemerkt, dass insbesondere Sorgfaltspflichten im Bereich der personellen, räumlichen und technischen Ausstattung des ART-Labors oftmals Unkonzentriertheiten des Personals vorbeugen wollen, um die Qualität der Behandlung sicherzustellen. Daher dürfte der Schutzzweckzusammenhang bei Organisationsversäumnissen der Zurechnung regelmäßig nicht im Wege stehen. Auf die Ausführungen zu § 229 StGB sei ebenfalls im Hinblick auf die möglichen Verletzungshandlungen des (Labor-)Personals verwiesen (S. 222 ff.).

cc) Rechtswidrigkeit

Da die Verwirklichung eines deliktsrechtlichen Tatbestandes die Rechtswidrigkeit indiziert, muss auch an dieser Stelle keine positive Feststellung getroffen, sondern lediglich untersucht werden, ob sich der Schädiger auf Rechtfertigungsgründe berufen kann.[349] Ebenso wie im Rahmen der strafrechtlichen Analyse ist an die rechtfertigende Einwilligung zu denken, die allerdings an einem wirksamkeitsausschließenden Willensmangel leidet (S. 201 ff.). Da aber der den Embryotransfer ausführende Arzt in aller Regel von der Wirksamkeit der Einwilligung ausgeht, irrt er über das Vorliegen rechtfertigender Umstände. Je nachdem, welche Rechtsfolgen man an einen solchen Erlaubnistatbestandsirrtum knüpfen möchte (S. 217), entfällt entweder die Rechtswidrigkeit analog § 16 Abs. 1 S. 1 StGB oder das Verschulden in direkter bzw. analoger Anwendung des § 16 Abs. 1 S. 1 StGB.[350] Jedenfalls scheidet aber eine deliktische Haftung wegen vorsätzlicher Körperverletzung aus, sofern der behandelnde Arzt einem Irrtum über das Vorstellungsbild der Patientin erliegt. Der gegebenenfalls zu erhebende Fahrlässigkeitsvorwurf folgt denselben Überlegungen wie im Rahmen der strafrechtlichen Bewertung (S. 217 ff.). Davon abgesehen kommen keine Rechtfertigungsgründe in Betracht.

dd) Verschulden

Zudem müsste das deliktische Verhalten vorsätzlich oder fahrlässig begangen worden sein (§ 823 Abs. 1 BGB). Wusste der Reproduktionsmediziner im Zeit-

[349] BeckOK-BGB/*Förster* § 823 Rn. 26; MüKo-BGB/*Wagner* § 823 Rn. 72.

[350] So für das Deliktsrecht auch *BGH* NJW-RR 2007, 310; *OLG Karlsruhe* VersR 1997, 241.

punkt des Embryotransfers, dass es zu einer Vertauschung gekommen ist, unterliegt er keinem Irrtum über rechtfertigende Umstände, sodass eine vorsätzliche Rechtsgutsverletzung in Betracht kommt. Gleiches gilt für den Labormitarbeiter, wenn er die zur Befruchtung verwendeten Keimzellen bzw. die erzeugten Embryonen bewusst vertauscht. Ist dem leitenden Angestellten, in dessen Verantwortungsbereich die Organisation der reproduktionsmedizinischen Einrichtung fällt, bewusst, dass die von ihm gewährleistete Ausstattung und Organisation nicht dem geforderten Standard entspricht, und nimmt er billigend in Kauf, dass es aufgrund dessen zu Rechtsgutsbeeinträchtigungen kommt, handelt er mit Eventualvorsatz.

Daneben könnten die Schädiger fahrlässig gehandelt haben. Davon wäre auszugehen, wenn die im Verkehr erforderliche Sorgfalt außer Acht gelassen wurde (§ 276 Abs. 2 BGB). Auch wenn bei der einfachen Fahrlässigkeit nach § 276 Abs. 2 BGB ein rein objektiver Sorgfaltsmaßstab anzulegen ist,[351] wird ebenfalls entscheidend auf die Erkennbarkeit und Vermeidbarkeit der Gefahr vor deren Verwirklichung abgestellt.[352] Daher gelten die zu diesen Kriterien im Rahmen der strafrechtlichen Untersuchung getätigten Aussagen entsprechend (vgl. S. 217 ff.). Insoweit erübrigen sich an dieser Stelle weitere Ausführungen. Der Vollständigkeit halber sei darauf hingewiesen, dass § 278 BGB im Rahmen der deliktischen Haftung keine Anwendung findet.[353] Daher scheidet eine Zurechnung der Pflichtwidrigkeiten von Erfüllungsgehilfen aus. Insoweit kann einzig auf die Haftung für Verrichtungsgehilfen nach § 831 BGB zurückgegriffen werden (dazu sogleich S. 276 ff.).

ee) Schaden

Schließlich ist zu prüfen, welche Schadenspositionen von §§ 823 Abs. 1, 249 ff. BGB erfasst werden. Zunächst sind die durch den Embryotransfer verursachten Schäden an Körper und Gesundheit der Patientin in den Blick zu nehmen. Für solche Nichtvermögensschäden sieht § 253 Abs. 2 BGB eine billige Entschädigung in Geld vor. Auch hier gilt jedoch, dass eine natürliche Schadensberechnung keinen Schaden der Patientin feststellen könnte, da sie die Beeinträchtigungen auch dann erlitten hätte, wenn es nicht zu dem pflichtwidrigen Verhalten des Schädigers gekommen wäre. Allerdings kann an dieser Stelle auf die obigen Ausführungen zu Schmerzensgeldansprüchen verwiesen werden (S. 264 f.), die hier entsprechend gelten. Demzufolge erleidet die Patientin Schäden, weil sie

---

351 *BGH* NJW 1953, 257; 1963, 1609 f.; 1957, 785 (786); 1994, 2232 (2233); 1995, 1150 (1151).

352 Statt vieler MüKo-BGB/*Grundmann* § 276 Rn. 68 ff.

353 BeckOK-BGB/*Lorenz* § 278 Rn. 3; Jauernig/*Stadler* § 278 Rn. 3.

körperliche oder gesundheitliche Beeinträchtigungen hinnehmen muss, obschon sie kein genetisch eigenes Kind austrägt.

Während in Bezug auf die Körper- und Gesundheitsschäden allein die beeinträchtigte Patientin aktivlegitimiert ist, beeinträchtigt ein Vertauschungsvorfall das Recht auf reproduktive Selbstbestimmung stets in doppelter Hinsicht. Sowohl der Patientin als auch ihrem Partner wird (zunächst) vorenthalten, Mutter bzw. Vater des von ihnen genetisch abstammenden Kindes zu werden. Der daraus entstehende Schaden ist ebenfalls immaterieller Natur, sodass eine billige Entschädigung in Geld gefordert werden kann (§ 253 Abs. 2 BGB).[354] Die Frage, ob es dem Vater später möglich ist, die rechtliche Vaterschaft des anderen Mannes anzufechten und sich selbst als Vater des genetisch eigenen Kindes zuzuordnen, hat einzig in Fällen Bedeutung, in denen der gesamte Embryo oder sowohl die Ei- als auch Samenzellen vertauscht wurden. Wurden nämlich lediglich Samenzellen vertauscht, wird dem Vater vorenthalten, ein Kind mit der gewünschten Partnerin zu haben, da das Kind in einem solchen Fall eine andere genetische Mutter hat. Auch dieser Umstand verletzt das Recht auf reproduktive Selbstbestimmung. Ist es dem Vater aber möglich, sich rechtlich zu dem „gewünschten" Kind in Beziehung zu setzen, ist die Schadenshöhe für den genetischen Vater entsprechend der Dauer und Intensität der Vaterschaftsvorenthaltung anzupassen. Angesichts der Tatsache, dass de lege lata keine Mutterschaftsanfechtung möglich ist, wird diese in allen denkbaren Konstellationen dauerhaft in ihrem Recht auf reproduktive Selbstbestimmung beeinträchtigt, sodass eine Begrenzung wie im Fall der Vaterschaft nicht in Betracht kommt.

Wie bereits dargetan, ist auch der Kindesunterhalt grundsätzlich ein ersatzfähiger Schaden i. S. d. §§ 249 ff. BGB. Allerdings müsste der entstandene Schaden auf die von § 823 Abs. 1 BGB erfasste Rechtsgutsverletzung zurückzuführen sein. Für den hier zu beurteilenden Fall wird die körperliche Integrität der Mutter und das allgemeine Persönlichkeitsrecht beider Elternteile durch § 823 Abs. 1 BGB geschützt (S. 268 f.). Beide Rechtspositionen bezwecken indes nicht, die Eltern vor Unterhaltsansprüchen des Kindes zu schützen. Die Unterhaltspflicht folgt nicht daraus, dass Körper und Gesundheit der Patientin und Persönlichkeitsrechte des Paares beeinträchtigt werden, wenn ihnen die Elternschaft an dem genetisch eigenen Kind vorenthalten wird. Daher ist der Unterhaltsschaden nicht vom Schutzzweck der Norm umfasst.[355]

---

[354] Vgl. *Neuner* AcP 214 (2014), 459 (503).

[355] So auch *Mertens* FamRZ 1969, 251 (252).

b) *§ 823 Abs. 2 BGB*

Zudem könnte sich ein Schadensersatzanspruch aus der Verletzung eines den Schutz eines anderen bezweckenden Gesetzes gemäß § 823 Abs. 2 BGB ergeben.

aa) *Verletzung eines Gesetzes*

Ein Gesetz i. S. d. Bürgerlichen Gesetzbuches ist jede Rechtsnorm (Art. 2 EGBGB). Damit werden von § 823 Abs. 2 BGB jedenfalls alle Gesetze im materiellen Sinn erfasst.[356] Die im Rahmen der strafrechtlichen Untersuchung geprüften Normen des Strafgesetzbuches und des Embryonenschutzgesetzes erfüllen als formell-materielle Normen diese Anforderungen. Ebenfalls Gesetzesqualität haben die in §§ 20b, 20c AMG festgelegten Regelungen, die in der AMWHV konkretisiert werden (S. 29 ff.). Zudem wurde die Normqualität von § 4 Abs. 1 der Richtlinie des Gemeinsamen Bundesausschusses bereits herausgearbeitet (S. 34 f.). Nicht als Gesetz i. S. d. § 823 Abs. 2 BGB können jedoch die Leitlinien und Empfehlungen von Fachgesellschaften angesehen werden. Bei ihnen handelt es sich nicht um mit staatlich verliehener Rechtssetzungsmacht festgelegte, abstrakt-generelle Regeln mit Außenwirkung, da die Fachgesellschaften als private Körperschaften oder Personengesellschaften bloße Informationsvermittlung ohne Normverbindlichkeit betreiben können.[357] Ihnen fehlt die staatlich vermittelte Rechtssetzungsmacht ebenso wie den Führungsorganen einer reproduktionsmedizinischen Einrichtung, die mit der Erstellung von SOPs und Laborhandbüchern lediglich innerbetrieblich bindendes Recht schaffen. Werden Normen des AMG, der AMWHV oder der Richtlinie des G-BA verletzt, bleibt zu berücksichtigen, dass nur derjenige als Anspruchsgegner in Betracht kommt, der die jeweilige Verhaltenspflicht zu erfüllen hat. In der Regel wird dies der Rechtsträger der reproduktionsmedizinischen Einrichtung bzw. des ART-Labors sein, der durch seinen leitenden Angestellten handelt.

bb) *Schutzgesetzeigenschaft*

Eine Norm bezweckt den Schutz eines anderen, wenn sie zumindest auch dem Schutz von Individualinteressen zu dienen bestimmt ist.[358] Ob eine Norm ihrem Inhalt und Zweck entsprechend dazu dient, den Einzelnen oder einzelne Personenkreise gegen die Verletzung eines bestimmten Rechtsguts zu schützen, ist durch Auslegung der betreffenden Regelung zu ermitteln. Dabei ist entscheidend, ob die beeinträchtigte Norm in ihrem Tatbestand ein bestimmtes Verlet-

---

356 BeckOK-BGB/*Förster* § 823 Rn. 267; MüKo-BGB/*Wagner* § 823 Rn. 479 f.

357 Vgl. auch BeckOK-BGB/*Förster* § 823 Rn. 267 u. 274.

358 *BGH* NJW 2004, 356 (357); 2014, 64; Jauernig/*Teichmann* § 823 Rn. 44.

zungsobjekt explizit benennt und entweder vor Verletzungen, Gefährdungen oder bestimmten Verhaltensweisen schützt.[359] Die Zuerkennung eines individuellen Schadensersatzanspruchs setzt voraus, dass dieser „sinnvoll und im Lichte des haftungsrechtlichen Gesamtsystems tragbar erscheint, wobei in umfassender Würdigung des gesamten Regelungszusammenhangs, in den die Norm gestellt ist, geprüft werden muss, ob es in der Tendenz des Gesetzgebers liegen konnte, an die Verletzung des geschützten Interesses die deliktische Einstandspflicht des dagegen Verstoßenden mit allen damit zu Gunsten des Geschädigten gegebenen Beweiserleichterungen zu knüpfen."[360] Dass die §§ 223, 229 StGB individualschützenden Gehalt haben, ist allgemein anerkannt.[361] § 1 Abs. 1 Nr. 2 ESchG sowie § 1 Abs. 2 ESchG sollen gespaltene Mutterschaften zum Schutze des individuellen Kindeswohls verhindern.[362] Das Kindeswohl schützt ferner § 4 Abs. 1 ESchG, der außerdem das Selbstbestimmungsrecht der Gametengeber im Blick hat.[363] Schließlich wurden die Sorgfaltsnormen im AMG, der AMWHV und den RL des G-BA aufgestellt, um die Qualität reproduktionsmedizinischer Behandlungen sicherzustellen. Dies dient in erster Linie dem Schutz individueller Patientenbelange, sodass auch in Bezug auf diese Normen die Schutzgesetzeigenschaft zu bejahen ist.

cc) Verschulden und Schaden

Hinsichtlich des Verschuldens und der ersatzfähigen Schadensposten sei auf die Ausführungen zu § 823 Abs. 1 BGB verwiesen. Auch hier spielt der Schutzzweck der verletzten Norm eine entscheidende Rolle. So können die Schäden an Gesundheit und Körper der Patientin nur an die Verletzung einer diese Rechtsgüter schützenden Norm geknüpft werden (§§ 223, 229 StGB sowie § 4 Abs. 1 ESchG). Der Schutz der reproduktiven Selbstbestimmung wird demgegenüber durch die Sorgfaltsnormen des AMG, der AMWHV und der RL des G-BA gewährleistet. Da § 823 Abs. 2 BGB den Schutzbereich der allgemeinen Deliktshaftung auf reine Vermögensschäden erweitern soll,[364] könnte auch der Unterhaltsschaden grundsätzlich von dem Schutzzweck einer der verletzten Normen umfasst sein. Dies gilt insbesondere mit Blick auf § 1 Abs. 1 Nr. 2 ESchG sowie § 1 Abs. 2 ESchG, die die Verhinderung von gespaltenen Mutterschaften bezwecken. Indes

359 MüKo-BGB/*Wagner* § 823 Rn. 500.

360 *BGH* NJW 2008, 1734 (1736); 2010, 3651 (3652); 2012, 1800 (1802).

361 *BGH* VersR 1987, 1133 (1134); MüKo-BGB/*Wagner* § 823 Rn. 525.

362 *Günther*/Taupitz/Kaiser, § 1 Abs. 2 ESchG Rn. 4.

363 Günther/*Taupitz*/Kaiser, § 4 ESchG Rn. 3 f.

364 MüKo-BGB/*Wagner* § 823 Rn. 476 f. u. 540.

handelt es sich bei beiden Normen um Vorsatzdelikte,[365] sodass eine Haftung nur im Falle einer vorsätzlichen Vertauschung in Betracht zu ziehen ist.

c) § 826 BGB

Außerdem ist im Einzelfall ein Schadensersatzanspruch wegen sittenwidriger vorsätzlicher Schädigung nach § 826 BGB in Betracht zu ziehen. Da sich aber der Vorsatz auf den Eintritt des konkreten Schadens, die Kausalität des eigenen Verhaltens und die die Sittenwidrigkeit begründenden Umstände beziehen muss,[366] ist ein solcher Anspruch lediglich dann denkbar, wenn der Schädiger die Vertauschung vorsätzlich vorgenommen hat. Ein solches Verhalten würde das „Anstandsgefühl aller billig und gerecht Denkenden"[367] verletzen, weshalb es als sittenwidrig zu qualifizieren wäre. Zwar muss der Vorsatz des Täters die „gesamte Schadensfolge"[368] erfassen, jedoch ist dafür nicht erforderlich, dass er den genauen Schadensverlauf sowie die Schadenshöhe bei der Schädigungshandlung im Kopf haben muss, sondern es genügt bereits, dass er den Schaden nach „Art und Richtung" vorausgesehen und billigend in Kauf genommen hat.[369] Vertauscht ein Schädiger bewusst die Keimzellen bzw. Embryonen im Rahmen einer reproduktionsmedizinischen Behandlung, ist ihm bewusst, dass die Einwilligung der Patientin an einem wirksamkeitsausschließenden Willensmangel leidet, die Betroffenen in ihrem Recht auf reproduktive Selbstbestimmung durch Vorenthaltung der Elternschaft an ihrem genetisch eigenen Kind beeinträchtigt werden und wegen der fehlerhaften abstammungsrechtlichen Zuordnung Unterhaltszahlungen an ein Kind zu leisten sind, die eigentlich nicht zu leisten wären. All diese Schadensfolgen nimmt der Schädiger billigend in Kauf, sodass der Anspruch gemäß § 826 BGB neben den Körper- und Persönlichkeitsschäden auch den Unterhaltsschaden für das genetisch nicht eigene Kind nach den oben dargelegten Grundsätzen (S. 231 ff.) umfasst.

d) § 831 BGB

Schließlich ist eine Haftung für den Verrichtungsgehilfen nach § 831 BGB in den Blick zu nehmen. Zunächst müsste also eine Person tätig geworden sein, die als Verrichtungsgehilfe zu qualifizieren ist. Verrichtungsgehilfe ist, wer mit Wissen und Wollen des Geschäftsherrn in dessen Interesse tätig ist und dessen Tätigkeit vom Prinzipal jederzeit entzogen, beschränkt oder nach Zeit und Umfang gere-

---

365 *Günther*/Taupitz/Kaiser, § 1 Abs. 1 Nr. 2 ESchG Rn. 16 ff. u. § 1 Abs. 2 ESchG Rn. 13 ff.

366 MüKo-BGB/*Wagner* § 826 Rn. 25; NK-BGB/*Staudinger* § 826 Rn. 9 f.

367 RGZ 48, 114 (124); *BGH* NJW 1953, 1665; 2014, 1098 (1099), 2014, 1380.

368 *BGH* NJW 1951, 596 (597); 1963, 148 (150); 1987, 3205 (3206).

369 So *BGH* NJW 2016, 3715 (3718); NJOZ 2017, 1521 (1526).

gelt werden kann.[370] Prägend ist mithin das faktische Direktionsrecht des Geschäftsherrn, das die Abhängigkeit und Weisungsgebundenheit des Verrichtungsgehilfen begründet.[371] Labormitarbeiter oder „einfache" angestellte Ärzte werden als Angestellte für die reproduktionsmedizinische Einrichtung als Geschäftsherr in dessen Interesse tätig und sind an dessen Weisungen gebunden. Demgegenüber ist der leitende Angestellte – der Chefarzt oder der Leiter des Fachbereichs – nicht Verrichtungsgehilfe des Rechtsträgers der Einrichtung,[372] sondern Repräsentant des korporativ verfassten Geschäftsherrn.[373] Auch wenn der leitende Angestellte das Direktionsrecht gegenüber dem Mitarbeiter ausüben mag, ist nicht er Geschäftsherr, sondern die Körperschaft oder Personengesellschaft, in der sich die Einrichtung organisiert hat. Der leitende Angestellte oder das für den Unternehmensträger handelnde Organ macht den Rechtsträger aber erst handlungsfähig und nimmt daher dessen Vertretung wahr.

Der Verrichtungsgehilfe handelt in Ausführung seiner Verrichtung, wenn ein qualifizierter, innerer Zusammenhang zwischen dem ihm übertragenen Aufgabenkreis und der Schadenszufügung besteht und das schädigende Verhalten nicht bloß bei Gelegenheit erfolgte.[374] Der erforderliche Zusammenhang wird nicht einmal dadurch unterbrochen, dass der Verrichtungsgehilfe die Schädigung in vorsätzlich-sittenwidriger Weise (§ 826 BGB) vorgenommen hat.[375] Daher wird das Handeln des Mitarbeiters erst dann aus dem Kreis der übertragenen Aufgaben herausfallen, wenn der Verrichtungsgehilfe „rein zufällig mit den Rechtsgütern des Geschädigten [...] in Berührung" kommt.[376] Davon dürfte auszugehen sein, wenn der Aufgabenbereich des jeweiligen Mitarbeiters in deutlichem Maße überschritten wurde. Beispielhaft sei auf eine Fallkonstellation verwiesen, in der Putzkräfte aufgrund ihrer Zugangsberechtigung zu den Laborräumlichkeiten auf Brutschränke zugreifen und Proben vertauschen. Handelt es sich aber um Labormitarbeiter, so kommen diese im Rahmen der ihnen übertragenen Aufgaben mit den Rechtsgütern des Geschädigten in Kontakt, sodass das schädigende Handeln in Ausführung der Verrichtung geschieht. In Bezug auf dieses deliktische Verhalten des Verrichtungsgehilfen sei auf die Ausführungen

---

[370] RGZ 92, 345 (346 f.); *BGH* NJW 1966, 1807 (1808); 2009, 1740 (1741); 2014, 2797 (2798).

[371] BeckOK-BGB/*Förster* § 831 Rn. 15; MüKo-BGB/*Wagner* § 831 Rn. 14.

[372] Eingehend zu unterschiedlichen Konstellationen im ärztl. Bereich BeckOK-BGB/*Förster* § 831 Rn. 23 f.

[373] Für ihn gilt einzig § 31 BGB (s. o.); vgl. MüKo-BGB/*Wagner* § 831 Rn. 19.

[374] RGZ 104, 141 (144); *BGH* NJW 1954, 505; 1965, 391 (392); 1971, 31 (32); NJW-RR 1989, 723 (725).

[375] RGZ 157, 228 (232); MüKo-BGB/*Wagner* § 831 Rn. 26.

[376] *BGH* NJW-RR 1989, 723 (725).

zu § 823 Abs. 1 BGB verwiesen, mit denen die deliktische Haftung von (Labor-) Mitarbeitern dargelegt wurde.

Nach § 831 Abs. 1 S. 2 BGB tritt die Haftung nach Satz 1 allerdings nicht ein, wenn der Geschäftsherr bei der Auswahl der bestellten Person und, sofern er Vorrichtungen oder Gerätschaften zu beschaffen oder die Ausführung der Verrichtung zu leiten hat, bei der Beschaffung oder der Leitung die im Verkehr erforderliche Sorgfalt beobachtet oder wenn der Schaden auch bei Anwendung dieser Sorgfalt entstanden sein würde. Diese Entlastungsmöglichkeit kann in zwei Teile untergliedert werden: Während der erste Halbsatz den Nachweis fehlenden Verschuldens des Geschäftsherrn enthält, betrifft der zweite Halbsatz den Nachweis der fehlenden haftungsbegründenden Kausalität zwischen der Pflichtverletzung des Geschäftsherrn und der Rechtsgutsverletzung. Der Maßstab der erforderlichen Sorgfalt bei Auswahl, Instruktion und Überwachung des Verrichtungsgehilfen richtet sich nach der Verkehrsanschauung und den Umständen des Einzelfalls.[377] Insoweit wird die Intensität der Sorgfaltspflichten relativ zu der sich aus dem Umfang des drohenden Schadens und der Eintrittswahrscheinlichkeit ergebenden Größe der Gefahr bestimmt.[378] (Labor-)Mitarbeiter in einer reproduktionsmedizinischen Einrichtung kommen mit äußerst sensiblen Rechtsgütern in Kontakt, woraus sich das Erfordernis einer einwandfreien fachlichen Qualifikation, großer Zuverlässigkeit und Vertrauenswürdigkeit ergibt. Wurden diese Kriterien bei der Auswahl und der fortlaufenden Kontrolle der ordnungsgemäßen Dienstausübung berücksichtigt und ergaben sich keine Zweifel an der Eignung des Gehilfen, kann sich der Geschäftsherr, sofern er außerdem seinen Instruktionspflichten nachgekommen ist, erfolgreich exkulpieren.

Von besonderer Relevanz für die hier zu beurteilenden Fälle ist die Pflicht zur ordnungsgemäßen Anleitung und Beschaffung von Vorrichtungen und Gerätschaften. Wie bereits erwähnt (vgl. insb. S. 30 ff.), ist es Aufgabe des Führungskreises der reproduktionsmedizinischen Einrichtung, Mitarbeiter für das Risiko einer Vertauschung zu sensibilisieren und in Laborhandbüchern und SOPs geeignete Schutzvorkehrungen im Hinblick auf das Verhalten des Personals aufzustellen. Zwar meint Leitung i. S. d. § 831 Abs. 1 S. 2 BGB in erster Linie eine „durch die besondere Natur der Verrichtung oder durch die besonderen Eigenschaften der dazu bestellten Person bedingte Sonderaufsicht der Einzelverrichtung."[379] Indessen kann es keinen sachlichen Unterschied machen, ob die Mahnung zur Sorgfalt und Aufmerksamkeit stets aufs Neue wiederholt wird oder als verschriftlichte Anweisung jederzeit einsehbar ist. Daher ist davon auszugehen, dass der

---

377 NK-BGB/*Staudinger* § 831 Rn. 11; MüKo-BGB/*Wagner* § 831 Rn. 39.

378 MüKo-BGB/*Wagner* § 831 Rn. 39.

379 RGZ 82, 206 (218); ebenso BeckOK-BGB/*Förster* § 831 Rn. 69.

Geschäftsherr seiner Leitungspflicht durch die Errichtung adäquater Laborhandbücher und SOPs nachzukommen vermag. Die Beschaffungspflicht korrespondiert ebenfalls mit der eingangs angesprochenen Pflicht, die räumliche und technische Ausstattung der reproduktionsmedizinischen Einrichtung an den Erfordernissen einer sicheren Leistungserbringung auszurichten (S. 31 ff.). Zu denken ist insoweit etwa an die Bereitstellung von Brutschränken, die durch abgetrennte Fächer gewährleisten, dass ein Vertauschen im Zusammenhang mit dem Inkubationsvorgang verhindert wird, oder hinreichend übersichtliche Werkbänke mit ausreichend Platz für Arbeits- und Lagerflächen. Auch im Hinblick auf die Beschaffungspflicht liegt eine Orientierung an den Empfehlungen und Leitlinien der Fachgesellschaften nahe.

Abschließend sei darauf hingewiesen, dass für größere ART-Abteilungen die Anwendung des sog. dezentralisierten Entlastungsbeweises in Betracht zu ziehen ist. Dieser wurde von der Rechtsprechung für größere Betriebe entwickelt,[380] um die Organisationspflichten des Geschäftsherrn in diesem Bereich einzugrenzen. Danach müsse der Geschäftsherr nur in Bezug auf diejenigen Mitarbeiter einen Entlastungsbeweis erbringen, die er selbst unmittelbar eingesetzt hat, was die Auswahl-, Überwachungs- und Anleitungspflichten auf die leitenden Angestellten an der Spitze der Mitarbeiterhierarchie begrenzt.[381] Dies führt zu einer mehrstufigen Beaufsichtigungsstruktur, in der die leitenden Angestellten wiederum – sofern vorhanden – die jeweiligen Abteilungsleiter überwachen, die schließlich die „normalen" Angestellten beaufsichtigen. Gelingt es dem Rechtsträger der reproduktionsmedizinischen Einrichtung als Geschäftsherr nicht, sich mithilfe einer der hier aufgezeigten Entlastungsmöglichkeiten zu exkulpieren, haftet er nach § 831 Abs. 1 S. 1 BGB auch für das deliktische Fehlverhalten seiner angestellten (Labor-)Mitarbeiter.

3. Zusammenfassung

Aufgrund einer vertraglichen Haftung kann einzig der Behandelnde i. S. d. §§ 630a ff. BGB als Vertragspartner des Patientenpaares in Anspruch genommen werden. § 280 Abs. 1 BGB ermöglicht einen Schadensersatzanspruch, mit dem zum einen die unterhaltsbedingte Mehrbelastung der Eltern ausgeglichen werden kann, wenn sich in Folge der Vertauschung ein Behinderungsrisiko realisiert, das in der besonderen genetischen Disposition der vertauschten Gameten wurzelt oder es zu einer doppelten Inanspruchnahme kommt. Zum anderen deckt der Anspruch die Behandlungs- und Entbindungskosten, immaterielle Schäden so-

[380] RGZ 78, 107 (108); 87, 1 (4); 89, 136 (137); *BGH* NJW 1952, 418. In *BGH* NJW 1968, 247 (248); 1973, 1602 (1603) aber teils wieder in Zweifel gezogen.

[381] Vgl. Jauernig/*Teichmann* § 831 Rn. 13; MüKo-BGB/*Wagner* § 831 Rn. 44.

wie einen etwaigen Verdienstausfall ab. Daneben haftet der Rechtsträger der ART-Einrichtung nach §§ 823 Abs. 1, 2 BGB für die deliktische Verletzung von Sorgfaltsnormen im Bereich der Organisation der Einrichtung. Gleiches gilt für einen mit Organisationsaufgaben betrauten Reproduktionsmediziner als leitenden Angestellten der Klinik. Darüber hinaus ist bei Fehlern im Bereich der Aufsicht, Überwachung und Instruktion von Verrichtungsgehilfen an eine Haftung nach § 831 Abs. 1 BGB zu denken.

Außerdem haftet der lediglich den Embryotransfer durchführende Arzt aus §§ 823 Abs. 1, 2 BGB, wenn er bei Vornahme des Transfers erkennen konnte, dass die Einwilligung der Patientin an einem wirksamkeitsausschließenden Willensmangel litt. Auch der die Vertauschung verursachende Schädiger kann gemäß §§ 823 Abs. 1, 2 BGB in Anspruch genommen werden und zusätzlich aus § 826 BGB, wenn die Vertauschung vorsätzlich durchgeführt wurde. Da die Inanspruchnahme des Rechtsträgers aufgrund des Vorhandenseins einer Versicherung die höchste Aussicht auf Befriedigung der Ansprüche verspricht, dürften neben den zurechenbaren Verfehlungen der Angestellten vor allem Organisationsmängel der Klinikleitung hohe praktische Bedeutung haben.

III. Schadensersatzansprüche des Kindes wegen des Vertauschens

Des Weiteren sind Schadensersatzansprüche des Kindes wegen des Vertauschens an sich in den Blick zu nehmen. Im Wesentlichen können diese Ansprüche in zwei denkbare Schadenspositionen unterteilt werden: Zum einen ist zu überlegen, ob das Kind gegebenenfalls Ansprüche materieller Art geltend machen kann, wenn seine genetischen Eltern etwa deutlich reicher als seine rechtlichen Eltern sind und ihm deshalb höhere Unterhaltszahlungen oder ein Erbanspruch vorenthalten bleibt. In diesem Zusammenhang gilt es außerdem, auf die sog. wrongful life-Problematik einzugehen. Zum anderen könnte sich – wie auch bei den Eltern – ein immaterieller Schaden aus der Verletzung des allgemeinen Persönlichkeitsrechts ergeben.

1. Vertragliche Ansprüche

a) Haftungsbegründender Tatbestand des § 280 Abs. 1 BGB

Zwar schließt das noch nicht gezeugte Kind keinen auf die eigene Zeugung gerichteten Vertrag mit der reproduktionsmedizinischen Einrichtung, indes wird das Kind nach den Grundsätzen über den Vertrag mit Schutzwirkung zugunsten eines Dritten in den Schutzbereich des Behandlungsvertrages zwischen seinen genetischen Eltern und der Klinik miteinbezogen (S. 54 f.).[382] Hinsichtlich der Pflichtverletzung sowie des Zuvertretenhabens der Klinik gilt das bereits zu dem Anspruch der Eltern aus § 280 Abs. 1 BGB Gesagte.

b) Schadenspositionen

aa) Unterhalts- oder Erbansprüche

Jedoch sind die in Betracht zu ziehenden Schadenspositionen andere als bei den Eltern. Ein materieller Schaden könnte dem Kind durch die Vertauschung nur entstehen, wenn es sich bei entgangenen Unterhalts- oder Erbansprüchen gegenüber den genetischen Eltern um einen ersatzfähigen Schaden i. S. d. §§ 249 ff. BGB handelt. In Bezug auf den Unterhaltsanspruch ergibt sich für das Kind bei Anwendung der Differenzhypothese eine durch die Vertauschung bewirkte Vermögenseinbuße, wenn die genetischen Eltern vermögender als die rechtlichen Eltern sind: Wäre es nicht zu dem Vertauschungsvorfall gekommen, wäre das Kind seinen genetischen Eltern rechtlich zugeordnet worden, sodass diese ihm als Unterhaltsschuldner einen höheren Unterhalt zu gewähren hätten. Denn der Bedarf des Kindes (§ 1610 Abs. 2 BGB) richtet sich in der Regel nach den Lebensverhältnissen der Eltern und damit nach deren Einkommens- und Vermögenssituation.[383] Zudem gelten im Hinblick auf den Zweck der verletzten Vertragspflicht die Ausführungen zu dem elterlichen Anspruch entsprechend (S. 245 ff.). Da im Rahmen dessen festgestellt wurde, dass der Vertragszweck den Schutz vor ungewollten Unterhaltsansprüchen umfasst, muss selbiges für den Schutz vor einem durch die Vertauschung verursachten Zurückbleiben hinter dem eigentlich zu erwartenden Unterhaltsniveau gelten. Daher ist die Differenz zwischen dem Unterhaltsanspruch gegenüber den rechtlichen Eltern und dem hypothetischen Unterhaltsanspruch gegenüber den genetischen Eltern ein ersatzfähiger Schaden i. S. d. § 249 Abs. 1 BGB.

Indes bleibt zu berücksichtigen, dass das Kind nach § 254 Abs. 2 S. 1 BGB zur Schadensminderung verpflichtet ist. Besteht die Möglichkeit, die Vaterschaft des rechtlichen Vaters nach § 1600 BGB anzufechten und sich dem genetischen Vater rechtlich zuzuordnen, so kann das Kind einen Wechsel in der Position des Unterhaltspflichtigen herbeiführen, wenn ihm die Anfechtung zumutbar ist. In einem solchen Fall wird der neue rechtliche und genetische Vater seine Unterhaltspflicht regelmäßig nicht durch Betreuung des Kindes erfüllen (§ 1606 Abs. 3

---

[382] Vgl. für den hiesigen Fall des Weiteren *Neuner* AcP 214 (2014), 459 (503).

[383] *BGH* NJW 1983, 1429 (1430); 1992, 2477 (2478); NJW-RR 1993, 1283; MüKo-BGB/*Born* § 1610 Rn. 10.

S. 2 BGB), sodass ihn eine Barunterhaltspflicht trifft. Diese Unterhaltssumme ist von der Differenz zwischen der Unterhaltspflicht der genetischen und rechtlichen Eltern zu subtrahieren, wenn das Kind der rechtlich möglichen Vaterschaftsneuzuordnung nicht nachkommt.

Auch der Erbanspruch bestimmt sich nach den Vermögensverhältnissen des Erblassers im Zeitpunkt des Erbfalls. Sollte der Erbteil des Kindes höher sein, wenn seine genetischen Eltern zugleich seine rechtlichen Eltern wären, ist die Differenz zu dem Erbteil, den er in der Erbfolge nach seinen rechtlichen Eltern bekäme, ein ersatzfähiger Schaden. Allerdings führt der maßgebliche Zeitpunkt für die Berechnung des Erbteils zu zwei Problemen: Zum einen steht erst im Zeitpunkt des Todes des Erblassers fest, wie hoch der Erbteil des Erben tatsächlich ist. Wird die Vertauschung zu Lebzeiten der rechtlichen und genetischen Eltern bekannt und ein Anspruch auf Ausgleich entgangener Erbansprüche geltend gemacht, richtet sich der Anspruch auf einen hypothetischen Vermögenswert. Denn es kann nicht ausgeschlossen werden, dass sowohl bei den genetischen Eltern als auch bei den rechtlichen Eltern bis zu ihrem Tod Vermögensänderungen positiver oder negativer Art eintreten. Haben etwa die genetischen Eltern ihr gesamtes Vermögen in Wertpapiere investiert und kommt es zu einer Finanzkrise, können sich die Vermögensverhältnisse und damit die zu erwartenden Erbteile schnell ändern. Zum anderen kann nie ausgeschlossen werden, dass die genetischen Eltern ihr genetisches Kind enterbt hätten, wenn es ihnen auch rechtlich zugeordnet wäre. Daraus folgt einerseits, dass lediglich die Hälfte des Wertes des gesetzlichen Erbteils (§ 2303 Abs. 1 S. 2 BGB) als Referenzwert herangezogen werden kann. Nur wenn der Pflichtteil bei einer Erbschaft nach den genetischen Eltern höher wäre als der reguläre Erbteil nach den rechtlichen Eltern, ergäbe sich eine Vermögenseinbuße aus der Differenzhypothese. Andererseits ist erst dann eine genaue Berechnung der Differenz möglich, wenn sowohl die rechtlichen als auch die genetischen Eltern verstorben sind, da vorher keine sicheren Erkenntnisse über die tatsächliche Vermögenssituation bestehen. In einem solchen Fall wird der Anspruch jedoch oftmals verjährt sein.[384] Des Weiteren ist wiederum zu berücksichtigen, dass das Kind den Schaden – jedenfalls teilweise – mindern kann, wenn es die (zumutbare) rechtliche Möglichkeit einer Vaterschaftsanfechtung mit anschließender Neuzuordnung zum genetischen Vater ergreift (s. o. S. 281 f.). Wird diese Möglichkeit gleichwohl nicht wahrgenommen, ist der Ersatzanspruch entsprechend zu kürzen.

---

[384] Der Anspruch aus § 2303 BGB unterliegt der Regelverjährung nach §§ 199, 195 BGB.

bb) *„Wrongful life"*

(1) Ausgangsüberlegungen

Parallel zu den Überlegungen im Hinblick auf einen Unterhaltsschadensersatzanspruch der Eltern (S. 242 ff.), könnte erwogen werden, ob das Kind einen Schaden erleidet, wenn sich infolge einer Vertauschung ein erhöhtes Behinderungsrisiko (wegen der spezifischen Keimzellkombination) realisiert und zu Beeinträchtigungen des Kindes führt. Die unter dem Stichwort „wrongful life"[385] diskutierten Ansprüche beruhen auf dem Gedanken, dass die Nicht-Existenz für das Kind die vorzugswürdige Alternative gegenüber der durch eine Behinderung belasteten Existenz wäre.[386] Der *BGH* lehnt diese Überlegung grundsätzlich mit der Begründung ab, dass ein rechtlich relevantes Urteil über den Wert eines Lebenszustandes keinem Dritten zustehe.[387] Während viele Stimmen in der Literatur dieser Argumentation folgen,[388] wollen einige dem Kind – jedenfalls in bestimmten Konstellationen – einen Anspruch aus dem Rechtsgrund „wrongful life" zuerkennen.[389]

(2) Abgrenzung

Allerdings hat der *BGH* seine Rechtsauffassung an Fällen entwickelt, in denen die Behinderung schon bei der Zeugung des Embryos angelegt war und der behandelnde Arzt die drohende Schädigung infolge einer fehlerhaften Untersuchung nicht erkannt hat. Daher knüpft die Haftung nicht an der Frage an, ob der Mediziner das werdende Leben durch seine Pflichtwidrigkeit beeinträchtigt hat, sondern sie wurzelt in der Nachlässigkeit bei der Untersuchung sowie dem infolgedessen unterbliebenen Hinweis auf die Möglichkeit einer Abtreibung.[390] Aus diesem Umstand erklärt sich die programmatische Leitlinie, dass „der Mensch [...] grundsätzlich sein Leben so hinzunehmen [hat], wie es von der Natur gestaltet ist, und [er] keinen Anspruch auf seine Verhütung oder Vernichtung durch

---

385 Der Begriff geht – anders als vielfach in der Literatur zu lesen ist – zurück auf die Entscheidung des *Court of Appeal Illinois* – Zapeda v. Zapeda 190 N.E.2d 849 (1963).

386 Dazu etwa die richtungsweisende Entscheidung *BGH* NJW 1983, 1371.

387 *BGH* NJW 1983, 1371 (1373) unter Verweis auf die Erfahrungen aus der NS-Zeit.

388 MAH/*Müller* § 2 Rn. 137; MüKo-BGB/*Oetker* § 249 Rn. 37; *Fischer* NJW 1981, 1991 f.; *Giesen* JR 1984, 221 (224); *Riedel* S. 145 ff. Ebenso wohl *BVerfG* NJW 1993, 1751 (1763).

389 MüKo-BGB/*Wagner* § 823 Rn. 206 f.; Quaas/Zuck/*Zuck* § 68 Rn. 129; *Deutsch* JZ 1983, 451 f.; *ders.* MDR 1984, 793 (795); *Reinhart* VersR 2001, 1081 (1084 ff.), der gar ein „Recht auf Nichtexistenz" anerkennt.

390 Vgl. dazu *Giesen* JR 1984, 221 (223); *Reinhart* VersR 2001, 1081 (1084).

andere [hat].“[391] Insoweit seien rechtliche Regelungen im Bereich „weitgehend schicksalshafte[r] und naturbedingte[r] Verläufe nicht mehr sinnvoll und tragbar.“[392] Allerdings weist der *BGH* zugleich darauf hin, dass eigene Ansprüche des Kindes in Fällen tragbar seien, in denen durch schuldhaftes menschliches Verhalten das Integritätsinteresse des Kindes beeinträchtigt worden ist.[393] *Giesen* leitet aus dem Vorstehenden ab, dass die Probleme eines Anspruchs aus dem Rechtsgrund „wrongful life“ nach Ansicht des *BGH* nicht auf Fälle der künstlichen Befruchtung übertragen werden können.[394] Die Orientierung an einer vom Schicksal und der Natur bedingten Entstehung menschlichen Lebens treffe nur dann zu, wenn das Leben allein von der Natur geprägt worden ist und nicht durch einen Arzt, der sich durch die assistierte Reproduktion „in die Rolle des Herrn über Leben und Tod aufschwingt, der im Labor ständig neue Eingriffe in […] den natürlichen Prozeß der Lebensentstehung und des wachsenden Lebens vornimmt.“[395]

Auch wenn die Formulierung sicherlich zweifelhaft sein mag, führt die Einschätzung zu der richtigen Einsicht, dass eine differenzierende Betrachtung unter Berücksichtigung der wesentlichen Bedenken pauschalierenden Lösungen vorzuziehen ist. Insoweit bleibt festzuhalten, dass sich die sachlichen[396] Einwände des *BGH* gegen einen eigenen Anspruch des Kindes in erster Linie aus dem Vergleich zwischen dem „unwerten“ Leben mit einer Behinderung und dem Nichtleben speisen. Nur diese Gegenüberstellung könne zu einer gegenüber dem Kind bestehenden Pflicht über die Beratung hinsichtlich eines erlaubten Schwangerschaftsabbruchs und der Durchführung eines eben solchen führen. Indes ermögliche das geltende Recht der Mutter den Schwangerschaftsabbruch ausdrücklich nur in ihrem eigenen Interesse.[397] Entscheidend ist, ob diese Überlegungen auf den hier zu beurteilenden Fall einer Vertauschung im Rahmen einer assistierten Reproduktion übertragen werden können. Dagegen könnte angeführt werden, dass die dem Arzt vorzuwerfende Pflichtwidrigkeit zwar ebenfalls in dem Bereich vor der Zeugung liegt, sie allerdings unmittelbare Ursache der genetischen Schädigung ist, da das Behinderungsrisiko ohne die Vertauschung nicht existent

---

391 *BGH* NJW 1983, 1371 (1374).

392 *BGH* NJW 1983, 1371 (1374).

393 So explizit *BGH* NJW 1983, 1371 (1374).

394 *Giesen* JR 1984, 221 (226).

395 *Ders.* JR 1984, 221 (226).

396 Die daneben angeführte Erwägung, der Arzt habe keine deliktsrechtliche Pflicht verletzt (*BGH* NJW 1983, 1371 [1373]), verfängt in den hier zu beurteilenden Fallkonstellationen nicht (vgl. dazu schon S. 270 f.).

397 *BGH* NJW 1983, 1371 (1374).

gewesen wäre.[398] Somit wäre kein Urteil über den Wert fremden Lebens erforderlich, um die Pflichtwidrigkeit des Arztes zu begründen.[399] In diesem Zusammenhang könnte darauf abgestellt werden, dass der *BGH* in einer früheren Entscheidung einem Kind Schadensersatzansprüche wegen einer vom Krankenhaus verschuldeten Luesinfektion der Mutter im Zeitpunkt der Zeugung zuerkannt hat.[400] Auch in diesem Fall lag die Pflichtwidrigkeit in den die Infektion verursachenden Umständen, weshalb das Integritätsinteresse des Kindes beeinträchtigt war.

Eine solche Argumentation vermag jedoch nicht zu überzeugen. So ist nicht zu bestreiten, dass der Schaden der Pflichtverletzung – ebenso wie bei dem Anspruch der Eltern – nur dann zugerechnet werden kann, wenn die Behinderung in der spezifischen Kombination der vertauschten Keimzellen wurzelt. Wird der gesamte Embryo vertauscht und das Kind wäre unabhängig von der Frage, von wem es ausgetragen wurde, mit einer Behinderung belastet, so ist nicht die Vertauschung für den Schaden des Kindes ursächlich, sondern allein die genetische Disposition der Eltern. Trägt das Kind aber vor, sein Behinderungsschaden beruhe auf der spezifischen Kombination der vertauschten Keimzellen, ist damit zugleich ausgesagt, dass dieses individuelle Kind nur deshalb existiert, weil Keimzellen vertauscht wurden. Wäre es nicht zu dem Vertauschungsvorfall gekommen, wären die Gene der rechtlichen Eltern zur Zeugung verwendet worden, sodass letztlich ein *ganz anderes* Kind gezeugt worden wäre. Aufgrund dieser Identitätsabweichung macht das Kind im Grunde doch geltend, es wäre besser, dieses individuelle Leben nicht zu leben. Damit wird der vom *BGH* als unzulässig bewertete Vergleich letztlich über Umwege angestellt.

(3) Schlussfolgerungen

Ob in einem solchen Fall Vermögenseinbußen festzustellen sind,[401] hängt entscheidend davon ab, ob die Bedenken des *BGH* berechtigt sind oder nicht. Die unter dem Schlagwort „wrongful life" geführte Diskussion soll hier jedoch aus mehreren Gründen nicht näher beleuchtet werden. Zum einen handelt es sich bei der hier beschriebenen Konstellation um einen derart außergewöhnlichen Einzelfall, dass vertiefte Ausführungen die tatsächlich geringe Relevanz der Frage in

[398] Wie oben (S. 244 f.) ist selbstverständlich vorauszusetzen, dass das Behinderungsrisiko einzig aus der Kombination der vertauschten Keimzellen folgt.

[399] Vgl. auch *Reinhart* VersR 2001, 1081 (1083).

[400] Vgl. *BGH* NJW 1953, 417.

[401] In Betracht käme einerseits ein immaterieller Schaden durch die Beeinträchtigungen, die es infolge der Behinderung erleidet (§ 253 Abs. 2 BGB) sowie andererseits eine Vermögenseinbuße durch den Mehrbedarf, den die Behinderung verursacht (dazu bereits S. 242 ff.); vgl. auch *BGH* NJW 1953, 417 (418).

den hier zu beurteilenden Fällen nicht widerspiegeln würden. Hinzu kommt, dass ein etwaiger behinderungsbedingter Mehrbedarf ohnehin in großen Teilen durch den Anspruch der Eltern auf Ersatz des Unterhaltsschadens abgedeckt wird (S. 242 ff.). Deshalb käme der Streitfrage lediglich dann praktische Relevanz zu, wenn die Eltern beide bereits verstorben sind, weil dann die Unterhaltspflicht entfiele. Insoweit dürfte regelmäßig der Anspruch der Eltern auf Ersatz des behinderungsbedingten Unterhaltsmehrbedarfs im Vordergrund stehen, während dem Anspruch des Kindes nur in äußerst seltenen Ausnahmefällen Bedeutung zukäme. Zum anderen bleibt zu berücksichtigen, dass die Rechtsprechung des *BGH* in dieser Frage als sehr gefestigt bezeichnet werden kann. Auch wenn in der Literatur bisweilen durchaus berechtigt auf Inkongruenzen – insbesondere mit Blick auf die zur Frage „Kind als Schaden“ vertretene rein schadensrechtlich-abstrahierende Vorgehensweise – hingewiesen wird,[402] scheint der *BGH* an seiner Rechtsauffassung festhalten zu wollen. Aufgrund dieser Umstände soll an dieser Stelle lediglich der Hinweis erfolgen, dass die Bejahung des hier untersuchten Anspruchs im Ergebnis von der Frage abhängt, wie man sich zu der „wrongful life“-Diskussion stellt. Folgt man dem *BGH*, so ist der Anspruch abzulehnen, vertritt man jedoch die zuweilen in der Literatur geäußerte Gegenauffassung (Kap. F, Fn. 389), stünde dem Kind ein Anspruch auf Ersatz seines behinderungsbedingten Mehrbedarfs zu.

2. *Deliktische Ansprüche*

a) *Verletzung des allgemeinen Persönlichkeitsrechts*

Auch wenn das Kind nach den Grundsätzen über den Vertrag mit Schutzwirkungen zugunsten Dritter in den Schutzbereich des Behandlungsvertrages miteinbezogen wird, scheitert ein vertraglicher Anspruch im Hinblick auf die Beeinträchtigung des allgemeinen Persönlichkeitsrechts ebenfalls an der Tatsache, dass § 280 Abs. 1 BGB diesen Schutz nicht zu gewähren vermag (dazu schon S. 264 f.). Indes besteht – spiegelbildlich zu dem Anspruch der Eltern wegen Verletzung der reproduktiven Selbstbestimmung – ein Anspruch aus § 823 Abs. 1 BGB i. V. m. Art. 1 Abs. 1, 2 Abs. 1 GG.[403] Denn dem von der Vertauschung betroffenen Kind wird verwehrt, von seiner genetischen Mutter ausgetragen zu werden, bei seinen genetischen Eltern aufzuwachsen und sie als rechtliche Eltern zugewiesen zu bekommen. In Bezug auf die übrigen Anspruchsvoraussetzungen

402 Vgl. etwa *Deutsch* MDR 1984, 793 (795); *Reinhart* VersR 2001, 1081 (1086); *Zimmermann* JZ 1997, 131 unter Verweis auf *Picker* AcP 195 (1995), 484 (541), der nicht ganz zu Unrecht darauf hinweist, dass der *BGH* ein und dasselbe Rechtsgut „zugleich als absolut sakrosankt und als weitgehend disponibel bewertet“.

403 So *Neuner* AcP 214 (2014), 459 (503 f.).

kann ohne Ausnahme auf die obigen Ausführungen zu den deliktischen Ansprüchen der Eltern verwiesen werden (S. 269 ff.).

b) Gesundheitsschaden

Kommt es durch die Vertauschung zu einer Behinderung des Kindes, liegt darin eine Schädigung von Körper und Gesundheit. Im Hinblick auf die in dem Vertauschungsvorfall zu erblickende Verletzungshandlung hat der Umstand, dass die Schädigungshandlung zeitlich vor der Zeugung liegt, keine Relevanz. Auch solche Handlungen können eine Haftung begründen, da das deutsche Haftungsrecht verletzungs- und nicht verhaltensorientiert[404] ist und sich der Gesundheitsschaden zeigt, wenn das Kind geboren und damit unzweifelhaft „ein anderer“ i. S. d. § 823 Abs. 1 BGB ist.[405] Der Schaden entspricht demjenigen bei dem vertraglichen Anspruch des Kindes, da anders als bei dem Anspruch der Eltern Schutzzweckerwägungen keine Rolle spielen. Der Schutz der Gesundheit des Kindes soll zugleich gewährleisten, dass den Geschädigten durch die Folgen der Gesundheitsbeeinträchtigung keine finanzielle Mehrbelastung trifft. Im Übrigen kann auf die Ausführungen zu den deliktischen Ansprüchen der Eltern (S. 274 ff.) verwiesen werden: So sind neben dem Anspruch auf Schadensersatz aus § 823 Abs. 1 BGB weitere Ansprüche nach §§ 823 Abs. 2, 826, 831 BGB in den Blick zu nehmen. Auch decken sich die möglichen Anspruchsgegner aufgrund der Parallelität des Schädigungsgeschehens.

V. Schadensersatz wegen Dokumentationsversäumnissen

Abgesehen von dem Vertauschungsvorfall an sich kommen insbesondere Dokumentationsversäumnisse als Anknüpfungspunkt einer Haftung in Betracht. Die Anforderungen an eine ordnungsgemäße Dokumentation ergeben sich in inhaltlicher Hinsicht aus § 630f Abs. 1, 2 BGB[406] und in zeitlicher Hinsicht – aufgrund der Anwendbarkeit des TPG – aus §§ 630f Abs. 3 Hs. 2 BGB, 15 Abs. 2 TPG i. V. m. §§ 8d Abs. 2, 13a TPG (S. 27). Ein Verstoß gegen die Dokumentationspflicht stellt eine Pflichtverletzung i. S. d. § 280 Abs. 1 BGB dar.[407] Allerdings muss der Dokumentationsmangel kausal für den Schaden geworden sein, weshalb Dokumentationsversäumnissen kaum einmal eigenständige Bedeutung im

[404] Vgl. *Deutsch* MDR 1984, 794 (795).
[405] So die überzeugende Argumentation bei *BGH* NJW 1953, 417 f.
[406] Vgl. zudem die Parallelbestimmung des § 10 MBO-Ä.
[407] BeckOK/*Katzenmeier* § 630f Rn. 18; MüKo-BGB/*Wagner* § 630f Rn. 17.

Arzthaftungsprozess zukommt.[408] Für die hier zu beurteilenden Fälle ist insbesondere an Schäden zu denken, die daraus resultieren, dass ein Regress für Vermögenseinbußen infolge einer mangelhaften Dokumentation unmöglich wird. Hat der Behandelnde etwa die zeitlichen Anforderungen an die Dokumentation nicht eingehalten und die Aufzeichnungen über andere im Vertauschungszeitraum behandelte Paare vernichtet, wird dem rechtlichen, nicht-genetischen Vater die Möglichkeit genommen, die von ihm geleisteten Unterhaltszahlungen gegenüber einem Dritten nach § 1607 Abs. 3 S. 2 BGB zu regressieren. Gleiches gilt für das Kind bzw. die Mutter für Unterhaltszahlungen nach einer Anfechtung der rechtlichen Vaterschaft. In solchen Fällen ist der Dokumentationsverstoß für die Vermögenseinbuße ursächlich und des Weiteren vom Schutzzweck der Norm umfasst. Daher wäre der Vertragspartner der Patienten als Behandelnder zum Ersatz derjenigen Schäden verpflichtet, die aus dem Ausfall der Ausgleichsansprüche resultieren.

VI. Schadensersatz wegen der Offenbarung

Schließlich sind Schäden in den Blick zu nehmen, die wegen der Offenlegung des Vertauschungsvorfalls entstehen. Durch eine solche Offenbarung erscheinen vor allem zwei Rechtsgüter gefährdet: Zum einen das Recht auf Nichtwissen bei der Übermittlung von Informationen, die der Adressat der Information nicht zur Kenntnis nehmen will. Und zum anderen die körperliche Integrität und Gesundheit bei einer zu schonungslosen Mitteilung über die Tatsache, dass es zu einem Vertauschungsvorfall gekommen ist und der transferierte Embryo genetisch nicht mit beiden Patienten verwandt ist. Nach § 241 Abs. 2 BGB ist der Behandelnde dazu verpflichtet, Rücksicht auf die Rechte, Rechtsgüter und Interessen der Patienten zu nehmen. Die schuldhafte Verletzung dieser Schutzpflicht verpflichtet zum Ersatz des daraus entstandenen Schadens (§ 280 Abs. 1 BGB).

Wie bereits dargelegt, kommt eine haftungsrelevante Verletzung des Rechts auf Nichtwissen indes nur dann in Betracht, wenn für den die Information übermittelnden Arzt erkennbar war, dass der Patient eine entsprechende Informationsübermittlung nicht wünscht. Nur wenn der Patient sein Recht auf Nichtwissen „aktiviert" hat, kann dem Arzt ein Vorwurf im Hinblick auf die Verletzung des Interesses am Nichtwissen gemacht werden. Da aber eine solche Aktivierung in Ermangelung einer Pflicht zur Aufklärung über die Vertauschungsrisiken in aller Regel nicht vorliegen wird, scheidet auch eine Haftung wegen Verletzung des Rechts auf Nichtwissen regelmäßig aus.

---

[408] Vgl. *BGH* NJW 1983, 332; 1995, 1611 (1612); MüKo-BGB/*Wagner* § 630f Rn. 17.

In Bezug auf durch die Informationsvermittlung entstandene Gesundheitsschäden ist danach zu differenzieren, ob die psychische oder physische Beeinträchtigung des Informationsadressaten auf den Informationsinhalt oder aber die Art und Weise ihrer Übermittlung zurückzuführen ist. Die Rechtsprechung gewährt Schadensersatz wegen sog. Schockschäden, wenn die Nachricht von einem Unfall eines nahen Angehörigen zu einer seelischen Erschütterung mit Krankheitswert führt.[409] In solchen Fällen scheint es zwar, als wäre die Information Ursache des Schadens, tatsächlich ist jedoch das schockierende Ereignis selbst Grund der Ersatzpflicht.[410] Da die „Schockschaden"-Überlegungen nicht auf Unfälle beschränkt werden können, hat das *OLG Hamm* die dahinterstehenden Erwägungen in einer jüngst ergangenen Entscheidung für den Bereich der Vertauschungsvorfälle fruchtbar gemacht.[411] In dem Fall kam es im Rahmen einer heterologen Befruchtungsmaßnahme zu der Verwechslung der für die Patientin bestimmten Spendersamen. Diese hatte die Patientin explizit angefordert, da ihr erstes Kind bereits mit den Samen des Spenders gezeugt wurde und sie besonderen Wert darauf legte, dass ihr zweites Kind ein „Vollgeschwister" des ersten wird.[412] Drei Jahre nach der zweiten Behandlung stellte sich heraus, dass es zu einer Vertauschung gekommen ist, worüber die Patientin informiert wurde. Die Kenntnis von der Vertauschung verursachte bei der Patientin eine psychosomatische Belastungssituation mit depressiven Episoden, Erschöpfungszuständen und Schuldgefühlen gegenüber den Kindern. Aufgrund dessen bedurfte es einer psychotherapeutischen Langzeittherapie mit 100 Sitzungen.[413]

Zwar weist das *OLG Hamm* explizit darauf hin, dass keine Vergleichbarkeit zu der Situation des „Schockschadens" bestünde.[414] Allerdings vermag die vom Gericht angeführte Begründung zum einen nicht zu überzeugen und zum anderen kommt der Parallele ohnehin keine entscheidende Bedeutung zu. Maßgeblich ist allein, dass die Pflichtwidrigkeit in dem den Schock auslösenden Ereignis zu erblicken und der Schaden in zurechenbarer Weise entstanden ist. Davon ist sowohl in „Schockschaden"-Fällen als auch in dem vom *OLG Hamm* zu entscheidenden Fall auszugehen.[415] Jedenfalls bleibt festzuhalten, dass Ver-

---

409 *BGH* NJW 1971, 1883; 1985, 1390; 1986, 777; 1989, 2317; 2007, 2764; *OLG Nürnberg* NJW 1998, 2293.

410 So auch *Fündling* S. 278 in anderem Zusammenhang.

411 *OLG Hamm* FamRZ 2018, 1162 (1164), auch wenn die Parallele vom Gericht selbst geleugnet wird.

412 *LG Münster,* Urt. v. 24.03.16 – 111 O 83/14; vgl. auch *v. d. Tann* NZFam 2018, 619.

413 *OLG Hamm* FamRZ 2018 1162 (1164); *LG Münster,* Urt. v. 24.03.16 – 111 O 83/14.

414 *OLG Hamm* FamRZ 2018 1162 (1164).

415 Deshalb bleibt unklar, welche Bedeutung der Feststellung, dass die „körperlich-psychischen Auswirkungen […] die Klägerin selbst" betrafen (*OLG Hamm* FamRZ 2018 1162 (1164)), zukommen soll.

tauschungen, die zu derart schwerwiegenden körperlich-psychischen Auswirkungen bei einem Betroffenen führen, dass ein behandlungsbedürftiger pathologischer Zustand eintritt, einen Schmerzensgeldanspruch nach sich ziehen können (vgl. § 253 Abs. 2 BGB).[416] Zudem ist eine deliktische Haftung in den Blick zu nehmen.

Daneben ist im Medizinrecht anerkannt, dass ein Schadensersatzanspruch in Betracht kommt, wenn derart schonungslos aufgeklärt wird, dass die Art und Weise der Informationsvermittlung zu psychischen oder physischen Beeinträchtigungen führt.[417] Allerdings muss die übermittelte Information von solch existentieller Bedeutung sein, dass ihre Kenntnisnahme „zu Schockreaktionen, panischem Verhalten und zu Trennungs-, Todes- und Verlustängsten führen kann, die nicht mehr ohne Weiteres rückgängig zu machen sind."[418] Geht der Arzt unter solchen Umständen nicht mit dem nötigen Fingerspitzengefühl vor, sondern konfrontiert die Betroffenen rücksichtslos mit der belastenden Information, sind die daraus erwachsenden Schäden nach §§ 280 Abs. 1, 241 Abs. 2 i.V.m. § 253 Abs. 2 BGB zu ersetzen.[419] Von einem pflichtgemäßen Vorgehen bei der Offenlegung kann ausgegangen werden, wenn der Arzt die belastende Information nicht „unvermittelt mitteilt", sondern sich „zunächst tastend" verhält und sodann „das richtige Wort" gegenüber den Patienten findet.[420]

VII. Zwischenergebnis

Zusammenfassend sind für den Problembereich „Die Sekundärrechtsfolgen des Vertauschens" folgende Ergebnisse festzuhalten:

1) Der den intrauterinen Embryotransfer durchführende Arzt macht sich in der Regel nicht wegen vorsätzlicher Körperverletzung nach § 223 StGB strafbar. Zwar hat der Irrtum über die Identität des transferierten Embryos die Unwirksamkeit der Einwilligung zur Folge, allerdings wird der Arzt in seiner Vorstellung, aufgrund einer willensmangelfreien, wirksamen Einwilligung zu handeln, durch die Regeln über den Erlaubnistatbestandsirrtum geschützt.

[416] Vgl. *OLG Hamm* FamRZ 2018 1162 (1164). Dass die Schmerzensgeldsumme mit 7.500 € verhältnismäßig gering ausfiel, kann darauf zurückgeführt werden, dass die Vertauschung lediglich zur Folge hatte, dass bloß die Samenzellen eines Samenspenders vertauscht wurden und das zweite Kind daher „nur" nicht Vollgeschwister des bereits zuvor mithilfe einer Samenspende des Spenders gezeugten Kindes wurde.

[417] *BGH* NJW 1959, 811 (813 f.); 1959, 814 (815); *Fündling* S. 278 f.; *Taupitz* FS Wiese, S. 583 (590 f.).

[418] *OLG Bamberg* VersR 2004, 198.

[419] Auch hier ist ergänzend an deliktische Ansprüche zu denken.

[420] Alles bei *BGH* NJW 1959, 814 (815).

Eine Bestrafung aus dem Vorsatzdelikt scheitert daher regelmäßig an § 16 Abs. 1 S. 1 StGB (analog). Gemäß § 16 Abs. 1 S. 2 StGB kommt indessen eine Fahrlässigkeitsstrafbarkeit (§ 229 StGB) in Betracht.

2) Diese hängt entscheidend davon ab, ob der Arzt erkennen konnte, dass die Einwilligung der Patientin an einem Willensmangel litt. Davon ist auszugehen, wenn für den Arzt ein Anlass bestand, nachzuprüfen, ob es bei der Behandlung zu einem Vertauschungsvorfall gekommen ist. Ob ein solcher Anlass besteht, ist nach den Umständen des Einzelfalls zu bestimmen, wobei u. a. auf die Umsetzung von Sicherungsvorkehrungen und die Verlässlichkeit der (Labor-)Mitarbeiter abzustellen ist. Daneben tritt eine etwaige Fahrlässigkeitsstrafbarkeit der Person, die die Vertauschung unmittelbar verschuldet hat, und des mit der Organisation der reproduktionsmedizinischen Einrichtung betrauten leitenden Angestellten, wenn ein Defizit im organisatorischen Bereich für die Vertauschung (mit-)verantwortlich ist.

3) Schadensersatzansprüche der Eltern wegen des Vertauschens an sich können sowohl vertraglicher als auch deliktischer Natur sein. Der Vertragspartner der Patienten haftet als Behandelnder gemäß § 280 Abs. 1 BGB für diejenigen Unterhaltskosten, die aus einer doppelten Inanspruchnahme sowie einer durch die Vertauschung verursachten Behinderung des Kindes resultieren. Nach hier vertretener Auffassung ist der Mehr- vom Grundbedarf bei konsequenter schadensrechtlicher Betrachtung teilbar und die unter dem Topos „Kind als Schaden“ diskutierten Bedenken an der schadensrechtlichen Vorgehensweise der Rechtsprechung stehen dem Anspruch nicht entgegen.

4) Abgesehen davon kann der Grundbedarf für das Kind nicht als Schaden geltend gemacht werden, weil die grundsätzlich im Rahmen einer normativ-wertenden Betrachtung der mithilfe der Differenzhypothese gewonnenen Ergebnisse zu berücksichtigende Zweckverfehlung in Bezug auf Unterhaltsansprüche unbeachtlich bleibt. Dies beruht auf der Einsicht, dass die §§ 1601 ff. BGB normativ festlegen, welche Zwecke im Hinblick auf die Unterhaltspflicht relevant sind. Die Zielsetzung, nur dem genetisch eigenen Kind Unterhalt zu gewähren, zählt nicht dazu, weil sich das Unterhaltsrecht an der abstammungsrechtlichen Lage (§§ 1591 ff. BGB) orientiert.

5) Anders liegt der Fall nach hier vertretener Auffassung in Bezug auf Behandlungs- sowie Entbindungskosten, immaterielle Schäden durch den Austragungsvorgang und einen etwaigen Verdienstausfall. Diese Schadenspositionen stehen in keinem normativen Umfeld, das die Berücksichtigung der elterlichen Zwecksetzung verhindern würde. Daher bleibt es insofern bei der Prämisse, dass die Zweckverfehlung auch im Zivilrecht ein konkreter Grundsatz ist, der bei der normativ-wertenden Korrektur der Differenzrechnung zu berücksichtigen ist. Denn die Zielsetzung der Eltern kann als „notwendig

und sinnvoll“ sowie objektivierbar eingestuft werden und ist der konkreten Leistung immanent.

6) Deliktische Ansprüche können sich aus den §§ 823 Abs. 1, 2, 826, 831 BGB ergeben. Dort ist die Inanspruchnahme nicht allein auf den Vertragspartner des Behandlungsvertrags beschränkt, sodass auch das (Labor-)Personal sowie die angestellten Ärzte als Anspruchsgegner in Betracht kommen.
7) Das von der Vertauschung betroffene Kind ist in den Schutzbereich des Behandlungsvertrags miteinbezogen und kann die Differenz zwischen den (hypothetischen) Unterhaltsansprüchen gegenüber seinen rechtlichen und genetischen Eltern als Schaden geltend machen, § 280 Abs. 1 BGB. Höhere Erbansprüche wären demgegenüber nur dann ein ersatzfähiger Schaden, wenn sowohl die genetischen als auch die rechtlichen Eltern bereits verstorben sind. Andernfalls kann die konkrete Differenz zwischen den Erbteilen und damit der Schaden nicht berechnet werden. Zudem kann wegen der Enterbungsmöglichkeit lediglich der Pflichtteilsanspruch als sichere Berechnungsgrundlage herangezogen werden. Parallel zu dem Anspruch der Eltern könnte im Einzelfall über einen Anspruch des Kindes auf Ersatz des behinderungsbedingten Mehrbedarfs nachgedacht werden, wenn die Vertauschung für die Behinderung ursächlich geworden ist. Dann wäre die unter dem Schlagwort „wrongful life“ geführte Diskussion zu thematisieren. Der in der Behinderung liegende Gesundheitsschaden dient ebenso als Grundlage einer deliktischen Haftung wie die Verletzung des allgemeinen Persönlichkeitsrechts, die in der Verhinderung der genetischen Eltern als rechtliche Eltern liegt.
8) Des Weiteren kann ein Verstoß gegen eine Dokumentationspflicht Schadensersatzansprüche begründen, wenn durch die mangelhafte Dokumentation die Geltendmachung anderer Ansprüche verhindert wird. Im Bereich der Offenbarung des Vertauschungsvorfalls sollte der behandelnde Arzt Vorsicht walten lassen, da Gesundheitsschäden infolge einer zu schonungslosen Offenlegung des Vertauschens Ersatzansprüche nach sich ziehen könnten.
9) Insgesamt bleibt zu konstatieren, dass der Bereich der Sekundärrechtsfolgen – anders als die Rechtslage bei Primärrechtsfolgen eines Vertauschens und ihrer Aufklärung – aufgrund seines flexiblen Charakters in der Lage ist, die mit einem Vertauschungsvorfall verbundenen Probleme interessengerecht aufzulösen. Daher besteht insoweit kein Bedarf für normative Anpassungen.[421]

[421] Ausgenommen ist der hier zur Diskussion gestellte Vorschlag, die cessio legis des § 1607 Abs. 2 S. 3 BGB in bestimmten Fällen zu beschränken (dazu S. 339 ff.).

G. Rechtspolitische Erwägungen und Ausblick

Nachdem im Vorstehenden die rechtliche Bewertung eines Vertauschungsvorfalls anhand der lex lata dargestellt wurde, gilt es nun, die rechtspolitischen Perspektiven aufzuzeigen. Freilich ist mir bewusst, dass viele Monographien mit umfangreichen Regelungsvorschlägen aufwarten, von denen der Gesetzgeber überhaupt nur einen Bruchteil wahrnimmt, geschweige denn umsetzt. Dass für die hier diskutierten Fallkonstellationen indes ein handgreifliches Regelungsbedürfnis besteht, zeigen bereits die überschaubaren (staatlichen) Regelungen im Bereich der Prävention sowie die nur teilweise befriedigende Rechtslage im „forensischen" Bereich der Rechtsfolgen.

Bereits eingangs wurde erwähnt, dass die juristische Relevanz einer Fragestellung nicht allein von der Häufigkeit ihres Auftretens abhängt (S. 6 f.). Auch für den Bereich rechtspolitischer Überlegungen verbietet sich eine derart eindimensionale Betrachtungsweise: Sicherlich spielt die Quantität der Grundrechtsbeeinträchtigung bei der Frage, ob ein rechtspolitisches Bedürfnis für neue Regelungen besteht, eine gewisse Rolle. Viel bedeutsamer ist jedoch die Qualität des Grundrechtsverstoßes. Man stelle sich vor, eine Person leidet an einer Behinderung, die es nur einmal auf der Welt gibt und die zu spezifischen Beeinträchtigungen führt. Diskriminiert eine Regelung bloß diese einzelne Person, könnte gleichwohl niemand behaupten, die entsprechende Norm sei gleichheitsrechtlich unbedenklich. Grundrechtsschutz orientiert sich nie an den Belangen der Mehrheit, sondern in erster Linie an den Interessen des Einzelnen.[1]

Sollte den nachfolgend angeführten Regelungsvorschlägen dennoch entgegengehalten werden, dass die eher geringe Anzahl an Vertauschungsvorfällen den Umfang der vorgeschlagenen Änderungen nicht rechtfertigt, so sei zweierlei angemerkt: Zum einen würde es sich bei einem solchen Einwand um kein sachliches Argument mit juristischem Gehalt handeln. Werden bestimmte Normen dem verfassungsrechtlich geforderten Schutzniveau nicht gerecht und unterlässt es der Gesetzgeber trotz Kenntnis dieser Lücken, sie zu schließen, ist diese Entscheidung primär von Praktikabilitätserwägungen getragen. Solche Überlegungen sollten in einem an materieller Gerechtigkeit interessierten Rechtsstaat aller-

---

[1] Vgl. dazu *Jäschke* ZStW (131) 2019, 36 (41).

dings nicht darüber entscheiden, ob einem Regelungsbedürfnis nachgegangen wird oder nicht. Zum anderen sei darauf hingewiesen, dass sich die Relevanz der hier vorgeschlagenen Regelungen nicht bloß auf Vertauschungsfälle beschränkt. Während sich die rechtspolitischen Erwägungen für den präventiven Regelungsbereich in die immer lauter werdenden Forderungen nach einem Fortpflanzungsmedizingesetz (FMedG) einordnen, wären die Änderungen im „forensischen" Bereich durchaus von grundsätzlicherer Bedeutung. So können die Überlegungen zum Recht auf Nichtwissen etwa auch für andere Informationen als diejenigen über einen Vertauschungsvorfall fruchtbar gemacht werden. Ebenfalls allgemeingültig ist beispielsweise der Regelungsvorschlag zur Beschränkung des Anfechtungsrechts in § 1600 BGB (S. 315 ff.).

Im Folgenden wird zunächst überlegt, welche Defizite im präventiven Regelungsbereich durch normative Strukturen zu beheben sind. Sodann wird dargelegt, wie die für den „forensischen", die Rechtsfolgen eines Vertauschungsvorfalls betreffenden Bereich vorhandenen Regelungen geändert bzw. ergänzt werden sollten.

I. Der präventive Regelungsbereich

Eingangs wurde erläutert, dass im Bereich der Prävention diverse staatliche sowie private Normen Vorgaben machen, die – jedenfalls mittelbar – den Zweck verfolgen, Vertauschungsvorfälle zu verhindern (S. 24 ff.). Auf diese Vorgaben wird im Folgenden Bezug genommen, um zu untersuchen, ob sie im Hinblick auf ihren Inhalt sowie die an sie geknüpften Rechtsfolgen bei Nichtbeachtung angemessen und effektiv sind. Dabei wird die oben eingeführte Unterscheidung zwischen analogen und elektronischen Sicherungsmaßnahmen aufgegriffen, um schließlich auf die Frage nach Sanktionierungsmöglichkeiten und der Regelungstechnik einzugehen.

1. Verbot reproduktionsmedizinischer Behandlungen

Zuvor sei jedoch darauf hingewiesen, dass ein völliges Verbot reproduktionsmedizinischer Behandlungsmethoden zwar jegliche Vertauschungsvorfälle verhindern würde und bisweilen gefordert wird[2]; ein solches Verbot aber verfassungsrechtlich unzulässig wäre. Die Möglichkeit, sich ärztlich assistiert zu reproduzieren, wird durch das Recht auf Fortpflanzung – oder auch „reproduktive

---

[2] Die Einwände gegen ART zusammenfassend *Günther*/Taupitz/Kaiser, ESchG, B.IV. Rn. 32 ff. m.N.

Autonomie" – gewährleistet.[3] Ob dieses Recht verfassungsrechtlichen Schutz durch das allgemeine Persönlichkeitsrecht (Art. 2 Abs. 1 i. V. m. Art. 1 Abs. 1 GG) oder – alternativ bzw. kumulativ – durch Art. 6 Abs. 1 GG (sowie Art. 8 Abs. 1 EMRK)[4] genießt, ist angesichts der in beiden Fällen nahezu deckungsgleichen Schutzintensität nicht von entscheidender Bedeutung.[5] Jedenfalls wäre ein Verbot jeglicher künstlicher Fortpflanzungstechniken nur dann zu rechtfertigen, wenn es dem Grundsatz der Verhältnismäßigkeit entspräche. Es ist indessen weitgehend anerkannt, dass allenfalls einzelne Techniken untersagt werden können, während ein pauschales Verbot mangels entgegenstehender Belange von bedeutendem Gewicht ausscheiden muss. So ist mittlerweile etwa anerkannt, dass die heterologe Samenspende keine Probleme mit sich brächte, die nicht durch familienrechtliche Regelungen aufgefangen würden.[6] Anders liegt es z. B. bei dem Verbot der Leihmutterschaft, da Bedenken im Hinblick auf eine Verletzung der Menschenwürde der Leihmutter nicht gänzlich auszuräumen sind.[7]

Die Zweifel an einem pauschalen Verbot blieben selbst dann bestehen, wenn gesicherte Erkenntnisse vorliegen sollten, dass die Verwendung künstlicher Befruchtungsmethoden zu gewissen Gefahren[8] für die gezeugten Kinder führt. Denn eine auf dem Wohl des Kindes aufbauende Argumentation muss immer dann ausscheiden, wenn das Verbot der reproduktionsmedizinischen Maßnahme die Nicht-Existenz des Kindes zur Folge hätte. Will man Techniken der assistierten Reproduktion unter Verweis auf Gefahren für die gezeugten Kinder verbieten, verhindert man damit nämlich bereits die Existenz der Personen, die man zu schützen sucht. Eine solch zirkelschlüssige Argumentation vermag nicht zu überzeugen.[9] Etwas anderes könnte sich allenfalls daraus ergeben, dass die Gefah-

---

3 MüKo-BGB/*Wellenhofer* § 1591 Rn. 45; Spickhoff/*Müller-Terpitz* Art. 6 GG Rn. 3 ff.; *Damm* MedR 2002, 375 (379); *Dethloff* NJW 2018, 23 (26); *Gassner* ZRP 2015, 126; *ders. et al.*, AME-FMedG S. 31 f.; *Krekeler* MedR 2017, 867; *Kreß* MedR 2013, 643; *Neuner* AcP 214 (2014), 459 (470); wohl auch *Zimmermann* FamRZ 1981, 929 (933).

4 So etwa MüKo-BGB/*Wellenhofer* § 1591 Rn. 45 u. 53; Spickhoff/*Müller-Terpitz* Art. 6 GG Rn. 1 ff.; *Grziwotz* NZFam 2014, 1065 (1069); *Krekeler* MedR 2017, 867 (Fn. 4); *Weyrauch* S. 34 ff.

5 Überzeugend Spickhoff/*Müller-Terpitz* Art. 6 GG Rn. 2; ebenso *Gassner et al.*, AME-FMedG S. 31 f.

6 Es scheint, als wäre (jedenfalls in der Literatur) nunmehr sogar eine ablehnende Haltung gegenüber dem Verbot der Eizellspende Konsens; vgl. Spickhoff/*Müller-Terpitz* Art. 6 GG Rn. 15; *Gassner* ZRP 2015, 126.

7 Dazu statt vieler MüKo-BGB/*Wellenhofer* § 1591 Rn. 54 m. w. N.

8 Vgl. etwa *Meister et al.* Versicherungsmedizin 2018, 54 ff., die auf kardiovaskuläre Auswirkungen einer ART-Behandlung hinweisen.

9 Dazu *Coester-Waltjen* Jura 1987, 629 (634), die zu Recht darauf hinweist, dass es eher dem Wohl des Kindes entspricht, „geboren zu werden, als nicht zu existieren". Vgl. auch Spickhoff/*Müller-Terpitz* Art. 6 GG Rn. 13; *Gassner* ZRP 2015, 126.

ren außergewöhnlich schwerwiegend sind oder sich über die erste Generation hinaus fortsetzen und dementsprechend unabsehbare Folgen für die Gesamtpopulation zu besorgen sind. Das Vorliegen einer solchen Sachlage würde selbstverständlich zu einer sachlichen Neubewertung zwingen.

2. Zwingende Sorgfaltsnormen

Das Bedürfnis für ein pauschales Verbot reproduktionsmedizinischer Techniken erodiert zusätzlich, wenn man sich vergegenwärtigt, dass im Bereich der Prävention ohnehin noch deutliches Verbesserungspotential besteht. Zwar existieren bereits gewisse Regelungen, die sich auf Sicherungsmaßnahmen und Organisationsvorgaben beziehen (vgl. insb. S. 30 ff.). Allerdings sind diese vielfach nicht mit staatlicher Rechtsetzungsmacht ergangen, sondern privatrechtlicher Natur und haben daher bloßen Empfehlungscharakter. Dies offenbart Probleme sowohl im Bereich der Dogmatik als auch in demjenigen der Rechtsdurchsetzung. So wird der Behandelnde durch entsprechende Vorgaben in seiner grundrechtlich abgesicherten Berufsfreiheit (Art. 12 GG) beeinträchtigt, weshalb es mit Blick auf den Wesentlichkeitsvorbehalt[10] einer formell-rechtlichen Legitimationsgrundlage bedürfte. Daraus folgt die beschränkte Möglichkeit der Sanktionierbarkeit eines Normverstoßes: Aufgrund des Empfehlungscharakters der Leitlinien und Empfehlungen von Fachgesellschaften können diese allenfalls zur Beurteilung des objektiven Sorgfaltsstandards im Rahmen der Prüfung eines Behandlungsfehlervorwurfs oder eines Verschuldens (S. 218 f.) herangezogen werden.

a) „Double-Checking“

Nach wie vor gilt das sog. Double-Checking als Patentlösung zur Verhinderung von Vertauschungsvorfällen. Unter Anwendung des Vier-Augen-Prinzips soll derjenige Mitarbeiter, der risikobehaftete Arbeitsschritte durchführt, einen weiteren Mitarbeiter hinzuziehen, um die auf den jeweiligen Gefäßen angebrachten Beschriftungen mit den Unterlagen des durchzuführenden Befruchtungsvorgangs abzugleichen (dazu schon S. 42 f.). Wie bereits erwähnt (S. 39 f.), bestehen zwar gewisse Zweifel an der Effektivität des „Double-Checkings“, jedoch ist es die einzige flächendeckend angewendete Präventionsmaßnahme,[11] die sich unmittelbar auf das Befruchtungsgeschehen bezieht. Gleichwohl existiert in Deutschland keine nationale Regelung, die die Anwendung des Vier-Augen-Prin-

[10] Dieser folgt aus dem Demokratie- und Rechtsstaatprinzip des Art. 20 Abs. 1–3 GG; vgl. Spickhoff/*Müller-Terpitz* Art. 6 GG Rn. 15.

[11] Vgl. Ziff. 4.4 Spiegelstr. 5 sowie Ziff. 9.2.3, 11.9 und 12.8 der ESHRE „guidelines for good practice in IVF laboratories“; vgl. S. 14 ff.

zips vorschreibt. Auch wenn nach hier vertretener Auffassung andere Präventionsmaßnahmen erfolgversprechender und daher vorzugswürdig sind (dazu noch S. 300 ff.), sollte das Gebot zur Berücksichtigung des Vier-Augen-Prinzips jedenfalls als Minimallösung normativen Niederschlag finden.

Während die nationalen Vorgaben im Bereich der Prävention recht vage und oberflächlich sind, bietet die britische *Human Fertilisation & Embryology Authority* (HFEA) mit ihrem Code of Practice ein detailliertes Regelungssystem zu den Umständen und dem Ausmaß des „Double-Checkings" (Guidance Note 18: „Witnessing and assuring patient and donor identification"). Diese Regelungen sollen als Vorbild für eine deutsche Parallelvorschrift dienen:[12] Zunächst wäre klarzustellen, welche Arbeitsschritte als „kritisch" zu bewerten sind und deshalb dem Vier-Augen-Prinzip unterliegen müssen (Guidance Note 18.4). Darüber hinaus ist festzulegen, von wem der Check durchzuführen ist (Guidance Note 18.12–15) und welche Umstände überprüft werden müssen (Guidance Note 18.5). Daneben sind Vorgaben zu der Art und Weise des Checks vonnöten (Guidance Note 18.18–26). Schließlich sind Regelungen erforderlich, die bestimmen, welche Person welche Informationen auf welche Weise zu dokumentieren hat (Guidance Note 18.7–9), um eine lückenlose Nachverfolgung der Doppelkontrolle zu gewährleisten.

b) *Organisationsvorgaben*

Daneben scheinen mir weitere Regelungen zur Organisation und technischen, räumlichen sowie personellen Ausstattung einer reproduktionsmedizinischen Einrichtung erforderlich zu sein, die die bestehenden Vorgaben ergänzen. Denn insbesondere in Bezug auf die Räumlichkeiten eines ART-Labors bestehen bereits einige staatliche Regelungen, die durchaus sinnvoll sind. So schreibt § 5 Abs. 3 S. 2 AMWHV vor, dass die Betriebsräume ausreichend zu beleuchten sind und geeignete klimatische Verhältnisse aufweisen müssen. Diese Bedingungen tragen dazu bei, dass eine Ermüdung der Mitarbeiter verhindert wird, aus der sich die besondere Gefahr einer Vertauschung ergibt. In diesem Zusammenhang steht die Generalklausel des § 5 Abs. 1 S. 1 AMWHV, nach der die Betriebsräume nach Art, Größe, Zahl und Ausrüstung für die beabsichtigten Zwecke geeignet sein und so ausgestaltet und genutzt werden müssen, dass das Risiko von Fehlern auf das kleinstmögliche Maß eingeschränkt und jeder die Qualität des Produkts beeinträchtigende Effekt vermieden wird. Ebenfalls in die richtige Richtung gehen die Vorgaben in §§ 7, 34 Abs. 6 S. 1, 36 Abs. 7 AMWHV zur Lagerung und Kennzeichnung von Proben und Vorratsbehältnissen.

---

[12] Die Klammerangaben im Folgenden beziehen sich allesamt auf den HFEA Code of Practice (9th Edition).

Allerdings sind auch diese Vorgaben – abgesehen von § 5 Abs. 3 S. 2 AMWHV – nicht besonders präzise und lassen viel Raum für eine individuelle Interpretation durch die reproduktionsmedizinischen Einrichtungen. Will man aber für den hochsensiblen Bereich der Reproduktionsmedizin ein einheitliches Niveau gewährleisten, um das Ansehen deutscher Fortpflanzungskliniken international zu stärken sowie die Akzeptanz der Bevölkerung national sicherzustellen, kann es de lege ferenda nicht beim status quo bleiben. Wie wenig aussagekräftig bestimmte Vorgaben sind, zeigen etwa die Regelungen zu QM-Systemen in den §§ 32 AMWHV, 4 Abs. 1 S. 4 QM-Richtlinie des G-BA für Vertragsärzte, denen eine weitere Konkretisierungsstufe fehlt. Demgegenüber beinhaltet der britische HFEA Code of Practice auf 281 Seiten detaillierte Vorschriften zu der Organisation einer reproduktionsmedizinischen Einrichtung, die als Blaupause für Laborhandbücher und SOPs britischer Einrichtungen dienen. Da diese Vorgaben im Rahmen dieser Arbeit nicht vollständig dargestellt und bewertet werden können, beschränken sich die folgenden Ausführungen auf die meines Erachtens wichtigsten Regelungen.

Es ist erforderlich, exakt festzulegen, welches Arbeitspensum einem Labormitarbeiter zugemutet werden kann, bis eine Beeinträchtigung seiner Aufmerksamkeit zu besorgen ist. Ist die Zeitspanne überschritten, sind verbindliche Arbeitspausen einzuhalten. Insoweit weist die HFEA zu Recht auf die besondere Ermüdungsgefahr hin, die von wiederholenden Tätigkeiten ausgeht (Guidance Note 18.30). Um diese Vorgaben einhalten zu können, sollte ergänzend vorgeschrieben werden, wie viele qualifizierte[13] Mitarbeiter ein Labor mindestens beschäftigen muss, wenn es eine bestimmte Anzahl an Behandlungen pro Jahr durchführt.[14] Darüber hinaus sind genaue Regelungen im Hinblick auf die Verhinderung von externen Aufmerksamkeitsbeeinträchtigungen sinnvoll. Insofern könnte etwa an ein Verbot privater Mobiltelefone oder Vorschriften zu Höchstgrenzen für die Umgebungslautstärke gedacht werden (vgl. Guidance Note 18.16). Um die Vorgaben zur Arbeitsplatzbeleuchtung und -belüftung[15] zu ergänzen, können des Weiteren Vorschriften zur Ausstattung des Arbeitsplatzes in den Blick genommen werden: Jedem Mitarbeiter muss eine adäquate Werkbank zur Verfügung stehen, die hinreichend Platz für die Verrichtungen bietet, höhenverstellbar angepasst werden kann und auf diese Weise Nachlässigkeiten vorbeugt.[16]

---

[13] Zu der Qualifikation der Mitarbeiter vgl. Guidance Note 2.

[14] Insoweit sei auf Ziff. 2.2. der AGRBM-Leitlinie für die Führung und Einrichtung eines ART-Labors verwiesen, die den Personalbestand in Abhängigkeit von der Anzahl der Behandlungszyklen pro Jahr umschreibt.

[15] Vgl. dazu außerdem Ziff. 3.2 der ESHRE „guidelines for good practice in IVF laboratories"; s. zudem *Elder/Dale* In-vitro-fertilization, S. 111 ff.

[16] Dazu Ziff. 3.1 der ESHRE „guidelines for good practice in IVF laboratories".

Verfehlt ist es nach hier vertretener Auffassung indes, Vorschriften zu der Arbeitsgeschwindigkeit zu machen (vgl. bereits S. 36f.). So schreibt Ziff. 4 Abs. 5 Spiegelstr. 1 der AGRBM-Leitlinie zum verantwortlichen Arbeiten im ART-Labor vor, dass die Arbeiten außerhalb des Brutschranks „zügig" vorgenommen werden sollen, um die Zeitspanne „so kurz wie möglich" zu halten. Dies ist dem Umstand geschuldet, dass sich die veränderten Umgebungsbedingungen nachteilig auf die Konstitution der bearbeiteten Zellen auswirken können. Eine solche Vorgabe konterkariert jedoch das Erfordernis einer möglichst konzentrierten Arbeitsweise. Angesichts des Vertauschungsrisikos muss darauf das Hauptaugenmerk der Laborarbeit gelegt werden. Denn auf dem Markt sind mittlerweile ohnehin hochmoderne Werkbänke verfügbar, die im Arbeitsbereich eine für die Zellen nahezu optimale Umgebungsatmosphäre kreieren und auf diese Weise den Zeitdruck erheblich minimieren. Daher sollte vielmehr vorgeschrieben werden, dass reproduktionsmedizinische Einrichtungen über Werkbänke verfügen, die eine Arbeitsweise frei von zeitlichen Beschränkungen gewährleisten. Insoweit scheint es wenig sinnvoll zu sein, die Sicherheit der Labortätigkeit hinter die Sicherheit der Zellen zurücktreten zu lassen, wenn es eine technische Möglichkeit gibt, beides sicherzustellen. Daran darf auch der Umstand nichts ändern, dass eine moderne Werkbank gegebenenfalls kostenintensiver sein mag als eine herkömmliche.

Des Weiteren sollte genauer geregelt werden, welche Anforderungen an die Lagerung und Kryokonservierung von Keimzellen und Embryonen zu stellen sind. So muss ergänzend zu § 7 Abs. 1 S. 1 AMWHV festgelegt werden, dass nur solche Inkubatoren oder Kryobehälter zu verwenden sind, die eine strikte räumliche Trennung ermöglichen. Die Vorgaben der AMWHV zur Beschriftung der Vorratsbehältnisse scheinen demgegenüber ausreichend zu sein. Allerdings wäre es sinnvoll, bereits normativ Verantwortungsbereiche präzise abzustecken (vgl. etwa Guidance Note 1), um Aufgaben genau zuzuweisen. Im Rahmen dessen könnte u.a. bestimmt werden, wem die Errichtung eines QM-Systems obliegt und welche Qualifikationen erforderlich sind, um eine Unterrichtung der (neuen) Mitarbeiter im Hinblick auf die Einhaltung der zuvor beschriebenen Vorgaben (Guidance Note 18.10–12) durchzuführen.[17]

c) Präimplantationsuntersuchung

Bereits zuvor wurde die Möglichkeit einer Abstammungsuntersuchung vor der Durchführung des Embryotransfers erörtert (S. 219f.). Würde man eine solche Untersuchung bei jedem zum Transfer bestimmten Embryo durchführen, könnte

---

[17] Vgl. auch Ziff. 4.1 der ESHRE „guidelines for good practice in IVF laboratories".

man Vertauschungen effektiv ausschließen. Meines Erachtens sprechen allerdings mehrere Aspekte gegen die Vornahme flächendeckender Abstammungsuntersuchungen. Zunächst ist zu berücksichtigen, dass Vertauschungsvorfälle zwar gelegentlich, aber nicht besonders häufig vorkommen (S. 4 ff.). Ob dieses Risiko die Anordnung einer stets durchzuführenden invasiven Methode rechtfertigt, ist zu bezweifeln. Zudem bleibt zu bedenken, dass die Untersuchung ein weiterer Behandlungsschritt wäre, der seinerseits das Risiko der Vertauschung mit sich brächte. Daher scheint eine Präimplantationsuntersuchung bereits aus praktischer Sicht nicht zielführend zu sein.

Daneben sprechen rechtliche Gründe gegen die Durchführung einer solchen Untersuchung. Die im Einzelfall zur Kontrolle durchgeführte Präimplantationsuntersuchung wurde oben als nicht dem Schutzzweck des § 3a Abs. 1 ESchG unterstehend qualifiziert (S. 220). Diese Rechtsauffassung basiert jedoch maßgeblich auf der Tatsache, dass das Risiko der Vertauschung bei Vorliegen von konkreten Anhaltspunkten, die auf einen Vertauschungsvorfall schließen lassen, handgreiflich ist. In einem solchen Fall dürfte die Wahrscheinlichkeit, dass es zu einem Vorfall gekommen ist, deutlich erhöht sein. Wird die Untersuchung aber bei jedem Embryo flächendeckend durchgeführt, besteht die Gefahr, dass der Normzweck des § 3a Abs. 1 ESchG auf Umwegen umgangen wird. Denn bei einer genetischen Abstammungsuntersuchung lassen sich ebenfalls Informationen erheben, die zur Selektion genutzt werden könnten. Ist die Abstammungsuntersuchung also nicht auf einen konkreten Einzelfall beschränkt, ist das Risiko, dass Überschussinformationen gezielt zur Auswahl des bestgeeignetsten Embryos genutzt werden, zu groß, als dass die Maßnahme unter Abwägung ihres Ziels und der hinter § 3a Abs. 1 ESchG stehenden Erwägungen zu rechtfertigen wäre.

3. Elektronische Sicherungssysteme

Bereits eingangs wurde festgestellt, dass elektronische Sicherungssysteme menschliche Fehler auf ein Minimum reduzieren können. Auch wenn RFID-gestützte Systeme gegenüber Barcode-Systemen gewisse Vorteile haben dürften (S. 43 f.), bedeuten alle elektronischen Sicherungssysteme eine deutliche Steigerung der Behandlungssicherheit. Die Gefahr von Vertauschungsvorfällen könnte beinahe vollständig gebannt werden, wenn eine gesetzliche Verpflichtung bestünde, elektronische Sicherungssysteme bei der Durchführung von Behandlungsmaßnahmen im ART-Labor zu verwenden. Da in Deutschland bisher nur sehr wenige reproduktionsmedizinische Einrichtungen auf ein solches System zurückgreifen, könnte lediglich eine solche Regelung dafür sorgen, dass entsprechende Sicherungssysteme flächendeckend angewandt werden. Hauptgrund für die Zurückhaltung bei der Anschaffung dürften sicherlich die beträchtlichen Anschaffungskosten sein (Kap. C, Fn. 94).

Auch wenn die höhere Sicherheit zu gewissen Senkungen der Versicherungsprämien für die reproduktionsmedizinische Einrichtung führen mag, kann davon ausgegangen werden, dass die Kliniken die zusätzlichen Aufwendungen für das System im Rahmen der Behandlungskosten einpreisen würden. Selbst wenn die Krankenkasse 50 % der Behandlungskosten übernimmt (§ 27a Abs. 3 S. 3 SGB V), dürfte eine gewisse Summe von den Patienten selbst zu tragen sein. Im Ergebnis konkurrieren damit zwei Schutzaufträge des Gesetzgebers: Auf der einen Seite müssen alle Möglichkeiten ausgeschöpft werden, um die Betroffenen vor den vielfältigen Beeinträchtigungen eines Vertauschungsvorfalls zu bewahren. Auf der anderen Seite fordert nicht zuletzt das Recht auf Fortpflanzung, dass der Zugang zu reproduktionsmedizinischen Techniken nicht unverhältnismäßig eingeschränkt wird. Verpflichtet der Gesetzgeber reproduktionsmedizinische Einrichtungen zu Handlungen, die zu einer Steigerung der Behandlungskosten führen, liegt darin eine mittelbare Beschränkung dieses Rechts. Darin liegt die Gefahr, dass die assistierte Reproduktion durch die steigenden Kosten zu einem Luxusgut wird, das sich bloß wenige gut betuchte Patienten leisten können.

Man wird nicht fehlgehen in der Annahme, dass der Gesetzgeber die Abwägung dieser beiden Interessen sowohl in die eine als auch die andere Richtung entscheiden kann, ohne dass er seinen Einschätzungsspielraum überschreitet.[18] Gleichwohl sollen einige Überlegungen skizziert werden, die bei der Entscheidung des Gesetzgebers eine Rolle spielen dürften, um sich der Antwort auf die Frage zu nähern, ob die für eine Pflicht zur Einführung elektronischer Sicherungssysteme streitenden Aspekte die dagegen sprechenden Erwägungen überwiegen. Berechnet man die Mehrkosten durch ein elektronisches Sicherungssystem[19] und legt diese auf die durchschnittlich pro Jahr in einer Klinik durchgeführten Behandlungszyklen[20] um, ergibt sich – sofern die Kosten tatsächlich vollständig auf die Patienten abgewälzt werden – eine Kostensteigerung in Höhe von circa 55 € pro Behandlungszyklus.[21] Dementsprechend ist die finanzielle Mehrbelastung im Vergleich zu den Gesamtkosten der Behandlung (S. 19) gera-

---

[18] Vgl. auch allgemein *Gassner et al.*, AME-FMedG S. 23.

[19] Hier wird der in Kap. C, Fn. 94 für das Leasing eines „IVF Witness Systems" angeführte Betrag von circa 50.000 € der Berechnung zugrunde gelegt.

[20] Laut deutschem IVF-Register wurden z. B. 2016 103.391 reproduktionsmedizinische Behandlungszyklen durchgeführt; abrufbar unter: www.deutsches-ivf-register.de/jahrbuch.php (zuletzt abgerufen am: 30.09.19).

[21] Berechnung: 103.391 Zyklen geteilt durch 114 Kliniken = Durchschnittswert der pro Klinik im Jahr durchgeführten Behandlungszyklen; 50.000 € geteilt durch diesen Durchschnitt ≈ 55 €.

dezu marginal. Gewiss werden die Kosten vor allem kleinere reproduktionsmedizinische Einrichtungen härter treffen, da dort die Umrechnungsquote aufgrund niedriger Zyklenzahlen ungünstiger ausfallen dürfte. Auch mögen die zusätzlichen Kosten zu einem gewissen (zusätzlichen) Anstieg des Reproduktionstourismus führen.

Allerdings sollten diese Nachteile nach hier vertretener Auffassung in Kauf genommen werden, um die einschneidenden Beeinträchtigungen für die Beteiligten effektiv verhindern zu können. Das Risiko einer Flucht ins (europäische) Ausland könnte dadurch begrenzt werden, dass die Einführung elektronischer Sicherungssysteme bereits auf europäischer Ebene verbindlich vorgeschrieben wird. Außerdem dürfte die Vermutung, dass Patienten durchaus bereit sind, einen gewissen Aufpreis für die Sicherheit ihrer Behandlung zu zahlen, ohnehin nicht allzu weit hergeholt sein. Ein weiterer Vorteil elektronischer Sicherungssysteme ist, dass das „Double-Checking" durch einen Mitarbeiter überflüssig wird, da die elektronischen „Augen" des Sicherungssystems diese Aufgabe übernehmen.[22] Dadurch wird der Arbeitsablauf nicht nur effizienter gestaltet, sondern auch eine weitere Fehlerquelle ausgeschieden, die aus dem „Double-Checking" selbst erwächst (S. 42 f.). Schließlich sei darauf hingewiesen, dass das Bedürfnis für normative Anpassungen im „forensischen" Rechtsfolgenbereich umso stärker schwindet, je effektiver die Präventionsmaßnahmen wirken. Kann ein Vertauschungsvorfall mit an Sicherheit grenzender Wahrscheinlichkeit ausgeschlossen werden, so müsste man sich – jedenfalls für die Zukunft – weniger Gedanken darüber machen, welche Rechtsprobleme ein solcher Vorfall bewirken könnte.

Dem Problem vertauschter Keimzellen und Embryonen wäre meines Erachtens daher am besten beizukommen, wenn reproduktionsmedizinischen Einrichtungen die Verpflichtung auferlegt werden würde, ihr ART-Labor mit einem elektronischen Sicherungssystem auszustatten, dass die RFID-Technik oder eine vergleichbare Technologie verwendet.[23] Natürlich wären dadurch nicht sämtliche Probleme gelöst. So ist es in der Vergangenheit bereits zu einigen Vertauschungsvorfällen gekommen, deren Opfer nicht mehr von der neuen Regelung profitieren würden. Auch verbleibt selbst bei RFID-Systemen ein – wenn auch minimales – Restrisiko durch die von einem Menschen vorzunehmende Zuordnung der richtigen Probe zu den mit dem richtigen Chip versehenen Behältnissen.[24] Zudem würde auch eine europäische Lösung nicht alle weltweit unter deutscher Patientenbeteiligung durchgeführten Behandlungen abdecken.

---

[22] Vgl. auch HFEA Guidance Note 18.34-43.

[23] Für solche Systeme – wenn auch auf Neugeborenenstationen – sprechen sich ebenfalls aus: *Barry/Lennox* Can J Infect Control 1998, 16; *Gray et al.* Pediatrics 2006, e43 (e46 f.).

[24] In Bezug auf diesen Arbeitsschritt müsste es daher bei dem „Double-Checking" bleiben.

Allerdings wäre eine entsprechende Vorschrift ein bedeutsamer Schritt in Richtung Problementschärfung und daher absolut wünschenswert.

4. Regelungstechnik

Wie eingangs aufgezeigt (S. 24 ff.), ähneln die normativen Rahmenbedingungen im Bereich der assistierten Reproduktion einem Flickenteppich: Sie sind einerseits weit verstreut und weisen andererseits einen stark fragmentarischen Charakter auf. Daher mehren sich die Stimmen,[25] die den Gesetzgeber dazu auffordern, die gesetzlichen Defizite mithilfe eines umfassenden Fortpflanzungsmedizingesetzes (FMedG) zu beheben. Insoweit soll ein Überblick gewährt werden, wie die zuvor diskutierten Fragen in einem solchen FMedG umgesetzt werden könnten. Mit dem Augsburg-Münchner-Entwurf (AME-FMedG) von 2013 besteht bereits eine vielversprechende Vorarbeit für ein Fortpflanzungsmedizingesetz.[26] Leider hält der AME-FMedG jedoch keine Regelungen zu Präventionsmaßnahmen bereit. Dies erklärt sich daraus, dass sich der AME-FMedG als Novellierung des ESchG verstanden wissen will,[27] das ebenfalls keine Vorschriften für die Prävention aufstellt, sondern sich primär mit der Zulässigkeit bestimmter reproduktionsmedizinischer Techniken befasst. Insoweit wurde die Prävention nicht einmal als Aspekt bewertet, der nicht im AME-FMedG berücksichtigt wurde.[28] Auch wenn in anderen Gesetzen bereits Regelungen erlassen wurden, die ebenfalls auf reproduktionsmedizinische Einrichtungen anwendbar sind (S. 24 ff.), dürfte es meines Erachtens sinnvoll sein, die hier aufgezeigten Lücken nicht an verschiedenen Stellen zu schließen,[29] sondern alle Probleme im Bereich der Fortpflanzungsmedizin an einem Ort zu lösen. Denn die auf die Verhinderung eines Vertauschungsvorfalls abzielenden Regelungen sind ein spezifisch reproduktionsmedizinisches Thema, sodass spezielle Regelungen in einem FMedG sinnvoll erscheinen.

Die hier angemahnten Vorschriften können grob in zwei Regelungsbereiche eingeteilt werden: Zum einen die allgemeine Organisation einer reproduktions-

---

25 *BÄK* Beschlussprotokoll, S. 213; *Bräutigam* AnwBl 2015, 331; *Dethloff/Gerhardt* ZRP 2013, 91 (92); FES-Gutachten/*Riedel* S. 88 ff.; *Gassner et al.*, AME-FMedG passim; *Katzorke/Kolodziej* Reproduktionsmedizin 2001, 325 (333); *Kreß* MedR 2013, 643; *Leopoldina* FMedG, S. 5 ff.; *Wellenhofer* FamRZ 2013, 825 (830); *Zypries/Zeeb* ZRP 2014, 54 (57); *Merz* S. 228 ff. Dies entspricht wohl auch der fachl. Meinung des BMJ; vgl. *Neidert* MedR 1998, 347 (353).

26 Vgl. dazu erläuternd *Lindner* ZfL 2015, 10 ff. Auch die Leopoldina arbeitet aktuell mit ihrer AG „Eckpunkte für ein Fortpflanzungsmedizingesetz" an einem Entwurf für ein FMedG.

27 *Gassner et al.*, AME-FMedG S. 20; vgl. auch das Vorwort zum AME-FMedG.

28 *Gassner et al.*, AME-FMedG S. 45.

29 Ohnehin wird etwa das Transplantationsrecht als ungeeignet für Fragen der Keimzellen bewertet; vgl. *Spickhoff* ZfPW 2017, 257 (274).

medizinischen Einrichtung und zum anderen die konkreten Sicherungsmaßnahmen. Diese könnten als Abschnitt 6 und 7 in den AME-FMedG eingefügt werden, da die Einhaltung der Präventionsvorgaben Voraussetzung für die Zulassung des Zentrums wäre (§ 26 AME-FMedG). Abschnitt 6 würde Vorgaben zur räumlichen, technischen und personellen Ausstattung der reproduktionsmedizinischen Einrichtung und der Aufteilung von Verantwortungsbereichen enthalten. Des Weiteren wären Regelungen zu der Ausgestaltung eines QM-Systems inklusive Vorgaben zur Erstellung von SOPs und Laborhandbüchern zu ergänzen. Abschnitt 7 müsste wenigstens die Verpflichtung zur Anwendung des Vier-Augen-Prinzips und der dafür erforderlichen Beschriftungs- und Protokollierungsschritte enthalten. Sollte die hier präferierte Pflicht zur Installation eines elektronischen Sicherungssystems aufgegriffen werden, wäre ein „Double-Checking" demgegenüber nur noch bei der Zuordnung der Zellen zu den richtigen Behältnissen vorzuschreiben (S. 43).

Im Vorstehenden wurde angemahnt, dass die Regelungen im Präventionsbereich weniger oberflächlich sein sollten. Gleichwohl dürfte es sich aus verschiedenen Gründen anbieten, das FMedG nicht mit überaus umfangreichen Detailregelungen etwa zur Belüftung, Beleuchtung oder der zulässigen Umgebungslautstärke zu überfrachten. Daher sollte für die Vorschriften im präventiven Bereich auf ein zweistufiges Regelungskonzept[30] zurückgegriffen werden. Insbesondere für diejenigen Aspekte, die einen medizinisch-technischen Hintergrund haben und sich durch den forschungsbedingten Fortschritt auf dem jeweiligen Gebiet beständig wandeln, ist ein Parlamentsgesetz nicht die vorzugswürdige Lösung. Denn durch das formalisierte Gesetzgebungsverfahren fällt es schwerer, ein solches Gesetz neuen Entwicklungen anzupassen und mit dem Fortgang der technischen Entwicklung Schritt zu halten.

Will man aber sicherstellen, dass flexible, moderne und effektive Regelungen die Sicherheit reproduktionsmedizinischer Behandlungen gewährleisten, sollten die Anforderungen an die Präventionsmaßnahmen im FMedG nur dem Rahmen nach mittels generalklauselartiger Vorschriften abgesteckt werden. Dabei wäre zu berücksichtigen, dass mit Blick auf die Wesentlichkeitstheorie jedenfalls grundrechtsrelevante Vorgaben aufzunehmen sind. Einzelheiten könnten demgegenüber einer interdisziplinär zusammengesetzten, unabhängigen Fortpflanzungsmedizin-Kommission (FMK) überlassen werden; vgl. § 24 Abs. 1 AME-FMedG. Diese FMK ist mit Richtlinienkompetenz ausgestattet und definiert in Bezug auf den allgemein anerkannten Stand der Wissenschaft genaue Anforderungen an die einzelnen Präventionsmaßnahmen (vgl. § 25 Abs. 1 AME-FMedG). Eine solche Institution hat gegenüber der BÄK den entscheidenden Vorteil, dass sie nicht als

---

30 Vgl. *Neidert* MedR 1998, 347 (249 u. 353); *Taupitz* MedR 1998, 1 (7).

Interessengemeinschaft einer Berufsgruppe den Anschein der Voreingenommenheit vermittelt. Der lange Zeit vorgetragene Einwand, dass die BÄK mangels parlamentarisch erteilter Richtlinienkompetenz nicht ausreichend demokratisch legitimiert sei,[31] kann mit Blick auf § 16b Abs. 1 TPG nicht mehr durchgreifen. Die Kompetenzzuweisung zugunsten einer FMK würde sich rechtsdogmatisch in gleicher Weise vollziehen, wie in § 16b TPG, sodass ein „Plus" an rechtsstaatlicher Legitimation nicht behauptet werden kann. Zwar sind die durch die Novellierung der Richtlinie aufgenommenen Vorgaben ein Schritt in die richtige Richtung, allerdings ist dieser Schritt angesichts der bloßen Inbezugnahme transplantations- und arzneimittelrechtlicher Vorgaben nicht ausreichend.

Um das hier vorgeschlagene, abgestufte Regelungskonzept zu veranschaulichen, soll beispielhaft eine mögliche Regelung für die personelle Ausstattung einer reproduktionsmedizinischen Einrichtung skizziert werden: Im FMedG wäre die Generalklausel einzufügen, dass eine reproduktionsmedizinische Einrichtung „einen im Hinblick auf die Anzahl der jährlich durchgeführten Behandlungszyklen sowie der Komplexität der angebotenen Fortpflanzungstechniken ausreichenden Bestand an qualifiziertem Personal zu gewährleisten hat, um die sichere Verrichtung sämtlicher Behandlungsschritte sicherzustellen." Die FMK würde sodann in einer Richtlinie festlegen, wie viele Zyklen welcher Behandlungstechnik pro Jahr von einem Mitarbeiter mit einer bestimmten fachlichen Qualifikation zu bewerkstelligen sind. Im Stile der Ziff. 2.2. der AGRBM-Leitlinie für die Führung und Einrichtung eines ART-Labors (vgl. S. 36) könnten exakt bezeichnete Richtwerte eingeführt werden.

Auf diese Weise wären alle hier angesprochenen Probleme im Bereich der Prävention zu lösen. Ein FMedG könnte für Normklarheit sorgen, sodass eine verlässliche Rechtsgrundlage für Patienten und Behandelnde gleichermaßen bestünde. Außerdem gelänge es dadurch, die Lücken im Bereich der Vertauschungsprävention zu schließen, um die Sicherheit der assistierten Reproduktion sicherzustellen. Schließlich wäre gewährleistet, dass die Normen durch ein abgestuftes Regelungssystem flexibel bleiben und den medizinisch-technischen Fortschritt durch eine regelmäßige Evaluierung der Detailregelungen abbilden.

II. Regelungen im „forensischen" Bereich

Auch wenn die Einführung der zuvor dargestellten Präventionsvorschriften das Vertauschungsrisiko für die Zukunft erheblich beschränken würde, darf auch der „forensische" Rechtsfolgenbereich nicht aus dem Blick gelassen werden. Wie

[31] Dazu erneut *Krekeler* MedR 2017, 867 (871).

bereits angesprochen, entfalten die Präventionsmaßnahmen ihre Wirkung nämlich erst ab ihrer Einführung, sodass alle bisher von einem Vertauschungsvorfall Betroffenen schutzlos blieben. Gleiches gilt für jene, die ihren Kinderwunsch im Ausland erfüllen und daher nicht von den strikten Sicherheitsvorgaben profitieren würden. Berücksichtigt man darüber hinaus, dass sich der Gesetzgeber im Hinblick auf Neuregelungen für den Bereich der assistierten Reproduktion traditionell in Zurückhaltung übt, dürfte der vergleichsweise weitreichende Vorschlag, eine Pflicht zur Installation eines elektronischen Sicherungssystems einzuführen, als „Zukunftsmusik" zu bezeichnen sein. Deshalb ist es erforderlich, die aus einem Vertauschungsvorfall erwachsenden Rechtsprobleme nicht bloß mithilfe präventiver Regelungsansätze anzugehen, sondern zusätzlich Lösungen für den „forensischen" Bereich der Rechtsfolgen zu finden. Die im Rahmen dieser Arbeit herausgearbeiteten Defizite der lex lata werden im Folgenden in einer ähnlichen Reihenfolge wie zuvor erörtert, sodass zunächst auf die Frage nach dem Recht auf Nichtwissen (1.) und Auskunftsansprüchen (2.) einzugehen ist, um schließlich die familienrechtlichen Probleme der abstammungsrechtlichen Zuordnung (3.) und der cessio legis in § 1607 Abs. 3 S. 2 BGB (4.) einem Lösungsvorschlag zuzuführen.

1. Wahrung des Rechts auf Nichtwissen

a) Aufklärung versus Registerlösung

Erkennt der Gesetzgeber, dass sich das Recht auf Nichtwissen in der hiesigen Konstellation und auf Grundlage der lex lata erheblichen Beeinträchtigungen ausgesetzt sieht (S. 110), dürfte er – jedenfalls, wenn es ihm mit dem Recht auf Nichtwissen ernst ist – zu der Einsicht gelangen, dass diese missliche Lage normativer Anpassungen bedarf. Denn auch wenn die Mitteilung, dass es zu einer Verwechslung gekommen ist, in der Regel durch eine mutmaßliche Einwilligung gerechtfertigt sein mag, wird dadurch dennoch die informationelle Selbstbestimmung des Informationsadressaten unterlaufen. So obsiegt das Interesse an der Offenbarung gegenüber demjenigen am „Nicht-wissen-wollen" nämlich nur deshalb, weil der Betroffene mangels prätherapeutischer Aufklärung regelmäßig der Möglichkeit beraubt wird, seine Entscheidung im Hinblick auf die Kenntnisverschaffung dem Arzt erkennbar zu machen. Daher drängt sich zunächst die Annahme auf, dass die Situation nur auf eben dieser prätherapeutischen Ebene zu lösen sei. In diesem Sinne äußern sich auch einige Stimmen in der Literatur, nach denen „das informationsrechtliche Legitimationsproblem nur dann [gelöst werden kann; …], wenn der (individuelle) Möglichkeitsraum […] schon zu Beginn antizipiert und zum Gegenstand des Aufklärungsgesprächs mit dem jeweiligen

Betroffenen gemacht wird."[32] Gewiss handelt es sich dabei um eine durchaus naheliegende Überlegung, die auch in vielen Fällen sowohl für den Arzt als auch für den Patienten praktikabel sein mag. Allerdings kann die Einschätzung, dass die vor der Behandlung durchgeführte Aufklärung der einzige oder auch nur der beste Weg sei, um die konfligierenden Interessen in Einklang zu bringen, nicht überzeugen.

Es existiert meines Erachtens eine weitaus „elegantere" und vor allem konfliktfreie Lösung für die Frage, wie das Recht auf Nichtwissen bestmöglich gewahrt werden kann, ohne zugleich das Interesse anderer an einer Offenbarung zu beeinträchtigen. So bestünde die Möglichkeit, ein Register einzurichten, in welchem ein Vertauschungsvorfall zu vermerken wäre. Für dieses Register erhält jeder Patient vor der Behandlung eine Kennziffer, mithilfe derer er Informationen zu seiner Behandlung abrufen kann, wenn er dies wünscht. Allen anderen Patienten steht es frei, sich nicht zu informieren, die Daten also nicht abzurufen. Dann müsste der Reproduktionsmediziner nur vor der Behandlung auf die Existenz eines solchen Registers hinweisen. Zwar wohnt auch einem solchen Hinweis das (verklausulierte) Eingeständnis inne, dass es grundsätzlich zu einer Keimzell- oder Embryonenvertauschung kommen kann, allerdings überwiegen die Vorteile einer solchen Register-Lösung diejenigen einer Aufklärung vor der Behandlung: Zunächst einmal lässt sich eine Praktikabilitätserwägung für die Register-Lösung anführen. Völlig zu Recht wird nämlich von den Verfechtern einer prätherapeutischen Aufklärungs-Lösung darauf hingewiesen, dass schon vor der Behandlung die etwaig auftretenden Szenarien „detailliert", „klar" und „sorgfältig" besprochen werden müssen, um das Informationsverlangen wesentlich einzugrenzen.[33] Dies wird unweigerlich dazu führen, dass die Arbeitsbelastung für den Arzt deutlich ansteigt, um der dann erforderlichen „sorgfältigen gedanklichen Antizipation"[34] sowie der entsprechenden Aufklärungspflicht gerecht zu werden. Demgegenüber wäre bei der Lösung über ein Register lediglich ein Hinweis auf die Kartei erforderlich, mit dem der Patient darüber in Kenntnis gesetzt wird, dass bei eventuell auftretenden Komplikationen alle relevanten Daten eingestellt werden. Zudem hätte ein solches Vorgehen den positiven Nebeneffekt, zugleich auch die von der herrschenden Meinung geforderte „Metaaufklärung" (S. 107 f.) zu gewährleisten, indem der Betroffene über die potentielle Existenz von Informationen und seine Möglichkeit der Kenntnisnahme informiert wird. Darüber hinaus spricht gegen das Erfordernis einer prätherapeuti-

[32] *BMBF-Projektgruppe* „Recht auf Nichtwissen" MedR 2016, 399 (401 f. u. 403). Ebenso *Duttge* DuD 2010, 34 (36); *ders.* MedR 2016, 664 (667); *Riedel* S. 141; a.A. bereits *Wollenschläger* AöR 138 (2013), 161 (193 f.).

[33] So die *BMBF-Projektgruppe* „Recht auf Nichtwissen" MedR 2016, 399 (401 ff.).

[34] *BMBF-Projektgruppe* „Recht auf Nichtwissen" MedR 2016, 399 (403).

schen Risikoaufklärung die Tatsache, dass sie in Widerspruch zu § 630e Abs. 1 BGB träte, nach dem eine Aufklärung über die Möglichkeit von Behandlungsfehlern nicht erforderlich ist (S. 45 ff.).

Entscheidend gegen die Aufklärungs-Lösung spricht freilich, dass vor der Behandlung nur die Aufklärung und Befragung der Eltern möglich sein wird, nicht aber des noch ungezeugten Kindes. Zwar wird man davon ausgehen können, dass die Eltern im Rahmen ihres Elternrechts nach §§ 1626 ff. BGB auch für den „nasciturus" den Verzicht auf das spätere Recht auf Nichtwissen erklären können.[35] Ob das aber auch für „nondum concepti" gilt, ließe sich durchaus bezweifeln, soll hier jedoch nicht weiter vertieft werden. Denn selbst wenn man dies annähme, würde die elterliche (Dritt-)Einwilligung jedenfalls mit Vollendung des 18. Lebensjahres durch die Entscheidung des Kindes verdrängt.[36] Folglich wird der Weg über eine prätherapeutische Aufklärung dem Recht auf Nichtwissen des Kindes nur in denjenigen Fällen gerecht, in denen die Informationsvermittlung erfolgt, wenn das Kind noch minderjährig ist, die elterliche Entscheidung sich im Rahmen der §§ 1626 ff. BGB bewegt und sie von den Eltern im Bewusstsein getroffen wurde, auch tatsächlich eine Drittentscheidung zu treffen.

In allen anderen Konstellationen vermag die Aufklärung und Befragung vor der Behandlung den Interessen des Kindes nicht in hinreichendem Maße gerecht zu werden. Anders wäre dies bei der Einrichtung eines Registers, da dort dem Kind mit der Geburt ein Registereintrag zugeordnet werden kann und diesem ganz wertneutral und ohne, dass es aus dem Hinweis auf das Verzeichnis irgendwelche Rückschlüsse ziehen könnte, die Möglichkeit aufgezeigt wird, Informationen über das Behandlungsgeschehen einzusehen. Schließlich sei darauf hingewiesen, dass die Register-Lösung auch die Interessen der Reproduktionsmediziner besser schützen kann als der Weg über eine prätherapeutische Aufklärung. Muss der Arzt nämlich im Vorfeld der Behandlung „detailliert" auf die Möglichkeit des Vertauschens eingehen, besteht die begründete Besorgnis, dass Patienten aus Angst vor Komplikationen doch noch von der Behandlung absehen. Um das zu verhindern, könnten sich Mediziner wiederum dazu gezwungen fühlen, die Risiken herunterzuspielen (dazu bereits S. 2 f.), was die Effektivität der Aufklärung in Frage stellen würde. Anders als dies zum Teil behauptet wird, handelt es sich bei dem Konflikt zwischen dem Recht auf Wissen und demjenigen auf Nichtwissen also keineswegs um eine „unauflösbare Dilemmasituation"[37].

---

35 Vgl. etwa *Stumper* S. 228 ff. Man könnte insoweit von einer „Vorwirkung" des Elternrechts sprechen.

36 Vgl. Jauernig/*Budzikiewicz* § 1626 Rn. 6; MüKo-BGB/*Huber* § 1626 Rn. 21.

37 So *Retzko* S. 176.

b) Grundrechtlicher Schutzauftrag?

Bevor ich mich dem näheren Umfang und der genauen Ausgestaltung des Registers widme, soll in der gebotenen Kürze klargestellt werden, dass die Einrichtung eines Informationsregisters nicht bloß wünschenswert wäre, sondern aus der Verfassung gar ein Schutzauftrag im Hinblick auf die Wahrung des Rechts auf Nichtwissen folgt, dem der Gesetzgeber zwingend nachzukommen hat. Weitgehend unbestritten ist mittlerweile, dass der objektiv-rechtliche Gehalt der Grundrechte zu einer Schutzpflicht des Staates führen kann.[38] Im Hinblick auf das allgemeine Persönlichkeitsrecht entspricht es der einhelligen Auffassung, dass dieses insbesondere aufgrund der engen Verbindung zu Art. 1 Abs. 1 GG eine Schutzpflichtdimension bereithält.[39] Aus dieser ergibt sich die gesetzgeberische Verpflichtung, ein „bestimmtes Maß an positivem Schutz des Persönlichkeitsrechts"[40] zu gewährleisten. Zwar kommt ihm dabei grundsätzlich ein weiter Entscheidungs- und Gestaltungsspielraum zu,[41] allerdings wird dieser einerseits durch das sog. Untermaßverbot[42] und andererseits durch faktische Einschränkungen begrenzt. Kommt nämlich lediglich eine einzige Entscheidung in Betracht, die die hinreichende Eignung zur wirksamen Herbeiführung praktischer Konkordanz aufweist, reduziert sich der gesetzgeberische Ermessensspielraum „auf null".[43] Da das Recht auf Nichtwissen als Bestandteil der informationellen Selbstbestimmung durch das allgemeine Persönlichkeitsrecht geschützt wird, wird dem Gesetzgeber – insoweit folgerichtig – zum Teil eine „Verletzung des Autonomieschutzes durch Verfahren"[44] vorgeworfen, indem er es unterlässt, Regelungen zum Schutz des „Nicht-wissen-wollens" zu statuieren. Aus meinen voranstehenden Überlegungen folgt, dass die einzige bisher diskutierte Lösung in einigen Fällen untauglich ist, sodass lediglich der hier aufgezeigte Weg dem verfassungsrechtlichen Untermaßverbot Genüge tut.

Der Gesetzgeber sollte sich auch nicht der Illusion hingeben, die Probleme ließen sich bagatellisieren oder würden von der Ärzteschaft in eigener Verant-

---

[38] Vgl. nur *Schmidt am Busch* AöR 137 (2012), 441 (447).

[39] Statt vieler Maunz/Dürig/*Di Fabio* Art. 2 Rn. 135.

[40] Maunz/Dürig/*Di Fabio* Art. 2 Rn. 135. Speziell in Bezug auf die Abstammungskenntnis mit ähnlichen Ausführungen etwa *Jarass*/Pieroth Art. 2 Rn. 78b; Sachs/*Murswiek/Rixen* Art. 2 Rn. 75a.

[41] BVerfGE 39, 1 (44); 46, 160 (164 f.); 56, 54 (80 f.); 77, 170 (214 f.); 79, 174 (202); 88, 203 (254 u. 262).

[42] Dazu instruktiv BVerfGE 88, 203 (254 ff.); s. auch *Schmidt am Busch* AöR 137 (2012), 441 (452).

[43] Vgl. etwa BVerfGE 46, 160 (164 f.).

[44] Begriff bei *Wollenschläger* AöR 138 (2013), 161 (192). In diese Richtung äußern sich u. a. Maunz/Dürig/*Di Fabio* Art. 2 Rn. 192; *Duttge* MedR 2016, 664 (669); *ders.* DuD 2010, 34 (36); *Retzko* S. 154 f.

wortung gelöst. Denn es ist kaum anzunehmen, dass die Ärzte ohne normative Anreize bereit sind, ihren Arbeitsaufwand maßgeblich zu erhöhen. Eher wird man davon ausgehen können, dass die Problematik den meisten Medizinern nicht einmal geläufig ist und daher nur gesetzliche Strukturen in der Lage sind, für Patienten und Ärzte gleichermaßen Rechtssicherheit durch eine einheitliche Verfahrensweise zu gewährleisten.[45] Im Übrigen: Eigentlich ist die hier vertretene Idee eines *institutionalisierten Informationsschutzes* gar keine Überlegung, die dem Gesetzgeber besonders fremd wäre. So hat er bei der Errichtung des Samenspenderregisters und des dort in § 10 SaRegG normierten Auskunftsanspruch ebenfalls auf eine aktive Verfahrensweise verzichtet und ein passives Vorgehen unter Zuhilfenahme eines Registers gewählt. Dabei hat er – auch wenn er diesen Aspekt nicht explizit benennt – offensichtlich den Schutz des Rechts auf Nichtwissen im Blick gehabt. Anders lässt sich insbesondere die Regelung des § 10 Abs. 4 S. 2 SaRegG nicht erklären, mit der das DIMDI dazu verpflichtet wird, bereits vor der Auskunftserteilung auf die Möglichkeit der Inanspruchnahme einer spezifischen Beratung hinzuweisen.[46] Das Samenspenderregistergesetz ist Ausdruck einer – meines Erachtens richtigen – Tendenz, die ärztliche Informationspolitik in besonders problembehafteten Konstellationen in geordnete, institutionalisierte Bahnen zu lenken, um die Situation der Betroffenen rechtssicher, interessengerecht und frei von jeder ärztlichen Willkür auszugestalten.

c) Grundsätzliches zum Register

Bevor im Folgenden auf die nähere Ausgestaltung des Registers eingegangen wird, sei darauf hingewiesen, dass der Umfang des Registers sowie dessen Verortung davon abhängt, wie weitreichend der Gesetzgeber die Digitalisierung im Gesundheitssektor vorantreiben möchte. Einerseits könnte bloß ein Register für Informationen zu Vertauschungsvorfällen bei reproduktionsmedizinischen Behandlungen eingeführt werden. Andererseits kann darüber nachgedacht werden, ein umfangreiches Register zum Schutz des Rechts auf Nichtwissen einzurichten, das sämtliche Informationen mit möglicherweise lebens- oder persönlichkeitsverändernden Auswirkungen beinhaltet. Ein solches Register könnte gegebenenfalls sogar in ein umfängliches „Patienteninformationsregister" integriert werden, da sich der Gesetzgeber nun auch dazu entschlossen hat, Patienten ihre Patientenakten auch digital zur Verfügung zu stellen.[47] Da es sich bei solchen Überlegungen allerdings (teilweise) noch um Zukunftsmusik handelt, soll an

---

45 So die Forderung des *OLG Koblenz* MedR 2016, 168 (174).

46 Vgl. dazu auch BT-Drucks. 18/11291 S. 32 (z. B.: „gewonnene Kenntnis ist unumkehrbar", „tiefgehende psychosoziale Bedeutung", „besondere psychische Situation").

47 In § 291a Abs. 5c SGB V wird angeordnet, dass die Gesellschaft für Telematik die erfor-

dieser Stelle lediglich der pragmatische, allein auf den hier analysierten Fall der vertauschten Keimzellen oder Embryonen beschränkte Lösungsweg aufgezeigt werden.

Des Weiteren erlaube ich mir, in der gebotenen Kürze einige Argumente aufzugreifen, die in der Diskussion eventuell vorgebracht werden könnten, um die Einbindung digitaler Elemente bei sensiblen Daten schon grundsätzlich in Frage zu stellen: So ließe sich argumentieren, dass die Errichtung eines Registers zu teuer, zu aufwendig für die Ärzte oder technisch zu unsicher (z. B. gegenüber Hackerangriffen o. Ä.) sei. Jedoch werden sich die Kosten abgesehen von einmaligen Einrichtungskosten und gewissen Wartungskosten in Grenzen halten, sodass finanzielle Erwägungen letztlich nicht entscheidend sein können. Zudem arbeiten ohnehin die meisten Arztpraxen mit zumindest teilweise EDV-basierten Patientenaktensystemen, weshalb die Integrierung eines solchen Registers durch verknüpfende Elemente technisch ohne Weiteres möglich sein sollte. Schließlich sei zu dem Thema „Sicherheit“ folgendes angemerkt: Wer in der Lage ist, auf Daten eines sicheren Servers einer Bundesbehörde zuzugreifen, wird mit Sicherheit auch die Fähigkeiten besitzen, Computer einer einzelnen Arztpraxis zu attackieren und die Daten sofort an der „Quelle“ abzuschöpfen. Zwar ist bei größeren Datenansammlungen zu berücksichtigen, dass auf einen Schlag eine Vielzahl an Daten erlangt werden können, jedoch handelt es sich dabei um ein Problem, das jede größere Datensammlung (z. B. bei einer Krankenkasse) betrifft. Letztlich unterstreicht dies lediglich das Bedürfnis, die Sicherheit der Daten durch effektive Vorkehrungen zu gewährleisten.

d) Ausgestaltung des Registers

Verzichtet man auf ein vollumfängliches Patienteninformationsregister, das sämtliche sensiblen Patientendaten beinhaltet, bietet es sich an, bestehende Strukturen zu nutzen. Mit dem beim DIMDI eingerichteten Samenspenderregister hat der Gesetzgeber eine Institution geschaffen, die im Bereich der Reproduktionsmedizin Auskunftsansprüche gegenüber Patienten bearbeitet und die entsprechenden Daten zentral verwaltet (vgl. § 7 SaRegG). Da das Vertauschen von Keimzellen oder Embryonen ein eher seltener Vorfall ist, der in vielen Fällen kaum aufgedeckt wird, ist die Einrichtung eines eigenen Registers überflüssig und nicht sonderlich effektiv. Sinnvoller wäre es, die beim DIMDI geschaffenen Strukturen und Kapazitäten auszunutzen und das Samenspenderregister um ein „Register über reproduktionsmedizinische Vorfälle“ zu ergänzen. Insoweit könnten sich die zur Errichtung des Registers und zur Statuierung des Auskunftsan-

derlichen Voraussetzungen dafür zu schaffen hat, dass dem Patienten seine medizinischen Daten in einer elektronischen Patientenakte verfügbar gemacht werden können.

spruchs erforderlichen Regelungen auch an denjenigen des Samenspenderregistergesetzes orientieren.

Sollte die reproduktionsmedizinische Einrichtung einen Vertauschungsvorfall bemerkt oder von einem solchen Kenntnis erlangt haben, müsste sie die Informationen vollumfänglich an das DIMDI übermitteln (vgl. § 6 SaRegG).[48] Dort wären die Daten für die Dauer von 110 Jahren zu archivieren (vgl. § 8 SaRegG). Vermutet eine Person, dass es bei einer reproduktionsmedizinischen Behandlung, an der diese als Patient oder gezeugte Person beteiligt war, zu einem Vertauschen von Keimzellen oder Embryonen gekommen ist, kann sie gegenüber dem DIMDI ihren Anspruch auf Auskunft aus dem Register geltend machen (s. § 10 Abs. 1 SaRegG). Der Inhalt des Anspruchs umfasst die von der reproduktionsmedizinischen Einrichtung übermittelten Daten inklusive der Information, wie die Einrichtung von dem Vorfall Kenntnis erlangt hat. Wurde die Kenntnis durch einen Hinweis einer der betroffenen Familien vermittelt, hat die reproduktionsmedizinische Einrichtung auf das Einverständnis in die Weitergabe personenbezogener Daten zur Kontaktaufnahme hinzuwirken, sodass auch diese Information dem DIMDI mitgeteilt und zum Gegenstand des Auskunftsanspruchs gemacht werden kann. Zugleich sollte auf geeignete Beratungsangebote aufmerksam gemacht werden, um die Betroffenen in hinreichendem Maße bei der Aufdeckung der zweifellos belastenden Umstände zu begleiten.

2. Der Auskunftsanspruch nach dem SaRegG

a) Erfordernis einer normativen Ausweitung

Der Gesetzgeber hat sich dazu entschieden, den zuvor lediglich durch § 242 i. V. m. § 1618a BGB bestehenden Auskunftsanspruch des Kindes auf Kenntnis der eigenen Abstammung in formalisierter und institutionalisierter Weise gegenüber dem DIMDI zu gewähren. Allerdings wurde der Anwendungsbereich des Auskunftsanspruchs nach § 10 SaRegG strikt auf Fälle beschränkt, in denen das Kind durch heterologe Verwendung von Samen bei einer ärztlich unterstützten künstlichen Befruchtung gezeugt worden ist, § 1 Abs. 2 S. 1 SaRegG (vgl. bereits S. 62). Diese Beschränkung wurde bereits ab dem Zeitpunkt der Veröffentlichung des Referentenentwurfes von Interessenverbänden bzw. Institutionen[49] sowie Literaturstimmen[50] kritisiert. So wird moniert, dass eine fakultative Hin-

---

[48] Diese Übermittlungspflicht träte neben die ohnehin bestehende Meldepflicht nach § 13b TPG i. V. m. § 63i Abs. 6 AMG für schwerwiegende Zwischenfälle.

[49] *BÄK*, Stellungnahme v. 21.12.16, S. 4 f.; vgl. auch AK Abstammungsrecht in seinem Abschlussbericht aus 2017, S. 78 ff.

[50] *Löhnig* StAZ 2017, 353 (354 ff.); *ders.* ZRP 2017, 205 (207); *Runge-Rannow* ZRP 2017, 43 (45).

terlegungsmöglichkeit für Daten aus Altfällen, privaten Samenspenden sowie im Ausland durchgeführten Behandlungen fehle und Fälle der Embryonenspende nicht erfasst werden.[51]

Darüber hinaus ist § 10 SaRegG nicht auf Fälle anwendbar, in denen es zu einem Vertauschungsvorfall gekommen ist (S. 63). Daher ist das von einer Vertauschung betroffene Kind auf den Anspruch aus § 242 i.V.m. § 1618a BGB beschränkt, auch wenn dieser angesichts der Tatsache, dass das Kind gegen die (erst noch zu ermittelnde) reproduktionsmedizinische Einrichtung vorgehen muss, als „unzureichend" bewertet wird.[52] Der hier unterbreitete Vorschlag der Einrichtung eines „Registers über reproduktionsmedizinische Vorfälle" (S. 311 f.) bedeutet zugleich, dass auch der Auskunftsanspruch entsprechend auszudehnen ist. Wie dargetan, wäre der Auskunftsanspruch unter ähnlichen Voraussetzungen wie nach dem SaRegG zu gewähren (S. 311 f.).

Weitgehend Einigkeit besteht darüber, dass der Samenspender kein berechtigtes Interesse hat, gegenüber dem DIMDI Auskunft über die Identität des Kindes aus dem Samenspenderregistergesetz zu verlangen.[53] Meines Erachtens kann dies jedoch nicht auf die genetischen Eltern eines von einer Vertauschung betroffenen Kindes übertragen werden. Anders als der Samenspender haben sie nicht bewusst in die heterologe Verwendung ihrer Keimzellen eingewilligt. Ihnen kann nicht unterstellt werden, dass sie kein Interesse an der Elternrolle haben und daher keinen Schutz im Hinblick auf vereinfachte Auskunftsmöglichkeiten verdienen. Vielmehr trifft sie der Vertauschungsvorfall ebenso unvorhergesehen und unverschuldet wie das gezeugte Kind. Daher scheint es gerechtfertigt und geboten zu sein, auch den Eltern die Möglichkeit des vereinfachten formalisierten Auskunftsanspruchs gegenüber dem DIMDI zu eröffnen.

b) Voraussetzungen des Anspruchs

Diese Anpassungen sind nicht zuletzt deswegen erforderlich, weil der Auskunftsanspruch aus § 242 i.V.m. § 1618a BGB nach hier vertretener Auffassung – entgegen der Ansicht der Rechtsprechung – oftmals an der Hürde des „wesentlichen Überwiegens" in § 34 StGB scheitern würde (S. 84 ff.). Zu überlegen bleibt, ob der Gesetzgeber die in § 34 StGB verankerte, dem Prinzip der begrenzten zwischenmenschlichen Solidarität folgende Entscheidung auch bei der Schaffung

---

51 *Löhnig* StAZ 2017, 353 (354 ff.); *ders.* ZRP 2017, 205 (207); *Runge-Rannow* ZRP 2017, 43 (45).

52 So der AK Abstammungsrecht in seinem Abschlussbericht aus 2017, S. 79; zu den Schwierigkeiten bei der Geltendmachung des Weiteren *Taupitz/Theodoridis* MedR 2018, 457 f.

53 Vgl. etwa AK Abstammungsrecht in seinem Abschlussbericht aus 2017, S. 81.

des einfach-gesetzlichen Auskunftsanspruchs aus dem Register zu berücksichtigen hat. Wäre dies der Fall, so müsste der keine Abwägung widerstreitender Interessen vorsehende § 10 SaRegG gegebenenfalls unter zusätzliche Voraussetzungen gestellt werden. Denn dem grundrechtlich geschützten Verschwiegenheitsinteresse des Samenspenders und – würde man die Norm in ihrer aktuellen Fassung übernehmen – der Eltern trägt § 10 SaRegG keine Rechnung. Ausgangspunkt der Überlegung soll die Prämisse sein, dass dem Gesetzgeber bei der Ausgestaltung mehrpoliger Grundrechtskonflikte ein weiter Einschätzungs- und Ermessensspielraum zukommt (dazu u. a. bereits S. 179).

Wie bereits dargelegt, scheitert der Auskunftsanspruch aus § 242 i. V. m. § 1618a BGB in Vertauschungsfällen nach hier vertretener Auffassung in der Regel an dem fehlenden Überwiegen des Auskunftsinteresses gegenüber dem Verschwiegenheitsinteresse. Regelmäßig dürften beide Interessen ähnlich stark zu gewichten sein, wenn keine im Einzelfall gegebenenfalls zu berücksichtigenden Interessen das Abwägungsergebnis in die eine oder andere Richtung beeinflussen (S. 93). Zu berücksichtigen bleibt allerdings, dass der § 34 StGB zugrundeliegende Gedanke der beschränkten zwischenmenschlichen Solidarität Ausfluss des Rechtsstaatsprinzips (Art. 20 Abs. 3 GG) sowie des Verhältnismäßigkeitsgrundsatzes ist (dazu bereits S. 74 sowie S. 90). Auch wenn durch die positive Normierung eine gesetzliche Konfliktlösung geschaffen wird, die sich nicht an § 34 StGB messen muss, können diese verfassungsrechtlichen Determinanten nicht einfach ignoriert werden. Angesichts der grundsätzlichen Ausgeglichenheit zwischen dem Auskunfts- und Verschwiegenheitsinteresse verschiebt das Prinzip der nur beschränkten zwischenmenschlichen Solidarität den gesetzgeberischen Abwägungsrahmen tendenziell in Richtung Verschwiegenheit. Gleichwohl steht es dem Gesetzgeber im Rahmen seines weiten Einschätzungs- und Gestaltungsspielraums zu, diese im Ausgangspunkt zu konstatierenden Positionen anders zu gewichten.

Nach hier vertretener Auffassung überschreitet der Gesetzgeber mit der Entscheidung, den Auskunftsanspruch in § 10 SaRegG voraussetzungslos zu gewähren, die ihm zustehenden Ermessensbefugnisse prinzipiell (noch) nicht. Da aber das Pendel der verfassungsrechtlichen Bewertung im Grunde eher eine stärkere Gewichtung der Verschwiegenheitsposition nahelegt, kann die Entscheidung durchaus als Grenzfall eingestuft werden. In Anbetracht der hier geschilderten verfassungsrechtlichen Implikationen sowie der Tatsache, dass die Möglichkeit des Hinzutretens weiterer verfassungsrechtlich geschützter Interessen auf Seiten des Geheimnisgeschützten zu einem Überwiegen seiner grundrechtlichen Position führen kann, ist meines Erachtens eine punktuelle Anpassung sinnvoll. Um auch in solchen Fällen einen interessengerechten Ausgleich der widerstreitenden Positionen zu gewährleisten, sollte eine Härtefallklausel eingefügt werden.[54] Trifft den oder die Geheimnisgeschützten die Informationsvermittlung und die im Anschluss zu erwartende Kontaktaufnahme durch das Kind besonders empfindlich, ist der Auskunftsanspruch so lange auszuschließen, bis sich die die Härte begründenden Umstände erübrigt haben.[55] Entsprechend § 10 Abs. 5 S. 1 SaRegG sollte der Geheimnisgeschützte vier Wochen vor der Auskunftserteilung über die anstehende Preisgabe personenbezogener Daten informiert werden, um ihm die Möglichkeit zur Stellungnahme und Angabe von Gründen zu eröffnen, die die Anwendung der Härtefallklausel nahelegen. Abgesehen von dieser Härtefallregelung können sich die Normen für das „Register über reproduktionsmedizinische Vorfälle" indes an den Regelungen des SaRegG orientieren.[56]

3. Abstammungsrechtliche Zuordnung

Wie dargelegt, wird die lex lata den verfassungsrechtlichen Vorgaben sowohl bei der Korrektur der Vaterschafts- als auch der Mutterschaftszuordnung nicht gerecht. Während die Probleme der Vaterschaftszuordnung insbesondere in § 1600 Abs. 2, 3 BGB wurzeln, sind die Schwierigkeiten der Mutterschaftsbestimmung bereits in der weichenstellenden Regelung des § 1591 BGB angelegt. Durch die rigorose Unanfechtbarkeit der Mutterschaft wird die genetische Mutter unverrückbar der Möglichkeit beraubt, sich zu dem Kind nach ihrem Willen (rechtlich) in Beziehung zu setzen. Nachfolgend werden zunächst die genauen Bedingungen der normativen Anpassungen abgesteckt, um sodann konkrete Regelungsvorschläge zur Diskussion stellen zu können, die dem Grundsatz der praktischen Konkordanz Genüge tun.

a) Anpassung der Anfechtungsrechte

Zunächst sei angemerkt, dass § 1592 BGB – obwohl die Kritik bisweilen durchaus berechtigt sein mag – durch seine Vermutungstatbestände größtenteils zu verlässlichen wie richtigen Ergebnissen führt. Dementsprechend soll § 1592

---

[54] Dies gilt umso mehr in Vertauschungskonstellationen, da dort anders als im Fall der Samenspende nicht einmal ein dem genetischen Vater zurechenbarer Verursachungsbeitrag für das Auskunftsbegehr besteht.

[55] Ob eine solche Härtefallklausel auch für § 10 SaRegG sinnvoll wäre, soll an dieser Stelle offenbleiben.

[56] Die hier nachgezeichnete verfassungsrechtliche Interessenlage gilt für den Anspruch nach § 10 SaRegG allerdings in ähnlicher Weise. Daher ist es m. E. sinnvoll, auch in diesem Zusammenhang eine Ausnahmeklausel zu ergänzen. Dieser knappe Hinweis soll indes mit Blick auf das Thema der Arbeit genügen.

BGB aus Gründen der Praktikabilität grundsätzlich unangetastet bleiben.[57] Allerdings kann der praktikable Weg nur beschritten werden, wenn zugleich eine zweckmäßige Korrekturmöglichkeit besteht (§ 1600 BGB), mit der die durch die Zuweisungsentscheidung Benachteiligten „entschädigt“[58] werden können. An dieser Stelle setzen die folgenden Überlegungen an, um die de lege lata festgestellten verfassungsrechtlichen Bedenken und Ungereimtheiten (S. 122 ff.) auszuräumen.

aa) Aufhebung des § 1600 Abs. 2, 3 BGB?

Ein denkbarer Lösungsansatz wäre, die Sperrwirkung der sozial-familiären Beziehung durch Streichung des § 1600 Abs. 2, 3 BGB gänzlich aufzuheben.[59] Dadurch könnte eine Angleichung der Anfechtungsrechte der rechtlichen Eltern und des genetischen Vaters erreicht werden. Infolge dessen wäre das Elternrecht des genetischen Vaters aus Art. 6 Abs. 2 S. 1 GG keinen sachlichen Einschränkungen ausgesetzt. Zum Teil wird zur Kompensation eine Verkürzung der Anfechtungsfrist mit kenntnisabhängigem Fristbeginn auf ein Jahr vorgeschlagen,[60] andere wollen eine starre einjährige bzw. kurze Frist ab der Geburt einführen.[61] Dies wird von der Überlegung getragen, dass sich die Bevorzugung der sozialen Vaterschaft erst dann schlüssig rechtfertigen lässt, „wenn in zeitlicher Hinsicht eine gewisse Verfestigung der gelebten Vater-Kind-Beziehung eingetreten ist, ohne dass der Erzeuger Interesse am Schicksal des Kindes bekundet hat.“[62] Da diese Überlegung insbesondere für den Zeitraum kurz nach der Geburt einleuchtet,[63] wird die vom 71. DJT und dem AK Abstammungsrecht eingenommene Position einer festen Zeitspanne nach der Geburt, in der die Anfechtung ohne Rücksicht auf die sozial-familiäre Beziehung des Kindes zum rechtlichen Vater möglich

---

[57] So auch die Thesen 9 ff. des AK Abstammungsrecht in seinem Abschlussbericht aus 2017 (S. 41 ff.).

[58] *Jäschke* FamRZ 2018, 887 (890); *Schröder* S. 198; ähnlich *Schumann* FamRZ 2000, 389 (391).

[59] *Helms* NJW-Beil 2016, 49 (51); ebenso *DAV* FF 2013, 134.

[60] *Helms* NJW-Beil 2016, 49 (51).

[61] So der Beschluss „D.15.b)“ zum Familienrecht des 71. DJT 2016 sowie die These 30 des AK Abstammungsrecht in seinem Abschlussbericht aus 2017 (S. 52 f.).

[62] *Helms* NJW-Beil 2016, 49 (51).

[63] Kritisch jedoch *Wellenhofer* NZFam 2017, 898 (902). Da es sich aber um eine bloße Ergänzung handelt, könnte auf dieses „freie“ Anfechtungsrecht auch gänzlich verzichtet werden, wenn man die geäußerte Kritik für beachtlich hält.

ist,[64] zur Grundlage der folgenden Überlegungen gemacht (§ 1600 Abs. 2 S. 3 BGB-E).[65]

bb) Die Interessenabwägung

(1) Abwägungsrahmen

Zugleich waren sich beide Institutionen einig, dass daneben eine kenntnisabhängige Frist für ein sachlich allerdings beschränktes Anfechtungsrecht bestehen soll.[66] Während der 71. DJT – wenn auch knapp – dafür votierte, die Sperrwirkung der sozial-familiären Beziehung durch eine Kindeswohlprüfung zu ersetzen,[67] empfiehlt der AK Abstammungsrecht, die „widerstreitenden Interessen im jeweiligen Einzelfall gegeneinander abzuwägen."[68] Beides würde dem oben (S. 130) beschriebenen verfassungsrechtlichen Erfordernis einer Einzelfallabwägung genügen. Gegen eine reine Kindeswohlprüfung spricht, dass es bei der Eltern-Kind-Zuordnung nicht darum geht, „dem ‚besseren' Vater die rechtliche Elternstellung zuzuweisen."[69] Daher scheint eine umfassende, individuelle Interessenabwägung die beste Lösung zu sein, um über das „Ob" einer Anfechtung zu entscheiden. Dabei darf indes nicht außer Acht gelassen werden, dass das Wohl des Kindes in dieser Abwägung eine herausgehobene Stellung einnehmen wird (S. 137 ff.).

Auch wenn durchaus richtig ist, dass das Kindeswohl als „konkreter Entscheidungsmaßstab für den Einzelfall im Abstammungsrecht nur eine untergeordnete Rolle spielt"[70], kann nicht von der Hand gewiesen werden, dass sowohl die Zuordnungsregeln des § 1592 Nr. 1, 2 BGB als auch die Sperre der sozial-familiären Beziehung in § 1600 Abs. 2, 3 BGB vor allem von der Überlegung getragen werden, dem Kind einen rechtlichen Vater zu geben, der „bereit und in der Lage sein wird, auch in sozialer Hinsicht Verantwortung für das Kind zu über-

---

64 Vgl. erneut Kap. G, Fn. 61.

65 So auch der Diskussionsteilentwurf des BMJV zum Abstammungsrecht v. 12.03.19, S. 11 u. 47 f. unter Verweis auf eindeutige psychologische Erkenntnisse.

66 Beschluss „D.15.c)" zum Familienrecht des 71. DJT 2016, der in Beschluss „D.15.a)" ausdrücklich gegen eine generelle Aufhebung des § 1600 Abs. 2, 3 BGB votiert hat; These 29 des AK Abstammungsrecht in seinem Abschlussbericht aus 2017 (S. 52 f.).

67 Beschluss „D.15.c)" zum Familienrecht des 71. DJT 2016.

68 These 29 des AK Abstammungsrecht in seinem Abschlussbericht aus 2017 (S. 52 f.).

69 So der AK Abstammungsrecht in seinem Abschlussbericht aus 2017 (S. 52). S. zudem *Heiderhoff* in: Regelungsaufgabe, S. 9 (16); krit. auch *Helms* NJW-Beil 2016, 49 (51).

70 *Ders.* in: Regelungsaufgabe, S. 19 (21). Schon 2006 hat der *EGMR* indes eine stärkere Berücksichtigung des Kindeswohls eingefordert; vgl. *EGMR*, Urt. v. 18.05.2006 – 55339/00, Rz. 77 ff.

nehmen."[71] Auch die Abstammungsprinzipien „Statusklarheit und -beständigkeit" dienen keinem Selbstzweck (S. 145), sondern sollen die Rechtssituation des Kindes absichern.[72] Ferner ist der eine Kindeswohlprüfung vorsehende § 1600a Abs. 3, 4 BGB zu nennen sowie die Rechtsprechung des *BGH*[73] zur Anerkennung ausländischer Entscheidungen in Fragen der Leihmutterschaft. Bereits de lege lata stehen also die Belange des Kindes vielfach im Mittelpunkt abstammungsrechtlicher Entscheidungen.[74] Zwar wäre eine stärkere Orientierung an Kindeswohlbelangen international ohne wirkliches Vorbild,[75] jedoch würde es sich nach hier vertretener Auffassung bloß um den letzten, die bisherige Entwicklung explizierenden Schritt handeln, der keineswegs so groß ist, wie es auf den ersten Blick scheint.[76]

Dementsprechend wird die in § 1600 BGB-E zu integrierende Interessenabwägung oftmals vor allem durch Belange des Kindes bestimmt (S. 137 ff.).[77] Würde sich die Anfechtung der Vaterschaft nachteilig auf das Kindeswohl auswirken, so träte das Interesse des leiblichen Vaters an rechtlicher Zuordnung zu seinem Kind zurück. Widerspricht die Neuzuweisung der Vaterschaft nämlich dem Kindeswohl, verbleibt lediglich das eigennützige Interesse des genetischen Vaters, sich mit dem Kind rechtlich in Beziehung zu setzen. Dieses Interesse muss gegenüber dem Wohl des Kindes in aller Regel zurücktreten. Indessen wird es umgekehrt für das Interesse des genetischen Vaters an Vaterschaftszuweisung von wegweisender Bedeutung sein, wie sich eine Anfechtung auf das Kindeswohl auswirken wird. Für die Prüfung, ob der Anfechtung Kindeswohlerwägungen entgegenstehen oder nicht, ist eine umfassende Betrachtung der sozialen und psychologischen Situation des Kindes anzustellen. Dabei sind Chancen und Risiken einer Neuzuordnung mit den Vor- und Nachteilen der Beibehaltung der Statussituation abzuwägen (dazu im Einzelnen S. 326 ff.).

---

[71] *Helms* in: Regelungsaufgabe, S. 19 (25).

[72] *Ders.* in: Regelungsaufgabe, S. 19 (27); *Löhnig* NJW 2018, 906; *Roth* NJW 2003, 3153 (3158).

[73] *BGH* FamRZ 2015, 240; dazu auch *Helms* in: Kinderwunschmedizin, S. 47 (55 ff.); *Thomale* S. 19 ff.

[74] Ebenso wohl *Löhnig* ZRP 2017, 205: „[…] das Abstammungsrecht dient zuvorderst dem Kindeswohl […]". Vgl. auch schon S. 137 ff.; a.A. etwa *Ernst* NZFam 2018, 443 (444).

[75] Rechtsvergleichend *Helms* FamRZ 2010, 1 (2 ff.); *ders.* Gutachten F 71. DJT, F48.

[76] So auch explizit *Lembke* in: Regelungsaufgabe, S. 37 (70); zust. wohl *Röthel* ebd., S. 89 (91); *Weyrauch* S.17; vgl. daneben *Löhnig* NJW 2018, 906 (907), der zu Recht darauf hinweist, dass auch de lege lata bereits eine (wenn auch limitierte) Einzelfallbetrachtung vorzunehmen ist.

[77] Vgl. auch *BVerfG* NJW 2013, 847 (849): „Die verfassungsrechtliche Gewährleistung des Elternrechts dient in erster Linie dem Schutz des Kindes." Dies steht im Einklang mit einer insgesamt im europäischen Familienrecht zu bemerkenden Entwicklung; vgl. *Dethloff* NJW 2018, 23 (27 f.). S. auch *Heiderhoff* in: Regelungsaufgabe, S. 9 (18).

Auch wenn der AK Abstammungsrecht anmerkt, dass eine „Kindeswohlprüfung unter Verwendung der im Rahmen sorge- und umgangsrechtlicher Entscheidungen entwickelten Kriterien […] für die rechtliche Eltern-Kind-Zuordnung nicht sachgerecht" sei, soll doch das „Interesse des Kindes an einer Aufrechterhaltung seiner sozial-familiären Beziehung" eine gewichtige Rolle spielen.[78] Dabei handelt es sich letztlich nur um eine andere Formulierung, die die Berücksichtigung von Kindeswohlbelangen einfordert[79] – in eine Interessenabwägung einzustellen wären jene Aspekte in jedem Falle. Gleiches gilt für die Ausführungen des BMJV im Diskussionsteilentwurf zum Abstammungsrecht vom 12.03.19. Dort wird zunächst angeführt, dass das Kindeswohl im Abstammungsrecht keine Bedeutung haben könne, nur um in den nächsten Sätzen herauszustellen, dass eine „Bewertung der Qualität der sozial-familiären Beziehung" ergeben solle, welche die für das Kind „bedeutsamere sozial-familiäre Beziehung" sei.[80] Dabei handelt es sich bloß um eine verklausulierte Beschreibung der Feststellung, dass die Interessen des Kindes im Ergebnis doch Berücksichtigung finden müssen. Diese Formulierungen scheinen letztlich Ausdruck einer gewissen Zurückhaltung zu sein, nicht aussprechen zu wollen, dass das Kindeswohl bereits de lege lata Eingang in das Abstammungsrecht gefunden hat (S. 317f.). Schwieriger zu entkräften sind demgegenüber die vor allem von *Helms* vorgetragenen, grundsätzlichen Bedenken gegen die Installierung einer Interessenabwägung als entscheidendes Kriterium der Zuordnungsentscheidung bei der Vaterschaftsanfechtung. Denn er weist darauf hin, dass die Abwägung weitaus schwerer fallen werde, wenn sich genetischer und rechtlicher Vater antagonistisch gegenüberstehen. Insoweit sei zu befürchten, dass sich eine „gehörige Portion Willkür bei einer solchen Entscheidung, die auf einer punktuellen Momentaufnahme sich dynamisch entwickelnder Beziehungen basiert, nicht vermeiden" ließe.[81] Während er früher noch der Ansicht war, eine Interessenabwägung unter Einbeziehung des Kindeswohls sei die vorzugswürdige Lösung,[82] plädiert *Helms* nunmehr für die ersatzlose Streichung des § 1600 Abs. 2, 3 BGB.[83]

---

78 Beides in seinem Abschlussbericht aus 2017 (S. 52).

79 So hat der AK Abstammungsrecht in Bezug auf diese Frage auch eine konkrete Kindeswohlprüfung diskutiert; vgl. S. 29 des Abschlussberichts.

80 Vgl. Diskussionsteilentwurf des BMJV zum Abstammungsrecht v. 12.03.19, S. 48. Dahinter verbirgt sich eine Abwägungsentscheidung, die dem hier vorgeschlagenen Vorgehen im Ergebnis sogar ziemlich ähnelt.

81 Alles bei *Helms* Gutachten F 71. DJT, F48; ähnliche Bedenken bei *Ernst* NZFam 2018, 443 (446); *Wellenhofer* FamRZ 2012, 828 (831).

82 *Helms* FamRZ 1997, 913 (917f.).

83 *Ders.* Gutachten F 71. DJT, F51, jedoch bei gleichzeitiger Herabsetzung der kenntnisabhängigen Anfechtungsfrist auf ein Jahr. Ebenso oder ähnlich *DAV* FF 2013, 134; *Frank* FS

Es soll nicht bestritten werden, dass die von *Helms* vorgetragenen Einwände zweifellos berechtigt sind und gute Gründe für seine Auffassung sprechen. Gleichwohl kann ihr meines Erachtens im Ergebnis nicht gefolgt werden. Das Gewicht der vorgetragenen Bedenken ergibt sich nicht zuletzt daraus, dass sie einen praktisch-pragmatischen Charakter haben: Eine Interessenabwägung müsse ausscheiden, weil ihre Durchführung aufgrund der damit verbundenen inhaltlich-zeitlichen Anforderungen den Richter nur überfordern könne und daher unrealistisch sei.[84] Dieser Pragmatismus ist zugleich Stärke und Schwäche der Argumentationslinie. Denn eine pragmatische Betrachtung ist erst dann gänzlich überzeugend, wenn sie lückenlos ist. Hier soll zunächst die Konsequenz von *Helms'* Auffassung auf ihre Vor- und Nachteile untersucht werden, um sodann aufzuzeigen, dass die Überantwortung der Abwägungsentscheidung auf den Richter seine Fähigkeiten nicht überstrapaziert.

Ist die Anfechtung innerhalb einer bestimmten Frist voraussetzungslos möglich, wird damit zugleich unmöglich gemacht, dass etwaig entgegenstehende Interessen berücksichtigt werden. Für die Zeitspanne unmittelbar nach der Geburt wird dies auch nach hier vertretener Auffassung als richtig erachtet, weil es insoweit noch nicht zu einer Verfestigung sozial-familiärer Strukturen gekommen ist, sodass eine Bevorzugung genetischer Aspekte gerechtfertigt erscheint (S. 316f.). Richtig ist auch, dass in vielen Fällen die Frist für den genetischen Vater mit der Geburt des Kindes zu laufen beginnt.[85] Diese Fälle wären allerdings ohnehin über die hier ebenfalls vorgeschlagene starre Frist ab dem Zeitpunkt der Geburt abgedeckt. In allen anderen Fällen gerät die voraussetzungslose Anfechtungsmöglichkeit in Konflikt mit der hier herausgearbeiteten Prämisse, dass bei der abstammungsrechtlichen Zuordnung weder die Interessen der Mutter noch diejenigen des rechtlichen oder genetischen Vaters per se maßgeblich sein dürfen. Zwar intendiert Art. 6 Abs. 2 S. 1 GG im Kern den Schutz genetischer Verwandtschaftsverhältnisse, gleichwohl muss dem *BVerfG* in der Feststellung zugestimmt werden, dass daraus kein genereller Vorrang der genetischen vor der rechtlich-sozialen Verbindung abgeleitet werden kann.[86] Es scheint mir, als setze man sich dem Vorwurf der Widersprüchlichkeit aus, wenn die aktuelle Normfassung des § 1600 Abs. 2, 3 BGB auf der einen Seite wegen ihrer zu stark pauschalierenden, wichtige Aspekte unberücksichtigt lassenden Konzeption kritisiert wird, gleichzeitig aber eine Anpassung gefordert wird, die ihrerseits pauschal dem Vaterrecht

Schwab, S. 1127 (1131f. u. 1139); *Peschel-Gutzeit* NJW 2013, 2465 (2469); *Rixe* FPR 2008, 222 (225); *ders*. FamRZ 2011, 1363 (1366f.); *Roth* NJW 2003, 3153 (3155).

84 So auch *Wellenhofer* FamRZ 2012, 828 (831)

85 *Helms* Gutachten F 71. DJT, F51.

86 *BVerfG* NJW 2003, 2151 (2154); dazu bereits S. 131ff.

des genetischen Vaters den Vorrang gewährt.[87] Auch wenn man die hier zum Ausdruck gebrachte Überlegung, dass das Abstammungsrecht bereits de lege lata den Schutz des Kindeswohls zu verwirklichen sucht (S. 317 f.), nicht teilen mag, hat sich im rechtswissenschaftlichen Diskurs mittlerweile jedenfalls die Meinung verfestigt, dass die abstammungsrechtliche Zuordnung nicht in erster Linie an den Interessen der Eltern, sondern denen des Kindes ausgerichtet werden sollte.[88]

Obgleich eine voraussetzungslose Anfechtungsmöglichkeit zu klaren Ergebnissen führt, ist sie bei pragmatischer Betrachtung nicht die beste Lösung, da sie keinen wesentlichen Fortschritt im Hinblick auf die an § 1600 Abs. 2, 3 BGB geäußerte Kritik bietet. Darüber hinaus bin ich überzeugt, dass die Bedenken von *Helms* auch in inhaltlicher Hinsicht zerstreut werden können. Zunächst einmal schließe ich mich der Einschätzung an, dass die Interessenabwägung eine Entscheidung erfordert, die auf einer „punktuellen Momentaufnahme sich dynamisch entwickelnder Beziehungen"[89] beruht. Allerdings kann sich die Wendung „punktuelle Momentaufnahme" meines Erachtens lediglich auf die Bewertungsgrundlage, nicht aber auf die Bewertungsperspektive beziehen. Denn es soll im Zuge der Abwägung nicht herausgefunden werden, wer im Moment der Entscheidung der „bessere" Vater wäre, sondern wer auf lange Sicht betrachtet die größte Gewähr bietet, die Vaterrolle zuverlässig einzunehmen und Teil eines geordneten Familiensystems zu sein, das dem Kind einen sicheren Rahmen zur gedeihlichen Entwicklung verspricht.[90] Insoweit muss die Prüfung als Rechtfertigung dafür verstanden werden, „eine von der genetischen Abstammung abweichende Eltern-Kind-Zuordnung aufrechtzuerhalten."[91] Nur wenn sie zulasten des genetischen Vaters ausfällt, ist zu rechtfertigen, warum er nicht auch rechtlicher Vater des Kindes sein sollte. Die Interessenabwägung stellt sich damit als eine Prognoseentscheidung und nicht als eine am status quo orientierte Bes-

---

[87] Krit. auch *Löhnig* ZRP 2017, 205 (206), der zu Recht darauf hinweist, dass die pauschale Bevorzugung des leiblichen Vaters der Lebenswirklichkeit des Kindes nicht hinreichend Rechnung trüge; ähnlich *Wellenhofer* NZFam 2017, 898 (902).

[88] Dies gilt unabhängig davon, ob man die Belange des Kindes durch eine reine Kindeswohlklausel oder i.R.e. umfassenden Interessenabwägung berücksichtigen möchte. Dafür etwa: *EGMR*, Urt. v. 18.05.2006 – 55339/00, Rz. 77 ff.; MüKo-BGB/*Wellenhofer* § 1600 Rn. 14 f.; Staudinger/*Rauscher* § 1600 Rn. 40; *Coester-Waltjen* FamRZ 2013, 1693 (1699); *Duden* FamRZ 2018, 355 (356); *Lembke* in: Regelungsaufgabe, S. 37 (40); *Löhnig* ZRP 2017, 205; *Roth* NJW 2003, 3153 (3159); *Schulze* S. 226 f.; *Schumann* FamRZ 2000, 389 (391); *Wellenhofer* NZFam 2017, 898 (901); *Wellenhofer-Klein* FamRZ 2003, 1889 (1890 f.).

[89] *Helms* Gutachten F 71. DJT, F48; ähnl. *Ernst* NZFam 2018, 443 (446); *Wellenhofer* FamRZ 2012, 828 (831).

[90] Ähnlich mit überzeugender Argumentation *Lembke* in: Regelungsaufgabe, S. 37 (70).

[91] Eingehend *Wellenhofer* NZFam 2017, 898 (901).

tenauslese dar.[92] Es steht außer Frage, dass eine solche Prognose sehr herausfordernd ist und teilweise nur mit großen Schwierigkeiten zu treffen sein wird. Allerdings wäre die Entscheidung ohnehin nur mit sachverständiger Hilfe zu bewerkstelligen, wodurch dem Richter soziologische und psychologische Erkenntnisse verschafft werden, auf die er seine Entscheidung stützen kann.[93]

Außerdem – und so schließt sich der Kreis zu der praktisch-pragmatischen Betrachtung – widerspricht die Existenz des § 1741 Abs. 1 S. 1 BGB dem Einwand, der Richter wäre von einer solchen Abwägung überfordert. Denn auch dort erfordert die Feststellung, ob die Annahme als Kind dem Wohl des Kindes dient und zu erwarten ist, dass zwischen Annehmenden und dem Kind ein Eltern-Kind-Verhältnis entsteht, eine Zukunftsprognose,[94] die der hier für § 1600 Abs. 2 BGB-E vorgesehenen Entscheidung im Ergebnis ähnelt. Die auf das Adoptionsgesetz vom 02.07.1976[95] zurückgehende Normfassung des § 1741 Abs. 1 S. 1 BGB wurde in den mehr als 40 Jahren seit Gesetzwerdung keiner nennenswerten Kritik unterzogen, die handfeste Zweifel an der praktischen Durchführbarkeit der Prognoseentscheidung nach sich gezogen hätte. Dies dürfte ein belastbarer Beleg dafür sein, dass es durchaus möglich ist, eine solche Prognose in angemessener Qualität zu stellen. Daneben sei erneut auf § 1600a Abs. 3, 4 BGB hingewiesen.[96]

Nicht überzeugend ist nach hier vertretener Auffassung der Einwand, dass eine konkrete Kindeswohlprüfung bei der abstammungsrechtlichen Zuordnung nicht stattfinden sollte, weil es im Abstammungsrecht „häufig eben nicht um minderjährige Kinder, sondern um erwachsene ‚Kinder'" gehe.[97] Zunächst werden keine belastbaren Daten vorgelegt, die die Mutmaßung stützen, dass v. a. volljährige Kinder Beteiligte eines abstammungsrechtlichen Verfahrens sind. Und selbst wenn es so wäre, spräche dieser Aspekt nicht gegen die Einbeziehung ihrer Belange. Ganz im Gegenteil wird man nicht fehlgehen in der Annahme, dass ein Kind mit zunehmender Reife unabhängiger vom elterlichen Einfluss wird und eher in der Lage ist, Interessen selbstbestimmt zu entwickeln. Warum es in solchen Fällen dennoch möglich sein soll, die rechtliche Beziehung zwischen Kind und rechtlichem Vater aufzuheben, ohne das Interesse des Kindes an

---

92 So auch *Heiderhoff* in: Regelungsaufgabe, S. 9 (17).

93 Ebenso *dies.* in: Regelungsaufgabe, S. 9 (17).

94 *BayObLG* FamRZ 1983, 532 (533); 1989, 1336 (1337); 1997, 839 (840); *OLG Stuttgart* FamRZ 2015, 1987 (1988); BeckOK-BGB/*Pöcker* § 1741 Rn. 13; MüKo-BGB/*Maurer* § 1741 Rn. 73.

95 BGBl. I 1976, S. 1749: „Gesetz über die Annahme als Kind und zur Änderung anderer Vorschriften".

96 Ebenso *Wellenhofer* NZFam 2017, 898 (901).

97 So *Ernst* NZFam 2018, 443 (446).

dieser Verbindung hinreichend – d. h. nicht bloß mit der Pauschalierung „sozial-familiäre Beziehung" – zu berücksichtigen, ist nicht ersichtlich.

Wird daneben angeführt, eine Berücksichtigung des Kindeswohls müsse ausscheiden, weil im Abstammungsrecht anders als im Sorge- und Umgangsrecht keine Änderungsmöglichkeit der einmal getroffenen Entscheidung besteht,[98] kann auch dies nicht überzeugen. Denn wie *Wellenhofer* zutreffend anmerkt, ist die genetische Abstammung nicht „wandelbar", weshalb es im Rahmen der Zuordnung eines Kindes zu seinem genetischen Vater keinen Bedarf für eine Änderungsmöglichkeit gibt.[99] Gerade im Hinblick auf Argumentationslinien, die die abstammungsrechtlichen Prinzipien Statuswahrheit, -sicherheit und -beständigkeit zur Legitimation der de lege lata beschränkten Anfechtungsmöglichkeit heranziehen, ist die Einsicht von Bedeutung, dass die Deckungsgleichheit von rechtlicher und genetischer Abstammung durchaus als „abstammungsrechtliches Ideal" begriffen werden kann.[100]

Folglich sollte die Sperre der sozial-familiären Verbindung nach hier vertretener Auffassung durch eine umfassende Interessenabwägung im Einzelfall unter besonderer Berücksichtigung des Kindeswohls ersetzt werden (§ 1600 Abs. 2 S. 1 BGB-E; vgl. S. 326 ff.). Nachstehend wird zunächst überlegt, ob die Beschränkung durch die Interessenabwägung allein für die Anfechtung des genetischen Vaters eingeführt werden sollte (2). Daran anschließend bereiten detailliertere Einzelerläuterungen der hier eingebrachten Anpassung (3) den Boden für die Unterbreitung eines konkreten Regelungsvorschlags.

(2) Anwendungsbereich

Es wurde bereits festgestellt, dass das de lege lata uneingeschränkte Anfechtungsrecht des Vaters nach §§ 1592 Nr. 1, 2, 1593 BGB und der Mutter zu einer Beschränkung der für die Abwägung relevanten Kindeswohlbelange führen würde (S. 138 ff.). Denn wenn der Gesetzgeber zu verstehen gibt, dass das Wohl des Kindes bei einer Anfechtung durch diese Personen nicht in einer Weise beeinträchtigt wird, die es rechtfertigen würde, für die Anfechtung sprechende Interessen hinter dem Kindeswohl zurücktreten zu lassen, kann die Anfechtung an sich gar keine so erhebliche Gefährdung der kindlichen Belange bedeuten. Würde man diese Wertung auch auf die Anfechtung durch den genetischen Vater übertragen, dürften nur solche Belange Berücksichtigung finden, die im Einzelfall

98 So etwa *Helms* Gutachten F 71. DJT, F48; *Frank* FamRZ 2016, 530 (531); wohl auch *Ernst* NZFam 2018, 443 (446).

99 *Wellenhofer* NZFam 2017, 898 (901).

100 So überzeugend *dies.* NZFam 2017, 898 (901).

über diejenigen Beeinträchtigungen hinausgehen, die auch bei einer Anfechtung durch Mutter oder rechtlichen Vater zu besorgen sind (vgl. S. 140).

Allerdings würde eine solche Rechtslage den Interessen des Kindes meines Erachtens nicht gerecht werden. Entgegen seiner üblichen Vorgehensweise und verfassungsrechtlichen Vorgaben (Art. 6 Abs. 2 S. 1 GG) hat der Gesetzgeber den Schutz des Kindeswohls bei der Gewährung eines unbeschränkten Anfechtungsrechts für Mutter und rechtlichen Vater völlig unberücksichtigt gelassen. Dieser kategorische Ausschluss von Kindeswohlbelangen widerspricht der mittlerweile herrschenden Meinung, die eine Berücksichtigung von Kindeswohlbelangen für erforderlich hält.[101] Folglich sollte diese gesetzgeberische Fehleinschätzung auch nicht auf das Anfechtungsrecht des genetischen Vaters erweitert werden, sondern muss ganz im Gegenteil revidiert werden. Dies ist unschwer möglich, wenn der hier vorgeschlagene Weg über eine Interessenabwägung im Einzelfall nicht nur bei der Anfechtung des leiblichen Vaters, sondern auch bei derjenigen nach § 1600 Abs. 1 Nr. 1 und 3 BGB beschritten wird. Dann würde der hier skizzierten Argumentation, die zu einer weitreichenden Ausklammerung von für das Wohl des Kindes relevanten Aspekten führen würde, ihre Grundlage entzogen. Dies hätte zur Folge, dass eine umfassende, nicht schon grundsätzlich eingeengte Abwägung im Einzelfall möglich wäre, mit der interessengerechte und kindeswohlschonende Lösungen erzielt werden können.[102] Vor allem aber wird die Ungleichbehandlung zwischen genetischem Vater und rechtlichen Eltern beseitigt und der Anreiz für eine Anfechtung aus finanziellen Erwägungen trotz gelebter sozial-familiärer Beziehung genommen.[103]

Sicherlich mag es auf den ersten Blick weitreichend wirken, die bislang voraussetzungslos bestehenden Anfechtungsrechte der rechtlichen Eltern unter den Vorbehalt einer Interessenabwägung zu stellen. Allerdings wird bei einer Anfechtung durch die rechtlichen Eltern oftmals ein Gleichlauf zwischen dem Interesse des Anfechtenden und demjenigen des Kindes bestehen. Wird die Anfechtung betrieben, ist oftmals davon auszugehen, dass eine schützenswerte Bindung zwischen Kind und rechtlichem Vater nicht mehr besteht. Nur für Fälle, in denen die sozial-familiäre Beziehung des Kindes zu seinem rechtlichen Vater weiterhin Bestand hat, könnte die Interessenabwägung der Anfechtung entgegenstehen. Insoweit ist vor allem an Konstellationen zu denken, in denen das Kind bereits ju-

[101] Vgl. nur Beschluss „D.15.c)" zum Familienrecht des 71. DJT 2016.

[102] Der Vollständigkeit halber sei darauf hingewiesen, dass der Einwand, eine solche Regelung sei viel zu unbestimmt und unklar, angesichts der verfassungsrechtlich grds. unbedenklichen Möglichkeit, sich „generalklauselartiger" Regelungen zu bedienen, nicht durchgreifen kann.

[103] *Lembke* in: Regelungsaufgabe, S. 37 (70 f.).

gendlich oder gar erwachsen ist.[104] Warum es etwa der Mutter in einem solchen Fall stets zustehen soll, dem Kind ohne dessen Einfluss den rechtlichen Vater zu nehmen, ist nicht einzusehen. Zudem kann nicht argumentiert werden, dass der hier zur Diskussion gestellte Vorschlag ins Leere gehe, da der gesetzliche Vertreter ohnehin das Anfechtungsrecht für das Kind ausüben könnte (§ 1600 Abs. 1 Nr. 4 BGB). Denn nach § 1600a Abs. 4 BGB ist die Anfechtung in einem solchen Fall nur möglich, wenn sie dem Wohl des Kindes dient. Daher besteht keine Möglichkeit, die hier vorgeschlagenen Beschränkungen über das kindliche Anfechtungsrecht zu umgehen.[105]

(3) Einzelerläuterung

(a) Allgemeines

Der neue § 1600 Abs. 2 BGB-E wäre in drei Sätze zu gliedern. Satz 1 beinhaltet die Interessenabwägung als Schranke der Anfechtungsmöglichkeit, mit der sämtliche Interessen der beteiligten Personen berücksichtigt werden können. Wie zuvor herausgearbeitet, sollte diese Beschränkung nicht bloß auf den genetischen Vater, sondern auch auf den rechtlichen Vater und die Mutter angewendet werden. Der Wortlaut orientiert sich an demjenigen des § 34 StGB und ist bewusst weit gefasst, um einer Ausklammerung bestimmter Interessen vorzubeugen. Durchaus erwägenswert wäre meines Erachtens aber der Vorschlag von *Wellenhofer,* normativ festzulegen, welche Umstände bei der Abwägung vorrangig zu berücksichtigen sind.[106] Abwägungsmaßstab sollte ein einfaches Überwiegen der von der Anfechtung beeinträchtigten gegenüber den mit der Anfechtung verfolgten Interessen sein. Nur auf diese Weise kann die grundsätzliche Gleichwertigkeit der involvierten Belange in der Interessenabwägung umgesetzt werden. Ausnahme ist das Wohl des Kindes, das eine herausgehobene Stellung einnehmen sollte. Daher soll mit Satz 2 eine Vermutungsregelung[107] zur Diskussion gestellt werden, die die Darlegungslast für das Fehlen einer Kindeswohlbeeinträchtigung auf den Anfechtenden verschiebt, sofern es sich nicht um eine bloße Bagatellbelastung handelt. Satz 3 definiert den zeitlichen Anwendungsbereich

---

[104] Daher scheint es gerechtfertigt, die kurze postnatale Frist für eine sachlich unbeschränkte Anfechtung (S. 316 f.) auch auf die Anfechtung der rechtlichen Eltern zu erstrecken (vgl. § 1600 Abs. 2 S. 3 BGB-E). Vgl. dazu auch *Löhnig* ZRP 2017, 205 (206).

[105] Ob daneben auch das Anfechtungsrecht des Kindes beschränkt werden sollte, wird an dieser Stelle nicht vertieft; vgl. dazu aber AK Abstammungsrecht in seinem Abschlussbericht aus 2017 (These 27 f., S. 50 ff.).

[106] *Wellenhofer* NZFam 2017, 898 (901).

[107] Diese Fassung ist grob angelehnt an den Vorschlag von *Wellenhofer-Klein* FamRZ 2003, 1889 (1891 f.).

der Interessenabwägungsschranke. Indem die Anwendbarkeit bis zum Ablauf eines Kalenderjahres nach der Geburt des Kindes suspendiert wird, ist die Anfechtung im ersten Lebensjahr voraussetzungslos möglich. Erst danach beschränkt Satz 1 die Anfechtung der Beteiligten nach § 1600 Abs. 1 Nr. 1–3 BGB-E. Schließlich gewährleistet Absatz 3, dass das Kind nicht infolge einer Anfechtung des genetischen Vaters vaterlos wird, weil dieser bloß den rechtlichen Vater aus seiner Stellung verdrängen will, sich selbst aber nicht abstammungsrechtlich zuordnen lassen möchte.[108]

(b) Abwägungskriterien

Wie bereits angesprochen, kann nicht entscheidend sein, welcher der beiden Vaterschaftsprätendenten z. B. reicher oder gesünder ist. Ausschlaggebend muss vielmehr sein, ob es das Kindeswohl rechtfertigt, dem rechtlichen Vater den Vorrang vor dem „natürlichen" Elternrecht des genetischen Vaters zukommen zu lassen.[109] Eine der bedeutendsten Neuerungen der hier vorgeschlagenen Anpassung wäre die Möglichkeit, die konkrete Beziehung des genetischen Vaters zum Kind in der Abwägung zu berücksichtigen. So kann etwa auf Seiten des genetischen Vaters einbezogen werden, ob zwischen ihm und dem Kind eine sozial-familiäre Beziehung besteht oder einmal bestand und welche Qualität diese Beziehung hat bzw. hatte. Sollte sie nicht mehr bestehen, kann untersucht werden, warum es zum Abbruch der Beziehung gekommen ist und ob die Gründe für diese Änderung beim genetischen Vater, dem Kind oder eher in der Sphäre der rechtlichen Eltern zu suchen sind.[110] Des Weiteren wäre miteinzubeziehen, ob und wenn ja wie umfangreich sich der genetische Vater um Kontakt mit dem Kind oder um das allgemeine Wohlergehen des Kindes bemüht hat.

Auf Seiten des Kindes könnte etwa berücksichtigt werden, in welchem Maße es sich mit dem rechtlichen Vater identifiziert, ob es sich für den genetischen Vater interessiert oder ob ein Kontakt vom Kind selbst verweigert wird. Dabei wird das Alter des Kindes, seine Persönlichkeitsstruktur und die Frage, ob sein Verhalten weitgehend selbstbestimmt oder von Dritten beeinflusst ist, eine bedeutende Rolle spielen. Zudem müsste eingeschätzt werden, ob das Kind sich in einer Entwicklungsphase befindet, in der es primär Halt durch stabile Familienstrukturen benötigt oder aber auf der Suche nach (genealogischer) Identität ist.

[108] Vgl. dazu *Schumann* FamRZ 2000, 389 (391); *Wellenhofer-Klein* FamRZ 2003, 1889 (1891 f.). S. bereits S. 140.

[109] *Wellenhofer* NZFam 2017, 898 (901).

[110] Vgl. MüKo-BGB/*Wellenhofer* § 1600 Rn. 14; *Helms* Gutachten F 71. DJT, F46; *Wellenhofer* NZFam 2017, 898 (901). Beachtet werden muss insoweit, dass es zu keiner Instrumentalisierung des Kindeswohls kommt; vgl. *Lembke* in: Regelungsaufgabe, S. 37 (61 f.); *Röthel* ebd., S. 89 (93).

Sicherlich wird zu prüfen sein, inwiefern sich das Kind mit einer zusätzlichen Pluralisierung der Vaterrolle anfreunden könnte. Denn es kann nicht per se unterstellt werden, dass die Neuzuweisung der rechtlichen Vaterstellung automatisch dazu führt, dass das Kind den bisherigen rechtlich-sozialen Vater als Bezugs- und Vaterfigur verliert.[111] Ist es diesem nämlich mit dem Kind, der Mutter und damit dem sozial-familiären Familienverband insgesamt ernst, kann nicht von vornherein davon ausgegangen werden, dass er die Beziehung allein wegen des Verlusts seiner rechtlichen Vaterschaft beendet.[112]

Ähnliche Erwägungen sind mit Blick auf die Beziehung zu den rechtlichen Eltern anzustellen. Neben der Qualität der Verbindung zum Kind und der Frage, welche Rolle der rechtliche Vater tatsächlich im individuellen Familienbild des Kindes einnimmt – „wahrer“ Vater, Stiefvater oder gar Eindringling? –, kann berücksichtigt werden, wie die Beziehung zwischen rechtlichem Vater und Mutter aussieht. In gewissen Fällen mag die Vaterschaftszuordnung sogar aufgrund einer Gefälligkeitsanerkennung geschehen sein, mit der der genetische Vater bewusst von der Vaterstellung fern gehalten werden sollte. Ist der rechtliche Vater zwar noch mit der Mutter verheiratet (§ 1600 Abs. 3 S. 2 BGB), findet aber ein wirkliches familiäres Zusammenleben de facto nicht mehr statt, wird man die Bedeutung der Beziehung gewiss in Frage stellen können. Zugleich darf eine solche Bewertung nicht von traditionellen Familienbildern geleitet sein, sondern muss moderne gesellschaftliche Entwicklungen berücksichtigen und auch eher unkonventionellen Familienformen gerecht werden.[113] Es wurde bereits darauf hingewiesen, dass nicht nur Interessen des Kindes, der Mutter und des rechtlichen sowie genetischen Vaters eine Rolle spielen können. Gerade in den hier interessierenden Vertauschungskonstellationen ist zu berücksichtigen, dass die Partnerin des genetischen Vaters entweder in der Rolle als Partnerin (S. 114, Konstellation 2) oder gar als genetische Mutter (ebd., Konstellationen 3 und 4) beteiligt ist. Ihre Beziehung zu dem Kind und ihre (potentielle) Bedeutung für dessen Entwicklung wäre ebenso in die Abwägung einzustellen wie eine außerordentliche Beziehung zu den Eltern des rechtlichen Vaters, die durch die Anfechtung beeinträchtigt werden könnte.

Trotz alledem dürfte klar sein, dass die Interessenabwägung nur in außergewöhnlichen Konstellationen zugunsten der Anfechtung ausfallen wird. Angesichts der Tatsache, dass der rechtliche Vater häufig eine sozial-familiäre Bezie-

---

[111] So explizit Ausschuss Familienrecht des *DAV* FF 2013, 134. Vgl. auch *Frank* FS Schwab, S. 1127 (1138) zu den Überlegungen des norwegischen Gesetzgebers.

[112] Vgl. dazu nur *EGMR* FamRZ 2016, 529 f.; zweifelnd aber *Wellenhofer* FamRZ 2012, 828 (831).

[113] Überzeugend *Heiderhoff* in: Regelungsaufgabe, S. 9 (17); ähnlich *Lembke* in: ebd., S. 37 (63).

hung zu dem Kind unterhalten dürfte, wird in aller Regel kein so gewichtiger Grund vorliegen, dass die Aufhebung der bisherigen Vaterschaftszuordnung gerechtfertigt erscheint. Dies unterstreicht den Charakter der hier zur Diskussion gestellten Regelung: Es handelt sich letztlich um eine „Härtefallklausel", mit der einerseits die pauschale Bevorzugung der rechtlich-sozialen Vaterschaft aufgehoben und andererseits die Möglichkeit geschaffen wird, bei besonderen Fallgestaltungen eine interessengerechte Lösung erzielen zu können. Regelmäßig wird die Anfechtung daher nur dann Erfolg haben, wenn zwischen rechtlichem Vater und Kind keine oder bloß eine kaum schützenswerte Beziehung besteht und demgegenüber zu prognostizieren ist, dass der genetische Vater die Vaterrolle zuverlässig und zum Wohle des Kindes ausfüllen wird.[114] Damit sollte zugleich deutlich werden, dass die hier zur Diskussion gestellten Änderungen keineswegs allein die Position des genetischen Vaters stärken sollen, da die Interessenabwägung durchaus selbst dann zu seinen Lasten gehen kann, wenn keine sozial-familiäre Beziehung zwischen rechtlichem Vater und Kind besteht. Vielmehr wird in allererster Linie die Stellung des Kindes unterstrichen, dessen Belange in der Abwägung von herausgehobener Bedeutung sind.

cc) Konkrete Normfassung

Die zuvor dargestellten Überlegungen sind in § 1600 BGB wie folgt zu verankern:

§ 1600 Anfechtungsberechtigte. (1) Berechtigt, die Vaterschaft anzufechten, sind:

1. der Mann, dessen Vaterschaft nach § 1592 Nr. 1 und 2, § 1593 besteht,
2. der Mann, der an Eides statt versichert, der Mutter des Kindes während der Empfängniszeit beigewohnt zu haben,
3. die Mutter und
4. das Kind.

(2) [1]Die Anfechtung nach Absatz 1 Nr. 1 bis 3 ist ausgeschlossen, wenn das durch die Anfechtung beeinträchtigte Interesse das mit der Anfechtung verfolgte überwiegt. [2]Davon ist regelmäßig auszugehen, wenn die Anfechtung das Wohl des Kindes nicht bloß unwesentlich beeinträchtigt. [3]Satz 1 gilt erst mit Ablauf eines Jahres ab der Geburt des Kindes.

(3) Die Anfechtung nach Absatz 1 Nr. 2 ist ausgeschlossen, wenn sie nicht mit einem Antrag auf gerichtliche Feststellung der Vaterschaft nach § 1600d verbunden ist.

(4) Ist das Kind mit Einwilligung des Mannes und der Mutter durch künstliche Befruchtung mittels Samenspende eines Dritten gezeugt worden, so ist die Anfechtung der Vaterschaft durch den Mann oder die Mutter ausgeschlossen.

---

[114] Daher unterscheidet sich der hier unterbreitete Regelungsvorschlag i.Erg. – abgesehen natürlich von der rechtsdogmatischen Konstruktion – nicht wesentlich von dem Vorschlag der Gegenauffassung.

b) Teilweise Gleichstellung der genetischen Mutterschaft

aa) Mutterschaftsanfechtung

Es wurde aufgezeigt, dass die in § 1591 BGB statuierte Unverrückbarkeit der Statusentscheidung zugunsten der austragenden Frau in Fällen ungewollter gespaltener Mutterschaften weder mit Art. 3 Abs. 2 GG noch Art. 6 Abs. 2 S. 1 GG in Einklang zu bringen ist (S. 178 ff.). Hat die Wunschmutter nicht durch zielgerichtete Handlungen gewollt zur Entstehung der gespaltenen Mutterschaft beigetragen, liegt kein sanktionswürdiges Verhalten vor, das den § 1591 BGB innewohnenden Verbotscharakter rechtfertigen würde. Hingegen gelingt es nur unter Heranziehung gerade dieses Verbotszweckes, die Unverrückbarkeit der Mutterschaftszuweisung stichhaltig zu begründen. Fallen die das Verbot stützenden Gründe weg, muss konsequenterweise auch die Sanktion entfallen. Bevor die meines Erachtens erforderlichen normativen Anpassungen in concreto vorgestellt werden, gilt es, etwaige Auswirkungen der Mutterschaftsanfechtung auf ihre Problemträchtigkeit und diese wiederum auf ihre Behebbarkeit zu untersuchen. Der hier präferierte Lösungsvorschlag orientiert sich – um ein möglichst konsistentes Gesamtkonzept für die Elternschaftsanfechtung präsentieren zu können – an den Überlegungen, die bereits zu der Anfechtung der Vaterschaft angestellt wurden (S. 315 ff.).

(1) Konsequenzen der Anfechtbarkeit

Es gilt zu berücksichtigen, dass die Möglichkeit einer Mutterschaftsanfechtung bedeutende Auswirkungen auf die gesetzliche Zuweisung der Vaterschaft mit sich bringt. Sowohl § 1592 Nr. 1 BGB als auch § 1592 Nr. 2 BGB beziehen sich – zum einen über die Ehelichkeit im Zeitpunkt der Geburt und zum anderen über die Zustimmungsbedürftigkeit der Anerkennung (§ 1595 Abs. 1 BGB) – auf die Mutterschaftszuordnung durch § 1591 BGB. Fällt die rechtliche Mutterschaft durch Anfechtung mit ex tunc-Wirkung weg, bricht damit zugleich der Anknüpfungspunkt dieser beiden Zuordnungsregeln weg. Daraus ergeben sich zwei Probleme, die es zu lösen gilt: Einerseits stellt sich die Frage, ob § 1592 Nr. 1 und Nr. 2 BGB für solche Fälle daher insgesamt überflüssig werden und einzig eine Vaterschaftsfeststellung nach § 1592 Nr. 3 BGB i. V. m. § 1600d BGB möglich bleibt. Andererseits ist zu erörtern, inwieweit die Frage einbezogen werden kann, ob der gleichzeitige Wegfall der rechtlichen Vaterschaft mit dem Wohl des Kindes in Einklang zu bringen ist. Wie bereits zuvor herausgearbeitet wurde (S. 137 ff., 317 ff.), ist das Kindeswohl ein zentraler Prüfstein, an dem sich die Möglichkeit der Elternschaftsanfechtung bewähren muss.

Zwar würde die Mutterschaftsanfechtung zum Wegfall der rechtlichen Mutterschaft der austragenden Frau führen, allerdings käme es im selben Moment (vgl. §§ 1600 Abs. 2 BGB, 182 Abs. 1 S. 1 FamFG) oder im Anschluss an das Anfechtungsverfahren (§ 1600d BGB) zu einer Neuzuordnung der rechtlichen Mutterschaft. Aufgrund der ex tunc-Wirkung der Anfechtung sowie der Elternschaftsfeststellung würde zwischen genetischer Mutter und Kind rückwirkend von Geburt an ein Verwandtschaftsverhältnis entstehen.[115] Selbstverständlich hat dies zur Folge, dass § 1592 Nr. 1 und Nr. 2 BGB ihre Bedeutung für den Partner der austragenden Frau verlieren, nicht aber für den Partner der genetischen Mutter, die infolge der Anfechtung und Mutterschaftsfeststellung vom Zeitpunkt der Geburt an als rechtliche Mutter gilt. Ist die genetische Mutter nämlich im Zeitpunkt der Geburt mit ihrem Partner verheiratet, greift § 1592 Nr. 1 BGB ein und ordnet diesem automatisch die rechtliche Vaterschaft für das Kind zu. Sollten beide nicht verheiratet sein, kann der Partner der genetischen Mutter mithilfe eines Anerkenntnisses und der nach § 1595 Abs. 1 BGB erforderlichen Zustimmung seiner nun als rechtlichen Mutter zugeordneten Partnerin die rechtliche Vaterschaft erlangen (§ 1592 Nr. 2 BGB). Dementsprechend verlieren § 1592 Nr. 1, 2 BGB durch die Mutterschaftsanfechtung keineswegs ihre Bedeutung, sondern es kommt lediglich zu einer Verschiebung: Während der Partner der bisherigen rechtlichen Mutter aus dem Wirkbereich der Normen herausfällt, gewinnen sie für den Partner der genetischen und neuen rechtlichen Mutter an Relevanz.

Darüber hinaus – und damit nähern sich die Überlegungen der zweiten Frage an – verbleibt die Möglichkeit der Vaterschaftsfeststellung nach § 1592 Nr. 3 BGB i. V. m. § 1600d BGB. Nur diese Zuordnungsregel orientiert sich strikt an der genetischen Wahrheit, indem der Rückgriff auf Vermutungen vermieden wird. Mithilfe der § 1592 Nr. 1, 2 BGB könnte der Partner der genetischen Mutter den bisherigen rechtlichen Vater aus seiner Rechtsstellung verdrängen, selbst wenn er nicht der genetische Vater ist. Einzig das Feststellungsverfahren bietet hinreichende Gewähr dafür, dass die Vaterschaftszuweisung im Einklang mit der tatsächlichen Abstammung vollzogen wird. Demzufolge sind zwei Probleme zu lösen: Zum einen bestünde aufgrund der ex tunc-Wirkung der Mutterschaftsanfechtung die Möglichkeit, dass die Neuzuordnung der rechtlichen Mutterschaft automatisch zu einer Verschiebung der Vaterschaft führt, da § 1592 Nr. 1 BGB an die Ehelichkeit im Zeitpunkt der Geburt anknüpft. Und zum anderen erscheint es nicht sachgerecht, der genetischen und neuen rechtlichen Mutter sowie ihrem Partner mit §§ 1592 Nr. 2, 1595 Abs. 1 BGB ein Instrument an die Hand zu geben, mit dem selbst der eigentliche genetische Vater aus seiner Stellung als rechtlicher Vater verdrängt werden kann.

---

[115] Vgl. nur *BSG* FamRZ 1983, 270 (271); Staudinger/*Rauscher* § 1600d Rn. 90.

Daher sollten § 1592 Nr. 1, 2 BGB im Fall einer Mutterschaftsanfechtung ausgeschlossen werden. Dadurch wird verhindert, dass das Wechselspiel zwischen § 1591 BGB und § 1592 BGB zu nicht interessengerechten Zuordnungsergebnissen führt. Eine gegebenenfalls in Betracht kommende Neuzuordnung der Vaterschaft müsste deshalb isoliert von der Mutterschaftsanfechtung verfolgt werden und würde sich auf die gerichtliche Feststellung der Vaterschaft nach §§ 1600d BGB, 182 Abs. 1 FamFG (§ 1592 Nr. 3 BGB) beschränken.[116] Zwar mag diese Trennung aus prozessökonomischen Gründen gewisse Nachteile mit sich bringen, anders dürften interessengerechte Ergebnisse indes nur schwer zu erreichen sein.

Im Übrigen sollte die Mutterschaftsanfechtung im Wesentlichen unter den gleichen Voraussetzungen wie die Vaterschaftsanfechtung nach § 1600 BGB-E (S. 325 ff.) möglich sein. Die grundsätzliche Wertung, einen Wechsel in der Elternschaftszuordnung nur zuzulassen, wenn eine umfangreiche Abwägung der widerstreitenden Interessen dieser Änderung nicht entgegensteht, sollte auch auf die Anfechtung der Mutterschaft übertragen werden. Allerdings bleibt zu beachten, dass die Position der rechtlichen Mutter in der Abwägung eine andere ist als diejenige des rechtlichen Vaters bei der Vaterschaftsanfechtung. Während dort herausgearbeitet wurde, dass die Schutzwürdigkeit der Beziehung zwischen rechtlichem Vater und Kind erst dann gegeben ist, wenn sie sich in zeitlicher Hinsicht verfestigt hat (S. 316 f.), sind die Interessen der rechtlichen Mutter aufgrund ihrer gleichzeitigen Stellung als Tragemutter von besonderer Bedeutung. Die biologisch-körperliche Beziehung, die zwischen dem Kind und der Schwangeren während der Schwangerschaft entsteht, besteht bereits – und wird dort auch am stärksten ausgeprägt sein – im Zeitpunkt der Entbindung. Deshalb wäre es nicht sachgerecht, auch bei der Mutterschaftsanfechtung eine voraussetzungslose Anfechtung innerhalb einer starren Frist ab der Geburt mit dem Argument zuzulassen, es müsse sich erst noch eine Elternbindung entwickeln (S. 316 f.). Vielmehr kann die Anfechtung hier nur dann betrieben werden, wenn eine Interessenabwägung ergibt, dass die für eine Anfechtung streitenden Aspekte die gegen sie sprechenden überwiegen.

(2) Einzelerläuterungen

Aus diesem Grund fällt die Suspensionslösung des § 1600 Abs. 2 S. 3 BGB-E in § 1600e BGB-E weg. Davon abgesehen deckt sich der Wortlaut von § 1600e Abs. 3 BGB-E mit demjenigen des § 1600 Abs. 2 BGB-E, sodass die dort ange-

---

[116] Besteht noch eine andere Vaterschaft, müsste diese natürlich zunächst angefochten werden (§ 1600 BGB).

stellten Überlegungen auch hier Geltung für sich beanspruchen (S. 325 ff.).[117] In § 1600e Abs. 1 BGB-E sind die rechtliche Mutter, die Frau, die glaubhaft geltend macht, genetische Mutter zu sein, und das Kind anfechtungsberechtigt. Nach hier vertretener Auffassung wäre es nicht interessengerecht, auch dem rechtlichen Vater ein Anfechtungsrecht zuzusprechen, da er anders als die rechtliche Mutter in § 1600 Abs. 1 Nr. 3 BGB keine durch die Austragung begründete körperlich-biologische Verbindung zu dem Kind hat. In § 1600e Abs. 2 BGB wird festgelegt, dass die Anfechtung der Mutterschaft nur möglich sein soll, wenn die Ursache für das Auseinanderfallen der rechtlichen und genetischen Mutterschaft der genetischen Mutter nicht zugerechnet werden kann. Hat sie nämlich eine auf die Herbeiführung einer gespaltenen Mutterschaft abzielende Handlung vorgenommen, ist diese rechtlich missbilligt und realisiert sich auch im Ergebnis, wenn tatsächlich eine gespaltene Mutterschaft entsteht.

Auch hier sei erneut auf den Härtefallcharakter der Regelung hingewiesen, der dazu führen wird, dass die Anfechtung lediglich in zwei Sachverhaltskonstellationen überhaupt Aussicht auf Erfolg haben dürfte: Zum einen kurz nach der Entbindung, wenn zwar eine biologisch-körperliche Bindung zwischen rechtlicher Mutter und Kind besteht, soziale Aspekte aber noch kaum ausgeprägt sind. In einem solchen Fall könnte den für die Anfechtung sprechenden Interessenpositionen auf Seiten der genetischen Mutter und des Kindes ein solches Gewicht zukommen, dass ausnahmsweise eine Neuzuordnung der rechtlichen Mutterschaft angezeigt scheint. Zum anderen könnten gegen die Anfechtung sprechende Interessen an Bedeutung verlieren, je mehr die Bindung der Schwangerschaft bzw. frühkindlichen Phase durch Zeitablauf schwindet. Sollte es daneben auch zu einer Schwächung der sozial-familiären Beziehung zwischen Kind und rechtlicher Mutter kommen, erscheint ein Überwiegen von für die Anfechtung sprechenden Interessen in den Bereich des Möglichen zu rücken. In allen sonstigen Fällen wird einzig in absolut außergewöhnlichen Fallkonstellationen Aussicht auf Erfolg bestehen. Diese geringen Erfolgsaussichten sind jedoch interessengerecht, da Art. 3, 6 Abs. 2 S. 1 GG lediglich einfordern, dass überhaupt eine Anfechtungsmöglichkeit für Fälle der ungewollten gespaltenen Mutterschaft gewährleistet wird. Dass die tatsächlichen Grundlagen der Abwägung bereits grundsätzlich dazu führen, dass dem Interesse der Tragemutter besondere Relevanz zukommt, zwingt nicht dazu, die Anfechtung der Mutterschaft unter geringere Anforderungen zu stellen als diejenigen, die auch für diejenige der Vaterschaft gelten. Für die im Einzelnen zu berücksichtigenden Aspekte sei davon

[117] Noch weitergehender als hier, in der Konzeption i.Erg. aber ähnlich *Weyrauch* S. 200. Vgl. auch BT-Drucks. 19/2665, S. 4 für den Fall der Einführung einer Co-Mutterschaft.

abgesehen auf die Ausführungen zu der Anfechtung der Vaterschaft verwiesen (S. 328 ff.).

(3) Konkreter Regelungsvorschlag

Die vorstehenden Überlegungen zum Recht, die rechtliche Mutterschaft in Fällen der ungewollten gespaltenen Mutterschaft über eine Mutterschaftsanfechtung neu zuzuordnen, könnten de lege ferenda in § 1600e BGB[118] wie folgt verankert werden:

§ 1600e Anfechtung der Mutterschaft. (1) Berechtigt, die Mutterschaft anzufechten, sind:
1. die Frau, deren Mutterschaft nach § 1591 besteht,
2. die Frau, die glaubhaft macht, genetische Mutter des Kindes zu sein und
3. das Kind.

(2) Die Anfechtung nach Absatz 1 Nr. 2 ist nur möglich, wenn die Ursache für das Auseinanderfallen der rechtlichen und genetischen Mutterschaft der genetischen Mutter nicht zugerechnet werden kann.

(3) [1]Die Anfechtung nach Absatz 1 Nr. 1 und 2 ist ausgeschlossen, wenn das durch die Anfechtung beeinträchtigte Interesse das mit der Anfechtung verfolgte überwiegt. [2]Davon ist regelmäßig auszugehen, wenn die Anfechtung das Wohl des Kindes nicht bloß unwesentlich beeinträchtigt.

(4) Die Anfechtung nach Absatz 1 ist ausgeschlossen, wenn sie nicht mit einem Antrag auf gerichtliche Feststellung der Mutterschaft nach § 1600g verbunden ist.

(5) In dem Verfahren auf Anfechtung der Mutterschaft gelten die § 1600a und § 1600b entsprechend.[119]

Die soeben dargestellte Ausschlussregelung für die § 1592 Nr. 1, 2 BGB in Fällen einer Mutterschaftsanfechtung könnte in einem neuen § 1600f BGB umgesetzt werden. Darüber hinaus wären weitere Anpassungen an die Öffnung der Anfechtung für die Mutterschaft – die sich allerdings im Wesentlichen an den jeweiligen Vorschriften für die Vaterschaftsfeststellung orientieren – in einem neuen § 1600g BGB sowie in § 182 FamFG[120] vorzunehmen:

§ 1600f Auswirkungen der Mutterschaftsanfechtung. Wurde die Mutterschaft nach § 1600e Abs. 1 angefochten, finden die § 1592 Nr. 1 und Nr. 2 keine Anwendung.

§ 1600g Gerichtliche Feststellung der Mutterschaft. (1) Besteht keine Mutterschaft nach § 1591, so ist die Mutterschaft gerichtlich festzustellen.

---

118 Alternativ könnte die Norm auch – um den Zusammenhang mit § 1600 BGB zu wahren – als neuer § 1600a BGB-E eingefügt werden, wodurch die aktuellen §§ 1600a-d BGB je einen Buchstaben weiterrücken.

119 Diese Normverweise beziehen sich auf die aktuell gesetzlich geltende Nummerierung vor einer etwaigen Anpassung entsprechend der hiesigen Vorschläge.

120 Außerdem ist der Wortlaut des § 183 FamFG wie folgt anzupassen: „Hat ein Antrag auf Anfechtung der Vaterschaft oder der Mutterschaft Erfolg, […]". In § 169 Nr. 4 FamFG ist am Ende ebenfalls „und Mutterschaft" zu ergänzen.

(2) Die Rechtswirkungen der Mutterschaft können, soweit sich nicht aus dem Gesetz anderes ergibt, erst vom Zeitpunkt ihrer Feststellung an geltend gemacht werden.

§ 182 Inhalt des Beschlusses. (1) [1]Ein rechtskräftiger Beschluss, der das Nichtbestehen einer Vaterschaft nach § 1592 des Bürgerlichen Gesetzbuchs oder das Nichtbestehen einer Mutterschaft nach § 1591 des Bürgerlichen Gesetzbuchs infolge der Anfechtung nach § 1600 Abs. 1 Nr. 2 bzw. § 1600e Abs. 1 Nr. 2 des Bürgerlichen Gesetzbuchs feststellt, enthält die Feststellung der Vaterschaft des Anfechtenden bzw. die Feststellung der Mutterschaft der Anfechtenden. [2]Diese Wirkung ist in der Beschlussformel von Amts wegen auszusprechen.

(2) Weist das Gericht einen Antrag auf Feststellung des Nichtbestehens der Vaterschaft oder Mutterschaft ab, weil es einen Beteiligten oder eine Beteiligte als Vater bzw. Mutter festgestellt hat, spricht es dies in der Beschlussformel aus.

bb) Herausgabeanspruch

Die Möglichkeit der Mutterschaftsanfechtung führt des Weiteren dazu, dass sich die Überlegungen zu einer Ausweitung des postnatalen Herausgabeanspruchs (S. 172 f.) auf die hier diskutierten Fälle erübrigen. Wird nämlich die bislang bestehende rechtliche Mutterschaft angefochten und die genetische Mutter nach § 1600f BGB-E gerichtlich als Mutter festgestellt, folgt daraus zugleich die Zuordnung des Sorgerechts nach § 1626 BGB,[121] aus dem sich der personenrechtliche Herausgabeanspruch des § 1632 Abs. 1 BGB ergibt. Dementsprechend könnte die Herausgabe des Kindes auf der Basis des dann geltenden Rechts erreicht werden, ohne dass spezielle normative Anpassungen in Bezug auf den Herausgabeanspruch erforderlich wären.

cc) Rechte nicht-rechtlicher Eltern

In Bezug auf die genetische, nicht-rechtliche Mutter wurde bereits festgestellt, dass es gleichheitsrechtlich erforderlich ist, ihr ebenfalls einen Zugang zu den de lege lata in § 1686a BGB vorgesehenen Partizipationsrechten zu eröffnen (S. 191 ff.). Daneben ergibt sich aus der Möglichkeit der Mutterschaftsanfechtung eine weitere Erwägung: Auch wenn die bei § 1600e BGB-E erforderliche Interessenabwägung zu dem Ergebnis kommen sollte, dass die Interessenlage eine Anfechtung zulässt, folgt daraus nicht zwangsläufig, dass die Tragemutter völlig rechtlos gestellt werden müsse. Dementsprechend ist zu überlegen, ob auch ihr ein Umgangs- und Auskunftsrecht nach einer erfolgreichen Anfechtung zustehen sollte (dazu sogleich S. 335). Da § 1686a BGB allerdings nicht nur hinsichtlich des Kreises der Berechtigten, sondern auch in anderem Zusammenhang in der Kritik steht,[122] soll die Norm nicht unbesehen per Wortlautanpassung für

---

[121] Vgl. auch § 1626a Abs. 3 BGB.

[122] Vgl. etwa BeckOK-BGB/*Veit* § 1686a Rn. 2 ff.; MüKo-BGB/*Hennemann* § 1686a

die genetische Mutter und die Tragemutter geöffnet werden. Vielmehr scheinen mir einige Bemerkungen zu bestimmten Aspekten unumgänglich zu sein.

(1) Rechte der Tragemutter nach Anfechtung

Im Rahmen der Frage, ob die Tragemutterschaft grundrechtlichen Schutz durch Art. 6 Abs. 2 S. 1 GG genießt, wurde bereits eine Parallele zwischen der genetischen und der Mutterschaft durch Austragung hergestellt (S. 176 ff.). Nicht umsonst wird die Mutterschaft durch Austragung bisweilen als „biologische“[123] Mutterschaft bezeichnet. Dies bringt zum Ausdruck, dass die Tragemutterschaft mehr ist, als eine „bloße“ soziale Elternschaft, da während der Schwangerschaft jedenfalls ein körperlicher Austauschprozess stattfindet.[124] Diese spezielle Bindung, durch die die Mutterschaft durch Austragung auf eine Stufe mit der genetischen Mutterschaft gehoben wird und die den Schutz durch Art. 6 Abs. 2 S. 1 GG gebietet, drängt die Frage auf, ob eine Tragemutter nach erfolgreicher Mutterschaftsanfechtung völlig rechtlos gestellt werden darf. Meines Erachtens wäre – insoweit deckt sich die Argumentation mit derjenigen bei der genetischen Mutterschaft und den Rechten nach § 1686a BGB (S. 191 ff.) – kein tragfähiges Argument zu ersehen, mit der die Tragemutter im Falle einer Mutterschaftsanfechtung von Umgangs- und Informationsrechten ausgeschlossen werden könnte. Angesichts der auch auf die Mutterschaft zu übertragenden Rechtsprechung des *EGMR*[125] und im Lichte der Art. 3, 6 Abs. 2 S. 1 GG scheint eine Berücksichtigung der austragenden Frau bei der Zuweisung dieser partiellen elterlichen Partizipationsrechte verfassungsrechtlich geboten. Dies gilt umso mehr, als die Gebärende in aller Regel ebenfalls keine Verantwortung für die ungewollte gespaltene Mutterschaft trifft, die Aberkennung der rechtlichen Elternschaft also auch für sie ein unglücklicher Zufall ist. Wird die rechtliche Mutterschaft der Tragemutter also erfolgreich angefochten, sollte ihr als „Kompensation“ für den Verlust der rechtlichen Mutterschaft wenigstens ein Umgangs- und Auskunftsrecht zustehen.

Rn. 2 ff.; Staudinger/*Dürbeck* § 1686a Rn. 5 ff.; *Grziwotz* FF 2012, 382 (386); *Lang* FPR 2013, 233 (235 f.); *Löhnig* FamRZ 2015, 806; *Schwab* FS Coester-Waltjen, S. 223 (231 ff.).

[123] Vgl. MüKo-BGB/*Wellenhofer* § 1591 Rn. 49. Zur Vermeidung terminologischer Konfusion verzichte ich allerdings auf diesen Begriff, da der antonyme Terminus „biologischer Vater“ nur den genetischen Vater meint und auch in Bezug auf die Mutter „genetisch“ und „biologisch“ teils als Synonym verstanden werden.

[124] Vgl. dazu etwa *Quantius* FamRZ 1998, 1145 (1150) m.w.N.

[125] *EGMR* NJW 2011, 3565; 2012, 2781.

(2) Rechte des Kindes

Im rechtswissenschaftlichen Diskurs wird insbesondere und zu Recht moniert, dass § 1686a BGB eine einseitige Sichtweise zugrunde liegt. Die strikte Orientierung an der *EGMR*-Rechtsprechung hat zur Folge, dass lediglich Rechte des genetischen Vaters gegenüber dem Kind, nicht aber Rechte des Kindes gegenüber dem Vater statuiert wurden.[126] Insoweit wird die Vorschrift bisweilen als Rückschritt in der Entwicklung des Kindschaftsrechts von einer überwiegend elterliche und staatliche Interessen hin zu einer kindliche Belange in den Mittelpunkt rückenden Rechtsmaterie begriffen.[127] In der Tat wirkt es „befremdlich" und kaum legitimierbar, wenn das Kind „nur umgangsverpflichtet, aber nicht umgangsberechtigt" sein soll.[128] Obschon die harsche Kritik an § 1686a BGB[129] teils etwas zu weit gehen mag, ist ihre Berechtigung im Kern kaum zu bestreiten. Es ist nicht einzusehen, warum ein genetischer Vater Rechte gegenüber dem Kind beanspruchen sollte, wenn er nicht zugleich auch Pflichten zu tragen hat. Denn dadurch entsteht nicht nur zwischen rechtlichem und genetischem, nicht-rechtlichem Vater, sondern auch zwischen dem genetischen Vater und dem Kind ein Ungleichgewicht,[130] das dem genetischen Vater eine „freiere Rechtsstellung"[131] einräumt. Da dieses Missverhältnis weder zu erklären noch zu rechtfertigen ist,[132] muss geschlussfolgert werden, dass die Rechtsstellung des genetischen, nicht-rechtlichen Vaters ihrer Einseitigkeit zu „berauben" ist: Die bisher geltende „Wohlverhaltenspflicht" muss zu einer Umgangspflicht des Vaters – also einem Umgangsrecht des Kindes – ausgebaut werden.

(3) Ausschluss bei Anfechtungsmöglichkeit

Aber bei einer solchen Anpassung allein darf es nicht bleiben. Der Gesetzgeber geht davon aus, dass „Fälle, in denen ein biologischer Vater trotz bestehender Anfechtungsmöglichkeit kein Interesse an der Übernahme der rechtlichen Vaterstellung hat, sondern sich mit einem Umgangsrecht begnügt, und in denen auch

---

[126] Zu den Versäumnissen des *EGMR* in dieser Frage eingehend *Schwab* FS Coester-Waltjen, S. 223 (228 ff.).

[127] BeckOK-BGB/*Veit* § 1686a Rn. 2.4; *Grziwotz* FF 2012, 382 (386); *Heiderhoff* in: Regelungsaufgabe, S. 9 (14); *Schwab* FS Coester-Waltjen, S. 223 (233).

[128] Beide Formulierungen bei MüKo-BGB/*Hennemann* § 1686a Rn. 4. Ähnlich *Aust* S. 274; *Schwab* FS Coester-Waltjen, S. 223 (225 ff.).

[129] Insoweit hat sich v. a. *Lang* FPR 2013, 233 (235 f.) hervorgetan.

[130] Der Ausschuss Familienrecht des *DAV* FF 2013, 134 (135) spricht zudem von „verfassungsrechtlichen Bedenken aus Art. 3 und Art. 6 Abs. 2 GG".

[131] BeckOK-BGB/*Veit* § 1686a Rn. 2.1.

[132] Vgl. *Schwab* FS Coester-Waltjen, S. 223 (233): „Die Einseitigkeit des Umgangsrechts Dritter macht das Kind zum bloßen Objekt einer rechtlichen Befugnis."

keiner der übrigen [...] Beteiligten die Anfechtung betreibt, [...] in der Praxis kaum vorkommen" dürften.[133] Daher bestehe kein Bedürfnis für eine gesetzliche Normierung des Anfechtungsvorrangs.[134] Richtigerweise sind aber – vor allem wenn die Anfechtungsfrist des rechtlichen Vaters bereits abgelaufen ist – durchaus Fallgestaltungen denkbar, in denen die Anfechtung für alle anderen Beteiligten nicht wünschenswert sein dürfte.[135] Dadurch wird der genetische Vater in die ungerechtfertigt komfortable Lage gebracht, sich nur „die angenehmen Vaterrechte herauszupicken, während insbesondere die Unterhaltspflicht beim rechtlichen Vater bleibt."[136] Ficht er nämlich nicht an und verzichtet auf eine rechtliche Zuordnung zu seinem Kind, ist der rechtliche Vater weiterhin mit der Unterhaltspflicht belastet. Der genetische Vater kann sich demgegenüber mit seinen Umgangs- und Auskunftsrechten nach § 1686a BGB begnügen, die ihn de lege lata nicht einmal zum Umgang verpflichten, sondern seinen Rechtskreis ausschließlich erweitern. Damit schafft § 1686a BGB im Ergebnis eine „Elternschaft light", die der Gesetzgeber doch gerade zu verhindern sucht.[137]

Deshalb wird mit Recht die Forderung erhoben, die Rechte des § 1686a BGB unter die Voraussetzung zu stellen, dass eine Anfechtung für den genetischen Vater nicht möglich ist.[138] Es ist nicht einzusehen, warum der genetische Vater in eine vorteilhaftere Position als der rechtliche Vater versetzt werden soll, dem nicht nur Rechte, sondern auch Pflichten zugesprochen werden.[139] Aufgrund der Öffnung des § 1686a BGB für die genetische Mutter sowie die Tragemutter nach einer Anfechtung, muss der Ausschlussgrund auch für sie gelten. Die genetische Mutter befindet sich in der spiegelbildlichen Situation zu derjenigen des genetischen Vaters. Bei der Tragemutter hängt der Ausschlussgrund davon ab, ob die Anfechtung der rechtlichen Mutterschaft von der Tragemutter betrieben wurde. Auch ihr soll nicht die Möglichkeit zustehen, sich von den Nachteilen der rechtlichen Mutterschaft zu befreien, um sich mit den „günstigen" Rechten aus § 1686a BGB zu begnügen.

(4) Zusammenfassende Überlegungen

Auch wenn die Analogiefähigkeit des § 1686a BGB in Bezug auf die Einbeziehung der genetischen, nicht-rechtlichen Mutter grundsätzlich zu bejahen ist

133 BT-Drucks. 17/12163, S. 12. Zust. *Hoffmann* FamRZ 2013, 1077 (1079).
134 BT-Drucks. 17/12163, S. 12.
135 Dazu nur *Aust* S. 273.
136 *Dies.* S. 272.
137 BT-Drucks. 17/12163, S. 12.
138 BRAK, Stellungnahme Nr. 40/2012, S. 2; DFGT, Stellungnahme v. 08.07.12, S. 7; *Lang* FPR 2013, 233 (234); *Peschel-Gutzeit* NJW 2013, 2465 (2466).
139 Vgl. *DAV* FF 2013, 134 f.

(S. 193 f.), führt eine Gesamtbetrachtung der hier diskutierten Überlegungen dazu, dass sich der oben noch als bloße Anregung formulierte Anpassungsvorschlag zu einem dringlicheren Regelungsbedürfnis verdichtet. Denn zum einen beeinträchtigt die Ungleichbehandlung genetischer Väter und Mütter jedenfalls das Elternrecht aus Art. 8 EMRK, woraus sich – lehnt man sich in gewissem Maße an den aus der Wesentlichkeitstheorie folgenden Parlamentsvorbehalt an – eine weitere Steigerung dieses Bedürfnisses ergeben dürfte. Zum anderen leidet die aktuelle Normfassung an diversen Inkonsistenzen, von denen für die hiesigen Fallgestaltungen insbesondere die Unwucht in der Verteilung von Umgangsrechten und -pflichten zwischen Vater und Kind sowie die Tatsache, dass Partizipationsrechte trotz möglicher Anfechtung in Anspruch genommen werden können, hervorzuheben sind. Um nicht nur einen dieser Mängel mittels Analogie bereinigen zu können, während andere Ungerechtigkeiten zugleich perpetuiert werden, ist eine gesetzliche Neufassung der Rechte genetischer, nicht-rechtlicher Eltern unter Berücksichtigung des Art. 8 EMRK als auch des Art. 3 GG deutlich vorzugswürdig.

(5) Regelungsvorschlag

Die vorgeschlagenen Anpassungen könnten de lege ferenda in § 1686a BGB und einem neuen § 1686b BGB wie folgt ausgestaltet werden:

§ 1686a Rechte leiblicher, nicht rechtlicher Eltern. (1) Solange die Vaterschaft eines anderen Mannes oder die Mutterschaft einer anderen Frau besteht, hat der leibliche Elternteil, der ernsthaftes Interesse an dem Kind gezeigt hat,

1. ein Recht auf Umgang mit dem Kind, wenn der Umgang dem Kindeswohl dient, und
2. ein Recht auf Auskunft von jedem Elternteil über die persönlichen Verhältnisse des Kindes, soweit er ein berechtigtes Interesse hat und dies dem Wohl des Kindes nicht widerspricht.

(2) In Fällen des Absatzes 1 Nummer 1 hat das Kind das Recht auf Umgang mit seinem leiblichen Elternteil; jeder Elternteil ist zum Umgang mit dem Kind verpflichtet.[140]

(3) Die Rechte nach Absatz 1 bestehen nicht, wenn eine Anfechtung der rechtlichen Elternschaft nach § 1600 bzw. § 1600e möglich ist.

(4) [1]Hinsichtlich des Rechts auf Umgang mit dem Kind nach Absatz 1 Nummer 1 gelten § 1684 Abs. 2 bis 4 entsprechend. [2]Eine Umgangspflegschaft nach § 1684 Abs. 3 Satz 3 bis 5 kann das Familiengericht nur anordnen, wenn die Voraussetzungen des § 1666 Abs. 1 erfüllt sind.

§ 1686b Rechte der austragenden Frau. (1) Die Tragemutter, die ernsthaftes Interesse an dem Kind gezeigt hat und infolge § 1600e nicht rechtliche Mutter ist, hat

1. ein Recht auf Umgang mit dem Kind, wenn der Umgang dem Kindeswohl dient, und

---

[140] Diese Formulierung orientiert sich an § 1684 Abs. 1 BGB.

2. ein Recht auf Auskunft von jedem Elternteil über die persönlichen Verhältnisse des Kindes, soweit sie ein berechtigtes Interesse hat und dies dem Wohl des Kindes nicht widerspricht.

(2) In Fällen des Absatzes 1 Nummer 1 hat das Kind das Recht auf Umgang mit der Tragemutter; die Tragemutter ist zum Umgang mit dem Kind verpflichtet.

(3) Die Rechte nach Absatz 1 bestehen nicht, wenn die rechtliche Mutterschaft durch die Tragemutter nach § 1600e Abs. 1 Nr. 1 angefochten wurde.

(4) Hinsichtlich des Rechts auf Umgang mit dem Kind nach Absatz 1 Nummer 1 gelten § 1684 Abs. 2 bis 4 entsprechend.

dd) Zwischenfazit

Die partielle Aufweichung der Mutterschaftszuordnung vom unverrückbaren Grundsatz hin zu einer widerlegbaren Vermutungsregelung für bestimmte Konstellationen führt dazu, dass gewisse Folgeprobleme gelöst werden können, andere Probleme hingegen neu entstehen. Während die Korrigierbarkeit der abstammungsrechtlichen Grundsatzentscheidung den Weg für postnatale Herausgabeansprüche aus § 1632 Abs. 1 BGB ebnet, müssen die Rechte aus § 1686a BGB für die genetische Mutter sowie die Tragemutter für den Fall der Anfechtung ihrer rechtlichen Mutterschaft geöffnet werden. Dabei ist zum einen das Umgangsrecht der Eltern um eine Umgangspflicht zu ergänzen und zum anderen sollte eine Ausschlussklausel für Fälle vorgesehen werden, in denen für das Elternteil eigentlich die Möglichkeit bestünde, die rechtliche Elternstellung zu erlangen bzw. zu behalten, darauf aber zugunsten von Umgangs- und Auskunftsrechten verzichtet wird.

4. Beschränkung der cessio legis des § 1607 Abs. 3 S. 2 BGB

Es wurde herausgearbeitet, dass aus einer Doppelinanspruchnahme resultierende Vermögenseinbußen de lege lata mithilfe von Schadensersatzansprüchen gegen die reproduktionsmedizinische Einrichtung und deren Angestellte ausgeglichen werden können (S. 241). Zugleich wurde die Überlegung in den Raum gestellt, ob es nicht interessengerechter wäre, die Unwucht bei der Verteilung der Kosten für den Regelunterhalt der Kinder zwischen den Wunscheltern auszugleichen, da diese mit ihrem Kinderwunsch gleichzeitig akzeptiert haben, durch ihr genetisch eigenes Kind in Anspruch genommen zu werden. Daher bleibt zu überlegen, ob die von § 1607 Abs. 3 S. 2 BGB angeordnete cessio legis de lege ferenda einzuschränken ist. Dies richtet sich insbesondere danach, ob das vom Gesetzgeber mit der Legalzession verfolgte Ziel und die dahinterstehende Überlegung mit Vertauschungskonstellationen in Einklang gebracht werden können. Zuvor wird diskutiert, ob ein Unterhaltsregress auch für ehemals rechtliche Mütter nach einer Anfechtung eingeführt werden muss.

a) Ausdehnung auf Mutter

Unabhängig von der Frage, ob man die der cessio legis zugrunde liegende Wertung als überholt werten mag (dazu sogleich), müsste aufgrund der hier vorgeschlagenen Möglichkeit einer Mutterschaftsanfechtung ein Gleichlauf zwischen dem Unterhaltsregress vormaliger rechtlicher Väter und rechtlicher Mütter hergestellt werden. Weil nach hier vertretener Auffassung nicht bereits grundlegende Erwägungen gegen § 1607 Abs. 3 S. 2 BGB sprechen, soll grundsätzlich an der Legalzession festgehalten werden. Um verfassungsrechtlichen Anforderungen an die Gleichbehandlung rechtlicher Mütter und Väter aus Art. 3 Abs. 2, 3 GG gerecht zu werden, muss die Rechtsposition beider Personengruppen im Hinblick auf den Unterhaltsregress angeglichen werden. Da aber die aktuell geltende Normfassung weitgehend neutral formuliert ist, bedarf es zur Öffnung für Regressansprüche der Mutter lediglich einer Wortlautanpassung in § 1607 Abs. 2 S. 2 BGB, mit der das Wort „Vater" durch den Terminus „Elternteil" ersetzt wird (S. 344 f.).

b) Die Interessenlage

Vergleicht man die Position des rechtlichen Vaters mit derjenigen des genetischen Vaters mit Blick auf die cessio legis, so fällt auf, dass das Gesetz den rechtlichen Vater eindeutig stärkt und schützt.[141] Diese Bevorteilung gegenüber dem genetischen Vater lässt sich letztlich nur damit erklären, dass der Gesetzgeber seinen Regelungen bestimmte Rollenbilder zugrunde gelegt hat: Auf der einen Seite der rechtliche Vater und „treusorgende Ehemann, der übel hintergangen wurde und der jahrelang zu Unrecht Kinder durchfüttern musste, die von einem anderen stammen" und auf der anderen Seite der genetische Vater, der keinesfalls als jemand zu bewerten ist, „der sich richtig verhalten hat oder gar Vertrauensschutz verdienen könnte."[142] Fußt § 1607 Abs. 3 S. 2 BGB also auf der Überlegung, den vermeintlichen Ehebrecher nicht noch finanziell zu entlasten, sondern ihm mit der Zuweisung der rechtlichen Vaterrolle auch die wirtschaftliche Verantwortung zu übertragen, vermag der Unterhaltsregress nur zu überzeugen, wenn die hier zu beurteilende Situation tatsächlich mit den schematisierten Rollenbildern des Gesetzgebers übereinstimmt.

Die hiesige Fallgestaltung zeichnet sich dadurch aus, dass es jeweils zwei Wunschelternpaare gibt, die beide eine reproduktionsmedizinische Behandlung durchführen lassen, um eigenen Nachwuchs zu bekommen. Lässt man nun die

---

141 Vgl. *Heiderhoff* FamRZ 2010, 8 (13).

142 Beides bei *Heiderhoff* FamRZ 2010, 8 (13); vgl. auch *Büttner* FS Schwab, S. 735 (744 f.).

Tatsache, dass es zu einem Vertauschen gekommen ist, zunächst außer Acht, bleibt folgendes zu konstatieren: Beide Wunschväter wollten ein rechtlich eigenes Kind in die Welt setzen und für dieses Kind entsprechend § 1601 BGB Unterhalt leisten. Aus diesem Grund kann gegenüber den für die Vertauschung Verantwortlichen auch nur diejenige Summe als Schaden geltend gemacht werden, die über den auch für das eigene Kind zu leistenden Unterhalt hinausgehen (S. 231 ff.). Betrachtet man die Situation unter dem Gesichtspunkt einer interessengerechten Lastenverteilung, wäre es angezeigt, jeden Wunschvater mit dem Unterhalt für eines der beiden Kinder zu belasten. Ähnlichkeiten bestehen insoweit zu Fällen der heterologen artifiziellen Reproduktion. Ob es nun zu einer Vertauschung von Keimzellen bzw. Embryonen oder einer Behandlung mit Spendersamen gekommen ist, spielt für die sachliche Bewertung keine Rolle. In beiden Fällen hat sich ein Wunschvater bewusst für die Existenz eines Kindes und damit für Unterhaltszahlungen an dieses Kind entschieden. Während aber bei der Samenspendebehandlung eine durch die Zustimmung zur Behandlung begründete rechtsgeschäftliche Unterhaltspflicht des Wunschvaters besteht[143] und nun § 1600d Abs. 4 BGB eine finanzielle Inanspruchnahme verhindert, greift ein entsprechender Schutzmechanismus für Vertauschungsfälle nicht ein.

Wie bereits dargelegt, tritt eine finanzielle Doppelbelastung eines Vaters nur ein, wenn bloß eine Vaterschaft angefochten und neu zugeordnet wird, während die andere unangefochten bestehen bleibt. Aus Sicht des „Doppelvaters“ gilt daher Folgendes: Ihm steht nur deshalb kein eigener Regressanspruch aus § 1607 Abs. 3 S. 2 BGB zu, weil er – oder aber das Kind – die rechtliche Vaterschaft mit Rücksicht auf die sozial-familiäre Beziehung zwischen ihnen beiden nicht anfechten möchte. Aber selbst, wenn der nun kinderlose Mann eine Anfechtung „über Kreuz“ anstrebt, ist durchaus denkbar, dass eine solche an der Sperre der sozial-familiären Beziehung (§ 1600 Abs. 2, 3 BGB) bzw. de lege ferenda an der hier vorgeschlagenen Interessenabwägung (S. 328, § 1600 Abs. 2 BGB-E) scheitert. In beiden Konstellationen kann kein Fehlverhalten des doppelt belasteten Vaters festgestellt werden, das die vollständige Entlastung des Komplementär-Vaters rechtfertigen würde.

Sicherlich könnte diesen Überlegungen entgegengehalten werden, dass das durch Anfechtung und Vaterschaftsfeststellung neu hinzugekommene Kind im Grunde gar nicht das Problem ist, da der „Doppel-Vater“ insoweit aufgrund von §§ 1601, 1600d BGB eindeutig zum Unterhalt verpflichtet ist. Vielmehr besteht die Doppelbelastung wegen des rechtlichen, aber nicht-leiblichen Kindes, für das der Vater bereits zuvor Unterhalt geleistet hat. Will er der doppelten Inanspruchnahme entgehen, kann er diese Vaterschaft nach § 1600 Abs. 1 Nr. 1 BGB an-

---

143 Vgl. erneut *BGH* NJW 1995, 2028 (2029 ff.); *Kirchmeier* FamRZ 1998, 1281 (1283).

fechten. Insofern ließe sich argumentieren, dass er sich mit den Rechten nach §§ 1686a, 1685 Abs. 2 BGB begnügen könne, wenn ihm seine finanzielle Situation wichtiger ist als die rechtlichen Bande zu dem nicht-leiblichen Kind. Ficht er nicht an, zeige dies, dass er auch für ein weiteres Kind „gerne" zahlt und eine Umverteilung der finanziellen Belastung nicht erforderlich ist. Eine solche Argumentation würde jedoch verkennen, dass es dem Vater einerseits nicht zumutbar ist, sich bloß aufgrund wirtschaftlicher Erwägungen zwischen der rechtlichen Vaterschaft und dem Wegfall der Doppelbelastung entscheiden zu müssen. Ein solcher Entscheidungszwang wäre nicht mit der vom Gesetzgeber vielfach zum Ausdruck gebrachten Schutzwürdigkeit sozial-familiärer Strukturen in Einklang zu bringen. Andererseits wird es durchaus Fälle geben, in denen – jedenfalls wenn man die hier vertretene Lösung zugrunde legt – aufgrund der Interessenabwägung (§ 1600 Abs. 2 BGB-E) keine Anfechtung der Vaterschaft möglich ist und die Entscheidung über den Wegfall der doppelten Inanspruchnahme daher nicht in den Händen des Betroffenen liegt.

c) Lösungsmöglichkeiten

Dementsprechend bleibt zu überlegen, auf welchem Wege das zuvor dargelegte Ungleichgewicht bei der Verteilung finanzieller Verantwortung ausgeglichen werden kann. Als Ausgangspunkt soll die Frage dienen, ob der Regressanspruch des § 1607 Abs. 3 S. 2 BGB bereits grundsätzlich in Frage zu stellen und die cessio legis in Folge dessen komplett auszuschließen ist oder ein Ausschluss nur in denjenigen Fällen gerechtfertigt erscheint, in denen ein Elternteil ohne eigenes Verschulden doppelt in Anspruch genommen wird und ihm der Zugang zu einer ihn begünstigenden Legalzession wegen Unzumutbarkeit der Anfechtung oder aus anderen Gründen verwehrt bleibt.

In der Literatur wird bisweilen vorgetragen, § 1607 Abs. 3 S. 2 BGB sei Ausdruck eines antiquierten Rollenverständnisses, das nicht mit gesellschaftlichen und familiären Realitäten in Einklang gebracht werden könne.[144] Dabei sei vor allem „ärgerlich, dass der rechtliche Vater mit dem Unterhaltsregress geradezu zur Aufgabe der Vaterstellung verführt wird."[145] Wer in den Genuss der cessio legis kommen könne, sei in gesteigertem Maße bereit, die rechtlichen Bande zu seinem Kind zu lösen, es dadurch zunächst vaterlos zu stellen, um sich selber von Unterhaltspflichten zu befreien.[146] Daher wird vorgeschlagen, die Vaterschaftsanfechtung nicht mehr ex tunc, sondern nur noch ex nunc wirken zu las-

---

[144] Vgl. *Heiderhoff* FamRZ 2010, 8 (13 f.); *dies.* in: Pluralisierung, S. 273 (280).
[145] *Dies.* FamRZ 2010, 8 (14).
[146] *Dies.* in: Pluralisierung, S. 273 (278); *dies.* FamRZ 2010, 8 (14).

sen, um die Regressmöglichkeiten zu beschränken.[147] Dasselbe Ergebnis eines vollständigen Ausschlusses der Legalzession ließe sich daneben auch durch Streichung des § 1607 Abs. 3 S. 2 BGB erzielen. Allerdings bewegt sich der Gesetzgeber mit der Entscheidung für einen Unterhaltsregress – unabhängig von der Frage, ob die dahinterstehende Idee antiquiert ist oder nicht – grundsätzlich im Rahmen seines Einschätzungsspielraums und damit auf verfassungsrechtlich gesichertem Terrain. Meines Erachtens bestehen nur insoweit bereits grundlegende Bedenken, als dass durch § 1607 Abs. 3 S. 2 BGB auch solche Konstellationen erfasst werden, die mit seiner ratio legis nicht in Einklang zu bringen sind. Aus diesem Grund soll die Frage, ob ein umfänglicher Ausschluss der cessio legis erwägenswert wäre, im Rahmen der hiesigen Überlegungen unberücksichtigt bleiben.

Vielmehr soll der Fokus auf die Lösung der vertauschungsspezifischen Probleme gerichtet werden. Wie bereits dargelegt, widerspricht es in Fällen, in denen der Wunschvater aufgrund einer Unzumutbarkeit der Vaterschaftsanfechtung oder aus anderen Gründen gehindert ist, selbst in den Genuss eines ihn entlastenden Unterhaltsregresses zu gelangen, der objektiven Interessenlage, einen Vater mit einer doppelten Inanspruchnahme zu belasten, während der andere Vater von jeglichen Unterhaltspflichten frei wird. Entscheiden sich beide Wunschväter bewusst für die Zeugung eines Kindes mittels artifizieller Reproduktion, liegt darin zugleich die bewusste Entscheidung für die Leistung von Unterhalt an dieses Kind. Auf die durch Zustimmung zur Behandlung begründete rechtsgeschäftliche Unterhaltspflicht kann in dem hiesigen Fall nur deshalb nicht zurückgegriffen werden, weil den Wunschvätern – und insofern liegt der Fall eben anders als bei Samenspendebehandlungen – bei der Erklärung nicht bewusst war, Unterhalt für ein nicht-leibliches Kind leisten zu müssen.

Des Weiteren sei angemerkt, dass es – abgesehen von der Tatsache, dass er entsprechend seiner früheren Entscheidungen Unterhalt zahlen muss – durch den Ausschluss des Unterhaltsregresses zu keiner einschneidenden Beeinträchtigung der Position des nun kinderlosen Vaters kommen würde. Die neben dem ohnehin für das genetisch eigene Kind zu zahlenden Unterhalt gegebenenfalls anfallenden Mehrbelastungen für ein behindertes oder sonst gesteigert förderungsbedürftiges Kind könnte der Betroffene mithilfe von Schadensersatzansprüchen gegenüber den für die Vertauschung Verantwortlichen abwenden (S. 242 ff.). Viel eher ist darüber nachzudenken, ob es nicht interessengerecht wäre, die hier vorgeschlagene Verteilung der Unterhaltslast nach einer erfolgreichen Vaterschaftsanfechtung und -neuzuordnung auch für künftige Unterhaltsleistungen beizubehalten. So würde ein Ausschluss der cessio legis lediglich vor einem Unterhaltsre-

---

[147] Vgl. *Heiderhoff* in: Pluralisierung, S. 273 (281 ff.); *dies.* FamRZ 2010, 8 (14 f.).

gress bewahren, während Leistungen ab dem Zeitpunkt der Vaterschaftsanfechtung nicht erfasst wären. Wird die Vaterschaft zu einem recht frühen Zeitpunkt angefochten, kann dies ebenfalls eine erhebliche Mehrbelastung für den „Doppel-Vater“ bedeuten. Insofern wird man sich kaum der Erkenntnis verwehren können, dass sich die hier aufgezeigte Interessenlage nicht dadurch ändert, dass im einen Fall eine Zahlungspflicht für die Vergangenheit in Rede steht, während es im anderen Fall um eine solche für die Zukunft geht.

Daher entspräche es meines Erachtens einer gerechten Lastenaufteilung, wenn der nun kinderlose Vater ab dem Zeitpunkt der Anfechtung die Unterhaltspflicht für sein genetisch eigenes Kind übernimmt, welches nur aufgrund nicht zu beeinflussender Umstände weiterhin dem anderen Mann rechtlich zugeordnet bleibt. Diese Aufteilung sollte erst dann aufgehoben werden, wenn die der „gekreuzten“ Anfechtung entgegenstehenden Umstände wegfallen und beide Kinder jeweils ihrem leiblichen Vater rechtlich zugeordnet wurden. Erst dann lässt sich die cessio legis mit der Interessenlage der hier diskutierten Fallgestaltungen vereinbaren. Zwar stellt die hier skizzierte Überlegung einen Bruch mit dem System der §§ 1601 ff. BGB dar, die einzig Verwandte in gerader Linie (§§ 1589 ff. BGB) verpflichten, einander Unterhalt zu gewähren. Allerdings sollte man in diesem Fall dem Interesse an einer gerechten Lastenverteilung den Vorrang vor (allzu) dogmatischen Erwägungen einräumen.

Schließlich sei angemerkt, dass die hier vorgeschlagenen Regelungen auch in Fällen, in denen die Behandlung nur bei einem der beiden betroffenen Paare erfolgreich war, zu zufriedenstellenden Ergebnissen führen. Denn in einer solchen Konstellation würde der Ausschluss der cessio legis mangels Doppelbelastung ins Leere gehen, sodass der Unterhaltsregress weiterhin möglich bleibt. Dieses Beispiel macht die Wirkweise der angeregten Änderungen in prägnanter Form deutlich: Der Unterhaltsregress soll nicht schon grundsätzlich in Frage gestellt werden, sondern lediglich auf einen seinem eigentlichen Sinn entsprechenden Umfang reduziert werden.

d) Konkrete Normfassung

Diese Überlegungen wären de lege ferenda in § 1607 BGB (Abs. 3 S. 3) und einem neu zu schaffenden § 1607a BGB wie folgt umzusetzen:

§ 1607 Ersatzhaftung und gesetzlicher Forderungsübergang. (1) Soweit ein Verwandter auf Grund des § 1603 nicht unterhaltspflichtig ist, hat der nach ihm haftende Verwandte den Unterhalt zu gewähren.

(2) [1]Das Gleiche gilt, wenn die Rechtsverfolgung gegen einen Verwandten im Inland ausgeschlossen oder erheblich erschwert ist. [2]Der Anspruch gegen einen solchen Verwandten geht, soweit ein anderer nach Absatz 1 verpflichteter Verwandter den Unterhalt gewährt, auf diesen über.

(3) [1]Der Unterhaltsanspruch eines Kindes gegen einen Elternteil geht, soweit unter den Voraussetzungen des Absatzes 2 Satz 1 anstelle des Elternteils ein anderer, nicht unterhaltspflichtiger Verwandter oder der Ehegatte des anderen Elternteils Unterhalt leistet, auf diesen über. [2]Satz 1 gilt entsprechend, wenn dem Kind ein Dritter als Elternteil Unterhalt gewährt. [3]Satz 2 gilt nicht, wenn ein Verwandter in Folge einer Vertauschung von Keimzellen oder Embryonen sowohl von seinem leiblichen als auch von seinem rechtlichen, nicht-leiblichen Kind in Anspruch genommen wird und die rechtliche Elternschaft zu dem nicht-leiblichen Kind aufgrund von Unzumutbarkeit der Elternschaftsanfechtung oder wegen §§ 1600 Abs. 2, 1600e Abs. 3 nicht aufgehoben werden kann.

(4) Der Übergang des Unterhaltsanspruchs kann nicht zum Nachteil des Unterhaltsberechtigten geltend gemacht werden.

§ 1607a Unterhaltsanspruch bei vertauschten Keimzellen oder Embryonen. In Fällen des § 1607 Abs. 3 S. 3 richtet sich der Unterhaltsanspruch des Kindes gegen seinen leiblichen Elternteil, wenn der rechtliche Elternteil wegen Unzumutbarkeit oder § 1600 Abs. 2 an der Elternschaftsanfechtung gehindert ist.

H. Fazit und Ergebnisse

„Hard cases make bad law.“[1] Es gibt wenige Fallkonstellationen, auf die diese juristische Redewendung besser zuträfe als auf diejenigen des Vertauschens von menschlichen Keimzellen oder Embryonen bei der Durchführung reproduktionsmedizinischer Maßnahmen. Während im Bereich der Prävention von Vertauschungsvorfällen einige spezifische Regelungen existieren, kann im „forensischen“ Rechtsfolgenbereich einzig auf Normen zurückgegriffen werden, die nicht im Hinblick auf die besonderen Anforderungen der Vertauschungskonstellation konzipiert wurden. Daher weist die lex lata in einigen Punkten Defizite auf, die zu einer unbefriedigenden, weder sach- noch interessengerechten Rechtslage führen. Auch wenn das Vertauschungsrisiko bei rein numerischer Betrachtung eher gering sein mag, ergibt sich die Relevanz des Themas aus der großen Belastung, die ein Vertauschungsvorfall für die Betroffenen bedeutet und der Vielfalt der zu klärenden Problemfacetten.

Die de lege lata bestehenden *Präventionsvorgaben* leiden daran, dass sie zu oberflächlich, vage, fragmentarisch und weit verstreut geregelt sind. Ein umfassendes Fortpflanzungsmedizingesetz mit abgestuftem (und dadurch flexiblem) Regelungskonzept könnte Abhilfe schaffen und die Sicherheit von Techniken der assistierten Reproduktion nachhaltig gewährleisten. Dabei sollte das in der Praxis angewandte Vier-Augen-Prinzip durch die Pflicht zur Verwendung eines elektronischen Sicherungssystems abgelöst werden. Denn nur auf diese Weise kann die größte Fehlerquelle im Hinblick auf Vertauschungen ausgemerzt werden: Personalversagen aufgrund menschlicher Unzulänglichkeit.

Ist es zu einem Vertauschungsvorfall gekommen, kann zwischen drei Problemkreisen unterschieden werden: Zunächst stellt sich die Frage, welche rechtlichen und tatsächlichen Hindernisse die Aufklärung des Vorfalls erschweren (Kapitel D.). Sodann sind die zivilrechtlichen Primär- (Kapitel E.) sowie die straf- und zivilrechtlichen Sekundärrechtsfolgen (Kapitel F.) in den Blick zu nehmen.

---

[1] Diese Wendung geht auf den Rechtsstreit *Hodgens v. Hodgens* aus dem Jahre 1837 vor dem House of Lords zurück und wurde 1904 von *Oliver Wendell Holmes Jr.* im Verfahren *Northern Securities Co. v. United States* am Supreme Court der Vereinigten Staaten adaptiert und ab diesem Zeitpunkt zum geflügelten Wort.

In den meisten Fällen geht der erste Impuls zur Aufklärung eines Vertauschungsvorfalls nicht von der reproduktionsmedizinischen Einrichtung, sondern von den Betroffenen selbst aus. Dementsprechend rücken *Auskunftsansprüche* der Betroffenen in den Mittelpunkt der Betrachtung. Da § 10 SaRegG auf die hier zu beurteilenden Fallkonstellationen keine Anwendung findet, kann Auskunft über personenbezogene Informationen der „Komplementär-Familie" lediglich mithilfe des Anspruchs aus § 242 i. V. m. § 1618a BGB verlangt werden. Dieser Anspruch besteht jedoch nur, wenn sämtliche Personen, deren Informationen Gegenstand des Auskunftsanspruchs sind, den Arzt von der ärztlichen Schweigepflicht entbinden oder die nach § 203 StGB strafbare Auskunftserteilung durch § 34 StGB gerechtfertigt ist, weil das Auskunfts- das Verschwiegenheitsinteresse wesentlich überwiegt. Entgegen der Ansicht der Rechtsprechung ist von einem solchen Überwiegen in der Regel nicht auszugehen.

Daneben ergibt sich für den Behandelnden eine weitere Schwierigkeit bei der Aufklärung des Vertauschungsvorfalls aus dem grundrechtlich abgesicherten *Recht auf Nichtwissen*. Grundsätzlich steht jedem das Recht zu, selbst darüber zu entscheiden, welche belastenden Informationen er zur Kenntnis nehmen möchte und welche nicht. Angesichts der Tatsache, dass den Behandelnden keine prätherapeutische Aufklärungspflicht in Bezug auf das Risiko einer Vertauschung trifft, wird den Patienten jedoch regelmäßig die Möglichkeit verwehrt, ihr Recht auf Nichtwissen zu „aktivieren". Damit das Recht auf Nichtwissen nicht mangels erkennbar entgegenstehendem Willen durch eine zu offene Kommunikationspolitik des Arztes unterlaufen wird, sollte de lege ferenda ein „Register über reproduktionsmedizinische Vorfälle" eingerichtet werden. Dieses Register wäre wie das Samenspenderregister vom DIMDI zu führen und übermittelt auf Nachfrage Informationen darüber, ob es bei der reproduktionsmedizinischen Behandlung zu einem Vertauschungsvorfall gekommen ist. Die Ärzte müssten lediglich vor der Behandlung auf das Register hinweisen, um den Patienten die Entscheidung zu ermöglichen, ob ein Auskunftsersuch gestellt wird. Zugleich würde das Register den Auskunftsanspruch der Betroffenen institutionalisieren sowie formalisieren und dem Gesetzgeber die Möglichkeit eröffnen, den unter hohen Anforderungen stehenden Abwägungsrahmen des § 34 StGB den Voraussetzungen des § 10 SaRegG anzupassen.

Die aus einem Vertauschungsvorfall erwachsenden *abstammungsrechtlichen Verwerfungen* sind nicht durchgängig mit verfassungsrechtlichen Vorgaben in Einklang zu bringen. Zwar kann die nicht mit der genetischen Realität übereinstimmende Vaterschaftszuordnung durch Anfechtung korrigiert werden. Jedoch beschneidet die Schranke der sozial-familiären Beziehung in § 1600 Abs. 2, 3 BGB das Elternrecht des genetischen Vaters in unsachgemäßer sowie verfassungswidriger Weise. Den Forderungen des 71. DJT sowie des AK Abstammungsrecht folgend, ist eine unbeschränkte Anfechtung innerhalb einer festen Zeitspanne nach der Geburt zu ermöglichen. Nach Ablauf dieses Zeitrahmens sollte die Schranke der sozial-familiären Beziehung durch eine umfassende Interessenabwägung im Einzelfall ersetzt werden, bei der vor allem das Kindeswohl zu berücksichtigen ist.

Die Unanfechtbarkeit der Mutterschaftszuordnung ist nach hier vertretener Auffassung für Fallgestaltungen, in denen es zu einer ungewollten gespaltenen Mutterschaft gekommen ist, verfassungsrechtlich nicht zu rechtfertigen. Die § 1591 BGB innewohnende, auf die Verhinderung gespaltener Mutterschaften gerichtete Sanktionswirkung läuft immer dann ins Leere, wenn kein sanktionswürdiges Verhalten der Normadressatin festzustellen ist. Gerade für die Situation des Vertauschungsvorfalls fehlt ein zu missbilligender Verursachungsbeitrag der Wunschmutter, sodass das entscheidende Argument für die Andersbehandlung gegenüber der Vaterschaft entfällt. Deshalb sollte mit Blick auf Art. 3 GG für jene Fälle de lege ferenda ein Anfechtungsrecht der Mutter eingeführt werden, das sich in Umfang und Voraussetzungen an demjenigen für die Vaterschaft orientiert. Als Ausgleich für den Verlust der rechtlichen Mutterschaft sind der Tragemutter an § 1686a BGB angelehnte Rechte zu gewähren. Im Zuge dessen muss § 1686a BGB schließlich auch inhaltlich erweitert werden, damit genetische Eltern nicht nur in den Genuss „angenehmer“ Rechte kommen, ohne dass ihnen zugleich auch Pflichten auferlegt werden.

Anders als die nachgeburtliche Zuordnung des Kindes zu den Eltern erfolgt die Zuordnung der Keimzellen, 2-PN-Zellen und Embryonen vor dem intrauterinen Transfer unter (analoger) Anwendung des Sachenrechts. Vor der Imprägnation kann jede Person, die ihre Keimzellen zu der Behandlung hergegeben hat, diese unter Rückgriff auf das sachenrechtliche Sicherungsregime herausverlangen. Ist das *Herausgabeverlangen* auf eine 2-PN-Zelle oder einen Embryo gerichtet, besteht an dem Herausgabegegenstand Miteigentum der beiden Keimzellgeber entsprechend dem Rechtsgedanken des § 947 Abs. 1 BGB. Daher kann Herausgabe ab diesem Zeitpunkt nur unter den Voraussetzungen der §§ 1011, 432 BGB verlangt werden.

Daneben stellt sich die Frage nach der straf- und zivilrechtlichen Haftungsverantwortung für einen Vertauschungsvorfall. In strafrechtlicher Hinsicht ist richtungsweisend, ob die von der Patientin erteilte Zustimmung zu dem intrauterinen Embryotransfer angesichts der Fehlvorstellung über die Identität des Embryos als wirksam und damit strafbarkeitsausschließend (§§ 223 Abs. 1 StGB, 4 Abs. 1 Nr. 1, 2 ESchG) zu bewerten ist. Nach vorzugswürdiger Auffassung berühren nicht bloß rechtsgutsbezogene, sondern sämtliche Irrtümer, die zu einer im Widerspruch zum eigenen Wertsystem stehenden Entscheidung führen, die Wirksamkeit der Einwilligung. Der Vorstellung des behandelnden Arztes, bei seinem

Eingriff durch eine wirksame Einwilligung geschützt zu sein, kann dabei mithilfe der Regeln über den Erlaubnistatbestandsirrtum hinreichend Rechnung getragen werden. Insoweit wird in vielen Fällen lediglich dann eine *Strafbarkeit des Arztes* gegeben sein, wenn für ihn erkennbar war, dass die Patientin einem wirksamkeitsausschließenden Irrtum unterlag (§ 229 StGB). Dies wird regelmäßig dann der Fall sein, wenn er auch die Tatsache, dass es zu einem Vertauschungsvorfall gekommen ist, erkennen konnte. Als weiterer Täter eines fahrlässigen Körperverletzungsdelikts kommt zudem vor allem die Person in Betracht, die bei der Durchführung der Behandlungsschritte die Anwendung der gebotenen Sorgfalt vermissen ließ und dadurch die Vertauschung verursacht hat.

Im Rahmen der *zivilrechtlichen Sekundärrechtsfolgen* steht die Frage im Mittelpunkt, ob ein von einer Vertauschung betroffenes Elternpaar die Unterhaltskosten für das Kind als Schadensposition geltend machen kann. Dies ist einzig für solche Vermögenseinbußen möglich, die dem Paar nicht auch entstanden wären, wenn es zu keiner Vertauschung gekommen wäre. Damit verbleiben die Kosten, die aus einem erhöhten Unterhaltsaufwand aufgrund einer durch die Vertauschung verursachten Behinderung des Kindes oder einer Doppelinanspruchnahme durch das genetisch eigene Kind resultieren. Der Aspekt der Zweckverfehlung vermag in diesem Zusammenhang keine abweichende Bewertung zu rechtfertigen, da die zu berücksichtigenden Zwecke durch die gesetzliche Konzeption der §§ 1601 ff. BGB abschließend festgelegt wurden.

Nach der hier als zutreffend bewerteten Auffassung des *BGH* ist im weiteren Verlauf der Schadensfeststellung eine abstrahierende schadensersatzrechtliche Betrachtungsweise geboten, da diese keinen Menschenwürdeverstoß durch die Einstufung der Unterhaltskosten als Schaden nach sich zieht. Aus einer konsequenten Anwendung dieser Betrachtungsweise folgt zugleich, dass die Mehrkosten für ein behindertes Kind von dem Regelunterhalt getrennt werden können. Daher können auch nur diese Mehrbelastungen als Schaden geltend gemacht werden.

Demgegenüber ist die Tatsache, dass die Eltern den mit der reproduktionsmedizinischen Behandlung verfolgten Zweck nicht erreichen, bei den Ansprüchen auf Ersatz der Behandlungs- und Entbindungskosten, immaterieller Schäden sowie eines etwaigen Verdienstausfalls zu berücksichtigen. Im Gegenteil zur Unterhaltspflicht stehen diese Fällen in keinem normativen Kontext, aus dem geschlussfolgert werden könnte, dass dem von den Eltern verfolgten Zweck im Rahmen der normativ-wertenden Betrachtung der mithilfe der Differenzrechnung gewonnen Ergebnissen keine Beachtung zu schenken ist. Daher stehen den Eltern entsprechende Ansprüche zu.

Das betroffene Kind wiederum kann infolge der Vertauschung insbesondere niedriger ausfallende Unterhalts- oder Erbansprüche als Schaden geltend machen, so sie denn mit der Differenzhypothese zu berechnen sind. Neben diesen aus dem Vertauschen an sich resultierenden Ersatzansprüchen sind solche Ansprüche in den Blick zu nehmen, die an Schäden aus etwaigen Dokumentationsverstößen oder einer unangemessenen Offenbarung des Vorfalls anknüpfen.

Die hier gefundenen Forschungsergebnisse zeigen, dass die Situation der von einem Vertauschungsvorfall betroffenen Personen unbefriedigend ist. Zu den tatsächlichen Schwierigkeiten bei der Aufdeckung einer Vertauschung kommen die de lege lata bestehenden rechtlichen Hürden, welche zu einer zusätzlichen Belastung für die involvierten Familien führen. Auch wenn die Zahl der Betroffenen vergleichsweise gering sein mag – der Grad ihrer Belastung ist es nicht! Dementsprechend sollte der Gesetzgeber jedenfalls im Rahmen des ihm Möglichen durch normative Anpassungen für Linderung sorgen, um zumindest die rechtlichen Auswirkungen eines Vertauschungsvorfalls interessengerecht und so wenig einschneidend wie möglich zu gestalten.

Für die Zukunft könnte angesichts moderner technischer Möglichkeiten ohnehin dafür gesorgt werden, dass das Vertauschungsrisiko nahezu aus der Welt geräumt wird. Wie so oft ist es allein der Wille der politisch Verantwortlichen, von dem die Lösung des Problems abhängt. Die Relation zwischen Aufwand und Ertrag effektiver Präventionsmöglichkeiten sollte eigentlich keinen Raum für Diskussionen darüber lassen, ob es sich lohnt, sie zu ergreifen.

Anhang: Liste der öffentlich bekannt gewordenen Vertauschungsfälle

- **Fall 1** (Münster, Deutschland): *OLG Hamm* FamRZ 2018, 1162
- **Fall 2** (Deutschland): Frankfurter Allgemeine Zeitung (FAZ) Nr. 96 v. 26.04.1983, S. 7
- **Fall 3** (Westfalen, Deutschland): *Ludwig* DER SPIEGEL 27/2012, 42–44
- **Fall 4** (Jena, Deutschland): *Ludwig* DER SPIEGEL 29/2013, 46–47
- **Fall 5** (Oldenburg, Deutschland):[1] www.nwzonline.de/blaulicht/bei-befruchtung-falsches-sperma-eingesetzt_a_1,0,581943433.html
- **Fall 6** (München, Deutschland): www.sueddeutsche.de/muenchen/kuenstliche-befruchtung-sperma-verwechselt-1.667915
- **Fall 7** (Bregenz, Österreich): *Schrep* DER SPIEGEL 30/2016, 46-48
- **Fall 8** (Bregenz, Österreich): www.stern.de/tv/vertauschte-eizelle--warum-diese-junge-frau-nach-ihren-leiblichen-eltern-sucht-7444424.html
- **Fall 9** (Wien, Österreich): www.wienerzeitung.at/nachrichten/oesterreich/chronik/964763_Samen-bei-kuenstlicher-Befruchtung-vertauscht.html
- **Fall 10** (Utrecht, Niederlande): www.sueddeutsche.de/panorama/utrecht-kinderwunsch-klinik-verwechselte-womoeglich-sperma-1.3311982
- **Fall 11** (Brno, Tschechien): www.radio.cz/de/print/artikel/502625
- **Fall 12** (Warschau, Polen): www.aerztezeitung.de/praxis_wirtschaft/recht/article/878585/klinik-polen-angeblich-falsche-eizelle-befruchtet.html
- **Fall 13** (London, England): www.morgenpost.de/printarchiv/panorama/article102865394/Klinik-verwechselt-Embryos.html
- **Fall 14** (Cardiff, Großbritannien): www.aerztezeitung.de/medizin/fachbereiche/gynaekologie/article/552848/britische-Aerzte-verwechseln-embryonen.html
- **Fall 15** (Leeds, Großbritannien): www.derstandard.at/2463319/Sperma-Verwechslung-Englisches-Paar-bekam-asiatische-Zwillinge
- **Fall 16** (Nordirland, Großbritannien): www.aerztezeitung.de/medizin/fachbereiche/gynaekologie/article/552848/britische-Aerzte-verwechseln-embryonen.html

[1] Sämtliche URL in dieser Liste zuletzt abgerufen am 30.09.19.

- **Fall 17** (Rom, Italien): www.sueddeutsche.de/panorama/panne-bei-kuenstlicher-befruchtung-in-italien-zwillinge-zwei-paare-und-ein-streit-1.2083595
- **Fall 18** (Irvine, Kalifornien): Deutsches Ärzteblatt 92, Heft 30, A-2052
- **Fall 19** (Salt Lake City, USA): www.welt.de/vermischtes/article123765513/Laborant-soll-Sperma-Tausch-betrieben-haben.html
- **Fall 20** (Ohio, USA): www.hna.de/welt/nach-embryo-verwechslung-leihmutter-entbindet-478230.html
- **Fall 21** (Ohio, USA): www.tagesanzeiger.ch/panorama/vermischtes/falsche-hautfarbe-ist-kein-klagegrund/story/24467528
- **Fall 22** (San Francisco, USA): www.abendblatt.de/vermischtes/article106893371/Embryo-vertauscht-Eine-Million-Dollar-Entschaedigung.html
- **Fall 23** (Barendrecht, Niederlande): www.stern.de/familie/chefarzt-jubelte-dutzenden-paaren-sein-eigenes-sperma-unter-7451938.html
- **Fall 24** (Bangkok, Thailand): www.noz.de/deutschland-welt/vermischtes/artikel/643508/verwechslung-im-reagenzglas

Literaturverzeichnis

Adams, Sally/Carthey, Jane: IVF Witnessing and Electronic Systems – Final Report for the Human Fertilisation and Embryology Authority, 2006.

Amelung, Knut: Buchbesprechung zu: Rönnau, Thomas: Willensmängel bei der Einwilligung im Strafrecht, ZStW 115 (2008), 710–719.

Ders.: Einwilligungsfähigkeit und Rationalität, JR 1999, 45–47.

Ders.: Irrtum und Täuschung als Grundlage von Willensmängeln bei der Einwilligung des Verletzten, Berlin 1998 (zit.: *Amelung,* Irrtum und Täuschung).

Ders.: Irrtum und Zweifel des Getäuschten beim Betrug, GA 1977, 1–17.

Ders.: Über die Einwilligungsfähigkeit (Teil I), ZStW 104 (1992), 525–558.

Ders.: Über die Einwilligungsfähigkeit (Teil II), ZStW 104 (1992), 821–833.

Ders.: Über Freiheit und Freiwilligkeit auf der Opferseite der Strafnorm, GA 1999, 182–203.

Ders.: Willensmängel bei der Einwilligung als Tatzurechnungsproblem, ZStW 109 (1997), 490–518.

Amelung, Knut/Eymann, Frieder: Die Einwilligung des Verletzten im Strafrecht, JuS 2001, 937–946.

Amelung, Knut/Lorenz, Jörn: Mensch und Person als Schutzobjekte strafrechtlicher Normen, insbesondere bei der Körperverletzung, Festschrift für Harro Otto, Köln 2007.

Arloth, Frank: Arztgeheimnis und Auskunftspflicht bei AIDS im Strafvollzug, MedR 1996, 295–299.

Arzt, Gunther: Einwilligungsdoktrin und Teilnahmelehre, in: Geisler et al. (Hrsg.), Festschrift für Klaus Geppert zum 70. Geburtstag, Berlin 2011, 1–22 (zit.: *Arzt* FS Geppert).

Ders.: Heileingriffe aufgrund einer Blanko-Einwilligung bezüglich der Person des Arztes, in: Arzt, Gunther (Hrsg.), Festschrift für Jürgen Baumann, Bielefeld 1992, 201–212 (zit.: *Arzt* FS Baumann).

Ders.: Willensmängel bei der Einwilligung, Frankfurt a.M. 1970.

Arzt, Gunther/Weber, Ulrich/Heinrich, Bernd/Hilgendorf, Eric: Strafrecht Besonderer Teil, 3. Auflage, Bielefeld 2015 (zit.: AWHH BT).

Aschhoff, Sylvia: Ansprüche gegen gesetzliche und private Krankenversicherungen bei künstlicher Fortpflanzung, Baden-Baden 2011.

Aust, Kerstin: Das Kuckuckskind und seine drei Eltern, Frankfurt a.M. 2015.

Backhaus, Ralph: Inwieweit darf die Unterhaltspflicht für ein Kind als Schaden bewertet werden?, MedR 1996, 201–205.

Backmann, Jan L.: Künstliche Fortpflanzung und Internationales Privatrecht, München 2002.

Bamberger, Heinz Georg/Roth, Herbert (Hrsg.): Beck'scher Online-Kommentar BGB, 51. Edition (Stand: 01.08.2019), München 2019 (zit.: BeckOK-BGB/*Bearbeiter*).

Barry, Chris/Lennox, Karl: Management of expressed breast milk. Is the right breast milk being fed to infants?, Canadian Journal for Infect Control 1998, 16–19.

Baumann, Jürgen/Weber, Ulrich/Mitsch, Wolfgang/Eisele: Jörg, Strafrecht Allgemeiner Teil, 12. Auflag, Bielefeld 2016 (zit.: *Baumann/Weber/Mitsch/Eisele* AT).

Bear, Mark F./Connors, Barry/Paradiso, Michael A.: Neurowissenschaften, 4. Auflage, Berlin [u. a.] 2018.

Becker, Ulrich/Kingreen, Thorsten (Hrsg.): SGB V: Gesetzliche Krankenversicherung – Kommentar, 6. Auflage, München 2018 (zit.: Becker/Kingreen/*Bearbeiter*).

Becker, Walter: Schutz des Privat-Geheimnisses im neuen Strafrecht, MDR 1974, 888–892.

Bergmann, Alfred: Einwilligung und Einverständnis im Strafrecht, JuS-Lernbogen 1989, L65–L68.

Bernat, Erwin: Fortpflanzungsmedizin und Recht – Bemerkungen zum Stand der Gesetzgebung in Österreich, Deutschland und Großbritannien, MedR 1991, 308–315.

Berz, Ulrich: Tagungsbericht – Die Diskussionsbeiträge der Strafrechtslehrertagung 1977 in Gießen, ZStW 90 (1978), 210–225.

Bichlmeier, Gerd: Die Wirksamkeit der Einwilligung in einen medizinisch nicht indizierten ärztlichen Eingriff, JZ 1980, 53–56.

Bier, Anja/Nindl, Gabriele/Kussmann, Gabriele: Bindung und Stillen – Ein Thema für die Kinder- und Jugendtherapie?, Originalia 2013, 69–78.

Bilsdorfer, Peter: Rechtliche Probleme der In-Vitro-Fertilisation und des Embryo-Transfers, MDR 1984, 803–806.

BMBF-Projektgruppe „Recht auf Nichtwissen“: Empfehlungen zum anwendungspraktischen Umgang mit dem „Recht auf Nichtwissen“, MedR 2016, 399–405.

Bock, Dennis/Wilms, Stephan: Die Verletzung von Privatgeheimnissen (§ 203 StGB), JuS 2011, 24–28.

Bockelmann, Paul: Rechtliche Grundlagen und rechtliche Grenzen der ärztlichen Aufklärungspflicht, NJW 1961, 945–951.

Ders.: Strafrecht des Arztes, Stuttgart 1968.

Born, Winfried: Frankenstein oder Pretty Woman: gleiches Recht für alle?, NZV 2016, 545–550.

Bräutigam, Frank: Anonym, das war einmal – Für ein rechtliches Gesamtkonzept zur Samenspende, AnwBl 2015, 331–332.

Brötel, Achim: Reden ist Silber, Schweigen ist Gold? – Zur Behandlung ärztlicher Honoraransprüche bei Abgabe der eidesstattlichen Versicherung, NJW 1998, 3387–3390.

Brühl, Rebecca: Zufallsfunde in der Medizin – Das Ende des Rechts auf Nichtwissen?, Rescriptum 2016, 119–126.

Bundesärztekammer: Stellungnahme zum Regierungsentwurf eines Gesetzes zur Regelung des Rechts auf Kenntnis der Abstammung bei heterologer Verwendung von Samen vom 21.12.2016, abrufbar unter: www.bundesaerztekammer.de/politik/stellungnahmengesetzgebung (zuletzt abgerufen am: 30.09.19).

Bundesministerium für Gesundheit (Hrsg.): Fortpflanzungsmedizin in Deutschland, Baden-Baden 2001 (zit.: *Bearbeiter* in: Fortpflanzungsmedizin in Deutschland).

Bundesministerium für Justiz und Verbraucherschutz (Hrsg.): Arbeitskreis Abstammungsrecht – Abschlussbericht: Empfehlungen für eine Reform des Abstammungsrechts, Berlin 2017, abrufbar unter: www.bmjv.de/Abschlussbericht-AK-Abstammungsrecht (zuletzt abgerufen am: 30.09.19).

Bundesrechtsanwaltskammer: Stellungnahme des Ausschusses Familien- und Erbrecht Nr. 40/2012, abrufbar unter: www.brak.de/zur-rechtspolitik/stellungnahmen-pdf/stellungnahmen-deutschland/2012/ (zuletzt abgerufen am: 30.09.19).

Büdenbender, Ulrich: Drittschadensliquidation bei obligatorischer Gefahrentlastung – eine notwendige oder überflüssige Rechtsfigur?, NJW 2000, 986–992.

Büttner, Helmut: Der biologische (genetische) Vater und seine Rechte, in: Hofer, Sibylle/Klippel, Diethelm/Walter, Ute (Hrsg.), Perspektiven des Familienrechts: Festschrift für Dieter Schwab, Bielefeld 2005, 735–746 (zit.: *Büttner* FS Schwab).

Child, Tim J. et al.: A Comparison of In Vitro Maturation and In Vitro Fertilization for Women With Polycystic Ovaries, Obstetrics & Gynecology 2002, 665–670.

Coester, Michael: Elternrecht des nichtehelichen Vaters und Adoption – Zur Entscheidung des Bundesverfassungsgerichts vom 7.3.1995, FamRZ 1995, 1245–1251.

Ders.: Reform des Kindschaftsrechts, JZ 1992, 809–816.

Coester-Waltjen, Dagmar: Anmerkung zu OLG Düsseldorf, Beschl. v. 31.07.2015 – II-1 UF 83/14, FamRZ 2015, 1981–1982.

Dies.: Befruchtungs- und Gentechnologie bei Menschen – rechtliche Probleme von morgen?, FamRZ 1984, 230–236.

Dies.: Besonderheiten im Abstammungsverfahren, Jura 2009, 427–431.

Dies.: Künstliche Fortpflanzung und Zivilrecht, FamRZ 1992, 369–373.

Dies.: Statusrechtliche Folgen der Stärkung der Rechte der nichtehelichen Väter, FamRZ 2013, 1693–1699.

Dies.: Zivilrechtliche Probleme künstlicher Befruchtungen, Jura 1987, 629–639.

Corinth, Annette: Ärztliche Schweigepflicht und kollidierende Gesundheitsinteressen Dritter, Hannover 2008.

Cornelius, Kai: Cloud Computing für Berufsgeheimnisträger, StV 2016, 380–390.

Cramer, Peter: Vermögensbegriff und Vermögensschaden im Strafrecht, Bad Homburg [u. a.] 1968.

Damm, Reinhard: Imperfekte Autonomie und Neopaternalismus, MedR 2002, 375–387.

Ders.: Persönlichkeitsschutz und medizintechnische Entwicklung, JZ 1998, 926–938.

Ders.: Prädiktive Gendiagnostik, Familienverband und Haftungsrecht, MedR 2012, 705–710.

Danz, Stefan/Pagel, Cornelia: Wem gehört die Nabelschnur?, MedR 2008, 602–607.

De Geyter, Christian/De Geyter, Maria/Behre, Herrmann M.: Assistierte Reproduktion, in: Nieschlag, Eberhard/Behre, Herrmann/Nieschlag, Susan (Hrsg.), Andrologie, 3. Auflage, Heidelberg 2009, S. 477–513 (zit.: *De Geyter/De Geyter/Behre* in: Andrologie).

Deichgräber, Karl: Der hippokratische Eid, 4. Auflage, Stuttgart 1983.

Dethloff, Nina: Familienrecht in Europa – Quo vadis?, NJW 2018, 23–28.

Dethloff, Nina/Gerhardt, Rudolf: „Ein Reproduktionsmedizingesetz ist überfällig" – Zuordnung des Kindes zu den Wunscheltern, nicht zum Samenspender, ZRP 2013, 91–93.

Deutsch, Erwin: Allgemeines Haftungsrecht, 2. Auflage, Köln [u. a.] 1996.

Ders.: Berufshaftung und Menschenwürde: Akt III, NJW 1998, 510.

Ders.: Das Kind oder sein Unterhalt als Schaden, VersR 1995, 609–616.

Ders.: Das Persönlichkeitsrecht des Patienten, AcP 192 (1992), 161–180.

Ders.: Schadensrecht und Verfassungsrecht: Akt II, NJW 1994, 776–778.

Ders.: Schweigepflicht und Infektiosität, VersR 2001, 1471–1475.

Ders.: Unerwünschte Empfängnis, unerwünschte Geburt und unerwünschtes Leben verglichen mit wrongful conception, wrongful birth und wrongful life des anglo-amerikanischen Rechts, MDR 1984, 793–795.

Deutsch, Erwin/Spickhoff, Andreas: Medizinrecht, 7. Auflage, Berlin [u. a.] 2014.

Deutsche Akademie der Naturforscher Leopoldina e.V.: Ein Fortpflanzungsmedizingesetz für Deutschland, Berlin 2017, abrufbar unter: www.leopoldina.org/uploads/tx_leopublication/2017_Diskussion_Fortpflanzungsmedizin.PDF (zuletzt abgerufen am: 30.09.19).

Deutscher, Jörg/Körner, Peter: Soziale Zweckverfehlung beim Spendenbetrug – BGH, NJW 1995, 539, JuS 1996, 296–303.

Deutscher Anwaltverein: „Entwurf eines Gesetzes zur Stärkung der Rechte des leiblichen, nicht rechtlichen Vaters" – Stellungnahme des Deutschen Anwaltvereins durch den Ausschuss Familienrecht Nr. 15/2013, FF 2013, 134–135.

Deutscher Anwaltverein/Institut für Rechtsfragen der Medizin (Hrsg.): Aktuelle Entwicklungen im Medizinstrafrecht – 3. Düsseldorfer Medizinstrafrechtstag, Baden-Baden 2013 (zit.: *Bearbeiter* in: Aktuelle Entwicklungen).

Deutscher Familiengerichtstag e.V.: Stellungnahme zum Referentenentwurf des BMJ eines Gesetzes zur Stärkung der Rechte des leiblichen, nicht rechtlichen Vaters vom 11.05.2012, Berlin 2012, abrufbar unter: www.dfgt.de/index.php5?did=254 (zuletzt abgerufen am: 30.09.19).

Deutscher Juristentag e.V.: Beschlüsse des 59. Deutschen Juristentages 15.-18.9.1992 in Hannover, FamRZ 1992, 1275–1278.

Deutscher Juristentag e.V. (Hrsg.): Beschlüsse des 71. Deutschen Juristentages Essen 2016, abrufbar unter: www.djt.de/fileadmin/downloads/71/161213_71_beschluesse_web.pdf (zuletzt abgerufen am: 30.09.19).

Deutscher Juristinnenbund: Thesen einer Arbeitsgruppe des Deutschen Juristinnenbundes zu künstlichen Befruchtungen, JZ 1986, 777–778.

Deutsches IVF Register (DIR) e.V.: Jahrbuch 2017, Journal für Reproduktionsmedizin und Endokrinologie 2018, Sonderheft 1, 1–44.

Diederichsen, Uwe: Die Haftung des Warenherstellers, 2. Aufl., München 1987.

Diedrich, Klaus/Ven, Hans van der: Konzeption und Frühgravidität, in: Bettendorf, Gerhard/ Breckwoldt, Meinert (Hrsg.), Reproduktionsmedizin, Stuttgart [u. a.] 1989, S. 544–553 (zit.: *Diedrich/van der Ven* in: Bettendorf/Breckwoldt, Reproduktionsmedizin).

Diedrich, Klaus et al.: Reproduktionsmedizin im internationalen Vergleich; Wissenschaftlicher Sachstand, medizinische Versorgung und gesetzlicher Regelungsbedarf – Gutachten im Auftrag der Friedrich-Ebert-Stiftung, Berlin 2008 (zit.: FES-Gutachten/*Bearbeiter*).

Dittrich, Iris: Drittgeheimnisse im Rahmen der Verletzung von Privatgeheimnissen gemäß § 203 StGB, Kiel 2007.

Dorn, Christoph: Inseminationsbehandlung, in: Diedrich, Klaus/Ludwig, Michael/Griesinger, Georg (Hrsg.), Reproduktionsmedizin, Berlin [u. a.] 2012, S. 197–208 (zit.: *Dorn* in: Dietrich/Ludwig/Griesinger, Reproduktionsmedizin).

Dölling, Dieter/Duttge, Gunnar/König, Stefan/Rössner, Dieter (Hrsg.): Gesamtes Strafrecht – Handkommentar, 4. Auflage, Baden-Baden 2017 (zit.: Dölling/Duttge/König/Rössner/*Bearbeiter*).

Duden, Konrad: Anmerkung zu BGH, Beschl. v. 15.11.2017 – XII ZB 389/16, FamRZ 2018, 355–356.

Duttge, Gunnar: Das Recht auf Nichtwissen in der Medizin, DuD 2010, 34–38.

Ders.: Das Recht auf Nichtwissen in einer informationell vernetzten Gesundheitsversorgung, MedR 2016, 664–669.

Ebner, Thomas/Diedrich, Klaus: In-vitro-Fertilisation und Intrazytoplasmatische Spermieninjektion, in: Diedrich, Klaus/Ludwig, Michael/Griesinger, Georg (Hrsg.), Reproduktionsmedizin, Berlin [u. a.] 2012, S. 215–224 (zit.: *Ebner/Diedrich* in: Dietrich/Ludwig/Griesinger, Reproduktionsmedizin).

Eckebrecht, Marc: Das vertauschte Kind, FPR 2011, 394–400.

Eckersberger, Peter: Auswirkungen des Kinderrechteverbesserungsgesetzes auf Vereinbarungen über die heterologe Insemination, MittBayNot 2002, 261–264.

Eichelbrönner, Nicolas: Die Grenzen der Schweigepflicht des Arztes und seiner berufsmäßig tätigen Gehilfen nach § 203 StGB im Hinblick auf Verhütung und Aufklärung von Straftaten, Würzburg 2001.

Eidenmüller, Horst: Der Auskunftsanspruch des Kindes gegen seine Mutter auf Benennung des leiblichen Vaters – BVerfGE 96, 56, JuS 1998, 789–795.

Elder, Kay/Dale, Brian: In vitro fertilization, Second Edition, Cambridge 2000.

Enders, Christoph: Das Recht auf Kenntnis der eigenen Abstammung, NJW 1989, 881–884.

Engländer, Armin: Schweigepflicht bei HIV-Infektion – Zugleich Anmerkung zu OLG Frankfurt a. M., Urt. v. 05.10.1999 – 8 U 67/99, MedR 2001, 143–144.

Epping, Volker/Hillgruber, Christian (Hrsg.): Beck'scher Online-Kommentar Grundgesetz, 41. Edition (Stand: 15.05.2019), München 2019 (zit.: BeckOK-GG/*Bearbeiter*).

Ernst, Rüdiger: Abstammungsrecht – Die Reform ist vorbereitet, NZFam 2018, 443–447.

Eser, Albin/Koch, Hans-Georg: Schwangerschaft nach fehlgeschlagener Sterilisation: Wofür muss der Arzt haften?, Deutsches Ärzteblatt (DÄBl.) 1981, 1673–1677.

Fikentscher, Wolfgang/Möllers, Thomas: Die (negative) Informationsfreiheit als Grenze von Werbung und Kunstdarbietung, NJW 1998, 1337–1344.

Fischer, Gerfried: Schadensersatz wegen unterbliebener Abtreibung, NJW 1981, 1991–1992.

Fischer, Thomas: Strafgesetzbuch: StGB mit Nebengesetzen, 66. Auflage, München 2019.

Fitting, Carsten: Auskunftsanspruch des im Wege der heterologen Insemination gezeugten Kindes, Gynäkologe 2013, 760–764.

Forkel, Hans: Verfügungen über Teile des menschlichen Körpers, JZ 1974, 593–599.

Frank, Rainer: Anmerkung zu EGMR, Urt. v. 14.01.2016 – Beschwerde Nr. 30955/12, FamRZ 2016, 530–531.

Ders.: Recht auf Kenntnis der genetischen Abstammung?, FamRZ 1988, 113–120.

Ders.: Rechtsvergleichende Betrachtungen zur Vaterschaftsanfechtung durch den leiblichen Vater des Kindes, in: Hofer, Sibylle/Klippel, Diethelm/Walter, Ute (Hrsg.), Perspektiven des Familienrechts: Festschrift für Dieter Schwab, Bielefeld 2005, 1127–1140 (zit.: *Frank* FS Schwab).

Ders.: Vertauschte Kinder, FamRZ 2015, 1149–1154.

Frank, Rainer/Helms, Tobias: Der Anspruch des nichtehelichen Kindes gegen seine Mutter auf Nennung des leiblichen Vaters – Zugleich Besprechung der Entscheidung des BVerfG vom 06.05.1977 – 1 BvR 409/90, FamRZ 1997, 1258–1263.

Franzki, Harald: Neue Dimensionen in der Arzthaftung: Schäden bei der Geburtshilfe und Wrongful life als Exponenten einer Entwicklung?, VersR 1990, 1181–1185.

Freund, Georg/Weiss, Natalie: Zur Zulässigkeit der Verwendung menschlichen Körpermaterials für Forschungs- und andere Zwecke, MedR 2014, 315–319.

Freundl, Gerhard/Haidl, Gerhard: Methoden der artifiziellen Reproduktion (ART), in: Schirren, Carl (Hrsg.), Unerfüllter Kinderwunsch – Leitfaden Reproduktionsmedizin für die Praxis, 3. Auflage, Köln 2003, S. 355–382 (zit.: *Freundl/Haidl* in: Unerfüllter Kinderwunsch).

Fries, Alison et al.: Early experience in humans is associated with changes in neuropeptides critical for regulating social behavior, PNAS 2005, 17237–17240.

Frister, Helmut: Die Entbindung von der ärztlichen Schweigepflicht durch den gesetzlichen Vertreter im Strafprozess, in: Stein, Ulrich/Greco, Luís/Jäger, Christian/Wolter, Jürgen (Hrsg.), Festschrift für Klaus Rogall, Berlin 2018, 473–484 (zit.: *Frister* FS Rogall).

Ders.: Strafrecht Allgemeiner Teil, 8. Auflage, München 2018 (zit.: *Frister* AT).

Frister, Helmut/Olzen, Dirk (Hrsg.): Rechtliche Fragestellungen in der Reproduktionsmedizin, Düsseldorf 2009 (zit.: Frister/Olzen/*Bearbeiter*).

Frommel, Monika: Der Streit um die Auslegung des Embryonenschutzgesetzes, in: Neumann, Ulfrid/Herzog, Felix (Hrsg.), Festschrift für Winfried Hassemer 2010, 831–848 (zit.: *Frommel* FS Hassemer).

Fündling, Caroline: Recht auf Wissen vs. Recht auf Nichtwissen in der Gendiagnostik, Baden-Baden 2017.

Gallas, Wilhelm: Der Betrug als Vermögensdelikt, in: Bockelmann, Paul/Gallas, Wilhelm (Hrsg.): Festschrift für Eberhard Schmidt zum 70. Geburtstag, Göttingen 1961, 401–436 (zit.: *Gallas* FS Schmidt).

Gassner, Ulrich: Legalisierung der Eizellspende?, ZRP 2015, 126.

Ders. et al.: Fortpflanzungsmedizingesetz – Augsburg-Münchner-Entwurf, Tübingen 2013 (zit.: *Gassner et al.*, AME-FMedG).

Gaul, Hans Friedhelm: Die Neuregelung des Abstammungsrechts durch das Kindschaftsrechtsreformgesetz, FamRZ 1997, 1441–1466.

Gehrlein, Markus: Grenzen der Schadensersatzpflicht des Arztes für Unterhaltsaufwand bei ungewollter Schwangerschaft, NJW 2000, 1771–1772.

Gernhuber, Joachim/Coester-Waltjen, Dagmar: Familienrecht, 6. Auflage, München 2010.

Gerris, Jan et al. (Hrsg.): Single Embryo Transfer, Cambridge 2009.

Giesen, Dieter: Anmerkung zu BGH, Urt. v. 07.04.1983 – IX ZR 24/82, JZ 1983, 552–554.

Ders.: Geburt eines ungewollten Kindes – Wertverwirklichung oder Schadensereignis?, FamRZ 1970, 565–572.

Ders.: Genetische Abstammung und Recht – Zugleich Besprechung des Urteils des BVerfG vom 31.01.1989 – 1 BvL 17/87, JZ 1989, 364–377.

Ders.: Probleme künstlicher Befruchtungsmaßnahmen beim Menschen, JZ 1985, 652–661.

Ders.: Recht und medizinischer Fortschritt, JR 1984, 221–229.

Ders.: Schadenbegriff und Menschenwürde, JZ 1994, 286–292.

Giesen, Thomas: Zum Begriff des Offenbarens nach § 203 StGB im Falle der Einschaltung privatärztlicher Verrechnungsstellen, NStZ 2012, 122–128.

Glew, Andy M. et al.: Radio frequency identity tags ‚RFID' for electronic witnessing of IVF laboratory procedures, Fertility & Sterility 2006, 170.

Goll, Eberhard: Offenbarungsbefugnisse im Rahmen des § 203 Abs. 2 StGB – Zugleich eine Darstellung der verschiedenen Funktionen des Merkmals „unbefugt", Tübingen 1980.

Gombolok, Susan: Modern Families: Parents and Children in New Family Forms, Cambridge University Press, Cambridge 2015.

Graf Vitzthum, Wolfgang: Gentechnik und Grundgesetz – Eine Zwischenbilanz, Das akzeptierte Grundgesetz, in: Maurer, Hartmut/Häberle, Peter/Schmitt-Glaeser, Walter/Graf Vitzthum, Wolfgang (Hrsg.), Festschrift für Günter Dürig zum 70. Geburtstag, München 1990, 185–206 (zit.: *Graf Vitzthum* FS Dürig).

Gray, James E. et al.: Patient Misidentification in the Neonatal Intensive Care Unit: Quantification of Risk, Pediatrics 2006, e43–e47.

Gromoll, Jörg/Tüttelmann, Frank/Kliesch, Sabine: „Social Freezing" – die männliche Seite, Der Urologe 2016, 58–62.

Gropp, Walter: Anmerkung zu BayObLG, Urt. v. 08.11.1994 – 2 St RR 157/94, JR 1996, 478–480.

Grömig, Ursula: Schweigepflicht der Ärzte untereinander, NJW 1970, 1209–1213.

Gruber, Malte-Christian: Das Recht des „Spenderkindes" auf Kenntnis seines biologischen Vaters – Zur Konstruktion zivilrechtlicher Auskunftsansprüche aus Generalklauseln und drittschützenden Verträgen, ZfPW 2016, 68–84.

Grunsky, Wolfgang: „Kind als Schaden", Jura 1987, 82–86.

Grziwotz, Herbert: Anonyme Samenspende und Kinderwunschverträge – Zugleich Besprechung von OLG Hamm, Urt. v. 06.02.2013 – I-14 U7/12, FF 2013, 233–238.

Ders.: Kinderwunscherfüllung durch Fortpflanzungsmedizin und Adoption, NZFam 2014, 1065–1070.

Ders.: Umgangs- und Auskunftsrechte für den biologischen Vater, FF 2012, 382–386.

Günther, Hans-Ludwig/Keller, Rolf (Hrsg.): Fortpflanzungsmedizin und Humangenetik – Strafrechtliche Schranken?, 2. Auflage, Tübingen 1991 (zit.: *Günther/Keller* Fortpflanzungsmedizin).

Günther, Hans-Ludwig/Taupitz, Jochen/Kaiser, Peter: Embryonenschutzgesetz, 2. Auflage, Stuttgart 2014.

Haffke, Bernhard: Schweigepflicht, Verfahrensrevision und Beweisverbot, GA 1963, 65–84.

Hager, Johannes: Der rechtliche und der leibliche Vater, in: Hofer, Sibylle/Klippel, Diethelm/Walter, Ute (Hrsg.), Perspektiven des Familienrechts: Festschrift für Dieter Schwab, Bielefeld 2005, 773–782 (zit.: *Hager* FS Schwab).

Halàsz, Christian: Das Recht auf bio-materielle Selbstbestimmung, Berlin [u. a.] 2004.

Harrer, Herbert: Zivilrechtliche Haftung bei durchkreuzter Familienplanung, Frankfurt a. M. [u. a.] 1989.

Harris, John: Der Wert des Lebens: Eine Einführung in die medizinische Ethik, Oldenburg 1995.

Hasskarl, Horst/Ostertag, Alice: Der deutsche Gesetzgeber auf dem Weg zu einem Gendiagnostikgesetz, MedR 2005, 640–650.

Heckschen, Heribert/Herrler, Sebastian/Starke, Timm: Beck'sches Notar-Handbuch, 6. Auflage, München 2015 (zit.: BeckNotar-Hdb/*Bearbeiter*).

Heiderhoff, Bettina: Anmerkung zu BGH, Urt. v. 28.01.2015 – XII ZR 201/13, LMK 2015, 369224.

Dies.: Die Auflösung nicht abstammungsgemäßer rechtlicher Elternschaft und ihre Auswirkungen auf die Beteiligten, in: Schwab, Dieter/Vaskovics, Laszlo A. (Hrsg.): Pluralisierung von Elternschaft und Kindschaft – Familienrecht, -soziologie und -psychologie im Dialog, Opladen [u. a.] 2011, S. 273–286 (zit.: *Heiderhoff* in: Pluralisierung).

Dies.: Die Vaterschaftsklärung und ihre Folgen – von der Vaterschaftsanfechtung zur Vaterschaftsbeendigung?, FamRZ 2010, 8–16.

Dies.: Was kann, was darf, was will der Staat?, in: Röthel, Anne/Heiderhoff, Bettina (Hrsg.), Regelungsaufgabe Vaterstellung: Was kann, was darf, was will der Staat?, Frankfurt a. M. 2014, S. 9–18 (zit.: *Heiderhoff* in: Regelungsaufgabe).

Heintschel-Heinegg, Bernd von (Hrsg.): Beck'scher Online Kommentar StGB, 43. Edition (Stand: 01.05.2019), München 2019 (zit.: BeckOK-StGB/*Bearbeiter*).

Helms, Tobias: Abstammungsrecht und Kindeswohl, in: Röthel, Anne/Heiderhoff, Bettina (Hrsg.): Regelungsaufgabe Vaterstellung: Was kann, was darf, was will der Staat?, Frankfurt a. M. 2014, S. 19–36 (zit.: *Helms* in: Regelungsaufgabe).

Ders.: Anmerkung zu BVerfG, Beschl. v. 04.12.2013 – 1 BvR 1154/10, FamRZ 2014, 277.

Ders.: Anmerkung zu OLG Karlsruhe, Beschl. v. 21.03.2016 – 2 WF 31/16, FamRZ 2016, 1384–1385.

Ders.: Die Stellung des potenziellen biologischen Vaters im Abstammungsrecht, FamRZ 2010, 1–8.

Ders.: Gutachten F zu den Verhandlungen des 71. Deutschen Juristentages Essen 2016, München 2016 (zit.: *Helms* Gutachten F 71. DJT).

Ders.: „Kinderwunschmedizin" – Reformvorschläge für das Abstammungsrecht, in: Coester-Waltjen, Dagmar/Lipp, Volker/Schumann, Eva/Veit, Barbara (Hrsg.), „Kinderwunschmedizin" – Reformbedarf im Abstammungsrecht?, Göttingen 2015, S. 47–64 (zit.: *Helms* in: Kinderwunschmedizin).

Ders.: Rechtliche, biologische und soziale Elternschaft, NJW-Beil 2016, 49–53.

Ders.: Reproduktionsmedizin und Abstammungsrecht: Hat Deutschland die internationale Entwicklung verpasst?, FF 2015, 234–243.

Ders.: Vaterschaftsanfechtung durch den Erzeuger des Kindes?, FamRZ 1997, 913–918.

Henssler, Martin: Das anwaltliche Berufsgeheimnis, NJW 1994, 1817–1824.

Herberger, Maximilian et al. (Hrsg.): juris Praxiskommentar BGB, Band 4 – Familienrecht, 8. Auflage, Saarbrücken 2017 (zit.: jurisPK-BGB/*Bearbeiter*).

Hilland, Ulrich/Kentenich, Heribert: Keimzellen, in: Pühler, Wiebke/Middel, Claus-Dieter/Hübner, Marlis (Hrsg.), Praxisleitfaden Gewebegesetz, Köln 2009, S. 253–262 (zit.: *Hilland/Kentenich* in: Praxisleitfaden Gewebegesetz).

Hirthammer-Schmidt-Bleibtreu, Christina/Wiese, Jasper: Ärztliche Offenbarungsrechte und Offenbarungspflichten hinsichtlich sensibler Patienteninformationen mit Drittschädigungspotenzial, MedR 2017, 199–205.

Hoffmann, Birgit: Das Gesetz zur Stärkung der Rechte des leiblichen, nicht rechtlichen Vaters, FamRZ 2013, 1077–1082.

Höfling, Wolfram (Hrsg.): Transplantationsgesetz, 2. Auflage, Berlin 2013 (zit.: Höfling/*Bearbeiter*).

Human Fertilisation & Embryology Authority (Hrsg.): Code of Practice, 9th Edition, Paper number HFEA (27/06/2018) 885; abrufbar unter: www.hfea.gov.uk/media/2609/june-2018-code-of-practice-9th-edition-draft.pdf (zuletzt abgerufen am: 30.09.19).

Huster, Stefan: Die Leistungspflicht der GKV für Maßnahmen der künstlichen Befruchtung und der Krankheitsbegriff, NJW 2009, 1713–1716.

Hübner, Marlies/Pannenbecker, Arnd/Pühler, Wiebke: Arzneimittelrecht, in: Pühler, Wiebke/Middel, Claus-Dieter/Hübner, Marlis (Hrsg.), Praxisleitfaden Gewebegesetz, Köln 2009, S. 31–61 (zit.: *Hübner/Pannenbecker/Pühler* in: Praxisleitfaden Gewebegesetz).

Jarass, Hans D./Pieroth, Bodo: Grundgesetz für die Bundesrepublik Deutschland – Kommentar, 15. Auflage, München 2018 (zit.: Jarass/Pieroth/*Bearbeiter*).

Jauernig, Othmar (Begr.): Kommentar zum Bürgerlichen Gesetzbuch, 17. Auflage, München 2018 (zit.: Jauernig/*Bearbeiter*).

Jäschke, Moritz L.: Das „dritte Geschlecht" und das Abstammungsrecht, FamRZ 2018, 887–891.

Ders.: Das Rechtsgut des § 203 StGB, ZStW 2019 (131), 36–64.

Ders.: Überlegungen zur Abschaffung des Transsexuellengesetzes (TSG) – Zugleich eine Kritik am Referentenentwurf eines Gesetzes zur Neuregelung der Änderung des Geschlechtseintrags vom 8.5.2019, NZFam 2019, 895–900.

Jestaedt, Matthias: Eltern im Sinne des Grundgesetzes und des Bürgerlichen Gesetzbuchs, in: Coester-Waltjen, Dagmar/Lipp, Volker/Schumann, Eva/Veit, Barbara (Hrsg.), „Kinderwunschmedizin" – Reformbedarf im Abstammungsrecht?, Göttingen 2015, S. 23–46 (zit.: *Jestaedt* in: Kinderwunschmedizin).

Joecks, Wolfgang/Miebach, Klaus (Hrsg.): Münchener Kommentar zum Strafgesetzbuch; Band 1, 3. Auflage, München 2017; Band 4, 3. Auflage, München 2017 (zit.: MüKo-StGB/*Bearbeiter*).

Jorzig, Alexandra: Anspruch auf Kenntnis der genetischen Abstammung eines durch eine heterologe Insemination gezeugten Kindes – Zugleich Anmerkung zu OLG Hamm, Urt. v. 06.02.2013 – 14 U 7/12, jurisPR-MedizinR 2/2013 Anm. 1.

Jung, Heike: Der strafrechtliche Schutz des Arztgeheimnisses im deutschen und französischen Recht, in: Lüke, Gerhard/Ress, Georg/Will, Michael R. (Hrsg.), Rechtsvergleichung, Europarecht und Staatenintegration: Gedächtnisschrift für Léontin-Jean Constantinesco, Köln [u. a.] 1983, 355–376.

Kahl, Wolfgang: Vom weiten Schutzbereich zum engen Gewährleistungsgehalt – Kritik einer neuen Richtung der deutschen Grundrechtsdogmatik, Der Staat 2004 (43), 167–202.

Kaiser, Dagmar: Die mögliche Aufspaltung der Mutterschaft bei medizinisch assistierter Zeugung und ihre rechtliche Einordnung, in: Schwab, Dieter/Vaskovics, Laszlo A. (Hrsg.): Pluralisierung von Elternschaft und Kindschaft – Familienrecht, -soziologie und -psychologie im Dialog, Opladen [u. a.] 2011, S. 239–271 (zit.: *Kaiser* in: Pluralisierung).

Kallmann, Rainer: Rechtsprobleme bei der Organtransplantation, FamRZ 1969, 572–579.

Kargl, Walter: Offenbarungspflichten und Vermögensschaden beim Anstellungsbetrug – Der doppelte Rechtsreferendar, wistra 2008, 121–128.

Katzorke, Thomas: Donogene Insemination, Gynäkologe 2007, 807–812.

Ders.: Donogene Insemination – Gegenwärtiger Stand der Behandlung in der BRD, Gynäkologische Endokrinologie 2003, 85–94.

Katzorke, Thomas/Kolodziej, F. B.: Perspektiven eines geänderten Fortpflanzungsmedizingesetzes, Reproduktionsmedizin 2001, 325–333.

Dies.: Samenbanken: Organisation und rechtliche Regulierungen, in: Diedrich, Klaus/Ludwig, Michael/Griesinger, Georg (Hrsg.), Reproduktionsmedizin, Berlin [u. a.] 2012, S. 639–650 (zit.: *Katzorke/Kolodziej* in: Dietrich/Ludwig/Griesinger, Reproduktionsmedizin).

Kauder, Siegfried: Ärztliche Schweigepflicht über die Behandlung Drogensüchtiger, StV 1981, 564–565.

Kaufmann, Arthur: Anmerkung zu OLG Nürnberg, Beschl. v. 17.08.1956 – Ws 267/56, NJW 1958, 272–273.

Ders.: Zur Lehre von den negativen Tatbestandsmerkmalen, JZ 1954, 653–659.

Keller, Rolf: Fortpflanzungstechnologie: Ein Gesamtkonzept staatlichen Regelungsbedarfs – Zum Zwischenbericht der Bund/Länder-Arbeitsgruppe „Fortpflanzungsmedizin“, MedR 1988, 59–66.

Kindhäuser, Urs: Strafrecht Allgemeiner Teil, 8. Auflage, Baden-Baden 2017 (zit.: *Kindhäuser* AT).

Kindhäuser, Urs/Neumann, Ulrich/Paeffgen, Hans-Ulrich (Hrsg.): Nomos-Kommentar Strafgesetzbuch, 7. Auflage, Baden-Baden 2017 (zit.: NK-StGB/*Bearbeiter*).

Kirchhof, Gregor: Nudging – zu den rechtlichen Grenzen informalen Verwaltens, ZRP 2015, 136–137.

Kirchmeier, Karl-Heinz: Zivilrechtliche Fragen der homologen und heterologen Insemination de lege lata et ferenda, FamRZ 1998, 1281–1287.

Kliesch, Sabine: Kryokonservierung von Spermien und Hodengewebe, in: Wolff, Michael von (Hrsg.), Indikation und Durchführung fertilitätsprotektiver Maßnahmen bei onkologischen und nicht-onkologischen Erkrankungen, Kiel 2016, S. 166–178 (zit.: *Kliesch* in: Fertilitätsprotektive Maßnahmen).

Kliesch, Sabine/Kamischke, Axel/Cooper, Trevor G./Nieschlag, Eberhard: Kryokonservierung menschlicher Spermien zur Zeugungsreserve, in: Nieschlag, Eberhard/Behre, Herrmann/Nieschlag, Susan (Hrsg.), Andrologie, 3. Auflage, Heidelberg 2009, S. 515–531 (zit.: *Kliesch/Kamischke/Cooper/Nieschlag* in: Andrologie).

Knauer, Christoph: Der Arzt, die Kommunikation und das Strafrecht, in: Dölling, Dieter/Götting, Bert/Meier, Bernd-Dieter/Verrel, Torsten (Hrsg.), Verbrechen – Strafe – Resozialisierung: Festschrift für Heinz Schöch zum 70. Geburtstag am 20. August 2010, Berlin [u. a.] 2010, 439–460 (zit.: *Knauer* FS Schöch).

Knauer, Christoph/Kudlich, Hans/Schneider, Hartmut (Hrsg.): Münchener Kommentar zur StPO, Band 1, München 2014 (zit.: MüKo-StPO/*Bearbeiter*).

Knoll, Eva-Maria: So weit gehen für ein Kind: Reproduktionstourismus als grenzüberschreitender Umweg, in: Bockenheimer-Lucius, Gisela/Thorn, Petra/Wendehorst, Christiane (Hrsg.), Umwege zum eigenen Kind – Ethische und rechtliche Herausforderungen an die Reproduktionsmedizin 30 Jahre nach Louise Brown, Göttingen 2008, S. 63–80 (zit.: *Knoll* in: Umwege zum eigenen Kind).

Kovács, Gabor L.: Oxytocin and Behaviour, in: Ganten, Detlev/Pfaff, Donald (Hrsg.), Neurobiology of Oxytocin, Berlin [u. a.] 1986 (zit.: *Kovács* Oxytocin and Behaviour).

Krauß, Detlef: Schweigepflicht und Schweigerecht des ärztlichen Sachverständigen im Strafprozeß, ZStW 97 (1985), 81–120.

Krebs, Dieter: In vitro-Fertilisation, intratubarer Gametentransfer (GIFT) und intrauterine Insemination, in: Bettendorf, Gerhard/Breckwoldt, Meinert (Hrsg.), Reproduktionsmedizin, Stuttgart [u. a.] 1989, S. 516–532 (zit.: *Krebs* in: Bettendorf/Breckwoldt, Reproduktionsmedizin).

Krekeler, Sebastian: Wer darf Fortpflanzung verbieten?, MedR 2017, 867–871.

Kreß, Hartmut: Fortpflanzungsmedizingesetz. Augsburg-Münchner-Entwurf, MedR 2013, 643.

Ders.: Samenspende und Leihmutterschaft – Problemstand, Rechtsunsicherheiten, Regelungsansätze, FPR 2013, 240–243.

Kreuzer, Arthur: Die Schweigepflicht von Krankenhausärzten gegenüber Aufsichtsbehörden, NJW 1975, 2232–2236.

Krey, Volker/Esser, Robert: Deutsches Strafrecht Allgemeiner Teil, 6. Auflage, Stuttgart 2016 (zit.: *Krey/Esser* AT).

Krüger, Dagmar: AMWHV – Rechtstexte mit Einführung, Amtlicher Begründung und Materialien, Stuttgart 2007.

Kügel, Wilfried/Müller, Rolf-Georg/Hofmann, Hans-Peter (Hrsg.): Arzneimittelgesetz – Kommentar, 2. Auflage, München 2016 (zit.: *Bearbeiter* in: Kügel/Müller/Hofmann).

Kühl, Kristian: Strafrecht Allgemeiner Teil, 8. Auflage, München 2017 (zit.: *Kühl* AT).

Kühl, Kristian/Heger, Martin (Bearb.): Strafgesetzbuch – Kommentar, 29. Auflage, München 2018 (zit.: Lackner/Kühl/*Bearbeiter*).

Kühnbach, Lena: Solidaritätspflichten Unbeteiligter, Freiburg 2006.

Küper, Wilfried: „Autonomie“, Irrtum und Zwang bei mittelbarer Täterschaft und Einwilligung, JZ 1986, 219–229.

Lang, Christiane A.: Entwurf eines Gesetzes zur Stärkung der Rechte des leiblichen, nicht rechtlichen Vaters, FPR 2013, 233–236.

Lange, Hermann/Schiemann, Gottfried: Handbuch des Schuldrechts, Band 1, Schadensersatz, 3. Auflage, Tübingen 2003 (zit.: *Lange/Schiemann*).

Langkeit, Jochen: Umfang und Grenzen der ärztlichen Schweigepflicht gemäß § 203 I Nr. 1 StGB, NStZ 1994, 6–9.

Lanz-Zumstein, Monika: Die Rechtsstellung des unbefruchteten und befruchteten menschlichen Keimguts – Ein Beitrag zu zivilrechtlichen Fragen im Bereich der Reproduktions- und Gentechnologie, München 1990.

Larenz, Karl: Methodenlehre der Rechtswissenschaften, 6. Auflage, Berlin [u. a.] 1991.

Laufhütte, Heinrich Wilhelm/Rissing-van Saan, Ruth/Tiedemann, Klaus (Hrsg.): Leipziger Kommentar – Strafgesetzbuch, Band 6, 12. Auflage, Berlin [u. a.] 2009 (zit.: LK/*Bearbeiter*).

Laufs, Adolf: Die Entwicklung des Arztrechts 1990/91, NJW 1991, 1516–1525.

Ders.: Die künstliche Befruchtung beim Menschen – Zulässigkeit und zivilrechtliche Folgen, JZ 1986, 769–777.

Ders.: Schädliche Geburten – und kein Ende, NJW 1998, 796–798.

Laufs, Adolf/Katzenmeier, Christian/Lipp, Volker: Arztrecht, 7. Auflage, München 2015.

Laufs, Adolf/Kern, Bernd-Rüdiger/Rehborn, Martin (Hrsg.): Handbuch des Arztrechts, 5. Auflage, München 2019 (zit.: Laufs/Kern/Rehborn/*Bearbeiter*).

Laufs, Adolf/Reiling, Emil: Schmerzensgeld wegen schuldhafter Vernichtung deponierten Spermas?, NJW 1994, 775–776.

Leeb, Christina-Maria/Weber, Martin: Das Recht des durch anonyme Samenspende gezeugten Kindes auf Kenntnis seiner genetischen Abstammung – Zugleich Anmerkung zu OLG Hamm, Urt. v. 06.02.2013 – 14 U 7/12, ZKJ 2013, 277–280.

Lembke, Ulrike: Was darf der Staat? Insbesondere zur Bedeutung des Grundgesetzes für das Abstammungsrecht, in: Röthel, Anne/Heiderhoff, Bettina (Hrsg.), Regelungsaufgabe Vaterstellung: Was kann, was darf, was will der Staat?, Frankfurt a. M. 2014, S. 37–72 (zit.: *Lembke* in: Regelungsaufgabe).

Lenckner, Theodor: Anmerkung zu LG Augsburg, Beschl. v. 21.11.1963 – 5 T 109/63, NJW 1964, 1186–1188.

Ders.: Aussagepflicht, Schweigepflicht und Zeugnisverweigerungsrecht, NJW 1965, 321–327.

Liebenthron, Jana: Kryokonservierung von unfertilisierten und fertilisierten Oozyten, in: Wolff, Michael von (Hrsg.), Indikation und Durchführung fertilitätsprotektiver Maßnahmen bei onkologischen und nicht-onkologischen Erkrankungen, Kiel 2016, S. 122–129 (zit.: *Liebenthron* in: Fertilitätsprotektive Maßnahmen).

Dies.: Kryokonservierung von Ovarialgewebe, in: Wolff, Michael von (Hrsg.), Indikation und Durchführung fertilitätsprotektiver Maßnahmen bei onkologischen und nicht-onkologischen Erkrankungen, Kiel 2016, S. 142–149 (zit.: *Liebenthron* in: Fertilitätsprotektive Maßnahmen).

Lindner, Josef Franz: Das Problem des grundrechtlichen Status des Embryos in vitro – eine Aporie, ZfL 2015, 10–17.

Losch, Bernhard/Radau, Wiltrud: Die „Kind als Schaden"-Diskussion, NJW 1999, 821–827.

Löhnig, Martin: Anfechtung der Vaterschaft durch den leiblichen Vater – vorrangiges Elternrecht des rechtlichen vor dem leiblichen Vater, NJW 2018, 906–908.

Ders.: Anmerkung zu BGH, Urt. v. 28.01.2015 – XII ZR 201/13, NJW 2015, 1104–1105.

Ders.: Das Gesetz zur Regelung des Rechts auf Kenntnis der Abstammung bei heterologer Verwendung von Samen – Regelungsgehalt und Kritik, StAZ 2017, 353–358.

Ders.: Die leibliche, nicht rechtliche Mutter, FamRZ 2015, 806–807.

Ders.: Reform des Abstammungsrechts überfällig, ZRP 2017, 205–208.

Ders.: Zivilrechtliche Aspekte der Samenspende de lege ferenda, ZRP 2015, 76–77.

Löhnig, Martin/Preisner, Mareike: Anfechtung der Vaterschaft durch den Samenspender – Besprechung von BGH, Urteil vom 15.5.2013 – XII ZR 49/11, FamFR 2013, 340–344.

Löhnig, Martin/Preisner, Mareike: Erfreulich klare Worte des BGH – Wegweiser zur Fortentwicklung der gegenwärtigen Familienrechtsdogmatik, NJW 2013, 2080–2083.

Löwe, Ewald/Rosenberg, Werner (Begr.): Die Strafprozessordnung und das Gerichtsverfassungsgesetz – Großkommentar, Band 2, 27. Auflage, Berlin 2017 (zit.: LR/*Bearbeiter*).

Ludwig, Annika K./Ludwig, Michael: Direkte Komplikationen der Behandlungsmethoden, in: Diedrich, Klaus/Ludwig, Michael/Griesinger, Georg (Hrsg.), Reproduktionsmedizin, Berlin [u. a.] 2012, S. 305–316 (zit.: *Ludwig/Ludwig* in: Dietrich/Ludwig/Griesinger, Reproduktionsmedizin).

Ludwig, Michael: Follikelpunktion und Eizellgewinnung, in: Diedrich, Klaus/Ludwig, Michael/Griesinger, Georg (Hrsg.), Reproduktionsmedizin, Berlin [u. a.] 2012, S. 209–214 (zit.: *Ludwig* in: Dietrich/Ludwig/Griesinger, Reproduktionsmedizin).

Ludwig, Michael/Nawroth, Frank/Dorn, Almut/Sonntag, Barbara: Die Patientin über 40 mit Kinderwunsch, in: Diedrich, Klaus/Ludwig, Michael/Griesinger, Georg (Hrsg.), Reproduktionsmedizin, Berlin [u. a.] 2012, S. 397–406 (zit.: *Ludwig/Nawroth/Dorn/Sonntag* in: Dietrich/Ludwig/Griesinger, Reproduktionsmedizin).

Ludwig, Udo: Das fremde Kind, DER SPIEGEL, 29/2013, 46–47.

Ders.: Der falsche Vater, DER SPIEGEL, 27/2012, 42–44.

Mansees, Norbert: Jeder Mensch hat ein Recht auf Kenntnis seiner genetischen Herkunft, NJW 1988, 2984–2987.

Maunz, Theodor/Dürig, Günther (Begr.): Kommentar zum Grundgesetz, Band 1, 87. Ergänzungslieferung (Stand: März 2019), München 2019 (zit.: Maunz/Dürig/*Bearbeiter*).

Maurach, Reinhart/Gössel, Karl Heinz/Zipf, Heinz: Strafrecht Allgemeiner Teil, Teilband 2, 8. Auflage, Heidelberg 2014 (zit.: Maurach/Gössel/Zipf/*Bearbeiter* AT II).

Maurer, Hans-Ulrich: Anmerkung zu BGH, Urt. v. 09.11.2011 – XII ZR 136/09, NJW 2012, 452–453.

Meier, Patrick: Heterologe Insemination – Konsequenzen für den Samenspender; Möglichkeiten und Grenzen der vertraglichen Gestaltung, NZFam 2014, 337–343.

Meister, Théo et al.: Die assistierte Reproduktion, ein wichtiger neuer Herzkreislaufrisikofaktor beim Menschen, Versicherungsmedizin 2018, 54–59.

Mertens, Hans-Joachim: Ein Kind als Schadensfall?, FamRZ 1969, 251–256.

Merz, Bettina: Die medizinische, ethische und juristische Problematik artifizieller menschlicher Fortpflanzung, Frankfurt a. M. [u. a.] 1991.

Meyer, Frank: Die Problematik des Nötigungsnotstands auf der Grundlage eines Solidaritätsprinzips, GA 2004, 356–369.

Meyer-Goßner, Lutz/Schmitt, Bertram: Strafprozessordnung – Kommentar, 62. Auflage, München 2019.

Michalowski, Sabine: Schutz der Vertraulichkeit strafrechtlich relevanter Patienteninformationen, ZStW 109 (1997), 519–544.

Michalski, Lutz: Des Apothekers Kind, JA 1979, 186–191.

Michel, Frank P.: Forum: Aids-Test ohne Einwilligung – Körperverletzung oder Strafbarkeitslücke?, JuS 1988, 8–13.

Minwegen, Romano: Zum Erbenstatus angesichts der modernen Biologie, FuR 2014, 343–345.

Mitsch, Wolfgang: Rechtfertigung und Opferverhalten, Hamburg 2004.

Ders.: Rezension zu: Knut Amelung: Irrtum und Täuschung als Grundlage von Willensmängeln bei der Einwilligung des Verletzten, JZ 1999, 513.

Moritz, Heinz Peter: Auskunftsanspruch des nichtehelichen Kindes gegen seine Mutter auf Nennung des Namens seines leiblichen Vaters, Jura 1990, 134–140.

Muscheler, Karlheinz: Familienrecht, 4. Auflage, München 2017.

Mutschler, Dietrich: Emanzipation und Verantwortung – Zur Neuordnung des Abstammungsrechts, FamRZ 1994, 65–71.

Müller, Gerda: Unterhalt für ein Kind als Schaden, NJW 2003, 697–706.

Müller, Klaus: Die Schweigepflicht im ärztlichen Standesrecht, MDR 1971, 965–971.

Müller-Götzmann, Christian: Artifizielle Reproduktion und gleichgeschlechtliche Elternschaft – Eine arztrechtliche Untersuchung zur Zulässigkeit fortpflanzungsmedizinischer Maßnahmen bei gleichgeschlechtlichen Partnerschaften, Berlin [u. a.] 2009.

Müller-Terpitz, Ralf/Ruf, Isabelle: Die „medizinisch unterstützte Befruchtung“ als Gegenstand des Arzneimittel- und Transplantationsrechts, in: Spranger, Tade M. (Hrsg.): Aktuelle Herausforderungen der Life Sciences, Berlin 2010, S. 33–70 (zit.: *Müller-Terpitz/Ruf* in: Aktuelle Herausforderungen).

Münch, Ingo von/Kunig, Philip (Begr./Hrsg.): Grundgesetz – Kommentar, Band 1, 6. Auflage, München 2012 (zit.: Münch/Kunig/*Bearbeiter*).

Nastri, Carolina O. et al.: Endometrial injury in women undergoing assisted reproductive techniques (Review), Cochrane Database of Systematic Reviews 2015 (Issue 3, Art. No.: CD009517).

Nawroth, Frank: Social Freezing – Kryokonservierung unbefruchteter Eizellen aus nicht-medizinischen Indikationen, Wiesbaden 2015.

Neidert, Rudolf: Brauchen wir ein Fortpflanzungsmedizingesetz?, MedR 1998, 347–353.

Neuner, Jörg: Das Recht auf reproduktive Selbstbestimmung, AcP 214 (2014), 459–510.

Ders.: Das Recht auf Uninformiertheit – Zum privatrechtlichen Schutz der negativen Informationsfreiheit, ZfpW 2015, 257–281.

Novo, Sergi et al.: Direct embryo tagging and identification system by attachment of biofunctionalized polysilicon barcodes to the zona pellucida of mouse embryos, Human Reproduction 2013, 1519–1527.

Olzen, Dirk: Die gesetzliche Regelung des Rechts auf Kenntnis der eigenen Abstammung – Rechtsfolgenfreistellung des Samenspenders?, GuP 2015, 41–46.

Olzen, Dirk/Kubiak, Magdalena: Die Haftung des Arztes bei fehlerhafter PID, JZ 2013, 495–504.

Ostendorf, Heribert: Der strafrechtliche Schutz von Drittgeheimnissen, JR 1981, 444–448.

Pahmeier, Lydia: Die Geburt eines Kindes als Quelles eines Schadens, Göttingen 1997.

Palandt, Otto (Begr.): Bürgerliches Gesetzbuch – Kommentar, 78. Auflage, München 2019 (zit.: Palandt/*Bearbeiter*).

Peschel-Gutzeit, Lore Maria: Der doppelte Vater – Kritische Überlegungen zum Gesetz zur Stärkung der Rechte des leiblichen, nicht rechtlichen Vaters, NJW 2013, 2465–2469.

Peukert, Almut/Motakef, Mona/Teschlade, Julia/Wimbauer, Christine: Soziale Elternschaft – ein konzeptionelles Stiefkind der Familiensoziologie, NZFam 2018, 322–326.

Picker, Eduard: Positive Forderungsverletzung und culpa in contrahendo – Zur Problematik der Haftungen „zwischen“ Vertrag und Delikt, AcP 183 (1983), 369–520.

Ders.: Schadensersatz für das unerwünschte Kind („Wrongful birth“), AcP 195 (1995), 483–547.

Ders.: Vertragliche und deliktisch Schadenshaftung, JZ 1987, 1041–1058.

Ponsold, Albert (Hrsg.): Lehrbuch der Gerichtlichen Medizin, 3. Auflage, Stuttgart 1967 (zit.: Ponsold/*Bearbeiter*).

Prütting, Dorothea (Hrsg.): Medizinrecht, 5. Auflage, Köln 2019 (zit.: Prütting/*Bearbeiter*).

Prütting, Jens: Rechtsgebietsübergreifende Normenkollisionen: Spannungen zwischen Arzthaftungs- und Sozialversicherungsrecht, RW 2018, 289–331.

Quaas, Michael/Zuck, Rüdiger/Clemens, Thomas: Medizinrecht, 4. Auflage, München 2018 (zit.: Quaas/Zuck/*Bearbeiter*).

Quantius, Markus: Die Elternschaftsanfechtung durch das künstlich gezeugte Kind, FamRZ 1998, 1145–1152.

Rabel, Ernst: Das Recht des Warenkaufs, Band 1, Berlin 1936.

Ramm, Thilo: Die Fortpflanzung – ein Freiheitsrecht?, JZ 1989, 861–874.

Ders.: Ehelichkeitsanfechtung und Bundesverfassungsgericht, NJW 1989, 1594–1597.

Ratzel, Rudolf: Beschränkung des Rechts auf Fortpflanzung durch das ärztliche Berufsrecht, GesR 2009, 281–286.

Ratzel, Rudolf/Luxenburger, Bernd (Hrsg.): Handbuch Medizinrecht, 3. Auflage, Heidelberg 2015 (zit.: *Bearbeiter* in: Ratzel/Luxenburger).

Rauscher, Thomas: Vaterschaft auf Grund Anerkennung, FPR 2002, 359–369.

Rein, Detlev: Die Bedeutung der §§ 203 ff. StGB n. F. für die private Personenversicherung, VersR 1976, 117–124.

Reinelt, Ekko: Schadensersatz beim Kauf empfängnisverhütender Mittel, FamRZ 1970, 572–576.

Reinhart, Andreas: „Wrongful life" – gibt es ein Recht auf Nichtexistenz?, VersR 2001, 1081–1088.

Rengier, Rudolf: Strafrecht Allgemeiner Teil, 11. Auflage, München 2019 (zit.: *Rengier* AT).

Retzko, Kerstin Karoline: Prädiktive Medizin versus ein (Grund-)Recht auf Nichtwissen, Mainz 2005.

Reuß, Philipp M.: Anmerkung zu OLG Hamm, Beschl. v. 20.07.2016 – 12 UF 51/16, FamRZ 2016, 2137–2138.

Revermann, Christoph/Hüsing, Bärbel: Fortpflanzungsmedizin – Rahmenbedingungen, wissenschaftlich-technische Fortschritte und Folgen, Berlin 2011.

Riedel, Ulrike: „Kind als Schaden", Frankfurt a. M. 2003.

Rieder, Heike: Genetische Untersuchungen und Persönlichkeitsrecht, Basel 2006.

Rittner, Christian/Rittner, Natascha: Unerlaubte DNA-Gutachten zur Feststellung der Abstammung – Eine rechtliche Grauzone, NJW 2002, 1745–1753.

Rixe, Georg: Anmerkung zu EGMR, Urt. v. 21.12.2010 – 20578/07, FamRZ 2011, 1363–1367.

Ders.: Der EGMR als Motor einer Harmonisierung des Familienrechts in Europa, FPR 2008, 222–230.

Rogall, Klaus: Anmerkung zu OLG Köln, Beschl. v. 30.11.1982 – 3 Zs 126/82, NJW 1983, 413–414.

Ders.: Die Verletzung von Privatgeheimnissen (§ 203 StGB) – Aktuelle Probleme und ungelöste Fragen, NStZ 1983, 1–9.

Rosenwaks, Zev/Wassarman, Paul (Hrsg.): Human Fertility, New York [u. a.] 2014.

Rotax, Horst-Heiner: Zum Recht des Kindes auf Information über seine leiblichen Eltern und zum Recht der Eltern auf Information über tatsächliche Mutter- bzw. Vaterschaft, Praxis der Kinderpsychologie und Kinderpsychiatrie 2007, 148–171.

Roth, Andreas: Das Kinderrechteverbesserungsgesetz, JZ 2002, 651–655.

Ders.: Die Zustimmung eines Mannes zur heterologen Insemination bei seiner Ehefrau, FamRZ 1996, 769–771.

Ders.: Unterhaltspflicht für ein Kind als Schaden?, NJW 1994, 2402–2404.

Ders.: Zivilrechtliche Fragen zum Schwangerschaftsabbruchurteil, FuR 1993, 305–312.

Roxin, Claus: Die durch Täuschung herbeigeführte Einwilligung im Strafrecht, in: Hauser/Robert (Hrsg.), Gedächtnisschrift für Peter Noll, Zürich 1984 (zit.: *Roxin* GedS Noll).

Ders.: Strafrecht Allgemeiner Teil; Band 1, 4. Auflage, München 2006 (zit.: *Roxin* AT I); Band 2, 1. Auflage, München 2003 (zit. *Roxin* AT II).

Roxin, Claus/Schroth, Ulrich (Hrsg.): Handbuch des Medizinstrafrechts, 4. Auflage, Stuttgart [u. a.] 2010 (zit.: Roxin/Schroth/*Bearbeiter*).

Rönnau, Thomas: Voraussetzungen und Grenzen der Einwilligung im Strafrecht, Jura 2002, 665–675.

Ders.: Willensmängel bei der Einwilligung im Strafrecht, Tübingen 2001.

Rudolphi, Hans-Joachim: Anmerkung zu BGH, Urt. v. 10.11.1994 – 4 StR 331/94, NStZ 1995, 289–290.

Ders.: Anmerkung zu HansOLG Hamburg v. 19.11.1974 – 2 Ss 123/74, JR 1975, 512–513.

Ders.: Literaturbericht zu: Arzt, Gunther: Willensmängel bei der Einwilligung, ZStW 86 (1974), 82–89.

Ders.: Das Problem der sozialen Zweckverfehlung beim Spendenbetrug, in: Kohlmann, Günter (Hrsg.), Festschrift für Ulrich Klug zum 70. Geburtstag, Band 2, Köln 1983, 315–328 (zit.: *Rudolphi* FS Klug).

Rudolphi, Hans-Joachim/Horn, Eckhard/Samson, Erich (Begr.): Systematischer Kommentar zum Strafgesetzbuch, Band 4, 9. Auflage, Köln 2017 (zit.: SK-StGB/*Bearbeiter*).

Runge-Rannow, Maria-Viktoria: Kenntnis der eigenen Abstammung bei heterologer Insemination, ZRP 2017, 43–46.

Rüegg, Johann C.: Gehirn, Psyche und Körper, 5. Auflage, Stuttgart 2011.

Rütz, Eva Maria K.: Heterologe Insemination – Die rechtliche Stellung des Samenspenders, Berlin [u. a.] 2008.

Sachs, Michael (Hrsg.): Grundgesetz – Kommentar, 8. Auflage, München 2018 (zit.: Sachs/*Bearbeiter*).

Sager, Patrizia/Wolff, Michael von/Fehm, Tanja: Relevante Erkrankungen, in: Wolff, Michael von (Hrsg.), Indikation und Durchführung fertilitätsprotektiver Maßnahmen bei onkologischen und nicht-onkologischen Erkrankungen, Kiel 2016, 14–25 (zit.: *Sager/von Wolff/Fehm* in: Fertilitätsprotektive Maßnahmen).

Satzger, Helmut/Schluckebier, Wilhelm/Widmaier, Gunter (Hrsg.): Strafgesetzbuch – Kommentar, 4. Auflage, Köln 2019 (zit.: SSW/*Bearbeiter*).

Säcker, Franz Jürgen/Rixecker, Roland/Oettker, Hartmut/Limperg, Bettina (Hrsg.): Münchener Kommentar zum Bürgerlichen Gesetzbuch; Band 1, 8. Auflage, München 2018; Band 2, 8. Auflage, München 2019; Band 8, 7. Auflage, München 2017; Band 9, 7. Auflage, München 2017; Band 10, 7. Auflage, München 2017; Band 11, 7. Auflage, München 2018 (zit.: MüKo-BGB/*Bearbeiter*).

Schiepek, Günter: Neurobiologie der Psychotherapie, 2. Auflage, Stuttgart 2010 (zit.: *Schiepek* Neurobiologie).

Schlaich, Klaus/Korioth, Stefan: Das Bundesverfassungsgericht – Stellung, Verfahren, Entscheidungen, 10. Auflage, München 2015.

Schlatt, Stefan/Kliesch, Sabine: Fertilitätsprotektion bei Männern – Mehr als nur Spermienkonservierung?, Gynäkologische Endokrinologie 2012, 91–97.

Schlegel, Thomas: Die Auswirkungen des Kindschaftsrechtsreformgesetzes auf den Bereich der künstlichen Fortpflanzung, FuR 1996, 284–289.

Schlund, Gerhard: Zu Fragen der ärztlichen Schweigepflicht, JR 1977, 265–269.

Schlüter, Julia: Schutzkonzepte für menschliche Keimbahnzellen in der Fortpflanzungsmedizin, Berlin 2008.

Schmidt, Eberhard: Ärztliche Schweigepflicht und Zeugnisverweigerungsrecht im Bereich der Sozialgerichtsbarkeit, NJW 1962, 1745–1750.

Ders.: Brennende Fragen des ärztlichen Berufsgeheimnisses, Schriftenreihe der Gesellschaft für bürgerliche Freiheiten, Heft 7, München 1951.

Schmidt, Robert/Schaible, Hans-Georg: Neuro- und Sinnesphysiologie, 5. Auflage, Berlin [u. a.] 2005.

Schmidt am Busch, Birgit: Intersexualität und staatliche Schutzpflichten bei geschlechtszuweisenden Operationen, AöR 137 (2012), 441–458.

Schmitz, Roland: Verletzung von (Privat)geheimnissen – Der Tatbestand des § 203 StGB, JA 1996, 772–777.
Ders.: Verletzung von (Privat)geheimnissen – Qualifikationen und ausgewählte Probleme der Rechtfertigung, JA 1996, 949–955.
Schmuck, Markus/Schmidt, Janina: Ärztliche Schweigepflicht versus Durchsetzung der Honorarforderung – Weitergabe ärztlicher Rechnungsunterlagen ohne Verstoß gegen § 203 StGB?, NJOZ 2015, 1593–1595.
Schneider, Angie: Anmerkung zu OLG Hamm, Beschl. v. 20.07.2016 – 12 UF 51/16, NZFam 2016, 939–941.
Dies.: Auskunftspflicht des Arztes über den Samenspender – Besprechung von OLG Hamm, Urt. v. 06.02.2013 – I-14 U 7/12, FamFR 2013, 172–175.
Dies.: Umfang und Grenzen des Rechts auf Nichtwissen der eigenen genetischen Veranlagung, NJW 2014, 3133–3135.
Scholz, Thomas: Schweigepflicht der Berufspsychologen und Mitbestimmung des Betriebsrates bei psychologischen Einstellungsuntersuchungen, NJW 1981, 1987–1991.
Schöbener, Burkhard: Menschliche Existenz als Schadensquelle?, JR 1996, 89–94.
Schönke, Adolf/Schröder, Horst (Begr.): Strafgesetzbuch – Kommentar, 30. Auflage, München 2019 (zit.: Schönke/Schröder/*Bearbeiter*).
Schrep, Bruno: Das vertauschte Leben, DER SPIEGEL, 30/2016, 46–48.
Schröder, Markus: Anmerkung zu BGH, Urt. v. 28.01.2015 – XII ZR 201/13, ZD 2015, 275–276.
Ders.: Anmerkung zu OLG Hamm, Urt. v. 06.02.2013 – 14 U 7/12, ZD 2013, 188–189.
Schröder, Michael: Ethik-Kommissionen, Embryonenschutz und In-vitro-Fertilisation: gültige Regelungen im ärztlichen Standesrecht?, VersR 1990, 243–253.
Schröder, Michael/Taupitz, Jochen: Menschliches Blut: verwendbar nach Belieben des Arztes?, Stuttgart 1991.
Schröder, Sandra: Wer hat das Recht zur rechtlichen Vaterschaft?, Frankfurt a. M. 2015.
Schulze, Pia Maria: Das deutsche Kindschafts- und Abstammungsrecht und die Rechtsprechung des EGMR, Frankfurt a. M. 2012.
Schulze, Reiner (Schriftl.): Nomos-Kommentar – Bürgerliches Gesetzbuch, 10. Auflage, Baden-Baden 2019 (zit.: NK-BGB/*Bearbeiter*).
Schumann, Eva: Elternschaft nach Keimzellspende und Embryoadoption, MedR 2014, 736–749.
Dies.: Ne. Vater-Kind-Verhältnis – Erfüllt das neue Kindschaftsrecht die verfassungsrechtlichen Anforderungen an die Ausgestaltung des nichtehelichen Vater-Kind-Verhältnisses?, FamRZ 2000, 389–396.
Schünemann, Bernd: Der strafrechtliche Schutz von Privatgeheimnissen, ZStW 90 (1978), 11–63.
Schünemann, Hermann: Die Rechte am menschlichen Körper, Frankfurt a. M. 1985.
Schwab, Dieter: Rechte am Kind ohne Verantwortung? – Zur Begründung von Umgangsbefugnissen Dritter, Festschrift für Dagmar Coester-Waltjen zum 70. Geburtstag, 223–233 (*Schwab* FS Coester-Waltjen).
Schwenzer, Ingeborg: Die Rechtsstellung des nichtehelichen Kindes, FamRZ 1992, 121–128.
Schwerd, Wolfgang: Schweigepflicht aus der Sicht des Obduzenten, Schriftenreihe der bayerischen Landesärztekammer, Band 40.
Seidl, Helmut: Anfechtung bei der homologen und heterologen Insemination, FPR 2002, 402–404.
Selb, Walter: Eltern wider Willen, JZ 1971, 201–208.

Siede, Walther: Anmerkung zu OLG Karlsruhe, Beschl. v. 17.06.2016 – 14 U 165/15, FamRB 2016, 461–462.

Sigel, Walter: Unterhaltspflicht gegenüber Kind nach fehlgeschlagener Sterilisation als Schaden, NJW 1978, 2340–2341.

Simitis, Spiros: Informationsverzicht als freiheitssicherndes Prinzip, in: Kroker, Eduard/ Dechamps, Bruno, Information – eine dritte Wirklichkeitsart neben Materie und Geist, Frankfurt a. M. 1995, 153–172.

Simpson, John et al.: Reducing medication errors within the neonatal intensive care unit, Arch Dis Child Fetal Neonatal Ed. 2004, F480–F482.

Soergel, Hans Theodor (Hrsg.): Bürgerliches Gesetzbuch, Kohlhammer-Kommentar, Familienrecht 3/1, §§ 1589–1615n, 13. Auflage, Stuttgart 2012 (zit.: Soergel/*Bearbeiter*).

Solbach, Günter: Kann der Arzt von seiner Schweigepflicht entbunden werden, wenn sein Patient verstorben oder willensunfähig ist?, DRiZ 1978, 204–207.

Specht, Jule/Luhmann, Maike/Geiser, Christian: On the consistency of personality types across adulthood: Latent profile analyses in two large-scale panel studies, Journal of Personality and Social Psychology 107 (2014), 540–556.

Spickhoff, Andreas: Anmerkung zu OLG Hamm, Urt. v. 06.02.2013 – I-14 U 7/12, MedR 2013, 677–678.

Ders.: Anmerkung zu OLG Karlsruhe, Urt. v. 17.06.2016 – 14 U 165/15, FamRZ 2016, 1790–1793.

Ders.: Behandlungsfehler und Offenbarungspflicht: Gründe und Grenzen, JZ 2015, 15–27.

Ders.: Der Streit um die Abstammung – Brennpunkte der Diskussion, in: Spickhoff, Andreas/ Schwab, Dieter/Henrich, Dieter/Gottwald, Peter (Hrsg.), Streit um die Abstammung – ein europäischer Vergleich, Bielefeld 2007, S. 13–72 (zit.: *Spickhoff* in: Streit um die Abstammung).

Ders.: Haftungsrechtliche Fragen der Biomedizin, VersR 2006, 1569–1581.

Ders. (Hrsg.): Medizinrecht, 3. Auflage, München 2018 (zit.: Spickhoff/*Bearbeiter*).

Ders.: Patientenrechte und Patientenpflichten – Die medizinische Behandlung als kodifizierter Vertragstypus, VersR 2013, 267–282.

Ders.: Vaterschaftsfeststellung, Vaterschaftsanfechtung und das Recht auf Kenntnis der Abstammung nach heterologer Insemination, ZfPW 2017, 257–285.

Ders.: Die Rechte des Patienten bei der Entnahme und Nutzung von Körpersubstanzen, NJW 2005, 1084–1090.

Staudinger, Julius von (Begr.): Kommentar zum Bürgerlichen Gesetzbuch mit Einführungsgesetz und Nebengesetzen; Erstes Buch. Allgemeiner Teil; §§ 90 – 124; 130 – 133, Berlin 2017; Zweites Buch. Recht der Schuldverhältnisse §§ 241 – 243, Berlin 2015; Zweites Buch. Recht der Schuldverhältnisse §§ 249 – 254, Berlin 2017; Zweites Buch. Recht der Schuldverhältnisse §§ 255 – 304, Berlin 2014; Viertes Buch. Familienrecht §§ 1589 – 1600e, Berlin 2011; Viertes Buch. Familienrecht §§ 1626 – 1633, Berlin 2015; Viertes Buch. Familienrecht §§ 1684 – 1717, Berlin 2019, (zit.: Staudinger/*Bearbeiter*).

Steinweg, Nina: Der universelle Schutz des menschlichen Embryos in vitro, Hamburg 2012.

Sternberg-Lieben, Detlev: Die objektiven Schranken der Einwilligung im Strafrecht, Tübingen 1997.

Ders.: Strafbarkeit eigenmächtiger Genomanalyse, GA 1990, 289–312.

Sticht, Thilo: Zur Haftung des Vertretenen und Vertreters aus Verschulden bei Vertragsschluß sowie des Erfüllungsgehilfen aus positiver Vertragsverletzung, München 1966.

Stratenwerth, Günther/Kuhlen, Lothar: Strafrecht Allgemeiner Teil, 6. Auflage, München 2011 (zit.: *Stratenwerth/Kuhlen* AT).

Strowitzki, Thomas/Diedrich, Klaus: In-vitro-Maturation (IVM), in: Diedrich, Klaus/Ludwig, Michael/Griesinger, Georg (Hrsg.), Reproduktionsmedizin, Berlin [u. a.] 2012, S. 247–254 (zit.: *Strowitzki/Diedrich* in: Dietrich/Ludwig/Griesinger, Reproduktionsmedizin).

Stucke, Ulrich: Berufliche Schweigepflicht bei Drittgeheimnissen als Vertrauensschutz, Osnabrück 1981.

Stumper, Kai: Informationelle Selbstbestimmung und DNA-Analysen, Frankfurt a. M. [u. a.] 1996.

Ders.: DNA-Analysen und ein Recht auf Nichtwissen, DuD 1995, 511–517.

Stürner, Rolf: Das Bundesverfassungsgericht und das frühe menschliche Leben, JZ 1998, 317–330.

Ders.: Das nicht abgetriebene Wunschkind als Schaden, FamRZ 1985, 753–761.

Suresh, Gautham et al.: Voluntary Anonymous Reporting of Medical Errors for Neonatal Intensive Care, Pediatrics 2004, 1609–1618.

Tann, Christiane von der: Arzthaftung für mit „falscher" Samenspende gezeugtes Kind, NZFam 2018, 619.

Dies.: Die künstliche Befruchtung in der gesetzlichen Krankenversicherung, NJW 2015, 1850–1854.

Taupitz, Jochen: Das Recht auf Nichtwissen, in: Hanau, Peter/Lorenz, Egon/Matthes, Hans (Hrsg.), Festschrift für Günther Wiese zum 70. Geburtstag, München 1998, 583–602 (zit.: *Taupitz* FS Wiese).

Ders.: Der deliktsrechtliche Schutz des menschlichen Körpers und seiner Teile, NJW 1995, 745–752.

Ders.: Die Samenspende: Finanzielles Vabanquespiel für den Spender, ZRP 2011, 161–163.

Ders.: Die Zukunft der ärztlichen Selbstverwaltung, MedR 1998, 1–7.

Ders.: Privatrechtliche Rechtspositionen um die Genomanalyse – Eigentum, Persönlichkeit, Leistung, JZ 1992, 1089–1099.

Taupitz, Jochen/Schlüter, Julia: Heterologe künstliche Befruchtung: Die Absicherung des Samenspenders gegen unterhalts- und erbrechtliche Ansprüche des Kindes, AcP Bd. 205 (2005), 591–644.

Taupitz, Jochen/Theodoridis, Athina: Das Gesetz zur Regelung des Rechts auf Kenntnis der eigenen Abstammung bei heterologer Verwendung von Samen, MedR 2018, 457–466.

Teichmann, Arndt: Nebenpflichten aus Treu und Glauben, JA 1984, 709–714.

Terbille, Michael/Clausen, Tilman/Schroeder-Printzen, Jörn (Hrsg.): Münchener Anwaltshandbuch Medizinrecht, 2. Auflage, München 2013 (zit.: MAH/*Bearbeiter*).

Thomale, Chris: Mietmutterschaft – Eine international-privatrechtliche Kritik, Tübingen 2015.

Thompson, Richard F.: Das Gehirn – Von der Nervenzelle zur Verhaltenssteuerung, 3. Auflage, Heidelberg [u. a.] 2001 (zit.: *Thompson* Das Gehirn).

Thorn, Petra: Familienbildung mit Spendersamen: Forschungsstand, klinische Erfahrungen und juristische Erfordernisse aus psychosozialer Perspektive, GuP 2015, 47–51.

Thornhill, Alan/Brunetti, Xavier/Bird, Sophie: Measuring human error in the IVF laboratory using an electronic witnessing system, 17th World Congress on Controversies in Obstetrics, Gynecology & Infertility (COGI), 101–106 (zit.: *Thornhill et al.*, 17th World Congress).

Thornhill, Alan R. et al.: Reducing human error in IVF with electronic witnessing, Fertility & Sterility 2011, 179.

Toft, Brian/Mascie-Taylor, Hugo: Involuntary automaticity: a work-system induced risk to safe health care, Health Services Management Research 2005, 211–216.

Trounson, Alan/Wood, Carl/Kausche, Annette: In vitro maturation and the fertilization and developmental competence of oocytes recovered from untreated polycystic ovarian patients, Fertility and Sterility 1994, 353–362.

Uexküll, Thure von (Begr.): Psychosomatische Medizin, 8. Auflage, München [u. a.] 2016.

Ulsenheimer, Klaus: Arztstrafrecht in der Praxis, 5. Auflage, Heidelberg [u. a.] 2015 (zit.: Ulsenheimer/*Bearbeiter*).

Uvnäs Moberg, Kerstin: Oxytocin, das Hormon der Nähe, Berlin [u. a.] 2016 (zit.: *Uvnäs Moberg* Oxytocin).

Veit, Barbara/Hinz, Katharina: Vertauschte Kinder, FamRZ 2010, 505–510.

Vitkas, Konstantinos: Grenzen ärztlicher Schweigepflicht am Beispiel von Kindesmisshandlungen – Zugleich ein Beitrag zu § 4 Abs. 3 Kinderschutz-Kooperationsgesetz, Düsseldorf 2013.

Wagner, Gerhard: Kodifikation des Arzthaftungsrechts? – Zum Entwurf eines Patientenrechtegesetzes, VersR 2012, 789–802.

Waibl, Katharina: Kindesunterhalt als Schaden, München 1986.

Dies.: Kindesunterhalt als Schaden („wrongful birth"), NJW 1987, 1513–1521.

Walter, Henrik: Liebe und Lust. Ein intimes Verhältnis und seine neurobiologischen Grundlagen, in: Buschlinger, Wolfgang/Lütge, Christoph (Hrsg.), Kaltblütig. Philosophie von einem rationalen Standpunkt. Festschrift für Gerhard Vollmer zum 60. Geburtstag, Stuttgart 2003, 333–390 (zit.: *Walter* FS Vollmer).

Weber, Ralph: Kind als Schaden?, ZfL 2004, 74–82.

Weber, Reinhold: Schadensersatzrechtliche Folgen der Geburt eines unerwünschten Kindes?, VersR 1999, 389–401.

Wellbrock, Rita: Genomanalysen und das informationelle Selbstbestimmungsrecht, CR 1989, 204–210.

Wellenhofer, Marina: Auskunft über den Samenspender – Eltern können im Namen der minderjährigen Kinder Auskunft verlangen, JuS 2015, 462–465.

Dies.: Die Samenspende und ihre (späten) Rechtsfolgen, FamRZ 2013, 825–830.

Dies.: Der Europäische Gerichtshof für Menschenrechte und das Vaterschaftsanfechtungsrecht des leiblichen Vaters, FamRZ 2012, 828–832.

Dies.: Die Schranken des Anfechtungsrechts des leiblichen Vaters gem. § 1600 II, III BGB, NZFam 2017, 898–903.

Wellenhofer-Klein, Marina: Vaterschaftsanfechtung – Vorschlag zur Änderung von § 1600 BGB, FamRZ 2003, 1889–1894.

Wessels, Johannes/Hillenkamp, Thomas: Strafrecht Besonderer Teil 2 – Straftaten gegen Vermögenswerte, 40. Auflage, Heidelberg 2017 (zit.: Wessels/*Hillenkamp*).

Weyrauch, Verena: Zulässigkeitsfragen und abstammungsrechtliche Folgeprobleme bei künstlicher Fortpflanzung im deutschen und US-amerikanischen Recht, Berlin 2003.

Wiese, Günther: Gibt es ein Recht auf Nichtwissen? – Dargestellt am Beispiel der genetischen Veranlagung von Arbeitnehmern, in: Jayme, Erik et al. (Hrsg.), Festschrift für Hubert Niederländer zum 70. Geburtstag, Heidelberg 1991, 475–488 (zit.: *Wiese* FS Niederländer).

Willems, Constantin: Kindesvertauschungen – Überlegungen zu einem familien- und erbrechtlichen Härtefall, NZFam 2016, 445–450.

Wolff, Michael von: Entnahme und Transplantation von Ovarialgewebe, in: Wolff, Michael von (Hrsg.), Indikation und Durchführung fertilitätsprotektiver Maßnahmen bei onkologischen und nicht-onkologischen Erkrankungen, Kiel 2016, S. 130–141 (zit.: *von Wolff* in: Fertilitätsprotektive Maßnahmen).

Wolff, Michael von/Stute, Petra: Gynäkologische Endokrinologie und Reproduktionsmedizin, Stuttgart 2013 (zit.: *von Wolff/Stute* Gynäkologische Endokrinologie).
Wolter, Jürgen (Hrsg.): Systematischer Kommentar zur Strafprozessordnung; Band I, 5. Auflage, Köln 2018; Band II, 5. Auflage, Köln 2016 (zit.: SK-StPO/*Bearbeiter*).
Yoon, Sung-Ku: Der Unterhalt für ein Kind als Schaden, Frankfurt a. M. [u. a.] 2012.
Zimmermann, Reinhard: Die heterologe künstliche Insemination und das geltende Zivilrecht, FamRZ 1981, 929–935.
Ders.: „Wrongful life" und „wrongful birth", JZ 1997, 131–132.
Zitelmann, Ernst: Ausschluß der Widerrechtlichkeit, AcP 99 (1906), 1–130.
Zuck, Rüdiger: Die Behandlungsmethoden, Arznei- und Heilmitteltherapien der (anerkannten) Besonderen Therapierichtungen, NZS 1999, 313–318.
Zypries, Brigitte/Zeeb, Monika: Samenspende und das Recht auf Kenntnis der eigenen Abstammung – Kinder, Spender und Väter brauchen bessere Gesetze, ZRP 2014, 54–57.

Sachverzeichnis